蒋介石
和他的幕僚们

|上 册|

金竹山 ———— 著

团结出版社
UNITY PRESS

图书在版编目（ＣＩＰ）数据

蒋介石和他的幕僚们 / 金竹山著 . 一北京：团结
出版社，2013.9（2023.10 重印）
ISBN 978-7-5126-1832-9

Ⅰ.①蒋… Ⅱ.①金… Ⅲ.①蒋介石（1887～1975）
－人物研究②政治人物－人物研究－中国－民国Ⅳ.
① K827=7

中国版本图书馆 CIP 数据核字 (2013) 第 102190 号

出　　版：团结出版社
　　　　　（北京市东城区东皇城根南街 84 号　邮编：100006）
电　　话：（010）65228880　65244790（出版社）
　　　　　（010）65238766　85113874　65133603（发行部）
　　　　　（010）65133603（邮购）
网　　址：http://www.tjpress.com
E-mail：zb65244790@vip.163.com
　　　　　tjcbsfxb@163.com（发行部邮购）
经　　销：全国新华书店
印　　装：三河市东方印刷有限公司

开　　本：170mm×240mm　16 开
印　　张：53.5
字　　数：733 千字
版　　次：2013 年 9 月　第 1 版
印　　次：2023 年 10 月　第 2 次印刷

书　　号：978-7-5126-1832-9
定　　价：159.00 元（全两册）

目录

综　述

在清末至民国时期的各大军政幕府中，蒋介石幕府存在的时间最长[1]，规模最大，如果夸张一点，也可以说是谋士如云、猛将如林了。这是蒋介石能够统治旧中国达 22 年之久的一个重要原因。

那么，蒋介石是如何挑选幕僚的？他又是如何驾驭这个人数众多的幕府并维持它的运转的呢？

笔者在下面就此问题进行一些粗浅的讨论。

一、以"三缘"原则遴选幕僚

熊式辉是政学系巨头，蒋介石的高级谋士，对蒋的了解相当深刻，认为"蒋一切用人行政不外三缘（地缘、血缘和学缘）"[2]。

董必武 1944 年在《大后方的一般概况》一文中也指出："蒋和他的干部

---

[1]　从 1924 年蒋介石出任黄埔军校校长开始至 1949 年国民党在大陆的统治结束，蒋介石幕府在大陆存在了 25 年之久；1949 年迁台后，蒋介石幕府班子依然存在，直到蒋介石 1975 年去世为止；蒋介石幕府先后在中国大陆和中国台湾存在了 40 余年。但因为 1949 年迁台后蒋介石幕府已不具备全国性质，所以本书讨论的重点是 1924—1949 年的蒋介石幕府，1949 年以后在台湾的情况只能是略为涉及，这是首先要说明的。

[2]　张治中：《张治中回忆录》，中国文史出版社 1985 年版，第 763 页。

有三种关系”，即“亲戚关系”“同乡关系”和“同学或部属关系”。[①]综合熊式辉、董必武两人的说法，笔者以为，将其概括为血缘、地缘和业缘更全面些。下面分别叙述：

（一）血缘

蒋介石很注重血缘关系，他特别倚重宋子文家族、孔祥熙家族等外戚成员。宋子文是蒋介石的妻兄，在蒋家王朝有“国舅”之尊，他历任财政部长、中央银行总裁、中国银行董事长、行政院副院长、代院长、院长等要职；孔祥熙是蒋介石的连襟，历任实业部长、财政部长、中央银行总裁、中国银行董事长、四行联合办事处副主席，行政院副院长、院长等要职；宋、孔两人轮流为蒋介石执掌财政、经济、金融以及行政大权。

此外，蒋介石还任用了不少蒋氏族亲及外婆家的亲戚。

据《蒋氏故里述闻》一书记载，他们是：侍卫长蒋孝先、王世和，内务副官蒋孝镇、蒋富寿，军法司长王震南，信托局长孙义宣，侍从室组长汪日章，要塞司令孙星环，铁路局长孙鹤皋，空军司令毛邦初，军令厅长毛景彪，督察长毛圣栋等。[②]

宋美龄虽是蒋介石的第四房夫人，但却是官方认可的“第一夫人”。蒋宋不单纯是夫妻关系，从公的方面说，宋氏担任过航空委员会秘书长、“新生活运动”妇女指导委员会指导长、国民党中央执监委员、中央评议员等多种职务，多次陪同蒋介石或代表蒋介石出国从事外交活动，是国民党对美外

[①] 董必武指出：“蒋和他的干部有三种关系：1.亲戚关系——主要是孔、宋两家。蒋对孔祥熙很相信，因为孔很听话，蒋用钱是没有预算的，宋要预算，孔就不要；并且孔夫人宋蔼龄与蒋夫人宋美龄是姐妹，宋美龄从小时候就是宋蔼龄照顾长大的。孔是他夫人管钱的，孔夫人和蒋夫人又是姊妹，他们里面的事情就很难搞得清楚。2.同乡关系——戴传贤是浙江人，陈诚、汤恩伯、胡宗南也是浙江人，陈果夫、陈立夫、陈布雷都是浙江人，蒋相信黄埔尤其是相信黄埔中的同乡。3.同学或部属关系——何应钦、张治中，他们代表复兴派；贺衷寒、康泽也是。和蒋经常来往的还有张群、熊式辉等政学系的著名人物。与蒋关系密切的不是五院，而是以上所说的一些人。”参见《中共党史教学参考资料·抗日战争时期》下册，第408—409页，中国人民大学中共党史系资料室1981年版。

[②] 参见王舜祁：《蒋氏故里述闻》，上海书店出版社1998年版。

交的主导人物之一。更重要的是，在蒋介石的家族政治中，宋美龄与孔祥熙、宋蔼龄夫妇结为政治同盟，在幕后干预蒋的决策，具有相当大的政治分量。

抗战时期担任国民政府军事委员会军令部长的徐永昌在日记中就宋美龄与孔宋等外戚结成政治同盟干政一事写道："魏伯聪（道明）又谈：渠以为年事入老境者，无不受少妻支配，只是程度轻重而已，盖以方蒋介石与王宠惠者。按蒋先生之护庇宋孔，不仅不利于国家，且不利于宋孔（不能使其早接受小的惩处以远引，反使彼等生心活动地位，彼等之亲近更藉以蠹国）。"[①] 蒋介石的侍从室高级幕僚唐纵在其日记中颇有感慨地写道："自古姻戚无不影响政治，委座不能例外，难矣哉！"[②] 由此可见，国民党上层人物都认为，蒋介石在某种程度上是受宋美龄及其背后的外戚势力支配的。有关这方面的具体情况，唐纵在其日记中有很详细的记载，这里不赘论。

蒋经国是蒋介石唯一的亲生儿子（蒋纬国是戴季陶与日本情人的私生子，从血缘角度讲是蒋介石的养子），他们之间也不单纯是父子关系。在蒋介石的部下面前，小蒋对老蒋不称"父亲"而叫"领袖"，这就明确说明他们之间是上下级关系。中国封建社会历来是家天下，辛亥革命结束了家天下的封建帝制，在名义上建立了天下为公的共和政体，但家天下的残余观念的影响依然无处不在且十分强烈。蒋介石大权独揽，实际上是个未加冕的皇帝，他从一开始就处心积虑地要培养儿子蒋经国接班。在大陆时，国民党内部阻力重重；国民党败退台湾后，蒋介石借重新洗牌之机加快了培植儿子接班的步伐，并且如愿以偿。1975 年蒋介石去世后，蒋经国很快顺利接班。

（二）地缘

中国由于地域辽阔，在历史上形成了以省为核心的强烈的地域观念，同省的人称老乡，显得特别亲切，这就是中国人根深蒂固的地缘观念。蒋介石从一开始就特别重视地缘。一位在海外研究中华民国史的学者在一篇论文中

---

① 《徐永昌日记》，1947 年 8 月 1 日。

② 公安部档案馆编注：《在蒋介石身边八年——侍从室高级幕僚唐纵日记》，群众出版社 1992 年版，第 253 页。

指出："蒋对其浙江籍追随者有特别的感情，也信任邻省江苏籍的追随者。他早年同陈其美在一起的经历也许加强了这种乡情。在辛亥革命以后的十年中，他大部分时间在上海度过。他在这一时期的大多数朋友后来成为他所信任的谋士。他们当中有张人杰、陈果夫、陈立夫、戴季陶、黄郛和张群。他在其支撑派系的追随者中，同浙江人比较亲近。陈氏兄弟、戴笠、胡宗南就是引人注目的例子。"[①]

蒋介石幕府成员中，浙江籍的幕僚人数最多，所处的地位最重要。张静江、戴季陶、黄郛、邵力子、蒋伯诚、姚琮、吴思豫、翁文灏、孙越崎、陈其采、周骏彦、陈果夫、陈立夫、陈诚、陈布雷、朱家骅、胡宗南、蒋鼎文、汤恩伯、陈仪、俞大维、俞飞鹏、戴笠、毛人凤、徐恩曾、周至柔、俞济时、林蔚、潘公展、董显光、吴嵩庆、毛庆祥、毛邦初、毛瀛初、陈良等都是。他们中张静江、戴季陶、黄郛是蒋介石最倚重的三大军师，而其他人物则分别为蒋介石掌握党权、军权、特务权以及交通、财政金融、军需、后勤、机要、审计、侍卫等重要部门，他们是蒋介石幕府中最显赫和最有实权的人物。

江苏（清末与北洋军阀统治时期，上海在行政区划上归江苏管辖）与浙江毗邻，这两个省的经济文化都很发达，江苏与浙江历来联系在一起，被称为江浙。基于地缘的因素，蒋介石也很信任江苏人，在他的幕府中，江苏籍的幕僚人数虽然没有浙江多，但也有不少有分量的人物，吴稚晖、钮永键、顾祝同、叶楚伧、钱昌照、钱大钧、陈继承、余井塘、叶秀峰等是其中最重要的人物。

（三）业缘

业缘的范围很广，包括诸如同学、同事、师生、结拜兄弟等多种关系。在上述关系中，蒋介石最重视的是师生关系和结拜兄弟关系。

蒋是从黄埔军校练兵起家的，他之所以能够在政坛屡仆屡起，一个重要原因就是有一支绝对听命于他一人的黄埔系军队，这是蒋介石维持其统治的

---

① 田宏懋：《1928—1937 年国民党派系政治阐释》，《国外中国近代史研究》第 24 辑，第 77 页。

最有力的支柱。三民主义力行社及其外围组织——革命军人同志会、革命青年同志会、中华复兴社等，是由一批狂热拥护蒋介石的黄埔学生组成的，他们中的骨干分子被称为"十三太保"。①

杨杰说："委员长的成功秘诀就是'作之君、作之师'。所以，至今他还兼任陆大、中央军校及各军事学校校长。"②

不仅全国所有的军事学校由蒋介石兼任校长，到了抗战时期，蒋还想兼任所有普通高校的校长。有一天，蒋邀教育部长陈立夫共进晚餐，对陈说："全国军事学校，均由余兼校长；全国诸大学亦由余兼任校长如何？"陈委婉地回答说："与其全国诸大学由钧座兼任校长，则不如由钧座兼任教育部长，立夫任次长为宜。文学校不若军事学校之单纯，不易管理也！"蒋考虑了一会儿说："那么先以兼任中央大学校长为试，如何？"陈立夫不便再持异议。但经过几个月的试验，蒋介石因没有精力和时间常到学校视事，才打消了兼任所有高校校长的念头。③

中国历史上"桃园结义""梁山一百单八将"的故事家喻户晓，深入人心，成为一种具有悠久历史的传统。蒋介石早年在家乡求学时，就与同学结拜过"十弟兄"。蒋走上政坛后，比任何人都要热衷于结拜兄弟。据学者研究，蒋一生与陈其美、黄郛、张静江、许崇智、邵元冲、吴忠信、张群、戴季陶、杨虎、李宗仁、冯玉祥、张学良等数十人结拜为异姓兄弟。④

蒋之所以热衷于此道，在其未发迹以前，是为了攀附贵人以便让把兄提携自己，"好风凭借力，送我上青云"。蒋发迹后，仍以结拜的方式羁縻他

---

① 所谓"十三太保"，并非是具体的13个人，而是三民主义力行社骨干分子的通称，大体上包括该组织的书记、书记长、常务干事、干事、监察等，如滕杰、贺衷寒、康泽、戴笠、郑介民、黄珍吾、高傅珠、周复、桂永清、潘佑强、李一民、邱开基、刘咏尧、袁守谦、田载龙、李秉中、彭孟缉、干国勋、曾扩情、刘健群、酆悌、胡宗南、邓文仪、梁干乔、叶维、葛武棨、萧赞育、胡轨、赵范生、娄绍铠、邵691江等。参见干国勋等著：《蓝衣社复兴社力行社》，台北传记文学出版社1984年版，第62-64页。

② 《郭汝瑰回忆录》，四川人民出版社1987年版，第90页。

③ 《成败之鉴——陈立夫回忆录》，台北正中书局1994年版。

④ 严如平主编：《蒋介石与结拜兄弟》，团结出版社1994年版。

人，为其效忠，或者是利用一时。因此，蒋介石与其结拜兄弟的结局也各不同：对长官许崇智，蒋是忘恩负义，逼宫夺权，然后将其打入"冷宫"；对冯玉祥、李宗仁、张学良等实力派首领，蒋是利用于一时，其结局往往是反目成仇，乃至兵戎相见。而陈其美、张静江、戴季陶、黄郛、张群、邵元冲、吴忠信等则是蒋的提携者或死心塌地的追随者。

对于蒋介石热衷于以结拜兄弟的封建落后方式笼络他人，陈铭枢曾当面对他提出过严肃的批评。当蒋循例提议与陈铭枢结拜兄弟时，陈当面对蒋说："桃园结义是封建社会的产物，今天用它不会有什么好结果。总司令！你现在是国家元首（国府主席），又是军队的最高统帅（陆海空军总司令），只要你能开诚心、布公道，政策方针昭示得正确，自然四海归心，一切忠义才智之士都会不待招而自至。倘若不然，单凭极少数人的恩情结合，将示人心不广，反杜塞了贤路。因为现在是民主时代，人人都在看你的所作所为来决定对你的向背！"①当然，像陈铭枢这样不讲情面当面提出批评的人毕竟是个例，其他的人即使不愿高攀，也只是通过第三者出面委婉地加以拒绝。

当然，三缘之内的人物仍有亲疏之分。著名军统特务头目毛森就说："在党国要人中，我亲耳听到称蒋公为父兄，自称为子弟者，仅戴雨农（戴笠）、陈诚和汤恩伯三人。（戴有时称蒋公为家长，对外人多称蒋先生。）"②

戴笠、陈诚和汤恩伯与蒋介石都是浙江同乡，他们之间的关系最为亲密，蒋介石也最信任他们。蒋介石的黄埔系大将宋希濂也看出了这一点。他说："蒋介石用人的标准第一是亲戚，第二是同乡，第三是学生。而他真正给以军权的，主要还是亲戚和同乡。"③

就以宋希濂本人来说，宋希濂与胡宗南都是黄埔一期学生，论统兵作战的能力，在国民党军界公认宋比胡要强一些，但就因为宋是湖南人，而胡是浙江人，无疑蒋介石更信任胡宗南，胡所统率的军队数量远远超过宋，这只

① 陈铭枢：《"宁粤合作"亲历记》，载《文史资料选辑》第9辑，第53页。

② 毛森：《往事追忆——毛森回忆录》，台北《传记文学》第77卷第2期，第132页。

③ 宋希濂：《鹰犬将军——宋希濂自述》，中国文史出版社1986年版，第169页。

是一个典型的例子。①

蒋介石先后赋予陈诚、胡宗南、汤恩伯三个浙江同乡以特殊的军权，让其自成庞大的系统，控制了国民党中央军大部分的军权。陈、胡、汤三人因此被称为蒋介石嫡系中的"三鼎甲"。蒋介石的这种特殊安排，在非浙江籍的黄埔系军官们看来是绝对的不公平。不平则鸣！1944年，黄埔一期出身的集团军总司令关麟征（陕西人）大闹昆明，气得陈诚胃出血的事件就是对这种不公平的公开反抗。

1945年4月，有两个黄埔军校毕业的同学在重庆分析黄埔军校同学将来的发展趋势时，他们得出的结论是："中国将来的军事实力，会落在浙江人手中。"②

其实，蒋介石未必不清楚统兵作战并非浙江人最擅长的领域。但他执意如此安排，必然有其不得已的苦衷，那就是在他看来，只有重用同乡，才能确保对军队的绝对控制。

总之，通过"三缘"，蒋介石幕府内形成了以亲属关系、裙带关系、派系关系、同乡关系、结义关系等为结构的权力分配系统。

当然，在"三缘"之外，蒋介石也先后延揽了一批重要幕僚，何成濬、贺国光、贺耀组、吴铁城、徐永昌、王世杰、吴国桢等。此外，蒋还延揽了蒋廷黻、何廉等一批类似"客卿"的人物为其效劳。他们看起来地位很显要，但并不是心腹人物，多数是扮演跑龙套的角色。

何廉是南开大学著名经济学家，20世纪30年代被蒋介石延揽加入南京政府，担任过行政院政务处长、农本局局长等职务。何廉在回忆录中认为，他和翁文灏等人"虽都在政府中位居高职，比起'圈内集团'来，毕竟还是外人。我们并非政府的里层人物，也非党的成员，我们不过是政府里的'装饰品'"。③

---

① 宋希濂：《鹰犬将军——宋希濂自述》，中国文史出版社1986年版，第187页。

② 公安部档案馆编注：《在蒋介石身边八年——侍从室高级幕僚唐纵日记》，第503页。

③ 《何廉回忆录》，中国文史出版社1988年版，第121页。

总之，蒋介石通过上述各种途径，笼络了大批各式各样的人才。何廉在回忆录中说："最后，我开始认识到，他认识人，也懂得用人，但是他不懂得制度和使用制度。我和他谈问题时，一谈到许多事情该制度化的时候，他的注意力就会向别处转移。我对他有这样的感觉，从根本上说，他不是个现代的人，基本上属于传统思想影响下的人。他办起事来，首先是靠人和个人接触以及关系等，而不是靠制度。"①

总体来看，蒋介石幕府，可以说是谋士如云，武将如林，其规模和人才质量，均远远超过了清末和民国时期各大军政幕府。蒋介石幕府里，文臣或长于谋略，或精于理财，或擅长组织，或文雄一世，或善于游说四方；武将则能征惯战，文韬武略，也都是一时之选，极一时之盛。这是蒋介石能够击败对手，统治中国20多年的原因之一。

二、以权谋术数驭众

在中国数千年的历史中，有一门极端发达而又成熟的学问，那就是帝王术。帝王术是一门研究如何扬君王之威、求驭下之策的学问。这门学问的集大成者是战国时代的韩非，他创立了以法、术、势为中心的法家体系，特别强调君王必须讲求驭下之术，"使天下不得不为己亲，天下不得不为己听"。历代帝王及著名政治家无不以韩非子为师，蒋介石也不例外，他的一生之所以能够战胜无数的政治军事对手，主要依靠其高超的政治权谋手段。

长期追随蒋介石的吴国桢指出，蒋一生最爱读、读得最多的两本书是《孙子兵法》和《战国策》。他从《孙子兵法》中学习军事谋略；从《战国策》中揣摩纵横捭阖的权术。蒋表面上以王明阳、曾国藩的理学标榜，但实际上，对中国古代权术以及帝王术的揣摩已达到了运用之妙存乎一心的境界。

李宗仁说："蒋先生统兵、治政的本领均极端低能，但其使权谋、用诈术则天下第一。"②

---

① 何廉：《我参加政府工作及主持农本局回忆》，台北《传记文学》第61卷第6期。
② 李宗仁：《李宗仁回忆录》，华东师范大学出版社1995年版，第753页。

　　张发奎评价蒋介石说:"他熟谙机巧权术,他知道怎样去欺骗、威胁、分化他的政治对手,善于运用'银弹攻势'。我知道在许多例子中,他运用这一战术诱导敌人向他投靠。例如,唐生智、俞作柏被蒋先生策反,转头对抗桂系,又如冯玉祥、唐生智的部属被他贿买倒戈,还有余汉谋转而反对陈济棠,等等。纵横捭阖是蒋先生取胜的重要原因。……自私是人性的一部分,但我们中国人比外国人更加自私。袁世凯固然也依赖权术与金钱,但他的政治权谋不如蒋先生这样成功。我相信,自民国肇建以来,蒋先生是运用政治权谋的第一名。他希望别人对他诚实,但他自己不诚实。"①

　　陈铭枢曾上书指出蒋介石的六项缺点:"(1)全凭主观;(2)对部下制造矛盾,利用矛盾,干涉权责,破坏牵制;(3)以权谋术数驭众,所用者类属权谋术数之流,以之对内争尚可收效,以之用于现代国家对外斗争则全属外行;(4)临时应付,全无国策;(5)偏听不确实及伪造的报告;(6)无中心的集议。"②

　　吴国桢、李宗仁、张发奎、陈铭枢与蒋介石都有数十年的交往,他们的评价虽然难免有偏激之处,但总体来看应非无中生有。事实上,早在1926年3月26日,蒋就在日记中写下了座右铭式的格言:"政治生活全是权谋,至于道义则不可复问矣。"③

　　蒋介石的驭下权术层出不穷,最主要的有以下几种:

(一)以派制派　分而治之

　　蒋介石的嫡系分成黄埔系、C.C.系和政学系三大系,到了20世纪三四十年代以后,又有了太子系等派系。在黄埔系内部,又有陈诚的"土木系"、何应钦系、胡宗南系等。这些派系都以拥蒋为出发点,但在拥蒋的前提下,各派系之间争权夺利,相互倾轧,矛盾十分尖锐,常常势同水火,甚至相互陷害、仇杀。蒋介石则高高站在他们之上,操纵驾驭他们。为此,唐纵在日

①　张发奎口述,夏莲瑛访谈并记录,胡志伟翻译及校注:《张发奎口述自传——国民党陆军总司令回忆录》,当代中国出版社2012年版,第167页。

②　朱宗震等编:《陈铭枢回忆录》,中国文史出版社1997年版,第134页。

③　万仁元、方庆秋主编:《蒋介石年谱初稿》,中国档案出版社1992年版,第551页。

记中曾感叹："党内派系对立，门户森严。"①

对于蒋介石以派制派的权术，许多人都看得一清二楚，并且有深刻的分析。

陈立夫说："蒋公不嗜杀人，而好使部下力量对立（如党与团，政校与干校等），虽双方均对蒋公拥护，终致力量抵消，效率低落，非良策也。"②

康泽说："蒋好用权术，制造矛盾，掌握矛盾，使部下各树一帜，互相牵制。今天的分崩离析一半也是他自己造成的。"③

何廉说："委员长老是准备让他随便哪个下属成群结党，只是要由他来当头头，而事实上，他是每个派系的最高领袖。每当有一个派系组建时，事先都得报告他，并经他同意。他随时注意着派系的进程，知道他们正在做些什么。他也知道派系之间的角逐，但是只要在他面前保持一致，他就高兴，这是他所希望的。在理解委员长的品格和心理上，这点是非常重要的。在心底里，委员长有一种操纵驾驭的嗜好，他要在矛盾中显示他的至高无上。他允许甚至鼓励搞派系活动，因为只要派系继续活动，唯有他才能使不同的派系捏合在一起。这并不是说他不是真正要消除国民党与三青团之间的摩擦，可是他做不到。当然表面上，他能将上层三青团的头头和国民党的掌权者叫在一起训他们一通。在场的每一个人都能唯命是听，但这两个派系的下级在当地依然争斗不误。玩火者，火闹大了，是控制不了的。"④

美国将军史迪威在 1944 年 9 月 22 日给美国参谋总长的报告中指出：国民党"已沦为一群互相倾轧的落伍派系，一种不稳定的平衡局势，既无强有力的原则，也无民众的基础。蒋用巧妙的政治手腕，操纵这些派别而统治"。⑤

因此之故，蒋介石的高级参谋郭汝瑰后来总结说："蒋介石一辈子玩弄权

---

① 公安部档案馆编注：《在蒋介石身边八年——侍从室高级幕僚唐纵日记》，第 508 页。
② 陈立夫：《成败之鉴——陈立夫回忆录》，台北正中书局 1994 年版，第 457 页。
③ 潘嘉钊等编：《康泽与蒋介石父子》，群众出版社 1994 年版，第 222 页。
④ 《何廉回忆录》，中国文史出版社 1988 年版，第 214 页。
⑤ 《中美关系资料汇编》第 1 辑，世界知识出版社 1957 年版，第 138 页。

术，他暂时成功在这上面，最后失败也在这上面。"①

（二）因人而异　区别对待

蒋介石幕府中，三教九流、形形色色的人物都有，蒋根据不同的对象，区别对待。

对于追逐名利之徒，蒋则尽可能地给他们以高官厚禄。财政部、军需署、后勤部、审计署都由蒋介石的亲信和私人控制，国库犹如蒋的私人钱包。蒋不仅用金钱、官位、美色收买分化敌对阵营的对手，也用这些手段笼络自己的亲信。蒋介石早期的亲信幕僚钱昌照说，蒋介石习惯于每到年终，给左右亲信的人都送一笔钱，以示笼络。②在唐纵的日记中，也有数处提到蒋介石给亲信幕僚送金钱。

对于少数品德操守良好且有救国救民抱负的参政的知识分子，蒋知道不能单纯地用金钱笼络，则放手让他们发挥才干，不加干涉。如对钱昌照、翁文灏等人，钱昌照留学英国，怀有"工业救国"的强烈愿望。回国后，由连襟黄郛推荐给蒋介石，成为蒋的亲信。钱昌照在教育部办理移交时，蒋问钱："听说你在教育部节省了一笔钱，有多少？"钱答："21万元。"蒋立即说："这笔钱你自由使用，不必移交。"钱马上回答："不行。公家的钱，我不能自由使用，这是攸关人格的问题。"③蒋了解钱的脾性后，再也不向钱昌照送钱。钱昌照与翁文灏后来主持国防设计委员会、资源委员会、经济部。有一次，钱昌照以资源委员会负责人的身份向蒋介石汇报，蒋听了很满意，对钱说："把这事交给你啦。"自此以后，钱昌照用蒋的名义发号施令做了不少事情，有时连相当重要的事也不需汇报，一次翁文灏颇有顾虑地对钱昌照说："不好吧！"钱很有把握地说："可以放手做，委员长不会反对。"④

对于陈布雷那样愚忠的少数旧式知识分子，蒋则以尊重其人格相待，使之有知遇之感。尽管陈布雷比蒋介石小好几岁，但蒋对陈口口声声称"布雷

---

① 《郭汝瑰回忆录》，四川人民出版社1987年版，第280页。

② 《钱昌照回忆录》，中国文史出版社1998年版，第32页。

③ 同②，第35页。

④ 同③。

先生"而不称其名,相见之时,蒋总是颔首倾听、态度专注。蒋介石这种"礼贤下士"的作态,使陈布雷感激涕零。1936年1月11日陈布雷在日记中写道:"接蒋先生复电,嘱安心静养,不必急急入京,假期即再展延十天亦可。诵电,感激无量。此次因病请假,京中猜测纷纷,有谓因不满意于政治组织而称病者;有谓因人事关系而拂袖以行者;甚至谓对某种职务未获任命而失望者。大抵皆误认余为有'政治抱负',或政治欲望之一人,而鲜有同情于余之病苦者。独蒋先生始终谅解,宽其督责,多方安慰,语有云:人之相知,贵相知心,蒋先生之知人,每能洞见其肺腑,斯非常人所可企及也。"① 陈布雷五十岁寿辰,蒋亲书"宁静致远,淡泊明志"赠陈,"略表向慕之意"。显然是自视为刘备,而以诸葛亮比陈。为此,陈布雷在1939年12月26日的日记中写道:"余五十初度……是日蒋公手书'宁静至远,淡泊明志',八字以为赠,勖勉期许之意溢于言表,真不知何以报其惠也。"② 蒋的一套笼络手腕,使陈布雷始终有"士为知己者死"的信条,直至在大厦将倾之时,自杀以殉蒋。

对于戴笠之类无恶不作、声名狼藉的特务头目,蒋出于需要而予以重用,但在内心中却从不把他们当人看。拿戴笠来说,戴掌握军统这个庞大的特务组织,手握生杀大权,权倾朝野,让人谈之色变。但蒋对戴无丝毫尊重,平时可以随意责骂、罚跪甚至抽耳光。蒋规定,特务人员的职权范围,就是做他的耳目和工具,"除服从领袖命令外,没有你们个人意志的自由","你们特务工作就是领袖的耳目,换句话讲,就是领袖所用的革命工具。做工具的人,只有死心塌地地绝对服从主官的命令,随时准备牺牲自己的一切,主官要你们死就死,要你们活就活,丝毫没有你们抉择的余地"。③

为了让蒋介石放心,戴笠经常自我表白说:"在领袖没有命令叫我不做以前,只要一息尚存,我还是要始终如一,贯彻到底,生死成败,在所不计,

① 《陈布雷日记》,1936年1月11日。载南京《民国档案》1988年第1期,第19页。
② 转引自杨跃进:《蒋介石的幕僚》,中国社会科学出版社1997年版,第176页。
③ 王晓华、张庆军主编:《多棱镜下的蒋介石》,第190、194、406页。

一切的一切，但求对得起领袖。"还说："如果领袖叫我去死，我心里有一句怨言，我对不起我生身父母。"还说："如果父亲做贼、母亲偷人，领袖问我，我隐讳一个字，我便不是我爷娘所生的。"①

但蒋介石并没有因为戴笠的表白而放心睡大觉。为了防范戴笠，蒋采取了一系列措施，安排不同的职能部门对戴笠予以牵制和监视，以防其尾大不掉。对此，戴笠本人也有所觉察，他曾对人说："这个工作做得好，头一定给敌人杀掉，做不好当然要给领袖杀掉。"②

（三）大权独揽　事必躬亲

蒋介石是个权力欲望极强的人，他一生始终信奉必须"王权在我"③，也就是说，大权必在自己手中，而不能太阿倒持。蒋介石一生的职务屡变，任过的职务大小数以百计，但从1926年起，他便始终是权力的中心所在。

何廉说："政府的真正实权所在，始终是围绕着委员长转的。委员长不仅是行政院的头，军事委员会的头，党的头，如果化成实权来说，他是万物之首。因此，他的个人总部或参谋部——侍从室——在一切领域中都居于重要地位，处理一切和委员长有关，更确切地说，和中国有关的事。"④

一旦大权旁落，宁可弃职而去，也绝不恋栈，做伴食之宰相。因此之故，蒋介石一生几起几落，成为民国史上的独特现象。

蒋介石最害怕大权旁落。自掌权之日起，他就一切以我为中心，遇事专断。

吴国桢指出："他（笔者按：指蒋介石）唯一的弱点就是嗜权，他做的一切都是为了保全和扩大权力。因此，他一方面采取措施，压制人民要求改革的呼声；另一方面在自己周围只用些愿意充当工具的人。"⑤

陈布雷曾经感叹说："委座处理政治，如同处理家事，事事要亲自处理，

---

① 江绍贞:《戴笠与军统》，河南人民出版社1994年版，第120页。

② 同①，第31页。

③ 万仁元、方庆秋主编:《蒋介石年谱初稿》，中国档案出版社1992年版，第553页。

④ 何廉:《我参加政府工作及主持农本局回忆》，台北《传记文学》第61卷第6期。

⑤ 《从上海市长到台湾省主席——吴国桢口述回忆》，上海人民出版社1999年版，第260-261页。

个人辛苦固不辞，但国家大政，不与各主管官商定，恐将脱节。"[1]

唐纵也说："委座忧勤，事无巨细，无不关注。"[2]

到了抗日战争时期，政务更加繁杂，等待蒋介石处理的公文更多了，每日批阅文件，签发命令，听取报告，核改方案，时间常在 10 个小时以上。这样工作，短期内是可以维持的，但时间长了，就难以吃得消了。

唐纵 1943 年 2 月 21 日的日记写道："吴麟孙（蒋的侍从室医官）私语，委座于旧历年初，吐痰带血，现略平复。但委座镇定如常，处理国家大事，日理万机，曾不少酸甜，令人感激不已！惶恐不已！"[3]

蒋介石事事独揽大权，表现在作战指挥上，便是他爱越级亲自干预战场指挥。蒋介石喜欢在百里千里之外遥控指挥，干涉战斗部署。

蒋介石越级亲自干预指挥的习惯，他的机要电台接线员王正元知道得最清楚。王正元回忆说："蒋介石经常越级指挥，战区司令长官或集团军总司令一级尚未接到命令，蒋介石就直接打长途电话给军长一级。这样一来，不但中央一级部署乱了，连战区司令长官部的部署也被打乱了，弄得中央作战部门和前线高级指挥官严重脱节，怨声载道。如陈诚和薛岳通话时说：'委员长屡次布置的事，我们一点也不知道。这样我们就很棘手了。'……蒋介石经常利用长途电话随心所欲，从中插一杠子，完整的作战计划虽被打乱了，但哪一个也不敢非议。蒋介石自己下达军令，自己指挥战事，已成为他的习惯，一天二十四小时内，他不论什么时候叫接长途电话，即使是深更半夜，前线高级指挥官们也要从床上爬起来接听。……蒋介石每每亲自部署一事，往往一夕数变，经常是尚未考虑成熟，就下达命令。上面接到命令，研究后刚刚通过实行，传达到下面，岂知蒋介石一时心血来潮，又打长途电话给司令长官更动刚下达不久的命令。蒋介石这一套经常出现，弄得上下都无所适从。"[4]

蒋介石喜欢越级指挥，只是表明他对自己的自信，但这并不能说明他

---

[1]　公安部档案馆编注：《在蒋介石身边八年——侍从室高级幕僚唐纵日记》，第 342 页。

[2]　同①，第 451 页。

[3]　同①，第 342 页。

[4]　王正元：《为蒋委员长专线接话十二年》（中），台北《传记文学》第 62 卷第 3 期。

的指挥水平有多么高明。魏德迈将军在回忆录中说："史汀生问我，委员长的军事才能如何？我告诉他：据我判断，从现代的意义上说，他并不是一个经过严格训练的或者熟练的战略家。他曾经非常顺利地领导中国军队，反对过中国的军阀和共产党，但他显然对现代军事策略和战术知之不多。我补充说，许多问题（政治的、经济的和心理的）所产生的压力会耗尽任何一个人的才智和力量。在他的周围有一些他能绝对信任的军事顾问，这无疑是很重要的。"①

蒋介石的越级指挥，令所有的国民党高级将领都感到头痛。龙云在一则电报中说："委座之遥为指挥已成习惯，不易改正。论理则行营不但指挥部队，即司令长官也可指挥，主任职权不为不大，但因上述缘故，遂无法负责。"②

由此看来，蒋介石根本不懂得作为最高统帅，主要应抓战略上的关键性大事，"将能而君不御"这是古人留下来的一条经验。蒋介石不理解前线局势情况不是地图上所能完全说明的。而且，由于当时通信不发达，战场情况千变万化，他根据前方的报告作指示，下达命令，命令下来，情况已经变了，军师长们也都知道执行他的命令，是要打败仗的。但是，如果不执行他的命令，出了乱子，又怕受军法审判。所以，有时明知不对头也只好执行。反正执行命令，败了好交代，免得自作主张担风险。③

历史上，宋太祖遣将用兵喜欢在后方"遥制方略"，前线将领指挥作战"咸听成旨"，其结果往往贻误战机，导致"覆师丧旅"，蒋介石似乎是重蹈了宋太祖的覆辙。但蒋也有他自己的苦衷，在一次军事检讨会议上，蒋曾如此当面抱怨自己的部下："现在有很多人批评，以为统帅部对各级将领限制太多，拘束过严，这是不合事实的。如果我们一般将领能够彻底奉行命令，誓

① 《魏德迈在华回忆录》，载《国外中国近代史研究》第13辑，第249页。

② 《龙云关于行营指挥困难军队不堪作战等情电》（1942年5月21日），云南省档案馆编《滇军抗战密电集》，第466页。

③ 《郭汝瑰回忆录》，四川人民出版社1987年版，第416页。

死达成任务的话,那我何至像今天这样的辛苦?"①看来,问题的症结还在于蒋介石未能培养出一批能够独当一面、具备战区指挥能力的将才,这是他军事上经常吃败仗的重要原因之一。

另外,由于蒋介石喜欢包揽一切,如陈仪所说的,领袖的脑壳决定一切;那么,久而久之,参与决策的幕僚们自然会产生一种依赖而不负责任的心理,"一切唯总裁是赖";长此以往,必然导致统治效率的急剧降低。韩非子《八经》谓:"下君尽己之能,中君尽人之力,上君尽上之智。"从这个角度讲,蒋介石只能算是"下君"了。

三、蒋介石幕府的逆向淘汰机制

一般来说,蒋介石选择幕僚除了考虑三"缘"外,还有一个基本条件,就是良心。

李朴生所著《蒋委员长用人方法的研究》一书中说:"关于人的选择,必须注意一个基本条件,这个基本条件就是良心。"所谓良心,就是忠义之气,要求幕僚绝对服从和信任自己。当然,一个幕僚如果仅有忠诚的品格,而没有才干,也是不利于幕主的。因此,在忠诚的前提下,蒋也强调幕僚必须具有才干。但当"忠诚"与"才能"两者发生矛盾的时候,蒋往往选择忠诚之士,而弃有才干的人。

何廉说:"他主要是一个具有中世纪思想意识的人","委员长要求于部下对他的忠心和驯服超过对才干和正直的要求"。②

吴国桢也说:"他多半是以对他本人的忠诚与否,而不是按他们的能力来挑选指挥官,只要一个人对他忠诚,有点腐败他也不在乎。"吴国桢还说:"我想正是由于他的嗜权和欲望,以致他所建立的体制非常糟糕,只能拉拢一些愿意充当工具的人来到他的周围。"③

---

① 秦孝仪主编:《先"总统"蒋公思想言论总集》第22卷,第286页。

② 《何廉回忆录》,第265页。

③ 《从上海市长到台湾省主席——吴国桢口述回忆》,第22-23页、第53页。

一个原本受信任的幕僚，如果被认为不忠，立刻就会失去蒋介石的宠信。张静江、何应钦、鄞悌、晏道刚、卫立煌、曾扩情、贺衷寒、邓文仪、杨杰、钱昌照等一大批幕僚，因种种原因先后被蒋介石疏远，或被蒋介石打入"冷官"，或被蒋介石暂时罚坐冷板凳，或者与蒋介石分道扬镳。在笔者看来，蒋介石与以上亲信幕僚疏远或分道扬镳的原因，有的看起来只是微不足道的小事。

只有那些善于揣摩蒋介石旨意，唯唯诺诺，从不忤逆他的意志的人，才能善始善终。张群就是一个典型的例子。张群追随蒋介石六十多年，两人从未翻过脸，张群的朋友们曾经对此议论过，"众友评岳军，只能呼为蒋之使女，而不得称为如夫人。以如夫人尚有恃宠撒娇时，而张并此无之，唯知唯唯诺诺，欲如何便如何，无一丝违抗"①。张群本人颇有自知之明，曾对镜自言自语说："张群何人？蒋介石走狗也。"张群晚年还对台湾的新闻记者说过一句名言："我只是个厨子，主人喜欢吃什么菜，我就做什么菜。"②这实际上是对张蒋关系的总结。

因此之故，与蒋介石生同年、幼同学、同赴日本留学的溪口小同乡杨志春批评蒋介石："骄傲专擅，用人不问邪正，只顾顺逆，独裁偏见……"③

这样一来，蒋介石难免蒙上只用奴才之讥讽。李宗仁说："蒋只知一味地制造奴才，而不敢培植人才。"④

抗战期间，民盟中央主席张澜曾写信给蒋介石，批评蒋氏左右"无忠直之士"。⑤

陈布雷则借韩愈的两句诗"中朝大官老于事，讵肯感激徒媕婀"来形容蒋介石与其幕僚的关系。一个至高无上的独裁者和一群唯唯诺诺的官僚宠臣构成了国民党最高统治集团。

《史记·商君传》云："千人之诺诺，不如一士之谔谔。武王谔谔以昌，

---

① 冯若飞：《我所知道的张群》，《文史资料选辑》第 42 辑，第 197 页。
② 张道镕等著：《民国十大幕僚》，内蒙古人民出版社 1998 年版，第 384 页。
③ 杨志春：《关于蒋介石家世及其早期政治生涯琐记》，《江苏文史资料选辑》第 5 辑，第 231 页。
④ 李宗仁：《李宗仁回忆录》下卷，华东师范大学出版社 1995 年版，第 753 页。
⑤ 杨跃进：《蒋介石的幕僚》，第 194 页。

殷纣墨墨以亡。"蒋介石的失败，正是"墨墨以亡"的又一例证。

另外，蒋介石对其高级幕僚还有一条不成文的规矩，就是"宁可腐化，不可恶化"。所谓"恶化"就是左倾化；所谓"腐化"，无非是吃喝嫖赌、三妻四妾、贪污受贿一类的老套。蒋介石对其高级文武官吏的腐化往往是睁一只眼、闭一只眼，很少加以过问。这样一来，国民党的高级文武官吏吃喝嫖赌、三妻四妾是相当普遍的现象。但是，如此长久普遍地腐化下去，不用说政治无法清明，就是对于高级将领的战斗意志和胆量来说也都是严重的腐蚀剂，使人髀肉复生、斗志全无、不堪再用。

蒋介石幕府里这种人才的逆向淘汰机制是个人独裁制度下的必然产物。这一点，在军事人才方面表现得最为明显。在 20 世纪二三十年代为蒋介石东征西讨立下过战功的所谓"八大金刚""五虎上将"等，到了 20 世纪 40 年代，要么已经老朽腐化，不堪重用，如何应钦、顾祝同、钱大钧、蒋鼎文、朱绍良、刘峙等；要么已经与蒋分道扬镳，或离心离德，如陈铭枢、杨杰、卫立煌等。而蒋介石在 20 世纪 30 年代以后刻意栽培起来的陈诚、胡宗南、汤恩伯等，又并非大将之才。

美国驻华大使司徒雷登也看出了蒋介石用人的特点，他在给美国国务卿的报告中一再指出："看来蒋委员长的个人偏向，喜欢任用故旧和他个人认为可靠的老伙伴，以担负重要的职位。至于明知他们腐化贪污有据，或缺少能力等，他却置之不管。""与他长期相处的经验表明，他已经不再可能进行变更与改革，或裁汰左右的庸人，任用贤能。……蒋委员长之选择人员，不是根据于军事上的才能，而是根据于个人的可靠与否，以致政府和军事指挥的局面都每况愈下。""蒋委员长之选任人员，是全凭个人可靠性而不凭军事能力。""也不能撤换一批无能的官僚以引进能胜任的人。"[1]

1941 年 5 月间，熊式辉就预言"再过两年，恐无可用之将"。

陈布雷则焦虑地说："现在的干部不行，行的干部在哪里？新的干部又如何始能起来代替旧的干部呢？这是一个大难题，目前的党，是发牢骚的集

① 《中美关系史资料汇编》第 1 辑，第 325 页。

团，既无权又无能。"[1]

蒋介石也认识到了这个问题的严重性，"颇感叹我文武人才不济"。

在蒋介石幕府里，庸才去不了，而有用的人才又不能脱颖而出，到最后形成无人能用的局面。

到 1946 年蒋介石挑起反共全面内战的时候，这个问题就更加突出了，我们看看国共内战中五大战场上国共双方主帅人选，就不难分出高低：

东北战场：国民党军三任主帅杜聿明、陈诚、卫立煌；解放军主帅林彪、罗荣桓。

华北战场：国民党军主帅开始时是傅作义、孙连仲两人，1948 年后是傅作义一人；解放军主帅则是聂荣臻。

华东战场：国民党军三任主帅薛岳、顾祝同、刘峙；解放军主帅陈毅、粟裕。

中原战场：国民党军三任主帅刘峙、顾祝同（兼）、白崇禧；解放军主帅刘伯承、邓小平。

西北战场：国民党军主帅胡宗南；解放军主帅彭德怀。

在上述各大战场上，解放军主帅彭德怀、林彪、聂荣臻、陈毅、粟裕、刘伯承、邓小平、罗荣桓等都是一流的军事家，而蒋任用的主帅人选则相去甚远。连美国驻华军事顾问团团长巴大维少将也承认："共军的领袖，都是极端能干的人，远胜国军将领。"[2]

刘峙、顾祝同、胡宗南等国民党军的战区最高指挥官，可以说是平庸无能的代名词。

以顾祝同为例，此人军事指挥才能平庸，人称"顾粥桶"[3]。就是这样一

---

① 公安部档案馆编注：《在蒋介石身边八年——侍从室高级幕僚唐纵日记》，第 501 页。

② 《中美关系史资料汇编》第 1 辑，第 378 页。

③ 关于"顾粥桶"这个叫法，笔者最早是在华东野战军战史资料上看到的。笔者以为这仅仅是当年解放军将士对顾祝同这个对手的轻蔑称呼。最近，笔者采访了顾祝同当年部下某少将之子，承他告诉笔者，"顾粥桶"是国民党军队内部首先叫出来的，其意思是说顾氏连饭桶都不如，只能称为"粥桶"。

个人，却在 1946—1949 年的国共内战中首先担任陆军总司令，不久兼任徐州司令部司令，直接指挥华东、中原两大战区 100 多万大军，与刘伯承、邓小平指挥的中原野战军，陈毅、粟裕指挥的华东野战军作战，后又继陈诚担任参谋总长，扮演了极为重要的角色，可以说仅次于蒋介石、陈诚。对于这个顾祝同，国民党统帅部高级参谋郭汝瑰的评价是："为人阴柔无疾言厉色，表现不出大的才干，但还平稳。"① 美国驻华军事顾问团团长巴大维少将则对顾祝同出任参谋总长、余汉谋出任陆军总司令感到失望，他说："遴选这种军官来担任这些很重要的军事职务，殊令我感到失望。他们的军事背景缺点甚多，他们都是固执支持蒋委员长的人。显然，他们的任命是出于政治上的考虑而不是由于他们有才能。我从前会见过他们两位，深感他们缺乏个性。"②

在整个国共内战期间，国民党军方面出过风头的倒是傅作义、白崇禧这两个杂牌军头目，但蒋对他们并不放心，既利用又防范，相互牵制，不可能成大事。

1949 年 2 月 23 日，毛泽东在西柏坡接见李宗仁派来的"求和"使者江庸、颜惠庆、章士钊和邵力子四老，谈话中毛泽东曾问道："你们看蒋介石为何失败？"

对此，身为法学名家的江庸老先生脱口而出："我以为主要是不能用人，只能用奴才，不能用人才。"③

当然，蒋介石失败的原因可能有很多，但他在选人用人上存在的问题，无疑也是一个重要的因素。

历史总是会给后人留下值得回味的经验教训。但令人触目惊心的倒是唐朝的杜牧在《阿房宫赋》中所指出的："秦人不暇自哀，而后人哀之；后人哀之而不鉴之，亦使后人而复哀后人也。"由此可见，凡是涉及人性中根本弱点的东西往往是很难克服的。

---

① 《郭汝瑰回忆录》，四川人民出版社 1987 年版，第 223 页。

② 《中美关系史资料汇编》第 1 辑，第 370 页。

③ 江靖：《和谈余闻》，《上海文史资料选辑》1980 年第 3 辑，第 134 页。

第一章　两位"良师"

以国民党元老资格辅佐蒋介石，在南京国民政府建立过程中起过关键作用，且被蒋介石尊为"良师"的，有张静江、吴稚晖、蔡元培、李石曾等人，他们被称为国民党的"四 X"。其中张静江、吴稚晖更是不遗余力地维护和帮扶蒋介石，发挥的作用更大。

第一节　蒋家王朝第一号军师张静江

在蒋介石崛起以及建立南京国民政府的过程中，张静江发挥过独特的作用，蒋介石尊其为"良师"。

一、以金钱资助孙中山，赢得"革命圣人"称号

张静江（1877—1950），谱名增澄，后改名人杰，字静江，晚年又号卧禅。1877年9月19日（清朝光绪三年八月十三日）生于浙江省湖州府吴兴县（今湖州市）南浔镇。先辈以经营丝、盐起家，逐步积累了巨额财富。到清末，南浔镇有所谓"四象、八骆驼、七十二只肥猪猡"的乡谚，其中刘、张、庞、顾四大巨富号称南浔"四象"或"四大金刚"。张静江的父亲张定甫，生子七人，张静江居第二，人称老二先生。张静江出身豪富家庭，从小养尊处优，张家虽为他延师教读诗书，

张静江

但张静江对攻读圣贤之书兴趣不大，他最喜欢做的事情就是骑马，常常在南浔镇小街狭巷中纵马疾驰，以致科举功名一无所成。张静江19岁时突发骨痛症和眼疾。骨痛症使他一条腿残废无法正常行走，眼疾又使他视力严重下降。与张静江有数十年交往的国民党元老李石曾在《谈卧禅》一文中说："我初识卧禅，他不过24岁，已是'眇能视，跛能履'，虽还不是卧禅后几年抬在椅上的形态，但已是初步。……他的眼镜和皮鞋均与普通人不同！别人偶然可以借朋友的眼镜和鞋，他则不能！他的目与足均与常人迥异：普通人的眼镜玻璃不过像是一张平面纸作微凸之状而已；在卧禅则不然，其镜之玻璃不但特别厚而且均匀，故别人绝不能借用；其鞋之特殊，则类似以前女子缠小脚时所用之裹高低，即足与鞋底之间置一木块，名曰：裹高低；卧禅之鞋与此有略似处，因足为风湿病变其骨型所致然，所以他走起路来很不方便！"

足疾和眼疾折磨了张静江一辈子，但他个性顽强，并不因身体残疾而消沉。他转而研究书法和绘画，并在古董鉴别方面下了一番苦功夫，这为他日后经营这方面的国际贸易打下了良好基础。

张静江20岁时，由其父做主与苏州道员之女姚蕙订婚。姚家虽慕张家富有，但总嫌张静江无功名而美中不足，在姚家的示意下，张父以10万两白银的巨款为张静江捐了个江苏候补道的官衔。1902年，杭州人孙宝琦出任驻法公使时，张静江就凭候补道的官衔随赴巴黎，在驻法使馆任随员。使馆并无张静江的工作，张静江认真考察了中国货物在巴黎的销售状况后，于1907年回国，从其父亲手里取得30万元巨款，前往巴黎开办独资经营的通运公司，专卖中国古玩古瓷，兼销丝茶绸缎，并且很快将业务扩展到英国伦敦和美国纽约，生意做得有声有色，获利甚多。

张静江不仅是一名长袖善舞的富商，而且对政治也非常热衷。从中日甲午战争失败之后，张静江就对腐败无能的清王朝十分不满；又受到当时法国盛行的无政府主义思潮的影响，很快他就成为一名激进的反清革命的倡导者，以中国无政府主义的"宣讲师"自居，经常在旅欧华人中发表反对清政府的言论。1905 年年底，张静江与孙中山在赴法国的轮船上邂逅相识。罗家伦主编的《国父年谱》是这样描述的："时人杰乘轮赴法，闻先生（指孙中山）同舟，遂趋谒，自道姓名，谓先生曰：'君非实行革命之孙君乎，闻名久矣。余亦深信非革命不能救中国。近数年在法经商，获资数万，甚欲为君之助，君如有需，请随时电知，余当悉力以应。'先生乃与之互约通电暗号，约定 ABCDE 之次序：A 为一万元，B 为两万元，C 为三万元，D 为四万元，E 为五万元。后先生从事革命每遇困难，辄得其巨资相助。"面对这位素昧平生、初次见面即许下重大诺言的富商，孙中山开始时虽半信半疑，但仍觉得是遇到了一位"奇人"。

1906 年 12 月，张静江与吴稚晖、李石曾等在巴黎成立世界社，次年 1 月，又创办了《新世纪》周刊，由张静江负责经费，吴稚晖负责编辑，李石曾、蔡元培、褚民谊等协助撰稿，介绍蒲鲁东、巴枯宁、克鲁泡特金等人的无政府主义学说，猛烈抨击清王朝的封建专制统治，号召进行社会革命，与日本东京的《民报》相呼应，使反清革命的影响日益扩大。1906 年张静江返国途中在新加坡加入同盟会，成为孙中山领导的反清革命队伍中的有力一员。次年 6 月张静江在香港养病时，同盟会香港分会负责人胡汉民、冯自由请他补行入会手续。当他看到同盟会盟书中有"当天发誓"的字样，便对胡、冯二人说："余为无政府党，不信有天，如许余不用'当天'二字，当可如命。"胡汉民和冯自由对这位富商破例应允。于是，张静江便以自己的方式履行了入会手续，成为同盟会的正式会员。

1907 年，同盟会总部经费枯竭，筹款无着，困难万分。胡汉民向孙中山建议向张静江求援，孙中山虽然心中没有底，但仍按照与张静江的约定发了电报，电文仅一个"A"字，数日后果然有一万元从巴黎汇来。后来费用不够，孙中山就对胡汉民说："他是个很爽直的人，我们就打一个 E 字去吧。"胡汉民照办，果然就有五万元汇了过来。孙中山得到款后，大喜过望，立即让胡汉民写一长函致谢，并报告款项用途并说明今后之计划。①张静江复函孙中山说："余深信君必实行革命，故愿尽力助君成此大业，君我既成同志，彼此默契，实无报告事实之必要，若因报告事实而为敌人所知，殊于事实进行有所不利，君能努力猛进，即胜于长信多多。"张静江以捐输资财赞助革命的独特方式对反清革命做出了特殊贡献。对于张静江的这种仗义疏财之举，孙中山曾经给予了高度评价："自同盟会成立后，始有向外筹资之举；当时出资最勇而多者，张静江也，倾其巴黎之店，所得六七万元，尽以助饷。"国民党元老于右任也称赞张静江"开国有功"。孙中山称之为"革命圣人"，并亲题"丹心侠骨"四字相赠。今天在湖州南浔镇张静江故居止堂的柱子上，游客还可看到孙中山亲自题写的一副对联："满堂花醉三千客，一剑霜寒四十州。"

1911 年 10 月 10 日武昌起义爆发后，张静江正在上海。他大力支持陈其美、于右任等人在苏浙沪起义响应。张静江在上海的寓所，成为革命党人的秘密交通站，催促孙中山回国的电报就是从这里发出的。

二、结识蒋介石并结拜为金兰兄弟

就在这一时期，张静江认识了在陈其美手下奔走的蒋介石。据说，张静江开始时对这个年轻人印象并不好，认为他浮躁。

1912 年 1 月 1 日，孙中山在南京宣誓就任中华民国临时大总统，提请张静江出任临时政府财政部长，但张静江坚辞不就，他约集兄弟数人，加股通运公司，准备扩大贸易。当时，南北尚未统一，张静江与褚民谊等人捐献 10 万两充作军饷。这对当时财政极为拮据的临时政府来说，无疑是一笔不小的资助。

1913 年 3 月 20 日，国民党代理事长宋教仁被袁世凯派遣的凶手刺杀于上海火车站，孙中山发动"二次革命"，陈其美就任上海讨袁军总司令，

---

① 《韬奋全集》第 3 卷，第 309 页。

率军进攻北洋军占据的江南制造局，张静江亲赴前线激励士气，并在经济上予以大力支持。上海讨袁失败后，张静江又与蒋介石潜赴南京，参与南京的讨袁斗争，但江苏的讨袁斗争接近失败，张、蒋已无能为力，次日便返回上海。

"二次革命"失败后，袁世凯悬赏通缉革命党的高级干部。张静江利用自己的社会地位和关系，想方设法掩护革命党人，资助他们中的一些人离开上海，亡命国外。当时，陈其美和蒋介石还留在上海，企图再次举事。

10月1日，陈其美奉孙中山的电召，离开上海赴日本，参与筹建中华革命党，蒋介石则留在上海。当得知孙中山、陈其美在日本建立中华革命党的消息时，张静江立即响应，在国内按规定履行入党手续。1913年10月29日，蒋介石由张静江做监誓人，在上海填写了入党誓约，成为最早加入中华革命党的党员之一，他的入党誓约是102号。蒋介石在陈其美赴日前，受命负责上海方面的工作。

12月间，蒋介石赴日本。不久，蒋介石经陈其美的介绍，晋见了孙中山。1914年初夏，蒋介石奉孙中山之命，从日本回到上海，准备再次在上海发动讨袁的军事行动。蒋介石制订了一个夺取上海的作战计划，准备分三路起事。但蒋介石等人的活动刚刚展开，就被上海镇守使郑汝成侦悉。5月30日夜间，闸北巡警出动，破获了蒋介石等人的秘密指挥所，搜去枪械和文件等，有四名革命党人遇害。蒋介石逃到张静江的寓所，也被军警跟踪，差一点落网。不久，袁世凯将蒋介石作为主犯加以通缉，蒋不得不于6月间亡命日本。

蒋介石离开上海后，张静江也离沪去了巴黎。

蒋介石赴日后，继续追随陈其美从事反袁活动。1916年5月18日，陈其美在上海为袁世凯派遣的凶手刺杀。陈其美的遇难，使张静江和蒋介石失去了共同的朋友，对于蒋介石来说，更是失去了至关重要的政治上的保护人。蒋介石在为盟兄陈其美料理完后事，寻找新的政治靠山时，把目光投向了张静江。张静江的财富、与江浙资产阶级的关系以及张静江与孙中山的特殊关系对蒋介石都有着巨大的吸引力。于是，蒋介石开始有意接近张静江；而张静江对蒋介石这个同乡后生也慢慢改变了看法。他认为这个年轻人能文能武，是个有用的人才，于是也有了结纳之意，并且多方面给予支持和鼓励。

1916年，在张静江的说合下，张静江、蒋介石与时任中华革命党军务部长的许崇智焚香换帖，三人结拜为盟兄弟。张静江为大哥，许崇智为二哥，蒋介石为三弟。从此，张静江便以盟兄的身份提携蒋介石。

上海是旧中国最大最繁华的都市，既是全国经济、贸易中心，也是一个声色犬马、光怪陆离的城市，号称十里洋场。许多人一进入这个花花世界，便身陷其中而不能自拔。无论是陈其美，还是张静江、蒋介石，都是情场高手。蒋介石不仅迷恋上海灯红酒绿的生活，而且喜新厌旧，一连娶了两房小妾。蒋介石是个亡命徒，金钱有限，张静江多方予以资助。据说在南京市档案馆中，尚保存有蒋介石写给张静江的借条，厚达一寸多。还有材料说，张静江先后借给蒋介石的钱达10万元之多，蒋介石还不起，就要他的第三夫人陈洁如拜张静江为干爹，这样一来，这10万元就当成了张静江的见面礼。

1917年12月孙中山成立援闽粤军，以陈炯明为总司令，邓铿为参谋长兼第一师师长，许崇智为支队司令。不久，又命令蒋介石为作战科主任。1918年9月，蒋介石升任第二支队司令。蒋介石在粤军任职期间，由于陈炯明及其亲信把粤军视为自己的禁脔，对蒋介石这样的外省人有意排挤；加之蒋介石性情骄躁，与人格格不入，因此多次负气离职。或是滞留上海、宁波、奉化，或是闹着要出国留学，游山玩水，徘徊观望。从1920年至1921年的两年中，在粤军和上海、宁波、奉化老家间，曾七上八下，大部分时间是在上海和浙江老家度过的，真正在粤军所停留的时间，加起来不过三个月，每次都待不上几天就拂袖而去，有时"只不过是短暂地打个照面罢了"。对这个动辄撂挑子的年轻将领，张静江和孙中山、戴季陶等也时常进行指教规劝。蒋介石承认："静江待友，其善处在不出微言，使闻者自愧。"将其视为仅次于孙中山的良师。

1920 年 2 月 1 日，上海证券物品交易所成立，宁波帮大亨虞洽卿为临时主席，张静江当选为候补理事。开始，蒋介石与陈果夫等合组"茂新号"，由陈果夫做经理，朱守梅做协理。同年年底，"茂新号"改组，张静江、戴季陶等参加进来，17 位投资人共同组织了一个经纪人牌号——"恒泰号"，向上海证券制品交易所缴纳了 35000 元保证金。这 35000 元分成 35 股，1000 元一股，其中，张静江 5 股，张静江的侄子张秉三 4 股，哥哥张弁群 1 股，张望征 3 股。此外，还有蒋介石 4 股，戴季陶 2 股。蒋介石的股金 4000 元也是张静江替他代缴的。蒋介石对此感激涕零。1921 年 1 月 10 日，蒋介石在给张静江的信中说："七日教言，领悉一是，代认恒泰股份，甚感，请为签字。关于弟以后之处世行事，请兄随时指教，以冀有成。弟自知尚有贤贤嫉恶一日之长，唯养气功浅，加之自少欠缺居敬工夫，持之不能恒久，故随俗变迁之病，仍不能免，每用自戒，而终未能痛改为恨。季陶为我益友，而公则为我良师也。唯自苦天资顽钝，素性暴躁，对于爱我诸公，恒未能奉若神明，而时出侮辱之言行，既伤感情，复灰友心，非有一二笃爱友好，严厉督责，因事规正，终恐陨越贻羞。因之每发岩居穴处甘与豕鹿为侣草木同腐之叹，沧白性懒，无足深责。季陶爱我而不知我之短处，且感情用事，责人太苛。日前广州之行，竟弃弟而不与携手，又只知骂人偷安，而不恤人之困难。吾公患病，行动不便，又不能常亲聆教，此弟所以孤陋益甚，日月无长进也。此次赴粤，实迫于孙先生之命，明知其地非我所能久居，其事非吾党所能挽救，而必欲强之使从，是亦至不幸之事，悔疚在念，敢为倾腹一谈。孙先生七日来电，命我速行。弟意：一、以动员之日起程；二、须季陶同行；三、请速汇（周）淡游、（邵）元冲之款；四、以个人私交，随从督战，勿居名义。祈吾公代复一电，措辞易圆，不致有伤感情耳。"[1]

由于有利可图，1921年，蒋介石、张静江、戴季陶等又投资组织了"利源号"，总资本3万元，每股1000元，分30股，其中张静江1股，戴季陶1股，蒋介石3股，余由他人持有。开始时获利颇多，但因为张静江投机心理太重，大量"套利"，结果大败亏输，经理人周骏彦亏空20万元，两次跳黄浦江自杀未遂。

交易所投机生意失败，对财大气粗的张静江影响不是很大，但对蒋介石却是致命打击。以至于蒋介石的儿子蒋经国在上海学校的15元衣服费也交不出，不得不写信向张静江求援："贫富生死，率有定数，得此不足为富，无此不足为贫，况预备死者未必死，但求生者未必生，亦不必竞于此金钱，以贻平生之羞也。唯债留后人，于心不安；教育无费，终难辞责。此所忝在爱下，故敢不避公私，剖腹一谈。"[2]

1921年6月14日，蒋介石的母亲在溪口老家病故，蒋介石在办理母丧时，桂系陆荣廷发动了粤桂战争，孙中山决定讨伐桂系，兵分三路，向广西进军，很快占领了梧州、浔州等广西重镇。为了彻底消灭桂系军阀，孙中山、杨庶堪、邵元冲等自6月下旬开始就不断致电蒋介石，要他葬母后立即"墨绖从戎"。但蒋介石以母亲去世不久，要为之守孝为名，不肯离家。孙中山写了一封亲笔信，命张静江直接交给蒋介石。张静江臂缠黑纱赶往奉化，表示愿意替蒋守孝，促其赴任。情理难却，蒋介石不得不跟着张静江上了路。

1922年6月16日，陈炯明发动叛变，企图加害孙中山。孙中山在卫士的拼死保护下脱险，登上了永丰舰，随后一面电令北伐军回师平叛，一面

---

① 万仁元、方庆秋主编：《蒋介石年谱初稿》，中国档案出版社1992年版，第55-56页。

② 杨天石：《蒋介石与上海证券物品交易所》《蒋氏密档与蒋介石真相》，社会科学文献出版社2002年版。

致电蒋介石告以"事紧急，盼速来"。蒋介石总算还讲义气，得报后，决定立即赴难，并致书张静江，以后事及两个儿子相托，以示"决心赴难，虽死不辞"。蒋介石于 6 月 25 日离开上海南下，29 日抵达广州，然后潜行穿越叛军的封锁线，登上永丰舰。对于蒋介石的到来，孙中山十分高兴，当即授以海上指挥全权，直到 8 月 9 日离开广州，经香港回上海，前后正好一个月。蒋介石赴难勤王，大大地提高了自己在孙中山心目中的地位。1923 年，孙中山决定以俄为师，改组中国国民党，建立军官学校，组织训练一支完全受国民党领导的革命军队。

8 月，孙中山决定派蒋介石率领"孙逸仙博士代表团"赴苏联考察。蒋介石、张太雷、沈定一和王登云四人组成的代表团于 1923 年 8 月 16 日从上海乘船出发，考察苏联，至 12 月 15 日回到上海。蒋介石回到上海后，不去广州向孙中山复命，却跑回溪口老家去了。孙中山、廖仲恺、胡汉民等催他去广州复命，蒋介石却置之不理。12 月 27 日，张静江写信给蒋介石，劝他早日去广州复命。张静江在信中说："介石吾弟如见：沧白来电，属转促速去。昨晤果夫，云吾弟之行期尚未定，奈何。以兄私意，似不宜再缓，并候近佳。兄人杰顿。"[1]

经过张静江一再劝说，蒋介石才于 1 月 16 日赶到广州，向孙中山汇报其考察苏联的情况。

1924 年 1 月 20 日至 30 日，改组后的中国国民党在广州召开了第一次全国代表大会。会上，张静江被孙中山提名为中央执行委员会委员，并列入大会主席团，列席会议的蒋介石当选为军事委员会委员，没有进入"中央领导机构"，蒋介石多少有些失望。但孙中山很快又任命蒋介石担任了黄埔军校校长，这又是蒋介石的一大胜利。蒋介石通过黄埔军校训练出了一支以忠于他个人为中心的黄埔系军队，成为他发迹的资本。

---

[1] 万仁元、方庆秋主编：《蒋介石年谱初稿》，中国档案出版社 1992 年版，第 145 页。

三、投入蒋介石幕府充当首席军师

1925 年 3 月 12 日，孙中山病逝于北京。自 1913 年"二次革命"失败后，孙中山总结革命失败的原因，将权力集于一身，逐步树立了个人在国民党内的绝对权威。孙中山的骤然去世，使国民党内部出现了权力真空。那么，由谁来填补这个真空，继任孙中山的地位呢？

在长期的革命斗争过程中，孙中山有过几批助手，如辛亥革命时期的黄兴、宋教仁、刘揆一、陈其美、朱执信、胡汉民、汪精卫、廖仲恺、许崇智等，他们资历深、地位高。与他们相比，蒋介石是个后起之辈。在陈炯明叛变后，蒋介石虽然有过与孙中山共患难的经历，之后得到孙中山的格外信任和提拔，国民党一大后，陆续担任了军事委员会委员、黄埔军校校长，并兼粤军参谋长、长洲要塞司令等职，但也只是粤军总司令许崇智的一个副手，在国民党内连个中央候补执委都不是，根本不能与胡、汪等相提并论。当时，最有资格继承孙中山领袖地位的胡汉民和汪精卫，虽然为取得继承人资格在暗中较劲，但谁也不敢公开自封为孙中山的继承人。但身为小字辈的蒋介石却萌发了争当国民党领袖的政治野心。他以孙中山唯一的继承者自居，常说："一个党里，不能有两个领袖"；"我是总理唯一的信徒"。从此以后，国民党的历史就是围绕汪精卫、胡汉民和蒋介石三人争当领袖而展开的。在这场纵横捭阖，长达十多年的血腥角逐中，蒋介石的权术最高超，他玩弄以敌制敌的手法，首先联汪制胡，接下来又联胡制汪，最终将胡、汪一一击败。

胡、汪、蒋角逐的第一个回合，就是汪精卫与蒋介石合作，扳倒胡汉民和许崇智。在 1926 年 1 月召开的国民党第二次全国代表大会上，蒋介石有不同凡响的表演。张国焘回忆说：

蒋介石将军是第一次参加这种盛会的，颇有自命不凡之态。一月一日新年的群众大会上，他穿着引人注目的斗篷大衣，在主席台上接受欢呼；军事领袖的姿态表现得淋漓尽致，使汪精卫等为之失色。他在黄埔所举行的招待全体代表的茶会上，也显示出他自成一格的气派。他在大会上所发表的军事报告，指出国民革命军已近十万人，强调一年来军事上所获得的成就。他被选为中央常务委员和军事委员会的主席，确定了他在军事上的领导地位。在一般代表心目中，他与汪精卫是两个重心；前者是军事的，后者是政治的。有些人已经觉得汪蒋之间能否合作无间是有疑问的。①

国民党二大上，蒋介石当选为国民党中央执行委员会委员，二届一中全会上当选为九名常务委员之一。2月1日又担任了国民革命军总监，统辖各军。至此，蒋介石与汪精卫成为一武一文的两大巨头。在国民党二大上，张静江当选为中央监察委员。张静江为了改善蒋介石与汪精卫之间的紧张关系，曾以其与汪、蒋的深厚交情居间调和。1926年1月26日，张静江亲自邀请汪精卫陈璧君夫妇及蒋介石陈洁如夫妇同游黄埔海神庙等地，即其融洽双方感情的联欢之举。

蒋介石在利用共产党人和苏联顾问的支持，打击右派势力，提高了自己的权力地位之后，反过来又依靠右派势力的支持，打击以汪精卫为首的国民党左派和中国共产党，向国民党最高权力发起冲刺。1926年3月30日，蒋介石经过精心策划，发动了中山舰事件，这是蒋介石与右派勾结，打击汪精卫，向共产党进攻，向革命者示威的严重政治事件。对于蒋介石来说，是铤而走险、孤注一掷的一着险棋。

中山舰事件发生后，身为广州国民政府主席兼军事委员会主席的汪精卫因权威受到严重挑战而十分气愤。他对匆匆跑来报告的陈公博说："我是国府主席，又是军事委员会主席，介石这样举动，事前一点也不通知我，这不是造反吗？"汪并称："我在党有我的地位和历史，并不是蒋介石能反对掉的。"汪精卫提议"二、三、四、五、六军联合起来，给我打这个未经党代表副署，

---

① 张国焘：《我的回忆》第2册，东方出版社1998年版，第83-84页。

擅调军队、自由行动的反革命蒋介石"。[1]

汪精卫的主张却得不到苏联顾问团的支持。当时，联共中央委员、苏联红军政治部主任、苏联考察团团长布勃诺夫正在广州调查和研究中国革命的有关问题。布勃诺夫否定了汪精卫的反击蒋介石计划，主张对蒋介石实行妥协、退让，并撤销了季山嘉的苏联军事顾问团团长职务。3月22日国民党中央政治委员会开会，会上，汪精卫虽仍对蒋介石擅自行动表示不满，但由于苏方已经作出撤换季山嘉等人的决定，妥协、退让的局面已经形成，汪精卫亦无可奈何。会议作出三项决定：（1）工作上意见不同的苏联同志暂行离去，另聘其他同志为顾问；（2）汪主席患病应予以暂时休假；（3）李之龙受特种嫌疑，应即查办。

汪精卫以苏联为靠山，和季山嘉又一直保持着密切的关系。现在，面对蒋介石的进攻，苏方不仅不支持自己反击，反而向蒋介石低头，撤换季山嘉等人。这一切使汪精卫无地自容，堂堂国府主席兼军事委员会主席只好称病躲起来。布勃诺夫出卖了汪精卫，更加助长了蒋介石的政治野心。

在上海得到蒋介石发动中山舰事件的消息后，张静江唯恐骤行不义的蒋介石陷于进退失据的窘境，"不辞道远，抱病南下"，于3月23日抵达广州，傍晚又赶到长洲要塞，与蒋介石见面倾谈。但也有人说，张静江早于3月20日之前已到广州，只是躲着，到3月20日之后才公开露脸；还有人说张静江是谋划中山舰事件的核心人物。真相如何，暂且存疑。

张静江见到蒋介石，就对其在中山舰事件中采取的阴谋手段大加赞赏，"极称为天才"[2]。张静江的到来，使颇感孤单的蒋介石有了支撑，反共底气更足了。张静江深知蒋介石此时羽翼未丰，力劝其不可操之过急，不可过早与苏联及中国共产党决裂，他告诉蒋介石："共产党徒病幼稚，无权无勇，终何

---

① 陈公博：《苦笑录》，第37-38页。
② 万仁元等主编：《蒋介石年谱初稿》，第551页。

能为？"劝蒋暂行隐忍，并面授机宜："止其包办之（农工）运动而约束之，必可就绪。"为了扶持蒋介石，填补汪精卫出走后的权力真空，张静江决定留在广州，斡旋各方，为蒋介石出谋划策，正式成为蒋介石的军师，成为"唯一能为蒋氏出主意的人"。

张静江到广州后，国民党右派——西山会议派的要角叶楚伧、邵元冲也随之而来。陈果夫、陈其采也于5月初来到广州。这些国民党右派人物齐集广州，目的就是为了解决"蒋（介石）先生的处境极艰，且缺乏人手帮助"的问题。

张静江虽无正式名义，却扮演了决策人的角色。张国焘在《我的回忆》一书中说："当时一切重要政治问题，都由蒋介石、张静江和鲍罗廷三巨头秘密商谈进行；即一向居间的谭延闿似也没有参与其事。鲍公馆门前的盛况，已大不如昔。从前各要人都来他这里求教，现在他却要移尊到半身不遂的张静江的行馆，向蒋介石、张静江请示。"[1]

鲍罗廷这个"洋大人"认定"中共是中国革命中的苦力"[2]，一心要向国民党右派妥协，他甚至提议由张静江担任国民党中央执行委员会的主席。为此，汪精卫派的大将陈公博与鲍罗廷有过一番激烈争论。陈公博在《苦笑录》中说：

"汪先生走了，国民党中央执委已失重心，陈先生以为是不是应当在执行委员会内设一个主席？"鲍罗廷拿着小调羹正搅茶内的糖块，那时正在下午，我们是在用下午茶的时候。

"汪先生也会归来的，而且执行委员会设一个主席，总章无此规定。如果要设主席，根本非修改总章不行，难道刚开第二次代表大会半年多，我们又开第三次代表大会，或临时代表大会吗？"我很质直提出了我的疑问。

---

[1]　张国焘:《我的回忆》第2册，第114页。

[2]　同上，第119页。

"这个主席是临时的，章程可以待汪先生归来再修改。你知在革命期间，我们只有看革命的需要与不需要，而不应守着呆板的总章。"鲍罗廷竟以革命的需要压迫我。

"好，就算是革命的需要，但谁来当这个主席呢？胡先生是不愿回来的，谭（平山）先生恐不肯干，即干也恐领导不起。蒋介石罢，他的年龄和资格都有问题，而且新经三月二十的乱子，恐怕不能餍人愿。"我耐着性子向他分析。

"我想主席最好是张静江先生。"鲍罗廷这时笑起来，又似嘲谑，又似严肃。

"什么！你提出张静江先生。张先生是一个跛子，怎样能领导？纵使他真能干，只是一个监察委员。你想一个监察委员怎么可以来当一个执行委员会的主席？"我以为鲍罗廷是在开玩笑了。

"我不是和你开玩笑，张先生是孙先生的老友，我记得孙先生在北京病危时，张先生一个四肢瘫痪的人，闻得这个消息，连爬带跌跑上北京，孙先生一见他便哭了。"鲍罗廷那时不是嘲谑而更严肃。

"张先生难道凭这一哭就可以取得中执会主席的资格了吗？"我那时已怀疑到这种计划或者早已经成熟。

"但除张静江以外，再没有第二个人。陈先生你赞成了吧，蒋介石已赞成了，谭延闿也已赞成了。"鲍罗廷似乎已经告诉我那天谈话的结论。

"蒋先生不独赞成，据我所知还是提议的一个人呢？"张春木（张太雷——引者注）那时插科的加上一句。

"但我依旧反对，然而我毕竟是中政会的列席委员，用不着我赞成，而反对也无效。"我只听着大众意见便了。过了两天，张先生的主席算是由鲍罗廷建议，他照例先说一番理论，陈述革命的需要。那事本已接头好的，开会不过是一种形式，自然大家无话，草草通过。①

---

① 陈公博：《苦笑录》，第45—47页。

1926 年 5 月 15 日，在蒋介石的操纵下，在广州召开国民党二届二中全会。会上，张静江与蒋介石联名提出了《党务整理案》，限制和打击中国共产党。《整理党务案》规定：凡加入国民党的共产党员，对于三民主义"不得加以怀疑或批评"；共产党员在中央、省、特别市党部任执行委员的数额，"不得超过该党部执行委员总数的三分之一"；共产党员不得担任国民党"中央机关之部长"；凡其他党党员加入国民党者，必须将名单交国民党中央执行委员会主席保存；党员如违犯"办法"的有关规定，要视情节给予严惩。按照事先的预谋，蒋介石提议设立中央执行委员会常务委员会主席，由张静江担任。从此，张静江由幕后走上前台，名正言顺地指导蒋介石从事反共"大业"。

张静江走马上任后，他行使权力的方式也是很独特的。陈公博在《苦笑录》中说："张先生自己呢，也有些不善于自处，每次开会，每有问题，都不大讨论，他自以为是的都通过，自以为不是的总搁起。每一个议案，他老人家坐在主席位上，口内念念有词地读了一遍，便说这案通过，旁边的秘书长叶楚伧先生便执笔写'通过'两字。张先生的眼睛固然不明，声音又特别低哑，我们连案由都没听清，那案就已经通过或不通过了。当时我便打个譬喻，好像广东人听梅兰芳，虽然手上捧着一张剧词，但他唱到哪里，实在无从追索，只有人家叫好，自己也随着点头而已。"完全是一副蛮横专断的架势。

在张静江的主持下，立即对国民党中央党部进行改组。原任国民党中央执行委员会秘书长刘芬、组织部长谭平山、代理宣传部长毛泽东、农民部长林祖涵，均因身为共产党员而被免职。共产党被排挤出国民党中央的一切重要领导职务，政治领导地位大大削弱。共产党员被排挤后，张静江提名蒋介石兼任组织部长、邵元冲任青年部长、甘乃光任农民部长、叶楚伧为中央执行委员会秘书长。邵元冲、叶楚伧均是国民党右派，西山会议派成员。张静江与蒋介石配合进行的这次人事大改组，是他们共同策划的第一次"清党"。后来，蒋介石把国民党二届二中全会看作是"国民革命成功的关键"，是"本党与共产党消长的分水岭"。

张静江把持了国民党中央，就如同蒋介石把持了国民党中央一样。6月5日，蒋介石被任命为国民革命军总司令。7月6日，张静江以足疾为由辞去中央常务委员会主席职务，改推蒋介石担任，让蒋独揽党政军大权于一身，借张静江之手，终于成全了蒋介石独裁集权的欲望。由于北伐战争即将开始，蒋介石又将中常会主席职务交张静江代理，由他"秉政中枢"，负责后方党政事务。

这期间，张静江指使陈果夫（蒋介石北伐后代理组织部长职务），全面改组国民党中央组织部和地方党部，"共产党无形被淘汰了三分之一"。陈果夫回忆说："静江先生代理党务会议主席以后，我就任组织部长……重要事项，则决策于静江先生。这时候的配合，觉得很有力量。有一次，计划改组共产党'把持'已久的广东省党部，这件事很重大，我问静江先生要不要请示蒋先生。静江先生说：'应该做的事，就负责做去，不必请示，本党整个政策并没有变更，领袖不能表示态度。如果去电，叫他如何答复，我们的事要审慎处理，不要增加蒋先生的麻烦。'"张静江还告诉陈果夫："你选出人员提会，我负责使之通过，假使还有麻烦，我可以负责。"为陈果夫撑腰壮胆。

在张静江的操纵指使下，到1926年12月止，广东省和广州市各级党部基本上为国民党右派控制。接着，他们又陆续派遣所谓党务指导员分赴各地改组党务。段锡朋、郑异往江西，萧静、王宇春、葛武棨往浙江，陈希豪往上海，张道藩往贵州，方治、丁超五往福建，童冠贤、吴铸人往北京，纪亮往绥远，田昆山往甘肃，郭春涛往西北等，这些国民党右派分子分赴各地后，为蒋介石发动反革命政变准备了组织基础。在这一切活动中，张静江是后台主角，陈果夫则是前台执行者。

四、顽固反共成为众矢之的

张静江等国民党右派的独断专行，引起国民党左派的忧虑。为了抵制国民党右派势力的增长，国民党左派迫切希望汪精卫回国。何香凝对吴玉章说：

"我们现在是跟北洋军阀决战的最后关头了，可是国民党内部情形这样糟，怎么办？一个人专横跋扈，闹得大家三心二意，这次战争怎么打下去，国民党怎能不垮台？"① 国民党左派随后发起迎汪回国运动，张静江、蒋介石对此极为反感。蒋介石认为迎汪的目的在于"倒蒋"，1926年9月中旬，蒋介石派胡公冕到上海会见中共总书记陈独秀，声称汪精卫回国将被小军阀利用，和他捣乱，分散国民革命势力。蒋介石要求中共维持他的总司令地位，并且要挟说"汪回则彼绝不能留"。中共中央与共产国际远东局讨论后，决定了汪蒋合作的办法。会后，陈独秀告诉胡公冕，汪精卫回国有三种好处：第一，攻下武汉后，国民政府局面扩大，汪回政府增加得力负责之人；第二，新起来的小军阀与蒋之间的冲突，有汪可以和缓一些；第三，张静江在粤的腐败政治，汪回可望整顿。

1926年9月，国民党中央政治会议决定召开中央及多省区联席会议之后，曾经成立过一个议案起草委员会，成员为谭延闿、孙科、李济深、甘乃光、徐谦、鲍罗廷、顾孟余7人。从9月14日至29日，先后召开了6次会议，期间，左派曾拟提出统一党的领导机关案。该案将中常会、中政会合并，另选13人组成政治委员会，它包括左、中、右三派，但主席及秘书必须是左派。左派的意图很清楚，即罢免蒋介石的中央常务委员会主席和张静江的代理主席职务。对此，张静江蛮横地表示，这次大会不能提到主席问题，不能反对蒋做主席，声言"请汪复职"就是"拥汪倒蒋"，"誓以去就争"。会后，张静江又以"前方战事紧张"为由，对鲍罗廷说："要蒋先生辞去党政，无异反对中国革命，我们请你做顾问，并不希望你这样做的。"终于迫使议案起草委员会未能提出该案。

在10月15日至28日召开的联席会议上，迎汪问题再次成为斗争的焦点。会前徐谦曾要求张静江早日发表蒋介石的迎汪电，但张坚持在各议案之

---

① 《吴玉章回忆录》，第136页。

后再提出，并称："汪系个人的事，不用过事张皇。"右派并扬言，要提出欢迎胡汉民案以为抵制。18日，江苏、上海、安徽、浙江四个党部联合提出迎汪的临时动议，并有山西、山东等25个党部附署，声势浩大，在此情况下，张静江才无可奈何地公布了蒋介石迎汪的电报，但张静江又说不知何处可以找到汪精卫，受到与会代表的嗤笑。显然，张静江是不甘心要汪精卫回国。

在中共和苏联的推动协助及蓬勃发展的工农运动配合下，北伐军进展迅速。1926年10月10日攻克武汉。国民革命军前敌总指挥兼第八军军长唐生智霸占两湖的企图越来越明显。为了压制唐生智，蒋介石提议广州国民政府迁都武汉。1926年12月31日，张静江、谭延闿等自广州抵达南昌，本来只准备停留三四天，就西上武汉，但蒋介石却于1月3日召开中央政治会议第六次临时会议，与会者有蒋介石、张静江、谭延闿、邓演达、宋子文、林祖涵、朱培德、柏文蔚、何香凝、顾孟余、陈公博等人。会议一开始，蒋介石即说："中央党部和国民政府是不是应当留南昌，抑或迁武汉，请各位发表意见。"蒋介石一说完，张静江即抢先发言说："我主张留在南昌，因为南昌地势很好。"张静江的理由实在很蹩脚，宋子文、陈公博均主张按原议迁武汉。陈公博很激动地说："我本来不想再说的，但我眼见着无数的危机。我请各位注意，如果国府不迁武汉，恐怕党便会由此分裂。"张静江断然反驳说："我不相信陈公博同志的说法，国府不迁汉，怎么党便会分裂？"在张静江、蒋介石的把持下，会议作出了"国民党中央党部与国民政府暂驻南昌，迁移问题留待三月间中央全会讨论"的决议，由此挑起了迁都地点之争。

张静江参与策动并挑起迁都之争，使国民党左派和共产党人对蒋介石的专制跋扈有了进一步的感受。孙科激愤地说："蒋介石这样把持着党，终有一天要做皇帝了。"[①]孙科发表文章，指责二届二中全会变更党章规定，设立常务委员会主席，"差不多在政治上是一国的大总统，在党务上是一党的总理"，

---

① 陈公博：《苦笑录》，第73页。

"不知不觉就成为一个迪克推多"①。为了限制蒋介石、张静江的权力，他们决定开展恢复党权运动。

在这场恢复党权运动中，张静江依然是一种倔强不让的顽固态度，以致连谭延闿这位号称"水晶球"的圆滑人物也觉得张静江不可理喻。一次，谭私下对陈公博发牢骚说："哈，你还不知道静江呢！介石是做了错事是不肯认错的，而静江就以为他所做的事根本不会有错。他的脾气又倔强，又无理。我告诉你一段笑话罢，不久以前，我们在牯岭闲谈时，谈及牯岭的高度，在座还有黄膺白。本来牯岭的高度超过海拔五千尺，这是在游览书载得很清楚的，但张静江总以为靠不住。黄膺白是一个学测量的，他还傻头傻脑地和他争执，反复说着什么三角，什么几何；张先生更是一个不信科学的人，始终以为什么样都靠不住，我忍不住便和他开玩笑说：'我有一个办法，叫一个人用几千尺的绳子，从牯岭脚下拉起，拉到山顶，那一定准确了。'静江说：'这是斜的不是直的，还靠不住。'我说：'既是这样，顶好由山顶打一个直洞打到山脚，那一定准确。'然而静江也说办不到，你想他是这么一个人，谁能和他讲理呢！"②

张静江这种寸步不让的顽固态度，使他成为众矢之的。当时，"打倒昏庸老朽的张静江"，"清除党内一切昏庸老朽分子"等口号标语遍及于长江、珠江各地，"迎汪复职"，"提高党权"，"驱张（静江）运动"应运而生。1927年2月23日，武汉发表《中国国民党党务宣传大纲》，不点名地指责张静江以中央监察委员代理中央常务委员会主席，主持中央工作，使党的意志无由表现，造成"朕即国家"的状况。陈公博回忆说："武汉方面，却也不直接攻蒋，借口张静江做了中常会主席的缘故，高呼着请张静江交还党权给中央。""不言而喻，驱张运动"的实质是为了限制蒋介石的独裁与反动。一

---

① 孙科：《为什么要统一党的指导机关》，《汉口民国日报》1927年2月20日。

② 陈公博：《苦笑录》，第78页。

时间，张成了代蒋受过的活靶子。

五、四一二反革命政变的幕后主谋

在此前后，蒋介石还从天津和开封分别召来了他的拜把兄弟黄郛和张群，张静江、黄郛、戴季陶和张群等几个蒋介石的把兄弟整天围在蒋身边谋划反革命大计。2月1日，蒋介石偕张静江、黄郛、戴季陶等上庐山共度农历除夕，经过周密策划，制定了"清党"反共的计策。下山后，张静江在南昌接见了来自上海的西山会议派分子桂崇基。桂赴赣的秘密使命就是为了敦促蒋介石、张静江等新右派"速下清党决心"，张静江与桂崇基密谈数次，双方十分融洽，并定下腹案，一俟北伐军攻克上海即便实行"清党"。这期间，在上海的吴稚晖等亦与西山会议派分子接洽，密谋反共。张静江、吴稚晖等国民党新右派与西山会议派老右派在"清党"反共的问题上迅速接近，并迅速勾结了起来。

2月21日，蒋介石以"中央政治会议"的名义，设立了由吴稚晖、钮永键、陈其采等组成的"上海临时政治会议"。3月1日又宣布成立以张静江为主席的"浙江临时政治会议"，为东南"清党"做好了组织上的准备。

为了扩大蒋介石的政治力量，1927年3月10日，张静江写信给一年前被蒋介石排挤出国的汪精卫，为蒋介石说项，劝其捐弃前嫌，尽快回国，与蒋携手反共。

3月10日，武汉召开国民党二届三中全会，蒋介石、张静江拒绝到会。会上，对二届二中全会实行主席制提出了批评。徐谦批评这种制度"只见个人权力，不见党的威权"。孙科称："以主席为唯一领袖，并且兼为军事领导，此种封建思想对于党内党外皆有影响，渐次便成独裁制度。"① 会议决定取消主席制，在中央执行委员会议后，由常务委员会行使职权，同时设立政治委

① 中国第二历史档案馆编:《中国国民党第一、二次全国代表大会会议史料》下册，江苏古籍出版社1986年版，第809页。

员会、军事委员会，实行集体领导制度。会上，张静江被解除中常会主席，仅保留其监察委员名义。蒋介石虽仍任国民革命军总司令，但其职权大部分收归军事委员会，"总司令是军事委员会委员之一"。此后，蒋介石决定撕去伪装，公开打出反共旗帜。3月11日，蒋介石下令枪杀赣州总工会委员长陈赞贤，16日下令解散拥护武汉政府的国民党南昌市党部。19日，又以武力解散左派控制的国民党九江市党部和九江总工会。所有这一切，都是蒋介石集团公开反共的前奏和强烈信号。

3月21日，张静江衔命由南昌抵达杭州，他向邵元冲、蔡元培等人转达了蒋介石的意向："谓介石对于共产党分离事已具决心，南京定后，即当来宁共商应付。"①24日，张静江偕邵元冲、蔡元培等人离杭赴沪，会晤东路军前敌总指挥白崇禧及潘宜之、张定潘、黄郛、王伯群、吴稚晖、李石曾等，共商"反共大计"。

3月26日，蒋介石抵达上海。3月28日，张静江、吴稚晖、蔡元培、李石曾、古应芬等举行会议，"讨论与共产党分裂之办法"。会上，吴稚晖历数共产党的"罪状"，提出"取消共产党人在国民党党籍"，决定以"护党救国"名义发动清党。4月2日，蒋介石与张静江、胡汉民等密商后，授意吴稚晖、蔡元培、李石曾、古应芬、陈果夫、李宗仁、黄绍竑等国民党中央监察委员举行会议，通过吴稚晖起草的"请查办共产党"呈文，随即由张静江、吴稚晖等以"中央监察委员会"名义呈交国民党中央执行委员会，要求对各地共产党领导人给以"非常紧急处置"，"在所在地就近知照公安局或军警机关，暂时分别看管监视"。4月9日，张静江又与邓泽如、黄绍竑、吴稚晖、李石曾、蔡元培、古应芬、陈果夫等联名发表所谓"护党救国"之通电，颠倒黑白，恶毒攻击共产党和武汉国民政府，为蒋介石发动政变制造舆论。

---

① 王仰清等标注：《邵元冲日记》，上海人民出版社1990年版，第312页。

4月11日，蒋介石在南京发出"已克服的各省一致实行清党"的密令。上海首先行动，由桂系军阀白崇禧主持，在蒋介石收买的青洪帮流氓头目杜月笙、黄金荣、杨虎的配合下，首先对共产党员和革命群众举起了屠刀，在3天中，有500余人被杀害，5000余人下落不明。张静江亲自主持了浙江省的"清党"，在杭州和宁波等地屠杀了大批共产党员和革命群众。4月18日，蒋介石在屠杀革命人民的血泊中宣布在南京成立国民政府，张静江被推选为南京政府的四常委之一，成为蒋家王朝的新显贵。

自中山舰事件到蒋记南京政府的建立，张静江是一个核心人物。陈果夫说："回想静江先生代理中央常务会议主席的时间虽不久，但是清党的基础由此奠立，才恢复本党的生机。假使没有静江先生坚定识力和伟大的领导方式，又怎能发挥出本党内蕴的反共力量？"

六、调停蒋桂矛盾，为他们分配地盘

在北伐过程中，李宗仁、白崇禧的第七军连战皆捷，号称"钢军"，而蒋介石的第一军则表现不佳，这使李、白对蒋产生了彼可取而代之的念头。据知情人透露，当时担任蒋介石参谋长的白崇禧更是不可一世，不大把蒋介石放在眼中。以蒋介石为首国民党新右派发动四一二反革命政变后，武汉国民党中央执行委员会于4月17日发出通令，宣布开除蒋介石的党籍，免去其本兼各职，着全体将士及群众团体拿解中央，按反革命罪条例惩治。4月18日，武汉国民党中央发出为惩办蒋介石对全体党员之训令，同时公布蒋的12条罪状。21日，武汉国民党中央及国民政府发表否认南京政府通电；武汉国民党中央执行委员、国民政府委员、军事委员会委员等联名通电讨蒋。武汉政府还委任冯玉祥、唐生智为国民革命军正、副总司令，并决定组织"东征军"，实行军事讨蒋。

宁汉对立，蒋介石成为武汉政府攻击的主要靶子，这就为桂系李、白借武汉政府的压力倒蒋提供了机会。据陈公博回忆，四一二反革命政变前汪精卫在上海与李宗仁、白崇禧、黄绍竑交换时局意见时，李、白、黄等就答复：

"只要汪先生答应分共，对于蒋介石可以请其下野。"当唐生智率军"东征"后，李、白等与唐生智暗通款曲，表示"只欲武汉反共，于愿已足"。在这时还发生了蒋介石密令何应钦将第十三军缴械的事。第十三军是白崇禧到上海后组成的，由白自兼军长。蒋介石为遏制桂系力量膨胀，曾密令其嫡系第一军军长何应钦相机将第十三军缴械，但何应钦没有执行蒋的命令。其原因有二：第一，何应钦力有未逮，怕没有成功的把握；第二，何应钦为人性格软弱，不忍出此毒手。据说，何应钦专门向蒋介石解释了不能执行命令的理由，但蒋却认为何氏"已经软化了"。李、白获悉此事后大为震动，联想到程潜的第六军曾被蒋介石下令缴械，军长程潜险遭毒手，他们感到蒋的阴险毒辣，唯恐自己也遭到同样的命运，决定利用武汉东征的压力倒蒋，使蒋不安于位。8月中旬，蒋介石找李宗仁、白崇禧试探说："我想乘此休息一下。"白崇禧说："总司令如果真需要休息，我也赞成，否则徒然在政治上掀起一个大风浪，那就大可不必了。"李宗仁则表示，请蒋"自决出处"。面对桂系的拆台，张静江、吴稚晖等还想从中调和。8月12日，由吴稚晖主持，召集南京要员开会，商讨应付局势的办法。会上，吴稚晖力主蒋介石留任。但李、白等"武装同志都说蒋先生要歇歇，照唐生智那种气势汹汹，我们两面受敌不了，蒋先生暂且歇一歇也好"。

在这种情况下，8月13日，蒋介石离开南京，次日发表下野宣言，随即回溪口老家。蒋介石下野后，张静江与胡汉民、吴稚晖、李石曾等国民党右派元老也宣布与蒋介石同进退，以表示他们不承认李宗仁这位新入伙的军头的领袖地位。

8月15日，李宗仁宣布就任国民革命军副总司令。李、白实际上控制了南京政府。但李、白也有难言的苦衷。李、白加入国民党的时间不长，资历太浅，谁也不会承认他们的领袖地位；江浙资产阶级也不合作，白崇禧坐镇上海向江浙资本家要钱，却收效甚微。在桂系面临诸多棘手问题的情况下，张静江与吴稚晖、李石曾等出面，在蒋介石、李宗仁等人中活动，为他们划分势力范围。1927 年 10 月 30 日，蒋介石致李石曾与张静江的信，集中反映了张静江等人活动的内容。信是这么写的：

> 石曾、静江先生尊鉴：曾（养甫）同志来，接读手教，不胜感慨。弟之去就，准照尊意办理。以后制度，只有主张分治。唯措辞及分配地方，应须慎重研究。敬之（何应钦字）与弟，不必分划两地，只要敬之听话，则弟之事可交其一人办理也。事实亦如此，敬之亦不能离弟自立也。第一、七军之调解，唯任潮（李济深字）能尽其责，故弟前主张其来宁助弟而调白（崇禧）回粤桂，以免纠纷，盖黄（琪翔）先生亦不愿任潮在粤而亦有此意嘱弟，主张任潮来宁也。如桂系能自觉其长江决非其所能统制而自行退让，或以两广为其根据，则彼此当可互助而成也。弟近日主张中国未统一之前，政府地点仍以广州为宜，可否设法提议成为事实？以未统一以前，革命根据地只可在两广，必待中国统一，政府地点稳固，乃可以政府地点而代革命根据地。是时，方得迁移适中之处。如何，乞赐之。

弟中正手上十月卅日 [1]

李宗仁、白崇禧觉得统治长江流域下游难以奏效，于是发起讨唐战争，企图从唐生智手中取得湖南、湖北地盘，与其广西老巢打成一片。在为蒋介石、李宗仁分赃的过程中，张静江、吴稚晖与蒋介石也产生了分歧，张静江、吴稚晖 12 月 11 日写信给蒋介石称："党事虽我等主义相同而办法稍异，因此遂有不合之处。昨日与静作别时，兄有'尔等亦不信我'之说，其实不信兄者，在于办法不在主义也。兄既决计用兄之办法，弟等在此，反碍兄之进行，不如暂离赴杭，小事休息，待时机再至，当再助兄共同工作也。弟等主张，毫无私意，兄云助桂，言太重，务望释疑，是为至要。"[2]

张、吴赴杭后，曾养甫于 12 月 14 日写信给张静江，劝张静江、李石

---

① 中国第二历史档案馆编：《1927 年蒋介石等联汪制桂函电选》，《历史档案》1984 年第 1 期。
② 同上。

曾、吴稚晖等返回上海主持。信中云："甫昨日由宁回沪，访公不遇，继谒任潮先生，方知底蕴。现沪上舆论，对介公极不满。因公高蹈，益不直介公。介公为党国中坚，声望地位，非一朝一夕所能致。万一失败，其如党国何？其如革命事业前途何？现任潮先生对大局颇为悲观，拟遄回粤中，对党国大计，一切不理。如此，则分崩离析，党国前途，更无办法，革命事业，将成泡影。此事非公与石曾先生等返沪主持，莫能挽救。最好依照四月间清党办法，由监察委员会举发叛逆，则正义自伸，人心自定。闻介公亦同此意，且深自悔恨此次举措之失宜。望公以党国为重，即日反驾，大局幸甚，党国幸甚。迫切陈词，伏维垂鉴。"[①]

之后张静江、吴稚晖、李石曾与谭延闿等商定，由南京政府电促蒋介石复任国民革命军总司令。1928 年 1 月 4 日，蒋介石从上海到南京，宣布就任国民革命军总司令。2 月 2 日至 7 日，蒋介石操纵召开国民党二届四中全会，并当选为中央常务委员会委员、组织部长和军事委员会主席，会后又担任了中央政治会议主席。2 月 8 日，张静江又将其南京国民政府常务委员让给蒋介石，使其党政军大权集于一身。张静江等为蒋介石的东山再起可谓费尽了心机。

七、因争权夺利与蒋介石决裂

蒋介石重新上台，权力地位得到巩固后，张静江等元老的作用开始下降。1928 年 10 月，国民党酝酿成立五院制的国民政府。张静江本想以其元老身份争取监察院长一席，李石曾、丁惟汾、蔡元培、吴稚晖等一批人也为张捧场，但蒋介石终不同意，而以于右任为监察院长。

张静江争任监察院长失败后，在李、蔡、丁、吴等人的支持下，总算当上了国民政府建设委员会委员长。在争夺这一职位时，张静江露骨地表示："建设非争不可，谁不同意，就是有意破坏建设！"又说："总理说过的，革

---

① 中国第二历史档案馆编：《1927 年蒋介石等联汪制桂函电选》，《历史档案》1984 年第 1 期。

命就要建设，不建设，革命就要失败。因此，我党政军都可不管，唯有建设，我是一定要干的！"①张静江唯恐蒋介石仍不同意，几次争得面红耳赤为止。

按照建设委员会的章程，其职权范围极广，凡属国营事业的设计及开创都归其统辖。张静江一向倾慕日本明治维新时期的三井、三菱、大仓等财阀垄断各种工矿企业的事迹，以经济干才自居，准备大干一番。在张静江的主持下，建设委员会改建了南京发电厂和常州戚墅堰发电厂；设立国际广播电台一座、国内无线电台 27 处；兴办江南汽车公司，江南、淮南铁路及淮南、馒头山、宜洛、长兴等煤矿。但张静江垄断工矿事业的做法很快与蒋介石的姻亲宋子文、孔祥熙产生了严重的利益冲突，而蒋介石的天平也自然地偏向宋子文、孔祥熙，毕竟血亲比拜把兄弟更重要。为此，张静江心里失衡了，牢骚满腹。

李宗仁回忆说："某次，他（指张静江——引者注）特地约蔡元培、李石曾、吴稚晖诸元老暨李济深和我，到其寓所喝茶聊天。静江忽然慨叹地说，从前介石未和宋美龄结婚时，我凡向他有所建议，他莫不静心倾听，且表示考虑采纳。今则态度完全两样了。大约已为宋美龄及其姐妹所包围，昨日和介石谈话，他忽然冲动，大发脾气，说要做这件事你也不赞成，要做那件事你也不同意，动辄得咎，倒不如让我辞职，让共产党来干好了。"②

1928 年 11 月，张静江兼任浙江省政府主席。张上任后，集中主要精力于发展全省的交通事业。1929 年 6 月至 10 月，张静江还在杭州举办了西湖博览会，吸引了众多的中外人士。大规模的建设需要大笔资金，张静江便以增加苛捐杂税作为浙江建设经费的主要来源，有所谓"建设特捐""建设附捐""水利费""土地测绘费"等名目，一律在原有田赋下附加征收，据估计，田赋正税每元附征税在二元以上，每亩正附税合计达到一元二角至一元

---

① 何祖培：《张静江事迹片断》，《文史资料选辑》第 24 辑，第 282 页。
② 李宗仁：《李宗仁回忆录》下卷，华东师范大学出版社 1995 年版，第 441 页。

七八角，大大地加重了农民的负担。张静江还大量发行公路公债，分次向银钱业借款，一律以赋税作抵，部分以企业财产作抵，利息高达一分一厘，变相为财阀集团开辟财源。1928—1930 年，两年多时间里，共发行公债及借款 2000 余万元。对张静江在浙江省政府主席任内的作为，人们褒贬不一：有人痛恨其横征暴敛，称为"败家之子"；有人则说他"用少数钱""求多数利"，是几任主席中最有作为的一个。①

张静江刚愎自用的倔强性格，使他四面受敌。因《杭州民国日报》发表批评他施政措施的文章，张静江一气之下下令将国民党浙江省党部执行委员兼杭州民国日报社社长胡健中逮捕，结果遭到国民党中央和国民政府行政院的斥责，并受到警告处分。张静江被迫将胡健中释放。胡被释放之日，国民党浙江省党部组织所谓的"各人民团体学校代表"游行示威，将胡接到省党部开欢迎大会，并在报上将国民党中央斥责张静江的电报用特大字予以发表，使张静江极为难堪。1930 年，张又与亲信、浙江省民政厅厅长朱家骅反目成仇，张静江擅自将朱家骅撤职，派建设厅长程振钧兼代民政厅长。

更严重的是，张静江与蒋介石的矛盾也越来越尖锐。

蒋介石原拟以路矿权利向德国借款，从杭州建造浙赣铁路直通江西南昌，一次建成重轨。而张静江则着眼于牟取高额利润和早些还本，坚决主张先造浙江省内杭州至江山一段，由他向银钱业借款建造轻轨，认为这样成本低，凭客货运输费收入短期内即可偿清借款，于是执意动工而置蒋介石的主张于不顾。在 1930 年张静江辞职后，蒋介石命铁道部接管杭州至江山的铁路，并换重轨，与浙赣铁路贯通，几乎全部返工，损失巨大。同时，张静江对浙江的公路建设也未能与蒋介石的"军事计划"相配合。蒋介石命令浙江省首先建造浙赣边境及浙东、浙南山区公路，而张静江出于营利的考虑，先以全力建成杭州至绍兴的一段公路，使之成为全省唯一有盈余的公路，这些都令

① 张素贞：《毁家忧国一奇人——张人杰传》，台北近代中国出版社 1981 年版，第 53、58 页。

蒋介石恼火不已。

张静江在浙江事事独断专行，已为蒋介石所不容。及至 1930 年张静江先后将沈士远、朱家骅免职，教育厅长陈布雷亦有求去之意，蒋介石益不能忍，叫戴季陶转告张静江自动辞职以免难堪。张竟恼羞成怒说："我偏不辞职，叫他（指蒋介石）免我的职就是了。"戴季陶又派陈立夫去劝说。陈立夫到杭州后，与张静江亲自到河南前线（此时蒋正在指挥中原大战），见蒋解释误会。张静江由陈立夫陪同到了蒋的行辕，经过侍卫传达回话后，只叫陈立夫一人进去，张暂在外间等候。陈立夫进去了好久，才出来对张静江说，经他再三向蒋好说，总算答应出来见面，劝张要忍耐一些。又等了好久，蒋才出来。甫进客室，张一见之下，怒不可遏，对蒋说："你现在架子这样大了，我从前去见总理也没有等过这么长久！"蒋亦勃然大怒："我看你在浙江要独立了，等我把阎、冯打下以后，再来打你，你等着吧！"言毕转身离去。陈立夫见状，知已无可挽回，只得和张静江回南京。张静江回到杭州，立即吩咐秘书长刘石心拟电稿请求辞职。①

八、失意中远走海外以度残年

张静江辞去浙江省政府主席以后，虽然仍担任建设委员会委员长一职，但国民党二届五中全会已通过一项议案："建设委员会应将属于各部主管事业分别交各部接管"，使建设委员会的职权大为缩小。1931 年 10 月，以宋子文为首的全国经济委员会成立以后，建设委员会更是名存实亡，张静江成了有职无权的摆设。张静江仅保留了江南铁路公司、江南汽车公司和中国农工银行三家企业，也就是保留了一个饭碗而已。

蒋介石的疏远、权力的丧失和痼疾的日益严重，使张静江日益灰心消沉。每当他看到年轻的僚属、亲友，逢人便说："不要做官，没有做头！"②

---

① 何祖培:《张静江事迹片断》,《文史资料选辑》第 24 辑, 第 291 页。
② 同上。

　　1932 年"一·二八"事变爆发，当得知日寇进攻上海、屠杀无辜的消息时，正举箸挟肉的张静江顿时感悟，说："日寇之残杀我人民，有如是乎？以杀止杀，莫如戒杀！"遂决定终身素食，以示对弱肉强食的侵略行径的仇视和厌恶。1935 年 8 月，印光法师抵上海，张静江登门拜访。印光法师与张静江耳语数句，张静江突然大彻大悟，大哭一场。从此，张静江遂决心引退让贤，迁移海外，尽其余年。1938 年 8 月，张静江离开中国香港赴欧洲，继而移居美国纽约。

　　1946 年 9 月 17 日，张静江七十大寿，蒋介石致电表示祝贺。1948 年 5 月，蒋介石当选为总统，聘张静江为资政。1950 年 9 月 3 日，张静江病逝于美国寓所。刚刚败退台湾的蒋介石于 9 月 16 日发表"总统令"，予以褒扬：

　　资政张人杰，器局恢宏，志节坚贞，早岁追随国父，竭赞革命，毁家纾难，公尔忘私，弼奠洪基，厥功甚伟。北伐之际，秉政中枢，勋勤备著。嗣后出主浙江省政，兼长建设委员会，推轮肇始，筚路开疆，硕划宏规，民生攸赖。近年养疴海外，靖献不忘，胡天不相，遽夺老成，瞻顾典型，实深轸悼，应予明令褒扬。生平事绩，宣付国史馆。饰终之典，交行政、考试两院妥议，务极优隆，用示政府崇德报勋之至意。此令。

　　国民党中央党部在台北设灵堂公祭，蒋介石亲书挽词"痛失导师"，并亲临主祭。

　　1956 年 9 月 18 日，在张静江八十寿辰纪念日的前一天，在台北又举行了纪念会，蒋介石为其题词：

　　毁家纾难，以从事革命，踔厉无前，以致力建设，侠骨豪情，高风亮节，一代典型，邦人永式。蒋中正。

　　蒋介石的颂词，可以看作是他对曾经大力扶持过自己的盟兄的一种回报。

第二节　蒋家王朝的"师保"吴稚晖

在蒋介石的幕府中，吴稚晖是一个非常独特的人物。国民党的官书称："吴稚晖先生之于中华民国，是居于师保的地位。""吴稚晖成为中华民国政府精神上最主要的护持者"。这个评价形象地道出了吴稚晖一生死心塌地维护蒋介石的角色地位。

一、蒋氏父子两代尊之为师

吴稚晖

吴稚晖，原名吴朓，1865年3月23日（清同治四年二月二十八日）生于江苏阳湖县雪堰桥南街的一个普通小商人家庭。后阳湖县并入武进县，故吴稚晖即以武进人自居。吴稚晖不仅长相滑稽独特，而且特别顽皮淘气，喜好恶作剧。读了几年私塾后，于17岁那年在冯氏家中开蒙学馆，教馆之余，吴朓专心攻读儒家经典，以图博取科举功名。22岁中秀才，26岁中举人。中举后，三次参加会试，均名落孙山。会试的失败，对吴稚晖打击极大。吴稚晖的一位朋友写下了"学剑不成，学书不成，勇而无刚，朝史暮经，三十之年，胡乱混混"的评语以讽刺吴稚晖。吴看了，懊丧不已，就想"扔了那劳什子的文史"。不久，吴稚晖在小书摊上看到一本名为《何典》的小书，开篇有首词："不会谈天说地，不喜咬文嚼字，一味臭喷蛆，且向人间捣鬼，放屁放屁！真正岂有此理。"看完这本书，吴稚晖大彻大悟，从此文章风格丕变，冲破所师桐城古文学派的框框，信奉"有话直说，有屁直放，不要存什么做文章的念头，落得个自由痛快"。① 从此，吴稚晖写的文章充满了俗语俚句、污秽之词，并以滑稽诙谐、冷嘲热骂为特色。后来，吴稚晖充当蒋介石的文痞，对蒋介石的政敌进行无情攻击时，他的这种龌龊不堪的文风发挥了特殊作用。

1897 年吴稚晖到天津北洋学堂教书，参与了康梁发起的维新变法运动。1898 年到上海南洋公学任教。1901 年春留学日本，入东京高等师专为中国留学生办的宏文学院学习。同年冬回国。1902 年再赴日本，5 月返国，任上海爱国学社教员。1903 年 2 月起，利用《苏报》鼓吹革命。7 月"苏报案"发生后流亡英国。1905 年春，与孙中山在伦敦相识。1905 年冬，由曹亚伯等介绍，在英国伦敦加入中国同盟会。1906 年，吴稚晖与李石曾、张静江、褚民谊等在法国巴黎建立无政府主义小团体——世界社，并发行《新世纪》周刊，刊物经费主要由张静江提供，吴稚晖负责编辑。《新世纪》周刊的主要内容是宣传无政府主义，抨击清王朝的反动统治及保皇派，与在日本东京出版的同盟会机关报《民报》遥相呼应，影响很大。吴稚晖是《新世纪》的主要撰稿人，他第一次使用"何典文体"（或叫"吴稚晖文体"）对清王朝进行了猛烈攻击。

1911 年辛亥革命爆发后，吴稚晖回国。1913 年担任国语读音统一会会长。1915 年夏，与李石曾等发起留法勤工俭学会，1920 年担任法国里昂中法大学校长。在 1923 年的"科学与人生观"的论战中，吴稚晖抛出了《箴八股化之理学》《一个新信仰的宇宙观及人生观》两篇文章，加入科学派的行列，攻击玄学派。吴稚晖的文章批驳玄学派攻击科学和物质文明、鼓吹复古的论调。吴的文章，以其特有的冷嘲热讽、戏谑刻薄、卑俗不堪的文笔，弄得争论双方不知所措，用吴自己的话来说，就是争得没有意思了。然而，

---

① 伍稼青:《吴稚晖先生轶事》，台北《艺文志》第 27 期;《吴稚晖先生与文学》，台北《中国文摘》第 2 卷第 12 期。

吴稚晖的文章居然获得留美博士胡适的大声喝彩。胡适盛赞吴稚晖为科学派的"压阵大将"，并再三向这位由"压阵"转为"打先锋"的"老英雄"致敬。数年后，胡适在公开演讲中，仍把吴稚晖列为中国近三百年来反理学的四个思想家之一。后来，国民党当局也给吴稚晖戴上了"哲学家"的桂冠，1948年吴因此当选为中央研究院人文组的哲学院士，其代表作就是这篇《一个新信仰的宇宙观及人生观》。

1923年吴稚晖回国。1924年1月，改组后的中国国民党在广州召开第一次全国代表大会，吴稚晖出席了会议。孙中山提名吴稚晖为五名中央监察委员之一，其他四人是邓泽如、李石曾、张继、谢持。吴稚晖与李石曾、张继均是无政府主义分子，他们在国民党中监委中占了三席。从此开始，吴稚晖进入国民党中央领导层，他的中央监察委员一直做了28年，从一大直到1952年10月在台北召开的七大为止。

对于孙中山的联俄联共政策，吴稚晖开始是赞同的，他在写给国民党反共死硬派分子邓泽如的信中说："有共产主义遂有共产党，乃事有所必至。""与官僚尚可携手，独党人不能通融么？"一大后，吴稚晖担任驻沪监察委员，同时担任了上海国语师范学校校长。1924年12月31日，孙中山抱病进入北京。1月26日，孙中山指示将国民党中央执行委员会内之政治委员会移设北京，并派吴稚晖与汪精卫、于右任、李大钊、李石曾、邵元冲、陈友仁为政治委员会委员。孙中山病重以后，吴稚晖参与了孙中山遗嘱的起草，并且在遗嘱上签名作证。

不久，吴稚晖又筹划在北京创办海外预备学校。为招生计，吴稚晖南下上海、广州遍访国民党要人，寻求支持，很快招到了20多名十一二岁的国民党要人的子女，其中包括汪精卫之子汪婴、女汪洵，孙科之子孙治平、孙治强，邹鲁之子邹越，朱执信之女朱始、朱薇，林直勉之子林希孟、林汉阳，马超俊之子马绍棠，李济深之女李筱梅（后来成为吴稚晖的儿媳）。这次南方之行，吴稚晖于5月9日到黄埔军校与校长蒋介石见面，这是吴稚晖和蒋介石交往的开始。当然，在 1924 年的国民党一大上，吴、蒋也有可能见面，作为列席代表的蒋介石对当选为中央监察委员的吴稚晖至少不会陌生。1925 年 5 月底，海外预备学校在北京东城南小街 92 号开学。不久，蒋介石的长子蒋经国因在上海参加五卅运动，被学校当局开除，蒋介石将其送到吴稚晖的海外预备学校，吴稚晖成为蒋经国学业上的老师。后来蒋介石又尊吴稚晖为政治导师，所以吴稚晖成为蒋氏两代之师。

1926 年 3 月 18 日，段祺瑞指使反动军警对举行反帝游行的学生及民众队伍用排枪、大刀进行血腥大屠杀，造成了震惊中外的"三一八"大惨案。段祺瑞执政府又发出通缉令，通缉徐谦、李大钊、李煜瀛（石曾）、易培基、顾兆熊等。徐谦、李大钊、李石曾是国民党在北方地区的领导人。吴稚晖虽然没有上黑名单，却也吓坏了，连忙安排海外预备学校从北京撤退，吴稚晖本人也南下广州。

此时，广州国民政府内左、右派的矛盾冲突已经十分激烈。以蒋介石为首的国民党新右派通过发动"中山舰事件"，逼走了国民党左派领袖汪精卫，打击了中国共产党和苏联顾问团，夺取了国民党的大权。为了扩大战果，蒋介石在张静江的协助下，准备召开国民党二届二中全会，进一步限制共产党。吴稚晖一到广州，就投到了蒋介石幕下。

5 月 15 日，国民党二届二中全会在广州开幕，蒋介石让吴稚晖在会上作了关于北方国民军失败的原因及其感想的报告，吴稚晖俨然以国民党北方地区领导人自居。17 日，会议通过了蒋介石提出的《整理党务第一决议案》《整理党务第二决议案》《联席会议组织大纲案》。上述决议案规定：共产党员在国民党高级党部（中央党部、省党部、特别市党部）任执行委员的人数，不得超过各该党部执行委员总数的三分之一；共产党员不得担任国民党中央各部部长；共产党员须将其加入国民党的党员名册交国民党中央主席保存；成立由国民党代表五名、共产党代表三名组成的国共两党联席会议，负责处理国共两党间的问题；共产国际对中共的指示和中共对国民党内共产党员的指示，均需先交国共两党联席会议讨论后方能发出。蒋介石的把兄弟、吴稚晖的无政府主义同路人张静江被抬上了国民党中央常务委员会主席之位，实际上是做了蒋介石的替身。20日，蒋介石提名吴稚晖担任国共两党联席会议国民党一方的五委员之一。共产党负责人张国焘称吴稚晖为"毒气炮"，蒋介石因此而看重吴稚晖，让他去与共产党周旋，可谓知人善任。

22日，二届二中全会举行闭幕式，吴稚晖继蒋介石、顾孟余后发表演说。吴稚晖为会议取得的反共"成果"欢欣鼓舞，在讲话中凶相毕露地说："如果决议案之不能实行，则各委员实在均无面目、无资格了。实在我不是骂人，因为与其恭维，不若说坏话的好。"吴稚晖的一番表演，赢得了蒋介石的欢心。次日，蒋介石特意邀请吴稚晖、钮永键到黄埔军校参加总理纪念周，受到贵宾般的优待。据称，这一天，吴稚晖与蒋介石进行了非常愉快的长谈。从此开始了吴稚晖死心塌地为蒋介石保驾的历史。

二、四一二反革命政变前后扮演极其凶狠的角色

1926年7月9日，在广州东校场举行国民革命军总司令就职典礼和北伐誓师大会。由广州国民政府主席谭延闿向蒋介石授印，由孙科向蒋介石授孙中山遗像，由吴稚晖向蒋介石授旗。从此以后，凡是给蒋介石加冕的活动，基本上都是由吴稚晖出面执行，成为国民党官场惯例。

吴稚晖在向蒋介石授旗后，代表国民党中央致训词，训词是这样的：

中国革命，远起汤武。新旧主义，当然不同。救民水火，古今一揆。今中央执行委员会代表全体党员，敬奉总理遗像、党旗、国旗，授我革命军蒋总司令，率全体将士，载而北征。牧野之捷，载主东下，一戎斯定，天下为公。尚其鉴兹。①

北伐进军到长江流域，取得湖北、湖南两省地盘后，身为国民革命军前

---

① 张文伯：《吴稚晖先生传记》，台北传记文学出版社1985年版，第37页。

敌总指挥、第八军军长的唐生智马上显露出独霸两湖地盘的企图,蒋介石深知两湖非其立足之地,决定取得江浙沪地盘,作为其势力范围。为此,蒋介石先后派吴稚晖、钮永键、黄郛等赴上海,为他进驻上海打前站。

上海是中国最大的工商业中心城市,拥有80万产业工人。中国共产党中央委员会、军事委员会设在上海,国民党老右派——西山会议派的"中央党部"也设在上海。

吴稚晖是江苏无锡人,钮永键是上海人,黄郛是浙江杭州人,他们在上海滩上各自拥有广泛的社会关系。吴稚晖、钮永键以国民党江苏特别委员名义到达上海后,由钮永键负责实际责任,吴稚晖随时洽商。吴稚晖还将其海外预备学校迁到上海,以掩人耳目。吴、钮坐镇上海,勾结青洪帮、官僚政客及买办资产阶级等各种反共势力,千方百计地监视中国共产党领导的革命力量,以保证蒋介石独霸上海。

中国共产党在领导上海两次武装起义失败后,总结经验教训,准备举行第三次武装起义,以夺取上海。为此,吴稚晖坐卧不安。

3月6日,吴稚晖出面约晤中共中央总书记陈独秀,吴稚晖与陈独秀有一段对话,据吴稚晖3月28日在国民党右派召开的所谓"上海中央监察委员会"会议上的报告,对话是这样的:

吴:"研究共产学说,自为共产党之责;若实行共产,五六年前苏俄代表越飞在广州语孙总理,当在二百年之后;以我理想,二百年尚嫌不足。"

陈笑吴太迂,吴又言:"急切轻挂招牌,止是赝鼎!"

陈曰:"你更疯癫!请问中国现在的共和不是伪的么?但你以为康有为之复辟与伪共和孰优?"

吴突然追问陈:"你定中国实行列宁式共产主义是若干年?"

陈毫不迟疑地回答:"二十年。"

吴听后作骇极之情状,说:"如此,国民党生命止剩十九年了。前年总理答越飞,国民党国民革命完成应需三十年。若你们共产党急迫至此,未免取得［代］国民党的生命太快了一点，应当通盘商量才好！"①

不久，吴稚晖就以这段对话为口实，发起反共"清党"运动，配合蒋介石的武力，向共产党人和革命群众举起了屠刀。

1927 年 2 月 22 日，进驻南昌的蒋介石决定成立上海政治委员会，任命吴稚晖、蔡元培、钮永键、何应钦、陈果夫、杨杏佛等为委员，以钮永键为主席。吴稚晖唯恐蒋介石顶不住国民党左派和国民革命军官兵要求革命的巨大压力，而对反共发生动摇，从上海致函在江西的蒋介石，鼓励说："你今天身负军事和党国重任，此刻之心情，正如书经所说：'怀乎若朽索之驭六马。'只有出之以戒慎恐惧，采持坚确之毅力与决心，乃能无畏于横逆，而终底于胜利成功。"②

对吴的鼓励，蒋当即回函表示反共决心："稚老先生尊鉴：手教读悉，敢不遵命以从。晚亦绝不敢有退休之表示，请勿绮念，为祷。晚中正谨上。"③

果然，蒋介石不负吴稚晖的期望，很快撕下一切伪装，露出狰狞面目。3 月 6 日，蒋介石下令枪杀中共党员、江西赣州总工会委员长陈赞贤，拉开了大屠杀的序幕。蒋介石从南昌到九江、安庆、芜湖、南京、上海，收买青洪帮流氓分子一路走一路杀。

3 月 26 日，蒋介石抵达上海，立即召见东路军前敌总指挥、桂系军阀头目白崇禧，面示"清党"决心。3 月 27 日，吴稚晖、李石曾、蔡元培、张静江、邵元冲、马叙伦、蒋梦麟等迁入龙华交涉公署，密谋"反共"。吴稚晖提出，为保密计，在"清党"明令公布前，均不得外出。同一天，蒋介石召集会议，吴稚晖提议："由中央监察委员会提出弹劾共产党员及跨党分子谋危本党，摇动后方及卖国之行为"，"然后再由监察委员会召集中央执行委员之非附逆者开会商量"，至于"开除及监视一切附逆及跨党之首要等"，则

---

① 《四一二反革命政变资料选编》，人民出版社 1987 年版，第 105-106 页。

② 陈洪等：《吴稚晖先生大传》，第 168 页。

③ 台北《革命文献》第 16 辑插图。

"听候代表大会裁判"。

28 日晚，吴稚晖、蔡元培、张静江、古应芬、李石曾等举行所谓中央监察委员会常务委员会，首先由吴稚晖报告"共产党谋叛情形"，"陈独秀明言二十年内实行共产，已入国民党之共产党员谋叛国民党及不利于中华民国之种种行为"，提议纠察，实行所谓"护党救国运动"，得到蔡元培等人的附议。

继李宗仁后，桂系军阀的其他几位首脑李济深、黄绍竑也于 4 月 1 日自广州秘密抵达上海。4 月 2 日，蒋介石召集吴稚晖、何应钦、李石曾、陈果夫、陈立夫、李济深、李宗仁、白崇禧、黄绍竑等在东路军前敌总指挥部举行会议。吴稚晖在大会上大讲什么国民党已经变成了"火中取栗的猫脚爪"，虽讲得唾沫横飞，但他满口无锡土话，别人却不大听得懂。与会者都知道，吴稚晖所讲的内容不外乎诬蔑共产党。会议没有任何反对意见，反共"清党"的方针就这样确定了。①

4 月 2 日晚，吴稚晖、蔡元培、张静江、古应芬、李石曾、陈果夫、黄绍竑、李宗仁八名国民党中央监察委员举行所谓国民党中央监察委员会第三次全体会议第二次会议，讨论吴稚晖 4 月 1 日提出的《呈中央监察委员会文》，吴稚晖称："现在共产党在各地已公然提出打倒国民党、打倒三民主义之标语，去年武汉所发之印刷品，亦公然有推翻本党及卖国之言论。我辈为中国国民党党员，对此自应急行断然之处置。""至于叛逆分子，因其有危险行为，故必须先行看管，以待中央执行委员会之判决。"

根据吴稚晖的建议，会议将国民党中央执行委员分成三类：甲类，纯为本党忠实分子，计汪精卫、谭延闿、胡汉民、蒋中正、丁惟汾、戴季陶、李济深等 31 人；乙类，态度可疑之分子，计恩克巴图、经亨颐、王法勤、屈

---

① 黄绍竑：《四一二事变前后我亲身经历的回忆》，《新桂系纪实》上册，政协广西壮族自治区委员会文史资料委员会 1990 年编印。

武、吴铁城等8人；丙类，"共党"分子及附和"共党"分子，计谭平山、林祖涵、李大钊、徐谦、于树德、吴玉章、杨匏安、恽代英、毛泽东、许苏魂、陈其瑗、夏曦、邓演达、董用威、邓颖超、詹大悲、顾孟余等79人。此外，还开列了中央监察委员及各省党员179人，与丙类同属于"应先看管者之列"。

会后，提出了一份《国民党中央监察委员会兹》，要求国民党中央执行委员会"以非常紧急处置，姑将所开各人及各地共产党首要危险分子，经党部举发者，就近知照公安局或军警，暂时分别看管监视，免予活动，致酿成不及阻止之叛乱行为"。

4月9日，由邓泽如领衔，黄绍竑、吴稚晖、李石曾、蔡元培、古应芬、张静江、陈果夫八名中央监察委员发表所谓"护党救国"之通电，为反共制造舆论。

国民党二大选举中央监察委员12人，候补中央监察委员6人。而出席会议的仅8人，显然不足半数，本身就是非法的会议。而且以非法的监察委员会去指挥合法的中央执行委员会，更是荒唐透顶的行为。但吴稚晖等反动分子却不管这些，以此非法会议为蒋介石的血腥大屠杀披上"合法"的外衣。

正当吴稚晖等策划反革命政变之时，"中山舰事件"后被蒋介石排挤出政坛的汪精卫从欧洲回到上海。蒋介石想拉汪精卫一起反共，4月3日，汪精卫、吴稚晖、蒋介石、李济深、黄绍竑、李宗仁、白崇禧、宋子文、蔡元培、古应芬、李石曾和邵元冲12人在上海莫里哀路孙中山故居开谈话会。会上，蒋介石等人提出"赶走鲍罗廷"并"分共"，要汪精卫赞成，同时希望他留沪主持。吴稚晖在会上怒气冲冲地说："此次监察委员会提出对共产党之弹劾案，必将采断然之处置，故只任通知，而非商榷。"但汪精卫不同意以非法手段"分共"，双方展开了激烈争论。

李宗仁回忆说："与会人士与汪氏激烈辩论。辩论至最高潮时，吴敬恒十分激动，竟向汪氏下跪，求其改变态度，并留沪领导。会场空气，至为激荡。

吴氏下跪，汪则逃避，退上楼梯，口中连说：'稚老，您是老前辈，这样来我受不了，我受不了。'全场人都为之啼笑皆非。紧张的场面，也充满了滑稽成分。"①

4月5日，汪精卫与共产党总书记陈独秀联合发表《国共两党领袖联合宣言》(亦称《汪陈宣言》)，宣称：国共两党"应该站在革命的观点上，立即抛弃相互间的怀疑，不听任何谣言，相互尊敬，事事开诚，协商进行。政见即不尽相同，如兄弟般亲密，反间之言，自不得乘间而入也"。在蒋介石之流磨刀霍霍之际，《汪陈宣言》却粉饰太平，对革命人民来说是一种麻醉剂。

《汪陈宣言》发表的当天，汪精卫又与蒋介石、吴稚晖等人举行了第二次谈话会，吴稚晖对《汪陈宣言》极为不满，在会上讽刺汪精卫说："陈独秀是共产党的党魁，是他们的'家长'，他在共产党里的领袖身份是无可怀疑的。但是我们国民党内是否有这样一个党魁或'家长'呢？现在有人以国民党党魁自居……恐怕也不见得罢！？"②说得汪精卫十分难堪。

吴还当面质问汪精卫："中国从此即由两党共同统治了吗？"汪氏解释说："全篇宣言说两党不可发生误会，并无两党共同统治中国的话。"

但吴稚晖仍不满意，唠唠叨叨地说："他们既要拥护共产党，我们也要拥护国民党。如果他们拥护共产党的言行，超出了友谊的范围，要来共治中国，甚至想独治中国，那我们拥护国民党的力量更不能不大增。"

吴稚晖恼羞成怒地对汪精卫说："我相信你终有一天来同我们相对痛哭，我所以不望你马上加入我们这一边来。"会议不欢而散。

当天，汪精卫从宋子文处获悉，李宗仁主张将他软禁起来，以免放虎归山。汪精卫听了骇出一身冷汗，于当晚秘密登上一艘客轮前往武汉。

吴稚晖听说汪精卫悄悄去了武汉，气得蹦了起来，连忙在报纸上发表

---

① 李宗仁：《李宗仁回忆录》上卷，华东师范大学出版社1995年版，第339页。

② 同上。

《国共两党关系之说明》，再次发挥其诡辩的特长，歪曲孙中山的新三民主义，恶毒攻击中国共产党，为蒋介石的反共行径制造舆论。

吴稚晖还有一项任务就是与西山会议派的老右派们联络一致"反共"。经过吴稚晖的沟通，国民党新老右派在反共、镇压工农运动上虽然已经没有分歧，但蒋介石、吴稚晖等仍不愿公开与西山会议派合流，这让西山会议派成员愤愤不平。

1927 年 5 月 20 日，西山会议派的核心人物邹鲁写信给吴稚晖揭他的老底："西山会议，先生为参与之一人。继以清党问题不能同意，只欲调和，遂致两歧。及先生由京抵沪，连谈数日，每日数时，对于弟等担出共产党倒国民党之阴谋与事实，以为非清党不可，终不见容纳。其时介石同志在粤正有清党计划，忽于先生到粤时改变态度。此种事实与先生主张是否发生关系，不可得而知。而时间相值，则论者多为先生咎焉。及先生由粤回沪，仍间接向弟等表示调和办法，谓将监察考试二权归诸西山会议派主持。弟等以为清党系救党，非以分权，终不得结果。自是以后，每与先生晤面不复谈党事矣。及本党知先生洞悉共产党一切倒党计划，决心清党，因欲晤先生。而先生亦对人表示欲晤弟。复蒙亲到敝寓，正式表示清党之决心与办法，并云表面仍主张联俄容共，打倒西山会议。弟既表示赞成清党之决心，而对于联俄容共，打倒西山会议之办法，以为太违背言行，期期以为不可。争论三时有奇，而先生仍信为妥适，卒之上海发动清党时，不敢明言清党，借题工人自相冲突。次日某军官之谈话仍云容共政策毫无变更。同时，健生同志发出查封四十四号文电（当时弟因此事晤先生，先生云此事系健生所为，介石不知，及后查之，乃知系介石所命）与先生所言办法不爽一毫。结果，我不清共，共亦清我，武汉之讨伐令一下，则清党问题不能不直揭矣。则何如自始即标明清党主义之为直接之当也。今于西山会议问题仍蒙混不清，在先生始终以为此次清党实质为执行西山会议议案。西山会议之一致合作，不过时间问题，然已主张无二偏生裂痕，不特生出以后党中意见，见亦何以昭示中外，若怀有私见则更不堪问矣。弟知先生此次举动完全为清党问题，但办法错误，遂使自生荆棘，殊为扼腕。况及今月余，正气仍不张于党内，既恐正气未必终可压埋，万一竟被压埋，则党国前途隐忧正大，更不敢为西山会议哀矣。弟向所言动，深为人责？发之太早，万非明哲，但又安忍焦头烂额之为上客耶？弟知先生为人最诚，任事最切，复以党国所关，万难缄默，故仍不能不为先生痛陈。"①

一切阴谋家、野心家，都是不择手段的，吴稚晖这个冒牌的无政府主义分子手段可谓老辣阴险。西山会议派以反共"先知先觉"自居，但他们只是一群没有实力的政客，蒋介石、吴稚晖当然不会把反共的头彩拱手让给西山会议派。

4月8日，蒋介石又任命吴稚晖担任上海政治委员会的代理主席。在吴稚晖、白崇禧的主持下，上海警备区特务处长杨虎、东路军政治部主任陈群这两个杀人不眨眼的刽子手悬赏捕杀共产党人，并使用极其残酷的肉刑和斩刑，导致成千上万的共产党员和革命群众惨遭杀害，上海顿时成了人间地狱。人们将杀人恶魔杨虎、陈群的名字连在一起称为"养虎成群"。

吴稚晖不仅指挥刽子手在上海大肆屠杀，而且亲自向杨虎举报中共总书记陈独秀的儿子、中共领导人陈延年。吴稚晖写信给杨虎，吹捧杨虎为"天人"，要求将陈延年"明正典刑"，"寒通国共党之胆"②。

吴稚晖反共已到了疯狂的程度，以至于连胡适都看不过去，写信批评他不应该丧心病狂杀朋友，吴稚晖无以为答，只好复函自我嘲讽一番："所以我是狂易了，也破产了，怂恿杀朋友，开口骂朋友，也同那班畜类是一丘之貉罢了，还敢在先生面前忏悔么？"③

---

① 《西山会议派关于清党等问题致蒋介石、吴稚晖等人的四封函》，《档案与历史》1987年第3期。
② 孙其明：《吴稚晖生死陈延年》，《文物天地》1981年第6期。
③ 《胡适来往书信选》上册，中华书局1979年版，第467-468页。

吴稚晖在四一二反革命政变前后上蹿下跳，扮演了极其凶狠的角色。国民党的官方史书称："吴稚晖之于中华民国，是居于师保地位……民国十六年四月，赞襄蒋总司令清除共党分子，完成中国统一，遂使苏俄赤化中国阴谋的时间表因之被阻延二十年，即其最著一端。"①

三、以独特方式保驾护主

将昨日的盟友共产党人打入血泊之中后，蒋介石集团在南京另起炉灶，成立南京国民政府。吴稚晖这个标榜的无政府主义分子头上又多了几顶桂冠——中央监察委员、国民政府委员、国民革命军总政治部主任和中央宣传委员会负责人。

1927 年 8 月，李宗仁、白崇禧利用武汉政府东征的机会逼蒋下台，蒋介石便玩弄以退为进之计，准备辞职下野。吴稚晖获悉蒋介石准备辞职下台，急忙出面召集南京的要员开会，他说："目前正值北伐吃紧之时，党国需各类人才，共谋统一大业，蒋总司令责任重大，万万不能辞职，否则只能使亲者痛，仇者快呀！"但李宗仁、白崇禧等人却说："蒋先生要歇歇，照唐生智那种气势汹汹，我们两面受敌不了，蒋先生且歇一歇也好。"②

蒋介石见局势已无法挽回，于 8 月 12 日晚悄悄离开南京前往上海，13 日在上海发表下野宣言。吴稚晖闻讯后，又赶到上海挽留未果，回到南京后，于 16 日与胡汉民、李石曾、张静江、蔡元培等发表"五委员联名宣布引退"通电，与蒋介石同进退，以示不承认桂系李宗仁、白崇禧的地位。

蒋介石下野后，吴稚晖与张静江、李石曾等为蒋介石的东山再起而奔波。他们的行动诡秘莫测，外人难知其详。从现已公布的史料来看，主要是为蒋介石、李宗仁两大军阀头目划分地盘，由桂系取得两湖和两广，蒋介石统治长江下游的江苏、浙江和上海等。

---

① 吴相湘：《民国百人传》第 1 册，台北传记文学出版社 1979 年版，第 403 页。

② 张学继：《桂系逼宫与蒋介石第一次下野》，《团结报》第 1096 号，1990 年 5 月 19 日。

蒋介石为东山再起，还派宋子文居中牵线，联合被桂系排挤的汪精卫，共同搞垮桂系把持的特委会，并授意汪精卫、陈公博指使张发奎在广州驱逐桂系的同路人李济深。驱李的广州事变发生以后，汪精卫及汪派骨干陈公博成为桂系的仇敌，而吴稚晖、张静江、李石曾、蔡元培等蒋介石的拥护者又趁机落井下石，把汪精卫及汪派彻底搞臭，让蒋介石坐收渔翁之利。

为彻底搞臭汪精卫，吴稚晖又充当了急先锋。吴稚晖首先给汪精卫戴上了一顶红帽子，胡说汪精卫集团的"清党"是执行"第三国际反共倒蒋的命令"，"仍旧跑到国民党里来，打倒国民党"。

对于吴稚晖的这种栽赃式的攻击，汪精卫等人进行了反击。12月7日，汪精卫在上海对新闻记者发表谈话，为自己辩护。汪声称，吴稚晖说武汉"清党"是奉了第三国际反共倒蒋的命令，这是对武汉同志的极端诬蔑。他指出，张发奎等人是否共产党，将由事实来回答。汪派把持的广州《民国日报》则大骂吴稚晖为"昏庸老朽"。

对于汪精卫等人的回击，吴稚晖气得暴跳如雷。12月8日，他亲自起草了对汪精卫、陈公博、顾孟余三人的弹劾案，会同蔡元培、李石曾、李宗仁、张静江联名发出。弹劾案称汪精卫"口是心非，反复无常，排甲倒乙，排乙倒甲，私德荡然，自坏人格"，"买空卖空，变乱视听，欲使人认汪即党，认党即汪"，因此，应停止其出席国民党二届四中全会的资格。

对于吴稚晖等人的弹劾，汪精卫则反唇相讥，声称中央监察委员会早已被特别委员会取消，吴稚晖等已无资格提弹劾案。汪精卫并写信给吴稚晖，直骂吴为"老狗"，仗着卫戍司令逞威风。[①]

12月10日，汪精卫玩弄"拥蒋以自救"的把戏，在二届四中全会预备会议上提出《催促蒋介石继续执行国民革命军总司令职权》的提案，提案当然顺利通过了，但汪精卫所得到的，却只是吴稚晖、李宗仁等人的继续攻讦

---

① 张学继：《吴稚晖与汪精卫的一场笔战》，《团结报》第1109号，1990年7月4日。

和蒋介石的冷遇。

12月11日，中国共产党利用广州事变所造成的有利条件发动了著名的广州起义。这样一来，吴稚晖对汪精卫的攻讦更来劲了。14日，吴稚晖在上海《民国日报》发表《相当时期的话》，指责汪精卫一不应听凭为着特别委员会"唾手可改"的小事弄兵，替共产党造机会；二不应该把李济深骗走，并一口咬定汪精卫应负酿成"共祸"的罪责。

15日，吴又发表《两个旧电报》一文，检出汪精卫于宁汉分裂前后在4月16日、18日签署的两个反蒋的电报，新账旧账一起算。

同一天，吴稚晖又与李宗仁等人提议，派兵讨伐张发奎、黄琪翔，通缉汪精卫、陈公博、顾孟余三人。白崇禧甚至准备策动杜月笙这个流氓头子对汪精卫实施绑票。汪精卫四面楚歌，于12月16日夜偕秘书曾仲鸣偷偷登上一艘法国货轮，第二次流亡欧洲。

行前，汪精卫在上海发表《两件大事》的文章，埋怨吴稚晖说："这几个月来，我跳来跳去，也跳得太苦了，你系仗着几个总指挥的势力，赶着我不住地打，定要将我打入共产党的队里去，也打得太苦了！"

但吴稚晖仍不依不饶，痛打落水狗，于17日、18日连续在上海《民国日报》发表《读了汪先生的两件大事》的长文，以胜利者的得意口吻，挖苦着汪的落魄："汪先生那种跳来跳去，危险得很，少不成了一只斗昏鸡，造出错误又错误，进一层再一层，到了愈弄巧愈拙的地步。"吴还预言，汪精卫如不改正那种悻悻然小丈夫的毛病，将变成一个卑鄙小人。[1]

汪精卫被赶跑了，领袖的宝座自然就非蒋介石莫属了。

1928年1月8日，蒋介石再次担任国民革命军总司令。在二届四中全会上，又担任国民党中央常务委员、组织部长、中央政治会议主席、军事委员会主席，集党军政大权于一身。吴稚晖以其独特的方式护主保驾，功劳不

---

① 张学继：《吴稚晖与汪精卫的一场笔战》，《团结报》第 1109 号，1990 年 7 月 4 日。

可小觑。

四、"逢君之好，长君之恶"的处世哲学

1928 年 8 月，蒋介石为贯彻其"削藩"意图，决定召开国民党二届五中全会。汪派中委陈公博等人四处活动，力图将五中全会作为其东山再起的机会。吴稚晖担心汪派中委利用这个会议与蒋介石捣乱，连忙在报纸上发表《对陈公博出席问题之谈话》称："第四次全体会议，决定了他（指陈公博）与汪（精卫）、顾（孟余）、甘（乃光）四人，都候第三次全国代表大会决定他们的资格。"

但陈公博却不买账，与吴稚晖打起了笔墨官司。陈公博说："尤其使南京当局难以忍受的，是我和吴稚晖先生大开笔战起来。吴稚晖当日以反汪大将自居，自然连带对我没有好感。恰值南京又开五中全会，新闻记者来问我是否出席，我本来已奉命不出席的，因记者来问，只好答以出席与否，尚未决定。不知道吴先生怕我出席呢，还是借故寻闹呢，这一段小小在报纸上的谈话本来无关宏旨，而吴先生却大光其火，来了一篇长文。我当时虽然三十以外的人，还脱不了少年盛气，看见吴先生日日骂汪先生，已经惹动正义感的肝火，这次吴先生竟是找上门了，真是所谓正合孤意，如何愿输。如此一来一往，两方面都写了三四篇文章，吴先生固然还拿出他的泼辣本领，我也破格回他怠懒口吻。卒之蒋介石先生在报纸发表谈话，吴先生也借此下场，而《革命评论》遂夭折了。"[1]

陈公博在《苦笑录》中说："五中全会要开会，我本来没有打算出席，因为有新闻记者来问，我随便答说要去南京。这种谈话本来不关宏旨，但惹起吴稚晖老先生大动肝火。吴先生当时不知由于什么缘故，一定要单独找我对垒，以他老人家的地位，就要对付我，也大可以不必亲自出马。大约吴老先

---

[1]　陈公博：《寒风集》，查建瑜编《国民党改组派资料选编》，湖南人民出版社 1986 年版，第 38 页。

生以为他一发表文章，我必定要本敬老之旨，不会还拳，不过我当时实在还是少年气盛，正在没有好气的时候，刚刚吴老先生找上门，我不禁搔着痒处，乐得试下身手。这样'兵来将挡，水来土掩'的文章往来了好几个回合，毕竟吴老先生能忍耐，就此鸦雀无声，而让蒋先生出头。蒋先生也捉不住我的痛脚，只在报纸来一段谈话，说广州事变我应该负责。"[①]

实际上，不是蒋介石找不到陈公博的"痛脚"，而是蒋介石还要利用陈公博。因为这一次，汪派中委团结一致，他们表示，如陈公博不能出席，他们都不到南京出席会议。这可急坏了蒋介石，汪派中委不到会，就不够法定开会人数，五中全会就要流产，蒋介石的"削藩"计划就无从实现。蒋介石反复权衡利害，决定让陈公博等这批无拳无勇的汪派中委参加五中全会，且屈驾到上海邀请汪派中委包括陈公博去南京开会。吴稚晖只知护主，却未想到护过了头，弄得没趣。吴稚晖一气之下，跑到上海躲了起来，会也不参加了。

在蒋介石的权力巩固后，吴稚晖等军师的作用开始下降。性格倔强的张静江难免有失落感。一天张静江特地约吴稚晖、李石曾、蔡元培、李济深、李宗仁等人到寓所聊天。张静江忽然慨叹说，从前介石未和宋美龄结婚时，我凡向他有所建议，他莫不静心倾听，且表示考虑采纳。现在态度完全两样了，大约已为宋美龄及其姐妹所包围，昨日和介石谈话他忽然冲动，大发脾气，说要做这件事你也不赞成，要做那件事你也不同意，动辄得咎，倒不如让我辞职，让共产党干好了。张静江发完牢骚，吴稚晖接口说："蒋先生个性倔强，自信力极大。劝大家不宜进言。"他尤其叮嘱张静江要压抑感情，不可常向蒋先生啰唆。与其明知无济于事而强为之，徒引起无谓反感，实属不智之举。吴稚晖接着说："若说句粗话，蒋先生是个流氓底子出身，今已黄袍加身，一跃而为国府主席，自然目空一切。和昔日流浪上海，为静江先生送信跑腿时，自不可同日而语。最好大家信任他，由他放手去干，不必对国事

① 陈公博：《苦笑录》，东方出版社 2004 年版，第 117 页。

滥出主张。做得好，固然是他分内的事；做得不好，也是他的责任，免得推诿到别人身上。"①

吴稚晖的这些话，看似发牢骚，实际上是吴稚晖用来规范自己与蒋介石关系的纲领。

从中国几千年的历史传统来看，新皇权力巩固后，因对老臣不耐而反目成仇的例子比比皆是。吴稚晖熟读经史，自然知道其中利害。"伴君如伴虎"，何况蒋介石并不是一个开明的君主，"个性倔强，自信力极大"，不容旁人说三道四。既然如此，干脆不如投其所好，落得个皆大欢喜，反正好坏都归他蒋介石。吴稚晖担任国民党中央监察委员近30年，只监察那些与蒋介石所不喜或与蒋介石公开作对的人，而对蒋介石亲信的文臣武将则不闻不问。对吴稚晖的这套处世哲学，李宗仁评论说："这位无政府主义的吴先生，他对蒋先生的批评，确有深入独到之处。不过对事对人毋乃太无责任感了。真是'逢君之好，长君之恶'，兼而有之。"②

正因为吴稚晖一味地迎合蒋介石，不与蒋介石争权夺利，故吴、蒋关系能够维持数十年而不坠，至少在表面上，蒋介石、蒋经国父子始终尊崇吴稚晖。北伐时代为蒋介石跑龙套的吴稚晖、张静江、李石曾、蔡元培、胡汉民五位元老，除吴稚晖外，其他四位先后远离了蒋介石，或者与蒋介石反目成仇。吴稚晖得以善终，不能不归结于他的明哲保身的哲学。

五、诱亲家陷入蒋介石的囚笼

北伐结束后，国民党中央于1928年10月8日召开第173次中常会，吴稚晖联合张静江、李石曾在会上临时动议，以蒋介石为国民政府主席兼陆海空军总司令，第一次将蒋介石推上了"国家元首"的宝座。为此，蔡元培写信给吴稚晖说："此次国府委员及院长与主席人选，完全由先生及张、李两

---

① 李宗仁：《李宗仁回忆录》下卷，第441页。

② 同上。

人先提出。诸先生不避嫌疑之勇气，固为可佩，然未免太露骨。"[1]

　　蒋介石登上"国家元首"宝座后，采纳策士杨永泰的建议，全力实行"削藩"，即消灭桂系、晋系、冯系等军事集团，以实现黄埔系的一统天下。蒋介石打击的矛头首先指向了以李宗仁、白崇禧为首的桂系。其原因，一则桂系有逼宫之宿怨，二则桂系兵力分散。当时桂系兵力分成三块，两广为头，武汉地区为腰，北平至唐山地区为尾。蒋的策略是启用唐生智，从白崇禧手中夺回其湘军旧部，瓦解桂系在北平至唐山的力量；搞掉李济深，拆散粤桂联盟，孤立广西；启用俞作柏等策反武汉地区的桂军主力。蒋介石的这套纵横捭阖术一一得以实施。拆散粤桂联盟、搞掉李济深的任务交给了吴稚晖等元老。广东政治分会主席李济深是广西梧州人，在广东起家，他虽然不是桂系，却是桂系的同盟者，早为蒋介石所忌恨。为削弱李济深在广东的地位，蒋介石早就预谋提拔握有兵权的陈铭枢、陈济棠为广东省政府主席和广东编遣区主任，陈铭枢、陈济棠均为广东人，蒋介石有意利用他们去制衡李济深。"湘案"发生后，蒋介石电请李济深北上调停，李济深不知是计，应邀北上，先到上海会晤李宗仁。李宗仁知道蒋不安好心，劝李济深千万不要去南京，去了凶多吉少。李济深认为有道理，遂决定不再去南京。见李济深不上钩，蒋介石很着急，连忙又将吴稚晖、李石曾、张静江、蔡元培四位元老搬了出来，请他们四人联袂去上海，坚请李济深、李宗仁入京。吴稚晖等人到上海见到二李，一致劝李济深入京作调人，李济深不敢答应。吴稚晖便说："我们来沪之前，便曾和蒋先生谈到任潮入京后的安全问题。蒋先生表示，以人格担保，不致使任潮失去自由！但是任潮如不去南京，中央便一定要对武汉用兵！"对此，李宗仁反驳说："中央如有诚意和平解决，则在上海谈判和去南京谈判，究有何区别？必要时，蒋先生自己也未尝不可屈尊来沪。至于蒋先生以人格担保一层，像蒋先生这样的人，还有什么人格可言，你们又何必骗

① 高平叔：《蔡元培年谱长编》下册（1），人民教育出版社1998年版，第294页。

任潮去上当呢？"听了李宗仁的反驳，吴稚晖依然坚持只有李济深去南京，才可消弭兵祸。说到最后，吴并发誓赌咒说：如蒋介石不顾人格，自食其言，他便当蒋的面，在墙上碰死。对此，李宗仁质疑道："稚老，慢说你没有自杀的勇气，纵使你自杀了，战争还是免不了的。"说到最后吴稚晖生气了，大声咆吼道："我们不管了，我们不管了，你们有的是枪杆，你们去打好了！"吴稚晖等和二李足足谈了两天，始终没有结果。最后，还是李济深耳根子软，经不起吴稚晖等人的软磨硬泡，终于不顾李宗仁的力阻，抱着跳火坑的心态，于1929年3月13日随吴稚晖等四元老去了南京。结果不出李宗仁所料，李济深一到南京，便被蒋介石派遣的军警特务监视起来，再想脱身已无计可施。①

李济深被扣后，广东内部即发生分化，在蒋的分化收买政策下，3月30日，陈铭枢、陈济棠联名发表通电，背叛李济深，蒋介石成功地拆散了粤桂联盟。在蒋介石政治、军事双管齐下的手段之下，在北伐战争中崛起壮大的桂系军事集团迅速土崩瓦解。

再说吴稚晖，他对蒋介石的自食其言也很恼火。《吴稚晖先生大传》说：吴"深感中枢之食言寡信，唯为表示个人对友之始终维持忠信，遂毅然亲往汤山作伴，事先并预立遗嘱，留交挚友孙寒崖密转其子女，设若李济深一旦遭有生命之虞，则愿以身殉而尽友谊。"②

深感被蒋介石戏弄的蔡元培从此开始远离蒋介石。但吴稚晖不同，为时不久，待怨气出完后，又开始为蒋介石奔走当起说客来。

蒋桂战争，蒋介石大获全胜。桂系仅剩下广西一隅。蒋介石对桂系欲斩草除根，于是，吴稚晖于1929年5月4日打电报给为桂系看守老巢的广西省政府主席黄绍竑，要其自动解除兵权政权，到国外去当亡命客。5月10

---

① 李宗仁：《李宗仁回忆录》下卷，第445-446页。
② 陈洪等：《吴稚晖先生大传》，第169页。

日，吴稚晖又与张静江、蔡元培、李石曾分别打电报给李宗仁，要求桂系首脑们"幡然下野，释兵远游"。按照吴稚晖的意思，只要不跟蒋介石作对，将来还好说话。吴稚晖的用心虽然良苦，但无奈桂系首脑绝不可能听他吴稚晖的安排。

六、为蒋介石制造内战舆论

蒋介石打败桂系后，又把打击的矛头指向了冯玉祥统率的西北军。为分化冯玉祥与阎锡山，吴稚晖奉蒋介石之命跑到太原，巧舌如簧，向阎锡山大灌迷魂汤，劝他接受蒋介石授予的陆海空军副总司令。阎锡山果然上当，将他请来的冯玉祥及其妻子软禁，使西北军群龙无首，很快被蒋介石打败。

阎锡山于11月5日宣布就任陆海空军副总司令。但蒋介石马上要了一个手段，规定在中央有职务者不得再兼省职；国府委员应驻京，无公事不能离职。硬要阎锡山离开太原老巢，到南京做空头副司令。

阎锡山这才意识到上了蒋介石的当。于是阎锡山决定与冯玉祥修好，联合反蒋。因此冯玉祥得以获释回到潼关军中，整军备战。

吴稚晖给冯玉祥发来电报，离间冯玉祥与阎锡山的关系，说冯玉祥甘心充当阎锡山的傀儡，成全了阎锡山这个"十九年之不倒翁"。冯玉祥一眼看穿了吴稚晖的用意，立即回了一电："顷奉先生之电，迴环读之，不觉哑然失笑。假如玉祥不自度量，复先生一电，文曰：革命六十年的老少年吴稚晖先生，不言党了，又不言革命了，也不言真理是非了。苍髯老贼，皓首匹夫，变节为一人之走狗，立志不问民间之痛苦，如此行为，死后何面目见先总理于地下乎？等语，岂不太不好看乎？请先生谅之。"

冯玉祥的这通电报模仿了当年诸葛亮骂王朗的笔调。当年王朗被骂得无地自容，气绝身亡，但吴稚晖脸皮厚得很，无论怎么骂他，他都无动于衷。相反，吴稚晖还跑到前台，更加起劲地与阎、冯打笔墨官司，为蒋介石制造内战舆论。在中原大战前夕，吴稚晖先后在各种场合发表了《阎锡山之错误》（1930年2月17日在中央党部总理纪念周讲演）、《对于阎冯叛变之解剖》

（1930 年 4 月 17 日）、《总理就任非常总统纪念大会之演讲词》（1930 年
5 月 5 日）、《从东说到西——最要紧的是一个根本原则》等文章，像泼妇骂
街似的，将反蒋的阎锡山、冯玉祥、汪精卫等人全部骂了一遍。骂冯玉祥是
"一个鬼怪"，"治世之能臣，乱世之奸雄……他做了奸雄，只落得一个瘟臭
的奸雄"；骂阎锡山是"一个妖精"，是"治世的村中俏，乱世的狐狸精，终
有摄进净瓶的一天"；骂汪精卫"身上也是沾了妖气"，是"治世的好阿囝，
乱世的泥公仔……尼姑动了凡，然而下山，自然泥公仔跌进汤罐里，愈弄愈
糟"。"阎锡山只能做一省的长官，冯焕章只能做一个循吏，然而他们都不好
好去做，总想打仗，心里总想做一个老大。而转来转去，还是一个老二。至
于老大是如何做法，他们是完全不懂的。这便是人才的不经济。"

　　在吴稚晖看来，只有蒋介石才有资格和能力做老大，阎、冯、汪等人是
没有资格做老大的。因此他提出："在久乱之世，而欲求一日之安者，决当立
一偶像标准，无人敢叛，方能相安一时。"

　　在吴稚晖看来，冯、阎、汪等只有服服帖帖听蒋介石的安排，才能
做"治世之能臣""治世的村中俏""治世的好阿囝"。否则，就会成为"奸
雄""狐狸精""泥公仔"。吴稚晖的言论再一次有力地配合了蒋介石的
武力。

七、捧蒋介石做大总统

　　蒋介石在中原大战后，以为异己的力量"今后绝无能力再起"，天下从
此莫不对其俯首。他迫不及待地要召开所谓"国民会议"，将自己推上大总
统的宝座。然而，蒋介石的这一企图却遭到了国民党元老、立法院院长胡汉
民的顽强抵制。

　　蒋介石希望实行总统制，实现个人专制独裁；而胡汉民则希望通过其控
制的"党务审查委员会"，实行"以党治国"，利用国民党中央政治会议实
行"党治的政府"，两人互不相让，形成蒋胡"约法之争"。

　　在这场争论中，多数人倾向胡汉民，不愿蒋当总统，形成一人独裁的局

面。蒋介石对此很焦虑，急忙召集吴稚晖等一批谋士商量对策。吴稚晖自告奋勇地找到胡汉民，劝他"引退"，不要与蒋介石相争。吴稚晖对胡汉民说："胡先生，不必动怒，这种事应该看破些。我有一个朋友，襟怀潇洒，从不想做事，在某某部当一个挂名差事，每月拿几百块钱，东走西宕。他说：'中国的政治还搅不好，有什么事可以做的，让他们在台上做戏，我们在台下看戏，不是很舒服吗？'我也是抱这个主张。中国的事，无论如何是弄不好的。"

胡汉民历来对吴稚晖等人印象不好，认为他们以无政府主义者自居，标榜不做官，却极度热衷于政治，是冒牌的无政府主义者。吴稚晖的一番话，更让胡汉民火冒三丈，当即严厉谴责说："你不应该这样无耻。这些话，不是革命党人应该说的。你存心在看戏，便不必同我谈这些。不过我劝你们要识些廉耻，有些气节才配做一个人。党一天一天糟下去，政治一天一天腐败下去，这是看戏的时候吗？你们尽力纠正些，还怕人砍了你的头吗？亮畴（王宠惠字）常常说：'中国人平均寿命只有三十五岁，我们活到现在这般年纪，不但过了头，而且转了弯了。'我今年五十多岁，死不为夭，便是你们今天死，也不该说短命了。"①

胡汉民说话历来尖刻酷辣，经胡这一番严厉的训斥，吴稚晖觉得自讨没趣，悻悻地走了。

胡汉民不识趣，蒋介石决定来硬的。1930年2月28日，蒋以宴请议事为名将胡诱骗至南京三元巷的国民革命军总司令部，当场扔给胡一封长长的控告信，指责胡犯了种种错误。胡汉民看完信后不服气，与蒋介石当场争论起来，最后，蒋介石不耐烦，命令军警将胡汉民扣押至南京郊外的汤山监禁。

蒋介石的独夫手段，令广东籍政界要人深为胡汉民不平，他们纷纷辞去南京政府中的职务，准备去广州依靠"南天王"陈济棠，开创反蒋局面，并

---

① 《胡汉民自传续篇》，《近代史资料》第52号。

营救胡汉民。当时连被人们称为最滑头、最没有骨气的老官僚王宠惠（广东东莞人）也力辞司法院院长一职，不再在南京鬼混，决定去荷兰海牙做一名国际法官。蒋介石见挂冠而去的人很多，怕自己成为孤家寡人，连忙派吴稚晖与李石曾、张静江、蔡元培去上海，想把广东系的龙头、孙中山的儿子孙科劝回南京。

吴稚晖等人到上海见到孙科，说，只要孙科回南京，就可以考虑释放胡汉民。吴稚晖等人的一番花言巧语说得孙科动了心，答应回南京看蒋是否有诚意释放胡汉民。孙科左右的人一看孙科动摇了都很着急，都劝孙科千万不可上当。

第二天，吴稚晖等四个老头再次来到孙科府上，孙科在客厅接待他们，吴等从上午9时纠缠到12时，死活要孙科去南京。这时孙科的左右手正躲在楼上窃听，他们怕孙科动摇，由简又文想出了一个主意，请孙科太太装病，从床上滚到地板上，扑通的声音，楼下的客厅也能听得到。简又文随即下楼对孙科说："太太病得很厉害，已从床上滚到地上了。"孙科借此连忙拱手送客，说夫人病重，实在不能入京。吴稚晖等见此，只得离去。吴稚晖等人的说客使命此次又没有完成。自李济深事件发生后，人们认清了蒋介石、吴稚晖等人的真面目，他们再要合伙演双簧骗人已经不那么容易了。

蒋介石拉孙科不成，便一不做，二不休，令吴稚晖、戴季陶等亲信自拉自唱，照样开"国民会议"。为了缓和矛盾，蒋也做了一点点让步，就是"国民会议只应制定约法，且不应提出总统问题"。蒋并让吴稚晖等人负责起草约法。

5月5日至17日，蒋介石在南京开"国民会议"，由吴稚晖将《中华民国训政时期约法》连读三遍，然后通过。这个约法，规定了国民党一党专政的体制，并扩大了国民政府和国民政府主席的权力，也就是扩大了蒋介石的权力，使他成为不是总统的总统。其中规定："国民政府统率陆海空军"；国民政府主席统辖五院，五院院长及各部会长人选由国民政府主席提请国民政府任免。

会议还通过了吴稚晖起草的"慰勉蒋中正同志电"，把蒋介石当作孙中山以后的国民党领袖来吹捧。

6月8日，蒋介石亲自登门拜访吴稚晖，商谈即将召开的国民党三届五中全会及修改《国民政府组织法》事宜。自行政院长谭延闿于1930年病逝后，蒋就想国府主席与行政院长一肩挑。为适应这一情况，蒋介石要对《国民政府组织法》做一些改动。这一任务又落到了吴稚晖的头上，吴心领神会，马上照办。6月14日，三届五中全会通过了吴修改的《中华民国国民政府组织法》，为蒋介石集权扫清障碍。

在蒋介石召集国民会议的同时，两广的反蒋派也已集合起来。5月3日，两广将领陈济棠、李宗仁、白崇禧等数十人联名通电，拥护邓泽如、古应芬、萧佛成、林森四名监察委员联名发表的弹劾蒋介石的通电，要求释放胡汉民，限令蒋介石48小时之内下野，表示"不达目的誓不罢休"。5月27日，反蒋派在广州召开"国民党中央执监委非常会议"。28日，又成立"国民政府"，与蒋介石对垒。5月25日，孙科在广州省党部发表演说，指责蒋介石独裁，"中央党部、国民政府之各种会议，均为老蒋一人所包办"，反蒋无需顾虑投鼠忌器，"蒋介石这个鼠子，不比普通的鼠子，真是个疫鼠，我们不论如何，都要将他铲除"。7月1日，孙科又发表文章，直斥蒋介石为"专制魔王"。[①]

两广骂蒋，吴稚晖义不容辞地立即跳出来对骂，他于1931年5月29日发表对时局的谈话，称两广的反蒋派是"在北平扩大会议以后，又垒起的一个大垃圾堆，在大垃圾堆里腾出来的怨气，当然冲天，逼人下野，已是客气到万分的了"。吴稚晖还极力掩盖胡汉民被软禁的事实，称"胡先生血压犹高，即预定将要出游，本来未可旅行，至于将来病愈后之行动原可自定"。

---

① 彭明主编：《中国现代史资料选辑》第3册，第335页。

接着又以挑拨离间的口吻说："若竟欲借胡先生问题表显与中央不合，不顾一切，激起战乱贻祸人民者，则何可以联合曾充主军之汪先生？"企图分化两广反蒋派。

国民党各派争权夺利，闹得不可开交。日寇却趁机发动九一八事变，进攻沈阳。蒋介石命令东北边防司令长官张学良放弃抵抗。国民党对内争权夺利，对外妥协投降，激起全国人民的愤怒声讨。宁粤双方不得不寻求和解。为使和解成功，蒋介石不得不依粤方提出的条件，于12月15日通电辞去国民政府主席、行政院院长、陆海空军总司令职务。12月22日至29日，国民党宁、粤、沪三方中执、监委员在南京联合召开四届一中全会，并改组国民政府，推选林森为国民政府主席，孙科为行政院院长，张继、伍朝枢、戴季陶、于右任分任立法、司法、考试、监察四院院长，并推蒋介石、汪精卫、胡汉民为国民党中央政治会议常委，但不负实际政治责任。

吴稚晖对蒋介石再次被逼下台，极为不满。对逼蒋下台的孙科等人冷嘲热讽，在四届一中全会上，吴稚晖大放厥词，无理取闹。他说："蒋（介石）一再声明亲自北上，收复失地，而北上种种亦有相当布置，今被辞职还乡，个人认为实不该准其辞、让其走，今日上了他的当。"

在讨论九一八事变时，吴又说："东北事件非张学良酿成，系由于国内有卖国贼，此贼即在眼前。"在座的粤方中委认为吴稚晖语言闪烁，用意奸险，显然别有用心，群起表示不满。

会后，孙科拂袖去了上海，发表谈话，指责吴稚晖"含血喷人，蓄意中伤"，声称"暂不问党事"。

此前，宁粤双方已达成由孙科组织统一政府的共识，见孙科甩手，于右任、何应钦等赶紧赴沪劝孙科回南京，又派人劝吴稚晖不要随便发言。一场意气之争，始告平息。①

---

① 陈铭枢：《"宁粤合作"亲历记》，《文史资料选辑》第9辑。

八、立场坚定的抗日派

在国民党内的派系斗争中，吴稚晖是一个铁杆的保蒋派。但在抗日问题上，吴稚晖的抗日态度也是明确的，民族主义意识还是比较强的。

1932 年日寇在上海挑起"一·二八"事变，爱国的十九路军违抗蒋介石、汪精卫的意愿，奋起抵抗。已经重新上台的汪精卫、蒋介石对十九路军将士的浴血奋战采取冷眼旁观的态度。尤其不可思议的是国民党海军仍然照常向日寇海军供应淡水、鱼肉，并与日寇达成协议："此次行动，并非交战，如中国海军不攻击日军，日军舰队也不攻击中国舰队，以维友谊。"

对丁国民党海军可耻的妥协、麻木行径，吴稚晖看不下去了，1932 年 1 月 30 日，吴稚晖致电刚上台的汪精卫、蒋介石，要求抵抗日寇侵略。2 月 11 日，吴稚晖又密电坐镇南京指挥的军政部长何应钦，明确要求国民党最高当局在对日方针上改弦更张，不怕牺牲，奋起抵抗，甚至不惜沿江沿海之城市打烂。3 月 1 日，吴稚晖在国民党四届二中全会上提出《救国纲领意见》及《抗日救国纲领草案》。但当权的蒋介石、汪精卫仍把主要精力放在"反共"军事上，对于抗日只是临时应付而已。吴的提案被置之不理。

1937 年 7 月 7 日，卢沟桥事变后，日寇发动全面侵华战争，吴稚晖应邀出席国防会议，参与抗日决策。1937 年 11 月 17 日，吴稚晖离开南京随国民政府迁往重庆，离开南京时在其"六亩园"寓所的墙壁上题诗，以示其坚定的抗日决心。诗云：

> 国破山河在，人存国必兴。
>
> 倭奴休猖獗，异日上东京。

1938 年 12 月 18 日，国民党副总裁汪精卫偕陈璧君等自重庆潜往越南河内，准备与日寇勾结。吴稚晖闻悉后，大为惊讶，于 25 日发一封快信到河内，信是写给陈璧君的，吴一向认为陈是"女中豪杰"，能左右汪的意志，希望陈璧君说服汪精卫迷途知返。吴稚晖以民族大义相招，但汪、陈一意孤行，12月29日公开发表"艳电"投敌。吴稚晖气愤至极，在1939年1月1日召开的国民党中常委会议上，蒋介石还想对汪精卫留有余地，但吴稚晖、林森、张继等元老愤慨万分，会议终于决定开除汪精卫党籍，撤销其一切职务，并由吴稚晖起草决议文。

之后，吴稚晖又先后发表了《对汪精卫〈举一个例〉的进一解》《卖国贼是世上最丑恶的毒物——汪精卫夫妇因学三等娼妓而甘为之》《汪兆铭的罪恶及料其将来之结果》等一批文章，对汪精卫投敌行径进行批驳和谴责。吴还提议效杭州西湖岳坟成法，为汪精卫、陈璧君夫妇铸跪姿铁像。

在抗战期间，吴稚晖还发表了一批从正面鼓吹持久抗战的文章。1939年7月7日，在抗战两周年之际，吴发表了《祝抗战第三年第一天》一文，说：自古以来的抗战，有绵亘到百年的，或三十年的，或十年八年的战争是不可胜数的。区区这两年的抗战算得了什么？司马迁评论刘邦、项羽的胜负，认为是决于"能忍与不能忍"。项羽力拔山、气盖世，却不能忍，终于归于失败；刘邦忍耐了四年半，得到最后的大胜利。"我们要获得最后胜利，至少四年半的辛苦"，"就是再加四年半，我们就算来看得起狂寇，算他力能拔山，还能超海，但终有到乌江的一天"。

抗战八年，吴稚晖以其坚定的抗敌态度和文章，为抗战尽了一份力量。

九、以国民党长者身份为蒋介石专司劝进和加冕

蒋介石在其权力得到巩固后，不再需要吴稚晖为他冲锋陷阵，与反对派打笔墨官司了。但吴稚晖仍有一项最重要的使命，就是以国民党大家庭中最年长者的资格为蒋介石劝进和加冕。蒋介石每高升一步，都需要吴稚晖前前后后张罗一番。

自1925年孙中山去世后，胡汉民、汪精卫与蒋介石三人为争国民党领袖的宝座已明争暗斗十余年。1931年蒋胡"约法之争"后，胡汉民被排挤出国民党中枢，沦为在野的反对派，1936年病逝于广州。汪精卫与蒋介石自1932年春起联合执政，名义上由汪主政，蒋主军，汪蒋联合主党。

1937 年全面抗战的爆发，为蒋介石登上国民党领袖的宝座提供了契机。

1938 年 1 月 24 日，国民党中央秘书长叶楚伧奉蒋之命找到吴稚晖，要他在即将召开的国民党临时全国代表大会上宣读并说明"推蒋介石为中国国民党总裁、汪精卫为副总裁的提案"，吴欣然接受。

1938 年 3 月 29 日至 4 月 1 日，国民党临时全国代表大会在武汉召开。吴稚晖领衔向大会提交了推举蒋介石、汪精卫为国民党正、副总裁的提案，吴稚晖在大会上宣读提案后，又即席发挥说：

> 今天大会到会的许多同志，都是总理的信徒。当年追随左右，由总理眼光看来，完全像人父子一样。回忆十三年前总理逝世时，有许多同志仍如兄弟子侄，随侍左右。十三年来，这般同志，已凋零得寥寥可数，幸而幸存了几位……当时本党的基础在广州，担任军事方面责任的就是蒋同志，担任政治方面责任的就是汪同志。他们好像亲炙学生，把总理所要给我们同志的遗训，都接受下来，传达出来。以后本党的发展，总理自己并没有看到，而总理中心主义未来的发展，还要靠两位同志与各位同志不断的努力。古人说：我们以后难关多得很，现在可说到了最后难关。希望两位同志偏劳一点，大家在后面紧紧赶上去，把难关冲破。在国家算是得到了最后胜利，在本党也算是得到了最后的成功。[①]

吴稚晖的演讲别出心裁，他公开将国民党比喻成一个有血缘关系的大家庭，他自己则是这个大家庭的最年长者，而蒋介石则是嫡系掌门人。既然这个大家庭的最年长者拥戴蒋介石，其他人还有何话可说？通过吴稚晖之口，公开确立蒋介石的领袖地位，蒋介石自然极为满意，却因此而气恼了在暗中窥视领袖宝座的汪精卫。汪精卫在接受副总裁的演说时即有极不自然的表现，后来汪之公开投敌做汉奸也与此有关。

---

① 赵淑敏：《永远与自然同在——吴稚晖传》，近代中国出版社，第 150 页。

1943 年 8 月 1 日，因缘时会做了 12 年空头国家元首、自嘲为"监印官"的国民政府主席林森去世。

国不可一日无君，由谁来继任呢？按照 1931 年 12 月 25 日国民党四届一中全会通过的《关于中央政制改革案》及《选任国民政府主席、委员及五院院长、副院长案》，"国民政府主席，以年高德劭者选任之"。"国民政府主席为中华民国元首，对内对外代表国家，但不负实际政治责任，并不兼其他官职"。按照这个规定，继任国民政府主席的人选应该是和林森一样年高德劭的国民党元老，于是，于右任、居正等资深元老均跃跃欲试。但令于、居大失所望的是，很快有人放出口风，说国府主席应由吴稚晖担任。

吴稚晖听到这则传言，大为不解，因为自己早已挂出了不做官的招牌，为什么还有人提他呢？正当吴大惑不解的时候，蒋却登门找吴来了，开门见山要吴继任国民政府主席。吴稚晖听了这话，立即在脑子里转起弯来，他想于右任、居正都有主席瘾，为什么蒋不去找他们，却偏要来找我这个不想当的人做什么？吴稚晖很快意识到，这是蒋介石自己想当，又不好自己出面来说要当，所以来和吴假客气一番，吴只要一客气，蒋就可以照单全收；要是和于、居等人去假客气，那就会弄假成真，难以收场了。吴明白蒋的用意后，并不当面拆穿，也就照样假客气一番：

"别人好当国民政府主席，只有我不好当。"吴开门见山地说。

蒋问："为什么？"

吴答："我这人不懂得礼节，看到奇形怪状的人，常会忍不住大笑起来。当了国府主席，接见外交使节时，看到他们那种奇奇怪怪的服装和装模作样，要是也忍不住笑，岂不有失国体？所以我不能当这个主席。"

蒋介石听吴这么一说，连问："既然老先生不肯当，中正也不再勉强。但老先生看，由哪一位来担任比较适当。"

吴稚晖马上顺水推舟地说："只有你先生兼任最适当。"

蒋又问："有没有其他更适当的？再想一位。"

吴说:"觉老(居正)等论年资也可以担任,只是他们现在都担任着院长重任。让出院长后,又要物色院长继承人,一时也可能并无适当人选。加上现在抗战时期,国民政府主席的事,也实在繁重,老年人担任,也忙不过来。还是由你先生兼任,虽不免更加辛苦些,但事权更能统一,也是有好处的。"

听了吴的一番高论,蒋才装出勉为其难的样子点了点头,说:"既然老先生客气,一定要中正担任,我还得考虑考虑。"

据当时的军令部长徐永昌日记记载,吴稚晖可当国民政府主席的传言实际上出自蒋介石夫人宋美龄。徐永昌在1943年9月10日的日记中写道:"闻蒋夫人曾语吴稚晖可继林(森的)国府主席。吴谓此语听不入,一心记挂家内半袋面,恐为老鼠咬坏。"[1]

此时,蒋介石虽然已是国民党总裁、行政院院长、军事委员会委员长,集党政军大权于一身,但在名分上仍不是国家元首。1942年2月,蒋介石夫妇访问英国殖民地印度时,因蒋不是国家元首,英印殖民当局未给予蒋最高一级的礼遇,这使蒋介石夫妇大为不快。林森去世,蒋对国府主席一职已是志在必得,宋美龄故意放出吴稚晖为继任人的口风,实际是要借吴这个"不做官"的老头为蒋荣登大宝扫除障碍。吴稚晖对捧蒋当主席自无不同意见,不过对蒋、宋拿他当枪使,却不免有些怨艾情绪。于是,吴稚晖正儿八经在报纸上发表启事"辟谣":

言乎公,小人忝窃大名,必使世界哗笑。爱国岂可辱国?言乎私,犁牛忽披文绣,定将余年牺牲,惜身不应杀身。复次,烧了灰,还是国民党;烧了灰,并是无政府主义者。下自委任末级,上至国府主席,凡属政府官吏,决不为者,李石曾唱于前,我亦随其后。已往之历史可证也,何必乱造谣言?[2]

---

① 《徐永昌日记》,1943年9月10日。

② 赵淑敏:《永远与自然同在——吴稚晖传》,第163页。

但牢骚归牢骚，吴稚晖还是担任了客串的角色，将蒋介石捧上了国民政府主席的宝座。1943 年 10 月 10 日，蒋介石宣誓就职，请吴监誓并致训词。吴的训词用尽了人间好词，把蒋捧为"天神"：

> 敬恒等随公至久，知公至深，公之治事治军，以致于治学，罔不至大至纯，至精至明，而贯通融会，更一本乎圣经贤训，而持之以力行。以是而为国，国基乃巩；以是而济世，世道乃通。益基于修齐治平之大道，而后能弥纶磅礴，以底于举世所蕲求之大同。际兹国庆，欣睹威仪，钦企无极，更系以词：瞻维宇内，□洞靡宁；烽火遍地，憔悴斯民；何以拯之？大勇大仁。芸芸有庶，人各乃心。利害得失，掉阖纵横。何以一之？惟精惟诚。惟公嶽嶽，天挺奇姿。危则以扶，颠则以持。登斯民于衽席，措磐石之岐嶷。蔚斯懋债，永奠邦基。不特亿兆人仰止，为斯民之元首，且将垂久景慕，为方来之良师。①

1945 年 5 月 5 日，国民党在重庆召开第六次全国代表大会。5 月 17 日就"选举总裁案"作说明时，吴稚晖又把蒋介石吹捧了一番，说："不唯以前一二十年，一切军政之设施，皆今总裁所辛苦擘划；即从前总理在遗墨中论到总裁的行能，皆比较同一最好同志为优长，隐隐有将来有继承之话……"

吴稚晖在 1938 年国民党临时全国代表大会上说蒋介石、汪精卫同为孙中山的"亲炙学生"，现在因为汪精卫早已落水做了汉奸且已毙命，便改口说蒋介石是孙中山生前指定的"继承人"。孙中山死时，蒋介石还只是国民党内三四流的角色，孙中山怎么可能会想到让蒋介石做继承人呢？吴稚晖造假造到孙中山头上去了，孙中山如果九泉之下有知，很可能会从棺木里爬出来打吴稚晖几个大嘴巴。

抗日战争胜利后，蒋介石一面打内战，一面开国大、制宪法，准备正式

---

① 张文伯著：《吴稚晖先生传记》，第 38 页。

当大总统。打内战，吴稚晖自然是有力的支持者，制宪选总统也都少不了吴稚晖的捧场。

1946年11月15日，蒋介石不顾中共及民盟反对，一手操纵召开国民大会，吴稚晖充当大会临时主席，致开幕词，并亲自带领国大代表宣誓。台前幕后吴稚晖又成了最活跃、最重要的角色。经过吴稚晖等上下其手，国大于12月25日通过《中华民国宪法》，由吴稚晖主持闭幕仪式，代表全体国大代表将宪法文本送交国民政府主席蒋介石。

宪法制定后，接下来就是选总统。按照宪法，总统并无实际权力，蒋介石既要当总统，又要改宪法，出尔反尔，又不好自己主动，于是对吴稚晖说他不想当总统，要吴推荐候选人。吴也认为蒋当总统问题太多，不如以国民党总裁在幕后操纵更为有利，便率直向蒋建议，请胡适出任总统。但蒋介石是个权力狂，岂可拱手让出垂涎了近20年的总统宝座？蒋对吴稚晖不能理解他的心意很失望。在国民党中央为提名候选人而召开的大会上，蒋介石果然将主张提名胡适的人不指名地臭骂了一顿。蒋咬牙切齿地说："我是国民党员，以身许国，不计生死。我要完成总理遗志，对国民革命负责到底。我不做总统，谁做总统！"吴稚晖这才明白，蒋介石放出不当总统的口风，仍然是故弄玄虚的姿态。吴很后悔地对人说："这事实际是蒋自己决定要做总统，但又必须故作姿态，表示客气一下。他所以来征求我这个闲人的意见，无非是为了要假意表示自己并不要当总统，而希望我能先意承旨，出面劝驾，他才算是顺天应人，出负大任。不料我这回太老实了些，对他说了老实话，他话已出口，无法收回，所以才叫陈布雷起文稿，装装样子。事实，这样大事的决定，他哪会不与戴季陶商量过，戴怎么会事前都不知道的。他叫陈拿文稿送去给戴看，戴那么表示，都是事先做好的圈套。我这回也太老实，除了自己吃了个暗亏不算外，还连累罗家伦那呆子也讨了个没趣，实在很对不起。总之，我们都是中了蒋介石的'仙人跳'（上海人称一种专靠招摇撞骗为生的人）。"

为了将功补过，吴稚晖马上领衔联署提名蒋介石为总统候选人。1948年4月19日，蒋介石当选为总统；稍后，李宗仁当选为副总统。5月20日，总统、副总统宣誓，又请吴稚晖监誓并致祝词。蒋介石当了总统，马上聘吴为资政，并将其聘为《武岭蒋氏宗谱》的总裁。

1949年2月，吴稚晖随蒋介石前往台湾。蒋介石已于1月21日宣布辞去总统职务，由李宗仁代理。在蒋、李斗法中，吴稚晖继续为蒋介石出谋划策，提议成立"总裁办公室"，实行以党领政。这是吴的奇妙想法，虽于法无据，但受到蒋介石的重视。蒋经国在1949年6月24日的日记中说："正午，父亲访稚晖先生，彼虽八六高龄，而谈吐自若，对政治、经济、外交等等之观察研究，皆能深入毫芒，绝非任何人所可及；而其诙谐取譬，尤能引人入胜，敬仰无已。见稚老后，父亲决定'总裁办公室'之设置。"

吴稚晖还告诉蒋介石："万不可使李宗仁脱卸其政治上应负之责任。"

1949年12月李宗仁顶着"代总统"的名义飞往美国，与蒋介石分道扬镳。李宗仁这么一走，使蒋介石处于尴尬境地。吴稚晖联络于右任等一批元老，呼请国民党中央作出决议，请蒋介石复任"总统"。

为将李宗仁诱回台湾加以惩治，吴稚晖于1950年3月初在报纸上公开发表《上李"副总统"书》，徐永昌看到后，认为"语虽有理，未免酸刻"。可见，吴稚晖至死也没有改变其对政敌尖酸刻薄的本性。

十、蒋氏父子投桃报李

吴稚晖以死心塌地维护蒋介石为其一生的职志，与蒋介石一生的成败有着密切的联系。蒋介石曾说："我平生承教请益，感受最深。每遇党国有疑难大事，总是就教于先生，并以其一言而决。"[①]

吴稚晖不仅竭力辅助蒋介石，到台湾后还主动充当"太子"的师傅。蒋经国每当遇到阻力或不开心的事，总要找吴稚晖聊聊天，这时候，吴稚晖便

---

① 台北《传记文学》1990年8月号，第71页。

开导说："我知道有许多人想用各种手段反对你，也有人造谣中伤你，但是这些事，想明白了算不得什么！为了你的父亲，为了你的同事，你都必须好好地做。一个没有被人打击过的人，是不会成人的。我觉得你所受到的打击还是太少了。你现在不但是为了自己的工作，要好好干下去，即使为了你的各种各样的敌人，更应该好好地干，因为任何敌人所希望的，是你放手，让步，不干！"①

吴稚晖一生捧蒋，蒋介石父子也极力维护吴稚晖，尊之为师。蒋介石并声言："吴（稚晖）先生等为本党之瑰宝，对革命历史有最密切之关系，全体同志绝对尊敬，听其指导，即使其言论有时偏于感情，不无一二过火之语。"②

蒋介石父子也为吴稚晖唱了无数赞歌。1944年，在吴稚晖八十大寿那天，蒋介石为吴写了"高山景行"四个大字，上款题"稚老先生八十诞辰纪念"，下款题"晚蒋中正敬祝"，并附祝寿函：

稚老先生道鉴：兹值先生八十诞辰，嵩华泰岱，不纪岁年，仰体旷怀，不敢效世俗祝寿之举。然二十年来，同舟风雨，教诲之殷，气节之感，使中正受益无量。仰止之情，不能自己，敬以寸笺，聊将敬意，祝康强逢吉，长为我党同志之表率。他日建国成功，得奉侍杖履，徜徉庐山五湖之间，从容话旧，补晋一觞，当为先生之所许，而亦中正所祷祝者也。敬祝健胜！

晚蒋中正率子经国顿首③

1953年10月30日，吴稚晖病逝于台湾，享年88岁。蒋介石、蒋经国父子为吴稚晖操办了隆重的葬礼。蒋介石除亲题"痛失师表"外，还亲写祭文。

---

① 蒋经国：《永远与自然同在》，《传记文学》第4卷第3期。
② 1928年9月2日蒋介石答记者问。
③ 伍稼青：《吴稚晖先生轶事》，台北《艺文志》第74期。

11月30日，蒋介石以"总统"名义发布"褒扬令"，称吴稚晖为"一代完人"：

吴敬恒先生开国元良，多士师表，淹中西之学，究天人之理，秉浩然之气，为振奇之人。初张民族大义于神州，嗣佐国父革命于海外，藉劳力以求新知，杂庄谐而明真理。其对国音统一之贡献，实奠民族文化之宏基。于生活则不辞粗衣粝食，于思想则兼备沉潜高明；于国家危难之际，则常定大计决大疑于机先。而以民国十六年之清党，二十六年抗战与三十八年迁台建立反共抗俄基地，翼赞中枢，厥功尤伟，论高风硕德，允为一代完人。当此国步艰难，尤恸老成凋谢。兹特明令褒扬，并将其生平事迹宣付国史馆，用昭国家崇德尊贤之至意。

1964年3月25日，吴稚晖百年诞辰，蒋介石以"总统"名义再颁《颂词》，称赞："吴先生是我国当代一位伟大的文学家、哲学家、教育家、书法家、社会改革家，不但是国民革命的先觉，而且孙中山先生所特别推重其是一位革命的圣人。"[①]

---

① 张文伯：《吴稚晖先生传记》，第1页。

第二章　两位"益友"

被蒋介石尊为"益友"，并在蒋家王朝中有重要地位的当数戴季陶和黄郛二人。

第一节　蒋记三民主义理论家戴季陶

在蒋介石的幕府中，戴季陶无疑是一个非常重要的人物。首先，他是蒋记三民主义理论家，以"戴季陶主义"而著称。周恩来说："蒋介石……变为新右派，其灵魂便是戴季陶。"① 董必武在《大后方的一般概况》中说，在国民党元老中，"戴传贤是最反动的一个，蒋的保守顽固的政策，戴都给以理论的支持"。② 其次，戴季陶还是蒋介石的主要"国策顾问"之一，有人说他是蒋的"西园寺"③。

戴季陶

一、蒋的金兰兄弟

戴季陶，原名良弼，后改名天仇、传贤，字季陶。祖籍浙江吴兴，高祖时入四川，后定居四川。1891年1月6日（清光绪十六年十一月二十六日）出生于四川广汉县。戴氏6岁入私塾读书，1902年入成都留日学校，1905年秋赴日本，初

① 《周恩来选集》上卷，人民出版社1980年版，第165-166页。
② 中国人民大学中共党史系资料室编：《中共党史教学参考资料·抗日战争时期》下册，1981年印。
③ 刘炳：《戴传贤自杀的隐情》，《政治新闻》第1卷第4期，1949年2月21日。

入师范学校，1907 年秋升入日本大学法科，受业于日本著名法学家笕克彦门下。1909 年夏，戴氏毕业回国，在苏州的江苏地方自治研究所任教习。1910 年春，至上海先入《中外日报》，后转任《天铎报》主编，同时常为于右任主持的《民立报》撰文，从此开始其文字鼓吹生涯。戴氏以"天仇"笔名撰写时评，猛烈抨击清政府，由于文笔犀利、词锋劲健，深受读者欢迎，戴氏因此而声名鹊起，也因此于 1911 年春受到清政府的通缉，被迫逃亡于南洋槟榔屿，托身于革命党人雷铁厓主办的《光华日报》，并经雷氏介绍，加入了同盟会。辛亥武昌起义后，戴氏回到上海创办《民权报》。1912 年 3 月，孙中山让位于袁世凯后，戴氏在《民权报》上时常发表激烈的反袁言论，揭露袁世凯的专制独裁野心。其中 1912 年 5 月 20 日，戴以"天仇"笔名在《民权报》上发表《杀》文，文章开篇即写道：

> 熊希龄卖国，杀！
> 唐绍仪愚民，杀！
> 袁世凯专横，杀！
> 章炳麟阿权，杀！ [①]

1912 年 9 月，孙中山受任全国铁路督办，戴季陶任孙中山秘书。1913 年"二次革命"失败后，戴氏随孙中山流亡日本，参加《民国杂志》的编辑工作，并加入中华革命党。"戴天仇"时代的戴季陶是一个激进的革命党人，也是他人生的黄金时代，有人评论说："他辅助着国父孙中山，进行革命工作，他写出豪气横溢的文章，发表热情激动的演讲，号召青年志士齐集于国民革命的大旗下，向清廷奋斗。辛亥革命的成功，他的勋绩是不能埋没的。他是一个激进的革命党员，思想'左倾'得很厉害……" [②]

但是，戴季陶很快由激进左派变成了极右分子，而这与他和蒋介石等人

---

① 唐文权、桑兵编：《戴季陶集》，华中师范大学出版社 1990 年版，第 389 页。

② 刘炳：《戴传贤自杀的隐情》，《政治新闻》第 1 卷第 4 期，1949 年 2 月 21 日。

为伍有关。戴、蒋何时结识，有多种说法。陈天锡著《戴季陶先生的生平》一书指出："以先生书翰考之，当在民国二年间。"他的依据是 1924 年 7 月，戴季陶致蒋介石的书信中有"彼此友谊且四千日"之句。"二次革命"失败后，蒋介石也流亡日本，在日本这段时间，戴、蒋相交并成为密友。据前些年出版的《千山独行——蒋纬国的人生之旅》交代，在日本期间，戴季陶与日本护士重松金子同居，于 1916 年 10 月生下一个男孩，这就是大名鼎鼎的蒋纬国。戴季陶已于 1916 年 4 月底随孙中山回到上海。这名婴儿后来由日本友人山田纯太郎带到上海时，戴季陶因十分惧内，惧怕在日本的这段风流韵事不被原配妻子纽有恒接受，就将孩子送给蒋介石抚养，蒋交给他的小妾姚冶诚抚养，取名蒋纬国。[①] 由此看来，戴、蒋关系显然非同一般。

1917 年 9 月，孙中山回到广州组织护法军政府，戴季陶任法制委员会委员长，1918 年 2 月兼任大元帅府秘书长。随后，军政府改组，戴与孙中山回到上海。戴季陶的原配妻子纽有恒是浙江吴兴人，戴季陶的先祖也是吴兴人，以此，戴季陶夫妇即在吴兴安了家。过去，戴季陶自称是"蜀中野人"，从此以后撰序跋、作榜书，辄署"吴兴戴传贤"。但他的夫人纽有恒却始终认为"戴季陶是'触头'的湖州人"。所谓"触头"，是湖州方言，即虚假之意。[②]

1920 年前后，戴季陶与张静江、陈果夫、蒋介石等合股设立"恒泰号"，成为上海证券物品交易所的经纪人，经营证券等投机生意，颇有所获。他们曾用所得为粤军回粤讨桂资助过款项，但更多的却是把投机所得挥霍在花天酒地之中。戴季陶与蒋介石在交易所大获其利时，兴高采烈，彼此换帖结为异姓兄弟。蒋比戴年长三岁为兄，戴为弟。1921 年，戴季陶等投机交易失败，信用上出现危机，因而退出了交易所。

---

① 《千山独行——蒋纬国的人生之旅》，台湾天下文化出版公司 1996 年版。

② 纽寒冰:《我知道的戴季陶》，《浙江文史集萃·政治军事卷》下册，浙江人民出版社 1996 年版。

1920 年 11 月 1 日，援闽粤军打回广州，25 日，孙中山与戴季陶、胡汉民、廖仲恺、唐绍仪、伍廷芳等离开上海回广州，重组军政府。孙中山几次电促滞留奉化的蒋介石赴广州任职，但蒋都以家母有病而推辞。孙中山亟须蒋介石之助，十分着急。戴季陶自恃与蒋介石交情深厚，便自告奋勇，专程去奉化敦促蒋介石出山。12 月 25 日，戴季陶抵达奉化溪口，见到蒋介石后，力促蒋出山，未料戴还没把话说完，蒋即对远道而来的戴恶语相向，两人大吵了一架。戴季陶碰了一鼻子灰，自讨没趣，只好怏怏而返。1921 年 1 月 4 日，蒋介石复函胡汉民、廖仲恺，称：“本可摒挡一切，力疾粤行，而季陶爱友过切，专横太甚，不容弟置一喙，因之激成愤怒，又起我不愿问世之心。事后思之，实堪自笑耳。”①

事后，蒋也许觉得这样对待戴有些过分，于 1 月 5 日致函戴季陶，检讨自己，表示歉意。信中说：“日前一剧开场之初，实以兄声色俱厉，不容我置喙余地，太予人难堪。兄固爱我者，凡有劝解，无不顺从。然弟素性急躁，平时对人又欠恭敬，而对兄则十分忍耐，故于吃亏受气之余，不知不觉之间，酝酿之久，是以爆发于今兹患难相共甘苦同尝之日，事后思之，自愧更又自笑。为人不自爱惜，暴弃傲慢，一至于此，有何面目以对良师益友耶。兹引曾涤生诫其弟沅甫［甫］与彭雪琴相争之时家书一节，以为我二人取照宝鉴，则往后交谊，益加深挚，未始非因此而玉成也。尚祈曲宥罪恶，不吝教益，幸甚。”②

1 月 14 日，戴季陶复函蒋介石，解释他对蒋的一片苦心。信中说：“是日弟不自知何所开罪于兄，唯自识对兄为一腔热诚，即劝兄赴粤，虽属为公，亦有一半系为兄个人打算。无故而逢兄之盛怒，意兴率［索］然，自怨多事，回湖舟中，尤觉有余痛在。……弟此次回沪以来，曾为粤省拟成数万

① 万仁元、方庆秋主编：《蒋介石年谱初稿》，第 50 页。

② 同上，第 51 页。

言之法律案，今尚有数案在起草研究中。学究能事，本仅有此，虽日［日］偷安，尚足自怒［恕］耳。赴粤一层，早晚必行之，唯目前则研究事项粗具条理，不欲便又弃之从事旅行，非欲终作潜园寄客，以君平自命也。而兄则与弟情形有不同者，兄之活动范围，乃在直接担当方面之任务，闭门家居，仅可云自了而已。前日兄云：'促我出去做事，是促我之寿命。'此语弟闻之颇痛。盖弟亦大以此为虑者。俗语云：'江山易改，本性难移。'兄之自我之强，有不可当者；然而杯酒失意，辄任性使气，不稍自忍，以此处世，深虑招祸。即不然，亦足碍事业之成功。时非上古，焉有人能为兄之诤臣，日予起居注者；即有之，又恶能必兄之听许，则出家万里，担当国事，祸患之来，常为人所不能知者。苟兄非确能坚忍自持，致意于中正和平，日以此意三复之，则弟非不爱兄者，又焉敢苦劝兄之出山耶？弟年来劝兄之赴粤者屡，自信为爱兄故，前日闻兄之言，思之至再，遂不敢复有所劝，亦自信为爱兄故。兄函恐弟有余愤，弟之对兄，唯有一爱在，爱之变体成为痛则有之，绝不成为愤也。至于遇事忍耐沉静，以中正和平自持一层，即兄家居亦宜如是，对于家人、雇仆、同乡、戚友，更不宜动辄任性使气，有不如意，则骂詈随之……"①

蒋介石接到戴季陶信后，又给戴季陶回了一封信，表示："十四日来教，语语凄激，读竟泫然不知为怀，间有一二意带讥刺，尤予人以悚惕。吾谓孙先生待友，其善处简直痛快，使人畏威感德。静江待友，其善处在不出微言，使闻者自愧。而兄之待友，限格太严，锋芒太露，度量不甚宽在，此其所以逊于孙先生与静江也。然兄之待吾，私爱之厚，道义之深，有过于孙先生与静江待吾者；而吾之待兄，固亦奉为畏友良师，然而敬惮之心，终不能如孙先生与静江者。其故虽由年龄相若，忘形已久，习惯自然，然兄之好恶偏宕，感情用事，辞气时涉矜厉，是亦其大端也。……至于知交之督责，亲友

---

① 万仁元、方庆秋主编：《蒋介石年谱初稿》，第53-54页。

之规劝，则嘤嘤鸟鸣，唯恐求之不得，岂有不肯乐从者？吾之取重于兄者，增我智识，长我学问，助我事业，诸益尚在其次。而在不客气、不敷衍，规劝督责，不稍假借，时时能导我以正，强我从善，此弟之所以不能须臾离兄者。而兄之所以不轻弃夫弟者，谅亦不以弟侮慢为罪，而终望弟有成业一日乎。吾甚愿吾兄规劝不怠，吾尤望吾兄为我之孙先生与静江，则中正或能变化气质，而渐进于道义。凡人之善恶，以环境造成为多，本性亦未始不可移易耳。"①

1921年2月，蒋介石接受戴季陶的劝告，前往广州，继续追随孙中山。

二、为"反共"炮制"戴季陶主义"

1922年10月底，戴季陶奉孙中山之命赴四川，联络川军。戴在四川一年，没能完成孙中山交付给他的任务。他的心情十分恶劣，在从四川回上海的轮船上，戴氏情绪冲动，一时想不开，在轮船行驶到四川宜宾附近时，从船上跳入长江，企图自杀了事，却不料为一个渔夫救起。戴氏投水自杀的消息曾经在上海的报纸上有简短的报道，但语焉不详。1927年南京政府建立后，已成为党国要人的戴氏于1928年把他当年自杀的经过详细发表在《新生命月刊》上。戴氏把他的不死归功于神明施救，自以为"天将降大任于斯人"，所以观音菩萨救了他。②

1923年12月上旬，戴氏从四川回到上海。当得知孙中山已决定实行"联俄、联共、扶助农工"的新政策时，他表示"根本怀疑"。他写信给廖仲恺说："叫共产党参加进来，只能把他们当作酱油或醋，不能把他们作为正菜的。"但由于孙中山态度坚决，戴季陶不便公开反对，便决定以消极态度抵制，他声明不出席改组后的国民党第一次全国代表大会，个人绝不担任中央委员，只愿意负责一家报馆或者出版社。在孙中山的一再催促下，他才不得

---

① 万仁元、方庆秋主编：《蒋介石年谱初稿》，第51-53页。
② 王萍：《戴季陶遗书中的秘密》，《政治新闻》第1卷第5期，1949年2月27日。

不南下参加于 1924 年 1 月 20 日开幕的中国国民党第一次全国代表大会，被孙中山提名为中央执行委员、常务委员及宣传部长。当时，常务委员仅三人，即廖仲恺、戴季陶、谭平山。由此可见孙中山对戴季陶的器重。戴季陶虽然没有像冯自由等人那样公开反对孙中山的"联俄联共"政策，但对此一直耿耿于怀。会后，他多方活动，劝加入国民党的中共党员放弃共产党党籍，而做一纯粹的国民党员。戴季陶的企图没有成功，并且遭到了维护国共合作的各方人士的批评和指责，戴见形势于己不利，遂一甩手离开广州，返回了上海，连蒋介石也不知道。

戴季陶回到上海后，于 1924 年 7 月 5 日给蒋介石写了一封吞吞吐吐、欲言又止的信，为自己的行为开脱和辩解。但蒋介石是个实用主义者，此时正在高唱国共合作的调子，他回函戴季陶，对他的关心深表感谢，同时表示自己矢志为（国民）党牺牲一切。

1925 年 3 月 12 日孙中山去世后，戴季陶开始无所顾忌地反对孙中山的"联俄联共"政策。

戴季陶的第一步便是改造孙中山的新三民主义理论。他把自己的名字改为戴传贤，表示"孔子传之孙中山先生，孙中山先生传之戴传贤"。在北平西山碧云寺孙中山灵柩前悬挂有戴氏的一副挽联，上款称"夫子大人"，下款署"受业戴传贤"。[1]

"受业戴传贤"所做的理论工作却是歪曲"夫子大人"的革命理论，创立了一套反革命的理论。1943 年春，周恩来在《关于一九二四年至二六年党对国民党的关系》的报告中指出："右派中最危险的一个家伙是戴季陶。他虽然也在孙中山的遗嘱上签了字，表面上不赞成西山会议派的分裂，也说要维持国民党的统一，但他采用的是打入广东国民党从内部来分裂国民党的阴谋。他从思想上大大发展了孙中山思想的消极方面，写了《孙文主义之哲学

---

[1] 刘炳：《戴传贤自杀的隐情》，《政治新闻》第 1 卷第 4 期，1949 年 2 月 21 日。

基础》《国民革命与中国国民党》，完全抽去了孙中山学说中的一切革命的东西。他大讲道统，说孙中山的道统是继承尧、舜、禹、汤、文、武、周公、孔子的。他见着人就痛哭流涕地大讲其'孙文主义'，从上海讲到广东，又从广东讲到上海。他到黄埔军官学校讲演，进行分化工作。在他讲演以后不久，1925 年 4 月 24 日，黄埔军校成立了孙文主义学会，这是右派的组织。"[1]

1925 年 5 月，戴季陶在广州召开的国民党一届三中全会上，提出了"建立纯正三民主义"的"最高原则"，声称任何人对孙文主义"不得有所独创"。戴季陶在广东 20 天，"通夜不寐者七日"，日夜策划反共事宜。从广州回到上海后，戴季陶以全部精力投入反共著述和演讲中，他在 1925 年 7 月 14 日致国民党右派元老胡汉民的信中表白说："回沪不过一月，每日见客则四五十，讲演十余次，每次皆继续三时以上，至神昏眼花，喉不成声而已。作文已达十余万言，几于无夜不至三时后始寝，而早八时仍需见客。如此困苦，所为何来？若无救党之志，共济之心，此苦固无须吃者。……弟在此间，真所谓孤家寡人，……现在 C.Y. 之青年们对我已经尽力肆其簧鼓，务必使我失却青年之信仰。盖彼辈所畏者唯我，无我则彼辈在沪上更无敌人。昔日亲手造就之人才，今日皆为 C.P. 之健将。时代变了，谁之功？谁之罪？我皆非负之不可。然而，孤立至于如此，穷苦至于如此，奈何奈何？唯努力奋斗至死，以死卸责耳！"[2]

1925 年 6—7 月间，戴季陶在上海连续抛出《孙文主义之哲学的基础》《国民革命与中国国民党》《中国国民之历史的使命》《国民党员之义务》等小册子，连同他此前在广州发表的《民生哲学系统表》，在建立"纯正三民主义"和继承孙中山遗教的名义下，对孙中山的"新三民主义"加以修正，形

---

[1] 《周恩来选集》上卷，第 113-114 页。

[2] 《民国档案》2005 年第 4 期，第 4 页。

成了所谓"戴季陶主义"。戴季陶认为，他的"戴季陶主义""自信是国民党员之纯正的言论"。①

"戴季陶主义"的核心是反对阶级斗争，反对容共政策。戴氏针对国民党的容共政策，强调指出，国民党的生存必须具备"独占性、排他性、统一性、支配性"，必须建成一个"有自己的组织、理论和策略，都完全自成体系"的单一的国民党。他提出了"共信不立，互信不生，互信不生，团结不固"的排他性原则，以排斥中共。他污蔑中共参加国民党是实行一种"寄生政策"，一种"齐天大圣对牛魔王的策略"，"不把国民革命当作真正目的，不把三民主义当作正当的道理，只借中国国民党的躯壳，发展他自己的组织"，"只尽量在中国国民党中，扩张 C. P. 或 C. Y. 的组织，并且尽量地使非 C. P. 和 C. Y. 的党员，失去训练工作的余地"，"在选举中……想一举便把非 C. P. 的排干净"。他攻击"一全大会"的决议说，"去年中央的决议，一面不许党员在党内组织之外，另有组织；而一面又公然承认组织极严的 C. P. 加入，而且承认他们得作最高干部；事实上以一个大团体当中，包着一个小团体，这个小团体，尽力的发挥他的组织力和排他性，旧的细胞是失了生活力，新的营养反被小团体尽量地吸去，这样一个畸形的团体，真有无从整理之苦"。他的要求集中到一点，即是建立一个有独占性、排他性、统一性、支配性的资产阶级政党。

戴季陶主义出笼后，遭到了中国共产党和国民党左派的猛烈批评，但国民党右派却公开为它叫好。戴季陶把贯彻该主义的希望寄托在国民党右派大老以及掌握兵权的蒋介石身上。他写信给胡汉民，要胡汉民等国民党右派起来支持他的主义，信中说：戴季陶主义"实为今日救国救党之一应急手术，兄与（汪）精卫、（蒋）介石、汝为（许崇智）、（廖）仲恺、子超（林森）、祖庵（谭延闿）、海滨（邹鲁）诸长者，千万不可反对此书之主张。最要紧

---

① 《民国档案》2005 年第 4 期，第 4 页。

是介兄，望介兄特别留意：第一，要调剂实力；第二，自己要防暗算；第三，望赞成弟之主张，与弟取同一态度。若此主张再不能确立，真无救矣。弟近日形容憔悴，颜色枯槁，盖已十余宵不睡矣"。[①]

　　但此时的蒋介石羽毛尚未丰满，他还需要共产国际、苏联政府及中国共产党的帮助，仍然需要以国民党左派的假面目出现，继续高唱"中俄同志团结万岁""世界革命成功万岁"[②]的调子；对于"戴季陶主义"，蒋介石虽然内心里完全认同，但表面上仍不敢公开附和。1925 年 8 月 10 日，戴季陶写信给蒋介石，解释他的主张。信中说："党中的其他问题，皆不过部分之争端，唯党中共产，两种中心之不能容，则为本党之基本问题，此根本问题不能定，则其他相为因果之纠纷，将永无已时。"12 月 13 日，戴季陶再次写信给蒋，称："确知今后欲救吾党，唯有决定一根本方针，合全党同志之努力以赴之，唯此乃可谋党政之巩固。此方针为何？则以总理之思想与主张全部，为本党不易之信仰是也。"蒋介石对此作出了什么样的反应，现在还不得而知。

　　戴季陶主义受到中国共产党和国民党左派的严厉批评，戴季陶感到很丧气，他甚至言不由衷地声称："决意不再问政治。"1925 年 11 月，国民党内的老右派邹鲁、谢持、居正、张继、林森等以反对三大政策为目的，在北京西山召开会议，戴季陶闻讯后，与邵元冲、沈定一赶到北京，希望与这些老右派引为同调。但邹鲁等老右派认为戴季陶、沈定一等与中共有关系，把他们两人绑架出会场并痛打一顿，威胁他们不准与会，戴季陶被迫返回上海。

　　1926 年 1 月，国民党二大在广州召开，会议决定对西山会议派的重要分子予以开除党籍的严厉处分。中央组织部长谭平山在《党务总报告》中为戴季陶开脱说："至戴季陶之言论行动，尚非有意破坏本党及国民政府。不过，他此次实受人利用。他到北京时在某胡同开会，他始知他们有人与段祺瑞勾

① 《民国档案》2005 年第 4 期，第 5 页。

② 万仁元、方庆秋主编：《蒋介石年谱初稿》，第 474 页。

结。因恐受人利用就急离北京回上海，西山会议戴实未参加。他现在不特不赞成，且反对的。据有些同志自上海、北京来电报告，已知真相。因此，中央执行委员会特请戴回广东来。此案中央还没有定实办法，要俟第二次大会解决的。"①

中国国民党第二次全国代表大会通过的《弹劾西山会议决议案》决定：谢持、邹鲁永远开除党籍；居正、石青阳、石瑛、覃振、傅汝霖、沈定一、茅祖权、叶楚伧、邵元冲、林森、张继、张知本12人，"并非西山会议主谋，略迹原情，应予以自新之路。由大会用书面向上列12人提出警告，指出错误，责其改正，并限期两个月内具复于中央执行委员会"。戴季陶所受的处分最轻，其理由是："戴季陶于去年五月，曾在第三次中央执行委员会全体会议起草关于容纳中国共产党分子加入本党之训令，乃未曾一月，未得中央执行委员会许可，即以个人名义发布《国民革命与中国国民党》一书，以致发生不良影响，惹起党内纠纷。但于此次西山会议，始终并未与会。离京之日，曾函吴稚晖同志表示悔悟。总核其个人言动，虽或出于整顿本党之热情，然因此致为反动分子利用，成为破坏本党之工具，与戴同志意愿适得其反。唯念戴同志为党奋斗有年，翊赞总理改组本党，颇有勋劳，应由大会予以恳切之训令，促其猛省，不可再误。"②

由于蒋介石等人的庇护，大会仍选戴季陶为中央执行委员。

在二大上，蒋介石以"东征英雄"的姿态，从东江回广州参加大会，蒋介石当选为中央执行委员、中央常务委员。2月1日，他被任命为国民革命军总监，成为国民党的军事实权人物。

1926年3月20日，蒋介石制造"中山舰事件"得逞后，着手推行他蓄谋已久的政治纲领，也就是推行戴季陶宣传的限制共产党的主张。5月

---

① 中国第二历史档案馆编：《中国国民党第一、第二次全国代表大会会议史料》上册，第215页。
② 同上，第348–349页。

15 日至 22 日，国民党在广州召开二届二中全会，通过了蒋介石提交的"整理党务案"。该案从思想上、政治上、组织上削弱、限制共产党人，完全把中国共产党置于被利用的附庸地位，这与鲍罗廷提出的让中共做国民革命的"苦力"的主张是一致的。蒋介石通过"整理党务案"，将"戴季陶主义"的主张部分地实现了。

"戴季陶主义"具有极大的蛊惑人心的作用。"此书一出，从上海到广州，反共的视线开始集中，反共的势力开始形成。各地孙文主义学会的成立及其反共运动，莫不深受戴氏反共理论的影响。"① 黄埔军校三期学生、蒋介石"十三太保"之一的康泽在其自述中曾说到戴季陶主义对他的影响："1927 年第三学期开始。拉迪克（讲中国问题的教授）的讲演，以及'红墙'（是当时学校的一个壁报）上曾集中批评过'戴季陶主义'。我过去在黄埔只听过几次戴季陶的讲演，当时的印象觉得，他的讲演对于同学们的吸引力，仅次于汪精卫。也曾知道他在黄埔讲演以后出了两本书——《三民主义的哲学基础》《国民革命与中国国民党》，但当时我不大关心，没有看。只曾看到一种画报，画着戴季陶把孙中山的牌位，从马克思、列宁的庙里搬出来，背着向孔庙里走。当时只是觉得很好笑——很有趣味。可是到了 1927 年第三学期，在思想上对于国民党与共产党的界限、鸿沟和成见加深时，又听到共产党批评戴季陶这两本书很厉害，引起了我看这两本书的兴趣，于是我抽空到学校图书馆，连续几天，把这两本书从头至尾细读了一遍。我当时的认识水准和顽固感情，马上和这两本书相结合，在思想上完全接受了。觉得戴季陶说得'很对'，这是国民党员'应该有的认识和觉悟'，从而作为我自己的理论根据。这样，在思想上就越更有成见和顽固了！"②

---

① 秦孝仪主编：《中华民国史事纪要》，1925 年 7 月 20 日。

② 潘嘉钊等编：《康泽与蒋介石父子》，第 11-12 页。

三、"戴季陶主义"成为蒋介石的反共利器

1926 年 7 月，蒋介石以国民革命军总司令的身份统军北伐时，戴季陶却奉蒋介石之命，从浙江湖州来到广州，负责广东大学的改组工作。8 月，广东大学改名为中山大学（以纪念孙中山），戴季陶任第一任校长。

随着北伐战争的迅速进展，蒋介石反共反苏的野心开始暴露。1926 年 11 月，北伐占领江西，蒋介石进驻南昌，立即将自己的心腹人员召集到南昌，密谋改变孙中山确立的三大政策，同时寻求帝国主义的支持。于是戴季陶与张静江、陈果夫、张群、黄郛等一批人聚集南昌，形成了一个决策核心。

1927 年 1 月至 2 月初，蒋介石与他的右派谋士们在江西庐山仙岩旅馆朝夕相处，策划反革命大计。时值天寒地冻的严冬，大雪纷飞的一天，一向神经质的戴季陶以绝望的口气对国民党左派何香凝女士说："你看，外面正下大雪，国民党要亡了，大雪正像给国民党戴孝！蒋先生这样待我好，我只好殉友了！"[1]

对于戴季陶这番不祥的言论，何香凝女士当即警告说："为什么要殉友呀？我就要殉国，不用殉友！"戴季陶的哀鸣，反映了国民党右派对革命形势发展的绝望心理。正是这种绝望心理催生了国民党右派绞杀大革命的残酷计划。戴季陶等人经过一个多月的紧张谋划，共同为蒋介石制定了一个"谋略纲要"，其核心内容是："必须离俄清党"，放弃"联俄容共政策"；在外交上首先谋求同日本、英国等的"谅解"，等等。在计议妥当后，戴季陶、张静江、黄郛离开庐山，领着各自的任务分头活动。蒋介石交给戴季陶的任务是以"国民党中央特派员"的名义出访日本，寻求日本的支持。为了不引起国民党左派的注意，戴季陶在离开庐山时还玩弄了一个所谓"盘马弯弓"的诡计。

---

[1] 尚明轩编：《双清文集》下卷，第 941 页。

当时目睹了这一幕的黄郛夫人沈亦云回忆道:

"过年以后,渐渐的分批下山……我们一批最后走的人,同车从莲花洞走的是孟余先生夫妇,季陶先生和邓演达先生。……事先只知道一件事,季陶先生的任务是往日本。在车上,他和邓演达坐在一起,别人问他,他说和择生同往汉口,并说他的铺盖行李都是择生的当差代为料理,择生者,邓演达的号。我暗想戴季陶先生东行的消息不确,难道要西至汉口再向东行?直到过了大半的路,戴先生忽然肚痛,将到九江,他说不能再走,请邓演达叫当差把他的铺盖行李放下。这段盘马弯弓之计,至此方才明白。"①

戴季陶于 1927 年 2 月 25 日抵达日本东京,与日本外务省次官、亚洲司司长会谈,向日本政府阐明蒋介石对时局的立场和即将推行的政策,请求日本当局对蒋"谅解"和"合作"。日本政府对华历来是"分而治之""以华制华",只要中国内部有空子可钻,有人可利用,自然是顺水推舟,而且乐此不疲。日本人听了戴季陶透露出的信息,很快确立了"怂蒋反共",从内部分化中国革命的方针。

戴季陶从日本回到上海时,正值蒋介石等正在紧锣密鼓地策划反革命政变,以上海四一二反革命政变为起点,国民党势力所及的省份,纷纷以"清党"为名,实行白色恐怖,大肆屠杀共产党人和工农群众。蒋介石等发动的这场政变是以"戴季陶主义"为基础的。蒋介石在演讲中几乎是完全套用戴季陶的言论,如共产党"以组织小党团而在我党内横冲直撞","以国民党之名义,以随地扩张其党权、应用其党略","打倒寄生政策","实现真正的三民主义"。国民党另一右派头目胡汉民也说:"季陶说得好:'共信不立,互信不生,互信不生,团结不固',我们这一次的清党,一定要十分注意于共信之认识,互信之确立。"

对于蒋介石、胡汉民等发动的"清党运动",戴季陶拍手称快,除积极

---

① 《亦云回忆》上册,第 256-257 页。

参与蒋介石的密谋外，仍然继续发挥其擅长蛊惑人心的长处，为蒋介石发动的反革命政变制造舆论。5月，戴季陶发表《告中国国民党同志与中国国民》，继续攻击诬蔑马克思主义和中国共产党，表白他的"先知先觉"，进一步提出要为蒋介石确立"纪纲"。他说：

> 国民党内，有了共产党，就是一党有两个重心，这就是国民党最大的危机……国民党如果不恢复自信力，集中在总理思想主义下面，不但党无可救，国家和民族都无可救。……

> 前年中山先生逝世以后，我诚恳地要求国民党的同志，很纯粹地集中在先生思想和主义下面；同时劝告共产党的青年，不要为了迷信一个唯物史观，打破国民革命；就是明明白白，看见后来的悲惨，不晓得为什么当时全党的同志，都迷惑不醒？而两年以来却把全国多数有为的青年，赶着向共产党去。二次大会以后，我的自信力，被全党的空气和一个组织与纪律，压服到不能再起。去年张静江、蒋介石两先生，再三要我去广东，我不能去的原故，因为一面接受着第二次全国代表大会的议决；而同时忍受着精神的矛盾，以致一病失神，数次濒危，死而复苏者数次，后来病稍愈，到广东之后，以神经根本受病之久，一面受四面境遇的压迫，一面生出自己心里的怀疑，再处处受大会的议决、联会的议决缚束住，要保全国民党的组织和统一的革命势力呢？抑或是创造国民党自存的新生命？中国一切的矛盾，国民党中所生存的矛盾和国民党领袖间的思想行为派别的矛盾，时时刻刻，使我的精神状态，愈加衰弱，这样做人，绝无一刻的生理；这样做党，更那〔哪〕里有一线的生理？有时我明明看见有两条路可走：一条路是弥缝一时的，就是促成汪蒋合作，到打破北京，再说整理党务的话；一条路是正本清源的，由国民党忠实的领袖，建设起国民党的纲纪来，再说组织纪律的话；因为人心是一切基础，人心已经到了绝境，组织便等于废物……

> 现在与共产党合作的事，已经绝对抛弃。国民党的心，应该可以回来了，

此时如果国民党的人，仍旧不能把主义的自信力恢复起来，确实相信他集中在总理思想主义下面，确立起纪纲来，做纪律和组织的基础，不但是党无可救，中国的国家和民族，都无可救……

本来把共产党员，统帅在国民党的当中，完成取消不平等条约和开国民会议两大工作，这是总理所取的政策；但是这个政策，总理辞世以后，在事实上成了国民党的癌肿，这癌肿今天已经切开，此后道路，我们很可以看得到。

我们要以三民主义，救国家的危亡和民族的危亡，完成国民革命，不要把莫有教育、莫有组织的中国民族，眼睁睁地送给赤白两个国际，来做决战的试验品。国民党只有一致团结起来，以纯粹的国民革命方法，完成〔取消〕不平等条约和开国民会议两件大事，中国需要的建设，是要工业先进国的援助，德国的科学和美国的机器，才是建设中国的真材料；同时我们要明白，中国人把中国的改造完成起来，就是世界革命的工作。中国人今天，不能在中国之内去寻世界，要在中国之外，去寻世界，就是一种妄想。自己的国家都建设不起，自己的民族都振兴不起，是莫有说世界革命的余地的。[①]

南京政府成立后，蒋介石在南京设立中央党务学校，蒋自任校长，由戴季陶任教务主任。戴季陶认为，在"清党"之后，用他的理论思想去引导和教育青年是当务之急。他将自己一年以来对中山大学师生的讲演记录加以整理，编成一本《青年之路》，于 1927 年 12 月间在上海出版，以促使青年猛醒，走上他所指引的所谓救国救世立己立人的道路。戴在该书序言中称："反共运动，绝不是守旧的反动，是求生的努力，不是虚伪的行为，是很真实的社会力的表现，是对于纵欲败度青年的惩罚……劝大家要切切实实从历史的事实上下番工夫，认清楚俄国的革命，正是证明共产主义的失败和三民主义的成功，不再被煽动的宣传迷住。"

---

① 戴季陶:《告中国国民党同志与中国国民》。

在蒋介石掀起的白色恐怖下，许多处在十字路口徘徊的青年人被戴季陶的这些说教迷惑，踏入了反动阵营，其流毒之广，不可小视。

四、蒋家王朝的"西园寺"

1928年1月，蒋介石重任国民革命军总司令，2月，又出任中央政治委员会主席和军事委员会主席，重新掌握党政军大权后，提名戴季陶担任中央执行委员会常务委员兼宣传部部长。1928年10月，南京政府实行五院制，戴季陶出任国民政府委员和考试院院长。自1928年11月至1948年6月，戴任考试院院长近20年，期间戴曾十余次向蒋呈请辞职，但蒋舍不得让这位密友、国策顾问离他而去，一再挽留。

对于戴季陶在蒋介石幕府中的地位，有论者指出："民国十六年清党以后，政局与人事都有极大的变动，他在政府的地位更加重要起来了。他的地位相当于日本的西园寺，他的发言的力量超过于右任、居正等元老，而为那时候执政的蒋主席的政策的有力决定者。"①

戴季陶就职考试院长后，选择南京鸡鸣寺东关岳庙兴建考试院大楼，1929年夏落成。院外书写耀眼的大字："教养有道，则天无枉生之材；鼓励有方，则野无抑默之士；任使得法，则朝无倖进之徒。"在其接待室悬挂一联："入此门来，莫作升官发财思想；出此门去，要有修己安人工夫。"其办公室则自称为"待贤馆"，做出一副"选贤任能"的姿态。从设立考试院，直到1948年7月，戴在考试院院长任上经手制定颁布考铨法规达100多个。1931年举行第一届高等考试，考试的范围为普通行政、财务行政、教育行政、警察行政和外交领事官五种，以后逐渐增加，到1946年第十三届高等考试时，范围扩大到13种。此外，还有普通考试和特种考试。

1931年7月，戴季陶在南京主持第一届高等考试，担任主考官兼典试委员长，亲自主持命题。考试完毕，2000余名考生在南京停留等候发

---

① 刘炳：《戴传贤自杀的隐情》，《政治新闻》第1卷第4期。

榜，他组织人员日夜阅卷核分，因及格人数寥寥无几，决定凡得分55分以上者均算合格录取。放榜后，发现有一考生在录取分数线内而被遗漏。戴一面下令补录，一面上报呈请处分，甚至声泪俱下，承认忙中出错，不能免其咎。在他的坚持下，决定罚扣戴本人薪俸三个月，秘书长扣薪一个月，科长计过一次。戴季陶苦心经营考试院，其目的是选拔效忠于国民党的人才。但是在蒋介石的独裁政治体制下，真正能够猎取到较高职位的人，绝大多数是靠与当权者的私人关系，考试院实际上成为国民党统治装潢门面的一个闲散机构。

戴季陶在考试院设立的初期，比较专心于主持院务，为国民党统治时期的考试制度奠定了基础。自1931年九一八事变后，他的思想和行动，与蒋介石的政治需要息息相关，考试院的院务主要由副院长钮永键等负责，而戴只是该院长期挂名的"主官"。在生活上他标榜"舍己为群"，"清廉寡欲"，实际上始终得到蒋介石的特殊关照，多处住宅都相当豪华、典雅、舒适。例如他在南京汤山购地引泉，修建别墅，落成"望云书屋"。他还在上海觉园修建西式住宅，所有经费都是经蒋介石特批的。这是因为蒋介石不仅与戴季陶有金兰之谊，需要他作为幕后智囊，参与重大决策，而且需要他在宗教、文化、教育方面发挥特殊作用。

戴季陶从年轻时起就信仰佛教，身为党国要人后又把佛教当成政治工具使用，因而对佛祖更加虔诚，被人称为"戴传贤菩萨"。有人描写道："在他主持考试院的二十个年头中，他把佛教的气氛充塞了整个考试院。院内供奉佛像，门警悬挂宝剑，而待贤馆中烟雾缭绕，烛光荡漾……他每晨七时即到院办公，此时职员统没有来，他沐手薰香，恭录心经一卷，待晨课舒齐，约莫已经九点钟，这才一面念经，一面批阅公文或接见僚属。有人见他木然静然，嘴唇微微抖动，以为发神经病，其实他在默诵经文呢。"[1]

---

① 刘炳:《戴传贤自杀的隐情》,《政治新闻》第1卷第4期。

戴季陶主张借用宗教手段对内蒙古、西藏王公喇嘛、上层宗教人士实行怀柔政策。蒋对有关边疆地区的决策和重要人事安排往往先征求戴的意见后，再作出决定。

1933年12月，达赖十三世病逝于拉萨，国民政府派黄慕松为专使前往致祭。1934年1月24日，班禅应国民党中央的电召，由绥远经北平来南京出席国民党四届四中全会。班禅在来南京前发表谈话称：解决藏事须由宗教入手，必须宗教推动方可言政治。

班禅在南京期间，戴季陶与他保持了密切的接触。戴季陶每天叩首拜谒，执礼甚恭。班禅见他诚心，每天亲莅待贤馆，亲自给戴氏讲授佛教密宗。班禅曾在戴氏佛堂中与戴氏夫妇合过影。班禅黄衣坐在桌右，戴氏袍褂坐于桌旁，戴夫人（也是一个虔诚的佛教徒）旁立，各持佛珠念经。佛堂的陈设极为华丽，所铺的俄国地毯极为精美。

戴季陶与班禅建立良好的私人关系后，便提议由国民政府举行达赖大师近孝会，设坛诵经。他陪同班禅主法，内外坛设于考试院和鸡鸣寺。

1933年3月中上旬，戴季陶与褚民谊、居正、林翔、石青阳、赵丕廉、黄慕松等又在上海发起成立"时轮金刚法会"，通过办事简章八条，推举段祺瑞为理事长，戴季陶与褚民谊、许世英、鲁涤平、王晓籁、王震为副理事长，王揖唐、吴铁城、杜月笙、张啸林、闻兰亭、林康侯等30人为常务理事，请班禅前往杭州建立"时轮金刚法会"。各地军政要人黄郛、张群、张学良、朱绍良、马鸿逵、刘镇华、商震、沈鸿烈、韩复榘、熊式辉等20余人响应。3月19日，该会开常务会议，推举赵恒惕等9人赴杭州组织事务所。20日，该会函请杭州市长周象贤主持筹备一切，蒋介石也电嘱浙江省及杭州市政府予以协助。

对于戴季陶主持下的佛教盛事，当时北平《世界日报》登载了著名文人刘半农撰写的《南无戴传贤菩萨》一文，以幽默的笔调描绘了戴季陶官佛两栖生涯的状态。

1931 年九一八事变发生后，激起了全国人民的抗日浪潮。为了应付这一严重事态，国民党宣布成立"特种外交委员会"，戴季陶任委员长，宋子文为副委员长，负责筹议外交政策。经过一个多月的研究，戴季陶提出了一个报告，建议"以抱定国际联盟为主要方针"，"依靠国联制裁日本"。报告认为，只要"委诸国联仲裁，（东北）尚或有根本收回之望"。但事实证明，依赖国联来制裁日本，只能是一种不切实际的幻想，很快就碰了壁。

在国难严重关头，戴季陶还向蒋介石献计，将邓演达秘密枪杀。邓演达（1895—1931），广东惠阳人，国民党左派领袖。1927 年蒋介石集团叛变，大革命失败后，邓演达与宋庆龄等组织中国国民党临时行动委员会，为实现孙中山的三民主义而奋斗。1930 年夏秋间，邓演达在上海秘密组织了黄埔革命同学会，联系黄埔系军人，策动他们起来反蒋。1931 年 8 月 19 日，行动委员会各地受训干部在上海愚园坊 20 号举行结业仪式时，因叛徒出卖，邓演达被逮捕，并被解送南京。当邓演达及一批被捕的黄埔学生押送到南京，蒋介石正为如何处置而费神时，戴季陶闻讯访蒋，蒋问戴对此案有何意见。戴说："可怜的只是这班黄埔同学，他们在艰苦斗争中脱离了共产党，彷徨歧路上又加入了第三党。他们组织黄埔革命同学会的目的，不过在谋集中自己同学的力量以求生存，结果却为人利用。这都是由于邓演达的阴谋，想借黄埔力量，谋叛党国，为今之计，对邓演达处置应严，对学生处置则应从宽……"戴还说："今日可怕的敌人，不在汪（精卫）陈（济棠）；能动摇根基，分散黄埔革命力量的，除邓演达之外无他人。"[①]戴季陶的一番话，使蒋介石起了杀机。1931 年 11 月 29 日，蒋介石下令将邓演达秘密杀害于南京麒麟门外沙子岗。

1932 年 2 月，蒋介石、汪精卫上台联合执政后，推行"攘外必先安内"

---

① 《文史资料选辑》第 19 辑，第 167-168 页。

的政策。他们置日寇侵略所造成的空前国难于不顾，而集中一切力量"围剿"工农红军，镇压革命力量，激起全国有识之士和青年学生的愤怒。1932年4月间，戴季陶奉命"视察西北"，他一路为蒋、汪的对日不抵抗政策进行辩解，他把日寇侵占东北三省和进攻上海，逼迫南京政府签订丧权辱国的《淞沪停战协定》等严重出卖祖国领土与主权的可耻行为说成是"外交顺利"，并散布"东北失了不要紧"的论调。4月25日，戴在西安民乐园向两千多名学生发表讲演时，爱国学生当场严厉斥责他的错误言论，抗议南京政府的对日不抵抗政策，在军警的干预下戴季陶狼狈脱身，但他的座车却被愤怒的学生烧毁。

为了进一步麻痹人们的思想，戴季陶以考试院长的身份，大力提倡"尊孔读经""恢复固有文化"，他说什么"经书为我国一切文明之胚胎，其政治哲学较之现在一般新学说均为充实"，"希望全国人士从速研究以发扬光大吾国之固有文化"，企图搬出封建主义的教条，禁锢人民特别是青年的思想。

1936年1月2日，陈果夫在日记中写道："早晨在委座处遇季陶先生，谈边疆问题甚久。季陶先生主张对边疆不可省小钱，与余见略同。因忆及财政当局每言之边疆经费，莫不摇头，与吾人大异其趣。此种态度，如赓续不变，将来必致因小失大，殊值得注意。"[1] 由此可见，在边疆问题上，戴季陶也是蒋介石最有发言权的顾问之一。

据陈公博说，戴季陶自做了考试院长后，"就自己训练成一个以道自任的大贤人，穿必马褂长袍，写必楷书正字"。到了20世纪40年代，蒋介石为了巩固其个人的专制集权统治，一度倡导"尊孔读经"和"制礼作乐"的复古运动。1943年10月发起"制礼"问题的讨论，蒋介石指定戴季陶主持其事。11月，戴季陶约集国民党政府内政、外交、教育、军政等部门的官员开会讨论，然后由他写成"礼制通议"。1944年3月，戴将"礼制通

---

[1] 徐咏平:《陈果夫传》，第841页。

议"五则，加上"读礼札记"以及有关论文和文件汇印成《学礼录》。蒋、戴企图以复古的礼乐来维护其统治，逆时代潮流而动。戴季陶搞的这一套复古玩意，被那些受过英美高等教育的英美派官员如王世杰等人嗤之以鼻，认为他们是在"开倒车"。

1935 年 5 月，戴季陶以健康原因，再次向蒋介石呈请辞去考试院院长，蒋不准，戴无奈，便声明保留院长名义，由副院长代理院务。从此，戴季陶摆脱考试院琐务，把精力集中在为蒋介石谋划大政方针政策及战略问题上，成为蒋的高级国策顾问。

由于日寇步步进逼，在侵占东北后，又窥视华北、华中，蒋介石的对日妥协退让政策节节失败，势已难以为继，走进了死胡同，不得不调整政策。戴季陶受蒋介石之托，参与筹备国民党第五次全国代表大会，并花了很大心思起草大会宣言。戴在这份长达万言的宣言书中，提出了"建设国家挽救国难"的十条三十八款方针政策，这十条是：

（一）崇道德以振人心。

（二）兴实学以奠国本。

（三）弘教育以培民力。

（四）裕经济以厚民生。

（五）慎考铨，严考绩，以立国家用人行政之本。

（六）尊司法，轻讼累，以重人民生命财产之权。

（七）重监察，励言官，以肃官方而申民意。

（八）重边政，弘教化，以固国族而成统一。

（九）开宪治，修内政，以立民国确实巩固之基础。

（十）恪遵总理遗教，恢复民族自信，确立正当之对外关系，以保持国家独立平等之尊严，而达世界大同之目的。

戴季陶指出："吾人处此国难严重之时期，所持以应付危局者，亦唯有秉持总理'人定胜天'与'操之自我则存''操之在人则亡'之大遗训，以最大之忍耐与决心，保障我国家生存与民族复兴之生路，在和平未至完全绝望之时，绝不放弃和平，如国家已至非牺牲不可之时，自必决然牺牲，抱定最后牺牲之决心，对和平为最大之努力。斯以真诚决意，转捩时局，务达自立自存之目的，与并世国家共同勖勉于世界大同之实现。"①戴季陶起草的这个宣言，为大会通过。

大会还通过了戴季陶起草的《中国国民党党员守则》，共十二条：

（一）忠勇为爱国之本。

（二）孝顺为齐家之本。

（三）仁爱为接物之本。

（四）信义为立业之本。

（五）和平为处事之本。

（六）礼节为治事之本。

（七）服从为负责之本。

（八）勤俭为服务之本。

（九）整洁为强身之本。

（十）助人为快乐之本。

（十一）学问为济世之本。

（十二）有恒为成功之本。

这十二条守则成为国民党党员的座右铭，每次党员集会，第一项内容便是朗诵这十二条守则，成为一种宗教仪式。但要说这究竟有多大作用，则恐怕只有天知道。

戴季陶想尽一切办法，挽回国民党颓废的人心，但效果甚微。一日，一位世交邀戴季陶出去游玩，他们驱车到首都饭店吃点心。侍者送上来的菜单全是英文，一个汉字都没有，戴季陶一看就心烦，他把菜单一扔，再也没有

---

① 荣孟源主编：《中国国民党历次代表大会及中央全会资料》下册，第292-302页。

心思吃点心了。不一会儿,音乐响起,舞会开始了。戴季陶往舞池望去,只见红男绿女,珠光宝气,靡靡之音在忽明忽暗的灯光中高低回荡。置身在这个与外界隔绝的舞厅里,戴季陶感到浑身不自在,"商女不知亡国恨",他骤然想起这句古诗,不由得热血冲顶。同行的朋友冲他笑一笑,劝他不要过于认真,如今就是这个世风。戴季陶实在看不惯那些搂抱在一起的学士名媛,他站起身来,快步向乐队冲过去,一把推开乐队指挥,高喊一声:"不要跳了!"沉醉在卿卿我我之中的对对男女突然被这炸雷般的声音惊醒了,他们停住舞步,看往乐台上的戴季陶,不知发生了什么事情。戴季陶声音沉重地讲起了国难问题,斥责了沉溺在舞池中的男女们。顿时,舞池大乱,戴季陶此举大煞风景,引起阵阵嘘声。戴季陶怒气冲冲地离开了首都饭店。等舞池当中的人们搞清楚此人即是党国要人戴季陶时,更是一片哗然,因为他们对戴季陶当年所提出的三项对日方针还记忆犹新。

五、遭宋美龄奚落而心灰意冷

1936 年 12 月 12 日,张、杨发动西安事变,扣留蒋介石及在西安的文武大员。这桩石破天惊的大事发生后,戴季陶认为自己是蒋介石的密友、高级谋士,当仁不让应该拿大主意,因此,他显得非常活跃。

12 日晚 10 时,国民党党政军大员齐集军政部长何应钦家,打听消息,并对如何处置产生了分歧。冯玉祥在当天的日记中写道:李烈钧、陈璧君、陈公博和冯玉祥都主张保蒋"安全";而朱培德、何应钦、叶楚伧、戴季陶则"主打"。戴季陶害怕军权落入军事委员会副委员长冯玉祥手中,对蒋介石不利,提议"军事归何应钦管"。冯玉祥说:"不成,参谋总长是军令机关,军事委员会尚有办公厅主任。"但蒋介石心腹占绝大多数,冯的反对归于无效。[1]

接着,在中央党部召开国民党中央常务委员会和国民党中央政治委员

---

[1] 中国第二历史档案馆编:《冯玉祥日记》第 4 册,第 847-848 页。

会联席紧急会议。这次会议从午夜开始，一直到 13 日凌晨 3 时才结束。陈果夫日记记载："决定撤张（学良）之职，与稳定局面办法。行政院当然由孔（祥熙）负责，军事由何（应钦）负责。会中主张以戴（季陶）先生为中心，叶（楚伧）先生亦能把握要点，孙（科）未语，冯（玉祥）言略带其他作用。"[①] 当天的会议争论相当激烈，戴季陶则是坚定的主战派。

孔祥熙对当时两派的分歧和争论作了较为详细的描述：

甲说：谓张杨此举必有背景，且必有助力。其背景与助力，在内为不尽悦服蒋公之疆吏与将领，如山东之韩复榘，广西之李济深，甚至如河北之宋哲元，四川之刘湘，皆可引为同路；在外为垂竭待尽之共产党徒，甚至如第三国际之苏联，皆可暗中联络。张杨既藉此背景助力，出以劫持统帅，则必以蒋公之生死为政治上之要挟。中央既不能曲从其狂悖，陷国家于沦胥；尤不能过于瞻顾蒋公之安全，置国家纲纪于不顾。昔项羽囚太公，汉高不屈，而太公卒还；清廷囚郑父，成功不屈，而郑父竟死，此中关键，固须审慎，然千秋后世，终必赞果断而贬屈服。故中央对策宜持以坚定。况蒋公安全尚不可知，示张杨以力，蒋公倘在，或尚可安全；示张杨以弱，蒋公虽在，或竟不能安返。此说，辞旨严正，考试院长戴季陶实主之。

乙说：对于甲说之揣测虽不否认，但不信学良等之通电将发生若何之效力。且谓蒋公抗日，早具决心，凡在帷幄，均所熟知。张杨此举，如真只以抗日为范围，则在国策上，只有时间上之出入，而非性质上之枘凿，此中已饶有说服余地。况张氏既有保证蒋公安全之电报，自须先探蒋公之虚实，再定万全之决策。如即张挞伐，无论内战蔓延，舆情先背，而坐弱国力，益以外患，国将不国，遑论纲纪？[②]

简而言之，以何应钦、戴季陶为代表的讨伐派，以"维护国家纲纪"为

① 《陈果夫日记》，1936 年 12 月 13 日。

② 孔祥熙：《西安事变回忆录》，台北《传记文学》第 9 卷第 6 期，第 56 页。

名，主张不顾蒋介石死活，立即对西安进行武力讨伐；而冯玉祥、张继、李烈钧等人以及蒋介石的亲戚们则认为，为保证蒋介石的人身安全，对西安不应使用武力，主张通过和平方式解决。

在两种主张争持不下的情况下，戴季陶站起来慷慨激昂地说："会议如此之久，倘无决定，明日报纸不见中央处置，政府将没有立场，亦即没有国家。"在讨伐派的压力下，联席会议作出三项决定：（一）褫夺张学良本兼各职；（二）任命孔祥熙代理行政院长职务；（三）调整军事指挥，军事委员会常务委员会增加至七人，"由副委员长及常务委员会负责"，"关于指挥调动军队，归军事委员会常务委员兼军政部部长何应钦负责"。

13日上午，孔祥熙与宋美龄从上海返回南京，认为联席会议通过的上述决议"太硬"，表示异议。13日下午3时，再次召开联席会议，居正任会议主席。孔祥熙首先表示"希望能以和平解决"，孔的话代表了未与会的宋美龄的意见。戴季陶见孔如此态度，立即站起来，说了一番耸人听闻的话，他说，张学良已完全被"赤化"，很早就同共产党挂上了钩，听说他"已会见过毛泽东"，对这样的叛逆，应该毫不留情，坚决严惩。戴季陶为此与孔祥熙争了起来。戴"大怒之下责备孔之谈话不用力"。孔反问："哪一句不合适？"戴季陶讥讽孔祥熙说的全是外行话，他说：这件事非采取主动，非用兵不可，否则很难挽救蒋的生命，因张、杨的生命未掌握在我们手中。他说完这几句话，突然走到孔祥熙面前，恭恭敬敬地对孔作了三揖，甩袖离开了会场。

12月14日上午，孔祥熙以行政院代院长的身份召集国民党大员开会，会议的中心议题是研究在讨伐之前，如何采用和平之法营救蒋介石，与会者大多数都赞成和平营救，戴季陶原来坚主讨伐，这次他在讨论未决的时候，退入休息室想了相当长的时间，然后又走进会议室，跪下向大家磕了一个响头，然后说："我是信佛的。活佛在拉萨，去拉萨拜佛有三条路：一是由西康经昌都，二是由青海经玉树，还有一条是由印度越大吉岭，这三条路都可通拉萨。诚心拜佛的人三条路都可通拉萨。诚心拜佛的人三条路都可走，这条不通走另一条，总有一条走得通的，不要光走一条路。"戴季陶意思很清楚，这次他也不赞成单一的武力讨伐，同意先进行和平营救，如果和平营救无效，再进行武力讨伐。与会的黄绍竑回忆："会上有不少人同意他的意见。"

但过了几日，张学良仍没有释放蒋介石的迹象，戴季陶又趋于强硬。陈公博在《苦笑录》中说："有一次在中央军校开会，蒋夫人也在座，戴季陶大发脾气，痛陈不能和张杨讲和平，季陶摔椅子，大哭大叫。……他那时对于张杨，大有'与汉贼不两立'之势。到了十六日开中央政治会议之时，更大声疾呼，主张声罪致讨，说到大义凛然之时，不惜大拍桌子，以补其声泪俱下之不足。孔庸之自然跟着蒋夫人主张和平解决的，因此给季陶大骂一顿，连连谢过不遑。庸之先生本来在会场上是素来盛气凌人的，或者因蒋先生被困西安，没有靠背罢，那时真是低声下气，变了一个宽容大度的谦谦君子。连那位平日伈伈俔俔的居觉生院长也乘时主张正义了，他站起大呼：'到了今日还不讨伐张杨，难道我们都是饭桶吗？'"①

罗家伦对戴季陶在16日会议上的表现也有详细的描述：

戴季陶说几日来，自己一直没上床睡过觉，连饭都没有顾得上好好吃一顿，他希望中央迅速作出决定，不能再拖延了，一切要以党国大业为重，说着说着，他情不自禁地站了起来，神态简直像疯了一般，他大声疾呼主张讨伐："现在委员长吉凶未卜，若是不幸还为凶，则我们还去和叛逆妥洽，岂不是白白地上了他的当，乃至将来无法申大义讨国贼。若是委员长还是安全的话，则我们用向绑匪赎票的方式将委员长救出来，则委员长又将何以统帅三军，领导全国？现在我们只有剑及履及的讨逆，才能挽救主帅的生命，挽救革命的事业……我要警告大家，若是今晚我们中央不能决定讨逆的大计，明天全国立刻大乱！政府也垮了！大局无法收拾！我们何面目以对总理！

---

① 陈公博：《苦笑录》，东方出版社2004年版，第237页。

何面目以对蒋先生！"他说这番话的时候，眼睛红了！声音也嘶哑了！说完这番话，戴又望着何应钦说："万一有意外，也只有我们两个作文武两翁仲耳。"①

在主战派的压力下，大会作出了"军事政治，同时并举"的折中方案：推何应钦为讨逆总司令，迅速指挥中央军进攻西安；由国民政府下令讨伐张学良；推于右任为"西北宣慰使"，赴西北进行分化瓦解张、杨的活动。

会后，宋子文找到戴季陶，责怪他这么做等于要送蒋介石的老命。戴反驳道："我同介石的关系，绝不下于你们亲戚。老实说，我的这一套也是为了救他，我不反对你们去同张学良作私人周旋，拯救蒋介石；同时，你们也不能反对我的意见，因为这是政治问题，不能不如此！"戴认为，和平营救是你们蒋家亲戚的事，你们尽管去交涉好了；作为党国政府，武力讨伐是不能不有的表示。看来，戴季陶的这一套表演有些唱双簧的味道，他自觉扮演了唱黑脸的角色。

为了压制讨伐派的嚣张气焰，宋美龄拿出了她的杀伤力极大的"撒手锏"，到中央军校演说时，声称何应钦等人坚持讨伐，是为了置蒋介石于死地，以便取蒋介石而代之。陈公博说："这种谣言实在来得可怕，照这样说话，则大凡主张讨伐的，都是别有用心……以是何敬之只好噤口不言，戴（季陶）、居（正）两位老先生只发干急和闷气。"②

自蒋介石被扣后，戴季陶便"愤激失常"。1936 年 12 月 26 日，蒋介石获释回到南京，见到戴季陶时，蒋介石亲口称赞戴季陶对西安事变的主张和处理是做得好的。戴季陶见自己的一番苦心为蒋介石理解，所以颇感高兴。但几个月后，蒋介石、宋美龄找陈布雷捉刀炮制的《西安半月记》和《西安事变回忆录》，分别由蒋介石、宋美龄署名，合成一辑公开出版。宋美龄在

---

① 罗家伦：《我所认识的戴季陶先生》。

② 陈公博：《苦笑录》，东方出版社 2004 年版，第 237 页。

《西安事变回忆录》中，不点名地将戴季陶等主战派狠狠地教训了一顿，并将救蒋出险的功劳全部揽到自己头上。戴季陶见了这本小册子，十分生气，拿起鸡毛拂尘把家里的瓶子都打烂了。让戴痛心的是宋美龄胡说八道，而蒋介石竟然也同意这样的书出版，这使戴感到十分寒心。戴季陶恨宋美龄，甚至殃及公馆派的黄仁霖。黄仁霖是蒋介石、宋美龄的"内廷总管"，宋美龄手下的大红人。黄因得宠于蒋介石夫妇，国民党要人们都很敷衍他，他便自以为了不起。在重庆时，戴季陶的考试院及官邸都在求精中学内。一天黄昏，戴持手杖在园内散步，黄仁霖穿着短裤，从戴旁边走过，遇见戴季陶时，黄用洋人口吻打招呼说："哈啰，戴院长。"戴平日就看不起黄，经过西安事变戴又最恨宋美龄，见黄如此轻狂，便大发脾气，举起手杖打了黄两下，骂道："你是什么东西，敢用这种态度对我。"黄被打得抱头鼠窜。

宋美龄的《西安事变回忆录》极大地伤害了戴季陶的自尊心。陈立夫晚年在美国接受历史学者的访谈时说："自西安事变以后，戴季陶控制自己，不再大胆说话。罗家伦已经提到这一点（罗的纪念戴季陶逝世周年祭的文章，见《中央日报》，1959年，题为《戴季陶、何应钦与西安事变》）。戴先生说，他仅仅是为了拯救蒋先生，但是，某些人不理解他。他很不高兴。他不仅不愿意大胆地讲话，而且，除非蒋先生征求他的意见，他也不愿意向蒋先生建议任何事情。在各种会上，他很消极。他推动我大胆地提出许多重要的问题，例如，降低金价60%的问题。我说：'您自己为什么不讲？'他说：'不想讲。我讲得太多了，经常被误解。'他被伤害了。毕竟谁不读蒋夫人的书！这本书伤害了许多人。我告诉您的关于戴先生的事基于事实。当然，他的消极对我们是损失。"[1]

六、对蒋介石灰心绝望以自杀了结

抗日战争爆发后，戴季陶随国民政府迁往重庆，名义上仍然主管考试院。

---

[1]　杨天石：《海外访史录》，社会科学文献出版社1998年版，第469页。

1938 年 8 月，戴季陶奉命赴甘孜，代表国民政府祭祀在返藏途中圆寂的班禅大师，并对西藏宗教界上层人士进行联络工作。1940 年 10 月至 12 月，戴季陶出访缅甸和印度。

1943 年 8 月 1 日，国民政府主席林森病逝于重庆。戴季陶主持操办了林森的丧葬大典。之后，戴季陶秉承蒋介石的旨意，于 8 月 27 日在蒋介石召集的会议上，与王宠惠、吴铁城等提出修改《国民政府组织法》，为蒋介石担任掌握实权的国民政府主席扫除障碍。

1945 年 8 月，日寇宣布无条件投降，举国同庆，而戴季陶却与常人相反，"忧恐至数日不能起，起时亦无喜色"。戴季陶之所以不喜而忧，是因为他看到中国共产党领导的人民武装力量在抗日战争中已经发展壮大，共产党的影响比以前更加扩大，这些都对国民党的统治构成了严重威胁。戴季陶想到这些，他就高兴不起来。他郑重地告诉蒋介石："今兹倭寇降而'共匪'炽，正与捻匪当年局势无殊。""战时固艰苦，战后艰苦将十倍于战时，危险亦不可想象。非不可避免，只在人心知与不知之一转耳。"他预感到人心将转向共产党，担心国民党将因腐败无能而失去人心。

1945 年 9 月上旬，戴季陶约请国民党大员何应钦、白崇禧、张治中、朱家骅等在陈立夫的寓所商讨东北问题。戴季陶"力主东北的收复不可操之过急，我们千万不能派兵出关，要让当地去应付为是。他举了许多历史上的事实，要步步为营，先要巩固华北。否则，将来派去的部队都要丢掉的"[①]。

戴季陶要在座诸位特别注意这件事，并向蒋介石力争。但是，由国民政府接收中国东北是 1943 年开罗会议宣言规定了的，这也是国民政府的国策；而且在当时的情况下，国民政府如果放弃接收东北，也不可能得到舆论的认可。因此，在座诸位大员对于戴季陶的"远见"没有特别放在心上。

---

① 《朱家骅先生年谱》，第 59 页。

尽管以后事态的发展证明了戴季陶的"远见"是正确的，但在当时确实是不可行的。①

当时的美国害怕中国东北落入苏联手中，美国总统特使马歇尔极力怂恿蒋介石出兵接收东北。后来张治中告诉周恩来："蒋介石原来想先打华北，再攻东北，可马歇尔不同意，他主张用精锐部队先打东北，抓了东北再抓华北、华东。结果弄得国民党到处分兵把守，首尾难顾。蒋一提此事就咬牙，他恨透了马歇尔，说马歇尔瞎指挥，给他出了坏主意。其实，先打华北也好，先打东北也好，都注定要失败的，关键一条，蒋介石已完全失掉了民心。"②

开始时，蒋介石自以为有美国人撑腰，也不再犹豫，命令杜聿明率大军强行打入东北，从此国民党军陷在东北的泥潭不能自拔。戴季陶的主张未被蒋介石采纳，心里闷闷不乐。

当时，北方人士在国民参政会内一直在吵闹着要求建都北京，反对将国民政府再迁回南京，这又是一个重大的难题。蒋介石又想到了戴季陶，于是将戴召到蒋的寓所，请他发表高见。戴季陶沉吟了一下，便娓娓道来。他认为建立首都，当然要重视人杰地灵，以此看来，有三个地方符合建都的条件，一是南京，龙踞虎盘，气势雄伟，且临江靠海，是建都的理想之地；二是北京，东扼渤海，西制回藏，北瞰满蒙，南控中原，也适于建都；三是西安，自古就是帝王之都。这三个地方都可以建都，关键在于"人为"，他劝蒋介石要从政治、军事等方面多加考虑。听了戴季陶的一番宏论，蒋介石大受启发，"以为此后建国，当重东北，为便于控制东北与美国军事配合计。十年之内，军事基本与机构，不能不在北京，乃主张照明代例，南北两京并建，重庆仍留为陪都，西安首都之主张，则待十年后再作决定可也"。但戴、蒋均未料到，仅四年后，国民党在大陆失败，他们设计的"南北两京并建"的计

---

① 《朱家骅先生年谱》，第 59 页。

② 雷英夫：《在最高统帅部当参谋》，第 92 页。

划，成了一场无法实现的春梦。

1947 年 1 月 1 日，戴季陶参与起草的《中华民国宪法》公布。戴季陶对这部宪法并不满意，因为这部宪法对考试制度多有否定之处，特别是取消了公职候选人考试的规定，使考试院仅仅成为一个摆设而已。陈天锡著《增订季陶（传贤）先生编年传记》一书指出："先生检讨考试院原来制度，宪法业已作根本之改变，非复国父建国大纲之精神，每深私痛。以致前年所定改进方案，多无法进行。""先生深痛身为国父信徒，且又职居最高考试机关之主官，竟使国父在政治上之创获，由先生而失坠，每觉无以对国父在天之灵。"

其实，大家都清楚，国民党政权，从蒋介石开始，上上下下都是任人唯亲，所谓的考试只是多余的把戏而已。

1948 年 4 月 4 日，国民党在南京召开第六届中央临时全体会议，讨论总统候选人提名问题。蒋介石在会议开始致词时，假惺惺地声称他不愿参加总统竞选，希望推举一位国际知名的党外人士，暗示此人非胡适莫属。蒋介石讲完话，即宣布暂时休会，下午再议。下午的会议，蒋介石未到，由何应钦主持。由于蒋介石上午的发言，引起与会者的争论，有人主张仍由蒋介石做总统候选人，有人则推胡适，争论不休。戴季陶坐在最前排，他深知蒋介石这次玩的又是以退为进的戏法，而并非真正不想做总统。当两种意见争持不下时，戴季陶再也忍不住了，以元老的身份登台发言。他十分激动，满脸涨得通红，几乎是用教训的口吻斥责主张"总裁不担任总统为宜"这一派人的意见，说他们不懂政治，不顾大局，此种做法只能置中华民国于绝境。他力言就党的历史来说，就目前的局势来说，就党对国家的责任来说，都非蒋先生担任总统不可。戴季陶的一番话说得振振有词，台下顿时鸦雀无声。以戴季陶的资历与威望，谁也不敢再持异议，于是，戴季陶一锤定音，会议通过决议，推张群、吴铁城等五人向蒋劝驾，蒋介石也欣然接纳。在副总统竞选中，为了帮助孙科击败李宗仁，戴季陶又奉蒋介石之命，利用自己在边疆各省的广泛联系，争取边疆地区代表投票支持孙科。但竞选结果，孙科仍以微弱少数败于李宗仁，戴的一番努力付之东流。

蒋介石虽然登上了总统宝座，但为时仅数月，国民党军队即土崩瓦解。1948 年 11 月 13 日，蒋介石的"文胆"陈布雷因对时局绝望而自杀。戴季陶兔死狐悲、同病相怜，但当有人问他对陈布雷自杀的看法时，戴季陶仍故作镇静地说："照佛家道理，是不许可的。"

1949 年 1 月 21 日，蒋介石被迫让位于副总统李宗仁。蒋反过来责怪当初拥他做总统的人，表白说他当时不愿当总统是完全正确的，而戴季陶力劝他担任总统是大大的错误，弄得党内意见分歧，离心离德，对外对内，都受到很大影响，因此把国民党失败的责任推到戴季陶的头上。对于蒋介石的出尔反尔，戴季陶十分伤心。

蒋介石下台后，布置心腹人马全力经营台湾。当有人劝戴季陶去台湾时，戴态度异常坚决地说："不必！"拒绝去台湾。1948 年 12 月 28 日，戴季陶应广东省主席宋子文之邀离开南京赴广州。戴到广州，又有人来劝戴去台湾，但戴仍十分坚决地说："不必去！"

戴季陶自从与蒋介石为伍以来，一直以浙江吴兴人自居；但到这时，百病缠身、风烛残年且处于绝望状态中的戴季陶却留恋起生养他的四川广汉来了，不管共产党之后如何处置他，他仍坚持要回四川去，他不想再去台湾与蒋介石为伍。戴的儿子戴安国劝说无效，只好遵命，为他准备飞成都的专机。

戴季陶这次到广州，最初住在华北路迎宾馆，后迁东园省府招待所。据说，戴氏生性耿介，且赋性高傲，不肯仰面求人，当时他的经济状况十分拮据，在广州欠好友七千多港币无法偿还，心情极为恶劣。

据李汉魂日记记载，在戴季陶自杀的前三天，李汉魂拜访戴季陶，两人对国民党的失败感叹了一番。李汉魂在 1949 年 2 月 12 日的日记中写道："公以国难严重，隐痛极深，念挽救之无从，益伤感之特甚，为之摇头顿足，迭呼：'错了！错了！错了！'予以正亲扶劝慰，适黄镇球到访，公即勉为止恸，予以怅而告别。"[1] 不知是戴季陶埋怨蒋介石没有采纳自己的献计，还是后悔自己向蒋介石献错了计，抑或两者兼而有之。

1949 年 2 月 12 日，戴季陶因服安眠药过量而辞世，享年 59 岁。这位"反共最早，决心最大，办法最彻底"的人物终于和国民党政权一道走向了终点。对于戴季陶之死，有人说是自杀，有人说是因为服药过量意外致死。

戴季陶早年时是一位文采斐然、翩翩多情的公子，毫无节制的酒、色和多思多虑过早地掏空了他的身体，从年轻时代就落下了严重的神经衰弱的疾病，而且随着年龄的增长日趋严重，以致无医可治。戴氏一生有多次自杀的经历，除前面提到的 20 世纪 20 年代初投长江自杀外，还有好几次自杀的历史：一是抗战末期在重庆一次服安眠药一百余片，脉搏几陷于停顿，经急救才得以生还；二是 1948 年陈布雷自杀的次日，戴氏再次服安眠药一百片以上，也是因为发现得早，经过洗胃注射等抢救，才得以缓过气来。而这次在广州，戴氏一口气服下两瓶安眠药，中毒过深，医生束手无策，只能眼看着戴氏一睡不醒，一个政治上极端绝望的人算是从此解脱了。

已经"引退"在浙江奉化县溪口镇老家的蒋介石"闻耗悲痛，故人零落，中夜歔欷"。[2]

代总统李宗仁当家的国民党政权，在朝不保夕的局面下，依然为戴季陶操办了隆重的官方葬礼，先后在广州、南京举行公祭。3 月 11 日，南京政府发出一纸"褒扬令"。其长子戴安国将其灵柩运抵四川成都，4 月 4 日，在成都举行了"国葬"仪式，居正、朱家骅代表国民党政府专程飞成都主持，

---

[1] 《李汉魂将军日记》下册，第 225 页。

[2] 蒋经国：《危急存亡之秋》，第 399 页。

由居正主祭，朱家骅陪祭。之后，戴季陶与其原配夫人合葬于成都郊外。[①]

七、盖棺难论定

有论者认为："与蒋介石同嫖、同赌，同搞证券物品交易所经纪的戴季陶。戴一生四变，从参加保皇党的政闻社而至同盟会、国民党，一度投机混入共产党，叛变之后，诵经念佛，对蒋介石一贯是'逢君之恶''长君之恶'，曲解三民主义，以道统嫡传自居。他是淆惑人民思想的罪魁。"[②]这种评论难免有一棍子打死的嫌疑，带有鲜明的时代特色。

事实上，戴季陶是一个十分复杂的人物。青年时代的戴季陶博闻强记、聪颖过人而又多愁善感、性情偏激，具有一种病态的性格特征。他原本可以成为一位翩翩佳公子、真名士，但风云变幻的时代将他裹进了旧民主主义革命的队伍，成为一位激进的民主革命的吹鼓手。中年以后的戴季陶曲解孙中山革命的三民主义，创立所谓的"戴季陶主义"，作为国民党右派反对共产主义革命的理论武器。这个"戴季陶主义"是支撑国民党政权的官方理论基础，而戴季陶本人则长期充当蒋介石的国策顾问。中年以后的戴季陶无疑是在扮演一种反动的角色。

但是，如果我们不因人废言的话，作为民国时期屈指可数的思想家之一，戴季陶具有多方面的成就，在今天仍有研究的价值。全面评价戴季陶不是本书的主要任务，只好就此打住。

---

① 陈伯中编：《郑彦棻八十年》，台北传记文学出版社 1982 年版，第 62 页；《朱家骅先生年谱》，第 78 页。

② 《江苏文史资料选辑》第 8 辑，第 199 页。

第二节 "政治南伐"的关键人物黄郛

国共合作的第一次大革命，最终以"军事北伐，政治南伐"而告终。这个结果的出现，与黄郛的关系很大。

黄郛之所以能发挥这样的作用，与他的独特经历有关。他本来是中国旧民主主义革命队伍中的重要一员，与陈其美、蒋介石是拜把子的兄弟；但在1916年后，黄郛脱离革命队伍，长期住在北洋军阀官僚的老巢——北京、天津地区，与北洋军阀官僚混迹在一起，并成为其中的一员，结下了广泛的人事关系。北伐战争进入长江流域以后，黄郛应盟弟蒋介石之邀请南下，充当蒋介石的幕后军师，为蒋氏背叛革命出谋划策，扮演了一个极为关键的角色。不仅如此，黄郛还是著名的亲日派、日本通，是20世纪20—30年代蒋介石对日外交的主要助手。

一、早年与蒋介石义结金兰

黄郛，字膺白，原籍江苏松江，1880年3月8日出生于浙江绍兴上虞，后落籍浙江杭县。黄郛1904年考入浙江武备学堂，1905年保送至日本留学，入东京振武学校，同年加入同盟会。他奉黄兴之命，与李烈钧等联络留日陆军学生中的同盟会员20余人，组成"丈夫团"，以孟子"富贵不能淫，威武不能屈，贫贱不能移"作为标榜。1908年，黄郛从振武学校毕业，转入日本参谋本部所设的陆军测量部继续学习。在日本留学期间，黄郛结识了同在日本留学的

黄郛

浙江同乡陈其美和蒋介石。黄郛还与蒋介石一道创办了《武学杂志》，阐发反清革命的意义，论述军人应尽的职责。1910年，黄郛毕业回国，到北京清政府军咨府任职。1911年辛亥武昌起义爆发后，陈其美作为同盟会中部总会负责人之一，肩负筹划上海光复的责任。黄郛得知武昌起义消息后，立即与"丈夫团"的几位成员离京南下，蒋介石也请假从日本回到上海，成为陈其美的左右手。11月4日，上海光复，6日，黄郛力主陈其美为沪军都督，黄郛本人则被推为沪军都督府参谋长，成为陈其美的首席助手。

沪军都督府成立后，黄郛召集留日军校学生成立沪军第二师（后改为陆军第二十三师），蒋介石在黄郛手下任第五团团长。1912年年初，陈其美、黄郛和蒋介石三人在上海打铁浜蒋介石寓所结拜为异姓兄弟。蒋介石且以盟弟的身份致赠陈其美、黄郛宝剑各一把，上镌"安危他日终须仗，甘苦来时要共尝"。

杨志春认为，黄郛与蒋介石此时的关系并不融洽。他写道：

陈其美（英士）、黄郛（膺白）和蒋介石（志清）三人，在日本时，为"桃园三结义"，平时称兄道弟，彼此平等相处。今陈为都督，黄为师长，蒋为团长，官阶各别、地位悬殊。蒋介石粗鲁，仍以旧时习惯对黄、陈。黄、陈有容量，对蒋优容之。黄已做过清廷奴才，习惯于媚上而傲下，介石心恶之。陈英士对蒋和颜悦色规诫之，蒋遂德陈而蔑黄。时张群任蒋团团附，知黄、蒋二人不和，乃加意媚黄，以离间蒋。黄遂有去蒋而易张之意。

会有浙江绍兴人陶成章，为陈英士所忌恨。陶当时在上海医院养病，黄遂计上心来，密找介石谓之曰："陶某为陈都督仇人，你如果能将陶的生命结果，陈都督必以你办事能干，有作为、有魄力而喜欢你。"蒋曰："无缘无故，如何可去杀他呢。"黄曰："陶现在医院养病，你可以派一人，以送陶食物为名，到医院将陶杀死，岂不方便？"蒋曰："此事须与陈都督相商之。"黄曰："你去问陈，陈必表面上不允许，反阻止你去杀他了。"蒋曰："如此我便服从陈命令，不去杀陶好了。"黄曰："如此陈心中必恨你，做事无才干。你若不去问陈，先将陶杀死，再去报告陈，陈必心中爱你。"蒋问："何以见得呢？"黄曰："你看《三国演义》上许褚杀死曹操友人许攸，许褚如问了曹操再去杀许攸，必然不允许，先杀了许攸，再去报告曹操，操因许褚对自己十分忠心而加倍爱许褚了。今你去杀陶，亦是如此。"蒋介石一时被黄郛说得好听，真去派人杀死了陶成章。未几上海舆论哗然，报纸上揭露了蒋介石暗杀陶事，陶党亦将捕蒋抵罪，蒋知上海不可久住了，乃辞团长职，推荐张群代自己任团长。蒋遂离沪避居他地。①

毛思诚编的《蒋介石年谱初稿》也说"公为黄郛部所排挤，且以陶案，[为]减少反对党之攻击本党与陈其美，乃避往日本"。该书于20世纪30年代公开出版时，黄郛正与蒋介石合作，蒋介石在审稿时将此段删去，并改为"公以陶案之故，为免除反对党以此为攻击陈其美之口实，乃避往日本"。②

二、人分南北，各有建树

二次革命失败后，黄郛与陈其美因政见不同而分手，蒋介石则继续追随陈其美参加反袁斗争，而黄郛则先后亡命南洋、美国，1916年由美国回国，在上海接洽浙江加入护国军事宜。1916年袁世凯毙命后，黄郛举家北迁，定居北京、天津，从事著述，先后写成《欧战之教训与中国之将来》和《战后之世界》两部著作，引起当权者和各界上层人士的重视，名气大增。经人推荐，黄郛参与撰写《欧战后之中国》一书，以总统徐世昌的名义发表。徐世昌因此书而获法国巴黎大学名誉法学博士学位。徐世昌为酬其劳，特资助黄郛赴欧美考察。

黄郛在天津寓居时，还结识了北洋军界实力人物张绍曾。因张之推介，

---

① 杨志春：《关于蒋介石家世及其早期政治生涯琐记》，《江苏文史资料选辑》第5辑，第233-234页。

② 万仁元、方庆秋主编：《蒋介石年谱初稿》，第18页。

黄郛从 1922 年起历任张绍曾内阁外交总长，高凌霨、颜惠庆两内阁的教育总长。1924 年 10 月，冯玉祥发动"北京政变"，黄郛事先参与密谋，政变成功后，冯玉祥推黄郛为摄政内阁总理，并兼交通、教育两部总长。黄郛在不到一个月的摄政总理任期内，按照冯玉祥的意见，做了修改清室优待条件、驱逐溥仪出宫和改设故宫博物院两件大事。此为黄郛视作生平最得意的事，他对人说："从来中国书生报国最得意的有两事：'上马杀贼，下马草露布'，这两者我都做到了。"

1924 年 11 月 12 日，孙中山接受冯玉祥的邀请北上。时任黄埔军校校长的蒋介石与黄郛已多年不通音讯，借此机会于 18 口打了一个电报给黄郛，称"自闻北京政变，各军改称国民军，不问而知为兄之主张，可知人分南北，而彼此精神贯注，始终如一也。英兄虽死，孙公犹在。吾党成败，终不能离打铁（浜）约言。请兄以英兄之事孙公者事之，则他日安危倚仗有人。英士不死，介石苦志乃申。对于国事方箴，尚祈坚持到底，以期贯彻主旨。并请加入本党，是否乞复。"①

黄郛接电后当即复电称："八年苦志，一旦揭穿，今后生涯，复归荆棘。"不久，蒋介石又给黄郛写了一封信，重申前请："望兄在京以全力事中师，使弟在粤专心灭贼，则党事庶有豸乎。"

孙中山到北京后重病卧床，冯玉祥则因受张作霖、吴佩孚、段祺瑞的压迫在北京无法立足，黄郛内阁也已于 1924 年 11 月 25 日辞职，黄郛对时局已无任何作为。蒋介石在信中的口气让黄郛感到难以接受。后来，黄郛对人说："蒋先生打电报责备我，说：'为何不能以事英士大兄者事总理？'""这次首都革命和孙先生在广州的革命，不是殊途而同归吗？"

黄郛辞职后，段祺瑞上台，出任中华民国执政，安排黄郛担任税务督办、全国国道督办。黄没有到任，于 1925 年年底，第二次移居天津。

---

① 万仁元、方庆秋主编：《蒋介石年谱初稿》，第 264 页。

三、蒋介石智囊团里的智多星

1926 年年底，蒋介石率北伐军进入江西后，为了与武汉国民政府对抗，将自己的亲信张静江、戴季陶、陈果夫、陈立夫、张群召集到南昌。蒋没有忘记赋闲天津的黄郛。11 月 22 日，蒋介石致函黄郛，邀请他火速南下共谋大计。收到蒋邀请函后，黄并没有立即南下。12 月 28 日，蒋又写了一封亲笔信，托张群北上天津，邀黄郛南下。蒋在信中写道："二兄大鉴：渴望既殷，欲言无由，特嘱岳军兄面达一切，尚祈不吝教益，共底于成，是为至祷！敬颂大安！弟中正手上。十五年十二月二十八日。"

张群到天津后，黄郛以盛情难却，遂决定南下。行前，他与中国银行负责人商谈了援助蒋介石的事宜，中国银行答应黄郛可在汉口的中国银行信用透支 100 万元，作为蒋介石的军饷。

黄郛与蒋介石已经有十年不曾见面，蒋见二哥终于应邀前来，马上奉为上宾，拨出两名副官、一队卫兵供黄专用。黄郛的到来，引起各方面的注意。时任国民革命军第七军军长的李宗仁回忆说："我在南昌总司令部见到新客极多。最引我注意的是黄郛、张群二人，都是政学系重要人物。张已做了总司令部的总参议。渠何时就职，从何而来，我都不知道。黄郛是初从上海来的。……这次在南昌，我是第一次和他见面，但见其风度翩翩，能说会讲，而举止从容，一望而知为一十分干练的官僚。他来赣何事，我们也不得而知。唯当时汉、浔一带党报对黄氏攻击不遗余力，骂他是政学系北洋旧官僚，军阀的走狗，不应让他混迹于我们革命阵营之内。蒋总司令为此曾在纪念周上大发雷霆，说黄膺白是他私人的好朋友，难道我们革命，连朋友也不要了吗？但是黄郛究为何事来南昌访蒋，我们终不知其底蕴。"[①]

身为局外人的李宗仁自然不会知道黄郛南来的底蕴。黄郛到江西后，立即与张静江、戴季陶、陈果夫、张群等组成了蒋介石的智囊团。

---

① 《李宗仁回忆录》上卷，第 318 页。

1927年1月至2月初，黄郛等人上了江西庐山，住在庐山牯岭仙岩旅馆，他们朝夕相处，紧锣密鼓地谋划"反共大计"。黄郛"差不多一天到晚在蒋先生处"。①

黄郛献议的核心是"离俄清党"，也就是反苏反共。黄郛是一个对苏联和中国共产党成见极深的人物，甚至可以说是一个偏执狂。1924年孙中山决定实行联俄联共政策时，黄郛内心是极端反对的。不过，由于他没有参加国民党，不便公然出面反对孙中山的决策。上海《申报》60周年纪念征文时，黄郛写了一篇《中俄划界问题刍议》的文章，将沙皇俄国历次侵占中国领上——列表指出，其用意在提醒"醉心主义"而"忘记国界"的人们。黄郛将富于侵略性的沙皇帝国与社会主义苏联混为一谈，并将其视为最危险的邻国。黄郛在与蒋介石讨论中国与日本、苏联邦交时说："中国两个邻居都不善；若是个家，我早已搬，如今是个不可搬的国，只得先顾缓急轻重。""中日关系与中苏关系比，无论如何不应该放弃日本这一条路。""国民党若要改变一面倒与苏联的办法，日英两国是不能不首谋谅解的。"黄郛说："苏联顾问太专制了，共产党太可怕了。使国家观念很重的国民党感觉不安，必须'离俄清党'。"②黄郛夫人说："膺白反对联俄更甚于容共，当时我们都以为无苏联即无中共。他力劝放弃这个政策，而且改变类似苏联的组织……"黄郛还说，社会人心"畏惧恐怖国民党联俄容共政策之后果。国民革命军自广州北伐到武汉，军事节节胜利，但所到之处，人不安居，不乐业，于是招致其他各地之踌躇，反足以延长军阀之命运。民国十四五年间，上海空屋日多，而天津租界地产价格，呈空前绝后之暴涨，初则广帮，继则沪帮，纷纷北来"。北方成为"中产阶级准备的最后立脚处"，所以"明示政策，使国民有所了解，是极重要的事"。关于军事方面，黄郛认为"在北方之阎锡山、

---

① 沈亦云：《亦云回忆》上册，第255页。
② 《张岳公闲话往事》，第62页。

冯玉祥两个力量，或思想，或历史，或友谊均可与国民革命军合作。若蒋先生能引阎、冯为同调，这个中心力量可以减少内争而早致统一"。[①]黄郛的这些建议与蒋介石的想法非常合拍，也正是蒋想做却又没有把握去做因而多方寻求具体解决办法的事情。

黄郛除了绞尽脑汁为蒋介石谋划反苏反共大计外，还要充当保护神的角色。这一时期，国民革命军阵营内部各种矛盾冲突已经相当尖锐，蒋介石追求个人军事独裁的图谋，遭到国民党左派和中国共产党的顽强抵制，脾气原本暴躁的蒋介石此时情绪极为恶劣，每当遇到这种情况，黄郛和张静江就陪伴在蒋的身边，有时要陪到很晚才肯离开。一次，房间里只有黄郛与蒋介石、张静江三个人，蒋介石不知何事恼怒至极，怒气冲冲地向里间冲去，急得坐在轮椅上的张静江连声大呼黄郛，要他赶快追进去，以防性情暴躁的蒋三弟会闹出什么意外。

在庐山过了 1927 年的农历新年，蒋介石身边的这批反共谋士带着各自的任务分头离开了庐山。戴季陶秘密出访日本，寻求日本支持蒋介石的"反苏反共"政策；张静江则前往杭州，为蒋介石进驻东南做准备；黄郛则肩负经济、外交两项使命，潜往国民政府所在地武汉活动。蒋介石要"反苏反共"，寻求日本的支持是必不可少的。

黄郛到汉口活动，立即引起武汉各方面的注意。汉口《国民日报》于 2 月 13 日发表《国民党果有借重外交系之必要乎？》的文章，对黄郛潜入革命中心武汉活动进行抨击。在武汉的中国共产党也注意到了黄郛的活动，张国焘在一次小范围的积极分子报告会上指出："蒋介石写信约请他的'盟兄'和密友黄郛（前冯玉祥的代理内阁总理）出来工作。黄郛同日本人进行了谈判。黄的政治方针是：中国面临的主要军国主义势力是日本，必须把日本拉到国民政府方面来。"黄郛在汉口的隐蔽活动激起了武汉革命群众的愤怒。

---

① 　沈亦云:《亦云回忆》上册，第 254-255 页。

2月上旬，黄郛得到密报称有人将对他采取不利行动，便前往询问武汉市长刘文岛，刘文岛不能证明无事，转而求助武汉卫戍司令陈铭枢，陈也表示无能为力。黄郛夫妇急忙避入汉口租界内的日本同仁医院。当天夜里，黄郛夫妇即匆匆登上轮船潜往江西九江，随即赶往南昌蒋介石的总司令部。

蒋介石在暗中联络日本的同时，还通过王正廷等几条渠道，与美帝国主义也取得了联络，从而增强了蒋介石占领东南各省后反共的决心。

在南昌，黄郛与蒋介石、张群等对"底定东南"后的内政外交进行了密谋，黄郛提出"底定东南后，所重者为经济与外交，尤须作未雨绸缪"，得到蒋介石的采纳。蒋介石等一致推黄郛先行潜赴上海执行这些"未雨绸缪"的计划，他们认为："经济中心之江浙，亦恐惧怀疑，外交上英日利害最切己，非得中外深信其平和稳健而非过激危险如先生者，暗中居沪运筹，不易为功。"黄郛欣然接受了这一重大任务。临行前，蒋介石赋予黄郛"以全权处理，并授以空白任命状一册，嘱遇机密酌填发"。此时，蒋对黄"信赖之专，倚界之深，实无出其右"。

黄郛受命到达上海后，从经济和外交两个方面为蒋介石即将发动的反革命政变展开了紧张的准备工作。

在经济方面，黄郛利用他与江浙财阀的关系，拉拢他们支持蒋介石的反革命政变，满足蒋介石在财政、军需方面的需要。

黄郛与江浙财阀的关系是从与张公权的交往开始的。张公权（1889—1979），江苏宝山人。1913年后任中国银行上海分行副经理、中国银行总行（北京）副总裁。张公权与黄郛有一面之交，当他读了黄郛著的《欧战之教训与中国之将来》一书后，受益匪浅，"深佩其识之高超"。黄郛夫人回忆说："我家在北方几年中，人事上与中国银行关系最深，这关系从不涉及私人利害，只因其中有几个朋友，民五袁氏称帝时，曾令中国银行停止兑现，张公权先生为上海中国银行经理，独抗命而尽量兑现，此举影响社会经济颇巨，膺白忻慕这行动，自此与公权先生交厚。"二人过从甚密。每当政潮起伏之际,中国银行都要派张公权前往问计,黄郛必尽量解说其来龙去脉,使张得其要领而回。在黄郛的引导下,张公权以实际行动支持广东国民政府,对其在财政和币制改革上予以极大的帮助。1924 年 8 月,广州大元帅府任命宋子文为中央银行行长,其时,广州市面金融混乱,中央银行因没有充分的准备金而滥发纸币,造成兑现竭蹶、通货膨胀、罗掘俱穷的现象,中央银行所发纸币毫无信用。宋子文为扭转这种金融混乱的被动局面,派人赴香港与中行香港分行经理贝祖诒商借部分现金;贝祖诒在向北京中国银行总行请示时,张公权已任总行副总裁,他密嘱贝亲往广州与宋子文面谈。宋子文向贝提出借款 200 万元,经张公权同意后,贝祖诒允宋先期承借 50 万元。广州中央银行得到这笔款项后有了基本的准备金,纸币逐渐流通,而金融得以维持。不久,广东政府实现了财政统一,为巩固和发展广东革命根据地奠定了基础。1926 年 7 月北伐开始后,张公权与中国银行总裁冯耿光接到广州分行经理贝祖诒关于北伐形势的报告,又经冯往广东实地考察,认定北伐成功的可能性很大。为与北伐军方面取得联系和保护中国银行在南方的产业,决定由张公权回沪成立副总裁驻沪办公处。1926 年年底黄郛自天津南下时,张公权指示中国银行总行让黄郛携带密函,令汉口分行经理汪翊唐,在北伐军抵达汉口时,凭蒋介石总司令部公函,可借支 100 万元,此款后在上海支付。黄郛到南昌后,与蒋介石、张群等研究"克复宁沪后财政金融规划,外交之部署,机关之接收,人员之支配,绅商之联系,以及浙省之策动等,无不深思熟虑,预为筹谋"。黄郛提出与江浙财阀合作,并为蒋介石与江浙财阀拉上了关系。北伐军一到上海,张公权即联络陈光甫、钱永铭等巨头投靠蒋介石。1927 年 3 月,蒋介石以国民革命军总司令名义,任命上海商业储蓄银行总经理陈光甫为江苏财政委员会主任兼上海财政委员会委员。3 月 26 日,蒋介石又下令成立苏沪财政委员会,罗致江浙财阀及银钱业、商会代表为委员,以陈光甫为主任委员;任命前交通银行协理钱永铭为财政部次长。5 月 1 日,南京政府发行以上海海关"二五"附加税作抵之国库券 3000 万元,由浙江实业银行总经理李铭为主任委员，负责国库券之发行。这样，江浙财阀的主要成员几乎都参与了蒋介石南京政府的经济活动。如果没有江浙财阀在经济上的支持，南京政府是难以维持下去的。1927 年 9 月 15 日，钱永铭报告说："自国府成立以来，军政所需，支出达 4000 余万元之巨，财政部筹款异常困难。幸赖财政委员会诸君，暨银钱业、商会、各界协助，得以发行二五库券于短期内募集足额。此外，原拟再发盐余库券，因江北经敌军扰乱，盐税未能统一，故议而未行，仅以垫款抵押品，按所发二五附加库券收入 2000 余万元，银行垫款 1300 万元，其他各项收入只 1000 余万元，军费支出占去 4100 余万元。"如此巨大的支出，若没有江浙财阀的支持是不可想象的。张公权后来回忆说："国民革命军由粤北进军，膺白先生居上海，中行总处亦迁上海，先生时与我商讨如何帮助北伐军饷糈。及国民政府成立后，又不断与我讨论如何由中国银行联合金融界帮助国府财政。所幸当时金融界久已同情国民革命，吾以膺白先生之意达于同业，均表示竭诚拥护。故国民政府成立初期之财政，得免于匮乏，膺白先生从旁诱掖之功不可没焉。"张公权的这个说法是可信的。

黄郛还以上海金融界的财力作后盾，成功地收买了北洋海军为蒋介石所用。北京政府海军总司令杨树庄是福建闽侯人，随着北伐战争的进展，杨树庄已有率领北洋海军归附南方革命军之意。招降杨树庄的工作起初由国民党元老、蒋介石委任的上海临时政治委员会成员钮永键担任，黄郛到上海后，得到上海中国银行在经费上的大力支持，取代钮永键承担了招降北洋海军的任务。蒋介石 3 月 17 日给黄郛的信中说："林知渊兄来，关于海军饷项及交涉事，特请其来接洽。以后海军事不经惕先生（钮永键字惕生）为妥，请兄与杨幼京（杨树庄字幼京）总司令及知渊兄直接交涉。每月饷项卅五万元务嘱（中国银行）蔼（陈蔼士）、震（吴震修）二兄提先拨付为要。"[①] 蒋介石信

① 沈亦云:《亦云回忆》上册，第 263-264 页。

中所提及的陈蔼士、吴震修均是上海中国银行负责人。吴震修清末曾与黄郛共事于清政府军咨府，辛亥革命时共事于第二十三师，两人交谊甚厚，而陈蔼士则是陈其美的大哥，与蒋介石、黄郛的关系更非一般。因此之故，中国银行对黄郛、蒋介石自然大力支持。

黄郛在上海从事的第二项重要使命，就是拉拢各帝国主义列强支持蒋介石的反共事业。

蒋介石的东进战略进展相当顺利。何应钦、白崇禧率领的东路军于1月初由江西、福建两路进入浙江，2月19日占领省会杭州，然后由浙江嘉兴向上海挺进。3月21日，白崇禧率部攻占上海松江、龙华。此时，中共上海区委发动第三次武装起义，由中央军委书记周恩来担任起义总指挥，上海工人阶级经过一昼夜的浴血奋战，于22日占领了上海的全部据点，解放了上海。白崇禧率领的东路军兵不血刃进入上海。与此同时，蒋介石指挥的江左军和江右军于3月6日占领芜湖，22日占领镇江，24日攻占南京。3月24日，英美帝国主义以南京城内北方溃军和歹徒抢劫外国侨民为借口，诬蔑北伐军"出于明白预定计划之下"的举动。接着停泊在南京下关江面的英美两国军舰向南京城内开炮200多发，打死国民革命军官兵24人、居民19人，重伤226人，轻伤1000多人，房屋财产遭到严重破坏，造成南京惨案。随后，英、美、日等国继续向中国增兵，向蒋介石施加压力。

蒋介石在芜湖听到英美炮击南京的消息，惶恐不安，当晚两次派员会见日本外交代表，希望日本调停，转告英美停止炮击，由蒋亲赴南京解决。25日中午蒋介石乘坐军舰抵达南京下关，他怕发生意外，不敢上岸，在舰上召见程潜、何应钦等面授机宜，并派第六军第十七师师长杨杰往见日本南京领事森冈正平，杨杰信口开河地说："南京事件非党军领导人之意，而是军队内部不良分子和南京共产党支部成员共同策划制造的。"诬蔑共产党，企图转移视线。26日，蒋介石抵达上海，下榻枫林桥交涉使署大楼。

蒋抵上海的当天，日本驻沪总领事矢田七太郎奉令会晤黄郛，要黄郛转告蒋介石，英美计划就南京事件向蒋提出道歉，赔偿、惩办"凶手"与今后不再犯等四项要求。矢田要黄转告蒋，采取主动行动，发表声明，特别要在上海"维持秩序"，"镇压暴行"，不然就意味着"他和国民（革命）军的末日到来"。蒋介石不敢怠慢，于28日派员至英美日法意等国总领事馆就"南京事件"表示遗憾。31日，蒋介石向报界公开宣布："南京事件"待调查明白，"对外国人一定有相当满意的办法"。

各帝国主义国家不满足于蒋介石的上述答复。4月1日，英美等帝国主义以"护侨"为名，调集几十艘军舰和数万大军进驻上海及其周围地区，摆出进一步兴师问罪之势。当晚，矢田又将黄郛邀至寓所密谈，矢田将日本币原外相的训令交给黄郛，该训令称：（一）日本政府认为蒋介石"对于管束共产派的跋扈缺乏决心"。"国民（革命）军、蒋介石及其一派的命运已到重要关头，列强对国民（革命）军的前途绝望，难免采取共同防卫的手段。"认为在"当前是赢得内外信赖，在平定时局上取得成功，还是为内部阴谋所挟制而丧失时机？决定命运的关键在于蒋介石本人的决心"。（二）日本一向同情"中国纯粹的国民运动"，如果以国民运动为名，猖狂排外，可能危及东洋与日中关系的前途。（三）望黄郛向蒋介石郑重提出上述意见，"促蒋深刻反省"，以下决心。黄郛记下日本外相的训令后对矢田说：对外相的警告，我们"定当慎重处理"，"蒋介石本人的诚意无可怀疑"，他已经将"火速解决'南京事件'和解除上海工人武装"列为"需要断然采取行动的紧急任务"，但时间和做法还须慎重研究。黄郛还向矢田提出两点要求：一、关于"南京事件"第一次正式抗议，请各国向武汉国民政府外交部长陈友仁提出；二、促使各国军舰集结汉口，对武汉国民政府施加某种武力威胁。[1]

4月2日，蒋介石在上海江南兵工厂召集何应钦、吴稚晖、李石曾、陈果夫、陈立夫、李济深、李宗仁、白崇禧、黄绍竑等召开秘密会议，蒋在会

---

[1]　张瑛：《蒋介石"清党"内幕》，第119–120页。

上极力煽动反共情绪，强调"如果不清党，国民党就要被共产党篡夺"，北伐不能继续，国民革命也不能完成。与会诸人一致赞同蒋介石立即"清党"的提议。同日晚，蔡元培、吴稚晖、张静江、李宗仁、古应芬、黄绍竑、李石曾、陈果夫等人也在上海召开所谓国民党中央监察委员全体紧急会议，吴稚晖提出的"请查办共产党"呈文获得会议通过，并决定"备文咨送中央执行委员会"。当天晚上，黄郛将会议情况向矢田通报，他说：蒋对"整顿国民政府内部已下定决心"，现正召集军事将领仔细商议中，"一俟准备就绪，将立即采取断然行动。其时间在四五天之内"。黄还告诉矢田，蒋介石拟以在沪的中央执监委员"取代武汉派"，"夺取中央党部，排除共产党"。币原得到这一秘密情报后，立即向英美游说。

4月初，蒋介石先后手令白崇禧查封国民革命军总政治部上海办事处，并指派吴稚晖、白崇禧、陈果夫等组织成立上海临时政治委员会，规定由该会"以会议方式决定上海市一切军事、政治、财政之权，并指导当地党务"。9日，蒋介石又下令成立"淞沪戒严司令部"，以白崇禧、周凤歧为正副司令，并发布"战时戒严条例"十二条，严禁集会、罢工、游行。同日，还由吴稚晖、张静江、蔡元培、李煜瀛等以国民党中央监察委员会名义发出"护党救国通电"，反对武汉国民政府。一切布置就绪以后，蒋介石即离开上海到南京。上海的反革命事变由白崇禧指挥，杨虎、陈群监督执行。

4月11日，英、美、日、法、意五国代表按照黄郛的要求，就"南京事件"分别向武汉国民政府外交部长陈友仁提交内容完全相同的所谓通牒，同时将通牒副本递交蒋介石。英美等国军舰也陆续离开黄浦驶向汉口，向武汉国民政府施加压力。在黄郛、蒋介石等人的精心策划下，蒋介石与各帝国主义列强在"反共反苏"问题上达成了一致。

蒋介石在做好一切准备后，终于向共产党人和革命群众举起了血腥的屠刀。继上海大屠杀之后，广东、广西、浙江、江苏、江西等地也先后宣布"清党"，屠杀共产党人和革命群众。4月18日，蒋介石纠集胡汉民、张静江、吴稚晖、李石曾、蔡元培、萧佛成、邓泽如、何应钦、白崇禧等在南京宣布另立国民政府，与武汉国民政府对抗。以蒋介石为中心的国民党新老右派的反共图谋一时得逞。

在这场血腥的"清党"运动中，黄郛虽然没有亲手杀害过一名共产党人，但他身为蒋介石最亲信的谋士，无疑发挥了特殊作用。黄郛在给蒋介石的电报中表功说："南归五阅月，自问未尝避艰险、辞劳苦，表面虽未居名受职，实际上苟能力之可及，几于无职不居，无事不做。"表面上虽没有担任任何职务，却在幕后"几于无职不居，无事不做"，这正是黄郛一类幕后谋士所发挥的特殊作用。武汉国民政府在《开除蒋中正党籍》的声明中对此也曾提及："自从蒋中正在南昌站稳脚跟以来，中外人士里面掀起一阵南北议和以及同帝国主义者妥协的论调。完全可以肯定的是，黄郛一类蒋中正的帮凶正在为实现这种妥协奔走。"北伐战争的结局是军事北伐、政治南伐，国民党新军阀取代北洋军阀。黄郛正是这场政治南伐中的关键人物。

四、以老关系拉拢冯蒋合作

蒋介石集团公开反共，另立政府后，中国境内出现了武汉、南京、北京三个政府对峙的局面。

宁汉分裂后，坐镇中原的西北军统帅冯玉祥的地位急剧上升。这时的冯玉祥拥有嫡系军队 25 万人，号称 50 万，兵力大过武汉、南京两个政府的任何一方。手握重兵的冯玉祥在宁汉之间有举足轻重的地位，大有左袒则左胜、右袒则右胜之势。他虽然接受了武汉政府任命的第二集团军总司令职，但对宁汉对立采取中立调和态度，而且时时动摇不定。武汉、南京两个政府均认识到冯玉祥的重要性，各自使出浑身解数企图将冯玉祥拉到自己一边。武汉政府利用徐谦等人与冯玉祥的关系，出面拉拢冯玉祥。蒋介石与冯玉祥本不认识，更无交情。蒋介石集团中唯一与冯玉祥有交情的便是黄郛，于是拉拢冯玉祥的任务又落到了黄郛身上。但黄郛须坐镇上海，为蒋介石策应各方，不能分身，黄郛便向蒋推荐王正廷代表自己前往开封游说冯玉祥。

武汉国民政府急于拉冯反蒋。6月5日，武汉国民党中央移樽就教，派汪精卫、徐谦、谭延闿、顾孟余、孙科、唐生智、邓演达等党政军负责人到河南郑州，与冯玉祥举行会议。武汉政府为了拉冯反蒋，达成了对冯玉祥极为有利的四项决议：（一）河南全省及陕甘两省均为冯玉祥防地，豫东、豫北之敌由其肃清，唐生智等部回师武汉，巩固后方；（二）成立河南、陕西、甘肃三省政府委员会，分别以冯玉祥、于右任、刘郁芬为主席；（三）撤销原北京、西安政治分会，成立开封分会，以冯玉祥、于右任、徐谦、顾孟余、王法勤、于树德、鹿钟麟、薛笃弼等为委员，冯玉祥任主席；（四）第二集团军改编为七个方面军，以孙元良、靳云鹗、方振武、宋哲元、岳维峻、于右任、刘郁芬任总指挥。至此，冯玉祥不仅掌握了河南、陕西、甘肃三省的党政实权，而且部队也发展至四五十万人，成为当时最大的军事力量。

蒋介石密切注视着冯玉祥与武汉国民政府负责人举行的郑州会议，他预感到武汉国民政府"以豫交冯，而以全力巩固两湖；其后南下攻粤或东下攻宁，皆意中事"，而一旦冯玉祥与武汉国民政府联合东征，将给蒋介石的南京政府以致命打击。黄郛与蒋介石都清楚其中的利害关系，为了拉住冯玉祥不致倒向武汉政府，蒋介石急切要求与冯玉祥会晤。黄郛对冯玉祥的代表马伯援分析天下大势，怂恿冯玉祥攻打武汉，取得两湖地盘，黄郛说："中国全土，可大发展之地点有五：曰两广，曰江浙，曰两湖，曰京津，曰奉天。既富财力，又通海口。设冯先生能取武汉，宁方蒋先生不仅不去封锁，且与以相当之实力协助。一年休息，一年训练，同时再事内政整理，奉张灭亡，指日可待。唐张共产，万难共事，君将行矣，请善转达余之语言于冯总司令。"冯玉祥听了马伯援的报告后，立即说："共产党之阴谋，吾早知之，即将赴徐，与蒋司令晤商办法，必有以慰国人也。"

经过黄郛等人的居间联络，冯玉祥决定到徐州与蒋介石等南京政府负责人举行会议。6月20日，黄郛、蒋介石、胡汉民、黄绍竑、李宗仁、白崇禧、蔡元培、钮永键、李石曾、李烈钧、吴稚晖与冯玉祥及其部属李鸣钟、何其巩等 15 人在徐州花园饭店举行特别会议，会议由吴稚晖主持，他抛出了八个议题。由于时间关系，徐州会议并未就八个议题展开讨论，实际讨论的就是武汉政府、"清党"和继续北伐这三个问题。

关于武汉政府问题，这是蒋介石最关心的问题。冯玉祥下车伊始，蒋即多次怂恿冯出兵攻打武汉政府，遭到拒绝。冯虽然拒绝出兵攻打武汉，但在其他方面与蒋介石达成了一致，双方一致主张：党必须统一，不许武汉党部存在，"武汉方面忠实同志，希望他们速到南京来和我们合作，不要被人利用"。

关于"清党"问题，冯玉祥与蒋介石意见完全一致，应蒋的要求，冯玉祥欣然同意在自己的军队及驻军地区内"清党"。冯、蒋还决定要求武汉政府驱逐苏联顾问鲍罗廷回国。

关于北伐问题，蒋介石赞同冯玉祥提出的"武汉军队不得长在武汉捣乱，仍须回河南前线，共同一致完成国民革命"的建议，决定会后由冯、蒋发表一个关于北伐的联合宣言，表明冯蒋联合继续北伐的态度。

蒋介石还针对冯玉祥所部军饷拮据的困境，决定以巨额金钱作为笼络手段，答应从 7 月份起每月协济冯玉祥所部军饷 200 万元，并当场交给冯玉祥 50 万银圆。如此数额巨大的军饷，冯玉祥从武汉方面是求之不得的。对此冯玉祥甚为感动，表示今后"当唯蒋总司令马首是瞻"。

徐州会议结束后，蒋介石与冯玉祥发表联合通电，声称：他们将共同率领"数十万将士"，"誓为三民主义而奋斗。凡百诱惑在所不避，凡百牺牲在所不惮，必期尽扫帝国主义之工具，以完成国民革命使命而后已"。

会议期间，黄郛还为冯玉祥单独起草了一份致武汉政府负责人的通电，用以表明冯玉祥的态度。这是黄郛第二次为冯玉祥起草政治性通电。该电全文如下：

武昌汪精卫（兆铭）、谭组庵（延闿）、孙哲生（科）、唐孟潇（生智）、徐季龙（谦）、顾孟余（兆熊）诸先生并转诸同志均鉴：前在郑州，与诸兄分途晤谈，综合意见，以今日武汉情形，店员胁迫店主，职工胁迫厂主，佃户胁迫地主，甚至利用打倒土豪劣绅之标语，压迫出征军人之家庭，前方苦战奋斗之将士，力不足以保护其在乡之父兄。彼等阳冒国民革命之名，阴布全国恐慌之毒。他如别有用心之不良分子，掺入地方党部，擅行威权，杀人越货，中央党部屡加制止，竟敢充耳不闻，以致社会根本动摇，四民无一安宁。补救之方：鲍（罗廷）顾问已经解职，亟宜设法使鲍归国。在武汉之国民政府委员，除一部分可以出洋暂行休息者外，余均可合而为一等语。玉祥遥听之下，以为必须如此一致，如此主张，方足以纾党国前途之祸。抵徐（州）后，已尽情与宁来诸同志一一披陈，而宁方同志，闻之无不悲喜交集，一致欢迎。现在双方处境之苦，业已完全了解。值此风雨飘摇之际，千钧一发之秋，既异地而同心，应通力而合作。汪、谭、孙、宋、何诸同志速决大计，早日实行。所有双方对于个人有何意见，悉请完全化除，俾国民革命于最短期内得竟全功，救吾民于水深火热之中，完吾党三民五权之业，国家安危，在此一决。况值革命势力根基未固之候，内忧外患，相逼而来。诸同志苟一念及先总理在天之灵，及武装同志历来作战，死者未埋，残者伤者未愈，以及北方民众日呻吟宛转于奉鲁军阀铁蹄之下，必须集合吾党全力，一致对外，庶几党国不致沦胥以亡。孟潇同志努力革命，祈即调集所部于郑州，以与玉祥所部将士，协力北伐，先定幽燕，实为至幸。迫切陈词，罔知顾忌，亟盼明教。弟冯玉祥叩。马（二十一日）①

　　冯玉祥的这通电报实际上是对武汉国民政府的"哀的美敦书"，等于限令武汉国民政府立即实行"分共"。

　　冯在发表这个电报时还说："我这个电报，一定有个结果，否则我对他们便当实行相当手段。"冯玉祥并把精锐部队布置在湖北与河南交界的武胜关

---

① 沈云龙：《黄膺白先生年谱长编》上册，第279页。

一带，摆出以武力调停的架势。

经过徐州会议，冯玉祥被蒋介石拉了过去，跟着蒋介石走上了反革命的道路，他不但反对武汉政府，还在他的军队中和所辖的地区内进行"清党反共"。

徐州会议是蒋介石的一个重要胜利，对武汉国民政府则是一个巨大的打击。从此，力量的天平倾向南京一边。7月6日，蒋介石在上海市党员报告会上说："现在中国政治重心，在南京国民政府，吾们党国最重要的，就是徐州会议。吾党之成败，吾国之存亡攸关于此。""从此，一切权力不久将完全归于我们的党了，我们的党也愈臻巩固了。"在这场争夺冯玉祥军事集团的角逐战中，蒋介石所取得的成功，自然也离不开黄郛的努力。

对于冯玉祥在徐州会议中的表现，黄郛非常满意。黄郛在一份致阎锡山的密电中说："弟总察时局，务使武汉不得藉陕甘以通俄，为第一要着，此次在徐（州）拼全力以促成之。幸冯（玉祥）认题尚真，态度亦颇明白，不得不谓为国家之福。今后冯军进展，非南下汉（口），即东出鲁，故京津一路，惟仗百川兄从速努力前进，以期早日大战。"

徐州会议结束后，黄郛为防止冯玉祥反复，以巩固蒋冯合作局面，继续利用一切关系做冯玉祥的工作。除继续派王正廷长驻冯玉祥总部外，又加派马伯援作为代表驻冯军中。张绍曾是冯玉祥的旧长官，与黄郛交情也很深。于是，黄郛又请出张绍曾，请其游说冯玉祥。张绍曾在蒋介石与冯玉祥之间牵线搭桥，引起奉系军阀的敌视。1928年3月21日，张绍曾被奉系军阀暗杀于天津。

五、推行妥协退让的外交

在蒋家王朝建立过程中，黄郛台前幕后出谋划策，立下了汗马功劳。蒋介石为酬谢这位盟兄，特于5月18日任命黄郛为上海特别市首任市长。

不料，黄郛却对此美差并不感兴趣。蒋介石明令发表后，于5月17日、20日连电催黄就职，黄忍无可忍，于5月23日给蒋回了一封火气十足的电报，要求蒋收回成命。黄郛发火的原因是他对官场中的人事敷衍感到厌倦，他不愿意为地方局部事务拖累，而愿意以一种比较超然的地位为蒋介石策划大计。在这个电报中，黄郛向蒋介石提出了很重要的三策：第一策是联络英美，钳制日本；第二策是联合冯玉祥、阎锡山，对张作霖暂缓用兵，先解决武汉国民政府；第三策是打破党派界限，不拘一格网罗人才。黄郛提出的上述三策，都得到了蒋介石的采纳。

就第一策而言，南京政府成立后，蒋介石即以英美派人物伍朝枢代理外交部部长，主持外交。以上海金融界代表人物，取得日本神户高等商业学校博士学位，时任"北四行"联合准备库副主任、上海四行储蓄会经理的钱永铭为财政部次长并代理部务。而在当时，各国与南京政府并无外交关系，上海在外交上的地位远比南京重要。上海又是金融中心，上海金融界代表人物除钱永铭外，留学日本庆应大学攻读财政金融，当时以中国银行副总裁身份主持上海中国银行业务的张公权，以及取得美国赛雪凡尼亚大学商业学士学位的陈辉德等人，与英美、日本均有紧密联系，而又皆与黄郛私交甚笃。蒋在南京国民政府成立以后，任黄郛为上海市长，实有深意。即以黄郛为主、以钱永铭为辅，在上海为其办理对日和对英美的外交，并筹措军政款项。在办理对日和对英美的外交中，争取同时得到英美和日本对蒋武力统一中国的支持。

1927 年 7 月 7 日，黄郛宣誓就任上海特别市市长。黄郛上任后，拟订了建设大上海都市的计划。8 月 13 日，蒋介石下野后，黄郛与蒋介石共进退，辞去上海特别市市长职务。蒋介石下野后，准备去日本，一是为与宋美龄的婚姻征求宋母的同意；二是寻求日本政府对他的支持。据黄郛的连襟钱昌照回忆，黄郛是反对蒋宋联姻的。黄郛认为，陈洁如有一个好处是不问政治，可是宋家就不同了，所以，他曾劝蒋要陈（洁如）不要宋（美龄），但未成功，自蒋宋结合以后，黄郛的势力就开始衰弱了。[1]

---

[1] 《钱昌照回忆录》，第 119 页。

　　1928年1月蒋介石重新上台，筹划第二次北伐，完成统一大业。蒋介石深知，要北伐，对日外交仍是最棘手的问题。为此，蒋决定让亲英美派的外交部长伍朝枢下台，而代之以亲日派的黄郛。因为黄郛不是国民党员，在南京政府会议讨论蒋的提名时，因无成案可依，还引起了一场小小的争论。蒋介石提议"因时势需要"，特任黄郛为外交部长，获得通过。2月20日，南京政府特任黄郛为外交部长。

　　黄郛上任后，所做的第一件事，就是秉承蒋介石的旨意，屈从于英、美、法、日等帝国主义列强对"南京事件"的无理要求，为帝国主义洗刷罪行，以换取它们的外交承认及对第二次北伐的支持。钱昌照说："黄郛秉承蒋介石的意旨，对帝国主义作了很大的让步。蒋的意思是完成北伐、统一全国是首要任务，对外要容忍一些，以免妨碍北伐大业的完成。当时的交涉对手是美国驻华公使马慕瑞和英国公使蓝浦生。交涉的结果，我们没有得到什么便宜，所以很招人骂。"[①]

　　1928年4月初，蒋介石率师进行讨伐奉系军阀的第二次北伐。5月1日，北伐军进入济南。第二天，蒋介石率总司令部入城，住济南的山东军务督办公署，黄郛奉蒋之召于当晚赶到，住津浦铁路局办公处。5月3日，进驻济南的日军第六师团在师团长福田彦助的指挥下，突然向中国军队发起进攻，肆意杀戮中国军民，并残暴地将国民政府山东特派交涉员蔡公时的耳、鼻割掉，然后连同交涉员公署的17人全部杀害。黄郛的办公处也遭到日军的猛烈射击。黄郛赶到日军司令部交涉未取得任何结果。4日晚，黄郛返回蒋介石的司令部商议对策。黄郛向蒋介石建议绕道北伐。蒋下令除以两个团留守济南外，其余军队全部撤出济南，绕道北伐。6日，黄郛回到南京，展开外交活动，企图促使日本政府阻止福田在军前提条件，而将一切移交后方由外交部办理，以解除蒋介石在前线的压力和难堪。然而，狂妄至极、无视

---

① 《钱昌照回忆录》，第22页。

一切国际公法的日寇对此根本不予理睬，并于 5 月 7 日向蒋介石提出五条最后通牒，要蒋介石无条件接受。

蒋介石急于与日寇议和，5 月 9 日决定全盘接受福田的通牒，答复如下：

一、四十军长贺耀组，因不听命令，未能避免冲突，业经免职；

二、胶济铁路沿线及济南周围 20 华里以内，我方暂不驻兵，济南城外概由武装警察维持秩序，其在城内现在驻兵撤退时得安全通过；

三、在本军治下地方为保持中日两国睦谊起见，早有明令禁止反日的宣传，且已实行取缔；

四、辛庄、张庄之部队早已奉令开拔北伐，该两处营房暂不驻兵；

五、本军前为贵军阻留之官兵及所缴枪械，请即交还。①

5 月 10 日蒋介石又电告黄郛："黄外交部长：下电应与矢田，或电汝耕转达，请酌之。其文如下：'昨答福田条件一电谅达，唯党家庄被土匪占领，与日军交通阻绝，何雪竹至今尚在崮山站，不能提交，请酌告其代达福田。顷接岳军与田中晤后电，彼言不妨碍我军北伐，如其能不妨碍我津浦交通，予以自由运输，则对于反日运动，中正可以极严厉手段阻止之。如此，则向来关系依然继续，日益加厚，中正为增进睦谊计，亦可以向日军道歉表示真诚也。'希与前途先以非正式详告，盼复。……中正。灰未。"从中可见蒋氏妥协退让已到了无以复加的地步。

但是，蒋介石想到直接出面有损于自己的形象，于是又于同一天再次致电黄郛："黄外交部长：前上一电，即请托矢田或汝耕转达之意，最好以兄之名义电告，可代表弟办到多少程度，不必用弟名义。如何？请酌，总以速了为宜也。中正灰未。"②

蒋的这两个电报表明，他在凶狠残暴的日寇面前是软骨头，而在同胞面

① 《南京大学学报》哲学·人文科学·社会科学版 2000 年第 1 期，第 123 页。

② 沈云龙：《黄膺白先生年谱长编》上册，第 346 页。

前却是凶神恶煞。黄郛夫人沈亦云在翻译这些电报时甚至怀疑电文有误，一再翻密电本核对。

黄郛秉承蒋介石的旨意，对日本推行妥协退让、屈辱求和的外交方针，引起全国人民的愤怒。上海学联通过决议，"请中央罢免丧权辱国之黄郛"。连南京政府及国民革命军总司令部主办的《中国革命军日报》及《京报》也发表文章，对黄郛"备至讥讪"。为此，黄郛夫人沈亦云劝黄辞职，但黄"愿将丛谤集于一身，而分政府和蒋先生之责"。他对夫人说："待北伐完成，中国统一，当辞职以谢天下，将一切办理不当过失，归于一己，今如何临阵脱逃！"

然而，蒋介石却感到让黄郛继续当外交部长将成为他的包袱，因此决定让黄郛当替罪羊，辞职下野。

5月19日，蒋介石赶到郑州与冯玉祥会晤，对冯说："膺白外交办失败了，一般老先生均不满意。"蒋并透露拟以王正廷继任外交部长，征求冯的意见，冯表示："膺白、儒堂都是多年老友，个人对此，无丝毫成见，应请中央主持。"

5月20日，蒋介石致电黄郛要其辞去外交部长，专任外交委员会委员。5月22日，黄郛致电南京政府要求辞去本兼各职，随即携带妻子和女儿到莫干山隐居。

蒋介石撤换黄郛，是要以其为替罪羊，而黄郛却误会他人向蒋介石进谗言。杨永泰曾经向黄郛提议，可以请蒋介石在"五三"纪念周中对黄郛的表现有所申明，以免后世不明真相。但黄郛因"恐妨碍国家，妨碍介石地位，主张不必"。为了三弟蒋介石，黄郛做到了打落牙齿和血吞。

六、跳火坑主持所谓"华北外交"

黄郛在莫干山隐居五年，他多次辞却蒋介石的征召，如驻德、驻英公使及江苏省政府主席等要职。1929年，蒋介石出任导淮委员会委员长，任命黄郛为副委员长，电文中有"为三十年友谊勿却"的话，黄复电云："欲保三十年友谊于不敝，故不必共事也。"黄郛虽然人在莫干山，但依然心系南京的蒋三弟，一如既往地为蒋三弟献计献策，不论蒋介石采纳与否。

1933 年初，日军进攻华北，3 月初占领热河，4 月底进逼北平近郊通州，平津岌岌可危。值此国难当头的危急时刻，蒋介石仍然奉行"攘外必先安内"的政策，一直不肯抽调兵力支援当地驻军的抵抗，却急于同日本妥协，以便集中精力"剿共"。为此，他连电催促黄郛出山。黄经不住蒋的再三邀请，到庐山见蒋。蒋指着办公桌上两堆文件说："你瞧，这里一大堆是剿匪军事的十万火急电，那里一大堆是华北日军进逼平津的十万火急电。你想我有多少精力来一个人应付这两方面。因此才想到你老朋友，要你来分担这应急的重任。"为打消黄郛的顾虑，蒋又接着说："谁都知道，兵临城下的谈判，会遭到国人的叱骂；可是，为了救国救民，你作此牺牲，这股忠勇之气必可彪炳史册。"黄对蒋介石"攘外必先安内"和对日妥协退让的政策深表赞同，此时又被蒋的话打动，乃接受了蒋的任命，出任北平政务整理委员会委员长，去执行"对外缓和日本、对内绥靖反侧"的使命。他的亲朋好友纷纷劝阻，说他此时去做这种事无疑是"跳火坑"。黄却执意前往，他的解释是："我此番北上，一方是责无旁贷，一方又是义不容辞。第一，国家已至这般地步，自己总得克尽自己能力，以尽国民天职，为民族保存一线生机。第二，蒋先生是我三十多年的老友，他遇到难解决的问题，我自不能不设法替他解决，以尽朋友的责任。"

5 月 17 日，黄郛抵达天津，随即转赴北平。秉承蒋介石的旨意，主持签订城下之盟——《塘沽协定》。在此期间蒋又玩起逃避责任的把戏，而这次黄二哥不甘再做替罪羊了，他在给蒋的一封回电中言辞激烈地说："弟如要兄依旧留平协赞时局者，希望今后彼此真实地遵守'共尝艰苦'之旧约，勿专为表面激励之词，使后世之单阅电文者，疑爱国者为弟，误国者为兄也。赤手空拳，蹈入危城，内扰外压，感慨万端，神经刺乱，急不择言，唯吾弟其谅之！"

　　蒋见惹恼了二哥，连忙在回电中打包票："'共尝艰苦'之旧约，必始终不渝，诸事弟必负责，相见以心，想可共信，幸兄有以鉴谅之，并祈积极主持，随时示教为荷。"蒋还叮嘱黄："唯盼文字斟酌，打磨干净，不可有影射，纵属同一意义，而用语必须堂皇，则电呈核准，自亦可不成问题也。"

　　时任行政院长的汪精卫也致电黄郛："除签字于承认伪国、割让四省之条件外，其余条件，皆可答应。"

　　黄郛坐镇北平，再次备尝妥协外交的屈辱，在他的电稿中有不少"心酸胆裂""泪内流"的字眼。但他认为自己做的这种忍辱妥协的工作是必要的。在他看来，中日最后不能免于一战，但中国需要争取时间，拖一天即可多一分准备、增厚一分国力。

　　黄郛主持政整会，被内外事务搞得焦头烂额，深有力薄难回劫后天之感。他几次要求去职，蒋介石都不许。

　　1934年6月，蒋、黄会晤于杭州。一天深夜黄从蒋处回到家里，如释重负地告诉夫人：蒋已同意他不再去北平。不料蒋又变了卦，第二天一早就赶到黄郛的住处，问黄夫人为什么阻止黄郛北行。黄夫人火气十足地答道：辱国差使，应该派人轮流充当。蒋介石则婉言劝说：你既学佛，当知"我不入地狱，谁入地狱"之旨。黄郛看到这般情景，示意夫人不必多言，再次默然前往北平，担任向日寇妥协投降的辱国差使。

　　1936年12月6日，黄郛病死于上海。黄郛死后，上海《大晚报》发表曾虚白写的评论文章指出："黄先生是一个光明磊落的政治家，是一个品学皆臻上乘的学者，是个服膺孔孟遗教东方文化的实践者，就因为他一身兼此三者，而黄先生的对日政策就根本失败了。我们读黄先生的遗言，以垂死之音，沉痛劝告，希望日本'体念孔孟强恕而行之义，将华北企图断然放弃，进而将东北四省，觅取一还我主权之解决途径'，全文是血泪的凝结，足以动天地而泣鬼神，可是，日本军人听了这一套会有动于衷吗？绝对不会有这回事。黄先生是学者，是服膺孔孟遗教的人，所以他一本仁恕的精神，由个人的接物处世，发展而成对外的政策；他以为'邻邦素尊孔道'，他以为'邻邦'必不乏以仁恕为怀的明达之士，故决心掬其真诚，求侵略者正义感的共鸣。黄先生这番苦心，在受过孔孟熏陶的国人，确认'精诚所至，金石为开'，必有相当的成效。然而，事实的呈现，却使我抱着这种热忱的黄先生竟因失望而断送了他的残生！""黄先生的错误，实是对日估计的错误；他以为'邻邦'不乏仁恕之士，可不知仁恕之在'邻邦'，早就成了糟粕；他以为'邻邦素尊孔道'，可不知'邻邦'即有尊孔道者，也早已哑口无言，收敛了他仁恕的主张。黄先生一天天希望他仁恕的真诚，'邻邦'能迟早给他一个共鸣的表示，不料'邻邦'所表示的只有填塞它无厌欲壑的行动，绝没有悔祸求谅愿望，于是黄先生被迫走上了绝路，因此灰心，因此忧郁而致死！""黄先生以最诚挚的努力，竟可说牺牲了他生命以求实现其期望的努力，来追求侵略者正义感的共鸣，而其所获得的竟这样惨痛的结局，安得不使我们毛骨悚然，深感制止侵略的必另寻出路。黄先生的死，事实上是给我们后死者以一个当头的棒喝，使我们确信仁恕与侵略是格格不入的两件东西，欲以正义感'邻邦'，何啻泼水顽石之上，点滴难入！"

抗战胜利后，蒋介石决定为当年替自己吃了许多苦头的"二哥"说些好话，特予黄郛以第二次明令褒扬（黄病逝不久已发过一次褒场令），称黄"樽俎折冲，功同疆场"。

1945 年 11 月 28 日，蒋介石为黄夫人所写的《黄膺白先生家传》作序云：

辛亥以来，英士、膺白二先生，皆与余以安危同仗、甘苦共尝相互勖勉。金石交期，不啻手足。今英士殉国将三十年，而膺白忧国谢世忽忽亦已十年矣！宿草频凋，精诚弥耿。回溯膺白许身报国，见危授命，志足以慑强寇之气，而势不能弭铄金之口，其忍辱负重，诚有非常人所能堪者。自来志士仁人，临汤火而不避者易，受疑谤而不辞者难；当其困心衡虑，不计毁誉，以一身卫翼国族之安全，谓非大仁大勇曷克臻此。皎皎此心，至今日抗战胜利，乃克大白于天下，可哀亦可庆也。亦云夫人撰此家传，其于逝者心事，实能推见至隐。省览斯编，曩昔忧患共同之史实，历历在目，唯此足慰亡友膺白于九泉已尔。三十四年十一月二十八日中正序。[①]

在蒋介石的笔下，黄郛成了"卫翼国族之安全"的"功臣"。这当然是虚溢之词，不足为凭。

黄郛最大的错误，就在于他从偏执的反共心理出发，将支持中国革命和抗日战争的苏联当作最危险的敌人，而将虎视眈眈、一心要灭亡中国的日本当作朋友。他怂恿蒋介石反共，并与苏联绝交以后，蒋介石集团在国际上已无一个盟友，陷入空前孤立的局面。日寇在这种背景下乘虚而入，疯狂侵华。面对日寇的侵略，黄郛只看到日寇强大的一面，企图以妥协退让求得日寇停止侵略，幻想中日提携。1931 年日寇侵占东北三省后，黄郛甚至向日寇提出："东三省可做中国主权下之永久中立自治区域，中国不驻兵，日本亦即撤兵；中国劝伪满撤销独立，日本不干涉；为此永久中立自治区域之繁荣，中日经济防御互助。"[②]这样荒谬透顶的出卖中国领土主权的主张居然被他轻易提了出来。总之，黄郛的错误思想主张，给国家和民族带来了巨大的耻辱。

---

① 沈云龙：《黄膺白先生年谱长编》下册，第 1035 页。
② 沈亦云：《亦云回忆》下册，第 449 页。

第三章　新政学系巨头

　　1927年南京国民政府成立后，一批原北洋军阀统治时期的旧政学系成员改换门庭，投到蒋介石麾下，跻身于蒋介石亲信幕僚之列，并与一些国民党官僚、政客及名学者组成一个松散的政治联盟，互相援引攀附，逐渐形成一个派系，时人称为"新政学系"，习称政学系。政学系与C.C.系、黄埔系是蒋介石的嫡系三大集团。

　　蒋介石为何要重用政学系成员？何廉的解释是："当北伐进入高潮，委员长逐渐控制政治权力后，他得在那些有政治事务经验的人员中寻求帮手。由于C.C.系人员太年轻，太没有政治经验，委员长不能指望C.C.系应付错综复杂的情形。黄埔系人员也太年轻，而且专门处理军务。因之，当北伐到达南昌时，委员长开始从C.C.系和黄埔系之外物色有经验的人帮忙，他转向北洋政府中经验丰富的人。"[1] 于是，政学系应运而生。

　　荣孟源在《蒋家王朝》一书中写道："政学系那些人年纪大一些，都是身经世故，反动的政治经验比较多一些，如杨永泰、张群、熊式辉、吴鼎昌、陈仪、沈鸿烈等。从表面上看与蒋介石比较亲近，某些重大问题蒋介石也与他们商量，采用他们的意见。……政学系是蒋家王朝的反动政客官僚集团，是为蒋家王朝出谋划策的'黑高参'，但人数不多。"[2]

　　其实，政学系不仅是"黑高参"，而且在行政、外交、金融领域均具有很大实力。周恩来说："国民党的最后决定权是操在蒋介石的手中，但蒋

---

① 《何廉回忆录》，第211页。

② 荣孟源：《蒋家王朝》，第1页。

也不是孤立的，而是受他下面各集团影响的。每一个集团都在他之下，都非操有全部的权力。这权力是分割的，如党务操在 C.C. 系的手中，财务操在宋、孔的手中，军事操在黄埔系的手中，行政方面则政学系的势力较大。这样各集团都是只有一部分权力，而在他们的全体之上则是蒋，造成蒋的政权。"①

政学系虽无明确的组织和纲领，但可以肯定，蒋介石的盟兄黄郛是国民党新政学系的后台或者说开山祖师，杨永泰、张群、熊式辉是这个派系的前台首脑，凡是和杨、张、熊接近的，即为政学系分子。政学系的主要人物还有吴铁城、王世杰、陈仪、吴鼎昌、黄绍竑、沈鸿烈、张公权、翁文灏、何廉等。

第一节　"诸葛亮"杨永泰

在蒋介石的高级谋士中，杨永泰是最富权谋的一位。杨永泰的追随者雷啸岑说："据我的体验和观察所及，在策划政务与任使人才方面，真具有政治家的条件与气魄者，只有广东高州杨永泰（畅卿）先生而已……杨氏的才气，属于纵横家之流，他的政治思想崇尚申韩学术，尤喜言管子'以劳教民富，以死教民强'的义理，因而他在政治上的筹划策划及其作为，总是主动不主静，厌闻休养生息说。杨氏一生在政治上大展经纶的时期，是 1932—1935 年担任中央军事委员会秘书长这阶段中，他对于十省'剿匪'区域内的政务，运筹帷幄，献替可否，有若干谋略是值得赞许的。"②

一、投靠西南军阀与孙中山作对的政客

杨永泰（1880—1936），字畅卿，广东高州（今茂名）人。秀才出身，早年求学于广东高等学堂、北京法政专门学校。1909 年当选为广东省咨议

---

① 《周恩来一九四六年谈判文选》，第 535 页。

② 雷啸岑：《杨永泰龙蛇起陆》，台北《中外杂志》第 9 卷第 3 期。

局议员。1912 年当选为中华民国临时参
议院议员，并加入宋教仁组织的国民党。
1913 年 10 月，杨永泰与张耀曾、丁世峄
等合组民宪党，为捍卫"天坛宪草"而奋
斗。1914 年袁世凯强行宣布解散国会，
国会两院议员作鸟兽散。杨永泰也被迫离
开北京，南下上海，与谷钟秀等创办《正
谊》杂志。1914 年，杨永泰参加了欧事
研究会，1915 年被聘任上海《中华新报》
主笔。1916 年 8 月，第一届国会恢复后，
杨永泰回北京仍任参议员。同年 11 月，
李根源、张耀曾等发起成立政学会，杨永

杨永泰

泰成为政学会重要成员。1917 年 6 月 13 日，在张勋的武力威逼下，黎元
洪被迫宣布解散国会。孙中山号召护法讨逆，杨永泰等 130 余位国会议员南
下广州，支持护法运动。1917 年 9 月 1 日，孙中山宣誓就任护法军政府海
陆军大元帅。为时未久，政学系成员与西南军阀唐继尧、陆荣廷等勾结，不
顾孙中山的一再反对，在政学系占多数的非常国会强行通过军政府改组案，
于 1918 年 5 月 20 日选举伍廷芳、孙中山、唐绍仪、唐继尧、陆荣廷、林
葆怿、岑春煊为军政府七总裁，孙中山受到排挤后被迫宣布辞去大元帅，离
开广州返回上海。军政府改组后，政学系成员占据了军政府要津，杨永泰也
当上了广东省财政厅长。杨永泰在财政厅长任上，伙同广东督军莫荣新，通
过向外商出卖矿权、滥铸钱币的手段，捞取了巨额不义之财。据说，桂系军
阀及政学系政客存放在沙面外国银行的存款达 3000 万元以上，其中莫荣新
1550 万元，杨永泰 320 万元。杨永泰当了财政厅长，还不满足，又开始觊
觎广东省长的宝座。为了达到目的，杨永泰玩弄了不少权术。他的第一步是
设计劝说翟汪背叛李耀汉。1918 年 9 月 22 日，政学系操纵军政府下令解

除李耀汉的广东省长等本兼各职，任命翟汪为代理省长。李耀汉拒不承认军政府的命令，同时，翟汪由于是李耀汉的部下，也不敢遽然取代李耀汉，遂弄成僵局。富有权谋心计的杨永泰熟悉翟汪嗜好抽大烟，经常以高丽参煮鸦片烟送给翟吸食，并与其"款款深谈"。据翟汪的下属营长回忆："某夕，杨永泰对翟汪谈一些东周列国及历代皇朝的故事，说到天子之下有诸侯，诸侯之下有百官，中国有十八省，两省一个诸侯，所以只有九个诸侯，诸侯以下便是百官，其数太多，实在数不尽了。"翟汪听后便问杨，镇守使是什么官？翟认为自己目不识丁，能做到肇阳镇守使，真是做梦也想不到的事。杨永泰回答说："历朝都没有这个官的名称，恐怕再过一百几十年，就没有人知道了。如果要后代子孙知道自己祖宗做过什么官，享过什么荣华富贵，最小都要做到诸侯，然后历史才有记载。今日的省长，就是昔日的诸侯。"到此，翟汪似恍然大悟，他也想流芳千古，但又担心自己是李耀汉的部下，代李上台对不起李。杨永泰则狡猾地对翟说："你虽然做了省长，但如果事事向李请示，还不仍是李做一样吗。"就这样，杨永泰以其政客伎俩，说服翟汪起而代李。李耀汉虽然被解除省长职务，但仍任肇军总司令一职，同时肇阳罗镇守使古日光也是李的部下，手中仍握有军事实权。杨永泰与莫荣新再次商议，实施第二步计划。1919 年 6 月 12 日，莫荣新下令通缉李耀汉，没收其财产，调古日光为高雷镇守使，令桂系林虎任肇阳罗镇守使，同时，杨永泰派一省议员去见翟汪，讽刺挖苦，企图迫翟去职。翟汪反而凭借手中掌握的六营兵力，要挟将"放火烧街，烧光才走"。杨永泰也恐逼之太急，造成"赶狗入穷巷"之后患，答应拨给翟汪 20 万元欠饷，作为翟辞去代理省长的交换条件。6 月 20 日，翟汪被迫辞职潜逃。翟汪潜逃后，杨永泰又经过一番活动，终于如愿当上了广东省长。但好景不长，当年 10 月，粤军打回广东，驱逐桂系军阀，依附桂系军阀的政学系作鸟兽散，杨永泰也不得不弃职离粤。1920 年 11 月 28 日，孙中山重返广州，恢复军政府，1921 年 5 月 5 日宣布就任中华民国大总统。1921 年 6 月，粤桂战争爆发，杨永泰与龚政受岑春煊的委派从上海去北京，向北京政府总统徐世昌、国务院总理靳云鹏条陈"谋粤种种计划"。徐永昌随即密委杨永泰为广东安抚使，令财政部拨给国库债券 100 万元，现洋 20 万元，作为谋粤经费。杨永泰南下后，与林正煊、魏子浩、谭礼廷、王懋、莫正聪等，以香港为大本营，与桂系军阀的军事行动配合，企图颠覆孙中山的革命政府。但由于粤军攻势凌厉，陆荣廷的桂军难以抵挡，1921 年 8 月 4 日，粤军攻入广西省会南宁，陆荣廷逃往越南，旧桂系军阀集团宣布解体。与旧桂系军阀合作的杨永泰又一次遭到失败。

1923 年 4 月间，杨永泰又南下，策动桂系军阀沈鸿英发难，将孙中山驱逐出广西。但沈鸿英的叛乱很快又被击败，沈鸿英狼狈逃回广西。这样，杨永泰重返广东政坛的愿望再次落空。1922 年 8 月 1 日，第一届国会第二次恢复，杨永泰由政学系推举参与了参议院议长宝座的角逐，杨永泰以 1500 元一票收买议员投票选举他当众议院议长，但未能如愿。1925 年，段祺瑞上台后，杨永泰又当上了善后会议委员。1926 年北京政府解体后，杨永泰无可奈何地离开北京，前往上海蛰居，做起了寓公。

杨永泰的前半生就已极尽纵横捭阖之能事，显露了其权谋方面的才干。不过，他是站在旧桂系军阀一边，始终与革命领袖孙中山作对，扮演的是一个反面的卑鄙角色。

二、由黄郛引荐进入蒋介石幕府

1927 年 4 月，南京国民政府成立后，在上海做寓公的杨永泰，经过一番活动，担任了南京政府交通部部长王伯群的顾问，这是一个很不起眼的职位，显然不能满足杨永泰的权利欲，他在窥探时机，等待机会。

1927 年 8 月中旬，新桂系首脑李宗仁、白崇禧将蒋介石逼下台后，宁、汉、沪三个反共集团合流宣布成立中央特别委员会，代行国民党中央委员会及监察委员会职权。李宗仁、白崇禧凭借实力控制了特别委员会以及南京国民政府。杨永泰看准时机，向李、白呈献"万言书"，企图得到青睐。但李、白十分鄙视杨的为人，未予理睬。杨永泰碰了一鼻子灰，讨了个没趣。

　　1927 年 11 月，蒋介石从日本返回上海，使用纵横捭阖的手段搞垮特别委员会，将新桂系势力赶往湖北、湖南及两广。蒋介石于 1928 年 1 月东山再起，重新掌握了国民党军政大权。杨永泰通过旧政学系分子、蒋介石的盟弟张群又结识了蒋介石的盟兄黄郛。黄郛是蒋介石的重要谋臣，此时，冯玉祥在南京当行政院副院长兼军政部长。黄郛与冯玉祥在北京政变前后有一段合作的历史，北伐后，黄郛又极力拉拢冯玉祥与蒋介石合作以倒武汉政府。因此之故，在蒋介石与冯玉祥的合作与冲突中，黄郛深感自己不宜公开抛头露面，为蒋介石出主意谋算冯玉祥等实力派，不得不退居二线，将杨永泰作为自己的替身推荐给蒋介石。

　　翁静秋撰写的《杨永泰畅卿先生传记初稿》说："民十七国民军北伐成功，总统蒋公常以国家大计商于黄郛先生，先此黄先生与冯玉祥意见不洽，此时冯也在中枢，黄先生为避嫌计，乃荐贤自代，献以蒋公曰：'海内有奇才杨畅卿先生，胸罗经纶，足以佐治，凡吾所能者，畅卿无不能；畅卿所能者，有时吾还不及；国家大计，望公商之。'因此，蒋公约见，会谈多次，极其欢怡。渐咨询国是，公乃草献计划，洋洋万言，指陈内外大势，建议安内攘外之法，如何内谋真正统一，然后全力对外，条分缕析，精警周详。蒋公览毕，叹为奇才，乃以国士目之。决延聘出山，翊助中枢。公再四逊谢。人询其故，则曰：'中国问题，满途荆棘，困难万状，吾出任艰巨，必招各方怨恨愤怒，牺牲一己不足惜，恐仍未济于事，故迟延未决。'蒋公见贤若渴，爱才如命，安能轻易放过，催劝急如星火。公自审不能再为自私，为国家、为知己，已至不容不出。遂不顾一切，毅然就之。蒋公得公，如鱼得水，不异当年玄德之得孔明，名义虽为幕僚长，实待以宾师之礼，时称为畅卿先生。于是，事无大小，必商而行。常常彻夜长谈，孜孜不倦，言听计从，左右无一可比。公为报知己，亦誓鞠躬尽瘁，死而后已之意。"[1]

① 　翁静秋：《杨永泰畅卿先生传记初稿》，《杨永泰先生言论集》，第 4-5 页。

对于黄郛的推荐，蒋介石自然深信不疑。但蒋并没有立即重用杨永泰，而是对他进行了很长一段时间的考察。1928 年 7 月，蒋介石与阎锡山、冯玉祥、李宗仁、李济深、白崇禧等实力派人物到北平香山祭奠孙中山的灵柩时，蒋介石幕府中的陈立夫、周佛海、陈布雷、邵力子等均随蒋同行，而杨永泰却只能先往北平，在暗中策划，不能公开露面。为了博取蒋介石的进一步信任，杨永泰潜心研究蒋介石的思想作风和生活习惯，千方百计地向蒋介石的侍从人员及蒋介石的亲信打听蒋介石的起居和嗜好，甚至把蒋介石喜欢读的王阳明、曾国藩的著作，也买回来朝夕揣摩。

笔者查阅黄郛的日记，发现其中有多处提到杨永泰到他上海的寓所打听蒋介石行踪消息的记载。

如黄郛 1929 年 1 月 20 日日记记载："岳（军）弟来，详述编遣会议之经过，对于焕章所提设海陆空军副总司令等条件，幸得取消。又畅卿、公权亦先后来访，谈及以四行为背景，联合收买《新闻报》馆事。"[1]

1929 年 1 月 28 日日记记载："傍晚，畅卿来，打听见蒋谈话消息。"[2]

1929 年 2 月 1 日日记记载："傍晚，畅卿来谈蔡增基君欲整理沪宁路购煤事。上自洋总官，下至伙夫，均暗中作梗等情事。"[3]

1929 年 2 月 6 日日记记载："岳（军）弟由宁来谈，知冯焕章已返豫……晚间，岳弟来托垫送畅卿款（蒋介石送的礼金——笔者注）事。"

1929 年 2 月 7 日日记记载："午前访畅卿于其寓邸，代介弟送年敬三千元。畅卿坚辞不受，谈判再三，仅允受礼物不得过百元等语，不得已，只能携回，函告岳弟，转达介弟收回而已。"[4]

从黄郛以上日记看，杨永泰直到 1929 年初还没有正式进入蒋介石的幕

---

① 沈云龙：《黄膺白先生年谱补编》（一），《传记文学》第 39 卷第 5 期。

② 同①。

③ 沈云龙：《黄膺白先生年谱补编》（二），《传记文学》第 39 卷第 6 期。

④ 同③。

府，只能与黄郛等周旋，从侧面打听蒋介石的动静，等待机会。

政学系成员王又庸说："杨永泰这种进身的方法，在历代封建王朝的'权臣'传记中可以找到很多榜样，例如《唐书》所载李林甫'结纳近臣，察帝动静，故奏对皆称旨'，这就是杨永泰继承的'衣钵'之一。"[①]

三、献"削藩策"，引发国民党新军阀的大混战

第二次北伐结束后，蒋介石与冯玉祥、阎锡山、李宗仁、张学良各占有数省地盘，成为蒋介石实行中央集权的强大障碍，杨永泰揣摩蒋介石的心思，他援引中国历史上封建帝王削夺藩镇的权力，以加强中央集权的经验，及时向蒋介石献出"削藩策"。其内容为：以经济方法瓦解冯玉祥的第二集团军，以政治方法解决阎锡山的第三集团军，以军事方法解决李宗仁的第四集团军，以外交方法对付东北的张学良。

蒋介石的"削藩"，引发了长达三年之久的国民党新军阀之间的内战。因"削藩"而引起的第一场战争是蒋桂战争。1929 年 2 月，湖南事件发生后，蒋介石决定首先消灭李宗仁、白崇禧为首的桂系。杨永泰参与了其中的策划。当时住在上海的黄郛在 1929 年 3 月 12 日的日记中记道："早餐后，畅卿、岳军先后来谈湘局变化。畅卿并由宁带来和平办法一张，嘱向石曾、稚晖、静江等进言。予对政治不闻不问者，已十阅月，然此事关于国家安危全局，奔走和平，终合天道，故慨然允之。午后，电约石曾、静江二君来谈（稚晖未到），意见不甚相远。当晚，石、静诸君即偕李任潮（济深）君赴宁，似大局或尚有转圜之望也。"[②] 由此看来，杨永泰参与了诱骗李济深至南京加以拘禁的阴谋。

将李济深诱骗至南京以后，杨永泰又受蒋介石之命到香港，与以前被李宗仁、黄绍竑、白崇禧排挤至香港的桂系人物俞作柏联络，并邀俞到南京见

---

① 王又庸：《关于"新政学系"》，《文史资料选辑》第 4 辑，第 86 页。

② 沈云龙：《黄膺白先生年谱补编》（二），《传记文学》第 39 卷第 6 期。

蒋。俞作柏接受蒋介石的巨款和封官后，潜入武汉桂系军中策反其表弟、桂军第七军师长李明瑞。李明瑞阵前倒戈，使桂军溃不成军，失去抵抗力。蒋桂战争以桂系的惨败而告终。

以蒋桂战争为起点，先后又发生了蒋冯战争、粤桂战争、蒋唐战争、蒋冯阎中原大战等一系列战争，这场长达三年之久的国民党新军阀混战，虽然都以蒋介石的胜利而告终，但在这种自相残杀的内战中，"败者固然烟消云散，胜者也精疲力竭，国家元气大伤"。日寇乘虚而入，于 1931 年发动九一八事变，蒋介石、张学良无力还击，将东北 100 多万平方公里的领土拱手让给了日寇。

有人将编遣会议及以后的国民党新军阀混战都归咎于杨永泰的谋划，说："这次会议（编遣会议）是杨策划的，真是始作俑者，其无后乎？""中原大战罪在杨永泰十八年编遣会议，把西北军缩编为十二个师，如此一来造成大冲突，十九年中原大战，国家元气为之大伤，这次编遣会议是杨永泰策划的，真是始作俑者，其无后乎！后来杨永泰被刺杀，我认为他是死有余辜！如果不是编遣会议引起冲突，导致中原大战，不然西北军几十万大军留作抗日，那该是多大的力量！我是西北军，不好自己夸耀，然而事实上确是如此，西北军的训练好，又有作战的经验，这几十万大军如能用作抗日，确是一支劲旅。然而不幸发生中原大战，不但西北军垮了，国家也元气大伤，第二年九一八就来了！所以杨永泰这个人可说是罪魁祸首，他一心一意只想建议削藩，而没能把眼光放远顾及当时的实际情形，以及窥伺在侧的敌寇，可说是没有政治家的眼光和气度。"[1]

其实，"削藩"是蒋介石追求的目标，杨永泰只是迎合了蒋介石而已。如果说"削藩"是自相残杀的悲剧的话，那么蒋介石更应对此悲剧负责，而不能仅归咎于杨永泰，方为公允。

---

[1]　刘振三:《细说张自忠的一生》，台北《传记文学》第 31 卷第 3 期。

四、献"七分政治，三分军事"的反共方略

在国民党新军阀混战告一段落后，蒋介石调转矛头，集中力量开始"围剿"中国共产党领导的各革命根据地。蒋介石在对中央苏区的第一、第二次"围剿"失败后，一直叫嚣"剿共"，1931 年 6 月国民党五中全会决定："政府唯一之责任在'剿匪'，党国存亡在此一举。"蒋介石于 7 月来到江西南昌，自任"剿共军"总司令。蒋介石此行带来了一批文武大员，文官有秘书长邵力子、中宣部代部长程天放、中央文化运动委员会主任张道藩、政训部主任周佛海；武官有军政部次长曹浩森、右路军总司令陈铭枢、淞沪警备司令熊式辉。杨永泰也以蒋介石参议的身份随行。这时的杨永泰地位还不显赫。蒋介石亲自指挥的第三次"围剿"仍以失败而告终。

1932 年 3 月，蒋介石在第二次短暂"下野"后又复出，继续推行"攘外必先安内"的政策，准备向中国共产党领导的各根据地发动第四次反革命"围剿"。杨永泰找准时机，给蒋介石上了万言书，提出对付共产党须用"七分政治，三分军事"的"剿共"方略。

王又庸说："到了 1932 年，蒋介石决定亲赴武汉指挥豫鄂皖边区的第四次"围剿"，而那时正是江西第三次'围剿'失败，准备组织第四次'围剿'的时候，蒋介石忧心忡忡地感到'剿匪'军事毫无把握。杨永泰抓住这个时机上了一篇万言书，据说它的主要内容是阐明'攘外必先安内'的'理论'，主张'安内'（即'剿匪'）必须用七分政治，并提出了所谓'政治剿匪'的纲领与方案。万言书的原文是当作密件处理的，外人很少见到，只听周佛海说过它是一篇'绝好文章'；但从后来杨永泰当权时的言论和拿出来的'办法'当中，也不难推知万言书中所谓的'理论'和纲领是些什么货色。当时蒋介石看到这篇'绝好文章'，果然'龙颜大悦'，立即擢用杨永泰为豫鄂皖"剿匪"总司令部的秘书长，着即'随驾出征'。"①

---

① 王又庸：《关于"新政学系"》，《文史资料选辑》第 4 辑，第 86 页。

1932 年 6 月 28 日，蒋介石在汉口设立鄂豫皖三省"剿匪"总司令部，蒋自任总司令，以杨永泰为秘书长，杨成为蒋的帐前军师。蒋介石的计划是首先集中力量消灭鄂豫皖和湘鄂西两个红军根据地，然后集中力量进攻江西的中央苏区。"进剿"方针是"七分政治，三分军事"。蒋声称，"剿共不能专靠武力，这次剿匪，要'七分政治，三分军事'"。

杨永泰到汉口上任后，模仿张居正的口吻，声称"剿匪"要从"整饬吏治，综核名实，信赏必罚"下手；对于当时的河南省主席刘峙与湖北省主席夏斗寅的颟顸无能，贪污腐败，杨永泰动辄"严加谴责，毫不留情"。为此，杨永泰的爪牙卢铸和陈方等窃窃私议，说"畅老"这种"锋利贾怨"的作风，至少要招致张居正死后抄家之祸。

杨永泰的"三分军事，七分政治"方略，在第四次"围剿"中发生了效力。由于张国焘的指挥错误和政治上未能适应蒋介石的新策略而采取相应的应变措施，致使鄂豫皖苏区的红军被迫退出鄂豫皖根据地，向西转移。

1933 年 5 月，蒋介石在南昌成立南昌行营，作为指挥"围剿"中央苏区红军的大本营。南昌行营初成立时，下设办公厅和一、二、三、四厅。办公厅主任熊式辉，贺国光、刘兴、晏勋甫、朱怀冰分任各厅厅长。1933 年秋，杨永泰来到南昌，担任行营秘书长，随后，杨又建议改组行营机构，将四个厅合并为两个厅，第一厅厅长仍由贺国光担任，主要负责军事；第二厅厅长由杨永泰兼任，主要负责党政经济；熊式辉仍任办公厅厅长。南昌行营全权处理赣粤闽湘鄂五省军政事宜，直接组织和指挥第五次"围剿"。作为南昌行营秘书长，杨永泰可以以蒋介石的名义直接指挥上述五省省主席，权力不可谓不大。南昌行营秘书长时代，是杨永泰锋芒毕露的时期。

为配合蒋介石的第五次"围剿"，杨永泰以他献给蒋介石的"三分军事，七分政治"为蓝本，将南京政府行政院颁布的有关民政、财政、建设、教育等各种法规全部搁置一旁。杨永泰督导南昌行营的政学系分子卢铸、罗尹强、陈方、王又庸、李为纶、文群、雷啸岑、罗经猷等，先后拟订了有关"剿匪"

的法规 40 余种，包括政治、经济、文化、社会等各方面。其重大措施有：

第一，全面推行行政督察专员制度。

国民党的地方行政制度，原只有省、县两级。1932 年 8 月，杨永泰主持制定了《剿匪区内各省行政督察专员公署组织条例》，先后在鄂、豫、皖三省实行。南昌行营成立后，逐步推行到国民党统治的其他各省，在省与县之间增设了一级组织——督察专员公署。行政督察公署组织条例规定：（一）每省划为若干区，每区辖若干县，每区置专员一人，由"剿匪"总部遴选委派"具有学识经验而廉洁忠实之人员充任"。（二）专员兼该区保安司令，并兼其驻在县之县长。（三）专员直隶"剿匪"总部，在省政府的指挥监督下，综理所辖"各县市行政及管辖指挥该区各县之保安团队、水陆公安、武装自卫之民众组织及'剿匪'、清军等一切事宜"。（四）专员得随时考核所辖各县市长用所属员兵之成绩，并申请惩奖。（五）专员公署设秘书一人，必须由曾任过县长，"具有县政经验者"充之，以辅佐专员及专员外出时处理该县县政。（六）专员公署设保安副司令一人，"襄助专员处理团队之管辖指挥及一切保安事务"。据统计，南昌行营所辖省份共成立了 98 个行政督察专员公署，这些专员的委派任免大权都掌握在杨永泰手中。此时的杨永泰可以说是炙手可热。

第二，推行保甲制度。

1932 年 6 月，杨永泰为配合蒋介石对鄂豫皖苏区的"围剿"，授意向乃祺起草了《剿匪区内各县编查保甲户口条例》，最后，经杨永泰修订，于 8 月以"鄂豫皖三省剿匪总司令部"名义颁布。条例规定：

（一）保甲编组以户为单位，设户长，由家长充任，"负管束其家人男人之责，报告人口异动"。

（二）实施联保连坐切结，联保各户十户为一甲，设甲长；十甲为一保，设保长；相邻各保编为联保，设联保主任一人；若干联保编组为乡，设乡长一人；若干乡编组为区，设区长一人，其中保和甲是保甲组织的骨干。

（三）实施联保连坐切结的目的，在于"使联保各户互相劝勉监视及密报联保各户一切不法情事"，即一人通"匪"，全家同罪；一家为"匪"，全甲同罪；一甲为"匪"，全保同罪。

（四）保甲内编组壮丁队或"铲共义勇队"。

（五）保甲的主要任务是：检查取缔境内出入之人；警戒及救护水火风灾，警戒通报及搜查"匪患"；组织筹设"防匪"碉楼堡寨或其工事；守护过境公路干线，或本地应备之支线的修筑，以及电杆、桥梁和一切交通设备。

条例颁布后，鄂、豫、皖三省于9、10、11月分别推行，至1933年，除个别县份外，基本上编查完成。其中河南有54654保，558317甲，5812474户，4180948个壮丁；湖北有43953保，431028甲，4109876户，3641579个壮丁；安徽有36899保，372691甲，3759333户，3327307个壮丁。至1936年，全国共有13个省及南京、北平两市实行了保甲制度，保甲制度成为一种普遍实行的基层政权组织。杨永泰从中国的封建制度中捡起保甲制度，用以维护和强化国民党对基层政权的控制，起了极坏的作用。

第三，为蒋介石设计"新生活运动"。

1934年2月19日，蒋介石在南昌行营扩大纪念周上作了《新生活运动之要义》的演讲，宣布要发动新生活运动。蒋介石说："我可以告诉大家，我现在所提倡的'新生活运动'是什么？简单地讲，就是要使全国国民的生活能够彻底军事化，能够养成勇敢、迅速、刻苦耐劳，尤其是共同一致的习惯与本能，能随时为国牺牲。""国家民族之复兴，不在武力之强大，而在国民知识道德之高超。"而"提高国民知识道德，在于使一般国民衣食住行能整齐简洁，简单朴素，过一种合乎礼义廉耻的新生活"。蒋的这篇演讲词，"是杨永泰手定的"。

2月21日，在南昌成立了新生活运动促进会，蒋介石任会长，熊式辉和邓文仪任正副主任干事。7月1日，新生活运动促进会改组为促进总会，杨永泰任总会指导员。1934 年 5 月 15 日，由杨永泰执笔起草、蒋介石最后审阅的《新生活运动纲要》正式发表，这个纲要是新生活运动的指导纲领。在这个纲要中，杨永泰对"礼义廉耻"作了如下的解释："礼"是规规矩矩的态度，"义"是正正当当的行为，"廉"是清清白白的辨别，"耻"是切切实实的觉悟。

　　1934 年 6 月 13 日，杨永泰在南昌行营"收复县区地方善后讲习会"作了《革命先革心，变政先变俗》的演讲，对为什么要发起"新生活运动"作了全面的说明。杨永泰认为"中国病根不在政治制度本身，而在人心风俗之颓败"，"病的心理与恶的习俗是一切改革之障碍……所谓病的心理与恶的习俗，再具体一点分析起来，就公务员说，便是徇情，贪污，虚伪，不负责，作威福，假公济私，因循苟且；就人民来说，便是懒惰、萎靡、懦弱、污秽、杂乱、涣散、愚昧，无公德心，自私自利，家族观念重，国家观念太薄。这些毛病，个人社会都相沿成风，牢不可破，无论在政府机关里或社会上，随时随地都可以见得到。整个的国家，整个的社会，都在这种恶的势力支配之下"。"完成革命推行政治，以攻心为上，易俗为归，不能改造整个环境，便为环境所同化，我们革命的敌人，固然是帝国主义、军阀、'赤匪'，但这都是有形的敌人，尚好应付，并不可怕。最可怕而最不好应付的，只有无形的敌人——病的心理，恶的习俗。我们如果不能克服他，那么，主义尽管好，政治尽管完美，终归没有效果，徒费心力。所以无论推行任何一种主义，或是推行任何一种政治，都应当集中全力先向此猛攻。古人云：'攻心为上，攻城为下。'也就是看到了这一点，先要将心坎中的病根，拔除净尽，风俗然后可正，政治才有办法。如果不从此处下手，我们日常待人接物处世，就会遇着这种无形敌人，很像万箭齐发一样，向我们的心坎里袭攻，我们于不知不觉之间，就被他挟持住，不能自拔。我们革命的精神，就渐渐地为这种恶的势力征服，而被其同化。任你有好计划，一摆到这个环境内，一定行不通。"杨永泰认为，革心变俗最速收效的方法：

（一）"凡作之君者应兼作之师。"（二）"由外形训练促起内心变化。"
（三）"借政治力量扫除社会恶习。"杨永泰认为革心变俗"是做政治工作前
提的前提。……我们要完成革命，改革政治，复兴民族，舍此而外，别无最
急最要的方法"[①]。

　　同年6月22日，杨永泰在南昌行营"收复县区地方善后讲习会"作了
《"新生活运动"与礼义廉耻》的演讲，解释为什么要进行"新生活运动"，
为什么要特别提倡"礼、义、廉、耻"。杨永泰在长篇大论地分析后，指
出："现在中国的病情，虽是很复杂，然推究病源，确是多因为昧礼义无廉耻
所致，所以我们的主要丹方，只有重用'礼、义、廉、耻'四味药，长期照
服，不可任意加减，尤不可中西杂投。""'礼、义、廉、耻'确是对症下药，
确是救国的万应灵丹，并且是中国的独步丹方。所以'礼、义、廉、耻'的
昌明，乃是中国固有道德的恢复。以'礼、义、廉、耻'为准则的'新生活
运动'，乃是中国固有文化的复兴运动，这是与西洋史中之文艺复兴异曲而
同工。我们都知道现代西洋的文化，是由工业革命造成的，不知道工业革命
的成功，还是物质文明的表现，这种物质文明的原动力，全赖西洋先有精神
文明的革新，就全靠他先把欧洲固有历史精神所寄之文艺复兴起来。所以我
们对于'礼、义、廉、耻'，不但不可因为他不是舶来品而稍加鄙弃，正是
因为他非舶来品，才适合中国的国情，才是中国历史精神所寄。我们今日做
'礼、义、廉、耻'复兴的工作，至少要和18世纪欧洲人做文艺复兴的工作
一样努力。"[②]

　　杨永泰设计的这个所谓"新生活运动"，企图将中国几千年固有的封建
道德和德意日法西斯主义的统治手段以及资本主义国家的生活方式的某些成
分杂糅在一起，企图以此来"复兴"国家民族，这只能是一种幻想。

---

① 《杨永泰先生言论集》，第1-19页。

② 同上，第20-40页。

第四，整理地方党务。

国民党党务本来是以陈果夫、陈立夫为首的 C.C. 系的禁脔，因此有"蒋家天下陈家党"说法。但杨永泰担任南昌行营秘书长后，强调"中央以党指政、地方党融于政"，首先从鄂、豫、皖、赣四省开始，改组四省的国民党组织。杨永泰起草了《整理地方党务纲要》，共 16 条，雷啸岑在笔录这个纲要时，就"认为兹事体大，有背党治精神"，但杨永泰不以为意。这个纲要经蒋介石批准后，颁布实行，其做法是：省市党部设主任委员，由当地军政大员兼任；主任委员之下设书记长，书记长大多由主任委员的私人担任；名县设书记长。这样一来，原来的省、县执行委员、监察委员统统被打入了"冷宫"。杨永泰为了从财政上压抑 C.C. 系势力，还借口"党员养党"，向蒋介石建议党费不由"国库开支"。经蒋介石同意后，杨永泰下令湖北、河南、安徽、江西各省政府，将各县党务经费从财政预算中去掉，国库停拨各县党费。

杨永泰的这些措施，极大地挤压了 C.C. 系势力的活动空间，立即引起 C.C. 系首领陈果夫、陈立夫以及长江流域七省市党部的激烈反对，他们将攻击矛头一致对准杨永泰，指责其阴谋毁党，居心叵测，但杨永泰却毫不介意，也不作答。

为了制服杨永泰，陈立夫亲自向蒋介石告状，并请求张继、邹鲁等出面向蒋介石进言：请政学系把党还给 C.C. 系。C.C. 系还组织鄂、豫、皖、赣四省党务代表请愿团，到江西牯岭向蒋介石呈递请愿书，请求恢复四省地方党务经费。这样一来，蒋只好采取折中办法：党务方面，缩小党部范围，减少人事，每县暂设主任干事一人，书记一人，办事员一人，办理五次全国代表大会初选事宜；党务经费方面，既不收回成命，也不完全停拨经费，而是每省发维持费 9000 元。[①]

[①] 孙彩霞：《新旧政学系》，第 223-224 页。

第五，设立农村金融救济处。

杨永泰还起草了《农村金融救济方案》。对此，杨永泰说："总部所设农村金融救济处的中心职务，就是办理农村合作事业，匪区人民痛感匮乏之虞，能在经济上予以帮助，他们对党国的向心力自然坚强，因而使地方党部组织训练民众的工作，不特可以顺利进行，能确实发挥党治的效力……"

杨永泰自 1932 年担任蒋介石的秘书长后，因受宠信，各方面都表现得锋芒毕露，极尽其纵横捭阖的能事。1932 年杨永泰初到武汉任职时，湖北省政府主席夏斗寅购买了一部小轿车送给他，杨以不贪污标榜，不但没有接受夏的汽车，而且从此对夏氏极为不满。于公务接洽时，每每不假以辞色。某次在电话中为筑路问题，很不客气地斥责夏氏，杨的秘书雷啸岑旁听后，曾进言说："夏是一省的主席，秘书长何必如此给他难堪呢？"杨永泰回答说："你不晓得，他居然私自买汽车来送我，似此糊涂人，怎能胜任封疆大吏呢？"杨永泰对贪污之人，"深恶痛绝，视同陌路之人，再也无从转圜"。①

杨永泰权势显赫，为各方所侧目。在所谓"剿共"省份的文武要员，凡因事受到蒋介石训斥或处分者，多认为是杨永泰从中媒孽所致，往往将怨气发到杨永泰身上，杨永泰的秘书陈方每碰到这种情况，都要出示机密文件，证明与杨永泰无关。杨永泰得悉此情后，严词谴责陈方，陈方告以"他们怨恨杨秘书长，我不能不告以真相"。杨永泰却说："让他们怨恨我好了！中国没有我杨某，毫无关系，却不能没有委员长，他是全国领袖，威望绝不可损伤。作幕僚的就是要替长官任劳任怨，如果功则自攘，过则诿之于长官，那便是不称职守的幕僚长，你明白吗？"②

对于杨永泰的大权独揽、操纵越权，蒋介石不是不知道，但他原谅并理解杨永泰的苦心。蒋对人说："我平生用人，第一重道德，第二重才具。杨畅

---

① 雷啸岑：《杨永泰龙蛇起陆》。

② 雷啸岑：同上。

卿这个人，办事有相当才具，其他方面就不要求全。"[1]

五、三献制服川枭之策

在历史上，四川是中国西南最为封闭的一个省份，而且物产富饶，号称天府之国，很容易形成地方割据的局面。民国诞生以后，历届中央政府对四川都是鞭长莫及，于是四川地方武装势力蜂起，各自割地称雄，形成独特的防区制。1926 年北伐战争开始后，四川各大军阀先后易帜，接受国民革命军的番号，杨森为第二十军军长、刘湘为第二十一军军长、刘文辉为第二十四军军长、邓锡侯为第二十八军军长、田颂尧为第二十九军军长、顿心辉为第二十二军军长、刘成勋为第二十三军军长。易帜后的四川各军阀继续争雄，演变为刘（文辉）、刘（湘）、邓（锡侯）、田（颂尧）四巨头分割四川，进而形成二刘（刘文辉、刘湘）争霸，最后形成刘湘一人独大的局面。

1933 年 9 月，张国焘、徐向前率领红四方面军进入川东、川北，蒋介石于 10 月任命刘湘为四川"剿匪"总司令，刘湘上任后率 20 余万川军分六路进击川陕革命根据地。1934 年，贺龙、萧克率领的红二方面军和中央红军也相继进入四川境内，三路红军挺进四川，刘湘招架不住了。刘湘既怕红军入川，更怕蒋介石的中央军入川夺走他的地盘和军政大权，走投无路之下，于 1934 年 11 月 20 日抵达南京，向蒋介石请示。这是刘湘第一次出川。经过一番讨价还价，双方商定，改组四川省政府，由刘湘任省主席，并统辖军事，中央予以军饷补助。同时，中央派 10 个师分头由川东、川北两路入川协助"剿共"。所有入川中央军及川省各军均由刘湘指挥调遣。刘同意蒋介石委派南昌行营参谋团入川督导。12 月 10 日，刘湘离开南京返回四川。至此，蒋介石利用红军入川之机，采取"恩威并施""利用矛盾""分而治之"的策略，终于打开了四川闭锁之门，为其染指川政迈出了重要的第一步。

1935 年 3 月 2 日，蒋介石宣布撤销南昌行营，携带杨永泰等人入川

---

[1]　贺葆三：《张难先先生二三事》，《武汉文史资料》第 9 期。

"督剿红军"和"整理川政"。同年夏，蒋介石将驻川参谋团改组为重庆行营，蒋自兼行营主任，杨永泰任行营秘书长兼第二厅厅长，负责政治、法规大事。

为了控制四川军阀，杨永泰向蒋介石提出了"放松军权，捏紧财权"的八字方针。杨永泰认为，在募兵制之下，领兵者虽然可以私自扩充军队，但不如旧日的军阀那样，随便就地筹款，中枢财政在握，军令严明，带兵官即不敢轻率携贰。[①]

杨永泰入川后，即本其"捏紧财权"的思想，积极整理四川地方财政金融。自民国成立以来，四川各派军阀在其所谓"防区"内擅自发行自己的货币，币制相当混乱。杨永泰经与刘湘商洽决定，将各种各样的四川地方钞票收集焚毁，一律通用法币。杨永泰并与刘湘商定发行7000万元"四川善后公债"，以解决此项改革所需的庞大费用。据说，当时蒋介石在贵州，杨永泰在没有请示蒋介石的情况下，便擅自做主以蒋介石的名义致电南京政府立法院，要求一星期内通过"四川善后公债条例"。杨的这种做法，近乎"挟天子以令诸侯"。杨永泰恃宠而骄，由此可见一斑。

除了"捏紧财权"外，杨永泰还协助蒋介石，采取了其他一些渗透措施：

第一，削减和分化川军。杨永泰通过刘湘的秘书长邓汉祥商得刘湘同意，将川军336个团约定缩编为270个团，减少兵员三分之一；军饷由每年5980万元减成4000万元。1935年7月，蒋介石在四川峨眉山办了一个军官训练团，分批训练川军营以上军官。杨永泰经常到训练团讲话，对川军将领进行拉拢分化。

第二，在四川推行行政督察专员制度。将四川全省划分为18个行政督察专员区，安置了大批中央系人员，使国民党中央系势力逐渐向川省地方行政渗透。

---

① 雷啸岑：《杨永泰龙蛇起陆》。

第三，强令刘湘局部改组四川省政府，安排政学系的王又庸、李为纶为四川省民政厅、教育厅厅长。就这样，在杨永泰的筹划下，国民党中央系势力从军事、财政、行政等各方面一步一步地渗透，为蒋介石最终控制四川军政打下了基础。

六、主持湖北省政府

1935年12月17日，南京政府任命杨永泰为湖北省政府主席。杨永泰原以为凭他对蒋介石的忠心耿耿和他的谋略及才干，蒋介石会让他做行政院院长，但政府改组的结果，却是蒋介石自任行政院长。由此，杨永泰认为这是蒋介石对他失宠的信号。

杨永泰曾对四川省政府秘书长邓汉祥说："你这位大军师，认为陈济棠造反（笔者注：指两广事变），就是倒蒋的机会到了，怂恿起刘甫澄（刘湘字甫澄）连夜调动军队，准备围攻重庆行营及成都军校来响应陈济棠。我过去听信你的话，拼命帮助刘甫澄，复兴社分子因之造了我许多谣言，甚至说我受过刘甫澄60万元的贿款，蒋先生固然不会相信，但为何要我离开他，调到湖北来做主席，不能不说受了这些攻击的影响。"[1]

吴国桢也说："蒋有一个叫杨永泰的主任秘书，此人长于文采而且信念极其坚定。他在为蒋工作了约三年之后，被任命为湖北省主席。我认为那是一种放逐，因为杨永泰过于独断，蒋再也忍受不了，于是要陈布雷当他的主任秘书。"[2]

但也有人认为："时人多以义含酬庸，殊不知此乃蒋公特别作用。盖湖北地理上为中国心脏，东西南北枢纽，时抗日战争已箭在弦上，一触即发，此地如无要员坐镇，一旦有警，何能应付，为蒋公远虑之一日不能忘者，要公当冲，实为此耳！"[3]

① 《文史资料选辑》第33辑，第127–128页。

② 《从上海市长到台湾省主席——吴国桢口述回忆》，第245页。

③ 翁静秋：《杨永泰畅卿先生传记初稿》，《杨永泰先生言论集》，第6页。

1936 年 1 月 1 日，杨永泰宣誓就任湖北省政府主席。在不到一年的任期内，杨永泰以其大刀阔斧的干练作风，很快收到了成效。

杨永泰认为，张之洞当年任湖广总督时，曾开办汉阳铁厂和湖北枪炮厂，设织布、纺纱、缫丝、制麻四局，创办两湖书院等，"彰彰在人耳目"；熊廷弼在明朝末年为保卫辽东，先被奸人魏忠贤排挤去职，后又被魏冤杀，实"为湖北的人才中尽忠国家的一个"；彭楚藩、刘复基、杨宏胜三人，是为武昌辛亥革命英勇捐躯的烈士，因此要修建三处大马路，用他们的名字命名，"以留永久的纪念"；同时决定改造武昌的一些旧设施，建设新武昌。在杨永泰的督促指挥下，这三条马路先后竣工。"彭刘杨路"，是把原有的平阅路翻修成水泥路；"熊廷弼路"，是将原东厂口至大东门的马路拓宽修建而成；"张之洞路"则是一条新开辟的马路。同时还新开辟了两条马路，即今天的民主路和解放路。在修筑这些马路的过程中，不免要涉及一些人的利益，如要拆迁一些房屋，因而遇到了很大的阻力，杨永泰拿出当年在广东搞市政建设的精神，全然不顾一切，在设计好的图纸上，批上手示，任何有权有势人物的房屋，限期拆迁，绝不迁就。在杨永泰的强硬态度下，这几条马路顺利完工。

另外值得一提的是，在杨永泰任内新建湖北省图书馆竣工。原湖北省图书馆于 1904 年建立，馆址在武昌南陵街西侧（今解放路人民电影院），1908 年迁入博文书院校舍（今武昌区公安局）。历经沧桑，房屋破旧，图书散失，1928 年曾重建图书馆。1934 年 2 月，湖北省政府决定筹建新馆，6 月，选定蛇山抱冰堂下的一块空地为馆址。杨永泰到任后，加紧主持兴建，至 1936 年 11 月，新馆落成，距杨永泰被刺身亡仅几天时间。杨未能亲眼看到新馆的落成，却停尸其中。这座图书馆一直沿用至今。

七、四献"以桂制桂"之策

1936 年 6 月 1 日，两广事变发生后，杨永泰奉蒋介石之召上了江西庐山，与张群、熊式辉等蒋介石的智囊聚集庐山，谋划应付之策。

蒋以收买分化手段搞垮"南天王"陈济棠，又企图一举搞垮广西的李宗仁、白崇禧，杨永泰乘机建议：将李宗仁调任军事委员会常务委员，白崇禧调任浙江省政府主席，黄绍竑调任广西绥靖公署主任，负责处理广西善后。杨永泰这一计谋，是以桂制桂、调虎离山的连环计。7月25日，蒋以国民政府的名义公布了上述任命。当时任浙江省主席的黄绍竑，自1931年投蒋后与杨永泰、张群等成了朋友，被称为政学系大员之一。黄绍竑从报上见到上述任命后，立即肯定这是杨永泰出的主意，他赶到庐山，首先去找杨永泰，当时，张群、熊式辉也在座。黄绍竑对他们说："好家伙，你们这回硬要把媒人婆拉上轿，当作小姐出嫁了，也不问一问她本人愿不愿意，也不问一问男家要不要，这是谁的好主意？"杨永泰笑着回答说："横竖你已经嫁过一次了（笔者按：指1931年曾发表黄绍竑做广西善后督办），再嫁一次还有什么害羞呢！你还是准备上轿吧！"黄绍竑又说："男家不要怎么办呢？"杨永泰回答："我们这里嫁一个到他家里，又从他家里讨一个过来，岂不是'拉直'，两不吃亏，他们可能会肯的。"黄绍竑反复说，李宗仁、白崇禧一定不会答应，如果硬要这么做，一定要打仗。不料，杨永泰胸有成竹，回答："打就打好了，我们已经准备好了，有把握。"黄问："外敌当前，打仗于国家没有什么好处呀。"黄表示坚决不干，终于把杨永泰驳倒了，杨永泰只好说："这都是委座（笔者按：指蒋介石）的意思，你去见委座说吧！不干我事。"①

　　张群、熊式辉见杨永泰撒谎，在一旁偷偷发笑。杨永泰出此计谋，其实也想借此摸摸黄绍竑的底，想借这个机会让黄绍竑与李宗仁、白崇禧彻底翻脸。

　　李宗仁、白崇禧对于蒋介石调虎离山之计，坚决予以反对，并以破釜沉舟、孤注一掷的姿态与蒋介石周旋。后在冯玉祥、李烈钧、居正、程潜、朱培德、刘斐等人的大力进言和斡旋下，迫使蒋介石承认了李、白在广西的地位，以蒋介石的妥协解决了广西事变。杨永泰的计谋未能实行。

---

① 《文史资料选辑》第7辑，第90页。

蒋介石在解决两广事变后，又将注意力转向西北，多次携杨永泰去西安，督促张、杨"剿共"，企图消灭长征到达陕北的红军，结果逼迫张、杨发动西安事变，蒋介石因此做了半个月的囚徒。此时，杨永泰已经遇刺。

八、一代谋臣横死汉口

1936 年 10 月 25 日，杨永泰赴美驻汉口领事宴会，下午由江汉关轮渡码头候船返回武昌省政府时，突然有人从背后向杨永泰开枪，杨身中两弹，血流如注。随行人员立即将杨永泰送至汉口日本同仁医院，因击中要害，下午 3 时 27 分，亡命医院，终年 56 岁。

究竟是谁指使刺杀了杨永泰，历来说法不一。有人说是陈果夫、陈立夫的 C.C. 系，也有人说是复兴社。但 C.C. 系头子陈果夫在杨永泰遇刺的当天却在日记中写下了这么一段话："杨畅卿在汉口被人暗杀。杨为人虽不满众口，但其近年赞襄领袖之处，不为无功。暗杀者为私仇为公义，颇难遽断。须俟凶犯供明指使之人，始可明白真相，断定其为何致死也。唯日人又必大造其谣，一如'汪案'发生之后。"从陈果夫的口气来看，他虽不满于杨永泰，但对杨辅助蒋介石的功劳是肯定的。从这则日记中，也看不出陈果夫有置杨永泰于死地的仇恨。

近年来有学者对有关史料进行认真考察和爬梳整理，认为幕后指使人是胡汉民系的刘芦隐。

胡汉民与杨永泰关系极坏是众所周知的事实。1931 年杨永泰怂恿蒋介石召开国民会议，捧蒋介石做总统，当遭到胡汉民反对后，杨永泰即献计扣留胡汉民。胡汉民被软禁后，胡汉民系的古应芬、萧佛成、邓泽如等于 1931 年 4 月 30 日在广州发表弹劾蒋介石的通电，其中列举蒋的罪行之一，即为重用政学系杨永泰之流。电文称："政学会员，昔虽曾隶党籍，自袁氏窃国，即已叛离。民国七年总理南下护法，杨永泰勾结桂系（陆荣廷），窃取政权，排斥总理以去；今杨氏则时时追随蒋氏之侧，参与密勿矣。其他余孽，夤缘充任要职者比比。"

胡汉民于 1931 年 11 月下旬获释回广东后，视杨永泰为仇敌。胡对人说："杨永泰是政学会的首脑，和国民党势不两立。总理在世时，受他们的气很大。今天蒋介石把他引为亲信，简直是认贼作父。对付共产党，他们还不如我们呢！寻求外国援助，他们也不如我们有门路。可是蒋介石就喜欢这些谗佞之徒。"

奉胡汉民为领袖的"西南政务委员会"组织了"革命行动队"的秘密组织，专门以暗杀南京政府党政要人为目的，由胡的亲信刘芦隐负责。刘芦隐指使"革命行动队"暗杀了杨永泰。①

一代谋臣横死，在当时是一件轰动全国的大事。翁静秋说：蒋介石与杨永泰"不异当年玄德之得孔明，名义虽为幕僚长，实待以宾师之礼，时称为畅卿先生，于是事无大小，必商而行。常常竟夜长谈，孜孜不倦，言听计从，左右无一可比。公为报知己，亦誓鞠躬尽瘁，死而后已之意。民十九年间，国军与西北军中原之战，击破豫陕宏图，收复潼关；以及民廿，应付闽变，瓦解人民政府；民二十，计策西南，恢复统一之局，无一非公擘划，襄赞蒋公施行。民二十三二十四，在南昌行营，策划实行保甲制度，缩短防线，围剿'共匪'。遣将调兵，机宜措置，多数出于公之佐理。至收复区筹办善后，推行新生活运动，公之拥护推展，尤为得力。"②

正在西安督促张学良、杨虎城"围剿"红军的蒋介石，于 10 月 28 日在其驻节地临潼华清池接见《大公报》记者，"谈及杨畅卿遇刺事，殊表悼惜，谓是一大打击"。蒋介石在唁电中说："畅卿兄被刺殒命，不胜悲痛，望为子女节哀自持，勿过哀伤为盼。"

在杨永泰的公祭日，蒋介石又从南京寄来一篇祭文，对杨永泰之死表示了莫大的悲痛。祭文写道：

---

① 参见《历史档案》1996 年第 3 期。

② 翁静秋：《杨永泰畅卿先生传记初稿》，《杨永泰先生言论集》，第 5 页。

维中华民国二十五年 11 月 19 日，国民政府行政院院长兼军事委员会委员长蒋中正，敬以清酌庶肴，祭于故湖北省政府主席畅卿杨先生之灵曰：

新邦载肇，方佐维良，殄我贤豪，云胡不伤？君炳其德，自扬显光，早参国议，晚挥旗常。昔赴戎机，陈师江甸，君有荩谋，卓然自见。期同济匡，敢辱募椽，弼亮忠清，功呈智缮。君之治事，擅精备能，旁应万务，旰食夙兴。察理以赴，其直如绳，不辞任谤，亦不自矜。知君赤诚，戮力为国，江汉南纪，节麾是式。名临政举，民乐自敕，方策殊勋，邈遭残贼。思君志业，忠贞寡俦，国摧梁栋，岂惟私忧。崇功报庸，隆作封葬，楚山岳岳，称君高抗。清名惠爱，千古所尚，酹君此觞，临风凄怆。呜呼哀哉！尚飨。①

---

① 孙彩霞:《新旧政学系》，第 240-241 页。

第二节 "和事佬"张群

在蒋介石的众多幕僚中，追随蒋介石最早、追随时间最长的当推张群。有人称张群"辅佐蒋介石如影随形"。陈香梅说："他心胸宽阔，为此追随了蒋介石七十年，在复杂的环境中是个不倒翁，在蒋氏天下又得应付孔宋那些权贵，又得为蒋氏做和事老，七十年寒暑如一日，不是普通人可以做到。"①

一、同学加结拜兄弟的双重关系

张群（1889—1990），字岳军，四川华阳县（今成都市）人。1906年冬，张群考入保定的通国陆军速成学堂；1907年夏天，蒋介石也考入通国陆军速成学堂。这年冬天，清政府陆军部从通国陆军速成学堂选拔40名学生用公费保送至日本学习陆军。张群与蒋介石均在其中。

在赴日本的途中，张群与蒋介石攀谈了起来，两人一见如故，张群也改变学步兵的想法而改学炮兵，以期与蒋介石朝夕相处，共同切磋。张群与蒋介石到达日本东京后，首先进入振武学校第十一期学习。在振武学校的三年里，张群认识了黄郛，加入了同盟会和丈夫团。蒋介石与黄郛是浙江同乡，在日本也熟识，但不知何故，蒋却未加入黄郛的丈夫团。1908年蒋介石暑假回国时在上海经陈其美介绍，加入同盟会。

1910年，张群与蒋介石从振武学校毕业，以"士官候补生"的身份分发到日本本州西北部的第十三师团野炮兵第十九联队实习，两人都是二等兵。在日本的留

张群

---

① 陈香梅:《张群先生话往事》。

学生涯，张、蒋两人都从中学到了日本"武士道"的一些规矩。对张群来说，其终身受用的一条，恐怕就是对上司的绝对服从。

1911 年武昌起义爆发后，张群与蒋介石及另外一名同学陈星枢三人请假偷渡回到上海，投入陈其美麾下参加上海光复之役。11 月 4 日，上海光复，陈其美被推举为沪军都督兼都督府司令部长，黄郛任都督府参谋长兼沪军第二师师长。陈其美任都督后，通过黄郛等人召集从日本回国的军事留学生组建沪军，黄郛任沪军第二师师长，蒋介石任第二师第五团团长，张群则先在军务处任军械科长，后来到第二师任参谋。1912 年春，陈其美、黄郛和蒋介石三人在上海打铁浜 45 号焚香点烛，互换兰谱，结为异姓兄弟。接着，黄郛、蒋介石和张群三人也结为异姓兄弟。有材料反映，他们四人中蒋介石与陈其美关系较好，而张群则与黄郛比较亲切。1912 年 1 月 14 日，蒋介石受命指使歹徒刺杀光复会领导人陶成章后，在上海无法立足，陈其美不得不以出国深造为名，让蒋介石到日本暂避风头，蒋介石的第五团团长一职由张群代理。

南北议和成功后，南方革命军大量裁编，黄郛的第二师缩编为一个团，黄郛与张群都离开了部队，黄郛准备出国考察军事，张群则由北京政府稽勋局选送至英国留学。还未成行，就传来了宋教仁在上海遇刺的消息，张群与黄郛不得不中止出国，返回上海参加陈其美领导的讨袁斗争。讨袁斗争很快失败，张群、蒋介石等人先后亡命日本。

1914 年春，张群进入陆军士官学校第十期炮兵科学习，而蒋介石则继续追随陈其美参加反袁斗争。1915 年张群从日本士官学校毕业后，在朋友的帮助下，到南洋一所华侨创办的"中华学校"教书。护国战争爆发，张群闻讯回国，担任浙江督军吕公望的参谋。1917 年 9 月，孙中山在广州设立中华民国军政府，自任陆海军大元帅。张群和蒋介石都被孙中山任命为大元帅府参军。但从这以后，两人走上了不同的发展之路，蒋介石先是担任粤军总司令部作战科主任，以后任粤军第二支队司令，但因受粤军将领排挤，蒋介石时常拂袖而去，回上海或奉化老家闲居。1922 年 6 月，陈炯明叛变后，蒋介石应召从奉化赶到广州随侍在孙中山身边 40 余日，博得孙中山的信任。此后，蒋介石历任东路讨贼军第二军参谋长、大本营参谋长、黄埔军校校长，很快在国民党内崛起，掌握了国民党军政大权。而张群则自从 1918 年奉李烈钧之命回四川后，周旋于四川各派军阀之间，并没有什么惊人的成绩。1922 年，黄郛在北京政府担任督办全国财政会议事宜，张群到北京投靠黄郛，任总务处长、交通部航政司长等职。1924 年 10 月，北京政变成功后，冯玉祥联合胡景翼、孙岳共组国民军，冯玉祥任国民军总司令，胡景翼任国民军副总司令兼第二军军长，到开封出任河南省督军。张群与胡景翼是留学日本时的好朋友，张群即应胡的邀请赴开封，担任河南省警务处长兼警备司令及开封警察厅长。但为时不久，奉系军阀张作霖与直系军阀吴佩孚联合进攻国民军，国民军寡不敌众，胡景翼又于此时病故，张群在河南混不下去了，此时蒋介石在广东已经成为仅次于汪精卫的二号人物，张群即应邀赴广东投蒋。

二、与蒋介石同进退

张群到广州后，担任蒋介石的参议，成为蒋的得力智囊。1926 年 7 月，北伐出师前夕，蒋介石派何成濬和张群以其士官同学的关系，去南京游说苏浙皖赣闽五省联军总司令孙传芳，让其在北伐军与直系军阀吴佩孚作战时保持"中立"，以便首先集中力量消灭两湖的吴佩孚，然后东下消灭孙传芳，达到各个击破的目的。由于孙传芳和吴佩孚有矛盾，而且孙传芳也想在北伐军与吴佩孚作战时来个坐山观虎斗，坐收渔人之利，张群的游说使命如愿以偿。

1926 年 11 月北伐军占领江西全省后，蒋介石将其国民革命军总司令部迁至南昌，张群正式担任总司令部总参议，主持总司令部日常工作。

随着宁汉之争愈演愈烈，蒋介石有意与武汉国民政府决裂，准备夺取长江下游，与武汉国民政府分庭抗礼。为此，蒋介石决定将蛰居天津的盟兄黄郛召到自己身边，让这位政治经验丰富的盟兄为自己谋划大计。1926 年

12 月 18 日，张群拿着蒋介石的亲笔信北上，到天津后，向黄郛介绍了蒋介石的意图，敦促他南下，黄郛欣然同意，于 1927 年 1 月初离津南下，到达南昌。后蒋介石召集其亲信张静江、黄郛、戴季陶、张群等上庐山，经过紧张的谋划，确立了"离俄清党""底定东南"等四条方针。大政方针策定后，张静江等谋士们分头下庐山，带着各自的使命行动。张群随黄郛潜往上海布置一切，随后，又奉命北上游说冯玉祥、阎锡山等与蒋介石合作，以便形成所谓的"中心力量"。

　　1927 年 4 月 18 日，蒋记南京国民政府在张群等谋士的鼎力协助下成立。张群担任了中央政治会议委员及上海兵工厂厂长。1927 年 8 月 12 日，蒋介石在桂系李宗仁、白崇禧的逼迫下，第一次辞职下野，张群与蒋介石同进退，陪蒋回到奉化溪口住下，密切观察时局变化。

三、国民党的日本通

　　蒋介石回到溪口老家后，决定到日本去考察军事外交，研究日本的对华政策，并与日本首相田中义一会谈。张群自告奋勇，先去日本为蒋游日作安排，然后再回到上海，以翻译官的身份陪蒋赴日游历。他们先到日本神户拜见在有马温泉休养的宋母倪桂珍，取得了宋母对蒋介石与宋美龄完婚的允诺。在各地漫游 20 天后，张群陪同蒋介石到达东京。11 月 5 日，张陪蒋与日本首相田中义一进行了会谈。田中义一是日本政友会首领，侵华激进派，在三个月以前，田中主持召开"东方会议"，制定了臭名昭著的"征服满蒙"和"征服支那"的对外扩张方针。田中义一在与蒋介石会谈时，虽然支持蒋介石反共，但露骨地反对蒋介石继续北伐。对此，蒋介石非常失望，于 11 月 10 日回到上海，策划东山再起，但仍留张群在日本游说各方人士。

　　1928 年 1 月，蒋介石重新上台后，紧锣密鼓地策划第二次北伐。

　　4 月 7 日，蒋介石下达总攻击令，指挥四个集团军 70 万人分路向张作霖的"安国军"进攻。北伐开始后，日本政府决定增兵中国山东，准备以武力干涉。蒋介石为疏通日本，于 4 月 30 日电令张群赴日和日本政府交涉。

张群抵日后，通过公私两方面活动，希望日本政府理解蒋介石的立场，不要干涉北伐，并由蒋介石出钱，将已经到达济南的日本军队撤退到青岛。但日本政府置之不理。5月3日，驻济南的日寇突然发难，肆意枪杀中国军民、焚烧房屋，酿成济南惨案。蒋介石对日寇的暴行逆来顺受，于5月4日下令北伐军撤出济南，绕道北伐。济南惨案发生后，张群回到徐州，向蒋复命。张群随即遵蒋介石之意，电请日本参谋本部第二部部长松井石根偕同第六师团参谋长及驻济南总领事西田到济南西南三十里的党家庄车站，在火车上举行谈判，最后，日寇在蒋介石不还手的情况下，同意济南惨案循外交途径解决。

北伐军进至北京、天津后，张作霖退守东北三省。6月4日，张作霖被日寇炸死于沈阳附近的皇姑屯。日寇威胁蒋介石不得向东北进军。在这种背景下，蒋介石被迫放弃进军东北，谋求和平解决东北问题。当时，继任的奉系少帅张学良也有意归附南京国民政府，但遭到日本的极力阻挠和威胁。为了解决东北易帜问题，张群于1928年9月第三次赴日本，以蒋介石私人代表的身份与田中义一首相交涉。张群向田中义一介绍了蒋介石的想法，希望日本能在东北问题上保持友好态度，不要阻碍国民党的统一事业。在这个前提下，蒋介石愿意与日本讨论双方悬而未决的问题，表示了亲日的态度。11月初，田中表示东北易帜是"中国内政问题"而加以默许。12月29日，张学良通电全国，宣告东北易帜。至此，国民党在形式上实现了全国统一。

从1927年9月至1928年9月，张群三次出访日本，充分展示了他善于辞令、擅长游说的本领。通过这些访问，张群与日本朝野各界建立了广泛的关系，由此成为国民党亲日派的重要角色，成为蒋介石与日本打交道的一张王牌。

四、盲目捧蒋遭胡汉民训斥

自北伐开始以来，张群鞍前马后，追随蒋介石，很快获得了回报。

1928 年 11 月，张群担任军政部次长。1929 年 3 月在国民党三大上当选为中央执行委员。3 月 27 日，出任上海市长。成为南京政府的要角之一。

张群担任上海市长后，仍奔走于南京、上海之间，参与蒋介石的军机。1930 年中原大战爆发后，张群又接受了蒋介石的一项重要使命，即赴东北游说张学良倒向蒋介石，以搞垮阎锡山、冯玉祥等反蒋实力派。6 月 21 日，蒋介石任命张学良为陆海空军副总司令，并派张群为中央代表监督。26 日，张群与吴铁城携带蒋介石的委任状北上，他们到沈阳见到张学良，说明来意，但此时，张学良在中原大战未见胜负分晓的情况下，不愿过早地偏向哪一方，因而不愿立即接受蒋的任命。张群和吴铁城充分发挥其擅长游说的本领，对张学良紧追不舍，先后随张奔波于沈阳、葫芦岛和北戴河之间。张群在日常生活中本来极注重生活规律，很少熬夜。可这次为了能打动张学良，不惜打破生活规律，陪同张学良打麻将 21 个通宵。为了主人的利益，张群已经做了他应当做的一切。在张群、吴铁城的软磨硬泡之下，张学良经过数个月的观察，权衡利害得失，终于在 9 月 18 日发出拥蒋通电，派东北军入关，从而加速了阎、冯反蒋军队的瓦解。中原大战以蒋介石的全胜而告结束。10 月 9 日，张学良宣誓就任陆海空军副总司令，张群代表国民党中央监督，张群再次不辱使命而归。

中原大战结束后，蒋介石企图乘战胜之余威，召开国民会议，制定约法，并由国民会议选举他做总统。结果遭到国民党元老、立法院长胡汉民的强烈反对。两人展开激烈争斗。张群与张静江、吴稚晖、戴季陶等一班策士站在蒋介石一边，1930 年 11 月 15 日，张群向国民党三届四中全会提交长达万言的议案，要求速开国民会议制定约法。其列举的理由如下：

（一）速开国民会议制定约法，为孙中山的遗教，徒为倡乱者所阻，转以归罪中央；今纵接纳反对者之意见，各国政治家或政府不无先例。（二）为使党与人民之关系渐致密切，舍国民会议外，别无他途。（三）国民会议目的，在将本党建国的主义政纲提出公认，期得国民的赞助，实为增进党与国民团结之方法。（四）训政时期应行约法，在同盟会之四纲宣言、孙文学说及中国革命史均有说明。（五）三全大会决议确定总理各种遗著为训政时期之根本大法，但其中也有不少不含法律性质。[1]

张群的提案遭到胡汉民的强烈反对。胡声称：该案已经三全大会决定，不必讨论。由于胡汉民的反对，全会未能就是否制定约法一事作出决定，仅决定于次年5月5日召开国民会议。

1932年2月24日，胡汉民、戴季陶、吴稚晖、张群等在蒋介石家里谈话，张群力陈其"立宪救国"论。胡汉民认为张群是政学系余孽，本来就对其不满，听到张群的一番高论，胡汉民极不耐烦，当即将张群痛批了一番。胡汉民说：

"我并不是不主张约法和宪法，我自信是真的为约法宪法而奋斗者。实在说一句，当我开始反对'满清'，提倡民权主义的时候，我还不知道你们何在？而且也无处去认识你们。我维护民权的意思，并不会比你们减少，而且还比你们热烈，只要看我在广东时的言论自由的程度，和我执政时的行政措施，便可以了然了。

"我在立法院未尝不可大出风头，立出一个约法宪法来，但立出一个约法或宪法来，是不是算实行了民权主义呢？我所以不愿自己出风头，因为深知做政治党务工作的人，是不应该不顾实际，乱唱高调的。现在各项法律案还没有完备，已有的，又因为军权高于一切，无从发挥其效用，徒然定出根本大事［法］来，有而不行，或政与法违，不但益发减低了人民对党的信用，法的本身也连带丧失了价值。所以我不主张马上有约法或宪法，不但是为党计，为法的本身计，甚至也为了目无法纪者的军阀自身计。

"在人民方面，真正的人民何尝要求一个空洞的法来保障他们的利益？约法这件东西，寒不能为衣，饥不能为食，有而不能行，或行而枉之，只于

---

[1]　蒋永敬：《民国胡展堂先生汉民年谱》，第493-494页。

人民有害，不会于人民有益。真［正］的人民的要求，是希望我们能实行建设，减少些苛捐杂税，摧毁军阀暴力，努力把交通、农业、工商业等充分发展起来，使人民食、衣、住、行四大需要渐次解决，人民的希望便满足了。至于官僚政客，何尝懂得法？他们或者看过几本法律书，在似通非通的状态之下，舞文弄墨，无论你的法定的好或不好，如果于他们本身无利，或为自己出风头，便会造作巧言，吹毛求疵，结果是为官僚政客立法，并没有为人民立法，立法的本旨，何尝在此！

"我的话句句根据事实，你们看我的立法院工作六年计划，便可以明了。如果你们能多读些中国书，多研究些中国实际情况，多留心考察些世界法治的演进史实，便知道我的话是没有理由可以辩驳的。"①

听完胡汉民一番火气十足的训斥，张群不敢吭声，戴季陶、吴稚晖也假意表示赞成，蒋介石则言不由衷地表示："很是，我们只有照胡先生的话去做，不要约法。"

但实际上，蒋介石对胡汉民已经极为愤怒，2月28日，蒋介石即以请客为名，将胡汉民诱至其总司令部，加以拘禁，随即由军警押送南京郊外的汤山囚禁，由此激起一场重大的政治风波。1931年9月18日，日军趁机进攻东北，蒋介石令张学良不抵抗，拱手将东北送于日寇之手。1931年12月15日蒋介石第二次宣布下台，张群再次与蒋介石同进退，辞去上海市长职。

1932年春，蒋介石复出，与汪精卫联合执政。张群先后担任鄂豫皖三省"剿匪"总司令部党政委员兼政务指导委员会常务委员、北平政务委员会常务委员、军事委员会北平分会委员等职，为蒋介石的反共军事和对日交涉而奔走操劳。

五、主持对日外交主强硬

1933年7月7日，张群出任湖北省政府主席，坐镇武汉。张群在任两

---

① 《近代史资料》1983年第2期，第54-55页。

年多，但"政绩平平"。1935 年 12 月，华北危机加深，为应付这一危机，蒋介石改组政府，起用一批留日出身的人担任院、部长，行政院院长蒋介石兼、内政部长蒋作宾、外交部长张群、财政部长孔祥熙、军政部长何应钦、海军部长陈绍宽、教育部长王世杰、实业部长吴鼎昌、交通部长顾孟余、铁道部长张公权、行政院秘书长翁文灏。张群说：蒋介石、蒋作宾、张群、何应钦、吴鼎昌、张公权这六个人，"都曾留学日本，与日本有些因缘，明了日本的政情。蒋先生组织这样一个政府，就是因为国际间对于日本侵略中国，无法加以阻止和制裁，唯有利用我们各人的关系，设法延缓中日间的紧张情势，直接与日本交涉，调整中日关系，甚至希望与日本暂时取得妥协，因为我们安内的工作已经进入最后阶段，如能再争取这两三年的时间完成安内，即可进行攘外了。当时有些人，以为我们是亲日派，而我们为国任谤，也从未加以解释"。[①]

张群上任后，先后与有吉明、有田八郎、川樾茂三任日本驻华大使进行了长达一年的外交谈判。在谈判中，张群秉持蒋介石的意旨，与日使展开了软拖硬抗的外交谈判，改变了过去一味妥协退让的立场，在谈判桌上采取了比较强硬的态度，使日方无隙可乘。

日方经过精心策划，在 12 月 3 日的最后一次会谈中耍了一个大花招：川樾茂在理屈词穷之时，突然起立朗读了一份双方七次会谈的备忘录，企图强加于人，要中国方面予以承认和接受。

张群当即指出："贵大使此刻所朗读之文件，其内容与历次会谈情形显有不符之处，不特为我方向未谈及之记载，且对我方重要意见遗漏甚多，其中更有贵大使从未提及之事项，无论如何不能接受此种文件。"

张群还对川樾茂说："双方须顾到彼此立场，如塘沽上海两协定之取消、冀东伪组织之取消、华北非法飞行之终止、察绥伪匪军之消灭以及走私之停

[①]　张群口述、陈香梅笔记：《张群先生话往事》，第 32 页。

止等问题，系我方最低限度之要求，均应同时解决。"

川樾茂无言以对，把备忘录丢在桌上，不作告辞即匆匆自行离去。张群叫在座的亚洲司司长高宗武追出，但川樾茂已登上车溜走。高宗武立即派人把这份备忘录送回日本驻华大使馆，川樾茂次日又命人投送外交部，张群仍命将其退回，第三天川樾茂即离开南京去上海。

这种如同儿戏的做法，反映了日寇无所不用其极的一贯作风。张群在谈判中的强硬态度，抵制了日本帝国主义飞扬跋扈的嚣张气焰，也显示了国民党政权对日政策转向强硬的变化。

1937 年 3 月 4 日，张群辞去外交部长之职后，历任国民党中央政治委员会秘书长兼外交专门委员会主任委员、军事委员会秘书长、国防最高委员会秘书长，成为蒋介石的首辅之臣。为此，汪精卫一派的大将陈公博以嫉妒的口吻对张群说："你真是走'秘运'了。中央政治委员会你是秘书长，大本营你也是秘书长，最高国防会议你又是秘书长。若国民参政会成立时你又做秘书长时，秘书长都给你包办完了。"

张群回答说："唉，我真不耐烦干。我曾对蒋先生辞过职，我愿意不穿洋服，就穿军服。穿洋服就是希望蒋先生放我出洋，军服就是希望蒋先生叫我带兵，我还是顶呱呱一个士官生呢！"

陈公博仍不放过，继续挖苦道："谁叫你文武全才，今日正好弄得不文不武。"[1]

六、主持川政六年

武汉、广州失守之后，国民政府迁往重庆，重庆成为战时首都所在地，四川成为西南战略大后方的中心。1938 年 1 月，四川省政府主席、第七战区司令长官刘湘病死于汉口，蒋介石为了加强对四川的控制，于 1 月 22 日任命张群为四川省主席，不料四川实力派人物公开反对张群到任。张群认为

---

[1]　陈公博：《苦笑录》，第 255 页。

此举使他在家乡人面前大丢面子。蒋介石见四川实力派反对张群到任，便采取曲线迂回战术，于 1938 年 8 月 2 日任命张群为四川行营主任，干脆让张群爬到四川省主席头上作窝，当蒋介石对四川实力派进行一番分化后，张群于 1940 年 11 月 15 日走马上任四川省政府主席，直至 1947 年 5 月 14 日止。从 1940 年 11 月 15 日起，张群同时还担任了成都行辕主任一职，直到 1946 年成都行辕撤销为止。张群独掌四川军政大权后，并没有因为蒋介石的宠信而在四川家乡人面前作威作福，而是以其一贯温和谦恭的面目周旋于各种势力之间，为蒋介石坐镇四川大后方，解除后顾之忧。张群上任后，四川实力派人物与张群的矛盾并没有完全消除。徐永昌在日记中写道："缘于第六战区情报之影响，成都已发现打倒张主席标语，而遂宁且闹驱逐中央机关及下江人之风潮。"[①]

张群主政四川六年，下大力气整顿户籍地籍，健全乡镇政权和保甲制度，组织和训练民众，以增强国民党对四川的控制力量。这期间，四川省共征集 480 余万名壮丁补充抗战军队，调集 150 余万民工参加建筑空军基地和军事设施，发动川民献粮献金支援抗战。全面抗战以来，四川出人出粮最多，功不可没。这里面当然也有张群的一份功劳。

七、国共谈判中的主角之一

1945 年 8 月，抗日战争胜利后，蒋介石邀请毛泽东到重庆谈判。蒋命张群与张治中、王世杰、邵力子代表国民党，与中共代表周恩来、王若飞谈判。

张群等人在谈判中，秉承蒋的旨意，反复纠缠于共产党领导的解放区政权和 120 万正规军、220 万民兵，要求中共交出解放区政权和军队。但遭到中共代表的批驳和拒绝。经过激烈的斗争，于 10 月 10 日，国民党代表张群、王世杰、张治中、邵力子和共产党代表周恩来、王若飞签署了《国民

---

① 《徐永昌日记》，1943 年 5 月 29 日。

政府与中共代表会谈纪要》，史称"双十协定"。

重庆谈判结束后，美国总统杜鲁门派马歇尔作为总统特使来华调停中国国内冲突。12月27日，国共重开谈判，决定由张群、周恩来与马歇尔组成三人小组，来解决国共双方的军事冲突。1946年1月10日，张群与周恩来签署了《关于停止国内冲突的命令和声明》。随后，张群作为国民党八名代表之一，出席了政治协商会议。

对于张群在重庆谈判及政治协商会议前后的表现，王若飞说：与我们谈话的人都不是死硬派。国方代表都承认解放区的力量，认为国共不能打，一定要和。他们是倾向民主和平方面的。张群作为国民党内的温和派政治人物，主张以政治方式解决"中共问题"，反对打内战，希望国内统一。

但张群等人的温和立场，遭到了国民党内持强硬立场的 C.C. 系的猛烈抨击。C.C. 系指责张群等人挟蒋介石的手令以压人，"不惜牺牲本党的立场，以谋与共产党达成妥协，借此维持其既得的权位。此种'走私'勾当，再不能这样继续发展下去了"。

浙江大学校长竺可桢在日记中写道："张默君交余阅近来有中国中典社、江海同志社等四团体反对政学系张岳军（群）、吴达铨（鼎昌）、熊天翼（式辉）等把持政权，且近来以陈公洽（仪）主持台湾，熊天翼主持东北，主席言听计从。并谓最无耻者为张伯岑、蒋廷黻等。如张等不知敛迹，不惜以对付杨永泰者对付之。"[①]

八、出任行政院长

宋子文推行的黄金政策失败，各方群起攻击，宋子文干不下去了，张群却在此时想出任行政院长。王世杰在日记中写道："张群有意出任行政院长，或者在蒋介石兼任行政院长的情况下，张群任副院长。"

于是，蒋介石召集最高国防会议征询意见，半晌没有人做声。张治中见

---

① 《竺可桢日记》，1945年10月10日。

此冷场局面，忍不住发言，提出两点理由反对蒋兼任行政院长：一是行政院长担负实际责任，而主席是国家元首，站在领导的地位，不宜首当其冲；二是这些年来院长一职，总不外是蒋、孔、宋这几位轮流充任，对中外观感都不好，好像中国再没人了。经张治中这么一说，蒋介石马上站起来带着负气的口吻说："好，张文白同志不赞成由我兼，我就不兼，请大家推选好了，挑选谁就谁做好了！"①

蒋介石的一番话，让与会者都愣住了。C.C.派分子起来发言，赞成由蒋兼任，还有两位元老表示赞成先由蒋代理，再行物色代理人选。事实上，蒋介石已经内定张群为行政院长。当有人劝张群不要出任行政院长时，张群回答说："不！我必须出任。我和党有40年的密切关系。我的情况和你们大不相同。你们是党员，或者不是党员，而我和蒋主席有40年的关系。当他要求我的时候，我不能拒绝。"②

张群上台前，找张治中密谈，张治中向他提出两项忠告："一定要把握两项方针：一是对外的，改善中苏关系；一是对内的，力谋恢复和平。这两项政策实现了，那么你就成功了，你领导的行政院在历史上也是空前的，否则必失败无疑！"③然而，国民党的大政方针是蒋介石一人掌握的，张群又岂能让蒋介石改变内战政策？

1947年4月18日，张群正式被任命为行政院长。张群内阁除了继续帮助蒋介石打内战外，最重要的工作就是为蒋介石打内战搜集经费。

第一项措施是发行公债。鉴于法币早已失去信用，决定发行美元公债1亿元，但总共只售出2400余万元。

第二项措施是向美国借款。但美国政府对华政策当时正处于调整时期，美国当局一直不肯提供巨额借贷，一直拖到1948年2月18日，美国总统

① 《王世杰日记》，1947年1月16日。

② 杨天石：《海外访史录》，第609页。

③ 《张治中回忆录》，第754-755页。

杜鲁门才向国会提出"援华法案"，请求通过 5700 万美元。4 月 2 日，美国参众两院联合委员会协议决定，拨付中国美金 46300 万元，分 12 个月支付。至此，张群内阁费了九牛二虎之力寻求的美援借款才算有了着落。但美援到手时，张群内阁已处于总辞职前夕。

1948 年 4 月 4 日，国民党召开临时中央全会讨论总统、副总统候选人提名问题时，蒋介石却出人意料地宣称他不参加竞选总统，希望提出一位在学术上有地位的党外人士为候选人，他自己愿担任除正、副总统以外的任何职务。蒋氏此举，局外人感到非常惊异，但在王世杰日记中可以找到答案。

王世杰在 1948 年 2 月 10 日的日记中写道："蒋先生往庐山休息。临行前蒋先生语岳军，谓彼是否做总统尚须考虑。宪法中有行政院对立法院负责之语，因此总统如过分干涉行政院，则与宪法精神不合，但时局如此危险，蒋先生如无充分权力，将不能应付一切，此当在蒋先生考虑之中。"

4 月 5 日，国民党中央常务委员会举行会议，当赞成和反对蒋介石担任总统的两种意见相持不下时，了解蒋介石隐情的张群站起来发言说："总裁并不是不想当总统，而是依据宪法的规定，总统并没有任何实际权力，它只是国家元首，而不是行政首长，他自然不愿任此有名无实的职位，如果常会能想出一种办法，赋予总统以一种特权，则总裁还是愿意当总统候选人的。"[1]

蒋介石不愿做没有实权的总统，张群建议用一种变通办法赋予蒋介石以特权，自然符合蒋介石的胃口。4 月 18 日国民大会通过《动员戡乱时期临时条款案》，将宪法中对总统权力的仅有的限制全部取消，总统获得了无限权力。19 日，蒋介石当选为总统。张群将蒋介石捧上了总统宝座后，蒋为酬报，有意让张群转任"行宪"后第一任行政院长。

---

[1]　程思远：《政坛回忆》，第 180 页。

5月8日，蒋介石借"行宪"后的第一届立法委员首次会议，召集C.C.系、政学系、黄埔系等国民党中央常委兼立法委员的骨干分子，在其黄埔路官邸举行午餐会。席间，蒋提出就张群和何应钦两人中选择一位任行政院长，让在座人员表示意见。当赖琏表示赞成何应钦出任时，蒋介石摇头不赞成，说"他要负责军事"。蒋介石要张群做行政院长的意图大白，所以蒋宣布表决时，在座的人全部起立表示赞同张群。不过这只是出于对蒋介石的慑服。

5月21日，在国民党立法委员谈话会上，C.C.系立委一致主张用投票的方式选举，结果何应钦得票最多。张群一气之下，离开上海，表示绝不就任行政院长。何应钦则因蒋介石表态在先，也表示不任此职。蒋介石对C.C.系此举非常生气，亲自召集C.C.系、复兴社等重要分子训话，说："你们不要误会岳军是政学系，他不是的。"①

九、负隅大西南

张群丢掉行政院长头衔后，只好暂时屈任总统府资政闲职。1948年9月，以蒋介石代表的身份赴日本，考察美军占领政策的实施情况及战后日本的状况，并与驻日美军总司令麦克阿瑟及日本政界人士会商战后中日关系问题。从日本回来后，张群又出任了国民党中央政治委员会秘书长。

1948年12月24日，在蒋介石濒临绝境的情况下华中"剿匪"总司令、桂系大将白崇禧突然发表通电，要求蒋介石停止军事行动，请美、英、苏三国出面调处斡旋，意在逼蒋介石下台。

12月28日，桂系谋士黄绍竑提出《蒋总统洁身引退及和谈大计纲要草案》，张群、张治中和吴忠信三个人代表蒋介石与李宗仁、黄绍竑经过数日的磋商，最后将草案修改如下："一、蒋先生为便于政策之转变，主动下野。二、李先生依法代行总统职权，宣布和平主张。三、和谈由内阁主持。

① 《文史资料选辑》第4辑，第82页。

四、和谈事前准备:(甲)组织举国一致之内阁,其人选另行研究;(乙)运用外交,特别加强对美苏英之合作关系,以期对中国和平之实现获得赞助;(丙)主动争取过去不满政策主张和平之政治团体及人士。五、为保证和平谈判之顺利,军事应有严密之部署,尤须巩固军心,团结一致。"[①]

1949年1月21日,蒋介石下野前,在人事上,又作了一系列安排,以陈诚为台湾省政府主席,张群为重庆绥靖公署主任。4月14日,重庆绥靖公署撤销,成立西南军政长官公署,张群任长官兼政务委员会主任委员,驻重庆,指挥川、康、黔、滇、渝五省市。蒋介石将所谓的西南反共基地托付给了张群。

张群在赴任之前,曾到上海拜访四川籍的中国民主同盟主席张澜。张澜劝说张群:"自古以来得民心者得天下,今天的大局你是清楚的,你不要再跟蒋介石跑了,应该跟共产党,跟人民走才是对的。"

张群沉默很久,长叹了一口气说:"我也明知蒋介石不行了,我和蒋20年(应为40年——引者注)交情不忍离他而去,只有跟他走。"

然后,张群问张澜:"我不久要回四川了,表老有什么意见没有?"

张澜说:"人各有志,不予强求。你回四川去,应该为四川人民做些好事,首先应该释放政治犯,关了民盟那么多人应该放嘛!你是四川人,八年抗战,四川人民已经够苦了,你是知道的。不要准备在四川打内战,征兵、征粮应该减免,这就为四川人民造福了。"

张群听了,表示回四川后将斟酌办理。[②]

张群回到重庆后,即向民盟人士鲜英转达了张澜的嘱托。鲜英立即约在成都的民盟中央委员范朴斋去重庆联系释放民盟成员的问题。因为政治犯由军统特务机关控制,不能由张群直接命令释放。但经过张松涛积极做工作,

① 台北《近代中国史研究通讯》第28期,第153页。

② 龙显昭、郭光杰主编:《张澜纪念文集》,四川教育出版社1999年版,第278页。

范朴斋多方面活动，张群幕后使劲，终于在 1949 年 3 月 30 日、31 日两次释放关押在重庆中美合作所的民盟成员 21 人。四川的征兵也由 42 万人减少到 62000 人。罗君彤的第十八纵队 6 个师被取消。征粮也立即停止。① 所有这些表明，张群确实听从了张澜的劝告，他不想在家乡过多地作恶。

但另一方面，张群也不能不做些表面文章，以应付蒋介石。同年 6 月间，张群制定了确保西南为反共反攻基地的五项政策，其内容为：抽调大军，控制西南重要据点，相机应用，增加对西南各省之控制；以行动消灭一切反动力量；所有国税收归国有；西南一元化。

张群在西南的挣扎注定是徒劳的。这时，人民解放军第二野战军、第四野战军部分及第一野战军第十八兵团三路大军已从川东、川南及川北向四川挺进，一路势如破竹，直逼重庆。11 月 29 日，国民党政府由重庆迁往成都，次日，重庆解放。

张群随蒋介石逃往成都，蒋不甘心失败，仍想以云南作为最后挣扎的基地。12 月 7 日，已辞卸西南军政长官职务的张群奉蒋介石之命赴昆明，向云南省主席卢汉提出将"国民政府"迁至昆明的要求。9 日，当张群由成都再次飞抵昆明时，便被卢汉软禁，卢汉随即宣布起义。10 日，卢汉派杨文清和杨适生告诉张群，卢汉为避免云南遭受战祸，已宣布起义了，并希望张群一致行动，参加起义。

张群对杨文清、杨适生说："你们的起义行动我是很同情的，我也知道这是大势所趋，民心所向，国民党的确是无法挽回了。蒋先生过去所作所为，连我也有不满意的地方。但是我一生都是一个国民党员，我和蒋先生的私人关系你们也是知道的，我不能和你们一致行动。如果你们要把我当作俘虏看待，交给共产党，我想他们也不会对我怎么样的。要是你们让我走，我很感激，我今后也不再做什么事，到海外做个寓公算了。"

---

① 龙显昭，郭光杰主编：《张澜纪念文集》，四川教育出版社 1999 年版，第 278-279 页。

据说，当张群被卢汉扣押的消息传到北京时，毛泽东曾对周恩来表示："张群如愿和我们一道工作，我们应当好好安排他，如果他不愿留下，便拿他去和蒋介石换张学良，蒋一定会同意的。"不料，卢汉却感于张群对自己的恩情，自作主张于 11 月派人护送张群乘飞机离开昆明赴香港，21 日张群乘船赴台。卢汉此举，使毛泽东、周恩来用张群换张学良的计划无法实现，成为一大憾事。

十、台湾当局最高龄的秘书长

蒋介石在台湾重建小朝廷时，将大陆上的元老重臣大部打入闲曹，但对张群仍委以重任。张群历任国民党中央非常委员、"行政院"设计委员会委员、"革命实践研究院主任"、"总统府秘书长"兼"国防会议秘书长"、国民党中央评议委员会主席团主席。其中，"总统府秘书长"一职干了 18 年之久，一直到 1982 年 6 月，这时，张群已是 83 岁高龄了，恐怕是世界上年纪最大的秘书长了。

张群在台湾，为蒋介石出力最多的，是他同日本朝野打交道，先后 7 次去日本活动，以建立和维护蒋介石集团同日本的关系。1952 年台湾建立"中日文化经济协会"，张群被蒋介石指定为"会长"。张群 8 月就去日本活动，洽商"台日合作"，相互恢复"使馆"，并推动日方建立"日华经济促进委员会"，直到 12 月才回到台湾。1957 年 9 月，张群以蒋介石的"总统特使"身份访问日本 18 天，商讨台日经济合作事宜，还向日本朝野"显示反攻大陆的决心"。此后日本各阶层与中国内地的友好往来日益增多，蒋介石甚为恐惧。张群又于 1963 年 5 月去日本，自命"诤友"，四处"劝导"日本"从根本上认清共党的本质及其险恶，从而采取坚决的反共政策"。第二年 8 月，他又去日本，与吉田茂、池田勇人等朝野人士会晤，鼓吹台日"共同反共"，还要日本对大陆贸易严加限制。接着他又去韩国与朴正熙等人会晤，竭力"促成亚洲有关国家共同反共"，鼓吹中国台湾、日、韩要"互谅互助"。

十一、终身追随蒋介石有绝招

张学良曾经这样评价他的好友张群："张岳军先生就了不起，什么事都想得好好的，利弊得失都有考虑……我在武昌行营看他呈给蒋先生的公文，里面一条、二条，这条不行则采这条，好坏在那里，清清楚楚，我真佩服这个人。但我也要说，缺点就是缺少独当一面的魄力，英文所说的 Guts，只是最好的参谋。张群自己也说，蒋先生要他当'副总统'，他说我做不得，我只能做你后面夹皮包的（老头做了个左手夹胸的姿势）。"①

张群追随蒋介石六十多年，确实不是一件容易的事。蒋介石性格暴戾无常，擅权独裁，疑忌狭隘，极容易与人翻脸，而独对张群终生不疑，这是一个例外。早在 20 世纪 20 年代，就有人说："众友评岳军，只能呼为蒋之使女而不得称为如夫人，以如夫人尚有恃宠撒娇时，而张并此无之，唯知唯唯诺诺，欲如何便如何，无一丝违抗。"

对此，张群似有自知之明，有一天他对着镜子中自己的尊容，自言自语地说："张群何人？蒋介石走狗也。"②

晚年张群在日本访问时，有记者问张群："岳公，你追随蒋先生最久，和他关系也最密切，大陆失陷，你是否也要负一部分责任？负一部分没有及时进言的责任？"张群巧妙地回答："我只是个厨子，主人喜欢吃什么菜，我做什么菜。"这句看似戏谑之言，却真实地概括了张群与蒋介石的关系。

---

① 郭冠英:《张学良在台湾》，中国友谊出版公司 1993 年版，第 20 页。
② 《文史资料选辑》第 42 辑，第 197 页。

第三节　多谋而寡断的熊式辉

熊式辉在加入蒋介石幕府前，有一段反复无常的投机史。加入蒋介石幕府后，熊式辉成为政学系巨头之一，以多谋寡断而著称，极得蒋介石的信任。

一、几易其主最终选择了蒋介石

熊式辉（1893—1974），字天翼，江西安义县人，出身寒微，早年就读于江西陆军小学、南京陆军中学、北京清河陆军第一预备学校、保定军官学校。1916年护国战争爆发后，熊式辉应其同乡前辈、护国军第二军司令李烈钧的邀请，南下昆明，担任护国军第二军第四师第八旅第三十四团团附。1921年5月，广东军政府参谋本部保送三名青年军官前往日本陆军大学深造，时任参谋总长的李烈钧便挑选了熊式辉、曹浩森、陈锐三位江西同乡青年。

熊式辉

1924年熊式辉等三人毕业回到广东，在等候分配工作时，足智多谋的熊式辉对曹浩森、陈锐说："中国现在是群雄割据的局面，我们三人不要同投一条路，以免同时失败；不如各奔前程，将来彼此照应。"曹、陈深以为然，经商定，熊式辉去投广东革命政府，曹浩森去投冯玉祥，陈锐去东北投靠张作霖，他们分道扬镳，约定日后再见。

当时，孙中山正在广州召开国民党第一次全国代表大会，成立黄埔军校，但熊式辉对孙中山的革命政府依然信心不足，不顾广东军政府派他去日本留学的情感，反而跑回江西投靠小军阀赖世璜。赖也是一个朝秦暮楚、反复无常的军阀。熊式辉投奔赖世璜后，因未被重用，旋赴北京，欲与声势显赫的直、皖大军阀联系，但也不得要领，这才无可奈何地返回广东。当时担任黄埔军校校长的蒋介石邀请熊式辉到军校当教官，但熊却以蒋介石连国民党中央执行委员都不是，以为蒋地位低下，权力甚微，拒绝了蒋的邀请，转而投往驻粤滇军朱培德所办的干部学校（后改为国民革命军第三军军官学校）任教育长。但从此熊式辉与蒋介石便有了工作上的接触。

1926年秋，北伐军向江西进军时，蒋介石派熊式辉和总司令部参议杨赓笙前往赣南，策动时任北洋陆军第四师师长的赖世璜倒戈反对孙传芳。经熊、杨劝说，北伐军由南雄进攻赣州时，赖世璜在会昌、吉潭举兵内应，逐走杨如轩、杨池生部，被蒋介石收编为国民革命军第十四军，任命赖世璜为军长，熊式辉为党代表。1926年10月，第十四军在参加第二次进攻南昌之役时，第一师师长阵亡，赖世璜委派熊式辉兼任第一师师长。其后，赖因对北伐战争意存观望心态，称病离开军队，由熊式辉代理军长职务。熊式辉由此萌发了背叛赖世璜，并取而代之的野心。其后，第十四军归东路军前敌总指挥白崇禧指挥，熊唆使亲信向白崇禧控告赖世璜克扣军饷，积极从事推翻赖的活动，当白崇禧到第十四军训话、指责赖克扣军饷时，赖不承认并当场抢白白崇禧，弄得白氏下不来台。赖世璜知道熊式辉从中挑拨，一怒之下撤了熊式辉的师长职，熊式辉无法立足，被迫离开第十四军，到上海做寓公，观望事态的发展。1927年8月，孙传芳反攻南京前，派人到赖世璜军中，劝诱赖助孙传芳攻打南京，并许以事成后，封赖为江西督军，此事被熊式辉侦知后，立即密报白崇禧。接着，武汉的汪精卫也派人运动赖反正归附武汉政府。白崇禧得报后，即以"通敌"罪名，将赖世璜扣押，并于12月下令枪毙了赖世璜。白崇禧将第十四军改编为第十三军，自兼军长，派熊式辉为副军长兼第三十七师师长。不久，白又将第十三军整编为独立第一师，由熊式辉任师长。

熊式辉当军长的愿望不能实现，遂决定改换门庭，脱离桂系李、白，投靠蒋介石，当时蒋介石虽已下野在奉化溪口，但熊式辉认为蒋实力仍在，不难东山再起。于是，他密电在溪口的蒋介石，称"总司令既然引退，式辉亦不欲带兵，愿随左右，出国游历"。蒋接到这个效忠电后，大为赞许。1928 年 1 月，蒋介石东山再起，从上海去南京复职时，熊式辉率所部沿沪宁铁路护送，表现得十分忠诚。蒋龙心大悦，不久即任命熊式辉为淞沪警备司令。

对于熊式辉弃白投蒋，并成为蒋介石心腹的过程，知情人有如下的描述："淞沪警备司令熊式辉，原系桂军大将白崇禧于民国十六年夏间蒋总司令下野出国后保举受任的，时人视之为桂系分子。迨十七年初，蒋总司令归来复职后，熊氏急思洗刷'桂系'色彩，免误前程。他首先摘写蒋公的语录若干条，放置警备司令部办公室的书桌玻璃板下面，系逢蒋公到沪时，他在车站恭迎如仪，即引领至警备部休息，使蒋公瞧到他所写的语录，对他改变观感。次则利用机会替朝中亲贵们效力，如民国十七年夏间，上海市警察局蔡劲军接获密报，有自长江上游驶来上海的招商局轮船'江安'号，满载着鸦片走私货，乃按时派遣大队武装警察，赴汇山码头拟登轮检查，而警备司令部亦派兵一连到码头，不让警察执行职务，双方剑拔弩张，几乎开火，旋由沪上闻人杜月笙出面调停，告以轮上所载运的货物，系南京某显要所有，不必检验，事乃寝。熊氏因此博得朝中亲贵好感，随时为之说项，而其军职乃告稳定了。最后他更进一步，以事实表现忠贞不贰的行为，民国二十年冬间，广州因胡汉民事件，组织'西南政委会'以与南京抗衡时，私会熊氏系白崇禧的好友，拟加策反，曾派中委居正、监察委员耿毅二人，到上海密访熊氏游说，熊满口答应，双方商订协议条款，约定于某日在外白渡桥'海军联欢社'共同签字实行。届时居、耿如约而至，即被警备部派兵拘捕，加上手镣脚铐，指为反动叛徒，夤夜押解南京究处。结果居、耿虽宽释不究（笔者按：居正被关押了一年多才被释放），然熊氏的忠勇志节，殊堪嘉奖。从此眷遇优渥，骤膺江西省主席高位以及中枢要职，对日抗战伊始，且擢任东北行营主任，实成政治上炙手可热的人物。"[1]

---

[1]　雷啸岑：《忧患余生之自述》，台北传记文学出版社 1982 年版，第 77—78 页。

朝秦暮楚的熊式辉最后一宝押中，从此死心塌地追随蒋介石，成为其心腹智囊，政学系巨头。

二、主政江西十年

1931 年 7 月，蒋介石调集 30 万兵力，亲任总司令，任命熊式辉为参谋长，准备对江西中央革命根据地发动第三次军事"围剿"。熊式辉在上海龙华机场乘飞机赴南昌时，飞机发生故障，在迫降时熊式辉摔伤脚，未能成行。

1931 年 12 月 15 日，蒋介石在发表下野通电的当天，任命熊式辉为江西省政府主席。熊的江西省政府主席连做了十年多，直到 1942 年 2 月 25 日免职。

江西是中国共产党领导的中央革命根据地中心区域所在地，蒋介石用熊式辉当江西省主席，自然是对他的极大信任。熊式辉上任伊始，发表施政纲领，宣称："今天之江西，危机四伏，绝不是空洞的学问和道德所能救得起来的。"又说："自今之后，自省主席以至各委员厅长，均当为吾人之事业而择人，绝不能容许徇私，使滥竽充数者来贻误人民。办事务须实事求是，绝不能乱发空头支票，不可用画饼充饥的方式去欺骗人民。"

熊还拍胸保证："若是我熊式辉放纵任何人，以贪污贻害人民，也可以把我送上断头台。"

熊还赋诗一首，作为公务人员的座右铭：

> 能行不问易和难，两手凭人做出看。
> 持危自有回天力，三字心得汗血拼。

熊式辉还写了一首歌词，由音乐家程懋筠谱曲，通令全省广为教唱。歌词是：

> 我思古人，齐之管子。
> 以死教民而国强，以劳教民而国富。

人能誓死乃能生，我不畏劳斯不苦。

但愿吾国强，但愿吾国富。

流血不怕死，流汗不怕苦，

能将汗血拼，弱必为强穷必富。

1933 年 2 月，蒋介石在南昌成立军事委员会委员长南昌行营，作为"围剿"红军的大本营。蒋介石自兼行营主任，熊式辉兼任办公厅主任。这年秋，杨永泰来到南昌，任行营秘书长。杨永泰与熊式辉成为蒋介石一文一武的两个主要谋士。熊式辉在江西卖力推行杨永泰提出的"三分军事，七分政治"方针，以配合蒋介石对中央苏区的"围剿"。

熊式辉与杨永泰提出了所谓"管""教""养""卫"四大目标，其主要措施是推行所谓三保制度：

第一，推行保甲制度，将全省民众全部纳入保甲组织的控制之下，保甲的主要任务是编组壮丁、代办军运、地方自卫等，并贯彻"连坐法"。

第二，实行保卫团制度，以县为单位办理保卫团，由各县自供自筹，其主要任务是协助正规军对付苏区红军。

第三，推行堡垒政策，通令全省凡属靠近中央苏区的各县，在各主要交通路口及要隘边界建造碉堡，配有兵力，实行对苏区的封锁。

为了提高行政效率，熊式辉和杨永泰联名向蒋介石提出建议，设置"行政督察专员"，并获得蒋介石的同意。于是熊式辉率先在江西全省推行行政督察专员制度，将江西全省划分为九个行政专区，选派能员充任行政督察专员兼保安司令，加强行政督察。

熊式辉一向标榜用人唯才，他常说："一等人善于将将，二等人善于将兵，三等人庸庸碌碌只供人用。"

他自认是一等人。有这么一个故事，有一年，熊式辉主持县长考试，应试者甚多，他亲自主持口试，出的题目离奇古怪。有一位老先生应召登楼入室，敬礼如仪后，熊氏突然发问："你刚才上楼来，一共踏了几步楼梯？"这位应考者没想到熊式辉会出这么一个怪题目，听后一脸愕然；但他很快就镇定下来，灵机一动，反问熊式辉："职斗胆请问熊主席，您是孙总理的忠实信徒，熟读《总理遗嘱》，您可知道《总理遗嘱》一共有多少个字？"熊式辉也答不上来，只好哈哈一笑，马上高声说："你的口试及格了，可马上发表为县长。"

熊式辉还在江西积极推行"新生活运动"。1934年2月21日，蒋介石下令在南昌成立"新生活运动"促进会，并自任会长，熊式辉和邓文仪任正、副主任干事，蒋介石夫人宋美龄和熊式辉大人顾竹筠出任"新生活运动"促进会下设的妇女指导委员会指导员和书记，大力宣扬四维八德、三纲五常。有一位江西文人为蒋介石、杨永泰、熊式辉等人搞的这种复古主义的所谓新生活运动写了一副对联，予以讽刺和挖苦：

上联：一二三四五六七（意即"忘八"）
下联：忠孝仁爱礼义廉（意即"无耻"）

熊式辉为了取悦蒋介石，在南昌搞了一系列以蒋介石的大名"蒋中正"命名的工程。他将南昌的德胜路加以修整，改名为"中正路"；修建赣江大桥，命名为"中正桥"；所办的大学命名为"中正大学"；修建的省府礼堂命名为"中正堂"；所办的医学院称"中正医学院"。

蒋介石的南昌行营设在中山路上的百花洲，熊拨巨款为蒋建造一栋新官邸，指派江西省警察局局长黄光斗为总监工。不料有一天深夜，狂风暴雨，新官邸的围墙被冲倒，"轰隆"一声，把蒋介石从梦中惊醒。翌晨，蒋介石将黄光斗招来痛骂一顿，并赏了他一记耳光。事后，黄光斗在熊式辉面前哭诉，声称要辞职。熊式辉却安慰他说："委座生了气，骂你两句，就如严父责子嘛，就是委座骂我，我也是心悦诚服的。"

不仅如此，熊式辉还指使其续弦夫人顾竹筠拜宋美龄为干娘。这样一来，熊式辉就成了蒋的干女婿，这种裙带关系也成了加强熊蒋关系的一条纽带。基于熊式辉的这种表现，南昌的一位文人墨客为熊式辉写了一副对联：

上联：半世姻缘兼两顾（熊式辉原配夫人顾毓筠死后，续娶妻妹顾竹筠）

下联：一生事业在三湖（熊式辉因整修百花洲东湖、南湖、北湖及湖堤，

而得到蒋介石的宠信）

1937 年 3 月，蒋介石的长子蒋经国结束在苏联 12 年的生活回国，蒋介石安排他在溪口老家补习中国传统文化。1937 年 7 月全面抗战爆发后，军事委员会改组，熊式辉兼任第二部部长，负责军政。熊式辉的为官之道高人一筹，他知道蒋介石迟迟不安排蒋经国的工作，肯定有其难言之处。颇有心计的熊式辉立即对蒋介石说："如果委座放心的话，我愿与经国兄共事。"蒋介石当即同意。这样，蒋经国于 1938 年 1 月来到江西南昌，熊式辉任命他为江西省保安处少将副处长。于是蒋经国一上来就弄了个少将副处长，这恐怕只是中国官场特有的怪病。到 1939 年 6 月，蒋经国出任江西省第四行政区督察专员兼保安司令官，此后又有一系列的兼职。江西第四行政区管辖赣南 11 县，面积 23000 平方公里，几十年后，蒋经国从他父亲手中接过"中华民国总统"宝座时，辖区也不过 36000 平方公里，只比江西第四行政区多了三分之一的面积。话说回来，熊式辉把"太子"放在自己手下，实际上等于稳定了自己在江西的宝座，这是一举两得、两全其美的策略。

三、主持制订收复东北方案

1942 年 2 月 25 日，熊式辉被免去江西省主席职务，调任中央设计局秘书长，后升代局长。熊式辉在中央设计局任上，一项重要的工作就是主持拟订了收复东北的方案。在《收复东北各省处理办法纲要》中，提出七点计划：（一）将原辽宁、吉林、黑龙江三省重新划分为九省，即辽宁、安东、辽北、吉林、松江、合江、黑龙江、嫩江、兴安。（二）在东北实行以三民主义为总则的施政方针。（三）抽调精锐部队一部长驻东北。（四）对东北地

区的伪军、杂牌军一律收编整训。（五）将东北作为全国经济建设的基地。（六）对东北地区的人事安排，争取地方派、中间派的合作，遏制共产党扩张。（七）与苏联进行外交协商。同时提出，在长春设立军事委员会委员长东北行营，处理"东北各省收复事宜"。这些方针都得到蒋介石的同意。

1945 年 8 月，日本宣布投降后，东北成了国民党各派都想抢夺的肥肉。政学系巨头因都是蒋介石身边的近臣，近水楼台先得月。蒋介石原打算由熊式辉去东北主管政治，张治中去东北主管军事。政学系首领张群获悉后，连忙向蒋介石报告说："张治中和熊式辉两个人去一个就够了，但他们两人皆不乐意去，张治中尤其不想去，还是熊式辉去好了。"①

但事实上，根本不是这么一回事。唐纵日记记载："东北方面，原来预定熊天翼、张文白二人去，或者彼此商量出一人。结果熊不待商量而一人去，张氏颇为不快，以熊卖友求荣！在外有所闻，今于袁企之（袁守谦）处证之。"②

由此可见，政学系为了独揽接收东北大权，玩弄了阴谋诡计。经过政学系一番紧张的幕后策划，最后确定了接收东北的班子。

军事委员会委员长东北行营主任：熊式辉。

东北行营政治委员会主任委员：熊式辉兼；委员：莫德惠、朱霁青、万福麟、马占山、邹作华、冯庸。

东北行营经济委员会主任委员：张公权；委员：何廉、凌鸿勋、钱天鹤、宠松舟、霍宝树、张振鹭、齐世英、王家桢、马毅。

外交部驻东北特派员：蒋经国。

东北保安司令部司令长官：杜聿明。

---

① 《齐世英先生访问记录》，第 237-238 页。

② 公安部档案馆编注：《在蒋介石身边八年——侍从室高级幕僚唐纵日记》，第 538 页。

东北九省省主席及二特别市市长人选如下：辽宁省主席徐箴，安东省主席高惜冰，辽北省主席刘翰东，吉林省主席郑道儒，松江省主席关吉玉，合江省主席吴瀚涛，黑龙江省主席韩骏杰，嫩江省主席彭济群，兴安省主席吴焕章，大连市长沈怡，哈尔滨市长杨绰庵。

四、昙花一现的"东北王"

1945 年 10 月 12 日，熊式辉偕张公权、蒋经国等一班人马飞抵长春，走马上任。熊式辉一跃而成了统治东北九省二市 100 多万平方公里的一方诸侯。想到这里，熊式辉不免有些踌躇满志。他到长春的第二天，就在自己的官邸召开东北行营高级会议，有些自负地宣布："我们的困难起于东北，我们的胜利也必须止于东北，贯彻于东北。"

然而，在日本关东军宣布投降后，东北就成了国民党、中国共产党、苏联与美国三国四方激烈角逐的大舞台，熊式辉一厢情愿地寄希望从苏联红军手中以外交接收东北，但苏联又岂能甘心轻易将东北交给以美国为后台的国民党？

从 13 日起，熊式辉、蒋经国与苏军统帅马林诺夫斯基进行谈判，连连碰壁，使熊式辉唾手做"东北王"的企图化为泡影。熊式辉于 10 月 21 日返回重庆，向蒋介石请示对策。25 日，熊式辉回到长春，根据蒋的指示，继续与马林诺夫斯基交涉外交接收东北的问题，但仍不得要领。苏方的态度使熊式辉极为恼火，在 11 月 5 日的谈判中，双方撕破脸皮，熊式辉声称国民党军队不能顺利接收东北，"应由俄方负责"。马林诺夫斯基当即提出抗议，声称苏联红军不能介入中国内政，不能阻止中共军队占领苏军已经撤出的地区。双方互不让步，谈判几成僵局，幸蒋经国从中转圜，才使气氛缓和下来，谈判未致决裂。

11 月 10 日，熊式辉再次离开长春，回重庆向蒋介石请示对策。熊式辉建议停止长春谈判，撤退东北行营，将谈判移至重庆和莫斯科之间进行，在外交上向斯大林施加压力，唤起美、英两国在舆论上的关注和支持。蒋介石采纳了熊式辉的建议。17 日上午，在长春的张公权以东北行营代主任名义宣布："一个多月以来，迭经交涉，不但接收问题横生枝节，一再受阻，而且长春市内的安全也受到威胁。现奉熊主任来电，转奉蒋委员长命令，从今天下午起开始撤退，所有行营人员，除留董彦平副参谋长等六人以中国军事代表团名义，仍留长春与苏军联系外，所有在长接收人员一律撤到北平待命。"①

接着，熊式辉又发表谈话说："苏联在经济上的要求漫无止境，已使我们忍无可忍，让无可让，我认为苏联在东北能运走的无非是工业设备和物资，他们所要搬运的是长春铁路沿线的工矿设备，总不能把东北的土地运走，总不可能把东北人民囊括而去。中共在东北建立了庞大的武装，组成许多地方政权，并对地主展开广泛的流血战争，留下贫农作为其组织军队的基础。我们要想接收东北，必须趁中共羽毛未丰之际，想尽一切办法来进行接收。"②

对于国民党的以退为进的策略，熊式辉沾沾自喜地说："这次总撤退，是委员长在外交上的一张王牌。""自从苏联参加对日作战后，共产党在苏军掩护下开始进入东北，组织了庞大的武装，建立了许多地方政权，因而构成了一系列的军事和政治根据地，他们在农村中广泛地展开了对地主的流血斗争，并把贫雇农组织起来作为军队的基础，反转来又用军队的支持建立地方政权。循环往复，时间越久，共产党的势力也就越大，所以我们必须乘其羽毛尚未丰满之时，进行接收。这次总撤退，是给苏联一种外交上的压力，以便于为今后接收开辟途径。"③面对国民党政府发动的外交攻势，斯大林的态度有所缓和。1945 年 12 月，张公权、蒋经国、熊式辉等先后返回长春。并征得苏方同意，将行营保安第二总队空运到长春市。

在"外交接收"落空后，蒋介石即命东北保安司令长官杜聿明指挥国民

---

① 尚传道：《从接收到被俘——记在长春、吉林反动的三年》，《吉林文史资料》第 2 辑。

② 台北《中外杂志》1994 年 9 月号，第 17 页。

③ 张潜华：《政学系在东北接收问题上的如意算盘》，《文史资料选辑》第 42 辑。

党新一军、新六军、第十三军、第六军、第七十一军等主力部队从山海关一路强行打入东北。当时，林彪的东北人民自治军力量相对弱小，挡不住美式装备的国民党王牌军的进攻，一路撤出山海关、绥中、兴城、锦西、葫芦岛和锦州。1946年3月12日，苏联红军从沈阳撤退，13日国民党军进驻沈阳。苏军撤退后，原为苏军控制的长春、哈尔滨及中东铁路，成为国共在东北争夺的中心。

1946年3月16日，蒋介石命令熊式辉"集中全力，击破其四平街以南匪部而消灭之，则大局定矣！……此次东北作战，如果一地略遭挫失，则全局皆危，国脉将断。希兄负责审慎，勿使有万一之挫失也"。

抗战胜利后，国共两军在上党、邯郸有过战斗，国民党军都吃了败仗，蒋介石决心在东北打出个局面来。"东北作战，如果一地略遭挫失，全局皆危，国脉将断"云云，可见东北战场在蒋介石心目中的地位。

与此同时，毛泽东也一再指示东北民主联军司令林彪"死守四平，寸土必争"。于是，国共两军在四平街地区展开了主力会战，激战月余，东北民主联军伤亡8000余人，其中绝大部分是从关内调赴东北的骨干。5月18日，东北民主联军撤离四平街。22日，国民党军进占长春，28日占领吉林。蒋介石极为兴奋，于24日飞抵沈阳视察，随即又抵长春作短暂视察。

此时，国民党军已占领长春、吉林及松花江以南的广大地区，占东北总面积的百分之三十左右，达到了其在东北"接收"的顶峰。蒋介石以为东北大局已定。6月7日，蒋介石致函熊式辉，根据国共达成的协议，在东北停战15天。蒋在函中说："2日函悉。……唯行营此时不能取消，兄亦不能摆脱此重任也。停止前进令既下，我军在此十五日之内，必须绝对遵守令旨，勿予匪方稍有借口之资料。匪必不能在此短期内就范，则十五日之后，我军仍须照预定计划，一举而收复安东、通化也。"[①]此函表明，蒋介石的停战令

---

① 杨天石:《海外访史录》，第596页。

不过是一个调整部署再进攻的阴谋。

蒋介石原定在东北停战 15 天。但蒋介石在关内挑起全面内战后，东北国民党军一时无法得到新的增援，因兵力不足，被迫停战至 10 月中旬。

在此期间，中共东北局决定将创造根据地作为中心任务，通过发动农民、"剿匪"、土地改革等工作，建立了巩固的东北根据地。由林彪任总司令兼政治委员的东北民主联军发展到约 36 万人，并且组建了炮兵、工兵、骑兵，总兵力与在东北的 40 万国民党军不相上下。

熊式辉、杜聿明、郑洞国等经过反复研究，制定了一个"南攻北守，先南后北"的作战方针，幻想凭借其火力优势，先集中足够兵力进攻南满解放军，解除后顾之忧，再全力向北满进攻。针对国民党军的进攻方针，东北民主联军实行"南打北拉""北打南拉"的战略战术，与国民党军周旋，从 1946 年 12 月 17 日开始，至 1947 年 4 月 3 日结束，历时三个半月，国民党军损失 5 万余人，丢失县城 11 座。从此，国民党军在东北战场由攻势转为守势。

国民党军队在四次进攻临江失败后，因损失惨重，士气低落，熊式辉、杜聿明等国民党高级将领垂头丧气。熊、杜均担心北满的东北民主联军再度南下，无法应付，决定派东北保安司令部副长官郑洞国于 1947 年 5 月上旬去南京见蒋介石，请求向东北增兵，但蒋介石却愁眉苦脸地答复郑洞国："东北固然重要，南京更为重要。现在各个战场的兵力都不够用，我不但不能给你们增加两个军，就是连第五十三军也不能调回东北。"蒋介石随即指示郑洞国："你回去告诉熊主任和杜长官，根据目前情况，我军在东北应当采取'收缩兵力，重点防御，维持现状'的方针，将来再待机出动。现在要增加兵力是绝对没有办法的。"[①] 在蒋介石、熊式辉束手无策时，林彪指挥东北民主联军从 1947 年 5 月 13 日起发起了强大的夏季攻势，历时 50 天，至 7 月 1

---

① 《我的戎马生涯——郑洞国回忆录》，第 446 页。

日结束。东北国民党军士气低落，难以抵挡东北民主联军的进攻，东北重镇四平一度为东北民主联军攻入，在第七十一军军长陈明仁的死守下，才暂时保住了四平。在这次夏季攻势作战中，国民党军损失 8 万余人，丢失城镇 42 座，被迫龟缩在中长路及北宁路的少数点线。

熊式辉在东北一无作为，在国民党统治集团内引起强烈的恐慌。在 1947 年 6 月 18 日的国民党中央政治委员会会议上，国民党元老张继发言说："每有会议，不过都是谈谈而已，现在真是江河日下，今日并非不信总裁，不过派往东北军队都是精华，这种精华消耗到不精华，将如何？我们不能尽恃命运，到东北不保，恐南方亦难保，到那时又将如何？莫非真如总裁说我们要做白俄吗？"①在这种恐慌情绪下，国民政府副主席、立法院长孙科坚决主张国民党军全部从东北撤退进入关内，放弃东北，蒋介石也有从东北撤退之意，但陆军大学校长徐永昌则"力主勿撤退"，形成激烈的争论。徐永昌在日记中写道："余认为我军仍应取守东北，不可撤退，倘竟撤退，则非待世界第三次大战，东北不能恢复，且东北沦于中共之手，关内亦绝无和平。我在东北部队一经撤退，亦未必能再作战，以加强关内军力。今日午后蒋先生约张岳军院长与予商此事，蒋先生意欲已决定自东北撤退之意，嘱司徒大使告知马歇尔国务卿，予以力阻其议，最后蒋先生决定只向马征询宜否撤退之意见。"②

不能说徐永昌的分析没有道理。蒋介石终于放弃了自东北撤退的想法，准备撤换熊式辉、杜聿明。1947 年夏秋间，蒋介石派参谋总长陈诚到东北活动。7 月中旬，陈诚飞沈阳后，于 14 日分别会见东北各省主席、各市市长及团长以上军官，并宣读蒋介石命令，批准东北保安司令长官杜聿明短期离沈就医，其职务由郑洞国代理。15 日，陈诚抵达战火刚熄的四平，代表

---

① 《徐永昌日记》，1947 年 6 月 18 日。

② 同上，1947 年 6 月 19 日。

蒋介石对驻军慰问、打气；16日，去长春慰问。其间，陈诚在沈阳曾与美国特使魏德迈作长时间单独密谈。陈诚且在公开场合称："吾人在东北之唯一目标在收复失地。"至此，熊式辉已预感到陈诚"似有坐镇东北之意"。熊式辉对此大为恼火，私下对杜聿明说："陈诚这个家伙，现在窘极无聊，出坏主意。他在关内指挥作战一败涂地，却又想来东北出风头，以挽回他的面子，现在陈诚正在打我的主意，如果我走了的话你也孤掌难鸣，难以顶住他。我们两个人要想法子来对付这个小鬼。"但熊式辉知道这是蒋介石的主意，为避免被陈诚赶走之辱，他只好主动向蒋介石递交辞职报告。可蒋介石并未立即接受，亲笔回信给熊式辉，嘱咐他"整军习武"。但到8月29日，蒋介石突然下令免去熊式辉的东北行辕主任（1946年7月31日军事委员会委员长行营改称国民政府主席行辕）职务，由陈诚接替。

熊式辉被撤职，满腹牢骚。他对杜聿明说："我历来认为蒋介石是一个阴谋家，但没有料到他会这样整我。以后，谁同他卖命？我原来就防范蒋的这一手，但没有防到。唉！"

五、为陈诚所不容，终老香港

熊式辉从沈阳回到南京晋见蒋介石，被蒋当面痛骂一顿。10月，被任命为战略顾问委员会委员，坐上了冷板凳。

熊式辉耐不住"闲曹冷衙"的寂寞，决定将政学系成员纠集起来，成立一个组织。这时张群也因C.C.系的反对而丢掉了行政院长的宝座，认识到成立政团组织的重要性，赞成熊式辉的想法。经过一番张罗，熊式辉于1948年11月纠集40余名政学系成员在上海宣布成立"笃力社"，取对孙中山的三民主义"笃信力行"的意思。但此时，国共决战已经拉开序幕，经过三大战役，国民党统治的覆灭已为期不远，"笃力社"终于散伙。

1949年，熊式辉因怕陈诚报复，不敢去台湾，到香港做了寓公，并且筹组"海角钟声"诗社，与一班失意政客文人梁寒操、阮毅成、陈其采、易君左等人饮酒赋诗以打发时光。1953年，蒋介石召熊式辉去台湾，但熊不敢去。徐永昌在日记中写道："昨伯聪（魏道明字）述熊天翼之拟来不来，蒋先生且致意为其保险（恐陈辞修使人羞辱之而不敢来）。"[①]

　　熊式辉后来终于决定斗胆去台湾，赴台前，"海角钟声"诗社为熊式辉举行最后一次诗会，熊即席赋诗云："云萝已吞宁芥蒂，花严初悟即菩提"，可见他当时的心情已经非常消极，决心不问政事了。熊式辉到台湾后，仍不为陈诚所容，只好又回到澳门小住，旋又寓居香港。1974 年 1 月 21 日病故，终年 81 岁。

---

① 《徐永昌日记》，1953 年 10 月 27 日。

第四节   多面人物吴铁城

在蒋介石的幕僚中，吴铁城是一个比较独特的人物。他既是政学系巨头，又与国民党元老派、孙科"太子系"、C.C.系、复兴社、朱家骅派以及海外华侨都有一定的联系，因而在国民党的派系纠纷和矛盾中能够起调和作用。

一、多面人物

吴铁城（1888—1953），广东香山（今中山市）人。其父吴玉田于光绪初年到江西九江经商，吴铁城生于九江。1909年，同盟会会员林森从上海调到九江海关任职，在交游中与吴铁城相识，两人订为忘年的生死之交。经林森介绍，吴铁城加入了同盟会。吴铁城利用其父在九江商界的地位，联络新军官兵和帮会力量，从事秘密反清活动。1911年10月10日武昌起义后，吴铁城策动九江新军标统马毓宝于10月23日独立，成立九江军政府，由马毓宝任都督，吴铁城任总参议，林森负责对外交涉。11月中旬，吴铁城、林森被选为江西代表，赴上海、南京出席各省都督代表会议。12月下旬，孙中山从海外回国，当选为中华民国临时大总统，在接见代表时，了解到吴铁城是广东同乡，决定将他留在身边工作。"二次革命"失败后，吴铁城亡命日本，进入明治大学学习法律。在校期间，加入了中华革命党，1915年赴美国檀香山办理党务，任华侨《自由新报》主笔，抨击袁世凯的帝制行动。1917年7月，孙中山南下护法，成立护法军政府，吴铁城回国任大元帅府参军，追随孙中山，先后参与讨伐旧桂系和陈炯明叛军的军事斗争，历任讨贼军代总指挥、东路讨贼军第一路军司令等。1923年2月，孙中山重返广州设立大元帅府，吴铁城历任广州市公安局长兼广东省警备处长、广东省警卫军司令、广州市党部组织部长。1924年1月，孙中山召开国民党一大，确立"联俄、联共、扶助农工"三大政策，吴铁城阴持反对，成为国民党右派之一。蒋介石为抑制粤系势力，以吴铁城与国民党左派领袖廖仲恺遇刺案有牵连，撤销了吴的广州市公安局长职务，随后又于1926年5月

30 日将吴铁城扣押起来，囚禁于虎门要塞，直到同年 10 月吴才获释前往上海。

二、出色的交际应酬本领

1927 年，蒋介石发动四一二反革命政变，在南京成立蒋记南京国民政府。吴铁城对蒋介石囚禁他之举不记恨，表示支持蒋介石的政变，并力促武汉方面的汪精卫、孙科与蒋介石合作，从而赢得了蒋介石的好感。1927 年 6 月，吴铁城重新被起用，任广东省政府委员、建设厅厅长。

由于吴铁城资历老，与国民党各派均有一定的联系，且有"笃厚俊爽的风度，庄谐并发的辞令"，逐渐成为蒋介石游说各方的理想人选。关于吴铁城的交际本领，

吴铁城

张震西是这么描述的："先生生平，勤于治事，不厌其烦，早兴晚休，精力过人。……好友，喜谈，岁时休假，常约宴亲友以为欢。……举动不脱略，亦不矜持，虽袭急装便服，人见之亦肃然起敬。在稠人广众之中，先生一来，全场为之注目，所谓千人亦见，百人亦见也。善演讲说辞，每拟一稿，不论中文、英文，先生口说，僚佐笔录，完成读之，即一篇好文章也，积演讲文稿等身，中经数次散佚，而所存尚在百万言也。对人和蔼易亲，清谈中间有幽默语，人骤听之不解，及再思之，乃哄堂大笑矣。"①

还有人说，吴铁城什么朋友都可以交，什么人才都可以用；无论什么人都愿意和他交朋友；他的交游最广阔，无论哪一方面，哪一阶层，他均有广泛的接触。其人际关系情谊之密，在近代人物中，无与伦比。

---

① 张震西:《吴铁城》，台北《革命人物志》第 2 集，第 217 页。

　　吴铁城接受的第一桩游说任务，便是于 1928 年秋，代表蒋介石赴东北游说张学良易帜，统一于国民党政权之下。这一次，由于张学良执意和平易帜，吴铁城不辱使命，圆满完成任务而归。

　　吴铁城承担的第二件游说任务，是在中原大战中，与方本仁、张群等游说张学良倒向蒋介石。当时，蒋介石与阎锡山、冯玉祥、李宗仁等反蒋派实力不相上下，张学良在他们之间有举足轻重的作用，可以说是左袒则左胜，右袒则右胜。因此，为了争取张学良，蒋介石和阎冯汪等反蒋派都使出了浑身解数。这确实是关系中国历史命运的一个关键时刻。

　　反蒋派方面先后派往东北游说张学良的有：阎锡山的代表贾景德、梁汝舟、张维清、温寿泉、傅作义；冯玉祥的代表薛笃弼、邓哲熙、门致中等；改组派和西山会议派的代表陈公博、郭泰祺、覃振等。张学良为了表示自己中立的决心，以养病为由，从沈阳跑到了北戴河。尽管如此，还是甩不掉说客们的纠缠。尾随而来的改组派和西山会议派的代表陈公博、郭泰祺、覃振借着张学良的好友、资深外交官顾维钧的面子，才与张学良会了一次面。陈公博对此有生动的描写，可见张学良当时的态度。

　　顾少川（顾维钧表字）替我们约了张汉卿（张学良表字），他打算第二天夜里请张汉卿和美国公使蓝浦森吃饭，并且在饭后玩扑克，请我们于夜里十时到他的别墅见面。我们依约而去，十时后蓝浦森才走，扑克局面已在开场，我们——顾少川、张汉卿、覃理鸣（覃振）、郭复初（郭泰祺）和我——五个人就在客厅外的走廊朝着海谈话。顾少川是主人，只负介绍之责，不参加意见的，郭复初因为他自己是一个敲边鼓的人，也不大说话。我为着年龄起见，让覃理鸣发挥他的宏论。

　　覃理鸣先生运用战国策的口吻，想游说张汉卿，说他这次来见，不但是要救中国，还要救张汉卿本人，他的理论很长，我也记不清楚。

　　张汉卿的话匣开了，说他姓张的不会听任何人的游说，只于东四省有利的事他都愿做。他说他父亲交给他东四省，如果做得不好，对不起他的父亲，并对不起东北人民，也对不起一班老前辈。张汉卿说了半阵话，又起身说对不起，要入内解手，良久才出来，说他夫人闹肚子痛，他要照顾她。后来有人告诉我，他是吗啡针瘾发，要找副官打了针才能继续谈话。

"汉卿先生的意见我很明白"，我单刀直入，"但东四省是没有可以中立的。今日战事已成僵持的局面，我以为你不帮助阎，简直帮助蒋介石也是一个办法！"

"公博先生，你的意见很对。但无论如何，我非久长专虑才行。"张汉卿真认我干脆，故也直接表白了他的意见。

这场谈话算是告终了，扑克场内已再三催促张汉卿。座内真是珠光宝影，无数的夫人小姐们正兴高采烈地斗扑克。这种玩意儿我是玩不来的。仅和张汉卿摸了四圈麻将便归旅馆就寝。[a]

陈公博、覃振游说失败，阎锡山与冯玉祥的代表又如何呢？薛笃弼回忆说：

阎、冯于 1930 年 8 月下旬派贾景德和我为代表前往与张联络。我们临行前夕，贾邀我同去见阎，阎对我们说："你们告诉汉卿（张学良的字），蒋介石不是个好人，他利用你的时候就用种种手段拉拢你，到用不着你的时候就过河拆桥，一脚踢开，李济深、李宗仁、白崇禧就是镜子，希望汉卿和俺们携起手来，共同倒蒋，同心协力来救国。这里有俺和焕章给汉卿的一封信，还有几条合作办法，你们带去面交汉卿。俺们一定和他共患难到底，绝不骗他。"我约略记得信内大意是："蒋介石专横自私，排除异己，要救国必须倒蒋。"合作办法内最后有这样几句话。"一心一德，共同救国，相见以诚，信守不渝。"阎发给贾旅费一千元，冯发给我旅费五百元。……那时张学良正在北戴河避暑，我和贾同往北戴河，在旅馆落脚后，于当时黄昏时间访张，首先代表阎、冯致候。张问了阎、冯好。我们将信函面交，并表达阎、冯意见。

---

① 陈公博：《苦笑录》。

张精神萎靡，总是闭着眼睛打瞌睡。我们看谈不下去，就辞回旅馆。次日（约在八月三十日）张学良回沈阳，我们随往。到沈阳后，我们自找旅馆下榻，次晨到所谓"帅府"访张，大门口刀枪林立，警卫森严，客厅里富丽堂皇，陈设豪华，在我一生还是见所未见。有顷，张从楼上下来接见我们，贾将带去的合作办法面交，张略一过目，把原件放在茶几上，未表示可否，只谈了几句普通应酬的话，没有涉及大局，他嘱我们与他的秘书长王树翰接洽，就从茶几上拿起合作办法和我们握别。即午我们到王树翰家中谈了一次，彼此都未深谈。王约我们次午到他家吃饭，饭后留我们打牌。贾长于此道，我虽不大懂，但只得勉强奉陪，内心不免七上八下，幸而尚未大输。终局后，我们和王谈及时局，尤其希望知道张学良对阎、冯的态度，王总是顾左右而言他，我们一点也没有摸着头脑。[①]

与反蒋派说客那种土气穷酸相相比，蒋介石的说客就显得格外的洋气和出手大方。蒋介石派出的吴铁城、方本仁、张群、李石曾四位说客均是精心挑选的最佳人选。四位代表中，方本仁的地位仅次于吴铁城，而其与东北之关系，实胜于吴铁城。方本仁早年与张作霖是换过帖的拜把兄弟，是张学良世交的长辈，蒋介石派方本仁去东北，显然是为了利用这层关系。吴铁城作为游说的首席代表，发挥的作用更是不可小觑，吴铁城携其如夫人杨慧珍同行，杨氏气质高贵，秀丽大方，同是交际场中的高手。据说，吴铁城去东北时，携款200万元，广泛结交张学良的左右，而阎、冯的代表却仅带了区区500—1000元，与吴铁城相比，相形见拙。

吴铁城等初到沈阳时，其遭遇也与反蒋派的说客差不多。张学良的太极拳打得如封似闭，滴水不漏。时日一久，耐不住性子的便开始骂张学良不识抬举，唯独吴铁城不急。吴铁城、杨慧珍夫妇随后发起了强大的渗透攻势。吴铁城的渗透攻势是先从外围开始的。因为东北军中有一批元老级人物，与

---

① 《文史资料选辑》第16辑，第126-128页。

住在格陵饭店的汤尔和、沈瑞麟等过从甚密，而元老派正是反对少帅介入中原纠葛的主要力量。所以，和这些人亲热上，一来，可以打开出入张公馆的方便之门；二来，也是化解元老派阻滞的利途。经过思忖，吴铁城采用了最简单有效的办法。他让杨慧珍邀这些大佬打牌。偏偏大佬们也喜爱雀战，赌起来豪兴毕露，彼此觉得尽兴。再说，吴铁城颇有君子风度，赌完后总是哈哈一笑，把赢来的钱还给大家。一来二去，大佬们很快就同他们夫妇成了知交。

外围得手，吴铁城夫妇自然而然地成了张公馆的牌客。张学良也不管对方的身份，会玩牌的一律欢迎，只是闲话照说，莫谈国事。吴铁城夫妇装聋作哑，整天在麻将桌上与张少帅凑局，你来我往，言谈欢笑。张学良是个知风雅有情趣的人，碰上杨慧珍这样的高手，玩得痛快，谈得投机，牌局中常有契合的感觉。时间一长，说话没遮拦了。于是，"卫生麻将"慢慢地就成了"政治麻将"。冯志翔著的《萧同兹传》有这样的描述："局面就这样凑合：张汉卿、张岳公（张群）、铁老（吴铁城）和夫人，四人入席，有时也约顾维钧参与玩扑克。张汉卿那时还有嗜好，晚间才是白天。卫生麻将总在吃晚餐后开始，当然绝不是专心一致打麻将，有时歇歇，吃喝点什么。有时张汉卿还要离席去扎针。停停歇歇，打打谈谈，大家比较无拘束，也在轻松谈话中彼此表达一些意向。张岳公说：'张汉卿虽然不明确表示什么，但却将沈阳方面、阎冯的代表每天活动情形全盘告诉我们！这样打牌，从黑夜打到天明总共只打八圈，其速度之慢，恐怕是破纪录的。这哪是卫生麻将，是纯粹的政治麻将，陪公子读书。'"

就这样，阎、冯、汪的代表都因缺乏麻将功夫和囊中羞涩而无缘与少帅亲近，吴铁城夫妇等却独占便利，盯住少帅不放。杨慧珍凭借其秀丽的容貌和高贵的气质周旋其间，更是大放异彩。这一点，冯玉祥秘书简又文体会良深，他说："此次中原大战之胜负，不绝于疆场，却决于坫坛上外交手腕之间。方豫省大战时，中央代表吴铁城等在沈阳与张学良磋商合作事，吴挈其擅长交际、善于辞令之爱妾（杨慧珍）及大量金钱与俱。二人施用阔绰的、机巧的外交手段，周旋于张学良夫妇与高级文武干部之间，大奏其效。闻有一次，张在一个公开的场合私对其妾作戏言：'你俩胆敢来这里做说客，假使我将吴铁城枪毙，又怎样呢？'她面不改色，从容镇静地含笑答道：'少帅，别跟我开玩笑！你少帅这样的英雄人物，那会干出这卑鄙狠毒的事呢？'张听了，哈哈大笑道：'果然说得妙！来，干一杯！'另一日，吴大排山珍海味最贵最盛的筵席，遍请张司令长官高级人员与军官赴宴。其妾周旋于其间，恭敬招待。堂前设了十几桌麻将，请各人就席娱乐一下。每人面前抽屉内各置钞票大洋二万元，输赢不计，胜者尽入私囊，负者也无所损失。于是人人乐不可支，与他都成为朋友了。"

不久，张学良夫人于凤至的家乡发生水灾，南京政府拨款 20 万元进行救济。张学良夫妇发起举行筹赈义卖会，于凤至手扎的一朵纸花，被吴铁城拉开皮包，取出 4 万元买走。吴铁城还在东北沈阳兵工厂为蒋介石订购了 5 万支三八式步枪。当时日本三八式步枪每支 25 元，而沈阳兵工厂开价却为日本的一倍以上。吴铁城又续购了 5 万支，等于白白送给张学良 250 万元。与此同时，吴铁城的牌越打越大，从一夜数千，到一场牌数万，吴铁城简直成了散财童子，让东北军上下乐呵呵。

在吴铁城使出浑身解数折冲于东北军上层的同时，蒋介石开出的价码也越来越大：除了任命张学良为陆海空军副总司令全权负责北方外，还答应支付张学良出兵费现款 500 万元，另加 1000 万元公债。8 月 30 日，蒋介石在打给张群的电报中说，如果张学良出兵，"黄河以北事应由汉兄完全负责，中央决以全权付汉兄处理也，石曾先生所允 500 万元现款，子文来电只要汉兄能有出兵确期，则无论如何困难，必当如数筹凑不爽"。蒋介石在电报中还说，"盖此时实为汉兄在革命历史上开一新纪元之时机，故敢直言不避"。

经过蒋介石和吴铁城、张群、方本仁等人的千呼万唤，张学良终于允诺出兵。蒋十分感激张的支持，于9月17日直接致电张学良，电文说："吾兄主张正大，公私兼顾，对于拥护中央维持统一之苦心孤诣尤为感佩，诸事请兄主持，中无不同意也。"①1930年9月18日，张学良发表拥蒋通电，随即挥师入关，造成反蒋军队的崩溃。

对于吴铁城在游说张学良出兵过程中所发挥的作用，郑彦棻在《我所敬仰的吴铁城先生》一文中有如下的评论："中央素知铁老与东北人士，信谊相孚，乃派铁老代表中央赴沈阳，先声夺人，形势立转。旋电请张岳军先生赴辽，共谋戡乱大计，两贤合作，相得益彰，日与东北当局密计出兵方案，迨局阵布成，东北全师已出，不费一枪一弹，而叛军瓦解。远道宣勤，终于完成使命，否则兵连祸结，华北必历浩劫。由此可知贤者一身所系，岂下于百万雄师？"②吴铁城游说有功，更加受到蒋介石的赏识和重用。

三、迭任要职，成为政学系主角之一

1931年宁粤对峙后，吴铁城作为南京政府的代表，与以汪精卫、孙科为首的广州政府的代表在上海举行"京粤代表会议"。经过一番讨价还价，在中央政制、党务和外交等方面达成某些妥协，结束了宁粤分立的局面。

1932年1月6日，吴铁城继张群之后担任上海市长兼淞沪警备司令，为蒋介石坐镇上海这一至关重要的地区达五年之久。

吴铁城任市长，有他的特殊风格。他的部下、上海市工务局长沈怡回忆说：

总之，岳军市长是一位极其仔细的人。相反地，继他任的铁城市长，三句话听不到两句，不等你说完，就会说："好！就照着你所说的去办！"他从不问长问短，连办得怎样也从不过问，但因他如此信任我们，倒是谁也不敢对事情稍有疏忽。

---

① 转引自《南京大学学报》2000年第1期，第126页。

② 郑彦棻：《我所敬仰的吴铁城先生》，台北《传记文学》第50卷第3期。

说到我们这位吴市长真是有趣，他对一般公事，绝没有像对宴会交际更来得有兴趣。（俞）鸿钧兄有一次和我说："你知道吴市长每天到市政府以后，第一个见的是什么人？"我说："那当然是你秘书长了！"鸿钧说："哪有此事！他第一个见的总是市政府的交际秘书，其次才轮到我。"吴市长于请客一道，尤其宴请外宾，可谓深得此中三昧，一国又一国，一界又一界地轮流设宴，从不冷落任何一方。每次请的客人，总不多不少，配合得恰到好处，而且中菜西吃，样数不多，十分合洋人口味。当时的上海市长，虽没有一座官邸，但吴市长那所坐落海格路取名"望庐"的私邸，是一座外表有点像中国庙宇，而内部却非常精致的洋房。在这一切条件配合之下，无怪吴市长的宴会，在当时的上海的中西社会里，要受到一般人的大大称赏了。

自从市政府由枫林桥迁入市中心大厦后，上海尽管有的是极考究的房屋，但如此宏伟庄严的中国建筑物，还找不出第二个。我们若从大厦正面石阶拾级而上，走进那个大礼堂，真可说是美轮美奂，气象万千，吴市长所提倡的集团结婚以及大规模酒会，都是在此举行，一切布置均经吴市长亲自指导，总是有条不紊，秩序井然。上海华洋杂处，为全国第一通商大埠，吴市长这一作风，在上海真是再合适没有。渐渐租界工部局的声势已盖不过市政府，而上海市长才真是当地的主人翁，已无人得以否认，反客为主的时代就此成为过去。这一切当然不能不归功于历任市长的苦心孤诣，而到了吴市长任内才集其大成。①

吴铁城在五年市长任期内，在上海也进行了一些市政建设，如修建市政大楼、博物馆、图书馆、体育场和医院等。

吴虽人在上海市，却仍然关注西南反蒋派的动向，并及时密报蒋介石。

1937年3月24日，吴铁城调任广东省政府主席。在任内，吴铁城从事走私，大发国难财。有材料说："他在银行的活期存款账上已存了足够

---

① 沈怡：《沈怡自述》，台北传记文学出版社1985年版，第120-121页。

的金钱。"①

1938 年 10 月 21 日广州失陷，广东省政府撤往粤北连县。12 月 23 日吴铁城被免去广东省政府主席职务调回重庆，主持港澳国民党的党务，兼管福建、广东的对外宣传。1940 年任国民党中央海外部部长。同年秋奉蒋介石之命赴南洋各地联络和争取华侨捐款支援抗战。

1941 年春，吴铁城回到重庆，任南洋华侨协会、国民外交协会理事长，不久担任国民党中央党部秘书长，积极贯彻"消极抗战、积极反共"的方针。在国民党内部，则充分发挥其圆滑的政客手段，排解国民党各派系之间的明争暗斗，力图稳定国民党的统治秩序。1944 年 10 月间，蒋介石提出"十万青年十万军"的口号，鼓动知识青年从军，吴铁城秉承蒋介石的意旨积极参与筹划，终于组建了九个师的"青年军"。

1944 年间，吴铁城与张群、熊式辉等筹划成立政学系组织，但没有成功。何廉回忆说：

1944 年，张群、熊式辉、吴铁城、甘乃光和我曾在重庆认真讨论，主要集中研究为政学系建立若干具体的组织。那时人们认为中国很快将实行宪政和选举，被认为是政学系人员的朋友集团成员认为，为了进行政治工作，应组成一个政治集团。我们要求委员长允许我们进行组织，委员长答应了。我们开了几次会，要求吴铁城和张群将讨论结果报告委员长。我们甚至为建议中的组织捐献基金。在中国，通常党员不另缴党的基金，国民党的基金来自政府。我亲自为拟议中的"政学系"组织捐献基金，这笔钱储蓄在银行里，用来购买美金储蓄券。建立一个具体的政学系机构的计划从没有实现。胜利后，政学系人员星散，我收回了所有的捐款。我有一种感觉，政学系要是真正置于有组织的基础上，它将与 C.C. 系或黄埔系不同，它将是一个更现代化

① 梁国武：《吴铁城统治广东时期"禁烟"黑幕》，《广东文史资料选辑》，第 16 辑。

的政党。[1]

四、参与国共谈判及党派交涉

1946 年 1 月，吴铁城作为国民党八位代表之一，参加了政治协商会议，在军队国家化和政治民主化等重大问题上，与中国共产党、各民主党派进行了激烈的辩论。

重庆谈判与政治协商会议是政学系征得蒋介石同意而主导的政治活动，C.C. 派被排除在决策之外，因此大为不满。政治协商会议闭幕后，C.C. 系对黄埔系发难，将攻击矛头指向政学系及其后台蒋介石，在 1946 年 3 月 1 日至 17 日召开的国民党六届二中全会上达到高潮。3 月 2 日，吴铁城以中央党部秘书长身份作党务报告，在当天下午的讨论会上，"发言者多系愤激语，痛骂官僚主义，并强调党政革新，党内民主要求"。[2]

吴铁城历来是国民党右派，但对国民党强硬派反对政治协商会议却表示了不满。黄炎培在日记中记下了吴铁城的一段牢骚：吴铁城说，千不该，万不该，国民党最不该。一不该，较场口；二不该，二中全会；三不该，东北纠纷，致把政协议案搁起。如果当时打铁趁热，立即将政府改组，则一切没有问题，中枢下令执行，则不得有异议了。此痛快语，殊出同人意外。[3]

在政治协商会议闭幕后的各党派谈判中，吴铁城仍作为国民党的代表周旋于各派之间。1946 年 10 月 31 日，吴铁城与孙科、张历生、邵力子、陈布雷、王世杰等上书蒋介石，反对在中共和民盟拒绝参加的情况下召开国民大会。呈文指出："目前形势，希望中共提出国大代表名单，固不可能，第三方面单独提出名单，在势亦有不能，因此对于十一月十二日即将开幕之国民大会，不得不作郑重之考虑。职等之意，此次国民大会原为制宪，而宪法

---

[1] 《何廉回忆录》，第 213 页。

[2] 公安部档案馆编注：《在蒋介石身边八年——侍从室高级幕僚唐纵日记》，第 595 页。

[3] 《黄炎培日记》，1946 年 6 月 18 日。

为百年根本大法，自不宜在战争尚未停止之局势下开会议制。为此建议将大会日期再行延缓，一俟大局好转，再行召集。是否有当？敬祈核示，谨呈主席蒋。"[1]

但蒋介石断然拒绝，于 1946 年 11 月 15 日在南京召开没有中共和民主同盟参加的国民大会，于 12 月 25 日通过《中华民国宪法》，企图以此作为打击中共的工具。

1948 年，吴铁城当选为立法委员，并一度准备竞选立法院长。同年 11 月，吴铁城按照蒋介石的意愿，参加孙科内阁，任行政院副院长兼外交部部长。1949 年 1 月 21 日，蒋介石"引退"，李宗仁任代总统，发表声明表示愿意以中共提出的八项条件为基础进行和平谈判。吴铁城与孙科对此表示反对，把行政院搬到广州，以示不与李宗仁合作。不久，吴铁城与孙科在李宗仁的压力下辞职，由何应钦接任行政院院长。

吴铁城仍极力反对李宗仁、张治中、邵力子等人主导的和谈，扬言要打破投降式的低调和谈。

1949 年 10 月，吴铁城赴香港，后去台湾，任"总统府资政"等职，1953 年 11 月 19 日在台北病死。

---

① 《孙哲生先生文集》第 4 册，第 152 页。

第五节　"民主先生"吴国桢

吴国桢是留美博士出身，服膺西方民主，在国民党里有"民主先生"的雅号。吴氏同时以忠诚拥蒋，作为他平步青云的凭借。他深得蒋介石的青睐，历任高官显职，成为政学系后期的主角之一，堪称政学系的殿军。

一、留美博士的金字招牌

吴国桢，字峙之，湖北建始县人，生于 1903 年 10 月 21 日（清光绪二十九年九月初二）。其父吴经明早年毕业于日本陆军士官学校，回国后历任保定陆军速成学堂教官、陆军部科长、陆军部军学司司长等职。吴国桢 5 岁时被父亲接到北京读书，自小表现出聪慧的特质，7 岁能作文，8 岁能赋诗，有"神童"之誉。1914 年，考入南开中学。南开中学学生成立"敬业乐群会"，周恩来先后任智育部长、副会长、会长，吴国桢任童子部长，他们两人曾义结金兰。

1917 年，吴国桢考入北京清华学校留美预备班，同学之中罗隆基、闻一多、潘光旦等后来成为著名人士。

1921 年，吴国桢从留美预备班毕业，随即赴美国留学，1923 年从美国依阿华州格林内尔学院获得经济学学士学位，1924 年从新泽西州普林斯顿大学获硕士学位。1926 年，他以《中国古代的政治理论》论文获普林斯顿大学政治系哲学博士学位。

1926 年秋，吴国桢怀揣博士学位回国，首先应张君劢的邀请，到上海政治学校任教授。但吴氏志不在学术，而在从政，旋即加入中国国民党，并很快辞去教职，1927 年后历任国民政府外交部江苏交涉员公署秘书兼交际科科长、外交部第一司副司长等职。

二、五年不倒的汉口市长

1928 年，吴国桢回汉口探视双亲，有意在家乡发展，遂向当时的武汉政治分会主席李宗仁上《整理财务税收方案》万言书，对湖北和武汉的税收改革提出系统的建议和设想，甚得李宗仁的赏识，于是立即决定成立湖北烟酒税务局，任命吴为局长。吴上任后加强对烟酒销售的监督和管理，很快取得成效，收入增加数倍。1929 年 6 月后，吴国桢又历任汉口市特别市政府参事、土地局局长、财政局局长、湖北省政府委员兼财政厅厅长等职。

吴国桢

　　1932 年 6 月，蒋介石坐镇汉口，指挥对中国工农红军的第四次"围剿"。吴国桢经其留美同学宋子文推荐，担任蒋介石的机要秘书，他的工作是替蒋写私人信件，并陪同等候晋见蒋介石的客人。当蒋接见重要客人时吴则参加作记录。但吴认为这种工作十分拘束，三天之后就感到厌倦，向蒋提出辞呈，蒋同意放他走。就是这三天的机要秘书工作，让蒋介石充分了解到了吴国桢的才干，这是蒋介石以后重用吴国桢的开端。

　　离开蒋介石后，吴国桢被宋子文调去江西任榷充局局长，负责整理江西的盐税。1933 年 11 月，蒋介石任命年仅 30 岁的吴国桢为湖北省政府委员兼汉口市市长。

　　吴国桢的从政背景是十分特殊的：在中央有蒋介石的器重，有宋子文、宋美龄兄妹的提携；在湖北，当时以"湖北家长"自居的湖北绥靖公署主任何成濬与吴国桢的父亲是日本士官学校的同学，吴国桢对何成濬口口声声称"世伯"，何成濬对于这位"世侄"也是另眼相看，庇护有加。有了这样多重的特殊关系，吴国桢得以在政界大施拳脚。

　　武汉为九省通衢，绾毂南北，汉口市是武汉的商业中心，市长是一个让人眼红的肥缺，在吴之前的历任汉口市长都是数日京兆，有如走马灯，你去我来。而吴国桢却自 1933 年 11 月上任直至 1938 年 10 月才因武汉沦陷去职，五年间湖北省政府主席一职从张群、杨永泰、黄绍竑、何成濬到陈诚，换了五任，但吴国桢的汉口市长一职始终稳如泰山，不能不说是一个奇迹。

吴国桢不是一位尸位素餐的官僚，而是一个实干家，他任汉口市市长期间，热心城市建设，主持修建了中山公园、沿江大堤，翻修拓宽了市内的十几条马路，并筹建了市一男中和市一女中。吴国桢上任前，汉口市鸦片馆充斥，何成濬本人就是一杆老烟枪。吴国桢上任后做了一番整顿，虽然未能根除鸦片，但烟毒大大减少。

吴国桢用人不徇私情。他的四叔吴经文任汉口洋酒税务局局长时，懒惰成性，且脾气暴躁，因故与洋人闹了一场很大的纠纷，后经吴国桢出面才得以平息。吴国桢旋即将吴经文调为汉口市丹水池警察分局长，吴经文以职务太小、地方偏僻经常不上班，拿干薪不干事。吴国桢得知后，立即将他撤职。事后，吴国桢之兄吴国柄找市长弟弟谈话，为四叔说情。

吴国柄说："老二，你对四叔太过火，他是我们的亲叔父，又是你小时候的启蒙老师，来此求官糊口，你竟以'怠工慢职'将他撤职，不理不睬，使他只身北去，老无所依，这如何对得起四叔？又怎样对得起祖父和父亲？！"

吴国桢听后，沉思片刻，依然不改初衷，回答哥哥："此事我不后悔。遇事只能从公从严，才能刷新吏治收揽人心。"

吴国柄本人留学英国，曾被英国皇家学会授予优等工程师，担任汉口中山公园工程处主任，在中山公园竣工后，向弟弟提出想当建设局局长，吴国桢严词拒绝，并说："做事不在做官。中山公园竣工后，汉口市建设工程还多，何必要求局长一席？"

吴国柄又说："内举不避亲，你嫂子北京女子师范大学毕业，教中学语文、外语多年，当个中学校长可以吧？"吴国桢的回答仍是："亲亲相授，舆论难洽。"

吴的三叔吴协臣在清末为候补知县，民国时曾任湖北省议会议员、湖北省林务专员多年。此时闲居无业，想到汉口市政府谋个差事，吴国桢以其三叔年过五十，且精神欠佳，亦一口拒绝。

湖北建始是鄂西有名的穷县，族人、乡人到汉口找吴国桢谋职的还很多，吴国桢大都予以拒绝，被拒绝者心怀不满，指责吴国桢"六亲不认"。

1938年6月，日寇逼近武汉外围，吴氏作为汉口市长肩负战时动员、支援前线、组织疏散等重任。当时在汉口市政府任收发的吴国干向市长请假，要求送家眷赴宜昌。国干是国桢的堂弟，国桢对堂弟说："我的家眷都还未走，你不能在众人未走前先走。"国干乃转向秘书长请假，说好送家眷到宜昌后本人即返回汉口。后因无船未返。吴国桢知道后，即以"擅离职守"，将其除名，且不发遣散费。国干向祖父哭诉，祖父也说国桢太不像话，于情不合！

三、陪都市长

1939年春，吴国桢出任国防最高会议政务厅厅长。同年年底，任重庆市市长兼市防空副司令。

重庆是中国战时首都，人口急剧增加，且不少是沦陷区逃难来的难民，日寇对重庆实施惨无人道的疲劳大轰炸，在这样的背景下出任重庆市市长，可知吴身上的担子有多重。

吴国桢上任后提出"以法治的精神推进民治的市政"，其施政纲领是三个"并重"：

疏建并重——把没有职业的公职人员和职工家属疏散到乡村，以减轻城区的负荷。同时利用日寇轰炸所造成的废墟，拓展街道，鼓励在新街道两旁建造房屋。

城乡（郊）并重——在整顿、建设老市区的同时，在小龙坎、沙坪坝、磁器口、歌乐山、九龙铺等地建造了一批卫星城镇，尽量把工厂设在市郊。

心物并重——在注重市容、街道建设的同时，倡导清廉、节俭新风尚；提倡集体结婚、举行义演义赛义卖等。

为了应付日寇的狂轰滥炸，身兼防空副司令的吴国桢一面协助防空司令刘峙组织修建防空洞、地下室等设施；一面组织救死扶伤，赈济难民等，人称"防空市长"。

1941年6月5日，在日寇的大规模持续轰炸下，重庆发生了较场口隧道窒息惨案，有992人窒息身亡，成为一桩大惨剧。事发后，蒋介石为了平息民愤，不得不下令对防空司令刘峙、副司令胡伯翰、重庆市长吴国桢等人进行查办。后经军法会审，吴国桢受到革职留任处分。

四、战时外交主管

1942年12月，吴国桢调任外交部政务次长，协助部长宋子文处理战时外交。其时，中国与美国、英国等西方国家结成反法西斯同盟，外交活动十分频繁。宋子文部长多次出访美国，吴国桢在宋出国后代理部务，参与缔结新约，先后任互换中英、中比条约批准约本的全权代表。这段时间，蒋介石与宋子文的关系十分微妙，蒋在外交事务上对吴国桢的倚重有时超过了宋子文。蒋介石在就国际事务作决策时，多倚吴为股肱，或通过电话，或面见商量，有时一日数次。吴在代理外交部长签署公文时一律悬腕正楷，以便自己在签署时可以从容考虑。他的英文名字缩写为K.C.WU，人称"开水"，极言其办事认真。据说，蒋介石当年曾感叹，他的部长们要都像吴国桢这样认真办事就好了。

抗战期间，南开校友总会推吴国桢、周恩来、王文田、伉乃如和杜建时五人为总干事。周的公开职务是国民政府军事委员会政治部副部长、中共驻重庆代表；中共党内职务是中共南方局书记等。吴国桢受蒋介石的宠信和倚重，对蒋十分迷信，认为要治理国家，要抗日救国，只有依赖蒋委员长的领导。吴国桢与周恩来在政见上无疑是十分对立的，但他们一直保持校友之间的私人友谊。

吴国桢和周恩来从1914—1917年在南开中学同学三年，周恩来比吴国桢年长五岁，高一班，两人交往密切，周恩来、吴国桢与另一名叫李福景的同学经常在一起，南开中学的学生称他们三人是"三剑客"。

周恩来自青年时代就显示出非凡的组织能力，他与同学在南开中学成立敬业乐群会，先后担任智育部长、副会长、会长。当时吴国桢是全校年龄最小的同学，周恩来特地在会内建立一个童子部，推吴国桢为童子部部长。当时，吴国桢已经养成了记日记的习惯，周恩来经常阅读吴国桢的日记，并在敬业乐群会主办的《敬业》月刊上节录刊登。1917年，吴国桢离开南开中学转入北京清华学校，周恩来则继续留在南开中学，南开中学成立大学部后，周升入大学部读书。这期间，周曾两次到清华学校看吴国桢。后来，留在南开大学的周恩来成为五四运动的领袖人物之一，后赴日本、法国留学。吴国桢和周恩来走上了不同的人生道路。

五、连吃败仗的中宣部长

1945年8月，吴国桢调任国民党中央宣传部部长。抗日战争胜利后，中国面临着建立一个什么样国家的严重斗争。中国共产党和其他在野党派一致要求国民党放弃一党专政，成立民主联合政府。这场斗争反映在宣传战线上也异常激烈。吴国桢上任伊始即吃了败仗，蒋介石的侍从室高级幕僚唐纵在日记中抱怨国民党中央宣传部失却宣传政策，导致失败。

唐纵在日记中写道："朱德在此次敌人投降事件上'狂妄已极'，乱发命令，抗拒统帅部，并且将荒谬电文擅发号外，宣传部对此毫无办法，既不敢检扣，又不敢不检扣，要请示总裁。如此小事，要请示总裁，要设部为何事？余诚不解！"[①]

接着，国民党统治区新闻界发起声势浩大的拒绝新闻检查、争取新闻自由的拒检运动。国际上，各国政府纷纷取消战时实施的新闻检查制度，无形中也对国民党当局施加了巨大的国际压力。为了缓和国内外的压力，国民党当局被迫于9月12日由吴国桢以中宣部长的身份向外国记者宣布："遵照蒋主席的指示，我政府已决定自10月1日起废止战时新闻检查制度，但收复

---

① 公安部档案馆编注：《在蒋介石身边八年——侍从室高级幕僚唐纵日记》，第533页。

区在军事行动尚未完成以前除外。"

9月22日，国民党中央常务委员会通过了废止新闻出版检查制度的决定与办法。

唐纵在另一则日记中还写道："现中共竭力宣传美国援助中国内战，乃针对美国人民心理而发，中共之宣传可谓已奏朕功，而我在国际上、军事上、宣传上无处不立于失败之地位，诚可叹息不置者也！"[①]

鉴于吴国桢主持的宣传部在宣传战中吃了不少败仗，蒋介石于1945年11月22日召集吴国桢、陈布雷、唐纵等讨论宣传问题，决定成立宣传小组，由陈布雷任召集人，每日会商一次。但陈布雷对此认为是费力不讨好的苦差事，极力推脱，他并抱怨说："鉴于过去之经验，事情一经发动之后，各部处均不肯负责，一切细小之事均来请示，将来如何是好？"

唐纵感叹说："懂得宣传的人，必须懂得人民的心理，离开人民的心理而言宣传，必扞格而不能入。共产党是懂得宣传的，因为他们时常注意人们的心理，人民的要求。"

出任中宣部部长后，吴国桢与蒋介石更加接近了，他说："我想除了大概四五个人以外，我比其他人更接近他。"

抗日战争结束后，吴国桢曾向蒋介石提过两个建议：

一是建议蒋介石出国走一走，到美国去并周游世界，看看民主究竟是怎么运作的。对此，蒋回答说："嗯，我不能这样做，因为有共产党问题。"吴国桢说："由马歇尔主持的谈判正在进行，让其他人代你进行谈判，同时你可以出国，你将会作为英雄受到接待，回来时再重开谈判，无论如何，即使你出国，所有重大问题仍会向你请示。"但蒋介石拒绝采纳。

后来有一次，吴国桢等少数几个亲信乘坐蒋介石的车，在车上吴国桢对蒋介石说："按我的看法，历史上最伟大的人是乔治·华盛顿。"蒋转向吴问：

---

① 公安部档案馆编注：《在蒋介石身边八年——侍从室高级幕僚唐纵日记》，第550页。

"为什么？"吴说在美国革命战争之后，华盛顿本可使自己成为终身总统，如果他愿意的话，甚至还可以成为国王。但华盛顿当了两届总统后，不仅拒绝再次竞选，甚至发表告别演说，建议不准有人连任三届总统，这样就奠定了美国民主的基础。吴国桢最后补充说："我真诚地希望阁下应成为中国的乔治·华盛顿。"对此，蒋以沉默作答。

六、"市长专才"出任最大的上海市长

1946 年 5 月，吴国桢出任上海市市长。

前任市长钱大钧是一个虽资格很老，但能力薄弱且贪财的军人，在钱大钧等人主持下，上海的接收和复员搞得一塌糊涂，接收变成了劫收，党政军特宪多种系统大大小小的接收官员一夜间成为暴发户，他们住洋房，坐汽车，玩女人，搞五子登科，过着穷奢极欲的生活，连行政院院长翁文灏也说："收复区的种种不好现象，坏得使人不敢相信。"

1945 年 10 月 26 日，蒋介石从重庆致电上海市长钱大钧："余经可靠渠道获悉，京沪平津地区军政及党务人员一直生活奢靡，沉溺嫖赌，并假借党政军机关名义强占巨宅大院充作公署，他们无恶不作、不择手段，及至敲诈勒索。传闻的沪、平情状最烈。余不知此等官员自觉行止否？汝有何相关见闻？"

事实上，钱大钧本人就是一个很贪财的人，以致人们将他的名字倒过来写成"钩大钱"，蒋介石本人也很清楚，在抗战期间，蒋就因为贪污问题将钱大钧付之军法审判，现在蒋又把他派到上海去任市长，怎能指望钱大钧把事情搞好？

鉴于钱大钧在上海的所作所为大失人心，蒋介石决定走马换将，起用自己麾下的"市长专才"吴国桢，企图挽回已失的人心。

当时的上海是中国最大的经济、金融、文化中心，也是首都南京的后院，上海市长一职仅次于行政院院长，蒋介石希望吴国桢能够保持上海的安定和秩序。

然而，吴国桢走马上任之时，正值蒋介石挑起全面内战，保持上海的秩序已经不是一件容易的事。

吴国桢回忆说："我想，在蒋介石看来，上海市长一职仅次于行政院长，上海必须保持平静和秩序。如果蒋对上海的重要性持这种观点，那么共产党也会如此。正如他想要在上海保持良好的秩序，而共产党自然就要破坏它。开始时，蒋对我对付共产党的能力信心不足，他还唯恐特务和国民党党务机构可能不同我全力合作，于是就指派陈立夫到上海，作为这些组织的协调员来帮助我。为了对付共产党的煽动，陈立夫和我被授予指挥特务和党务机构的联合权力。"

上海也是中共地下党力量比较雄厚的城市，在共产党的领导下，反对国民党内战政策的第二条战线逐步在上海、北平等大城市形成，工人运动和学生运动此起彼伏，国民党、三青团及中统、军统、警察、宪兵的头头如陈立夫等人都主张用武力镇压共产党，但吴国桢这个留美博士出身的官僚显然与众不同，他反对单凭以武力镇压，他对陈立夫等人说："我宁可采用劝说的方式，以便争取群众，因为他们或多或少是中立的。"

陈立夫和其他人均不同意，但吴国桢坚持按自己的想法行事。于是在对付上海的工人、学生和市民反帝爱国民主运动时，出现了奇特的局面，一方面是陈立夫指挥的国民党军警宪特的镇压；另一方面又有市长先生的说理与辩论。

1947年5月间，上海学生发起大规模的反饥饿、反内战运动。5月20日，上海赴京请愿学生代表与南京、杭州、苏州等地的学生代表6000余人在南京向国民政府请愿，遭到国民党军警的镇压，500余人遭殴打，其中19人受重伤，28人被捕，这就是"五二〇"事件。

消息传到上海，群情激愤。21日，上海市102所大学、中学的学生代表齐集上海医学院，宣告成立上海学生抗议"五二〇"惨案后援会，决定于23日、24日上海全市罢课，以抗议国民党当局的暴行并声援南京学生的斗争。

22日，上海市政府宣布《维持治安的四项紧急措施》，禁止罢工、罢课，否则依法严办。国民党军警连日包围复旦大学、暨南大学、上海法学院等，拘捕学生运动领袖和骨干分子，共有50多人被捕，集中关押在上海龙华曹家花园。

第二天，吴国桢带着糖果、香蕉、枇杷来看望被捕学生，吴市长一派西方绅士派头，满面笑容，频频点首，态度随和，讲话时尊称学生"诸位先生""诸位小姐"；并对被捕学生说："把你们'请'到曹家花园来，是为了向大家'解释'一下政府的苦衷……"吴国桢把"逮捕"说成是"请"，把"施以感化"说成是"解释"。但被捕的学生并不领吴市长的情，为了这个"请"字，学生们即和吴市长争论起来，最后吴国桢说："这实属迫不得已，实属对大家的爱护，其他问题下次再谈……"

几天后，吴国桢再次带着糖果、香蕉、枇杷来到曹家花园，向被捕的学生问好、点头，并说自己在学生时代也曾搞过对军阀的学生运动和反封建活动，并说中国知识分子青年时代往往是红色的，中年时代往往是黄色的，老年时代多数是灰色的。于是，当场即有同学以嘲讽的口气质问吴国桢："请问进入黄色时代的吴市长，将来是不是也成为灰色的？"吴国桢回答："可能！可能！"

在革命与反革命生死搏斗的年代，当然不可能指望吴国桢软的一手能起多大作用。到1948年春，上海的斗争更加激烈，国民党当局只能更多地乞灵于武力镇压。1948年1月29日，吴国桢和上海警备司令宣铁吾、警察局长俞叔平调集万余名军警包围四平路的同济工学院，镇压该校及前来声援的交通大学、圣约翰大学、东吴大学、大夏大学等高校的4000余名学生，造成69名学生负伤，3人重伤，33人失踪。当天晚上，军警又冲入学校，逮捕200多名学生。

颜惠庆在1948年1月30日的日记中写道："昨天市长遭到学生的粗暴

对待。我给市长留下名片表示慰问。"[①]

接着，国民党当局又出动军警镇压了上海舞女"反禁舞"事件和上海申新九厂工人的罢工。在镇压申新九厂工人罢工的过程中，当场打死3名工人，40多人被打成重伤，100多人受轻伤，并逮捕青年236人。这一系列的暴力镇压说明国民党的统治已经到了接近崩溃的地步。

从1948年5月起，以上海学生为主掀起反对美国扶植日本复活军国主义的全市性爱国运动，并从上海扩展到全国更多大中城市，形成声势浩大的反帝爱国运动。国民党当局对此极为恼火，教育部密令上海市政府对学生不要再姑息，查明重要分子一律开除学籍，严行惩办。6月5日，上海市当局出动大批军警包围交通大学、复旦大学、同济大学等高校，阻止学生外出，拘捕60余名爱国学生。事后，吴国桢还三次举行记者招待会，污蔑学生行动越轨，是"假爱国之名，图卖国之实"。吴还扬言要追查反美运动的领导人。

在中共上海市委学委会的领导下，交通大学学生自治会与吴国桢进行了针锋相对的斗争，他们两次发表公开信，对吴国桢提出反质询："日本法西斯在美国扶植下复兴，应不应该反对？民族危机日益严重，是不是该起来挽救？""如果'反美扶日'是卖国，那什么才叫爱国？'反美扶日'是共产党，那么大学教授、新闻界、工商界和老百姓是不是都是共产党？"

6月26日，交大学生自治会邀请社会各界著名人士举行公断会，与吴国桢评理。陈叔通、马寅初、张絅伯、许广平、史良、王造时、施复亮、周谷城等40多人到会，他们纷纷发言批评吴国桢，表示坚决支持爱国学生的正义行动。

陈叔通在会上激动地说："吴市长说'反美扶日'是受少数人操纵，我今天到这里一看，人多极了，情绪很激动，哪里是受人操纵呢？'反美扶日'

---

① 上海档案馆译：《颜惠庆日记》第3卷，第951页。

是举国上下，人同此心，心同此理，有百是而无一非。美国扶植日本对我中华民族，生死存亡攸关，我们同是中国人岂能视而不见，听而不闻？吴市长说你们'反美扶日'不是爱国，我看说这种话的人便是卖国！"

张綱伯和马寅初则以交大校友的身份表示："吴国桢要你们坐牢，我们一起去！"

1948 年，上海各界反内战、反饥饿、反迫害的斗争一浪高过一浪，吴国桢穷于应付。在国民党军警宪特联合镇压的同时，吴国桢仍一如既往，摆出说理劝阻的架势，但在革命的洪流面前多次碰壁，有一次，吴国桢被学生推倒在地。还有一次，吴带水果、牛奶、面包去看望被捕学生，学生们一边吃市长带来的"慰问品"，一边说："在反饥饿中得到慰问，在监牢里得见市长，在迫害中得享余生，心存感激，莫知所云。"

吴也不生气，又问学生还需什么？其中一个学生说："在牢房里写字没有笔。"吴国桢即将自用的一支派克牌自来水笔从自己口袋里取下来给了那个同学。又一同学说："在这儿没有书读。"吴国桢就问他要读什么书，该同学回答："我要读《钢铁是怎样炼成的》。"过后，吴国桢果真叫人将这本书给那个学生送去。

吴国桢与上海学生、市民的斗争持续到 1948 年下半年，中共中央在人民革命即将胜利的前夕，于 1948 年 8 月 22 日发布了《蒋管区斗争要有清醒头脑和灵活策略》的指示，针对国民党崩溃前的疯狂反扑，指出："我党在国民党统治区的目前工作，必须有清醒的头脑和灵活的策略，必须认识敌人所欲打击的中心是我党组织。因此，在城市方面，应坚决实行疏散隐蔽、积聚力量、以待时机的方针，避免将城市中多年积聚的革命领导力量在解放军尚未逼近，敌人尚未最后崩溃之前过早地损失掉。"

根据这个指示，上海、北平及其他城市的中共地下党组织采取坚持隐蔽疏散的方针，为迎接解放军接管城市进行准备。

此后，上海的学生运动和工人运动静寂了下来。吴国桢晚年在美国接受纽约哥伦比亚大学口述历史部的采访时，有如下一段对话，可作为这段历史的见证：

问："学生的活动步步升级，一直持续到最后吗？"

答："是的。但当共产党确认胜利在望时，他们突然间停止了所有的煽动。"

问："在大学也一样吗？"

答："也一样。"

问："没有示威了？"

答："没有了。"

作为上海市长，吴国桢不仅要面对中共领导的上海市民的反帝爱国民主运动，而且更要面对因全面内战而带来的通货膨胀等大量问题。在吴国桢的口述回忆中对此有如下一段问答：

问："在1946年发生了什么情况？"

答："1946年已经开始了通货膨胀，但以后越来越糟。我想那时中国人民反对内战的理由之一，就是害怕它会加剧通货膨胀。"

问："你那时感觉到通货膨胀正在来临吗？"

答："是的，我非常强烈地感觉到了。因为我在政府内部，而且知道政府并未采取什么基本措施以制止通货膨胀，只是一味地印钞票，那真是一场灾难。"

问："是否做过持续的努力以迫使人民纳税？"

答："在上海我们尝试过，尽管没有取得明显成功，在全国其他地方，恐怕根本就没有做过努力。正如我在前面说的，当我开始任上海市长时，市政府不得不依赖中央政府的补贴，经过我的改革，两个月后市政府完全可以靠税收自给了。宋子文那时是行政院长，他看我干得不错，于是颁布一个新法，将我控制下的许多市政税收调走，多移中央政府之用。尽管如此，我仍然能用剩下的钱办事。"

问："宋子文未能帮助你，是吗？"

答："嗯，是的。就拿上面那件事来说，根据我们的法规，营业税应为市政税，宋子文所做的是下令将所有大商业归入国家管辖，只留下小的归市府管辖。即使在如此变化之后，我仍能办得很好，原因是我实行严格的税收，而中央政府之所以失败，则在于松松垮垮。"

问："松松垮垮多于某种故意行为，是吗？"

答："当松松垮垮行事时，你永远也不能确知，这里面是否蓄意的腐败。在我看来，即使税收制度不好，只要严格执行也不会有多少腐败，如果管理很糟，那就肯定有腐败。"

问："情况是这样吗？"

答："正是这样。"

问："你能对此做些事是很好的。"

答："只要税收在我控制之下——我指市政税收——我想我能严格执行，从而在一定程度上取得成功。事实上，蒋曾一度认真考虑过要让我当财政部部长，但他告诉我，他不得不放弃这个想法，因为找不到别人接替我任上海市市长。"①

面对国统区急剧发展的通货膨胀，吴国桢也没有超人的本能去对付。1948 年 3 月 31 日，上海市政府顾问委员会开会讨论共产党问题与生活指数问题，吴国桢在会上作了报告。主持会议的颜惠庆在当天的日记中写道："市长作了有关共产党的报告。但是对于生活指数问题，尤其是劳动节将到，毫无补救办法。"②可见吴国桢并没有三头六臂来解决这个问题。

---

① 《从上海市长到台湾省主席——吴国桢口述回忆》，第 43-44 页。

② 　上海市档案馆译：《颜惠庆日记》第 3 卷，中国档案出版社 1996 年版，第 966 页。

1948 年 8 月 19 日，蒋介石颁布币制改革令，废除法币及其他流通券，发行金圆券，并限期收兑民间所持有的黄金、白银、银币及外币。这次改革，名义上是为了制止通货膨胀和稳定市场，实际上却成了强制推行毫无准备金的金圆券收兑民间的金银外币，成为一种公开的掠夺和洗劫行为。

吴国桢没有参加有关金圆券改革的讨论，当 19 日晚他从中央银行总裁俞鸿钧手中看到这个改革方案时，第一个反应就是反对，他认为物价不可能有效地冻结，立即要求给蒋介石打电话请其重新考虑此事。但俞鸿钧、蒋经国告诉他一切已经决定，不可能再改变时，吴国桢立即回到自己的办公室，向蒋介石发去急电，正式提出辞职。

次日，蒋介石回电要吴去南京见他。21 日，吴到达南京与蒋谈了三个小时，蒋留吴吃午饭，吴大谈金圆券改革为什么行不通。蒋说政府对此已经彻底讨论通过了，现在不能回头。

蒋对吴的反对很吃惊，同时也暗示，吴的反对意见是有充分根据的。蒋又问吴有何补救办法？

吴指出："就形势而言，我能看到的唯一补救是设法从美国得到白银贷款，作为金圆券的后盾。中国人曾一直使用银圆，人民对银圆很有信心，如果有足够数量的白银，将其铸成银圆作为新币的后盾，我们也许能使其运行。"

但吴的建议为行政院院长翁文灏、财政部部长王云五所反对，于是，吴国桢请求蒋介石接受他的辞呈。蒋说那不行，如果你这时辞职，会动摇人心。蒋要求吴国桢立即回到上海的办公室去。

吴国桢表示："如果要我回去，我只能遵命，这样我也许不会被认为是改革的绊脚石。从那时起，我会给下属的各部门下命令，让他们服从俞鸿钧和蒋经国的旨意，我保证他们将毫不含糊地服从并予以执行，但我本人则不再发表意见了。"蒋介石表示同意吴国桢的办法。

此后，上海即在"太子"蒋经国的控制下，吴国桢这位市长只好暂时被闲置于一边。

《吴国桢口述回忆》记载："从金圆券改革一开始，我就无能为力。我说过，当听到那消息的第一天，我就提出了辞职，由于蒋介石不接受，才勉强留任。""在纯粹市政问题上，我仍有权威，但在与金圆券改革有关的财政问题上，则毫无权力。"

蒋经国上海打"虎"，牵出了孔祥熙之子孔令侃及其扬子公司囤积居奇案，在名分上蒋经国与孔令侃是姨表兄弟。孔令侃被牵出来后，直接求助于姨母宋美龄，宋美龄直接向蒋介石施加压力，不能让蒋经国胡来。

这样，蒋介石从北平打电报给吴国桢，让吴处理此案。吴复电表示不想管。宋美龄又打来长途电话，命吴国桢直接处理此案，吴国桢只好照办。吴国桢认为这是一个难题。他说："你看，这又给我出了一道难题。如果我下令逮捕孔令侃，并将其交付特刑庭，我得有法律依据，但显然我没有。你知道，他所做的一切都是合法的。但如果我毫无作为，人们会说蒋经国是青天，吴国桢在此案中当然就成了狗娘养的。但命令就是命令，我接到一份很客气的命令，说政府知道我的处境，即使我要辞职，他仍要我处理此案。那好，我组建了一个委员会，包括市商会、审计业同业公会、市参议员代表、一个来自俞鸿钧和蒋经国方面的代表，当然还有一个市府代表，以及上海律师公会的律师们。大家一起研究此案，结果是律师公会认为一切均属合法。不管怎样，在金圆券垮台后，调查结果也公开了，由于那时一切都处于混乱之中，再也没人去想这件事了。"

沸沸扬扬的孔令侃案最后以孔令侃交出 600 万美元的罚金，本人离开上海赴中国香港后转美国纽约为条件而告解决。

吴国桢不主动支持蒋经国在上海打虎，明显得罪了"太子"。蒋经国的《沪滨日记》中有"× 市市长到南京去辞职，不晓得是不是因为他对于我的做法不满意的原因。但是为了国家，我不能不这样做"。

1949 年 1 月 21 日，蒋介石在山穷水尽之际宣布辞职下野。蒋在下野前两天召吴国桢去南京会见并吃午饭，在座的只有吴国桢和蒋介石、蒋经国父子共三个人，蒋介石本来就是个寡言少语的人，这时更加沉默，三人相对无语，默默地吃着饭。吃完饭，蒋介石终于开口说话，说两三天后就会有事情发生，吴国桢知道蒋已打算下野。

最后，蒋介石说："不过，我不愿意你离开上海市长的职务。"

吴国桢问："那么假如我被政府免职了怎么办？"

蒋说："没有人会免你的职，我已要求京沪警备总司令汤恩伯将军给予你武力支持。"

吴又问："假如我被免职呢？"

"万一你被免职，你就待在办公室不走。"

吴国桢的官运是不错的。蒋介石虽然下台了，但代总统李宗仁对他也很器重，并没有换掉他的意思。

尽管吴国桢反共立场坚定，但共产党似乎也有意争取他。1949 年 2 月，颜惠庆、章士钊、江庸、邵力子（个人资格）组成的"上海人民和平代表团"到北平、石家庄访问，与中共领导人毛泽东等商讨和平问题，并达成八点秘密协定。

3 月 2 日，"上海人民和平代表团"代表颜惠庆、江庸、章士钊从南京回到上海，吴国桢等到机场迎接。颜惠庆一见到吴国桢，就大声叫喊："K.C，K.C，有一件事我要私下告诉你，你最好到我家里来，以便同你单独谈。"颜氏年老耳聋，平时说话声音就很高，这次由于激动声音更亮，让所有在场的记者都听到了。这场面使吴国桢尴尬不已，他害怕别人会认为他同共产党有某种私下安排。当吴国桢遵约来访时，颜惠庆即告诉吴国桢一件让他很吃惊的事。

颜惠庆等在西柏坡与毛泽东等吃饭时，颜对毛说："对共产党我有一件事不明白，你们说，你们只想做对中国有益的事，现在我们有一个非常好的上海市长，但你们却把他列入头等战犯。"①

毛泽东笑着回答说："那丝毫没有关系，瞧傅作义将军，他也是头等战犯，但他到我们这边来了。你回去告诉吴国桢，要他就待在那里。既然你们喜欢他，我们让他留在上海当市长。"

然后，毛泽东转过身来对周恩来说："恩来，你和吴国桢是同学，你来安排一下。"

颜惠庆陈述完中共领导人的话后，对吴国桢说："别离开，待在这里，你是安全的！"

几天后，美国大学生联谊会的一位会友告诉吴国桢，他已接到共产党的指示与他接触，上海的共产党受命保护他，并敦促他留在岗位上。

此时的吴国桢对共产党的争取显然还有很大的抵触情绪，他回答会友说："如果不是由于当前还进行和平运动，我会当场逮捕你，不管你是不是我的联谊会会友。"

七、"台湾省主席"任上与蒋氏父子决裂

1949 年 4 月，吴国桢因"病"辞去上海市长职务，离开上海去台湾。

1949 年 7—8 月间，吴国桢陪同蒋介石访问了菲律宾和韩国，分别与菲律宾的季里诺总统和大韩民国的李承晚总统发表所谓的联合声明，重申他们的"反共"立场。蒋对此很得意，但当蒋兴致勃勃地征求吴国桢的意见时，吴却说了一句大实话，引用一句中国警言，大意是"徒托空言"。蒋听了，脸立即变得通红，但还好，没有对吴发脾气。

国民党败退台湾初期，岛内充满了混乱和绝望的情绪，甚至连蒋介石和陈诚也对能否守住台湾缺乏信心。应美国方面的要求，蒋介石于 1949 年12 月任命吴国桢为"台湾省政府主席"。

---

① 1948 年 12 月 25 日中共权威人士宣布首批国民党 43 名战犯名单，吴国桢排在宋美龄之后，名列第 24 名。

蒋在宣布任命时对吴国桢说："对你来说，现在接任这个职务，是应尽的义务，一定不能使我失望。"

吴的回答是："在这个岗位上，我不成功便成仁。"

按照国民党政府的惯例，省主席兼任省保安司令，但蒋介石在任命吴国桢为台湾省"主席"时却并没有委任他兼任"保安司令"，吴国桢认为他自己并不想谋求个人权力，但因为"保安司令"有权在省内逮捕任何平民，如果他这个省"主席"不兼"保安司令"的话，就可能有许多逮捕行动瞒着他进行，于是他请政学系的前辈、湖北同乡王世杰去与蒋疏通，王世杰见过蒋介石后告诉吴国桢：是"东南军政长官"陈诚反对吴兼"保安司令"，其理由是吴国桢不是军人。于是，吴国桢告诉王世杰："除非给我这个指挥权，否则我当不好省主席。"

在吴国桢的力争下，陈诚同意吴名义上兼"保安司令"，军事事务完全交由"保安副司令"彭孟缉负责。但在逮捕平民问题上，吴随时可以复审案件。吴国桢拗不过陈诚，只得同意这个折中的方案。这样，吴国桢尽管名义上是"保安司令"，但实际上被剥夺了调动指挥彭孟缉及保安部队其他人员的权力，吴国桢后来为此懊悔不已。

1950年3月，吴国桢又兼"行政院政务委员"。

1952年10月，在国民党"七大"上吴国桢当选为中央执行委员会委员、常务委员。

吴国桢出任"台湾省主席"之初，蒋介石曾对他说："我打算给你台湾省主席以全权，将不干预省政府的任何事务，但我们撤到台湾的军队现达60万人，每月得有4200万元开饷，这是唯一要你替我办的事，也将是我给你的唯一命令。"

吴国桢对此回答："我保证每月定期给军队发4200万元。"

为了完成这个任务，吴国桢挑选任显群任"财政厅长"。任是一个理财高手，精力旺盛，而且从不怕树敌。台湾岛内在任显群主持下改革税制，使税收增加数倍，从而解决了蒋所要求的军饷。

为了制止走私，增加税收，吴国桢派人搜集到海军走私的证据，然后带着证据去见蒋介石。蒋介石当时正在召集陆、海、空三军司令开会，接到吴国桢的报告，当即要吴列席会议。

吴在会议上发言说，省政府将尽最大努力帮助安置部队，修建更多的营房，并且保证每月发薪饷4200万元。吴还说，所有这些，对于省政府来说是一项十分沉重的财政负担，为了能完成任务，我需要部队的合作，你们必须制止在大陆时就令人诅咒的走私活动，由于现在陆军和空军不再有从事走私的条件，我要求海军给予特别合作。

吴国桢坐下后，"海军总司令"桂永清涨红着脸站了起来，质问吴国桢有何证据说海军走私？

吴立即出示证据并把它交给蒋介石，蒋看后交给陈诚，陈诚看后又交给桂永清。证据确凿，桂永清想抵赖也不可能了。

于是，蒋介石下令彻查海军走私，最后，经过军法审判，海军涉嫌走私者被处以终身监禁，走私之风得以遏制。

在台湾稳住阵脚后，吴国桢起用台湾本土人士蒋渭川、杨肇嘉等担任"民政厅长"等重要职务，以缓和省籍矛盾；同时进行"自治"改革，由台湾人自由选举市长、县长①，进行农业改革等。

1950年，朝鲜战争爆发，美国改变对台湾的政策，将第七舰队开到台湾海峡以阻止中国人民解放军解放台湾，并全力支持台湾当局。这样一来，吴国桢在对美关系中的作用就大为下降。蒋介石开始采取措施，一点一点地剥夺吴的权力：第一步剥夺任显群的台湾银行董事长职务，交由俞鸿钧接替；第二步取消"省政府"向军队发饷的权力；第三步将台湾工业置于

---

① 1950年台湾第一次进行市长、县长选举，在当选的15名市、县长中，有13名是台湾本地人，只有基隆市长和澎湖县长是大陆人。

"中央政府"直接管理之下。这样，吴国桢这个"省主席"的实权被大大地削弱了。

有一次，吴国桢同蒋介石谈话，向蒋抱怨自己已无法继续履行"省主席"的职责，并且指明障碍来自"行政院长"陈诚。蒋介石的回答却是："没关系，不管什么时候你同陈诚有麻烦，就来这儿，我会支持你。"

蒋的这个回答令吴国桢感到震惊，吴国桢未加思索便回答说："先生，如果你要我跟共产党斗，我知道该怎么干，如果同自己的上司较劲，我怎么能这么干呢？"

回到家里，吴国桢回味与蒋的谈话，立即意识到蒋可以这样暗示他，也可以同样暗示陈诚。于是，吴国桢明白蒋介石是在部下之间玩弄挑拨离间、分而治之的权术。

吴国桢与陈诚的冲突还不是主要问题，致命的麻烦来自与"太子"蒋经国的冲突。

蒋经国以"总统府资料组"的名义，一手掌握台湾的警察特务系统以及军队政工系统，有生杀予夺的大权。吴国桢与蒋经国的第一次正面冲突是从王哲甫案开始的。

王哲甫是台湾私营企业——台湾火柴公司的经理。蒋经国以"通共"的罪名逮捕王哲甫，吴国桢认为对王哲甫的指控缺乏有力的证据，要求立即释放王哲甫，蒋经国不同意，并强调逮捕王哲甫是根据蒋介石的特别命令。吴国桢坚持认为逮捕王的证据不足，即使是蒋介石的命令也应当先释放。如果怀疑王哲甫，可以将他置于监视之下，等有足够的证据时再抓他。蒋经国很不客气地说："我们都认为证据充分，只有你'省主席'说不足。"

吴国桢也很生气，强硬地说："经国，担任'省主席兼保安司令'的，是你还是我？"蒋经国无言以对，拂袖而去。

之后，吴国桢发现他的副手"保安副司令"彭孟缉完全投靠了"太子"，且向"太子"打他的小报告，便要求撤彭的职，但遭蒋拒绝。

　　对于吴国桢与"太子"的冲突，蒋介石最初还是想说服吴国桢与"太子"合作。

　　有一次，蒋介石将吴国桢召到家里谈话，没有第三者在场，蒋突然问："你跟随我多少年了？超过 20 年了吧？"

　　吴答："是的，先生。"

　　"听我的话，这对你有好处！"蒋介石说。

　　但吴国桢不为所动，回答说："我现在快 50 岁了，除了希望完成两件事外，别的对我没有多大意义。"

　　蒋问："是哪两件事？"

　　吴答："第一件是 20 年来你对我这么好，我想做些事来报答你。第二件是我们丢了大陆，我要的莫过于光复它。除了这两件事外，我别无所求。"

　　听了这样的回答，蒋显然不满意，他走近壁炉，靠在炉架上，用手揉着头说："今天我头疼，另外找一天再谈吧。"

　　之后，蒋介石派人告诉吴国桢的岳父，称如果吴国桢答应与蒋经国合作，蒋介石愿以吴国桢取代陈诚当"行政院长"，同时兼管"省政府"。但吴国桢仍不为所动。

　　还有一次，在吴国桢同蒋介石单独谈话时，蒋突然问吴："你同经国合作得好吗？"

　　吴答："我们相处不错。如果让我提一个建议的话，先生，我不会让经国当特务的头头，因为不管他是否做了好事，人们只会怕他，而不会爱他、尊敬他。如果能让他负责某种人民福利组织，那么我可以保证，大家都会同他充分合作。"

　　蒋听了很不满意，走到壁炉边，揉着头说："今天我很忙，以后再谈吧！"

　　与此同时，蒋经国也试图与吴国桢搞好关系，他每次从外面视察回来总要给吴带件礼物，在台湾被认为是好酒的绍兴酒，蒋经国就给吴家送了不少。吴国桢一面接受蒋经国送的礼物，但在蒋经国指挥的军警特务非法抓人时，吴依然将其释放，在蒋氏父子看来，吴是存心不愿与他们合作。

吴国桢在巡视台湾岛时，每到一处总是强调维护公民权利，蒋听了最不高兴。在吴巡视期间，蒋介石每天下令处死 8—10 个人，以此来显示他对吴国桢的不快。

1952 年，特务逮捕了两名"省参议员"，吴国桢怒不可遏，命令彭孟缉扣押绑架那两个"参议员"的特务，将其开除公职，等候进一步的调查与处分。事后，吴却得到报告，特务不仅没有被开除，反而升了官。吴问彭孟缉：是谁的命令让这么干的？彭孟缉答是蒋的特别命令。

吴国桢立即向蒋介石提交辞呈，蒋不允，只允给一个月的"病假"。直到这时，蒋仍没有抛弃吴的想法，认为吴在台湾岛内很得人心，有民众的支持，也得到美国的好评，美国关于台湾"进步"的报道，通常与吴国桢的名字联系在一起，因此，蒋的意图仍是想劝说吴与蒋经国合作，心甘情愿为他们父子俩充当傀儡和摆设。

这时，宋美龄闻讯从美国飞回台北，调停吴国桢与蒋氏父子的矛盾。当吴国桢夫妇应邀到蒋介石官邸午餐时，宋美龄怒气冲冲地对蒋介石说："瞧！你儿子干了些什么？"说完，宋美龄一手拉着吴国桢，一手拉着吴的妻子黄卓群说："让我们出去！"把蒋介石一人撇在餐厅。宋氏此举不仅未能帮助吴国桢弥合与蒋氏父子的矛盾，反而帮了倒忙。宋美龄的调停未能发挥作用。

当时僵持的焦点是吴国桢坚持台湾的特务要受他这个"省主席"监督，但如果这样做，蒋经国这个政工头子就会失去所有的权威。而如果吴国桢没有监督特务的权力，他就只能是蒋氏父子的傀儡，矛盾显然无法调和。

在这场冲突中，蒋氏父子甚至想到了对吴国桢实行谋杀。他们收买吴的司机简火万，将吴的私人座车车轮的螺丝帽偷偷卸下。当时，吴国桢夫妇乘这辆车从台中赴日月潭的途中，在台中一家餐馆吃午饭，开车的包姓司机停车检查车子时发现两个前轮的安全帽没有了，这才避免了车毁人亡的惨剧。假如司机没有检查出来，一到上下坡山路，汽车就会迭入山谷，导致车毁人亡。蒋氏父子心狠手辣，企图以这样的卑劣手段除掉不听话的吴国桢。

僵持到 1953 年 4 月，蒋介石终于任命俞鸿钧接替吴国桢，吴随即离开日月潭回到台北，与俞鸿钧办理了交接。

吴为了查明蒋介石是否知道谋害他的事，经过深思熟虑后给蒋写了一封信，吴在信中说："我在你手下为你工作了 20 年，我犯过许多错误，但希望你能体会到，我所做的一切都是出于好意。"吴最后引用了一段话，是一个忠臣因受人诬告而行将被国君处死前写的："余罪该一死，然君终圣明。"他在信的结尾写道："阁下，你能怜悯忠实的仆人吗？"吴国桢派他的私人司机将信送到蒋的官邸，希望蒋见信后能召见他或复信，但蒋看后没有理睬。

这时，原政学系龙头、时任"总统府秘书长"张群为吴的安全担忧，他应约来到吴家对吴国桢说："老弟，你对自己干了一件很糟糕的事。"

吴答："我知道。"

张群说："你现在是'中央政府内阁'的'政务委员'，还是国民党中常委，我知道你已递了辞呈，请求解除所有职务。你要辞去台湾'省主席兼保安司令'等有关职务的辞呈都被接受了，但没有接受你辞去'政务委员'和'中常委'，你一定不要坚持辞去这两个职务。"

吴回答："我听你的，但告诉我为什么？"

张说："老弟，你知道，有时候这或许就是个生死问题。"

吴国桢说："嗯，我现在 50 岁了，我的余生别无所求。"

张群开导说："K.C，你看，你的父母还在，你还有孩子要照顾。"

最后，吴国桢表示："感谢你的关心，我暂不辞去那两个职务。"

吴国桢担心在台北终将被蒋氏父子暗算，决心离开台湾这个龙潭虎穴。

他找到美国合众社驻台北记者阿瑟·戈尔，将蒋氏父子要谋害他的企图告诉了他，并托他将三封信分别转交霍华德报系的罗伊·霍华德、魏德迈将军及《芝加哥论坛报》的罗伯特·麦考密克，并交代阿瑟·戈尔，如他吴国桢在台北发生不恻，请将内情转告以上三位先生。

之后，吴国桢即借口赴美国接受母校格林内尔大学授予的名誉博士学位，向台湾"外交部"申请"出国"护照。经宋美龄从中斡旋，蒋介石终于同意给吴国桢夫妇发护照，但把他们年仅 13 岁的儿子留在台湾做人质。吴在离开台北前，多次请求蒋召见他，但蒋介石始终拒绝见面。

吴在离开台北前一天，宋美龄打电话给吴道别，最后，宋美龄转达蒋介石的话说："委员长要我转达一个口信，他要你将孙逸仙博士的全部著作带上，在赴美途中读一遍。"

听到这番话，吴国桢心里极为窝火，当即回敬道："请告诉委员长，谢谢他的提醒，也请告诉他，我已熟读过孙逸仙博士的著作，请他也照我的样子去做。"说完后，吴国桢才感到本不应该对蒋说这样的话。

吴国桢夫妇 5 月 25 日离开台北时，台湾当局举行了一个盛大的欢送会，陈诚、蒋经国等约 500 人前往送行。

到美国初期，吴国桢一直保持沉默，并试图掩盖他与蒋介石父子的矛盾。

几个月后，宋美龄要他回台湾担任"总统府秘书长"。但吴拒不回去，且几次写信要求辞去"政务委员"和国民党中常委的职务，这样一来，吴国桢与蒋氏父子的矛盾终究无法掩盖。

于是，台湾方面开始传出吴国桢卷款 50 万美元潜逃美国的谣言，吴试图为自己证明，并向美国新闻界公开了内情，把与蒋氏父子的矛盾暴露在美国人面前。1954 年 2 月，吴国桢通过美国新闻媒介抨击蒋氏父子独裁和专制，斥责他们试图建立一个"警察国家"，吴并向台湾的"国民大会"和蒋介石公开上书，呼吁实施"民主化之措施"。

台湾当局极为被动和尴尬，蒋氏父子随即发动台湾党政军机关应战，双方隔着太平洋展开舆论战。1954 年 3 月，台湾当局宣布撤销吴国桢的"政务委员"和国民党中常委的职务，并开除党籍。

吴国桢与蒋氏父子彻底决裂后，定居在芝加哥附近的埃文斯顿，以给报纸撰稿、演讲为生。1965 年迁居佐治亚州的萨凡纳，应聘为州立阿姆斯特朗大学东方历史与哲学教授，直到 1974 年退休。1982 年，凝聚了吴氏多年心血的英文著作《中国的传统》在美国问世。

八、晚年关注祖国大陆

吴国桢与台湾当局彻底决裂后，开始关注中国大陆的情况。1972 年美国总统尼克松访华签署《中美上海公报》，中美关系开始解冻。吴国桢的南开校友杜建时（原国民党天津市长）了解到吴国桢在美国的情况后，多次给吴国桢去信介绍大陆的情况。吴对邓小平领导的改革开放政策极为钦佩。1982 年 2 月，吴国桢给杜建时回了一封信，信中夹有吴国桢早年在南开中学与周恩来的合影。吴在信中以真切的感情详细忆述了当年在南开中学与周恩来的交往，以及当时在南开中学读书的情景，字里行间流露出强烈的怀国思乡的情感。杜建时将信件及照片转给有关领导，全国政协主席邓颖超看后交由全国人大副委员长廖承志阅处。廖阅信后，决定邀请吴国桢夫妇回国观光。杜建时将消息转告吴国桢，吴国桢决定让儿子首先回国一游，为他回国做准备。

大陆有关部门决定由北京大学出面邀请吴国桢之子吴修广夫妇来大陆讲学。9 月初，杜建时将决定告诉吴国桢，并寄去了《邓小平文选》第三卷。吴国桢在认真阅读后，于同年 11 月 12 日复信说："小平先生想做之事，乃旋乾转坤之事。就历史言，能成此种大事者，须具两条件：一要先见得到；二要后做得到。弟读《文选》完，已知其真能先见得到，再由其个人向来做事精神推之，锲而不舍，百折不回，则何事难成之有？弟不禁为国家、为民族企望其早日成功也。"

12 月，吴修广夫妇来大陆，受到北京大学等的热情接待，有关部门并安排他们游览了南京、上海、杭州、武汉等地，吴修广夫妇对所受到的热情款待深感满意。

1984 年春，经商量后，决定由全国政协主席邓颖超和中共中央统战部部长杨静仁联名邀请吴国桢夫妇回国观光。2 月 9 日，杜建时写信通知吴国桢，3 月初吴国桢复函："建时吾兄：2 月 9 日来函敬悉。修广夫妇归后，盛称祖国进步状况及其接护隆重招待情形，不胜感慰。顷又得来函，示知邓颖超主席与杨静仁殷勤邀请回国观光，邓主席亲嘱带儿女同来，以便随侍，雅意深情，衷心铭感。弟虽已八十，尚称顽健，唯内子身体素弱。对于万里飞行未免心怵，且近患骨髓炎及胃病，延医诊治，稍见效果，一时更不敢远离医生，请代向邓主席、杨部长致谢忱。"

杜建时建议吴国桢只带子女来华，在当年国庆节期间回大陆，吴决定 9 月底回国。但未等到那一天，吴却于当年 6 月 6 日因病去世，未能实现其重访大陆的夙愿，留下了遗憾。

第四章　新老C.C.系首领

所谓C.C.系，是中央俱乐部（Central Club）的英文缩写，它是陈果夫、陈立夫兄弟领导的一个带有秘密结社性质的国民党小组织。参加C.C.系的成员必须宣誓绝对服从和忠于蒋介石以及C.C.系头子陈果夫、陈立夫兄弟。陈氏兄弟通过C.C.系组织控制国民党党务大权，历史上有"蒋家天下陈家党"的说法。但也有人将C.C.系附会成二陈汉语拼音的简称（陈姓汉语拼音和英语译音的第一个字母也是C）。C.C.系最上层领导成员，除陈氏兄弟外，还有朱家骅、张厉生、张道藩、段锡朋、萧铮、余井塘、谷正纲、谷正鼎、洪兰友、方治、赖琏、李中襄、齐世英、谢作民、骆美奂、王星舟、胡梦华等数十人，他们是C.C.系的核心成员。

20世纪30年代中期以后，朱家骅摆脱陈氏兄弟领导的旧C.C.系，建立了以自己为中心的派系，被称为新C.C.系。

第一节　C.C.系主帅陈果夫

陈果夫是蒋介石三大嫡系之一——C.C.系的主帅，陈果夫与其弟陈立夫长期掌管国民党党务，权势显赫。陈立夫这样评价他哥哥："他是蒋总裁的极忠实信徒……他执行蒋公的命令最彻底。他深信革命是战斗，没有统帅和干部，是不能作战的，更谈不到胜利了。他从在上海替蒋公秘密募兵办军需品起，一直到他逝世之日止，他为蒋公做了无数的事，他从不宣传，只知埋头工作。他给予本党同志以'忠诚'二字的模范，他凡有所见，必以书面上陈，有时亦敢当面直谏，他认为应使他所敬佩的人，人格无亏，事功有成。他从不重视职位，唯一经允就，必全力以赴，以尽己责，以报知遇。"①

一、浙江同乡加结义叔侄的双重关系

陈果夫

陈果夫（1892—1951），名祖焘，字果夫，1926 年起以字行。浙江吴兴人。其父陈其业、其二叔陈其美与蒋介石是拜把的金兰兄弟，这样陈果夫、陈立夫与蒋介石以拜把的叔侄关系相称。陈其美对蒋介石有提携之恩，陈其美于 1916 年遇刺身亡后，蒋介石为报答陈其美，便重用陈果夫、陈立夫兄弟。

陈果夫早年就读于湖南长沙明德学堂、江苏南京浙江旅宁公学预科、浙江陆军小学、南京陆军第四中学。1911 年春，由其二叔陈其美介绍加入同盟会。武昌起义爆发后，陈果夫与南京陆军第四中学的同学组成学生军前往武汉参战，在蛇山推大炮时因用力过猛，致使肺部血管破裂，留下终生不愈的肺病，之后，又患上肋膜炎，疾病缠其一生。陈立夫说，陈果夫 20 岁时得了肺病，他家三婶母、姑母、表姊都是死于肺病。当时中西医都没有特效药，陈果夫一面研究如何治疗肺病，经常服用各种药物；一面用精神力量与病魔作终生的斗争。②

1911 年 11 月 27 日汉阳失陷后，陈果夫回到上海投靠陈其美。上海于 11 月 4 日光复，陈其美已经当上了沪军都督。当时，蒋介石也追随于陈其美左右，陈果夫与蒋介石因此相识。陈果夫回忆说：

我第一次见到蒋先生是在民国前一年，辛亥年的冬季……有一天，在二

---

① 陈立夫：《我所知道的先兄果夫》，《弘毅斋文集》第 506 页。

② 同上，第 505 页。

叔（指陈其美）病榻前见到蒋先生，二叔替我介绍说，蒋先生是主持杭州方面敢死队的革命工作的。我在旁边恭聆二叔和蒋先生商谈策动革命、训练军队和起义时期地点等。蒋先生威毅稳重的风度，使我第一次所生的印象非常深刻。二叔殉国之后，我常常到他生前许多同志友好处拜访，屡屡见到他们生活不整饬的情形，甚之有吸食鸦片赌钱等腐化行为。会客的时间也无限制。其时革命环境至为恶劣，而党内一部分同志生活毫不振作，为之太息。但每去晋谒蒋先生时，情绪就不同了。蒋先生生活严肃，所谈不外乎对革命的指示和大局的分析。他不在家时，我就在他的书架上抽阅很多有益身心的书籍。蒋先生生活有规律，来客到了黄昏十时，他就请你回去，明日再谈。因此，我对他的敬仰之心便与日俱进。[①]

陈其美遇刺身亡后，陈果夫失去靠山，回到吴兴老家，娶朱明为妻。两年以后重返上海，到晋安钱庄任职，学会了做商业投机买卖。20世纪20年代初，陈果夫随张静江、戴季陶、蒋介石等人参与上海证券物品交易所的活动。陈果夫担任经纪人，他有精明独到的商业眼光。陈果夫后来很得意地说：每做一笔生意，都是"事前要有准备，经过相当的考虑，然后去做，换一句话说，要用自己的判断力去换钱，才是有意义的投机生意"。蒋介石虽然也是股东，但股金是张静江等人代垫的，而且做投机买卖也不是蒋的特长，故蒋并没有实际参与交易活动，而由陈果夫等人代理。

二、一步登天把持国民党中央组织大权

1924年5月，蒋介石出任黄埔军校校长后，邀陈果夫去广州共事，陈果夫舍不得丢掉在上海经商赚钱的机会，不愿去广州。不久，陈果夫兼任了黄埔军校招兵委员，在江苏、浙江、安徽一带为黄埔军校成立的教导队招募新兵，后又担任黄埔军校第三期招生委员。在1926年1月召开的国民党二大上，由于蒋介石的力荐，陈果夫当选为中央监察委员。这个上海滩的经纪

---

① 《陈果夫先生全集》第5册，第35-36页。

人一步登天，跻身于国民党中央领导层。1926年3月20日，蒋介石发动"中山舰事件"后，张静江、邵元冲、叶楚伧、陈果夫、曾养甫等一批国民党右派分子相继南下广州，为蒋介石的反共撑腰。

陈果夫与蒋介石、张静江等经过密谋后，于5月15日向国民党二届二中全会提出限制、打击共产党的"整理党务案"，规定共产党人不得担任中央党部各部部长等。会议还决定由张静江为中央执行委员会常务委员会主席，蒋介石为组织部长，陈果夫为组织部秘书。7月，蒋介石以国民革命军总司令名义率师北伐，陈果夫接任组织部部长，与张静江共同把持了国民党中央党部大权。

在蒋介石出任组织部长以前，部长谭平山，秘书杨匏安，都是共产党员。陈果夫到组织部后，经过缜密的观察，发现只有三位是纯粹的国民党员，其余都是跨党的共产党员。在此种情况下，陈果夫认为工作无从着手，就请示蒋介石，蒋要他与丁惟汾、顾孟余商量。经过密谋，他们设计了一套排挤和打击共产党人的计划，一步一步地实施，终于将中央组织部的共产党员清除出去。随即，陈果夫又主持整顿了广州市党部和广东省党部。陈果夫排挤打击共产党人的阴谋得到了张静江的强有力支持。在改组广东省党部时，陈果夫觉得事关重大，问张静江要不要请示蒋介石，张静江回答说："应该做的事，就负责做去，不必请示，本党整个政策并没有变更，领袖不能表示态度，如果去电，叫他如何答复，我们的事只要审慎处理，不要增加蒋先生的麻烦。基础打好了，你选出人员提会，我负责使之通过。假使还有麻烦，我可以负责。"

听了张静江的这一番话，陈果夫胆子大了许多，他不仅改组了广东省党部，将其置于亲信的控制之下，还派出一批得力的干将，分赴各省市，抢夺党权。其中：段锡朋、郑异被派往江西；萧铮、王宇春、葛武棨被派往浙江；郭春涛被派往西北；陈希豪被派往上海；张道藩等三人被派往贵州；吴铸人、童冠贤被派往北京；田昆山被派往甘肃；纪亮被派往绥远；丁超五被派往福建。开始，陈果夫向各省派人时，都会安排他们晋见张静江请训，张静江告诉他们："救党的责任放在诸位身上，只要你们拿出能力来，本党就可以复兴。"张静江在接见几批后，就对陈果夫说："组织部派出去的许多同志都很好，我相信你会用人，以后这些同志不必来见，只要你信任得过，派出去就是了。"

广州时期的陈果夫与张静江互为表里，为打击共产党绞尽脑汁，也确实收到了效果。周恩来后来回顾这一段历史时说："右派的蒋介石占了极大的优势。他把张静江捧出来做中央执委会的主席，实际上这人是陈果夫的傀儡。蒋介石亲自做了组织部部长，新设军人部长也是由他兼任。组织部实际上由陈立夫（应为陈果夫——引者注）代理。原来我们好几个部长（宣传部长、农民部长等）的位置都让出来了。这样，右派在组织上占了极大的优势，我们在党务方面已毫无地位了。陈果夫、陈立夫便利用他们的地位，在各省发展右派。在北方以丁惟汾、王法勤的大同盟为基础，收买西山会议派。从此各地方党部左派和右派斗争也更激烈起来。"①

陈果夫、张静江等在广东排挤共产党人，将共产党员从国民党中央党部和一些省市党部排挤出去，但是，共产党人利用北伐以后造成的高涨的革命形势，将势力扩展到工人、农民、军队等之中，这使蒋介石感到仅用政治"清党"的办法难以达到目的，便开始筹谋发动反革命政变，以武力"清党"。

三、策划推翻中央特别委员会

1926 年 11 月，蒋介石进驻南昌后，即将他的一批忠实追随者张静江、黄郛、戴季陶、张群、陈果夫等召到南昌。这伙人随后上了庐山，为蒋介石策划反共大计。陈果夫"建议召集中央监察委员全体会议，因为（中央）执行委员多数同情于共党"，这个主张为蒋介石所采纳。

4 月 2 日，蒋介石操纵的国民党第二届中央监察委员会紧急会议在上海

---

① 《周恩来选集》上卷，第 123 页。

开场，但到会的监察委员及候补委员一共只有 8 人，而二届中央监察委员、候补监察委员共有 20 人，这次所谓监察委员会紧急会议实在是一次少数人的非法会议。蒋介石就以这个非法的会议为依据，公然发动了四一二政变，血腥屠杀共产党人和革命群众。

4 月 18 日，蒋记南京政府开场后，陈果夫受命主持中央党部秘书处，并筹办中央党务学校。8 月，中央党务学校成立，由蒋介石任校长，戴季陶为教务主任，丁惟汾为训育主任，陈果夫为总务主任。

8 月 13 日，蒋介石在内外交困的处境下宣布辞职下野，陈果夫与蒋介石同进退，退居上海。

蒋介石到达上海后，授意陈果夫与戴季陶、丁惟汾等成立"中央俱乐部"（英文为 Central Club，简称 C. C.）"中央俱乐部"的成员最初只有三四十人。

蒋介石下野后，张静江、吴稚晖、李石曾等一批国民党右派元老级人物在蒋介石、李宗仁之间调停斡旋，他们为蒋、李两派划分地盘，由蒋占据长江下游，李占据长江中游的两湖，这个分赃方案为蒋、李所接受。不久，李宗仁、白崇禧出兵讨伐两湖的唐生智，夺取了两湖地盘。

11 月，蒋介石从日本回到上海，策划东山再起。其首先采取的行动就是搞垮西山会议派支撑台面的中央特别委员会，陈果夫积极配合，他们不断煽动中央党务学校与中央特别委员会直接冲突。11 月 22 日下午，南京市各界在省立公共体育场举行庆祝讨唐（生智）胜利大会，到会者万余人。会上，有人高呼"打倒腐化分子""打倒鸦片烟鬼"等反对西山会议派分子的口号，中央党务学校的学生齐声响应，使会场气氛骤变。在谷正纲等人的带领下，中央党务学校的学生举行示威游行，向特别委员会以及国民政府示威。蒋介石随即密令军警对游行示威的中央党务学校学生开枪，打死党务学校学生袁大煦，打伤数人，这就是轰动一时的南京"一一·二二"惨案。

惨案发生后，蒋介石立即跳到前台，接连发表措施强硬的讲话，给特别委员会施加压力，11 月 25 日，蒋介石接见中央党务学校学生代表时，声称此案"如办理不当，我来领导你们革命"。

24 日，在陈果夫等人的策动下，南京市各区党部、中央党务学校和南京市学联等单位组织了惨案后援会，他们指责西山会议派的邹鲁、覃振、傅汝霖、谢持等为惨案的主使犯，潘宜之、居正、张贞、任西萍等为惨案凶手，要求国民政府严惩凶手。11 月 28 日，中央党务学校党员学生抬着袁大煦的尸体到特委会门前"陈尸请愿"。接着江苏、上海等地的党部、学联和学生联合会、各大学发表通电，或举行游行示威、罢课，要求严惩凶手，取消特委会，使反对特别委员会的声浪越来越高。

西山会议派不甘心就此退出历史舞台，被指控的邹鲁、谢持先后发表声明辩诬，并胡说"宁案"是共产党有计划的破坏活动，妄图转移视线。同时他们也要求国民政府查明真相，"拿办凶犯和煽动之人"。作为国民政府常务委员之一的谭延闿深知其中内幕，不敢同意西山会议派的要求。他对邹鲁说："此事发动，上海有人主持。党内之争，愈办必纠纷愈多。"

随后，谭延闿、李烈钧和蔡元培三人以"待罪的国民政府常务委员"身份下"罪己诏"称："这惨案的负责者之罪，应十倍于'三一八'惨案之段祺瑞，应百倍于'五卅'惨案之英帝国主义者。负责究竟是谁，自然是政府，尤其是我们，尤其是我们三个就职办事的常务委员！我们三个人良心上绝不愿有所推诿，谨当负责办理此案。"

这样，特委会就被轻易地推上受审判的地位。

12 月 3 日，国民党中央执监委员在上海举行二届四中全会预备会议。会上，蒋介石联合汪精卫派共同对付桂系和西山会议派。会议决定，宁案组织特别法庭审判。在审判前，被指控的谢持、居正等十人即行停职监视，听候法庭传讯。特委会于二届四中全会开会之时取消。通过这场斗争，蒋介石放逐了西山会议派，搞垮了特委会，为重新上台扫平了道路。

事隔多年，被蒋介石诬为南京"一一·二二"惨案凶手的潘宜之见到蒋介石，提及惨案事，蒋轻描淡写地回答："那个惨案是我当时政治上一个运用，现在事过境迁，不必介意。"王昆仑获悉惨案真相后，深感蒋介石此人太阴毒，从此走上了反蒋的道路。

四、"蒋家天下陈家党"的形成

1928 年 1 月，蒋介石重新上台，陈果夫也赶到南京。

2 月 2 日至 7 日，在南京召开国民党二届四中全会，通过了《改组中央党部案》《整理各地党务决议案》《整饬党纪之方法案》《整理特别党部案》等提案，决定对国民党员重新进行登记，规定只有从同盟会成立到 1924 年 1 月改组前的党员才准许登记，登记后进行审查，审查后再行训练。

四中全会闭幕后，蒋介石任组织部部长，而由陈果夫代理。陈果夫下令各省市党部一律停止活动，重新整理；各省市的临时执行委员会改名为党务改组委员会，由陈果夫派往各地的党务指导委员代行各地执行委员会职权，从而使各地党部都控制在陈果夫的亲信手中。然后，通过"党员总登记"，重新制发党证，清除异己力量。

国民党是一个老牌政党，历史悠久，其内部派系众多，陈果夫、蒋介石欲一手遮天，必然会引起其他派系的反抗，陈果夫整理地方党部的目标没有实现，而国民党第三次全国代表大会又要如期召开，在这种情况下，蒋介石联合胡汉民、孙科，以排挤和打击汪精卫的改组派、西山会议派和丁惟汾的三民主义大同盟。出席三大的代表共 406 人，其中指派代表 211 人，圈定代表 122 人，两项共 333 人，占总数的 81.2%，由选举产生的代表只占 18.8%。蒋介石联合胡汉民、孙科两个小派别欲包办国民党第三次代表大会，使其他各派系面临着生存危机，从而引起了激烈反对。

为了制服反对派，蒋介石、陈果夫首先拿丁惟汾的三民主义大同盟开刀。丁惟汾是山东人，国民党元老级的人物，他以国民党中常委的身份，把持着北平、天津市党部，早已引起平、津地方实力派阎锡山、白崇禧的不满。在蒋介石的授意下，阎锡山、白崇禧以武力镇压了北平市工会和北平学生联合会，强行解散天津市党务委员会。陈果夫乘机指挥自己的亲信，立即占据北平、天津市党部，并对大同盟成员进行迫害。丁惟汾派很快被瓦解，他的青年党徒各寻出路，丁惟汾向蒋介石、陈果夫屈服，此后以光杆元老的身份在国民党内讨一碗饭吃。

搞垮了丁惟汾派，蒋介石、陈果夫又调转矛头打击汪精卫的改组派。在1929 年 3 月 15 日至 28 日召开的国民党第三次代表大会上，蒋介石与胡汉民联手打击汪精卫及改组派，大会通过决定，永远开除陈公博、甘乃光党籍；开除顾孟余党籍三年；给汪精卫以书面警告。在"三大"上，陈果夫当选为中央执行委员；在三届一中全会上，当选为中央执行委员会常务委员。蒋介石仍任组织部部长，陈果夫任副部长，陈立夫为中央秘书长，陈果夫、陈立夫兄弟完全掌握了中央党部大权。是年 8 月，蒋介石辞去组织部部长一职，由陈果夫接任。

在这期间，陈氏兄弟根据蒋介石的授意，集合他们在南京、上海各地党部的亲信部属，逐渐形成以陈氏兄弟为首领的 C.C. 系。凡是加入 C.C. 系的，都需要经过一种特殊的宣誓仪式。

何廉回忆说："陈氏兄弟是 C.C. 系的头头，他们的徒众显然需要履行一个特定的参加系的仪式。我有一个同事，他原和我一起在南开任教，后来又在农本局共事。他先是国民党员，后来参加 C.C. 系。他告诉我，参加 C.C. 系得在陈果夫等几个 C.C. 系分子主持下宣誓：首先绝对服从和忠于领袖蒋介石，其次服从并忠于 C.C. 系头子陈果夫。宣誓结束时，喝一杯象征血液的红水。派系的宣誓仪式极像中国传统的帮会入会仪式。陈布雷也是一个 C.C. 系分子，他告诉我，他也是经过宣誓进去的，虽然说得没有那样详细，但他以后一直为此感到遗憾。吴开先也是一个 C.C. 系分子，他在回忆录中也提到参加 C.C. 系的仪式。"[①]

---

① 《何廉回忆录》，第 209-210 页。

经过陈果夫、陈立夫的几年经营，网罗起了一批忠实分子，如张道藩、谷正纲、谷正鼎、余井塘、程天放、萧铮、高信、洪兰友、黄少谷，吴开先、潘公展、曾养甫、胡健中，这批人就成为 C.C. 系的骨干分子。

国民党是一个老牌政党，以元老自居吃党饭的人很多，蒋介石却将国民党党务大权交给资历甚浅的陈氏兄弟，不能不引起元老级人物的怨恨，胡汉民的秘书王养冲晚年在接受历史学者的访问中坦言："蒋介石把党权交给二陈（陈果夫、陈立夫），几乎所有老国民党员都有异议。蒋却一意孤行，成了'蒋家天下陈家党'，强化他个人集权，这是国民党分裂的原因。其实，胡（汉民）先生对蒋的不满在南京时已较深，难以长期合作下去，对政治失望。即使没有'汤山事件'，胡先生也会寻机退出的。他曾几次说起要回广东休息。"①

1930 年 10 月，陈果夫因肺病恶化而辞去组织部长职务，由其弟陈立夫接任。陈果夫在日记中对他的党务活动有如下一段评价："余办党务约七年，可说有罪无功，但言组织，办组织而不注重训练，致党员不知组织之运用，至今不能健全。虽原因系多方面，而余总不能辞其咎。"②

吴国桢的看法是："陈果夫在组织蒋介石的追随者方面，干得很出色。立夫最初是当蒋介石的私人秘书，后来又在党内为蒋介石担任特务的首任组织者，所以他们两人在蒋谋求掌权的初期起了很大作用。一旦蒋爬到最高位置时，陈氏兄弟的权力就多少被夺走了。虽然在北伐刚过后，中国有个流行的说法'蒋家天下陈家党'，它起始于这样的看法，即陈氏兄弟或 C.C. 系的影响能够左右蒋。但我认为这是名大于实。"③笔者以为，吴国桢的说法是符合实际情况的。

---

① 《档案与史学》1999 年第 3 期，第 47-48 页。

② 徐咏平：《陈果夫传》，台北正中书局 1978 年印行，第 875 页。

③ 《从上海市长到台湾省主席——吴国桢口述回忆》，第 243-244 页。

五、主政江苏四年

自 1928 年 10 月起，陈果夫还兼任了监察院副院长，因院长蔡元培未到任，由陈果夫实际主持监察院工作。

1932 年 8 月，陈果夫出任导淮委员会代理副委员长，主持治理淮河。

1933 年 10 月，陈果夫出任江苏省政府主席，至 1937 年 11 月止，共四年时间。

江苏是国民党政府的中心腹地，最重要的财赋之区，蒋介石将陈果夫摆在江苏，意义非同寻常。1936 年 12 月 12 日，西安事变爆发后，陈果夫立即从江苏省府镇江赶到南京，参与南京政府决策。陈果夫与心腹曾养甫研究后认为"中央必须有重心，其重心人物在此时以静江先生为最宜"。[①] 于是，陈果夫立即派人将早已退出决策圈的张静江从上海接到南京，让其担任南京政府中心人物的角色。

西安事变最后以和平方式解决。1936 年 12 月 25 日，张学良将军以其无私无畏的英雄气概陪送蒋介石回南京。蒋介石却背信弃义，将张学良扣留，并操纵军事法庭于 12 月 31 日判处张学良有期徒刑十年，随后即以"严加管束"的名义，将张学良终身监禁。对于蒋介石的背信弃义，陈果夫拍手叫好，他在 12 月 31 日的日记中写道："张案判罪，人心大快。回忆委座在黄埔时，屡次电嘱，招兵勿收土匪。今次委座蒙难，适为土匪出身者之所为，思之弥有感触。"[②] 陈果夫将张学良、杨虎城两位将军的爱国壮举，恶毒攻击为"土匪"行为，反映了陈果夫一贯的政治立场。

六、触角伸向文化领域

陈氏兄弟在控制了国民党党务大权后，又将触角伸向了文化、报刊、出版、广播、电影等领域，并且逐步控制了这些部门。陈果夫兼任中央文化事

---

① 徐咏平:《陈果夫传》，第 850 页。

② 同上，第 853 页。

业计划委员会主任委员、中央广播事业指导委员会主任委员等职务，他主持拟订了《文化事业计划纲要》，标榜"建设中华民族之新文化"，要"以忠孝仁爱信和平为国民道德之项目，以礼义廉耻为国民生活之规律"，企图以封建的复古的一套东西在文化思想领域实行统制，以打击革命的进步的思想文化。为了配合蒋介石发起的"新生活运动"，陈果夫竭力鼓吹"四维""八德"，他还组织一批人编了一本《中华国民生活历》，其中有许多封建迷信、陋习旧俗之类的落后东西，力图把全国人民的生活起居都纳入他设想的轨道。他还"依据历代礼制，并参照现代需要"，编了一本古洋杂糅的《通礼新编》，规定各种通用礼节，以维护蒋介石的独裁统治。

七、重返人事组织部门

1937 年 11 月，陈果夫被免去江苏省政府主席职务。1938 年 2 月调任中央政治学校代理教育长，至 1941 年 7 月由张道藩接任，陈果夫代理教育长三年。他自己的评价是"总算不辱命"。

从 1939 年 7 月起，陈果夫又兼任蒋介石的侍从室第三处主任，掌握全国党务、政府、军队、文教各部门高级人事的调查、登记、考核、分配和监督大权。陈果夫担任第三处主任直至 1946 年春侍从室撤销为止。

当时有人将蒋介石的侍从室机构归纳为三句话："侍一处管军事，主任轮流转（十年间，经历七任，换了五人）；侍二处要笔杆，文胆陈布雷；侍三处掌人事，专靠陈果夫。其实，在这三个处的主任中，陈果夫的分量最重，说其是蒋介石的'重臣'，亦不为过。"[①]

但吴国桢认为陈果夫在侍三处的权力是有限的，他在回忆录中说："抗日战争期间，果夫同蒋十分密切，但那时他是个病夫，长期患有肺病。他负责蒋介石侍从室第三处，该处是负责政府人事的，但此时，核心层内在人事选择方面并不看重他的建议与推荐。例如我当代理外长时，陈果夫领导下的第

---

① 张令澳：《侍从室回梦录》，上海书店出版社 1998 年版，第 247 页。

三处经常以蒋介石的名义给我发指示，任命这个或那个，我从未回复过，这是不言自明的。"①

另外，在蒋介石的侍从室高级幕僚唐纵的日记中，也有蒋批评陈果夫随便保人的记载："委座召集侍从室各组长与中央党部负责人晚饭，责备侍从室没有组织训练，仅仅能够办公事，而不能辅弼领袖，燮理阴阳。对于第三处随便保人，而不经过主管部，如西康教育厅长事，不仅不是帮忙，而且是破坏主席威望，对此颇为生气。"②

从以上两则第一手资料来看，过去的许多著作确实过分夸大了陈果夫在20世纪30年代以后的权力，他们想当然地认为陈果夫一定权力很大，而实际上却并非如此。

1944年5月26日，蒋介石在国民党第五届十二中全会上，在事先未与陈果夫通气的情况下，提议以陈果夫接替因献九鼎而声名狼藉的中央组织部长朱家骅。对此陈果夫在当天的日记中写道："突然下令，未预知，甚惶恐也。"③

对于陈果夫重长组织部，国民党内普遍不看好。国民党资深党务专家王子壮评论说："二位陈先生以往十余年之政绩如何，固人所共知，其理论不足以号召党人，其态度则不免于褊狭。其最优之点不过忠实努力，能为蒋先生造成党内之一系干部而已。由今日环境以观，蒋先生既为全国公认领袖，宜在理论的统帅，统一的教导，此正二陈之最不擅长者。"④

当时各方对蒋介石让陈果夫重长组织部几乎普遍表示不满，连元老派也不例外，他们普遍认为陈氏兄弟主党，只会加剧党内的分裂趋向。元老丁惟汾在愤懑之余，数月不出席中央常务委员会会议，以示抗议。

---

① 《从上海市长到台湾省主席——吴国桢口述回忆》，第244页。

② 公安部档案馆编注：《在蒋介石身边八年——侍从室高级幕僚唐纵日记》，第527页。

③ 《陈果夫日记》，1944年5月26日。

④ 王奇生：《党员、党权与党争：1924—1949年国民党组织形态研究》，第324页。

对于外界的疑虑和不满，陈果夫的亲信、侍从室第三处主任秘书罗时实对唐纵说："此番果夫先生出任组织部部长，必有新做法，绝非如过去之狭隘。过去 C.C. 系之渣滓，今日弹冠相庆者有之，但决予以淘汰作用，而不受其包围。"①

但由于健康原因，陈果夫仅做了 6 个月，便将组织部长让位于其弟陈立夫。在 1945 年 5 月召开的国民党六大上，陈果夫仍为中心人物之一。唐纵日记说："大会选举中心人物为陈果夫、陈立夫、吴铁城、陈辞修、张文白五位，中委之产生多系彼五位所提出。如果彼等大公无私，则可为总裁网罗天下英才而为党用；假若乘机为私人造势力，则私人成功，党却因此倾溃。"②

但实际上，在国民党六大前后，国民党内各派系争权夺利，闹得乌烟瘴气，有的党员将党证奉还中央，有的直接责备中央组织部，有的发牢骚、写打油诗，不一而足。陈果夫将这种混乱现象的产生归咎于中央宣传部部长王世杰"主张自由选举之结果"。③

1945 年 8 月，日本宣布无条件投降后，蒋介石采纳政学系的建议，邀请中共领袖毛泽东到重庆谈判，随后又召开了政治协商会议。对于重庆谈判，陈果夫、陈立夫兄弟均未与闻，他们是极端的反共分子，坚决反对与中国共产党进行任何的妥协。对于重庆谈判和政治协商会议所带来的成果，陈果夫忧心忡忡。他在 1946 年 2 月 2 日的日记中写道："吾人办党务多年，共党至今尚重视吾人力量，且不断向吾人攻击；但自己检讨一下，颇感惭愧。因党的组织不如人，党的宣传不如人，党的训练不如人，致受共党甚至其他无人之党之欺凌侮辱，实在无以对前辈，无以对死者。今后应如何努力，亟须检讨与改进也。"④

---

①　公安部档案馆编注：《在蒋介石身边八年——侍从室高级幕僚唐纵日记》，第 434 页。

②　同①，第 511 页。

③　同①，第 513 页。

④　徐咏平：《陈果夫传》，第 935 页。

陈果夫因为对国民党没有信心，所以他坚决反对召开政治协商会议，反对与其他党派合作，反对实行美国式的多党制度。他认为："党无基础，共党如来合作，则我危险。"1946 年 1 月 20 日，法国联合政府总理戴高乐被迫辞职，22 日，陈果夫从报上看到这一消息后，对法国"共党势张"深感不安。当即写信给蒋介石，阻止与共产党合作。陈果夫在信中声称："政治协商会议必无好结果。且无论如何，共党已得到好处，本党已受害……法国情形……中国如行多党政治，照现在党、政、军均未健全之际，颇有重蹈覆辙之可能。请临崖勒马，另行途径。并劝美国勿误中国并以自误为幸。"但蒋介石迫于当时的国际国内大势，没有采纳陈果夫的意见。

八、宗派主义作风内外招怨

陈果夫、陈立夫兄弟掌管国民党党务大权十余年，为蒋介石反共和打败党内的反对派，为蒋介石的独裁统治的建立，都发挥了极大的作用。但在蒋介石的统治地位确立以后，陈氏兄弟的关门主义和保守主义的作风，又为他们招来了更多的敌人。蒋介石的嫡系中，政学系、黄埔系和太子系都对 C.C. 系的关门主义不满，并时常向 C.C. 系发起挑战，使陈氏兄弟穷于应付。

复兴社头目贺衷寒声称："C.C. 系与政学系二者比较，C.C. 系在思想上比较与我们接近，但其关门主义，吾人不能容忍，政学系可与联络，而非合作，吾人不能为政学系而打倒 C.C. 系，吾人应有独自之立场。"①

抗日战争中后期，由于中国加入世界反法西斯阵营，中美成为盟国。美国舆论对陈氏兄弟领导的 C.C. 系极为不满，认为 C.C. 系是一个反自由主义的团体，对陈氏兄弟的抨击不遗余力。

1943 年 3 月 1 日出版的美国《时代》周刊发表《蒋委员长周围之人物》一文，"独对二陈兄弟，攻击最力，谓系有名保守派（Notoriously Reactionary）"。

---

① 公安部档案馆编注：《在蒋介石身边八年——侍从室高级幕僚唐纵日记》，第 486-487 页。

陈氏兄弟领导的C.C.系在国内的形象也非常差。国民党资源委员会负责人钱昌照说："我们用人是不分领域的，但有一个戒条，即是C.C.分子是排斥在外的。C.C.系的人阴阴沉沉，民间称为'党棍子'。他们和中统分不清，所想不是搞工业，而是属于孙中山所说的'人生以服务为目的，不以夺取为目的'的反面人物。C.C.系总是处处在谋划夺取资源委员会这块肥肉。C.C.系的重要分子曾散布要'清君侧'的流言，认为不允许大权落在一个与党没多大关系的人手里，指的当然是翁义灏和我，尤其是我。"①

云南著名实业家缪云台说："提起当时的国民党，实在使人头痛，从省党部、县党部的人员来看，都是一些行为不正、无事生非，老百姓所不齿的人。我不仅自己不入党，在我负责的机构中，除了合作金库之外，都没有接受过国民党的调训，国民党员也很少。我也没有加入其他党派，始终保持一个无党派人士的身份。"②

国民党在人们心目中的形象极差，蒋介石曾想了许多办法企图改善，如拉青年和有名望的知识分子、大学教授入党等，但收效甚微。蒋介石因此对主管党务的陈氏兄弟啧有烦言，曾当面指责陈果夫在中央做不好。陈果夫在1946年3月28日的日记中写道："总裁召见，谓浙江黄季宽决辞职，拟改组，并询我意见。余答：'现在可当主席之人不少。余身体尚未痊愈。此时去任此职，一若前年之任组织部部长，身体即无好的希望。'余又曰：'总裁究竟要我办金融，抑仍欲任政治？若不欲我任政治，则不必多此一举。'总裁乃说：'你做一部分政治做得好，在中央做不好。'余说：'现在中央谁做得好？'"③蒋介石的意思很明显，陈果夫只配做一省主席，不配在中央主持全局性工作，认为他能力不够。但陈果夫显然不服气，反问蒋"谁在中央做得

① 《钱昌照回忆录》，第84页。

② 《缪云台回忆录》，第184页。

③ 《陈果夫日记》，徐咏平：《陈果夫传》附录，台北正中书局1978年印行。

好？"蒋介石无言以答。

晚年的陈果夫肺病、胸膜病缠身，曾于 1943 年、1945 年、1947 年三次手术，至 1948 年 7 月卧床不起。12 月 6 日去台湾，定居台中。至 1949 年 8 月，陈果夫因喉结核症已不能言语。败退到台湾的蒋介石于 1950 年"改造"国民党时，不少人对陈氏兄弟仍不谅解。陈果夫病体危在旦夕，蒋介石不忍对真诚追随自己一生的陈果夫有所贬斥，在放逐了身强体壮的陈立夫后，仍聘陈果夫为"中央评议委员"，仍不时去探望他。陈果夫在生命的最后一刻，还为蒋介石修改了《"新中国"文化建设运动纲领草案》。

1951 年 8 月 25 日，陈果夫病死于台北。蒋介石下令褒扬，称他"资性弘毅，志行纯笃，继续革命家风，效忠三民主义，越四十年如一日"。

第二节　C.C.系副帅陈立夫

陈立夫是国民党 C.C. 系的副帅，长期主管国民党党务工作和思想意识形态及文化教育等部门，并且长期掌握国民党两大特务系统之一的中央调查统计局，权倾一时。

一、初出茅庐参与"反共"机密

陈立夫

陈立夫，原名祖燕，字立夫，后以字行。1900 年 8 月 21 日（清朝光绪二十六年七月二十七日）出生于浙江吴兴，陈果夫的同胞弟弟。陈立夫早年接受私塾教育，学习中国传统文化，1914 年考入上海的南洋路矿学堂中学部。当时其二叔陈其美正在上海一带领导反袁斗争，陈立夫在二叔家中认识了蒋介石，据陈立夫称，当时蒋介石曾问过陈立夫的志愿，他答以："我最喜欢数理化，适宜于学工程，我相信机器所用的钢铁和锅炉所烧的煤，都需要采矿出来的。"表示将来要学工矿，蒋介石赞扬他有志气。

1917 年，陈立夫考入北洋大学采矿科，在经济上得到陈果夫、蒋介石的支持。1923 年，陈立夫入美国匹茨堡大学进修，获得采矿学硕士学位。1924 年陈立夫回国，山东中兴煤矿公司董事长钱新之准备聘请陈立夫担任工程师，陈立夫认为这是学以致用，很对口的工作，准备应聘；但陈果夫却不同意，他告诉弟弟，黄埔军校校长蒋介石已经来了几次电报，要他去广州；他应该先去广州见蒋介石，如蒋同意他去中兴煤矿公司再去，否则不能去。于是，陈立夫来到广州见蒋介石，蒋即委派陈立夫为黄埔军校办公厅机要秘书，陈立夫从此走上了从政之路。

陈立夫自称，他担任机要秘书后，干的第一件大事就是鼓动蒋介石发动"中山舰事件"。陈立夫在 1999 年 5 月 14 日中国国民党中央委员会党史委员会举办的"陈立夫先生百岁华诞口述历史座谈会"上发言称：

回想在 3 月 20 日以前，汪精卫受共产党之"拥戴"与"挑拨"，意图逼走蒋公，情势已临千钧一发。对蒋公所呈军委会之北伐计划，搁置不理，上辞呈则又搁而不批，种种方法使蒋公不得不准备出国去俄，嘱余随行，护照及服装行李，均已备妥。三月中，蒋公与余乘车秘密离东山公馆赴码头，车行至中途，蒋公神色焦虑。当时我因年纪轻，才 27 岁，对于情形又不完全了解，没有多加考虑就问："校长，我们为什么要走？我们还可以干啊！"蒋公略加犹豫，即命司机驶回公馆，车子开了一段路程后，又命司机开回长堤码头。这时我又说："校长，这样一走，总理交付的北伐责任，谁来负责？"蒋公想了一会儿，又命司机将车子开回东山公馆。蒋公上楼后，将椅子移动时，重重放下说："干了！"终于决定留下。现在回想起来，蒋公当时考虑走与不走，可以说是各占一半，当他踌躇犹豫间，经我一问，乃使其不走之决心，顿形加强。这件事，乍看起来是件小事，但影响却极深远。3 月 20 日之事变，就因为这一"不走"种下了杀机，而北伐则因此而去除了障碍。否则民国十五年以后之我国历史岂不将要重写？这段政治上之秘辛，过去我没有发表过，只有在蒋经国先生颁授中山奖章时，在中央党部所有中央委员面前报告过一次，这是第二次。①

很显然，陈立夫对于自己能够帮助蒋介石下定决心反共，是非常得意的。

二、情报高手直抵十万大军

1926 年 7 月，北伐出师，蒋介石任国民革命军总司令，陈立夫任总司令部机要科科长，不久升任秘书处代处长。1927 年 4 月，蒋介石发动反共

---

① 台北《近代中国》第 132 期，第 127-128 页。

政变，陈立夫也列名于军队"清党"委员会，协同蒋介石进行血腥的"清党"。蒋介石下令在中央组织部下设立调查科，由陈立夫任科长。1928年，蒋介石授意陈果夫将中央组织部党务调查科扩大成为一个"专事研究应付共党之活动"的特务机构，仍由陈立夫担任主任。这个特务组织就是国民党两大特务系统之一的中统的前身。后来虽由叶秀峰、徐恩曾直接负责，但陈立夫一直是中统的后台老板，幕后主持人。

在国民党新军阀混战时期，陈立夫的主要工作之一，就是收集情报，破译反蒋派的密码，窃听反蒋派的通信联络。开始，陈立夫采用上海商务印书馆发明的密码系统，只有一万多字。后来，陈立夫认为采用这个密码系统，很容易被敌人破译，于是，组织人员将商务印书馆的密码系统重新整理，发明一套自己的密本，别人很难破解。同时又创造了一种五笔检字分类法，以保存自己的密码本。陈立夫等人一共收集了七八百个密码本，截听到反蒋派的密电后，陈立夫就能组织译电员将其破译出来。李宗仁、唐生智和石友三等人的反蒋活动，陈立夫都及时破译，交给蒋介石，这对蒋介石击败反对派的军事行动发挥了很大作用。

有一次，蒋介石对陈立夫说："立夫呀！你能把敌人的密码都翻出来，直抵十万大军。"并当即下令奖给陈立夫10000元大洋。[1]

1929年3月，在蒋介石一手包办的国民党第三次全国代表大会上，年仅29岁的陈立夫担任了中央党部秘书长。

三大闭幕后，陈氏兄弟以蒋介石的名义提出整理党务案，解散或撤销各省市党部，由组织部提请中央执行委员会派员整理。这样一来，陈氏兄弟的C.C.系人马接管了全国各省市党部，并通过各省市党部，将C.C.系人马延伸到基层组织。

1930年，陈立夫又担任了中央政治会议委员兼秘书长。中政会是国民

---

[1]　台北《近代中国》第132期，第129页。

党"以党治国"的最高决策机构，从法律上来讲，一切政治军事大计、立法原则及重要政策举措，均须经过中政会决定，再呈中常会核备后转交国民政府五院负责执行。蒋介石在前线督师，不常出席中政会，陈果夫、陈立夫兄弟就成了蒋介石在中政会的代言人，为此引起胡汉民等元老的严重不满。胡汉民在《革命过程中之几件史实》一文中说：

> 有一次，在中央党部会议，议决了什么案。这案议决了，陈立夫说："还得问问介石的意思。"这时蒋介石在前方，我听见陈立夫这么说，先站起身，组庵向来最圆通，大概也忍不住了，慨然说："既然党部的决议还不能作准，又何必提出来？"

> 有一次，我在中央党部告诉立夫说："其实什么机关都可以不要，只存一个陆海空军总司令部便可以了，既简捷，又经济，这样一实行，对于减少目前的财政恐慌，大概不无小补！"介石是不是什么事都要闻问，我不得而知，但陈立夫陈果夫等，对任何事件，总说"介石不知意思如何如何"。其实，既然有中央党部，有国民政府，有陆海空军总司令部，又有各院部会，事有专司，何可以某一个的意思来掩盖各机关。难道在政府、党部之外，又有一个太上政府和太上党部总持一切吗？①

三、组织"青天白日团"

1931 年 12 月 15 日，蒋介石第二次下野，次年 1 月再度上台后，决定建立法西斯组织，以强化其个人独裁。蒋介石首先授意黄埔系少壮派成立了"三民主义力行社"及外围组织"中华复兴社"等。在党务系统，蒋介石免去肺病缠身的陈果夫的组织部部长职，由年轻力壮的陈立夫接任。陈立夫接管组织部大权后，大约在 1932 年或 1933 年年初在 C.C. 系内成立了一个带有法西斯色彩的以"青天白日团"和"中国国民党忠实党员同盟

---

① 《近代史资料》1983 年第 2 期，第 48-49 页。

会"为核心的组织。在公开的 C.C. 系内成立这样的秘密组织，其目的是为了与一切反蒋的势力进行有效的斗争，确立蒋介石在国民党内的唯一领袖地位。

"青天白日团"的最高领导机构是中央干事会，由蒋介石指定陈果夫、陈立夫、余井塘、张厉生、叶秀峰、徐恩曾、张道藩、周佛海和程天放 9 人组成，陈果夫、陈立夫分别担任正、副干事长。"青天白日团"成员都是 C.C. 系骨干分子，人数不多，有人说只有 50 余人，有人说有 200 余人。[①]

加入"青天白日团"必须通过一种神秘恐怖的宣誓仪式，C.C. 系骨干分子刘不同在《国民党的魔影"C.C."团》一文中介绍说：

> 入团手续多在南京陈氏兄弟螺丝弯故居办理。在这个居所里，梁间蛛网纵横，台上烛光惨淡，桌前壁上挂着一幅罩有灰尘的中山先生遗像，旁边另挂一幅身佩匕首、脚穿马靴、目光凶恶直视的蒋介石像。陈立夫、张厉生、余井塘或徐恩曾等，就在此阴暗气氛中叫入团者面向孙中山先生遗像和蒋介石像举起右手宣誓：永久拥护蒋介石为领袖，实行三民主义，遵守纪律，严守秘密，至死不渝，云云。完成了中世纪封建神秘的仪式后，监誓人向入团者致威胁训词："违犯纪律要遭到严酷的处分，甚或处死；领袖叫你如何就得如何，抗命为纪律所不容"云云。青白团只有纵的组织关系而无横的联络，所谓"我们自己人"只限于入团者那个地方内，别的地方就不能知，也不得问，问了就认为是违犯纪律之行动。青白团分子为数不多，俱为各地、各部门中之核心人物，领导策划该地或该部门各种反动工作。据笔者所知，参加青白团的有陈泮岭、王星舟、洪陆东、陈访先、邵华、马元放、骆美奂、齐世英、李永新、庞镜塘、方治、高宗禹、刘不同、潘公展、吴开先、周学昌、郭紫峻、张强、张冲等。各地青白团分子经批准后，得组织各种名称的秘密

[①]　王奇生：《党员、党权与党争：1924—1949 年中国国民党的组织形态》，上海书店出版社 2003 年版，第 231 页。

团体，以团结那些反动分子，渗透到各方面，进行或明或暗的反革命活动。在北平有以张厉生领导的"诚社"；在东北关内青年学生中有以齐世英领导的"东北青年学社"；在南京有以徐恩曾、萧铮、洪陆东领导的"青年社"和"三民主义革命同志会"；在河南有以陈泮岭领导的"武德社"和陈泮岭、刘不同领导的"三民主义忠实同志会"；在上海有以潘公展、吴开先等领导的"上海协会"，等等。[①]

"青天白日团"之下设立次一级的"中国国民党忠实党员同盟会"组织。该会的中央干事和省一级的干事长均由"青天白日团"成员兼任。"青天白日团"没有地方组织，而"中国国民党忠实党员同盟会"则有一个自上而下、从中央到地方的组织系统，依次为中央干部——省市干部——地方干部——地方支部——地方分部。

"中国国民党忠实党员同盟会"的宗旨是"始终奉蒋中正同志为本党唯一领袖"，入会成员必须宣誓"绝对服从并拥护唯一之领袖"。该会以"绝对集权制"为组织原则，强调下级绝对服从上级，全会绝对服从领袖，要求会员"牺牲个人之一切自由、权力、幸福，甚至生命，以求本会目的之实现"。

在"青天白日团""中国国民党忠实党员同盟会"之下的第三级组织为秘密集社，如上海的"干社"，北平、天津的"诚社"，江苏的"励进社"等。20 世纪 30 年代初期和中期，上海是国共两党在意识形态和思想文化领域斗争的主要舞台，陈立夫亲自担任上海"干社"的社长，坐镇上海指挥对中共和左翼文化人士进行意识形态和文化"围剿"。

第四级组织为各种外围团体，最大的当属中国文化建设协会。该会成立于 1934 年 5 月。根据《中国文化建设协会章程》，总会设在上海，以理事会为最高组织，受代表大会委托，总揽一切会务，理事 41—61 人，候补理

---

① 《文史资料选辑》第 45 辑，第 233 页。

事 10—20 人；理事会互推常务理事 11—17 人，组成常务理事会议；理事会推理事长 1 人，副理事长 1—2 人，领导一切会务。各省市设立分会，各分会设干事部，为分会会务执行机关，设干事若干人，干事长 1 人，副干事长 1—2 人。总会理事会下择要成立下列各项事业委员会：教育事业委员会、出版事业委员会、新闻事业委员会、体育事业委员会、电影事业委员会、广播事业委员会、戏剧事业委员会、美术事业委员会。中国文化建设协会理事长：陈立夫；副理事长：邵元冲、吴铁城；常务理事：朱家骅、陈布雷、张道藩、吴醒亚、潘公展、叶秀峰、沈鹏飞、黎照寰、李登辉、欧元怀、刘湛恩、张寿镛、翁之龙、裴复恒；理事：陈立夫、邵元冲、朱家骅、吴铁城、陈布雷、张道藩、余井塘、周佛海、程天放、苗培成、张厉生、丁超五、陈肇英、李敬斋、洪陆东、叶秀峰、方治、杨公达、程中行、赖琏、刘庄、胡庶华、陈访先、时子周、郭任远、程其保、罗霞天、庞镜塘、胡建中、裴存藩、陈泮岭、周学昌、何思源、董霖、陈石泉、吴醒亚、潘公展、吴开先、丁默邨、童行白、陶百川、朱应鹏、史量才、汪伯奇、张竹平、胡朴安、黄伯惠、王云五、黎照寰、翁之龙、裴复恒、郭卫、艾毓英、鲁荡平、王毓祥、沈鹏飞、欧元怀、张寿镛、李登辉、刘湛恩、吴大钧；候补理事：朱羲农、潘公弼、蒋建白、韩觉民、方焕如、唐惠民、陈白、王新命、李志云、孟寿椿、洪雪帆、郑正秋、廖云鹏、纽长耀、邰爽秋、黄文山、应成一、林众可、陈振东、石信嘉；名誉理事长：蒋介石；名誉理事：汪精卫、戴季陶、钮永键、何应钦、蔡元培、张继、刘镇华、何成濬、罗家伦、孙科、孔祥熙、宋子文、陈济棠、张静江、刘峙、鲁涤平、黄绍竑、蒋梦麟、于右任、丁惟汾、陈果夫、邵力子、吴稚晖、熊式辉、何键、王世杰、王正廷、居正、覃振、张学良、叶楚伧、李石曾、张群、朱绍良、张治中。从上面这个理事会名单来看，虽然也将李登辉、刘湛恩等少数无党派的文化名流列入其中，但绝大多数都是 C.C. 系乃至中统特务头子，这样的文化建设协会要建设什么样的文化是可以想见的。

中国文化建设协会各省市分会筹备委员如下：

南京：朱家骅、张道藩、叶秀峰、方治、洪兰友、赖琏、吴大钧、徐恩曾、薄良柱、许少顿；

山西：姚大海、韩克温、苗培成、冯纶、赵连登、梁贤达、阴毓柱、靳萱瑞、杨贻达、刘衍庆；

江苏：程天放、周佛海、余井塘、李敬斋、周厚钧、相菊潭、纽长耀、高阳、顾峤若；

浙江：陈布雷、郭任远、罗霞天、胡建中、叶溯中、林风眠、胡毓威、陈屺怀、李培恩；

安徽：苗培威、杨廉、余凌云、吴遵明、胡一贯、魏寿永、徐警平；

江西：丁超五、熊式辉、程时煃、李中襄、王冠英、刘家澍、范争波；

湖北：程其保、吴国桢、艾毓英、喻育之、杨兴勤、吴绍澍、黄宝实、杨锦昱、王星拱、陈时、罗廷光、潘龙云；

湖南：朱经农、胡庶华、彭国钧、朱浩怀、胡子靖、袁同畴；

河南：刘峙、洪陆东、张广兴、陈泮岭、王星舟、张静愚、齐真如；

北平：蒋梦麟、徐诵明、李蒸、董霖、鲁荡平、陈石泉、许孝炎、周炳琳、庞镜塘、刘真如；

河北：张厉生、陈宝泉、胡梦华、陈访先、李嗣璁、詹朝阳；

天津：张伯苓、李书田、时子周、马亮、邵汉元、钱端升、张季鸾；

山东：何思源、蒋伯诚、李文斋、梁漱溟、林济青；

陕西：邵力子、周学昌、宋志先、郭英夫、刘青原；

甘肃：朱逸民、田昆山、胡宗南、水梓、曾友豪、朱铎民；

青岛：沈鸿烈、李先良、赵琦；

福建：陈肇英、徐柽、郑贞文、郑恒、刘正华、林文清、樊绍贤；

四川：曾扩情、卢作孚、梅恕曾、李琢仁、魏廷鹤、魏时珍、张凌高、甘典夔、阿鲁；

云南：裴存藩、张邦翰；

新疆：彭昭贤、杨梦周；

东北：齐世英、梅公任、周天放、王佐才、董其政、李锡恩、王宇章；

热河：谭文彬；

察哈尔：郭有恺；

绥远：阎伟、陈国英、祁志厚；

宁夏：葛武棨、王含章。

陈立夫在组织部长任内，将C.C.系势力伸至党务系统以外的教育、文化以及警务、司法各系统，C.C.系先后创办的口报有《京报》《时事日报》《晨报》《大沪晚报》《大同日报》《民治日报》等；月刊有《政治评论》《文化建设》《日本评论》《展望月刊》《求实》《平明杂志》《人民评论》《社会主义月刊》《存诚月刊》等；半月刊有《正中》；旬刊有《诚报旬刊》；周刊有《中兴周刊》；不定期的有《外论丛刊》等。C.C.系的出版机构有正中书局等。所有这些舆论宣传工具，其宣传的主题只是"一个主义、一个组织、一个领袖"，为蒋介石的专制独裁统治大唱赞歌。

陈立夫在政务之余，从事中国哲学思想的理论研究。20世纪30年代初，他对中国传统思想文化古籍潜心阅览并予以探究。他开始研究《易经》，认为这是一部阐述万物生存原理的书，便以孙中山的"民生史观"为出发点，提出了一种自称超乎唯物论、唯心论之上的"唯生论"。他阐述宇宙间一切生命生存的条件有四：物质、精神、时间和空间；"生"是宇宙的本体，"生生不已"又是"不生不灭"；人类之求共生共存共进化，是历史的根本原动力。他对阶级社会里客观存在的阶级斗争作出一种独特的解释："我们只应当把阶级斗争当作社会之各分子不能以全体之利益为利益，而自私其阶级利益的变态。所以阶级斗争的产生，唯在人不知其生存之道时，是由于人不能行其共生共存之道而产生的一种道德上的堕落。"他把自己的一些研究发现，先后写成《唯生论》和《生之原理》两本书出版，用来对抗马克思主义唯物论和阶级斗争学说。在陈立夫看来,《易经》是中国古代思想家研究宇宙万物生存原理的经典著作,是经中之经、中国文化之源泉,应当发扬光大,因而于1935 年年初与刘百闵等人在南京发起建立易经学会,不断开展各种活动。

经过陈立夫数年苦心经营,C.C. 系的势力达到了鼎盛。在 1935 年 11月召开的中国国民党第五次全国代表大会上,新当选的 200 多名中央执监委员(含候补)中,C.C. 系占了 50 多席。C.C. 系的中央执监委员(含候补)占全体中央执监委员(含候补)的四分之一,成为国民党内最大的势力集团。二陈兄弟的声势此时也达到了顶峰。据说,在选举中央执行委员时,陈立夫所得的选票竟与蒋介石相当,引起蒋介石极大的震动。一贯害怕别人挑战自己的蒋介石不动声色地用红铅笔将陈立夫、陈果夫勾下若干名,并不准公布各人所得票数。[①]

蒋介石感到陈立夫已"权高震主",大为震怒,陈立夫惶惶不可终日,最后将其二婶母——陈其美的遗孀请出来向蒋介石哭诉:"我儿子死了,立夫就是我的儿子,他有多大胆子敢不听委员长的话!你难道忍心英士绝后吗?"蒋介石虽然宽恕了陈立夫,但还是采取了调虎离山之计,由张厉生接任中央组织部长,陈立夫的中央党部秘书长也由叶楚伧接替,陈立夫只保留了中央执行委员、常务委员职,失去了党务大权。

四、参与第二次国共合作谈判

1935 年下半年,陈立夫与其兄陈果夫分析时局后,认为日寇侵略不止,则中日战争势难避免。为此,应考虑与中共接触,使之共同抗日,并使苏联不致利用中日战争而帮助中共发展。他们将这个想法报告蒋介石后,蒋认为有道理,决定派陈立夫谋求同苏联改善关系,并进而打通与中共的联系渠道。

---

① 另一说,陈立夫的选票比蒋介石还多,陈觉得难以公布,亲自在统计票数的黑板上擦去了一个正字,总算比蒋介石少了一票。

　　1935 年 12 月 24 日，陈立夫（化名李融清）以中校的名义，随驻德国大使程天放出国，同行的还有张冲（化名江淮南）等人。陈立夫此行是秘密的。同行的程天放大使回忆说：

　　因为立夫兄名气很大，一举一动受人关注。假如让日本军阀知道这事，那么他们必定更加紧侵略，所以就不用真名，而化名李融清，并且给他一个中校的头衔。委员长的手令是派李融清中校随程大使出国公干。而立夫兄则向中央请病假三个月休养，一切领护照、办签证、定舱位等事，都是我替他办理，立夫兄自己根本不露面。他还带了张冲君作秘书，也化名江淮南。一到船上，他们两人同住一头等舱，推说有病把自己关起来，从不到甲板散步，连三餐都是侍者送到房间去吃。头二等舱的中国人，在乘客名册中看见两人的化名，而从来没有见过面，有人疑心他们是共产党，也有人疑心他们是日本间谍。曾经有好几次，有些学生想冲进他们房间去看个究竟，都被我劝阻了。沿途船靠码头，防疫人员登轮，照例乘客要在甲板上齐集，听候检查，也由我使用方法让他们躲过，以免和旁人见面，拆穿西洋镜而将消息泄露出去。这件事做得很机密，在国内除了立夫兄眷属和一两个密友外，都不知道他出国，在船上二十四天，也始终没有被人发觉。[①]

　　1936 年 1 月 19 日，陈立夫等抵达德国柏林。不久，日本方面还是得到了陈立夫准备赴苏联谈判的消息，向蒋介石提出抗议。[②] 蒋介石决定命陈立夫等回国，改在南京与苏联驻华大使鲍格莫洛夫秘密谈判两国签订互不侵犯条约事宜。陈立夫在与鲍格莫洛夫的谈判中得到苏联不侵华、不帮助中共的承诺后，立即转告蒋介石，建议同时设法解决中共问题。蒋指定陈立夫先与中共取得联系。陈立夫与中共有关方面取得了联系后，中共中央决定邀请

① 程天放：《早年回忆录》，台北传记文学出版社 1986 年版，第 115-116 页。
② 近年，有学者从日本档案材料中发现，是极端反共的湖南省政府主席何键向日本告了密，致使陈立夫赴苏之行不得已而中止。

陈立夫、曾养甫到陕北或华阴会晤，周恩来为此于 1936 年 9 月 1 日、22 日两次致信陈果夫、陈立夫。周恩来在 9 月 1 日的信中写道：

果夫、立夫两先生：

分手十年，国难日亟。报载两先生有联俄之举，虽属道路传闻，然已可窥见两先生最近趋向。黄君从金陵来，知养甫先生所策划者，正为贤者所主持。呼高应远，想见京中今日之空气，已非昔比。敝党数年呼吁，得两先生为之振导，使两党重趋合作，国难转机，实在此一举。

近者寇入益深，伪军侵绥，已成事实，日本航空总站，且更设于定远营，西北危亡迫在旦夕。乃国共两军犹存敌对，此不仅为吾民族之仇者所快，抑且互消国力，自速其亡。敝方自一方面军到西北后，已数作停战要求。今二、四两方面军亦已北入陕甘，其目的全在会合抗日，盖保西北即所以保中国。敝方现特致送贵党中央公函，表示敝方一般方针及建立两党合作之希望与诚意，以冀救亡御侮，得辟新径。两先生居贵党中枢，与蒋先生又亲切无间，尚望更进一言，立停军事行动，实行联俄联共，一致抗日，则民族壁垒一新，日寇虽狡，汉奸虽毒，终必为统一战线所击破，此可敢断言者，敝方为贯彻此主张，早已准备随时与贵方负责代表作具体谈判。现养甫先生函邀面叙，极所欢迎。但甚望两先生能直接与会。如果夫先生公冗不容分身，务望立夫先生不辞劳瘁，以便双方迅作负责之商谈。想两先生乐观事成，必不以鄙言为河汉。临颖神驰，伫待回教。专此，并颂。

时祉！

周恩来

九月一号 ①

9 月 22 日，周恩来因为得不到国民党方面的回音，再致陈氏兄弟一书，

---

① 《周恩来书信选集》，中央文献出版社 1988 年版，第 100-101 页。

批评蒋介石"迁延不决，敌对之势非但未变，且更加甚"，希望他们"力促蒋先生停止内战，早开谈判，俾得实现两党合作，共御强敌"。[①]

1936年11月10日，陈立夫在上海沧州饭店会见潘汉年，对于中共方面提出的一系列建议，陈立夫代蒋介石答复说："对立的政权和军队必须取消，红军只可保留3000人，师长以上的将领一律解职出洋，半年后回国再按才录用。"陈立夫还要求周恩来到南京来与蒋介石直接谈判。由于双方立场相去甚远，谈判一时难以达成协议。而且，蒋介石正在调兵遣将，企图消灭红军。

1936年12月12日，西安事变爆发后，陈立夫立即会晤潘汉年，要求他致电共产国际和苏联领导人斯大林，促请中共协助释放蒋介石。但当蒋介石于26日获释回南京后，陈立夫却急匆匆地跑去见蒋介石，问："周恩来态度如何？"蒋回答说："不坏！不坏！"陈立夫随即建议蒋介石："中央军各部继续全线西进，夺取延安，一举消灭共产党。"陈立夫对蒋介石说："共产党是虚弱的，不真诚的。您必须走在前面，命令何应钦全线西进，向延安进军，碾碎共产党人。按照我对形势的估计，我们应该立即进攻延安，并且夺取过来。鲍格莫洛夫（笔者按：当时的苏联驻华大使）已经建议说，如果中共不听我们的意见，就消灭它！我坚信，如果我们进攻中共，苏联将不会反对。当然，苏联政策后来改变了，但是，那时候，我们有消灭共产党的绝好机会。中央军已经进入潼关，那在事变以前是绝不可能的。"[②]

对陈立夫这种不讲起码的政治信义的阴险计划，蒋介石感到难以接受，未置可否。

1937年7月，抗日战争爆发后，陈立夫担任了军事委员会第六部部长，负责民众动员、组训和党务。

蒋介石、陈立夫、王宠惠与苏联方面有关人员经过漫长的艰苦谈判，最

---

① 《周恩来书信选集》，中央文献出版社1988年版，第103-104页。

② 杨天石：《海外访史录》，第474页。

后于 1937 年 8 月 21 日，双方签订了中苏互不侵犯条约。苏联成为第一个支持中国抵抗日本侵略的国家。

五、主持战时教育招致激烈批评

1938 年 1 月，陈立夫出任教育部部长。

陈立夫出任教育部长，是有其特殊政治背景的。他的前任王世杰早年先后就读于英国伦敦大学和法国巴黎大学，获得法学博士学位，回国后历任北京大学教授、武汉大学校长等职，1933 年 4 月出任南京国民政府教育部部长。王世杰是典型的自由主义者，信仰西方的民主自由，他担任教育部部长后，模仿欧美办高等教育。陈立夫虽然也是留学美国出身，但他的文化观是一种典型的保守主义，对王世杰的办学方式非常不满，在 1937 年 9 月 3 日及 19 日两次对教育问题提出批评。王世杰在日记中记载："今晨国防最高会议常务委员开会，余及陈立夫均被邀出席。陈对教育为长篇攻击之词，意谓中国教育为美国式教育，根本错误。陈式思想倾向于复古，故有此论。实则其议论只是一些浮浅之语。余以为中国教育之病，在尚未能彻底现代化。其所以然，则此等人梗之也。"[1]

"今午与陈立夫、戴季陶两君商未来教育改革。立夫对于现行制度颇多幼稚之见。戴劝其勿多谈制度之改革而注重制度之实行，其于立夫见解之幼稚，似甚了然。"[2]

王世杰的自由主义办学方针，无疑会带来学生运动的高涨，让南京政府及蒋介石感到难以处理。抗日战争爆发后，蒋介石觉得有必要找一个有手腕、有实力控制教育的强势人物出来主持教育部的工作。于是，陈立夫就被蒋介石选中。

陈担任教育部长达 7 年之久，为抗战时期我国教育事业的维持和发展做

---

[1] 《王世杰日记》（手稿本），1937 年 9 月 3 日。

[2] 同上，1937 年 9 月 19 日。

了大量工作。中国虽然失去了大半江山，但高等学校数目及在校学生人数均没有下降，反而有所增加。据统计，从 1938—1944 年，历年大专院校数目是：1938 年为 97 校，1939 年为 101 校，1940 年为 113 校，1941年为 129 校，1942 年为 132 校，1943 年为 141 校，1944 年为 143 校。因这不是本书所要讨论的重点，故从略。

陈立夫在教育部长任内，企图以三民主义统一教育界思想的做法，引起国内自由主义知识分子和英美舆论的猛烈抨击。1942 年 9 月，美国著名学者费正清抵达昆明，了解到西南联大著名自由主义学者的艰难处境后，很快做出了强烈反应，他指责陈立夫"企图在中国严格管制知识分子的生活"，清华大学的自由主义教授因为反对教育部长陈立夫的政策，"近乎绝灭"。费正清指出："如果不能使他们获得援助，这一斗争只能产生一个结果：持续的营养不良、疾病和使这些象征美国在教育领域自由精神的教授会成员们士气低落，以及这批人的死亡、离散或堕落。"这些教授是"一项美国的投资"，他们已经成为"官方意向"的牺牲品。

1942 年 10 月，费正清将陈立夫的政策描述成一幅"政客们企图搅乱民心的可悲惨景"。两个月后，费正清发挥了这一论点，指出这是一种"教育的堕落"，旨在谋求更大的权力而不是为了进步。C.C. 派正在利用教育制度去传播和灌输三民主义，但全套过时的思想是建立在一种脱离现实的基础上的，是古代儒家传统的说教。费正清认为："中国的救星是一种被称为肺结核的病菌，陈氏兄弟都带有这种病菌。"陈氏兄弟领导的 C.C. 派为了政治组织的目的，正在"利用教育制度"，这是一种声名狼藉的"极权主义者的行径"，"自由主义的美国式教授是这位部长的眼中刺"。

1943 年 8 月，费正清与陈立夫会晤后，马上向美国驻华大使汇报说，陈立夫对中央文化运动委员会的支持等于"中国文化法西斯主义"，因他试图通过国民党秘密警察控制在美国的中国留学生。[1]

以费正清的指责开端，美国报刊对陈氏兄弟的攻击不断出现。1942年12月7日出版的美国《时代》周刊，评述国民党五届十中全会，"对于财政部长孔祥熙、陆军部（长）何敬之、教育部（长）陈立夫均不满意。称何为反对共党最力之人，陈为保守派，以为离民主国家阵线日远云"。[2]

1944年8月14日，美国《读者文摘》发表美国纽约时报社驻华记者白修德的《看中国》一文，"其中抨击陈果夫、立夫兄弟不遗余力。对于统制思想大不满意"。[3]

南开大学著名教授何廉在其回忆录中对陈立夫在教育部长位上的作为有这样的评价："最后一点是，统制措施的加强，特别是教育部长陈立夫采取的针对有影响的知识界人士的思想管制的加紧，背离了这一大批人。这种思想管制无视时起时伏的动乱，一直被作为维护国民党政权的保障。到1940年年初，能找得到的仍然支持国民党政权的人已经少而又少了。"[4]

六、重掌组织部引发派系大冲突

1944年11月，陈立夫重新回到中央组织部部长宝座上，筹备即将召开的国民党第六次全国代表大会。

陈立夫重掌党务组织大权，威胁到其他各派的利益。当时陪都重庆流传着一首打油诗：

> 代表大会即日开，C.C. 卷土又重来。
>
> 大小委员自由派，他坐轿子你来抬。

C.C. 系企图控制选举，遭到三青团系，黄埔系，政学系，朱家骅系，孙

---

① 《费正清看中国》，第87-98页。

② 《竺可桢日记》，1944年12月29日。

③ 同②，1943年1月27日。

④ 《何廉回忆录》，第299页。

科的太子系，李宗仁、白崇禧的新桂系等派系的联合抵制。唐纵在日记中忧心忡忡地写道："下午陈辞修、张文白、朱骝先三位部长约集军队代表、青年团代表与一部分地方代表在青年团集会。张部长发表一次强烈的演说之后，接着各省代表对主席团人选与区推选候选人二节，强加抨击。其中学生代表有激烈而愤激之辞，热情可感，几乎令人流出热泪来。党内的不平情形，令人愤慨之至！"①

"C.C.系与黄埔之关系，由于选举问题，而引起大决裂。昨日青年团之会议，无异对 C.C.系宣战之祭旗。今日上午之质询，已揭序幕，来日更有大难之将至矣。"②

这种情况反映，陈氏兄弟的影响已经今非昔比。

吴国桢指出："在抗日战争爆发前不久，C.C.系原有的各种影响已经开始衰退了，但他们确实控制着党的机器。不过党的高级干部并不是由他们挑选的，而是由蒋选的，我自己就是例子。我在代理外长之后，很得到蒋的信任。1944—1945 年召开了国民党全国代表大会，选举中央执行委员会时，蒋亲自提名了候选人。C.C.系尽管控制着党务，对此却没有多少发言权，但他们的影响仍然很大。在原来的名单中，蒋提名我为中央执行委员会正式委员。此时，尽管我同陈立夫曾有过短暂的密切关系，但由于我拒绝参加他们的组织，陈立夫与我不和。虽然他们还没有强大到能将我从名单上剔除，但由于与会的大多数代表属于他们的派系，所以他们没有选我为正式委员，而是选为候补委员。选取好中央执行委员会以后，就要任命国民党组织的各部部长，其级别同政府的内阁部长相同，蒋提名我为宣传部部长，陈立夫反对。事实上，过去从未有中执委候补委员出任过这么高的职位。然而陈立夫的反对是徒劳的，我还是被任命为宣传部部长了。由此可以看出，此时他们在党内已

---

① 公安部档案馆编注：《在蒋介石身边八年——侍从室高级幕僚唐纵日记》，第 505 页。
② 同上，第 507-508 页。

没有多大影响。除了党以外，蒋早已建立了一个与之相抗的组织——三青团。起初陈立夫在三青团内占有一个职位，但完全没有控制权。此外，C.C. 系在政府中的影响力几乎为零，只有教育部差不多一直由 C.C. 系的人来掌握，所以我认为，C.C. 系对那时国民政府的基本政策没什么支配性的影响。"[①]

各派系向 C.C. 系挑战，表明 C.C. 系的影响已经大大衰退。尽管 C.C. 系还控制着党的机器，但是国民党的高级干部并不是由他们挑选的，而是由蒋选的。由于各派系相互对立，蒋介石不得不出面干预。蒋对各派系首领说："你们要知道，党是我交给他们去办的，如果没有他们，党也早就完了。你们现在这样闹，反对他们，也就是反对我。至于中委选举，我自然会照顾到各方面的人物，你们放心好了。"

为了平衡各派系，蒋介石不得不一再增加中央执监委员名单，最后选出中央执行委员 222 人，候补中央执行委员 90 人，中央监察委员 104 人，候补中央监察委员 44 人，总数达到前所未有的 460 人。

七、强烈反对政治协商会议遭批评

1945 年 8 月，日本宣布投降后，政学系征得蒋介石的同意，主导了重庆谈判和政治协商会议。政学系在处理中共问题上倾向于妥协，对苏俄力主迁就，而陈氏兄弟领导的 C.C. 系则是反共强硬派，不愿中共参加政权，不愿意和谈。陈立夫声称："与其学英美，毋宁学苏联！"[②]

加之日本投降后，政学系要角独揽接收东北、台湾大权，使 C.C. 系分子无比嫉妒，遂不惜与政学系开战，掀起政潮。

为了破坏政治协商会议达成的成果，C.C. 分子指使暴徒制造了"较场口惨案"，接着又策动重庆大中学生进行反苏反共游行。在国民党六届二中全会上，C.C. 系和黄埔系少壮派对出席政治协商会议的政学系代表予以猛烈攻

---

① 《从上海市长到台湾省主席——吴国桢口述回忆》，第 242-243 页。

② 《王世杰日记》，1944 年 8 月 24 日。

击，对重庆谈判以来国民党内的重大决策进行清算。

1946年，美国总统特使马歇尔来华调停国共内战。陈立夫与陈果夫均坚决反对马歇尔的调停。陈立夫告诉马歇尔："共党系利用国人'久战而厌战'之心理，策动和谈以争取时间，并无诚意，当然不会有什么结果。"[1]

陈氏兄弟及 C.C. 系的不妥协态度，引起马歇尔的不快。马歇尔在离华声明中，斥责 C.C. 系为政府中的反动派系。对于陈立夫一味地反对政治协商会议，蒋介石也不满，当面批评陈立夫："立夫，你对政治看得太简单了！"

八、力阻三青团组党

抗日战争胜利后，国民党的腐化堕落与日俱增，蒋介石感到积重难返，有意扶植蒋经国主持三青团，以团制约、监督党，甚至改选、代替党。在蒋介石的暗示下，三青团独立组党的呼声在1946年9月召开的三青团第二次全国代表大会上达到高潮。陈立夫在南京闻讯后，拉着戴季陶，火速赶到江西庐山，向蒋进谏，力阻三青团组党，蒋介石开始很生气，陈立夫便跪在地上哭诉。陈立夫还请戴季陶进言。蒋介石权衡利弊，感到反对者太多，风险太大，始发生动摇。1947年4月，蒋介石改组政府，成立国民政府委员会，因陈氏兄弟在国际上形象极差，蒋介石为"避国际之批评"，特将陈氏兄弟排除在国民政府委员会之外。[2]

1947年9月，蒋介石在南京召开国民党六届四中全会，决定党团合并。但出乎蒋介石的预料，党团合并后的国民党，派系倾轧不仅没有停止，反而愈演愈烈，直至国民党在大陆上失败为止。

1948年年初，蒋介石不顾全国人民的反对和国民党内有识之士的阻挠，执意要"行宪"当总统。陈立夫深谙蒋意，随声附和。他还想为蒋介石控制副总统选举，写了个条子给蒋说："照美国及其他民主国家的惯例，副总统由

---

① 《陈立夫回忆录》，第349页。

② 《王世杰日记》，1947年4月18日。

总统提名，是不是就乘这个机会把钧座心中想要的人选提出来，也是很例行的，大家也不会有异议的。"但蒋介石认为孙科可操胜券，想演一出民主选举的大戏让美国人看看，于是断然宣布自由选举。于是，李宗仁与孙科、程潜、于右任等四位国民党要人宣布竞选副总统，闹得不可开交。陈立夫感叹："在组织部（长）的地位，就不能帮上述四个人中哪一个了"，以致"后来的大局受了影响"。

蒋介石当选为总统后，准备仍让最听话的政学系首领张群做行政院院长，但陈果夫、陈立夫兄弟因嫉妒政学系，向张群"提出若干苛刻条件"，逼迫张群负气出走。[①]

蒋介石闻讯后，对陈立夫大为不满。徐永昌在日记中写道："郑先生由孙哲生处回，谓蒋先生因昨日立委假投票不赞成张岳军长行政院，又因二陈提困难条件，逼迫张岳军不能不走，等二三事，遂气极，拟即下野，请王（宠惠）先生为之拟宣言云云。王先生适归国，拟下午再偕孙哲生同往劝解。并蒋先生大恨陈立夫办党无效果，一党忌妒，名为对政学系，实不啻害党国事也。"[②] 从此，陈立夫兄弟失去蒋介石的宠信。

不久，陈立夫竞选立法院副院长闲职，还不得不到处叩头求票，与以往一呼百应之气势，不可同日而语。

九、与陈诚交恶遭放逐

蒋介石 1949 年 12 月撤到台湾后，喘息未定，谋划整顿党务、政务，重新上台主政，陈立夫竭力支持。1950 年 2 月 23 日，为 C.C. 系控制的"立法院"举行谈话会，决定联名促蒋"复职"；下午国民党中常会亦作出这样的决议。陈立夫在 2 月 28 日蒋介石召开的中常委谈话会上还慷慨陈词，说现在上下均盼"总裁"复职，民意机构及民众团体均已有恳切表示，正所

---

① 《徐永昌日记》，1948 年 5 月 21 日。

② 同上，1948 年 5 月 22 日。

谓"天予人归"。古人谓："天予不取，反受其殃。"还说，几天后美国总统杜鲁门将约李"代总统"谈话，彼时或将节外生枝，故"复职"万不宜迟。蒋介石深以为然，于3月1日匆匆宣布"复行视事"。

陈立夫及C.C.派在拥戴蒋介石上台后，却又因反对陈诚组阁得罪了蒋介石和陈诚。陈诚指责陈立夫对失去大陆负有部分责任。在一次"总理纪念周"仪式上，陈诚还公开说："我们不要政治垃圾再来到台湾。"徐永昌在1950年3月5日的日记中写道："陈辞修述蒋先生要其任'行政院长'已达八次，最后直用命令式相迫，渠实不愿任此艰巨，而陈立夫与其属派不顾总裁指示，努力反对，殊属可恶。其实制彼只要两警察耳，反复言之，对立夫大有不可终日之势。当劝以顺其自然，即通不过亦焉知非福。"

由于C.C.派占多数的"立法院"反对陈诚任"行政院长"，闹成僵局，以致徐永昌在日记中说："余等咸焦虑万一'立（法）院'通不过陈（诚），蒋先生负气出走，或陈（诚）竟怨尤（陈）立夫等，发生暴行，皆大影响于台湾之守备，阎（锡山）先生且忧通不过陈（诚）时，渠将何以自处？"[①]

阎锡山是现任"行政院院长"，蒋介石想让他将"行政院长"交给陈诚。在蒋介石、陈诚的高压下，陈立夫及其C.C.派不得不让步，3月8日"立法院"以388票对306票的多数同意陈诚任"行政院长"。"立法院"通过陈诚任"行政院长"后，陈诚与陈立夫的关系一时缓解。在答谢宴会上，陈诚还即席说了这样的话："以往人皆以C.C.系称果夫、立夫二先生，今后则可代之以立夫兄与余。"

然而，好景不长。蒋介石和陈诚都想在台湾实行"战时体制"，意欲停止"立法院"经常开会，并取消"行政院"对"立法院"负责的条款。蒋介石召陈立夫谈话的次日，"行政院"即行文"立法院"请予授权。但"立法院"数百委员不愿拱手交权，断然予以否决。陈诚认为，陈立夫及其C.C.派

①《徐永昌日记》，1950年3月6日。

遇事作梗，很生气，声言"此后'行政院长'除立夫外无人可担任，本人决即辞职，院会亦即休会"。

陈诚随即去见蒋介石，要求辞职。蒋问为什么？陈诚回答："连陈立夫这些人都要捣蛋，我不干了！"

蒋说："才组阁怎能不干呢？"

于是，陈诚便向蒋介石提出："叫陈立夫出国！"

一天，陈诚发请帖约 C.C. 系大将余井塘、张道藩二人吃饭，余、张知道陈诚此举必有其他用意，遂在饭后问陈诚："'院长'有什么事，请指示吧！"

陈诚对余、张说："我请你们传达我的一句话，陈立夫是个混蛋！"

陈诚急不择言，对陈立夫的愤恨达到了极点。在这种情况下，蒋介石决定整肃以陈立夫为首的 C.C. 系。

1950 年 7 月 26 日，蒋介石宣布中央改造委员会名单，16 位改造委员中，没有陈立夫的名字。在安慰性的中央评议委员会中也没有陈立夫的名字。陈立夫知大势已去，试探地向蒋介石提出出国请求，蒋一口答应，并批给他 5 万美元。据说蒋介石限陈立夫 24 小时出国。陈黯然神伤，向蒋表示：今后再不任任何官职，也不登记为本党党员。

陈立夫离开台湾前，向宋美龄辞行，宋送给他一本《圣经》，说："你在政治上负过这么大的责任，现在一下子冷落下来，会感到很难适应，这里有一本《圣经》，你带到美国去念念，你会在心灵上得到不少慰藉。"

陈立夫指着墙上的蒋介石像，言语低沉地表示："夫人，那活的上帝都不信任我，我还希望得到耶稣的信任吗？"

8 月 4 日，陈立夫夫妇以赴瑞士参加世界道德重整会之名，离开台湾，旋即远赴美国，在新泽西州湖林城定居，与旧友胡定安合资开办养鸡场。

对于陈立夫的出国，徐永昌有如下的评论："蒋先生在南京时已恶 C.C. 派之无能，到台后 C.C. 派愈为（三青）团方排挤，所以前时陈立夫之出国，毋宁是放之四夷。"①

十、晚年致力于中国统一大业

1951 年 8 月，陈果夫病逝于台湾，陈立夫未能返回台北料理丧事。陈立夫在美国养鸡度日，使蒋介石十分难堪。蒋经国曾六次受命写信给陈立夫，先后要他出任台湾"驻联合国代表""驻日大使""考试院长""驻西班牙大使""驻希腊大使""巡回大使"，陈立夫均不为所动。蒋介石还派专人到美国给陈立夫送"浙字第一号党证"，不允陈立夫退党，并任其为国民党中央评议委员会委员兼主席团成员。

1961 年 2 月，陈立夫经蒋介石允许，回台湾探视年迈的父亲，受到"副总统"陈诚和蒋经国等人迎接。陈立夫返台不久，其父即病逝，陈立夫回台湾料理完丧事后，又悄然返美。

1968 年 4 月，陈立夫返台定居，蒋介石让他担任"总统府资政"、国民党中央评议委员、"中华文化复兴运动推行委员会"副会长、孔孟学会理事长等职务。

晚年的陈立夫致力于中国统一大业，并与以李登辉为首的"台独"势力进行了力所能及的抗争。

---

① 《徐永昌日记》，1952 年 12 月 30 日。

第三节　新 C.C. 系主帅朱家骅

朱家骅是国民党内学者型的官僚之一，历任党政要职。在蒋介石的支持下，朱家骅在 1939 年 12 月至 1944 年 5 月任中央组织部部长时造成自己的派系力量，与陈果夫、陈立夫经营多年的 C.C. 系势力相抗衡，成为新 C.C. 系的主帅。

一、以学者身份从政

朱家骅（1893—1963），字骝先，浙江吴兴人。生于 1893 年 5 月 30 日（清朝光绪十九年四月十五日），幼年和青年时代先后就读于吴兴私塾、南浔镇正蒙学堂、南浔公学，上海同济德文医学校（今同济大学的前身）。在上海求学期间，因受宋教仁、于右任等著名革命党人的影响，在上海租界发起成立"中国敢死团"，自任团长。辛亥革命爆发后，朱家骅率领敢死团成员前往武汉，担任战地服务。1912 年 2 月，南北和议成功，朱家骅返

朱家骅

回同济医工学校工科学习。1914 年自费赴德国留学，先后就读于柏林矿科大学、瑞士伯尔尼大学、沮利克大学、柏林大学，1922 年 10 月获柏林大学地质学博士学位。[1]1924 年春回国，受聘为北京大学地质系教授兼德文系主任，时年 32 岁。

1926 年 7 月，朱家骅应聘到广州中山大学任地质学教授兼系主任。同年 10 月，中山大学领导班子改组，戴季陶出任中山大学委员长，顾孟余为

---

① 胡颂平：《朱家骅先生年谱》，台北传记文学出版社 1985 年版，第 7 页。

副委员长，朱家骅、徐谦、丁惟汾等为委员。因为其他人都另有重要职务，中山大学的行政事务事实上由朱家骅一手处理。同年12月，中国国民党广州政治分会成立，李济深任分会主席，戴季陶等任委员，经戴季陶推荐，朱家骅出任广州政治分会秘书长，于是朱家骅从教育界跨入政界，开始了政治生涯。因参与广东的"清党"，受到戴季陶的赏识。朱家骅成为戴季陶的追随者，并因戴的推介而为蒋介石所重用。

之后，朱家骅历任广东省政府委员兼民政厅厅长、浙江省政府委员兼民政厅厅长。在浙江省民政厅厅长任上，因与浙江省政府主席张静江发生严重的权力冲突而闹翻，在浙江无法立足。朱家骅向戴季陶诉苦，求为成全之计。这时戴季陶担任国民政府考试院院长，仍兼中山大学校长。为了调和朱、张矛盾，戴便将他兼任的中山大学校长职务让给朱家骅。朱忍痛离开他悉心经营的浙江。1930年9月，朱家骅回广州任中山大学校长；同年12月调任中央大学校长。1931年4月，朱家骅又兼任了管理中英庚款董事会董事长。

1931年12月，朱家骅当选为国民党中央执行委员。1932年4月出任教育部长。同年11月调任交通部长。当时交通部已经亏空2000多万元。朱家骅到任后，先后主持召开了全国邮政会议、全国电政会议，采取了一系列整顿措施。他还促成粤汉铁路株洲至韶关段的修建，工程所需要的3500多万元全部从他管理的中英庚款中拨付。

1932年秋，朱家骅向蒋介石建议邀请德国原国防军参谋长、总司令赛克特将军来中国游历，因为朱家骅知道这位将军一个最大的爱好，就是赴世界各地游览。蒋介石采纳了朱家骅的建议，通过合适的渠道，向赛克特发出了邀请。1933年1月27日，赛克特从德国来到上海，朱家骅到码头迎接，随后陪同赛克特前往江西庐山见蒋介石，朱家骅充当翻译。赛克特在中国游历一段时间后，给蒋介石留下了一份《陆军改革建议书》，然后返回德国。1934年3月，赛克特第二次来华，接替佛采尔任德国军事顾问团总顾问。朱家骅因为有留学德国的背景，及与德国上层人物的人事关系，他实际上已成为蒋介石对德国外交的最重要顾问。

1936 年 1 月 5 日，中央研究院总干事丁文江在长沙去世，朱家骅在各方敦促下接任总干事。院长蔡元培长期居住在上海，很少过问具体事务，总干事成为中央研究院的实际领导。

二、进入蒋介石核心幕僚圈

1935 年 11 月，朱家骅担任国民党中央政治委员会代理秘书长，成为蒋介石的核心幕僚。1936 年 12 月，改任浙江省政府主席兼民政厅厅长。1937 年 7 月，抗日战争爆发。浙江首当其冲，面对强寇压境之势，身为文人的朱家骅感到难以应付，蒋介石随即派军人出身的黄绍竑接替朱家骅。同年 12 月，朱家骅离开浙江前往战时首都武汉。1938 年 3 月，蒋介石任命他为军事委员会新设立的参事室主任。参事室是蒋介石的智囊团性质的机构，参事有陈豹隐、张忠绂等，朱家骅经常约请各方面人士和社会名流研讨国内外时事，提供蒋介石参考咨询。4 月中旬，由王世杰接任参事室主任。

1938 年 3 月，国民党在武汉召开临时全国代表大会，推举蒋介石为国民党总裁，蒋介石提名朱家骅为国民党中央党部秘书长，稍后又依照惯例兼中央调查统计局（简称"中统"）局长、三青团中央干事会常务干事，成为国民党统治集团的核心成员。

朱家骅走马上任中央党部秘书长后，第一件大事就是负责筹备成立战时民意机构——国民参政会，并提出参政会成员的初步名单，得到蒋介石首肯。1938 年 4 月，朱家骅又指定黄季陆等草拟了《防止党外政治团体活动办法》，通饬国民党各级党部遵照执行。

朱家骅在任中央党部秘书长期间，对沦陷区的秘密工作十分重视，秘密请沈兼士在北平以私立辅仁大学为掩护，得英千里、董洗凡等人协助，成立华北文教办事处，专门联络平津一带的学术文化界人士，从事抗战的地下活动工作；派吴绍澍主持上海三青团的地下工作；派蒋伯诚、吴开先负责上海地下党务；派林尹负责汉口地下党务工作；在重庆成立中央文化驿站，有计划地把大后方各界出版的刊物运送到敌后工作者手中，使之能了解我国抗战的发展形势及政府的各项政策。

当朱家骅接到北平地下工作人员密报，说日本人正在包围吴佩孚，要其出任伪职时，尽管他与吴佩孚以前没有任何交往，但是依然几次密电吴佩孚，鼓励其以民族大义和个人名节为重，敦促吴佩孚不为日寇所用，从而使他保持了晚节。[①] 此外，朱家骅还多次派出国民党党务人员分别到沦陷区甚至到吉林、大连等地工作。

三、另起炉灶，组建国民党新 C.C. 系

1939 年 12 月 1 日，朱家骅调任国民党中央组织部部长，仍兼中统局局长。

朱家骅出任组织部长，舆论认为是国民党人事上的一大变化。有人写信给胡适称："骝先先生近调长组织部，雪艇（王世杰字）先生长宣传部，此为数年来国民党中一大变动，前途如何，尚难预测也。"[②]

自 1927 年国民党政权建立以来，国民党组织大权一直为 C.C. 系的陈果夫、陈立夫、张厉生等人把持。C.C. 系的人大都是不学无术的党务官僚，留给人们的印象极差。朱家骅是学者出身的官僚，知名学者傅斯年说朱家骅"为人善与各人要好"，能够"礼贤下士"，在知识分子中的形象比较好。同时，朱家骅与 C.C. 系的关系也很密切，陈果夫、陈立夫视朱家骅为同辈先生，以宾友相待，不让他参加带有人格侮辱性质的宣誓效忠仪式。朱家骅出任中央党部秘书长、中央组织部部长，陈氏兄弟将其当作自己人，而不怀疑有它。但朱家骅上台后，虽然表面上对陈氏兄弟仍非常尊重，但实际上已不愿继续充当 C.C. 系的附庸，开始大力提拔和培植自己的亲信，建立自己的

---

① 胡颂平：《朱家骅先生年谱》，第 47 页。

② 《胡适来往书信选》中册，第 445 页。

班底。

朱家骅上任后，以他的中山大学、中央大学学生和他在广东、浙江等省及教育部、交通部任职时的一些部下为基础，并收罗了原丁惟汾派、改组派等各派系的部分成员，建立起自己的派系，自立门户。

朱家骅首先对中央组织部来了个大换班，撤换老 C.C. 系分子，以自己的亲信接替。如中组部秘书除庞镜塘留任外，其他人全部去职，另调自己的亲信王启江、甘家馨为秘书。以陆翰芹为普通党务处处长，甘家馨兼战地党务处处长，王懋勤为党籍登记处处长，汪一鹤为总务处处长。只有军队党务处处长周兆棠和边疆党务处处长李永新留任。稍后，朱家骅又成立党员训练处，以田培林为处长；党员训练处下设人事、会计、统计、专员四室，负责人也都是他自己的亲信。为了在教育系统和知识分子中扩展党务，朱家骅又成立了学校党务科，先后以杜元载、杨西昆任科长。朱家骅"极力发挥新办法"，发展了不少大学教授加入国民党，就连有中国自由主义堡垒之称的西南联合大学也建立了国民党、三青团组织，姚从吾、陈雪屏等教授成为党团负责人。

同时，朱家骅又将各省市党部书记长调入中央"受训"，而派其亲信代理。朱家骅排挤老 C.C. 系，打出的是学术水准牌，朱家骅指示说："各方面推荐来的只要是人才，对党有热情的，都要量才器使。党的工作人员，不仅要重视他们在党的历史，更应重视他们的学术水准；如只重历史，党将没有新生；如只讲学术，那么过去对党有贡献的，无以激励与慰藉。"[1]朱家骅用所谓的学术水准去对付陈氏兄弟 C.C. 系的党内资历，以建立起自己新的派系力量。

为此，朱家骅决定将中山大学作为培植自己派系力量的基地。他在中山大学发表《中山大学是党的大学》的演讲，提出："总理为完成国民革命的使命，决心培养革命干部，创办黄埔军校和中山大学。""中山大学所负的使命

---

[1]　胡颂平：《朱家骅先生年谱》，第51页。

和其他的国立大学，是有点不同的。总理手创的大学，总理在那里演讲三民主义的大学，本党第一次全国代表大会也是在那里举行的大学……中山大学的历史背景，使中山大学成为党的大学。"①

本来国民党的党校是陈果夫、陈立夫兄弟控制的中央政治学校，而朱家骅却极力把中山大学说成是"党的大学"，显然是要以中山大学取代中央政治学校，作为自己培植派系力量的基地。

朱家骅在中央组织部长任上，援引了不少学术界人士，被称为"学人报国的最盛时代"②。

经过几年的经营，朱家骅终于建立起了自己的派系力量，被称为新C.C.系。陈氏兄弟苦心经营的老C.C.系受到严重威胁，引起他们的恐惧和不满。陈果夫大骂："朱骝先太不像话，怎么单对我们的人开刀。而我们的人中也有些失节之徒跑到朱家，真是人心大变。"

老C.C.系很快发起反击，与朱家骅派展开激烈的争夺。无论在哪个阵地上，老C.C.系与朱家骅的新C.C.系都互不相容。根据长期担任国民党中央办公厅执行委员会秘书的王子壮观察，新老C.C.系的争斗十分激烈，尤其是地方上争斗几乎使国民党党务陷于瘫痪。王子壮在1944年3月31日的日记中写道："蒋先生对于其干部，似采牵制政策，果夫、立夫组党十年而有所组织，自然在党中形成一个力量，朱骝先来长组织，因其在学界政界均有相当之地位，故其措施不能悉循旧轨，于是下级冲突公然暴露，如河南、陕西、山东等省均因此而至工作于停顿，更谈不上下级之健全。"③

在朱家骅下台的前三天，军事委员会军令部长徐永昌在日记中就朱家骅新C.C.系与二陈老C.C.系的争斗写下了如下的一段感叹："知陈（陈果夫、

---

① 王聿均等编：《朱家骅先生言论集》，第282-283页。

② 胡颂平：《朱家骅先生年谱》，第51页。

③ 王奇生：《党员、党权与党争：1924—1949年中国国民党的组织形态》，第322页。

陈立夫）、朱（朱家骅）斗争之暗潮已尖锐化，党内无派之言，又如何能说耶？"①

蒋介石被他们闹得头昏脑涨，以至于在国民党中央党部某次纪念周上大发脾气，说："现在有些人一天到黑互相吵闹，我看闹垮了，还闹什么。"②

四、献九鼎失去组织大权

朱家骅的新 C.C. 系，是在国民党内派系发育已经十分成熟的背景下自立门户的，他必须搞垮旧 C.C. 系才能确立自己的派系地位。但朱家骅缺乏这样的实力。朱家骅与蒋介石的关系远不如陈氏兄弟亲密，本人也缺乏足够的才干和魅力，朱家骅最终败于陈氏兄弟是不可避免的。

1943 年 1 月 11 日，中国与美国、英国分别签订《中美新约》和《中英新约》，宣布废除历史上强加给中国的不平等条约，取消在华特权，无疑这是中国近代外交史上的一件大事。朱家骅主办的"党务工作人员训练班"提议向蒋介石献九鼎。九鼎，在中国古代社会里一直是象征国家政权的传国之宝。《史记》称："禹收九牧之金，铸九鼎，象九州。"因此，献九鼎本来是一种很陈腐的思想意识，但朱家骅作为组织部长却欣然拍板同意，并向蒋介石作了报告，蒋不置可否，实际上是默许了。朱家骅随即下令成立献九鼎筹备委员会，由故宫博物院院长马衡设计并监制，刘起釪、顾颉刚起草九鼎铭文，铭文为："于维总裁，允文允武，亲仁善邻，罔或予侮。我士我工，载欣载舞，献兹九鼎，宝于万古。"

九鼎由重庆民生机器厂铸造。九鼎形式、大小、花纹一模一样，每个鼎高约三十公分，重十几斤。1943 年 11 月 6 日，在重庆复兴关中央训练团纪念周活动上进行献九鼎预演时，蒋介石却突然变脸，将朱家骅大骂了一顿，蒋介石怒斥朱家骅："这是无耻！""太糊涂！是侮辱我！"随后蒋介石走到

---

① 《徐永昌日记》，1944 年 5 月 22 日。
② 《文史资料选辑》第 45 辑，第 254 页。

主席台上，怒气冲冲地说："今天的这种行为，是给我一次侮辱！这种做法，不仅给我侮辱，也给党侮辱，怎样对得起总理在天之灵？"稍停，蒋又虚情假意地做检讨："代表们远途跋涉，辛苦了。这件事，是我们中央负责人做错了，我也有责任。我看到签呈（指朱家骅关于献九鼎的呈文）时，没有批'可'，只批了一个'阅'字，意思是做一点纪念品是可以的，而你们这么劳民伤财，轰动全国，实在是愚蠢无知。"蒋介石的这番话，等于承认了献九鼎，他事先是清楚的，并且首肯了的。

蒋介石为何突然翻脸呢？原来在铸鼎和选礼仪小姐献鼎时，消息已不胫而走，闹得陪都重庆人言啧啧，舆论一片哗然。冯玉祥说：

有一天我到重庆下边一眼望得见的一个造船厂里去讲话，这个厂的主人就是卢作孚。我对员工们讲完了话，他领着我去参观。他指给我看，这是预备献给蒋介石的九个铜鼎。我看每一个鼎高有二尺半，直径也有二尺，鼎上还雕刻着许多花纹。我问："这是谁出的主意？"

旁边一个人说："这是蒋自己出的主意，他要这样办，谁敢驳回他呢？"

我记得中国古书上有一篇书叫"楚子问鼎"，楚子是楚国的国王，他在公、侯、伯、子、男五个爵位里头，是子爵，所以称为楚子。一个子爵当然够不上做皇帝，然而他却要问九鼎，问九鼎就是想做皇帝，因为九鼎象征九州，有了九鼎就是有了九州，就是有了全国。楚子问鼎有多高，多大，多轻，多重，周家的官吏说："在德不在鼎，不得民心，人民若怨恨你，就是有了九鼎，也不会有用的。最好，你不问鼎为是。"因为有这一篇文章，中国人多少年来，都拿着九鼎当作皇帝的象征，这个故事在中国没有一个不知道的。蒋介石虽然读书少，无知识，这个故事总不会不晓得的。但是他的脑子，非常守旧，他虽然是20世纪的人，可是他的思想，总是在十七八世纪之间，他一定暗示他的部下献九鼎，他的动机，不问可知。过了两个月，鼎全做好了，就规定了一个日子，在中央训练团里献鼎。这件事忽然被美国的报纸登载出来："蒋介石叫人们给他献九鼎，这是预备做皇帝。"

蒋一看见这段消息，首先把美国的新闻记者和美国的报纸大骂一顿，然后在训练团把朱家骅他们假意地骂了几句。朱家骅的喽啰当然也在那里骂："你不叫我们献九鼎，我们就会献了吗？现在美国报纸骂你了，你就发脾气来骂我们，你骂吧，我们都不干了。"就在那几天，许多人上辞呈。蒋介石一个个地找去，对他们说："骂你们是给别人听的，我心中还说你们做得好，做得对。"那些人们一个个的更撒起娇来。就这样过了两三个星期，才把这段事平妥下去。①

冯玉祥是蒋介石的政敌，他的话不一定完全准确，但也可以从中看出，献九鼎一事引起了美国新闻记者的注意。

军事委员会军令部长徐永昌也在日记中写道："今日献九鼎，蒋先生应却而不之却，徒损其大。献者不以德爱人，徒增国家之陋。"

在这个时候，陈立夫为了破坏朱家骅的献鼎之举，以引起蒋介石对朱家骅的恶感，故意对蒋介石说："这是帝王思想，外边批评不好。"②这样一来，蒋介石再也不好坦然接受九鼎，一场闹剧被迫草草收场。

对于蒋介石断然拒绝接受九鼎之举，徐永昌等人大加赞赏。他说："民四初闻筹安会之名词，以为袁总统会将赫然震怒，以是非大明于世，不意其渐至于自谋之。张勋复辟前，余也以为断不会再有此胡【糊】涂事，卒至龙旗遍衢，方觉果有此笑话出现。九鼎固微，然献者之心至危；昔日理想的赫然震怒乃见于此应见之时，蒋先生诚大惬人意，谁曰我中华民国未进步？"

唐纵也在日记中说："（11 月 7 日）上午中训团开学，组织部将举行献鼎典礼。委座以工料甚贵，典礼隆重，大怒。责备朱部长不是，此时前线将

---

① 冯玉祥：《我所认识的蒋介石》，第 163-164 页。

② 《郭汝瑰回忆录》，第 163 页。

士浴血抗战，何能如此耗费，作此无益之事。时贤多赞委座英明。"①

对于始作俑者朱家骅来说，真可以说是碰了一鼻子灰，此举成为这位学者出身的国民党官僚一生中的最大败笔。蒋介石的侍从室主任陈布雷说："当朱骝先献鼎时，我事先说过，不必如此做。我意古人说鼎革，是先革而后有鼎。现在国家仍多难，暴日入侵，以鼎为献，非其时也，且易引起陈旧意识。但朱骝先没有接受我的意见，所以后来受到委座的责骂。"②

1944年春，朱家骅下令下级党部恢复选举制度。C.C.系抓住这个机会极力攻击朱家骅动摇党的根基，终于促使蒋介石下了撤换朱家骅的决心。③

1944年5月26日，在国民党五届十二中全会的最后一天，蒋突然提议以陈果夫重任中央组织部部长。陈果夫兄弟重新掌握中央组织部后，将朱家骅新C.C.系的人马全部清洗出去，新C.C.系也随之烟消云散。

五、主管教育四年

1944年11月，朱家骅调任教育部部长，其时正值日军向我国中原和西南发动猛烈攻击，北起河南，南迄广东、广西、湖南、贵州的大片国土均沦为战区。如何在大后方安置从这些地区撤退出来的成千上万的教职员和学生，一时成为教育部的中心工作。朱家骅招收河南、江西、湖北、湖南、广西、广东和贵州等省战区的流亡师生41000余人，分别在安全地带设立进修班或战时中学、联合中学来安置他们读书，全部实行公费。④这对于支持长期抗战及对我国学术文化事业的赓续，影响至为重大和深远。

1945年8月，日本宣布投降。朱家骅立即向收复区教育界发表广播演

---

① 公安部档案馆编注：《在蒋介石身边八年——侍从室高级幕僚唐纵日记》，第389页。

② 王泰栋：《陈布雷外史》，第145页。

③ 胡颂平编《朱家骅先生年谱》指出，朱家骅辞去组织部长的原因是："先生要把下级党部的选举制度恢复过来，引起党内部分人士的不谅，先生辞职。"见该书第56页。

④ 胡颂平：《朱家骅先生年谱》，第57-58页。

讲，要他们维持现状，听候接收。同时颁布《战区各省市教育复员紧急办理事项》十四项，在收复区分设教育复员辅导委员会，协助各地行政当局办理教育善后工作。

9月20日，朱家骅主持召开全国教育善后复员会议，决定专科以上各院校及研究机关应依据各地人口、经济、交通、文化等条件，一面注重全国教育文化重心的建立，一面顾及地理上的平衡发展，酌予调整，作合理的分布。9月底，朱家骅派蒋复璁为京沪区教育善后复员特派员，沈兼士为平津区教育善后复员特派员，辛树帜为武汉区教育善后复员特派员，王季高为青岛区教育善后复员特派员，臧启芳为东北区教育善后复员特派员，张云为广州区教育善后复员特派员，负责各地的复员接收。

与此同时，朱家骅决定将敌伪时期各院校的肄业学生集中收容，集中到临时大学给予训练，任命王书林为南京临时大学补习班主任，李寿雍为上海临时大学补习班主任，陈雪屏为北平临时大学补习班主任，其他各地也办了补习班。1946年暑期补习班期满，通过甄审，成绩及格的，分发正式学校继续肄业。如伪政府在沦陷区办理之"北京大学"和"中央大学"，朱家骅督饬教育部派员接收，改为北平临时大学和南京临时大学，两校学生经甄别考试后，分别编入复员返回的北京大学和中央大学，然后将两临时大学撤销。已毕业的，呈缴专门学科的论文及读书报告经教育部审查合格的，颁给毕业证书。[①]

对于沦亡50年的台湾各学校和伪满洲国时期东北的学校，朱家骅主持改变其中的学制及课程，实行全国统一的学制和课程。同时在长春组建长春大学，东北大学则由四川三台迁回沈阳。教育部在各地聘请大批教师充实和改造台湾大学。

1946年春，在西南西北的各大学、专科学校以及战时新设立的大专院校，纷纷准备复员；教育部在战时设立的34所国立中学，有大批教职员工

---

① 胡颂平：《朱家骅先生年谱》，第60页。

及学生需要复员返回原省安排处理。有一些学校在迁回原地的同时，留下部分师生设立新校。如组成西南联大的清华、北大和南开三校，分别迁回北平和天津，但留有小部分师生在昆明成立昆明师范学院。在抗战时期新设立的学院，有的在收复地区选定校址，如在重庆的国立音乐学院迁到南京古林寺，1939 年成立于四川璧山的国立师范学院与国立商学院则并入湖南大学，成为湖南大学商学院与师范学院。

对于战时参加青年军和远征军的 10 万名大学生的退役复学问题，朱家骅经过与有关方面的研究和磋商，确定凡高中三年级学生参军者，公费保送入大学；凡大学在校学生参军者，升入本校高一个年级续读，修完规定学分毕业。不能回原校者，由教育部保送分发至各大学就读。

战后教育的复员和整理工作，千头万绪，复杂纷繁，在朱家骅和教育部全体人员的努力下，于 1946 年获得全部妥善的处置。至 10 月，各级学校按正常的秩序先后开学上课。

由于蒋介石不顾全国人民要求和平建设的意愿，在美国的支持下悍然发动全国内战，实行独裁专制统治，促使民主运动在学生中蓬勃开展起来。1946年 12 月，驻北平美军士兵皮尔逊强奸中国女学生沈崇的严重事件，激起了全国广大学生纷纷罢课示威游行，开展反美抗暴爱国运动，持续三个月之久。而国民党把经费主要用在内战的军事上，致使教育和科研经费一减再减，一些大学的师生遂举行罢课，要求增加学生公费和提高教师待遇。1947 年 5 月，平、津、京、沪、杭等地学生，纷纷发起了反内战、反饥饿、反迫害的罢课游行，学生运动形成了高潮。身为教育部部长的朱家骅首当其冲。

5 月 18 日，中央大学的学生赴教育部请愿要求增加教育经费与增加学生公费时，朱家骅对学生说："现在是戡乱时期，一切只能本着戡乱的需要为前提。"这一下激怒了学生，大家打碎教育部办公楼的玻璃门，冲进办公室要打朱家骅。由于工作人员的护卫，朱家骅虽然没有挨打，却被弄得狼狈不堪。

20 日，南京、上海、苏州、杭州的 16 所大专学校代表 6000 余人在南京举行"挽救教育危机联合大游行"。此后学生运动更加扩大，遍及 60 多个大城市。朱家骅四处奔走，竭力加以压制。朱家骅私下告诉友人："年来承乏教育部，实已心力交瘁。"

1948 年 12 月，朱家骅辞去教育部部长，改任行政院政务委员。

1949 年 1 月 21 日，蒋介石宣布"引退"，由副总统李宗仁代总统职务。朱家骅对蒋介石说："总统已经决定了，我无话可说；不过我是不赞成的，这个做法不好。"蒋回答："你将来到溪口来谈。"[①]

不久，一批立法委员写信给行政院长孙科，劝他接受中共提出的和谈条件，并且在报纸上公开发表了这封信。这批立法委员有许多与朱家骅有很深的关系，朱家骅从报纸上看到这封信后，"大大的生气了"。[②]

不久，朱家骅到南京，约一些立法委员谈话，朱家骅反复强调："无论如何，要大家和共产党奋斗，必须在一个反共的目标之下团结起来，绝不可自乱步骤。"[③]表明了他自己与共产党誓不两立的态度。

2 月 20 日以后，代总统李宗仁邀请一批立法委员和国民党高级干部商讨和谈问题。在听了主和派人士张治中、邵力子等人的发言后，朱家骅立即站起来反驳，并将少壮派黄宇人狠狠责备了一番。谈话会后，郑彦棻对朱家骅说："今天听了先生这番话，才知道前些时几位立委联名写给孙科的信，不是先生的本意。"

1949 年 6 月 12 日，朱家骅又担任了行政院副院长（院长为阎锡山）。在国民党政权即将崩溃的前夕，朱家骅一面策划将中央研究院搬迁去台湾，一面策划将北平故宫博物院的珍贵文物搬迁去台湾，后来台湾当局将这些文物在台北建立了"故宫博物院"予以保存。朱家骅还策划将全国著名的知识

---

① 胡颂平：《朱家骅先生年谱》，第 75 页。

② 同①，第 76 页。

③ 同①，第 77 页。

分子动员到台湾去，他任命傅斯年为台湾大学校长，很快动员了一批重要的知识分子去台湾，如胡适、蒋梦麟、梅贻琦等。这些措施，可以说奠定了台湾现代文化学术的基础。

六、惨淡经营"中央研究院"

1949 年 12 月 8 日，朱家骅与阎锡山、陈立夫等从成都飞往台北，他们是国民党残余政权最后离开大陆的一批要员。去台湾后不久，朱家骅辞去"行政院副院长"，改任"总统府资政"，从而摆脱了参与实际政治。

1950 年 7 月，朱家骅创办大陆杂志社，自任董事长，发行《大陆杂志》，董作宾任发行人，杨公达为社长，田培林为总编辑，这些人都是他的亲信老部下。

朱家骅竭力张罗在台湾重开"中央研究院"，但蒋介石只批给 58 人的编制，每月所拨的经费只合 2000 美元，无异于杯水车薪。朱家骅惨淡经营，勉强维持历史悠久的历史语言所和数学所。其后又相继建立了民族所等 5 个所。1957 年 9 月，朱家骅辞去"院长"职务。

1963 年 1 月 3 日，朱家骅病逝于台北。蒋介石颁了"怆怀勋硕"挽额。3 月 25 日，"总统"蒋中正、"行政院长"陈诚联名颁布了"褒扬令"："'总统府'资政朱家骅，学术湛深，器识宏远。早岁笃志革命，任事陈列。北伐以来，历任广东省民政厅长、教育厅长，浙江省民政厅长，国立中山、中央大学校长，教育部长，交通部长，浙江省政府主席，考试院副院长暨行政院副院长等职。宣勤政教，佐理枢衡，建树孔多，勋劳懋著。其间代理'中央研究院'院长，再历艰难，善为规划。综其生平，历膺繁剧，卒有声称。复致力国民外交，先后主持中德文化协会及'中华民国'联合国同志会，咸征绩效。当兹复兴之会，干略夙昭，方资倚畀，遽闻溘逝，轸悼殊深。应予明令褒扬，以示政府笃念勋荩之至意。此令。"[1]

---

① 胡颂平：《朱家骅先生年谱》，第 109 页。

第五章　两大超级"财神"

财政、金融及经济是任何一个政权存在的基础。国民党统治大陆时期，宋子文、孔祥熙是蒋介石在财、政金融及经济活动方面的主要助手，他们是两个最大的"财神"。

第一节　"国舅"宋子文

宋子文是民国一代理财家、金融家，也可说是政治家。他一生的事业，与他的二姐夫孙中山和妹夫蒋介石紧密相连，可以说完全是以裙带关系而发迹成为财神爷的。

一、初露理财本领

宋子文（1894—1971），祖籍广东（今海南）文昌，1894年12月4日（清光绪二十年十一月八日）出生于上海。其父宋嘉树，早年赴美国学徒经商，曾在美国北卡罗来纳州的威尔明顿接受基督洗礼，并取英文名"查理斯·琼斯·宋"（Charles Jones Soon），从此成为一名虔诚的基督徒。1886年宋嘉树回国，在上海南卫理公会当牧师。在传教之余，宋嘉树开始从事实业，并成为孙中山领导的中国资产阶级民主革命的热心支持者，与孙中山是很好的朋友。宋嘉树的夫人倪桂珍，祖籍浙江余姚，是明代著名科学家徐

宋子文

光启的第 17 代后人，是一名天主教新教徒，17 岁毕业于上海西门培文女子学堂。宋嘉树夫妇育有三男三女，从长到幼分别是宋蔼龄、宋庆龄、宋子文、宋美龄、宋子良、宋子安。宋氏三姊妹分别嫁给了孔祥熙、孙中山、蒋介石。宋氏一家，成为民国一代最显赫的家族。

宋子文早年求学于上海圣约翰大学，1912 年 10 月，经上海临时稽勋局呈请中华民国临时大总统袁世凯批准，公费派遣赴美国留学，先入哈佛大学主修经济。1915 年从哈佛大学毕业后，转入哥伦比亚大学继续深造。

1915 年 10 月 25 日，宋子文的二姐宋庆龄在日本东京与中国资产阶级民主革命的领袖孙中山结婚。但此时孙中山领导的革命正处于低潮，孙中山和他的革命同志正处在颠沛流离之中。宋子文 1917 年学成回国后，并没有去投奔孙中山，而是企图独闯天下。他曾任汉冶萍公司上海办事处秘书，不久调任汉阳总公司会计处科长。后又到上海联华商业银行、大洲实业公司、神州信托公司任职。宋子文闯天下并不顺利，1918 年父亲宋嘉树去世，留下的家产虽足以维持小康，但说不上富裕。据说，宋子文曾与中国第一代官僚资本家盛宣怀之女恋爱，结果遭到财大气粗的盛家的奚落。宋子文早期经历的挫折说明，一个人事业的成功，个人的才干固然重要，但家族及其他社会关系的提携也极为重要。

孙中山于 1923 年 2 月 21 日回到广州，设立大本营，任陆海军大元帅。不久，宋子文前往广州投奔二姐夫孙中山。4 月 24 日，孙中山委任宋子文为中央银行筹备员。宋子文从此步入政坛。1923 年 5 月 29 日，宋子文担任了中央银行副行长，10 月 27 日又兼任两广盐务稽核所经理。1924 年 8 月 2 日，担任中央银行行长。宋子文在美国名牌大学学到的经济和金融才能从此有了施展的机会，他一手创建了广州革命政府统一的金融中枢。

1925 年 3 月 12 日，孙中山在北京病逝。此时，宋子文已经在革命政府内站稳了脚跟。1925 年 7 月 1 日，孙中山的大元帅府改组为中华民国国民政府，简称广州国民政府，宋子文除继续担任中央银行行长外，还兼任了广东商务厅厅长、广东省务会议委员、两广盐务稽核所经理、广东财政厅厅长等职。1925 年 9 月 21 日,出任国民政府委员,9 月 22 日,被广州国民政府特任为财政部长。这样,30 岁不到的宋子文成了广州国民政府财政、金融界的领袖。经过宋子文的努力,统一了广东的财政、金融,为广州国民政府的壮大和北伐的胜利进军奠定了经济基础。

二、与蒋介石的分与合

蒋介石 1924 年出任黄埔军校校长,通过黄埔练军,蒋介石迅速上升为广州国民政府的军事、政治领袖。这一时期,宋、蒋之间只是一般的工作关系。据说,宋子文对蒋介石的印象不坏,蒋介石支持宋子文统一广东财政。1926 年,蒋介石发动"中山舰事件"之后,宋子文表示过赞成增加蒋的权力。不过,吴国桢也指出:"在广州的日子里,他同蒋没什么芥蒂,那时他对汪精卫比对蒋友好的多。我感到与其说他与蒋有什么不和,不如说他对汪精卫比对蒋更亲密。"①

随着北伐的胜利进军,蒋介石的右派面目逐步暴露,与国民党左派的矛盾越来越尖锐。1926 年 11 月,国民党中央党部和国民政府应蒋介石的请求,决定从广州迁往武昌。11 月 16 日,国民政府顾问鲍罗廷偕宋子文、徐谦、孙科、陈友仁等各部部长起程北上。12 月 13 日,根据鲍罗廷的提议,在国民党中央执行委员会政治会议未迁到武昌之前,由部分中央执行委员和国民政府委员组成临时联席会议,执行最高职权,以徐谦为主席。

可是,当第二批出发的张静江、谭延闿等人到达南昌时,蒋介石却于1927 年 1 月 3 日在南昌召集国民党中央政治会议第六次临时会议,声称为军事与政治发展顺利起见,决定中央党部和国民政府暂驻南昌。宋子文参加了这次会议,他在会上从便于"筹款"的角度力主迁都武汉。但在张静江等人的支持下,未经会议充分讨论,蒋介石就强行作出了暂驻南昌的决定,从

---

① 《从上海市长到台湾省主席——吴国桢口述回忆》,第 236 页。

而挑起了迁都地点之争。

对于蒋介石的蛮横无理，宋子文大不以为然。他在会后对陈公博说："不要紧，如果国民政府不搬汉口，我再不给钱，看他们有什么办法？"一副很有把握的样子。

迁都之争越演越烈，蒋介石倔犟不让。宋子文这位"财神"第一次使用他的撒手锏，拒绝给蒋介石指挥的军队发军饷。当时，蒋介石指挥的军队有几十万，每月约需 1300 万元，拿不到军饷，蒋介石急了，立刻派徐桴到武昌向宋子文索饷。

1 月 29 日，徐桴到达武昌，与宋子文交涉后，当日密电蒋介石："桴因在浔待船，至今早始抵汉，当见宋部长，商以后领款办法。不料宋部长谓，现已辞职，不能负责。桴谓：军费前经说定，每月一千万元，库券三百万元，辞职如何，非桴所知，在未准以前，须照此发款。如有错误，军心立涣，大局可危。彼又谓无论如何不能负责，只可收入若干，发给若干，不能照前定负责。经过再三面恳，彼又谓湖北财富之区，筹款本易，现政府在南昌，一人办事不动。"宋子文的态度显然是暗示蒋介石，要想解决军费问题，必须迁都武汉。

2 月 3 日，徐桴第二次会见宋子文，宋仍不肯发款。当日，徐桴再次密电蒋介石称："宋部长不发款显系赌气，故意刁难。然我军命脉操在宋手。请总座迅电慰勉之，先救目前之急，再图良法，万不可操之过急，致生重大影响。"①所谓"赌气"，就是赌迁都之争的气。当时蒋介石还没有其他财源，不得不暂时向宋子文妥协。2 月 4 日，宋子文起程赴赣，8 日，蒋介石在南昌召开中央政治会议第 58 次会议，决定将中央党部及国民政府迁往武昌。9 日，宋子文致电武汉，告以国民政府主席谭延闿等人数日内即可抵达武昌。在迁都之争中，宋子文以其财权暂时让蒋介石低了一次头。

---

① 杨天石:《民国掌故》，第 152 页。

从此以后，蒋介石加快了发动政变与武汉国民党左派及中国共产党公开决裂的步伐，军事上，他制定了夺取长江下游为根据地的战略计划，财政上，他通过把兄弟黄郛及徐桴等人和江浙资产阶级联络，开辟了新的财源。

3月底，已经升任武汉国民政府常务委员兼财政部长、中央银行行长的宋子文奉命赴上海接收和管理江苏、浙江财政，寄希望于以富庶的江浙地区的财政收入，来满足国民政府的急需。此时，蒋介石已经通过黄郛、张静江、徐桴等人和江浙资产阶级建立了联系，并且已经成立江苏兼上海财政委员会。宋子文到来后，蒋介石看重宋的理财才干，想拉宋子文合作，但没有成功。4月12日，蒋介石发动四一二政变，4月18日在南京宣布成立蒋记国民政府，胡汉民系的古应芬担任财政部长（钱永铭代理）。这样，在武昌和南京出现了两个国民政府，宋子文的财政部长不再为蒋介石所承认。

蒋介石另立政府之后，武汉国民政府宣布开除蒋介石的党籍，免去其所有职务，并加以通缉。宁汉公开对立。在宁汉对立初期，宋子文是站在武汉国民政府一边的，他认为南京政府只是一种改头换面的个人独裁政权；武汉政府尽管有共产党人，但仍然代表了国民党一贯的传统。他对蒋介石另立政府表示失望，说："国民革命的主旨是以党治军，就是以文人制裁武人。现在都完了！文人制裁武人的局面全都被推翻了。"

4月22日，蒋介石的军需处主任徐桴公开发表通电，指责宋子文筹款不力，"困革命军于绝地，其意何居……似此经济封锁，俨同敌国，将置大局于何地"。

4月26日，宋子文从报纸上看到这份通电后，知道这是蒋介石发泄对他的不满和恼怒，当即复电蒋介石，逐条辩驳，两人公开决裂。

这时的宋子文困于上海，受到蒋介石特务的监视，并不时收到匿名恐吓信。美国记者希恩在其回忆录中说："他的住宅一直受到特务的监视（这栋住宅自建造以来，白天黑夜每时每刻都在监视之下），这使他心情十分紧张。他不敢走出法租界和公共租界，因为中国这个城市无处没有蒋介石的士兵，他们转眼就能把他抓走。如果被他们抓走，那就只有两条路：要么当财政部长，要么坐牢。"

随着局势的演变，宋子文对蒋介石的态度开始发生了变化。

1927 年 7 月 12 日，宋子文自上海返回汉口。宋子文此行还携带了蒋介石致孙中山夫人宋庆龄的一封信。蒋介石在信中写道："夫人尊鉴：前由庸兄（孔祥熙字庸之）奉上一函，想已达览，未知庸兄尚在汉口否。中正等望夫人来沪，如望云霓。务请与子文、庸之兄即回沪，所有党务纠纷，必以夫人之来有解决办法也。"蒋介石显然想把孙中山的亲属都拉到他的政府内以增强其政府的正统性。但宋庆龄始终坚持孙中山的三大政策，拒不与背离孙中山三大政策的蒋介石合作；但宋子文、孔祥熙乃至孙科都很快投入了蒋介石的营垒。

在中外反动势力的压迫下，武汉汪精卫集团也步蒋介石的后尘，于 1927 年 7 月 15 日宣布反共。8 月 13 日，蒋介石被桂系李宗仁、白崇禧逼迫离开南京，随即宣布下野。宁汉两个中央党部、两个国民政府准备合流。在李宗仁、白崇禧的操纵下，成立特别委员会取代国民党中央委员会，并改组国民政府和军事委员会。特委会及国民政府中没有宋子文的位置。宋子文要想东山再起，还须寻找新的靠山。

事实上，宋子文已经有了新的靠山，那就是蒋介石。

蒋介石是一个见异思迁的风流客，早年追随陈其美，出入于上海的秦楼楚馆，学会了一套博取女人欢心的手段。蒋介石有名份的夫人已有一妻二妾。早在 1922 年 12 月初，蒋介石参加由宋子文主持、在上海孙中山公馆举行的基督教晚会，蒋介石在会上结识了宋家三小姐宋美龄，蒋为宋三小姐的绰约多姿所倾倒，便决心将她追到手。蒋介石首先通过孙中山向宋美龄求婚，但遭到宋家的拒绝。在孙中山去世后，蒋介石仍不死心，"迫不及待地想以某种方法同圣洁的孙博士以及同宋家的威望和财力建立关系"，"渴望独自继承孙逸仙的遗产"。随着蒋介石权势神话般的增长，爱权的宋美龄也逐渐对蒋产生了好感。蒋介石在南京发动反革命政变成功后,立即于 1927 年 5 月中旬派卫队到上海邀请宋美龄至镇江游览金山、焦山等名胜,两人盘桓十余日,订下终身。对于宋美龄与蒋介石的婚事,宋家仍有分歧。精明的宋蔼龄极力撮合,宋庆龄则持反对意见,据说,宋子文开始也持反对意见,还是谭延闿出面劝说,宋子文才同意。这种说法不一定准确。宋庆龄在政治上,早已不属于这个家族,她的反对无足轻重。事实上,宋子文不仅同意这桩婚事,而且以宋门长子的身份操办了这桩婚事。

9 月 16 日,宋蔼龄在上海寓所宣布"蒋总司令即将与我的三妹结婚"。蒋介石准备东行日本,拜会在日本有马温泉疗养的宋太夫人,请求其同意宋美龄的婚事。当日,宋子文从上海赴日本,为蒋介石去日本求婚打前站。10 月 3 日,蒋介石抵达日本神户,由先期抵达的宋子文带至有马大旅社下榻,房间就在宋太夫人的隔壁。当天,蒋介石即拜访了宋太夫人。宋太夫人提出要蒋介石信奉基督教,蒋介石本来自幼随母亲王采玉信奉佛教,为了与宋美龄结合,他表示愿意尝试,他愿意研究《圣经》并尽最大努力,不过,他不能答应什么时候会接受基督教。宋太夫人对蒋的回答满意,表示认可三女儿与蒋的婚事。蒋则将订婚戒指交给宋太夫人,婚约达成。蒋介石极为兴奋,回到自己的房间激动地大喊大叫:"成功了,成功了,婚约成功了!"

蒋宋订婚,宋子文与蒋介石也就成了一家人。10 月 21 日宋子文夫妇由日本回到上海。宋子文此番回国,表面上是操办蒋宋的婚事,实际上还有一项不公开的使命,就是赴广州联络同被桂系排挤的汪精卫,撮合蒋汪合作,联手搞倒桂系控制的中央特别委员会。宋子文的这两项使命都完成得很好。12 月 1 日,宋子文以主婚人的身份,出席宋美龄与蒋介石的婚礼。男家的主婚人是蒋锡侯,女家的主婚人就是宋子文,在婚礼的束札上,都盖有宋子文的印章。在 1927 年 12 月 1 日举行的婚礼上,宋子文挽着宋美龄走到众宾客面前,把新娘交到蒋介石手中。从此,宋子文再次成为"当朝国舅"。

蒋宋联姻，是蒋介石政治生涯中的转折点。蒋介石不仅得到了宋子文、孔祥熙这两位"财神"，而且通过宋氏兄妹，沟通了他与美国联系的渠道，这对蒋介石建立和维持其统治，有着不可估量的作用。

三、以财政配合武力击败地方实力派

蒋介石东山再起后，宋子文于 1928 年 1 月 3 日担任了南京国民政府委员兼财政部部长，重操财权。

宋子文重操财权后的第一件大事，就是多方筹款，以帮助蒋介石完成"第二期北伐"，打败控制北京政府的奉系军阀。上任后的第一个月内，宋子文就从江苏、浙江两省筹到 1200 万元巨款，勉强解决了蒋介石的燃眉之急。随后，宋子文又采用增税和发行公债的办法筹到了巨款。仅公债一项，从 1928 年 1 月 10 日起先后发行了二五库券 1600 万元，卷烟税库券 1600 万元，军需公债 1000 万元，合计 4200 万元。这些钱，都交给了蒋介石且大都作了军费。

1928 年 6 月，国民革命军攻占北京、天津，奉系军阀势力退至关外。这样，除东北地区外，全国在形式上已统一于南京政府之下。

蒋介石在宣布北伐结束后，马上着手召集编遣会议，借编遣之名，削弱乃至消灭李宗仁、白崇禧、冯玉祥、阎锡山等割据一方的军事集团，宋子文从财政上紧密配合。

宋子文于 1928 年 6 月 20 至 30 日在上海主持召开了全国经济会议；7 月 1 日至 10 日又在南京主持召开了全国财政会议。宋子文在全国财政会议上指出：统一财政是"图治之本"，要求迅速实行统一的财政政策，要地方实力派交出财权。在 1929 年 1 月召开的"国军编遣会议"上，他力陈财政统一的必要性，并提出五项要求：（1）地方对中央税收不得附加或分发；（2）不干涉财政用人行政之权；（3）实现财政统一后，原由铁路津贴各军队之款项应归财政部；（4）所定之军费总额中应包括省防军；（5）公布军费支配拨付办法。宋表示，这五点是实施财政统一的基础，如能加以

实行，"则财政部无论如何困难，每月在各指定地域，必负全责筹发十足军费"。

为了贯彻财政统一原则，宋子文相继向各省派出了财政特派员，使各地的国税征收直接掌握在财政部。宋子文在收紧各地方实力派的财权后，却千方百计筹集巨额的财政资金，用于支持蒋介石对地方实力派的作战及收买等活动。首先，是关税收入。1928年年底，美、德、英、法等国先后与蒋介石南京政府签订关税改订条约，承认中国关税自主。新关税条约签订后，中国海关税收有了明显增加。1927年为11000万元，1928年为13400万元，1929年为24500万元，1930年为29200万元。其次，是发行公债。据千家驹编的《旧中国公债资料》记载，从1927年到1931年，南京政府仅公债就发行了25种，价值10亿多元。而李宗仁、白崇禧、冯玉祥、阎锡山控制的多是内地相对比较贫瘠的省份。阎锡山原本控制了天津海关税收，有一笔可观的收入，却被宋子文以中央名义收回；中原大战爆发后，阎锡山曾一度以武力接管天津海关，但海关方面不合作，未能取得实质性的成果。地方实力派各自依靠的都是封建地主经济和一小部分工商业，常规性的经济来源有田赋、关税、盐税，临时性经济来源则靠发行军用券和出售鸦片。冯玉祥兵力最为强盛，却陷于"饷械两缺，苦不堪言"的困境。冯玉祥的两员虎将韩复榘、石友三首先被蒋介石用巨额金钱收买了过去，实力大损。桂系更是被蒋介石收买分化，不战自溃。在反蒋派最后一搏的中原大战中，蒋介石的军费每月在一两千万元，而反蒋军队仅有数百万元；而且蒋介石用充足的军费从国外购置大批新式装备，火力也远远强过反蒋军。英国人辛博森指出："南京最占优势为财政。彼方仗有外人之默许，关税则已增加到300%，因此收入倍增。"没有宋子文源源不断提供的巨额财政收入，蒋介石要一一击败各地方实力派是很困难的。

1930年秋，中原大战结束后，宋子文主张裁减军费，确立预算，以达到财政收支平衡。1931年11月15日，在南京国民政府财政委员会第一次会议上，宋子文提出自 12 月起，每月军费限定 1600 万元。军政部长何应钦秉承蒋介石的意旨，声称军费每月至少需 1829 万元。会议最后确定军费每月 1800 万元，政费每月 400 万元。宋子文限制军费的努力再度受挫。

1931 年 12 月 15 日，蒋介石在两广反蒋派的逼迫下，第二次宣布辞职下野。12 月 16 日，国民党中常会决定由林森代理国民政府主席，陈铭枢代理行政院院长。宋子文随即宣布辞去行政院副院长兼财政部长本兼各职。12 月 28 日，林森出任国民政府主席，孙科为行政院院长。12 月 30 日，国民政府宣布批准宋子文辞去财政部部长，特任黄汉梁署理财政部部长。

宋子文为了拆孙科的台，采取了非常手段。陈公博在《苦笑录》中说：

南京对于孙哲生长行政院大概早是不满意的，宋子文已有计划地打击孙哲生，他暗地里叫财政部职员全体辞职，来一个总同盟罢工。哲生对于财政了无办法，他知道自己兼，会塌台，因之还是征求宋子文，子文本来是有计划的，当然不肯干，继之又征求孔庸之，庸之或者想干，但也为着他们的团体罢，婉转地拒绝。孙哲生没有办法，只好命黄汉梁署理，一切部长都特任，唯有财政部是署理，那自然整个行政院摇摇欲扑。

黄汉梁上台之后，一筹莫展，军饷本来早已欠了不少，只是在他半个月任内，就有一千多万发不出。至于政府的经费，只是实业部一部，原来经费是每月八万多元，黄先生一月之内只发过三万元支票，而这三万元支票当中，有二万元是空头，始终支不出。这样怎么干呢？单是财政一个问题，已够行政院倒塌了。

这一事实说明了什么呢？第一，宋子文已经有了左右财政金融的力量；第二，江浙财团或江浙资产阶级只认出身于浙江奉化的蒋介石集团，而对外来政治势力一概不认，无论是李宗仁、白崇禧的桂系，还是以孙科为首的广东派政治集团，都别指望能够从江浙财团手中获得经费支持。1927 年、1931 年蒋介石两次下野又很快复出，东山再起，其背后都有江浙财团这只黑手在操纵。由于江浙财团拆台，孙科内阁维持不到一个月就倒了。蒋介石、汪精卫联袂登台，开始所谓的蒋、汪合作。1932 年 1 月 31 日，宋子文恢复行政院副院长兼财政部部长的职位。

四、参与外交决策

自九一八事变爆发后，宋子文还参与了对日外交，担任国民党中央政治会议特种外交委员会副会长，会长是戴季陶，成员有顾维钧、罗文干、李石曾、于右任、吴稚晖、颜惠庆等人。宋子文的基本态度是，无论如何对日只能和，不能战；对国联的规约及其他国际条约笃信不疑，依赖以英国为首的西方国家主持"公道""正义"。宋子文还多次同美国驻华公使詹森、驻南京总领事贝克接洽，企图凭借美国的力量来遏制日本的侵略，这当然只能是一种幻想。

1932 年 1 月 28 日，日寇进犯上海。1 月 29 日，重新上台的蒋介石作出以下部署："何部长留守南京，所有政府党军政留京机关人员概归何部长指挥"；"宋副院长留驻京沪，所有上海行政人员归宋部长指挥"。上海是当时全国最大的经济贸易中心和金融中心，也是宋子文理财的主要舞台。日寇进犯，直接威胁到南京政府统治的腹心地区，宋子文坚决支持蒋光鼐、蔡廷锴指挥的十九路军和张治中指挥的第五军的英勇抗日行动，多次发表文章和公开谈话，谴责日寇对上海的野蛮侵略，高度评价十九路军以劣势装备抗击世界上装备最精良的军队的英勇气概，对袖手旁观的国际联盟等国际组织表示深深的失望。宋子文在上海与英美外交官进行了频繁的接触，希望英美出面调停中日冲突。

南京政府的负责人汪精卫、蒋介石、何应钦等对日寇非常畏惧，千方百计地限制和约束中国军队的抵抗，高唱"一面抵抗、一面交涉"的口号。宋子文只能按南京政府确定的方针进行交涉。3 月 24 日，在英国公使蓝普森的斡旋下，中日双方代表在上海开始停战谈判。5 月 5 日，南京政府与日寇签订了屈辱的《中日停战协定》。5 月 24 日，宋子文被南京政府任命为"淞沪地区善后筹备委员会"主席。

南京政府的妥协投降政策，助长了日寇的侵略气焰。日本关东军在鲸吞东北三省，制造傀儡政权伪满洲国后，又于1933年1月1日进攻山海关，随后进犯热河省，窥伺华北。此时行政院院长汪精卫已经出国疗养，宋子文以副院长代院长职务。宋子文认为山海关失陷是一桩具有严重后果的事件，他公开宣布山海关事件不能作为"地方事件"来解决。2月11日，宋子文由南京飞北平，协助军事委员会北平分会代理委员长张学良指挥热河抗战。2月17日，宋子文以行政院代理院长的名义，向新闻界公布《致前方将士词》，声称：到现在我们全国人都彻底地晓得强盗临门，唯一的生路就是武力自卫，置之死地而后生，我们拼死才是唯一的生路。在北平期间，宋子文与平津银行界商定，发行爱国公债2000万元，用于支持热河抗战。但是，当时的热河省政府主席汤玉麟是一个极端贪婪、腐败的无耻军阀，唯知敛财，军无斗志，所谓的热河抗战以雷声大、雨点小的无耻闹剧而收场，日寇很快又占领了热河全省。热河失陷的消息传来，全国人民纷纷谴责汤玉麟、张作相、张学良等丧师失地的卑怯行为，强烈要求课以辱国之罪。国民党中央下令对汤玉麟免职查办，并予以通缉。作为华北军政最高长官的张学良，也难辞其咎。蒋介石决定由何应钦取代张学良任北平军分会代委员长，黄绍竑任北平军分会参谋团参谋长。3月8日，宋子文陪蒋介石抵达石家庄，与何应钦、黄绍竑等密商迫张学良下野的步骤。随后，蒋派宋子文赴保定见张学良，转达蒋介石让其下野的意见。9日，蒋在保定召集宋子文、张学良、何应钦等人开会，决定：（1）张学良辞职下野，以谢国人；（2）驻守华北的约16个旅的东北军，交中央政府统率；（3）何应钦代张任北平军分会委员长职；（4）商讨日军如进窥华北之军事计划。蒋在同张单独晤谈时，摆出一副庄重而又无可奈何的神情说："我接到你的辞职电报，很知道你的诚意。现在全国舆论沸腾，攻击我们两人。我与你同舟共济，若不先下去一人，以息全国愤怒的浪潮，难免同遭灭顶。所以我决定同意你辞职，待机会再起。子文传达你慷慨同意，这是好的，好的。一切善后问题，可按照你的意见办理。"蒋介石在好言慰劝一番后，逼张学良于次日立即飞上海，以免夜长梦多，横生枝节。根据蒋的授意，宋子文为张学良出国安排了所有手续。

蒋介石通过逼张学良下野和改组北平军分会，把热河失陷的主要责任转嫁到张学良身上，使张充当了替罪羊。

五、成为亲英美派领袖

1933 年 3 月 31 日，汪精卫销假视事，从即日起，宋子文不再代理行政院院长，仍任副院长兼财政部长。4 月 6 日，又辞去了中央银行总裁，由孔祥熙接任。

4 月 18 日，宋子文以"前往华府参加经济讨论会"的名义离开上海赴美国，这是宋子文从政以来第一次以政府高官的身份出国访问，同西方大国领导人会晤，意义非同一般。

宋子文一行于 5 月 6 日抵达华盛顿。从 5 月 8 日起，宋子文同美国总统罗斯福、国务卿赫尔、国务院远东司司长贺百克、财政部部长伍定、参议院外交委员会主席毕德门等，举行了多次会谈。宋子文同美国总统罗斯福讨论了有关世界经济会议、中日关系、远东局势等问题。当时中国军队正在长城一线抵抗日寇的侵略，但罗斯福却："劝我国（指中国）审度时势，在此国力未足、世界经济凋敝之秋，暂时忍痛停止对抗行动，以便国内先令局势安定，恢复贸易关系，免去无谓之牺牲，一面省出财力及人力，再积极从事建设，充实国力，待世界形势变化，再图收复失地"[1]。宋子文希望美国、英国、法国以及意大利等西方大国就中日冲突表明立场。在中国驻美公使施肇基的提议下，宋子文以中国代表的身份与罗斯福总统于 5 月 19 日发表了一项联合声明，声明对近两年来远东事态的严重发展表示关注，希望停止远东两个大国之间的军事冲突，并认为白银价格应在提高后使之稳定。

---

[1] 《宋子文政治生涯编年》，第 265 页。

宋子文此次访美，还同美国金融复兴公司达成了总额为 5000 万美元的借贷合同，即"棉麦借款"，由美国贷款 5000 万元给中国，然后中国用这笔款购买美国积压的棉花和小麦。这是美国倾销农产品、转嫁经济危机的一种手段，但对当时正在集中全力"围剿"工农红军的南京政府却无疑是打了一剂强心针。同时，"棉麦借款"也是西方大国首次对中国提供大额贷款，它对于日本军国主义变中国为其独占殖民地的企图，也有某种制约作用，因而遭到日本的强烈反对。

5 月 30 日，宋子文离开美国，6 月 5 日抵达英国伦敦，受到英国国王乔治五世的接见。他先后与英国首相麦克唐纳、外交大臣西门及英国金融界领袖举行了会谈。宋子文提出，希望从英国获得 800 万英镑的借款，但在中国尚积欠约 4000 万英镑债务的情况下，英国朝野对中国的债务信用持怀疑态度，宋子文的借款要求未能成功。

6 月 12 日，宋子文与颜惠庆、郭泰祺出席了在伦敦举行的世界经济会议。其主要成果是，7 月 22 日，中国与印度、西班牙、澳大利亚、加拿大、墨西哥、秘鲁、美国等签订了《白银协定》。这个协定是主要用银国同产银国之间达成的妥协，其根本精神是稳定银价。后来美国推行白银政策，导致白银价格暴涨，中国大量白银外流，给中国的金融界、实业界带来了一场大灾难。

宋子文在欧洲期间，还先后访问了法国、意大利、德国、比利时等，虽广泛地会见了欧洲政要，但取得的实际成果并不多。宋子文在国民党中央政治会议上报告出访欧美各国情况时也称："各国与我同情者多，然其观感不同。强者，嫉日本之狼戾，恐东亚利权为其独占；弱者，则物伤其类，而皆非能为中国仗义执言者。"7 月 29 日，宋子文离开巴黎，8 月 3 日抵达加拿大首都渥太华，8 月 4 日经蒙特利尔赴美国，8 月 7 日再次与罗斯福会晤，8 月 12 日从西雅图乘"杰弗逊总统"号轮船回国，8 月 29 日回到上海。宋子文在美国期间，曾对美国民众作了一次热情洋溢的广播讲话：

你们知道我国政府本届内阁成员中有一半以上是你们的高等院校毕业生吗？我很幸运，是哈佛大学的毕业生。

在我的近亲里，我的妹妹、蒋介石夫人是韦斯利学院毕业生。两个姐姐孙中山夫人和孔祥熙夫人（她的丈夫曾是工商部长）都曾经在佐治亚州梅肯的卫斯理女子学院读过书。

这无异于是宋子文家族乃至南京政府亲美的宣言书。宋子文的欧美之行，广泛结识了西方政要，奠定了他在南京政府亲英美派的领袖地位。

宋子文的欧美之行，所取得的直接成果虽然不多，但当时企图独霸中国的日本却对中国与欧美的任何交往都难以容忍。美国国务院远东司司长贺百克在与日本驻美国使馆参赞武富敏颜的会谈纪要中写道："日本人可能并不担心外国会立即向中国提供重大的援助，他们害怕的是宋子文在中国和国外影响的增长。他们把宋子文看作实行他们计划的阻碍，这一计划包括迫使南京政府正式签署一项有利于日本的协定，以及其他方面的目的。日本人认为通过削弱宋子文的地位和加强亲日派分子的力量，将有助于实现他们的计划。"[1]

宋子文在欧洲期间，与顾维钧、郭泰祺、颜惠庆等驻外使节拟订了一份旨在长期抗日的计划，其内容包括经济上抵制日货，政治上激励东北义勇军，外交上推动国际一致行动，国内努力实现政治团结、政治缓和，实行宪政，以及制订国防计划、建立基础工业、发展全国战略运输网等。顾维钧、郭泰祺等推宋子文回国向蒋介石、汪精卫面陈。

9月6日，蒋介石、汪精卫召集宋子文、孙科、吴稚晖、李石曾、张静江、吴铁城、孔祥熙、唐有壬、蒋作宾、杨永泰等在牯岭开谈话会。宋子文等人提交的抗日计划没有被采纳。会议认为"现在国势阽危，兴亡之机，间不容发，对外对内，皆应委曲求全"。会议确定的对日方针是："除割让东省、

---

[1] 《宋子文政治生涯编年》，第 277 页。

热河，承认伪国，为绝对不可能外，对其他次要问题如税则等仍应与之作相当之周旋，谋适宜之处置，并极力避免一切刺激日方情感之行动及言论。对华北当局，并赋以相当自由之权限，以期应付圆滑。"①也就是说，完全批准何应钦、黄郛与日本签订的《塘沽协定》，并准备赋予何、黄这两个亲日分子以更大的处置权。庐山谈话会，标志着蒋介石、汪精卫推行的对日妥协投降政策成为基本国策。宋子文的长期抗日计划被否决后，并没有改变其对日强硬态度，因而成为日寇的眼中钉。美国驻华公使詹森密告国务卿赫尔：日本驻华公使有吉明和日本原驻国联代表楒邨洋太郎曾向蒋介石和汪精卫施加压力，必须去掉宋子文。

宋子文与蒋介石不仅在对日政策上产生了分歧，而且在军费问题上也产生了严重矛盾。宋子文自1928年1月担任财政部长以来，实际上成为蒋介石最大的"军需官"。蒋介石穷兵黩武，肆意勒索军费，往往遭到宋子文的拒绝，有许多回忆录都提到了这一点，但没有直接证据证明。最近，有学者从台北刚解密的蒋介石"大溪档案"中找到了蒋在中原大战中向宋子文请求拨款而遭拒绝的电报，从而揭开了这个秘密。1930年6月23日蒋介石在前线致电宋美龄转宋子文，电文如下：

蒋夫人亲鉴，请转宋部长勋鉴：据周（骏彦）经理处长电称，与宋部长接洽，终被严词拒绝，日复一日，势必延误戎机，近已分文无存，实难维持。等语。我兄对公对私皆不应如此，请兄再一读致中之马电，如设身处地，我两人易地而居，则兄将作如何感想？如中为私而求乞于兄，则可峻词严命拒于千里之外；今为公而支款，并非为我个人而乞丐【求】，将来历史记载未知以中为何如人也？今与兄最后之一言，如政府为财政拮据而倒，则兄尽倒可也，但政府今日存在，而中所需之款，兄不能不付，希即如数照发，不得延误，立即盼复！中正。漾午。

---

① 杨天石：《海外访史录》，第357页。

数日后仍无宋子文方面消息，6月28日蒋介石再电宋美龄，请其催促宋子文拨款。电文如下：

> 蒋夫人亲鉴：前电谅达，昨派员赴徐州中央分行支款五十万元，以未得子文兄令不发，迄今未复。如此情形，非万分拮据，何忍乞怜哀求？望催子文兄令发，以济万急！盼复。中正。

之后，宋子文一面应付蒋介石，一面请辞财政部长职。10月10日，蒋介石再电宋美龄转宋子文，要其以"国事为重，暂勿请辞"。电文如下：

> 蒋夫人亲鉴，转子文兄勋鉴：阳电悉。善后比战时财政尤为紧要，此时无论如何困难，必须支撑，一俟后事稍有就绪，则吾辈可以对党国与总理之所期，然后共同辞职游历。惟现非其时，请兄照常办事勿辞，中正。[1]

1933年4月，蒋介石把豫鄂皖三省"剿匪总司令部"内的农村金融救济处改组为豫鄂皖赣四省农民银行，置于自己的控制之下，就是为了避开宋子文的掣肘。一位知情者说："1933年，当时在国民党政权中，宋子文掌握财政大权，因为蒋、宋之间存在着矛盾，蒋用钱时，往往受到宋的制约，不大方便，所以蒋介石自己开办银行，从这个角度来讲，也可以说，农民银行的成立是国民党派系斗争的产物。"[2]

1933年8月底，宋子文回国后发现蒋介石在他出国期间向各银行垫借6000万元巨款，蒋介石仍继续向宋索要军费。早在1932年2月宋子文就曾向金融、实业界许诺：今后不再为内战及政费举借新的内债。违诺再举借，宋子文感到难以向金融界、工商界启口，不得不以辞职来摆脱蒋介石无穷无尽的勒索。10月28日，宋子文向南京政府请求辞去财政部长本兼各职。次日，国民党中央召开临时会议，决定批准宋子文辞去行政院副院长兼

---

[1] 《民国档案》2000年第1期，第64页。

[2] 吴景平：《宋子文评传》，第221页。

财政部部长职。

宋子文辞职，引起各方的强烈反应。主管国民党中央宣传委员会的邵元冲在 1933 年 10 月 28 日的日记中写道："本日因宋子文辞财政部长事，甚嚣尘上，因稍指示宣传上因应之道……闻介石已返京，对财政部长继任人选，拟孔祥熙。又闻孙科比日忽联宋反汪，忽联汪疏宋，营营不倦……又各方来询对于蒋返京及宋辞职等事言论之标准等，答复颇繁。"

据说，宋子文在辞职后曾经发牢骚："做财政部长无异做蒋介石的狗，今后我要做人不愿做狗了！"

六、发誓要做"中国的摩根"

宋子文在辞去行政院副院长、财政部部长后，仍保留了全国经济委员会常务委员职，并被选任为国民政府委员，这些都是虚职，表明宋子文暂时离开了权力中心。

但蒋介石并不想将"国舅爷"宋子文一脚踩死，宋子文仍有很大的活动空间。宋子文声称他要做"中国的摩根"。他的第一个行动便是于 1934 年 5 月 31 日在上海发起成立了中国建设银公司。中国建设银公司由孔祥熙、宋子文、陈光甫、张公权、宋子良等 21 人组成第一届董事会。由孔祥熙挂名董事长，宋子良为总经理，宋子文与贝祖贻为执行董事。宋子良是宋子文的弟弟，是宋子文的代理人，所以，中国建设银公司完全是宋子文控制的公司。由于中国建设银公司的特殊背景，成立之后，业务便有了迅速发展。其资产由 1934 年年末的 1260 万元增至 1936 年年末的 3283 万余元，当年纯利达 1914 万元，宋子文等轻而易举发了大财。

从 1934 年起，宋子文参与了南京政府币制改革方案的谋划。这一方案的基本指导方针，便是实行金融统制。

第一步便是控制和改组中国银行。中国银行的前身是大清银行，辛亥革命后成为民间银行，拥有发行货币的权力。该行实力雄厚，无论存放款额还是钞票发行额，都超过了南京政府的中央银行。宋子文当财政部长时，曾一直试图强化对中国银行的控制，但未能如愿。1935 年 3 月间，蒋介石、孔祥熙与宋子文等在汉口密商，认为应利用金融界、实业界要求国民政府出面扭转金融恐慌状况的迫切愿望，控制中国银行。蒋介石认为金融恐慌与经济困境，其根源在于金融币制与发行之不统一，其中又以中国、交通两家大银行不能"绝对听命于中央"，不同中央"彻底合作"为症结所在。蒋、孔、宋商定发行公债 1 亿元，其中以 3000 万元交中央银行充实基金；以 2000 万元交中国银行，1000 万元交交通银行，分别充作增加之官股；调宋子文担任中国银行董事长。孔祥熙为不过分刺激张公权，拟让张担任中央银行副总裁，仍兼中国银行常务董事，但宋子文不愿与张合作，宋且当面告诉张：蒋介石希望他立即脱离中国银行。4 月 1 日，宋子文宣布就任中国银行董事长，提名年迈的宋汉章为总经理，并将原来的总经理负责制改为董事长负责制。宋子文以蒋、孔为后台，轻而易举地将中国银行攫夺到手。宋子文在离开权力中心后，凭借中国银行的实力和同国民党当局的特殊关系，对民族金融业和工商业大力渗透、控制乃至巧取豪夺，使自己很快成为屈指可数的官僚大亨。

第二步便是实行币制改革，蒋介石委托宋子文全权办理。国民政府的币制改革计划得到英国政府的支持。1935 年 9 月 21 日，英国政府派遣的首席经济顾问李滋罗斯与其两个助手罗杰士和霍尔拍契抵达上海。宋子文请钱昌照帮忙，钱推荐浙江兴业银行总经理徐新六和金融专家顾翊群协助宋子文、李滋罗斯做实际工作。11 月 3 日，宋子文在上海最后审定了币制改革法令各条款。当晚，孔祥熙以财政部长的名义公布，其主要内容为：（一）自本年（1935 年）11 月 4 日起，以中央、中国、交通三银行所发行之钞票定为法币，所有完粮、纳税及一切公私款项之收付，概以法币为限，不得行使现金，违者全数没收，以防白银之偷漏。如有故存隐匿，意图偷漏者，应准照危害民国紧急治罪法处治。（二）除中央、中国、交通三银行以外，曾经财政部核准发行之银行钞票，现在流通者，准其照常行使，其发行数额以截至

11月3日止流通之总额为限，不得增发，由财政部酌定限期，逐渐以中央钞票换回，并将流通总额之法定准备金，连同已印未发之新钞及已发收回之旧钞，悉数交由发行准备管理委员会保管。其核准印制中之新钞，并俟印就时一并照交保管。（三）法币准备金之保管及其发行收换事宜，设发行准备管理委员会办理，以昭确实而固信用。其委员会章程另案公布。（四）凡银钱行号商店及其他公私机关或个人，持有银本位币或其他银币、生银等类者，应自11月4日起，交由发行准备管理委员会或其指定之银行兑换法币。除银本位币按照面额兑换法币外，其余银类各依其实含纯银数量兑换。（五）旧有以银币单位订立之契约，应各照原定数额，于到期日概以法币结算收付之。（六）为使法币对外汇价按照目前价格稳定起见，应由中央、中国、交通三银行无限制买卖外汇。①

由于蒋介石、孔祥熙的支持，宋子文在币制改革中发挥了极为重要的作用。这次币制改革意义重大。钱昌照说："这次币制改革对巩固蒋介石的统治并开始建设很有帮助。"②冯玉祥在日记中也写道："尤有一事，筑成此广大之抗战之基础者，厥为法币之整理。吾人试观过去二十余年来之民国历史，每遇事变发生，币制即行动摇，纸币价格即随之狂跌，此次全国实行法币，不单在国际间获得稳定之标准价格，在此次抗战上，尤有莫大之俾力焉。"③

七、冒险赴西安救蒋立下大功

西安事变发生后，南京政府在如何应付这一事变的问题上，产生了严重的分歧。戴季陶、吴稚晖、居正等元老及以何应钦为首的黄埔系部分将领力主出兵讨伐张、杨；而宋美龄、孔祥熙、宋子文等蒋介石的亲属则顾虑蒋的安全，主张与张、杨对话，以谈判解决危机。

---

① 《中华民国史档案资料汇编》第5辑第1编财政经济（4），第314-315页。
② 《钱昌照回忆录》，第91页。
③ 《冯玉祥日记》，1937年10月27日。

在宋美龄的力争下，南京政府于 12 月 13 日派蒋介石的私人顾问端纳飞赴西安，打听蒋的消息。14 日端纳抵达西安，首先见到了张学良，张学良向端纳介绍情况后，郑重地告诉端纳：他们对蒋没有恶意，蒋只要接受抗日救国主张，立刻会获释。端纳随即见了蒋介石，向蒋转达了张学良的要求。14 日晚，端纳将有关情况电告宋美龄。15 日端纳飞抵洛阳，与宋美龄通了几次电话。宋美龄让端纳转告张学良：因孔祥熙代理行政院长不能离开南京，可否由宋子文或顾祝同代替孔祥熙飞西安。16 日，端纳由洛阳飞返西安，立即向张、杨转达宋美龄提出的可否以宋子文或顾祝同代替孔祥熙来西安？张、杨表示同意。17 日，张学良自西安致电端纳并转宋美龄，称："子文、祝同两兄来陕，极所欢迎，并可确保安全。"

宋子文因不是现任政府大员，没有参加政府的决策讨论会，但他自然赞同宋美龄、孔祥熙的主张。14 日，宋子文在上海对新闻界发表谈话，表示："如有任何可能解决之办法，本人极愿在政府领导下，尽最大之努力。"收到张学良欢迎他赴西安的电报后，宋子文于当天抵达南京，准备前往西安。但主战派阻挠宋去西安，理由是宋有官方身份，去西安与"叛逆"谈判，有违纪纲。宋子文当即表示自己可以私人身份前往。19 日，孔祥熙召集孙科、居正、何应钦、宋子文、宋美龄、叶楚伧、王宠惠等开会，经过激烈争辩，最后决定："一、准宋委员子文以私人资格即日飞赴西安，营救蒋公。二、准许至 12 月 20 日暂行停止轰炸；但张、杨部队在此期间不得向南移动。"

当天下午 2 时，宋子文乘机离开南京，于 20 日上午 10 时飞抵西安，受到张、杨的迎接，随即张学良、端纳陪同宋子文前往见蒋。据孔祥熙后来说，之所以派宋子文去西安，是他和宋美龄的特意安排，希望以此来恢复宋子文与蒋介石的感情。

对于宋子文的到来，蒋介石惊喜交加。宋子文与蒋介石两次见面谈话，宋子文向蒋介石报告南京的情况，递交了宋美龄、孔祥熙写给蒋的两封信。也许蒋介石已经明白了他没有生命危险，态度反而变得强硬起来，让宋子文转告南京当局加紧军事进攻，并将军事进攻方略告诉了宋子文。

宋子文的西安之行意义重大，他亲眼见到蒋介石安全无恙，了解到张、杨与中国共产党均主张和平解决西安事变，所有这些，更坚定了宋氏兄妹用和平办法营救蒋介石的信心和勇气。21日，宋子文飞回南京，向宋美龄、孔祥熙报告所见到的一切。22日，宋子文又同宋美龄、蒋鼎文、戴笠及端纳再次飞西安。从23日上午开始，宋子文代表蒋介石，张学良、杨虎城和周恩来代表西安方面进行谈判。经过两天的紧张谈判，达成了以下十点协议。据周恩来于1936年12月25日向中共中央的报告，其内容如下：

（一）孔、宋组行政院，宋负绝对责任保证组织满意政府，肃清亲日派。

（二）撤兵及调胡宗南等中央军离西北，两宋负绝对责任。蒋鼎文已携蒋手令停战撤兵（现前线已退）。

（三）蒋允许归后释放爱国领袖，我们可先发表，宋负责释放。

（四）目前苏维埃、红军仍旧。两宋担保蒋确实停止"剿共"，并可经张手接济（宋担保我与张商定多少即给多少）。三个月后抗战发动，红军再改番号，统一指挥，联合行动。

（五）宋表示不开国民代表大会，先开国民党会，开放政权，然后再召集各党各派救国会议。蒋表示三个月后改组国民党。

（六）宋答应一切政治犯分批释放，与孙夫人商办法。

（七）抗战发动，共产党公开。

（八）外交政策：联俄，与英、美、法联络。

（九）蒋回后发表通电自责，辞行政院长。

（十）宋表示要我们为他抗日反亲日派后盾，并派专人驻沪与他秘密接洽。①

12月24日下午，宋子文、宋美龄陪同中共代表周恩来与蒋介石见

---

① 《周恩来选集》上卷，第72-73页。

面，周恩来与蒋介石自 1927 年分手以来，已经有十年没有见面了。谈话中，蒋介石向周恩来表示三点：（一）"停止'剿共'，联红抗日，统一中国，受他指挥。"（二）"由宋、宋、张全权代表他与我解决一切（所谈如前）。"（三）"他回南京后，我（周恩来）可直接去谈判。"[①]

在蒋介石基本上接受了停止内战、一致抗日的条件之后，宋子文、宋美龄要求张学良立刻释放蒋介石，争取圣诞节（12 月 25 日）蒋能回到南京，图个吉利。但西安内部，对放蒋仍有强烈的反对意见。宋子文于 25 日中午去新城大楼恳求杨虎城同意放蒋，杨仍坚持没有保证条件不能放蒋走。但由于张学良的强烈坚持，杨虎城才勉强同意。当天下午 3 时半，张学良个人自作主张，在没有通知周恩来的情况下，悄悄送蒋介石、宋子文、宋美龄等到西安西郊飞机场，张学良且陪蒋介石等飞南京。

12 月 26 日，蒋介石回到南京，立刻翻脸不认账，对张学良实行报复，亲自导演了一出"审张""赦张""管束张"的闹剧。宋子文为履行诺言，为争取张学良回到西安多次向蒋进言，但蒋介石不予理睬。对于张学良的终身被禁，宋子文心中有愧。据说，宋子文曾跑到奉化溪口见蒋，尖锐指责蒋介石违背诺言，并称要去国外公开谴责蒋背信弃义的行为。但宋子文终究没有采取这种激烈行动。[②]

尽管在如何对待张学良的问题上，宋子文与蒋介石发生了冲突，但宋子文在争取蒋介石获释的过程中是出了大力的，蒋介石对他是心存感激的。宋美龄在其回忆录中就说："余对西安事变已具有一种感想，譬之造屋，端纳既奠其基，子文已树柱壁，至上梁盖顶，完成之工作，实为余无可旁贷之责任

---

① 《周恩来选集》上卷，第 73 页。

② 1945 年 4 月 30 日周恩来在《论统一战线》一文中说："现在还可以说一件事，宋子文也是当时谈判的所谓和平使者，那时他答应在蒋介石出去以后，负责改组南京政府。结果这话一直到今天，已经有八年，仍没有兑现。去年我在重庆见他时，说过一句讽刺话，我说：'西安事变时你答应的诺言，我还没有给你宣布过。'事实证明他一直没有兑现。"《周恩来选集》上卷，第 193 页。

矣。"对宋子文的作用给予了很高的评价。

八、战时中美外交的掌门人

1937 年 7 月 7 日，卢沟桥事变爆发，中国进入全面抗战。

宋子文的抗日态度历来是积极的，他为抗日做了许多工作，其中最主要的就是劝募救国公债。1937 年 8 月 24 日，在宋子文的提议下，救国公债劝募总会在上海成立，宋子文出任会长，各省市设立分会、支会以及劝募会。宋子文以身作则，个人认购 5 万元，他主持的中国银行等机构认购 2000 万元，在宋子文的带动下，全国各界人士及广大民众踊跃购买，至 1937 年 10 月 1 日，认购公债达 24000 万元。

上海沦陷前夕，宋子文将中国银行总部迁往香港，并坐镇香港主持中国银行业务。

除了担任中国银行董事长外，宋子文还挂名国民政府委员。蒋介石仍无意让宋子文进入国民党中央的决策圈。1938 年 1 月 1 日，孔祥熙出任行政院院长兼财政部长，掌握行政大权。但当时的外国政府对孔祥熙没有好感，而欣赏宋子文。

翁文灏在 1938 年 1 月 24 日的日记中写道："（德国）克兰拟中德实业银公司计划。蒋命与孔（祥熙）相商！（彼方趋宋，而蒋用孔！）"[①]

不仅德国如此，英国更是极力主张让宋子文出山。蒋介石、孔祥熙委托宋子文在香港同英国驻华大使克拉克·卡尔接洽向英国借款。卡尔对宋子文的才干十分欣赏，对蒋介石让宋子文长期处于"半在野"的状态感到不可思议，认为中国要在战时维持其财政金融局面，非宋子文莫属。1938 年 4 月，卡尔在武汉向刚刚当选为国民党总裁的蒋介石谈起英国对华贷款问题，他明确向蒋表示：英国希望宋子文取代孔祥熙出任财政部长。蒋介石答称：他无法同宋子文合作，如果他不让宋子文取代孔祥熙意味着得不到外国援助的话，

---

① 知之:《翁文灏日记选》,《近代史资料》第 103 号，第 70 页。

他也只好接受这一事实，但中国在没有这种援助的情况下，仍将继续抗战。

但卡尔大使并没有因此而放弃努力，他敦促宋子文尽快缓和与蒋介石的关系从而复出。他告诉宋子文：伦敦金融界信任宋子文而不相信孔祥熙，如果宋子文担任财政部长，英国金融界可能会向中国提供一笔新的信贷。

同年7月，卡尔再次就英国援华问题向蒋介石建议：孔祥熙可以继续担任行政院院长，但不宜再主管财政；应让宋子文管理财政，英国顾问罗杰士可以协助他，这样才可能获得英国的借款。然而，蒋介石再次拒绝了英方的建议。①

蒋介石虽然不肯让宋子文担任财政部长，但仍要借重宋子文与英方的良好关系向英国借款。经过宋子文的活动，中英于1939年3月10日在伦敦正式签署了《设立中国国币平准汇兑基金合同》，为稳定中国法币汇价发挥了重要作用。

1939年9月7日，宋子文应蒋介石之邀请从香港抵达战时首都重庆。对于宋的到来，有人猜测他可能东山再起。当时任侍从室高级幕僚的唐纵在当天的日记中写道："宋子文来重庆。外间谣言甚多，谓政府将改组，宋有任行政院长说。此次宋之来，系委座一再催促，其将有所借重，自不待论。唯宋不愿居孔之下，宋孔亦难相容。外间之责难于孔者亦多，故宋之声望，仅见重于人民也。"②

宋子文到重庆的次日，国民政府特派中央银行总裁孔祥熙、中国银行董事长宋子文、交通银行董事长钱永铭为四联总处常务理事，蒋介石则以中国农民银行理事长的身份，出任四联总处主席。10月2日，宋子文又被委任为四联总处战时经济委员会委员和战时金融委员会委员。11月，国民党中央决定让在国内外名声均不佳的孔祥熙辞去行政院院长，改任副院长，由蒋

① 《宋子文政治生涯编年》，第334页。
② 公安部档案馆编注：《在蒋介石身边八年——侍从室高级幕僚唐纵日记》，第97页。

介石兼任院长。在王世杰的极力建议下，蒋介石表示可以考虑让宋子文接替孔祥熙的财政部长职。宋子文虽然答应出任财政部长，但以解除孔的中央银行总裁为条件，蒋介石断然拒绝。宋子文出任财政部长的希望再次落空。

抗战初期，苏联、英国、法国是国民党政府的主要援助国。但随着苏德战争的爆发，欧洲战争扩大，苏、法等国自顾不暇，无力援助中国，未受战火破坏的美国成为蒋介石求助的主要对象。在此背景下，蒋介石于 1940 年 6 月 14 日特派宋子文为其私人代表，常驻美国寻求援助。

刚到美国的头几个月，美国政府对援华并不热心，宋子文"四处碰壁"，以至于连美国财政部长摩根索也动了"恻隐之心"，私下对陆军部长史汀生说："唉，可怜的宋子文来到这里，我们却什么也不能帮他。"宋子文并未因此消极，为了打开局面，他广泛结交那些能够直接或间接影响白宫、国务院、财政部以至军方的人士，如克莱尔·陈纳德、约瑟夫·艾尔索普、托马斯·科克伦等，从而建立起了一个关系网，使蒋介石对美国提出的要求得到重视，并在美国的幕后统治集团与国民党政府之间建立起一种持久的关系，这就是后来颇有影响力的"援华院外活动集团"或"中国帮"的雏形。

宋子文的努力很快有了回报。1940 年 10 月 22 日，中美签署了 2500 万美元的"钨砂借款"协定。1941 年 2 月 4 日，中美又签署了 5000 万美元的"金属借款"协定。1941 年 4 月 1 日，在华盛顿分别签订了"中美平准基金协定"和"中英平准基金协定"，分别获得 5000 万美元和 500 万英镑，用以稳定中国法币汇价。美元、英镑滚滚而来，对于抑制中国的通货膨胀、稳定汇价，以及支持中国的抗战事业，都发挥了重大作用。为此，蒋介石于 4 月 28 日复电宋子文，内称："平衡基金合同签字，感念劳苦，欣祝成功。"对宋子文的努力表示了感谢。

1941 年 12 月 7 日，日军偷袭美军基地珍珠港，同时进攻西太平洋地区英国与荷兰的领地和殖民地，美、英相继对日宣战。应美国的要求，中国政府在单独抗日五年后，于 1941 年 12 月 9 日宣布对日本作战，同时宣布对德国、意大利作战。远东太平洋地区战争形势发生重大变化，蒋介石力促成立远东反法西斯联合作战指挥部和军事同盟。为达到这一目的，除了蒋介石在重庆与美、英驻华大使和武官磋商外，宋子文在美国也展开了多方活动，很快取得了实质性成果。1942年1月1日，美、英、苏、中等26个国家在华盛顿签署《联合国家共同宣言》，宋子文代表中国政府在文件上签字。宣言的发表标志着世界反法西斯统一战线的正式建立。从此，中国在名义上成为反法西斯的四大强国之一，与美、英、苏等成为盟国，美、英有义务全力支持中国的抗日战争，这使宋子文在争取外援时处于更加有利的地位。

为了加强宋子文的地位，1941年12月23日，蒋介石提名宋子文为外交部长，取代郭泰祺，宋子文再次进入国民党中央决策层。1942年3月21日，经过艰巨的谈判，宋子文以中国政府代表、外交部长的名义与美国政府代表、财政部长摩根索签订了美国对华提供五亿美元财政援助借款的协定。同日，宋子文与摩根索就该借款协定发表声明："这个财政援助，对于中国政府及人民，为了应付将近五年来日本不断的攻击所加于他们的财政经济的负担，所作的伟大努力，将有很大的贡献。这个协定具体地表现了，在我们共同为争取自由的战争中，美国没有吝啬地给予中国援助的意向及决心。这笔五亿美元的财政援助，给予中国的条件，包括中国酬报美国的好处，最后的决定，留待战后，等到情势的发展，可以更看得清楚，何种最后条件及好处对美中两国互有利益，并能促进持久世界和平及安全的建立。"[①]

除了借款之外，宋子文还有一项重大使命就是向美国政府寻求战争物资援助。美国政府在军援方面，最重视英国、苏联等欧洲反法西斯盟国，而对中国并不重视。直到1941年3月11日美国政府公布《租借法案》后，情况才有所改变。根据该法案，凡是国防对美国安全具有重大意义的国家，可

---

① 吴景平：《宋子文政治生涯编年》，福建人民出版社1998年版，第387—388页。

以租借的形式，从美国获得武器、军用物资、粮食等。5月6日，美国政府正式宣布中国为有资格获得租借援助的国家。随后，蒋介石即指定宋子文为中国政府与美国政府洽商决定及接受《租借法案》项下军火装备事宜的中方全权代表。1941年5月，首批7552吨租借物资起程运往中国；12月，第二批66675吨物资装运赴华。另据宋子文1942年5月29日给蒋介石的电报，美方已向中方交货的租借物资计有枪械、子弹、飞机、通信及医药器材等共6500吨；兵工材料、卡车及零件143000吨，铁路材料5万吨。同年6月16日，宋子文报告：最近一个星期里运华租借物资共3500余吨。1942年6月2日，宋子文和美国国务卿赫尔签订《中美租借协定》，即《中美抵抗侵略互助协定》，为中国无偿获得美国大宗军事援助提供了法律依据。1942年4月，中国对外联系的唯一陆路交通线滇缅公路被日军切断后，又开辟了以印度阿萨姆为起点，飞越一万八千英尺的喜马拉雅山驼峰至中国的空中运输线，直至1945年1月，在从印度通过缅甸的雷多公路修通之前，驼峰航线是唯一的中国对外联络线。据美国财政部的统计，对日战争胜利以前，美国对华租借援助物资共845748220美元。其中，除2000万美元须偿还外，其余一概无偿赠予。这些军援物资全部交给了国民党政府，对中国的正面战场起了输血打气的作用。不过，蒋介石将这些美式装备的大部分留起来用于后来的反共内战。

1943年1月11日，中国驻美大使魏道明在华盛顿同美国国务卿赫尔签署了《关于取消美国在华治外法权及处理有关问题之条约》及换文。同日，宋子文在重庆同英国驻华大使薛穆、印度驻华专员黎吉生签署了《关于取消英国在华治外法权及其有关特权条约》及换文。中美、中英新约的交涉开始于郭泰祺任外交部长时，但主要是由宋子文完成的。宋子文在外交部长任内又先后与比利时、挪威、加拿大、瑞典、荷兰签订了新约。通过新约的订立，在名义上取消了一个世纪以来帝国主义列强加给中国的特权，无疑是一个具有重大历史意义的进步。

1942 年 10 月下旬，宋子文回国就任外交部长。10 月 29 日下午，宋子文在重庆出席国民参政会会议，并报告外交问题。据《新华日报》报道，是日"政府长官及中委到会参加，极为踊跃，旁听席上亦坐无隙地。……全体参政员于听取宋部长报告时，极为动容，全场报以热烈掌声。"这掌声可以看作对宋子文外交成绩的肯定，这恐怕也是宋子文政治生涯最光彩的一幕。

1942 年 12 月 25 日，因宋子文"对于国防之设施有显著之贡献与劳绩"，军政部长何应钦代表国民政府军事委员会，授予宋子文一等云麾勋章。

九、与蒋关系再起波澜

1943 年 10 月间，因为史迪威的问题，宋子文与蒋介石的关系又出现了裂痕，宋因此再次受到蒋的冷落。当时担任外交部政务次长的吴国桢回忆说："有一段时间，蒋拒绝见子文，子文甚至害怕会丢掉性命。我当次长以后，蒋给外交部的指示，一直都由他亲笔在前面写下这样的话：'给宋子文外长和吴国桢次长'。而现在，当宋子文与蒋争吵之后，不管什么时候，蒋给外交部颁发命令，他只写'给吴次长'。不仅如此，每当有外事问题时，他都打电话给我，根本不同子文商量，所以子文确实被置于困境之中。外国大使们特别是英国大使薛穆爵士（Sir Horace Seymour）听到这些风声，于是寻找一个又一个借口求见子文，他们想弄清蒋、宋之间是否真的破裂。"[1]

美国驻华大使馆二等秘书谢伟思在一份报告中将宋蒋矛盾归纳成以下几个方面：（1）"蒋和宋一向就难以彼此相处；蒋独断专行，而宋直言无忌且意志坚强。他们在这之前曾多次吵过架。例如：1933 年两人在发生激烈争论后，宋辞去了财政部长职务，在这次争论中，蒋责备宋没有能为当时的'剿

---

[1]　《从上海市长到台湾省主席——吴国桢口述回忆》，第 238 页。

共'战争筹集到足够的款项，并且最后打了宋一记耳光（这是谣传，但普遍认为是真的）。"（2）"宋获得他现在的外交部长职务，是由于他被认为态度强硬，足以从美国获得承认、金钱和物资供应。他的这些任务完成得不是很成功，至少是不足以使蒋感到满意。此外，有消息说，他的手法使他在华盛顿的人缘不好；至少有两次他承担了不愉快的任务：警告委员长，美国对要向中国共产党采取行动的任何威胁反应不利；他还被指责在太平洋战争初期，没有注意消息灵通的美国舆论有关中国玫瑰色幻觉的令人迷惑的描写。"（3）"作为一位外交部长，宋独立性太强，不讨蒋氏夫妇喜欢，后者宁愿把外交事务控制在他们自己手里，因此，喜欢由'意志薄弱'的人来担任这一职务……"（4）"不但如此，作为外交部长，特别是在对美关系方面，宋采取'占着茅坑不拉屎'的态度，这给他造成了一些有力的敌人。首先，他反对派遣熊式辉军事代表团去美国（政治预言家认为这是政学系企图插手对外关系领域），并进行暗中破坏以促其失败。其次——就其对家族关系的影响说，可能更重要一些——是他建议蒋夫人不要访美，而在访美成行之后，又不予协助，并一再告诉蒋夫人，她停留太久会不受欢迎，应该回去。"（5）"最后，宋子文触怒了蒋，并使孔祥熙和其夫人（一般说来是'中国最有权势的人物'）提高警惕，因为他苛刻批评中国处理经济问题不当，提出（可能是推理的）他应该成为中国经济大权独揽的人。一条广泛流传的消息说，在最初发生裂痕之后（显然是1943年11月），家族在12月下旬安排了一次会议，希望在会上能取得和解。不幸，蒋要宋陈述他对处理经济问题的意见，宋回答说，经济缺乏有效管理的一个原因是机构太多，每个机构都没有权力，有时还互相掣肘。因此，需要建立一个单一的机构，并赋予足够的权力，以处理一切经济问题。蒋反击说建立这样一个机构（实际上已经讨论了一年多，据传宋子文可能是这个机构的头头）会打乱整个政府结构，是不符合政府组织法的。对此，宋反唇相讥说：'你一向能够改变政府组织法的，只要你愿意——比如你决定要当总统——的话。'据传，这次会议的结局是蒋举起一只茶杯向宋的头部砸去,自然,任何马上取得和解的希望也就放弃了。"①宋子文的密友钱昌照在其回忆录中也说:"宋与蒋也有矛盾。史迪威到重庆,在宋子文家吃饭。那时我不知道史与蒋不和,因为史主张把美援物资分一部分给中共。三四天后,我在宋家吃早点,看到地上有打碎玻璃的残片,我问他是怎么一回事。他说,他向蒋讲史迪威的事,要蒋尊重史的意见,讲得较率直。蒋发脾气,把两盘电影拷贝向他摔过来,转身就进屋了。宋也很生气,回到家里把装有蒋的相片的镜框摔碎在地上,因此地上还有一些玻璃残片。"②

1943年11月,蒋介石赴埃及开罗出席中美英三国首脑会议,这是蒋介石执政以来最重要的一次外交活动,居然没有让外交部长宋子文随行,这是异乎寻常的。

宋子文再度失宠以后,并没有像上次那样挂冠而去,而是深居简出,等待时机。1944年2月5日,宋子文担任9年之久的中国银行董事长一职也为孔祥熙所取代。

1944年6月,美国副总统华莱士来华访问,宋子文负责安排华莱士在华的活动,而且参加了蒋介石与华莱士的会谈。9月,美国战时生产局局长纳尔逊来华,考察中美战时经济合作事宜。宋子文又主管安排纳尔逊在华的活动,并出席蒋介石与纳尔逊的会谈。知情的美国人士透露:"纳尔逊访华的真正效果之一,就是在相当程度上恢复了宋子文的显要地位。宋子文受委员长指派同纳尔逊讨论问题,并担任委员长和纳尔逊谈话的翻译。当然,这些使得宋子文的声望有相当的提高。据报告,孔博士正在焦虑地关注着事态的发展。纳尔逊及其助手们对宋子文印象甚佳。"

孔祥熙与宋子文是郎舅,但他们两人在蒋介石面前争宠,矛盾重重。孔

① 《在中国失掉的机会——美国前驻华外交官约翰·S.谢伟思第二次世界大战时期的报告》,第77-79页。

② 《钱昌照回忆录》,第129-130页。

祥熙虽为蒋介石所宠信，却为美国人所憎恶；宋子文因"有过多的独立性"，而为蒋介石所不喜，但甚得美国人好评。蒋、孔、宋及后台美国人之间存在错综复杂且十分微妙的关系。在美国人的操纵下，孔祥熙终于被赶下台，宋子文东山再起。1944年12月4日，蒋介石提议，国防最高委员会通过决议，宋子文被委任为行政院代院长，仍兼外交部长。其后，宋子文又陆续兼任了四联总处理事会代理副主席、中国工业合作协会副理事长。1945年5月31日任行政院院长，完全取代了孔祥熙。

十、内政外交失措成为众矢之的

宋子文是在中国抗日战争胜利前夕登上其政治生涯的顶峰的。

宋子文开始时信心十足，他对来访的美国参议员曼斯·菲尔德说：他现在与蒋介石的观点完全一致；政府目前主动谋求改善与共产党的关系，他对寻找到解决的方法颇有信心，认为中国应实现国内的统一以赢得战争，在战后的和会上处于强有力的地位。宋承认中国的经济形势很糟，他的政策之一就是控制通货膨胀。他把当前的财政局势归罪于孔祥熙，称蒋介石无法顾及所有的事情，蒋的周围多为唯唯诺诺之流，但以后蒋将更多地关注军事，他可在行政事务方面帮助蒋。曼斯·菲尔德与宋子文会见后，写信给罗斯福，谈了他对宋子文的印象：宋子文也许是在国外最具知名度的中国领导人，他在中国国内并没有很多的追随者，但他在中国国内和美国都有很高的威望，他以现代的观点来看待中国的需要，我相信，作为行政院代理院长，他将会实施必要的改革。然而，中国的局势过于复杂。宋子文在行政院代院长、院长上的努力，成功的少，失败的多，最终不得不黯然下台。

在外交上，宋子文于1945年7月和8月，两次率中国政府代表团赴莫斯科，同斯大林、莫洛托夫等苏联领导人谈判，最后于8月14日由外交部长王世杰与苏联外交部长莫洛托夫签署了《中苏友好同盟条约》。在谈判过程中，斯大林以高压姿态逼迫宋子文接受外蒙古脱离中国等一系列强权主义的要求，宋子文虽然作了抗争，但最后还是按照蒋介石的安排接受了。所谓的《中苏友好同盟条约》，仍然是世界强权分割和侵略弱国的不平等条约。

宋子文的另一项外交使命仍然是为蒋介石打内战争取更多的美援。1945 年 8 月中旬至 9 月中旬，宋子文在美国老板面前活动一个多月，收获不少。美国保证：美国在战后继续支持国民党政府，首先提供 39 个师的装备，并将向中国派遣陆海空军事顾问团，帮助国民党军队运往东北接收，向国民党政府提供巨额财政援助等。宋子文所获得的这些援助，主要是用美国的借款购入美国的过剩原料、部分生产资料和大量剩余战时物资。这种"援助"，一方面为蒋介石的内战政策起了输血打气的作用；另一方面也对抗战胜利后中国民族工业的恢复和发展起了相当大的破坏作用，在经济方面真正获利的是宋子文的美国老板。随着国共内战的全面展开，蒋介石渴望得到更多的美援，但这时美国对华政策进入了战后调整阶段和援华的低谷期，宋子文这位公认的争取美援最为奏效的"美国通"一下子失灵了。宋子文的重要性一下就失去了。

从 1945 年年末起，宋子文以行政院长的身份将主要精力用于处理内政。

宋子文抓的第一件大事，便是主持接收沦陷区敌伪产业。最初，接收与受降同时进行，由以何应钦为总司令的陆军总司令部负责。但各种有权有势的机构和个人均插手，整个接收工作一片混乱，人们愤怒地斥之为"劫收"。1945 年 10 月，宋子文从美国回来后，在行政院下设立专门的接收机构——行政院收复区全国性事业接收委员会，并在重点接收地区设立了上海区敌伪产业处理局、上海区敌伪产业处理审议委员会。1946 年 1 月更名为苏浙皖敌伪产业处理局、苏浙皖敌伪产业审查处理委员会。并在河北平津区以及山东青岛区、粤桂闽区、武汉区、台湾区、东北区设立相应的机构。宋子文的行政院统一接收工作后，在建立正常的接收处理秩序、尽快恢复生产交通、增加社会物资供应等方面，成效还是显而易见的。但国民党内派系林立，接收工作不可能是宋子文的一统天下，接收混乱局面并不可能完全禁绝。而且，宋子文统一接收，不可避免地得罪其他派系和军方，民营资本家对宋子文的垄断也不同意。

宋子文的第二项工作，就是试图平衡预算。1937—1945 年，国民党政府财政支出亏空数由 153200 万元增加到 106502400 万元。为了弥补亏空，便大量发行纸币。仅 1945 年，中央银行就发行了纸币 8484 亿元。而国民党滥发纸币的结果便是引起严重的通货膨胀。宋子文认为这种局面不能继续下去。为了平衡预算，宋子文从增收和节支两个方面着手。所谓增收，无非是增加税收。宋子文坦白地说："我们大家都明白，在一般社会上，人人都希望政府于战事终了之后能减轻人民的负担。但本席不能不直说经济危机的严重性不下于战争的危机。政府为求收支平衡，不能不求收入的增加，以期度过当前的经济危机，即使加重人民负担，也不得不忍耐一时。政府要能使国民政府达到稳定，人民在过渡期内自不能不有相当牺牲。"

为了增收，宋子文再次推行竭泽而渔的税收政策。1946 年度预算税收为 6255 亿元，实收达 12521 亿元，超过预算 1 倍多。减少支出方面，宋子文把重点放在裁减军费支出。1945 年度军费支出占总支出的 70%。宋子文提出将 1946 年的军费支出降为 47%。但是，由于蒋介石一意孤行要打内战，军费不仅没有减少，反而急剧增加，1946 年预算所列的 10950 亿元军费在 5 个月里就已用毕。1946 年实际收入 12791 亿元，支出 55672 亿元，其中军费支出约占 60%。而且随着战争的扩大和持久下去，军费还将进一步增加。

宋子文的第三项工作，就是开放外汇市场和出售黄金。宋子文认为，自抗战以来，政府为管制外汇，核定 1 美元合法币 20 元，由于法币严重贬值，这种比价已完全不能反映两种币制之间的比价关系，已与一般市场完全脱节，并导致对外贸易完全停顿。为了推动外贸的恢复发展，吸收外汇，宋子文决定开放外汇市场，将法币与美元的比价定为 2020∶1，略高于当时黑市的 2000∶1。但由于内战的扩大，人们对法币失去信心，很快引起外汇市场的失控，美元与法币比价一路升高，到 1947 年 2 月，法币与美元的比价已达到 12000∶1。最后国民政府不得不宣布禁止外币在国内流通。据统计，从 1946 年 3 月至 1947 年 2 月，国民党政府共支出 35420 余万美元，几乎将外汇储备耗尽，宋子文的开放外汇市场的政策以破产而收场。

与此同时，宋子文的出售黄金政策也同样遭到了失败的命运。1946 年 3 月 4 日，行政院决定开放外汇市场，法币与美元比价定为 2020∶1，同时由中央银行公布黄金买卖办法，以库存黄金向上海市场抛售，用于平衡市价。抛售黄金分明配与暗售两种，明配是由各金号银楼向中央银行申请购买，中央银行规定金价，配给黄金；暗售则是由中央银行暗中委托几家金号随时抛售。这一办法实行之初，中央银行在出售黄金的同时，还放出大量外汇，并通过处理敌产、出售物资回笼法币，因而金价尚称平稳。3 月份黄金价每条（10 两）为 156 万元，7 月涨至 183 万元，上升 20%，幅度还不算太大。由于金价的相对平稳，市场物价也还处于可控之中。随着 6 月间全面内战烽烟四起，浩大的军费开支进一步加剧了通货膨胀的压力。由于美货大量进口，外汇大量流出，美元贷款又不见踪影，外汇市场首先承受不住压力。8 月 17 日，宋子文不得已下令将法币与美元比价调为 3350∶1，陡涨 65%，由此带动黄金市价也由每条 200 万元出头涨至 285 万元。中央银行虽两天抛出黄金 1 万条，仍无济于事。在金价、汇价带动下，万物齐涨，黄金、外汇库存日少，局势几乎无法控制。但宋子文仍不甘心，企图作最后一搏。一方面在 11 月制定奖励出口限制进口法；另一方面大量抛出黄金。但黄金抛出越多，金价反上涨越高，1947 年 1 月，金价已达每条近 400 万元。1 月 30 日一天内，中央银行抛出黄金 19000 条，收回法币 750 亿元，"气魄"虽大，但实际已近山穷水尽。1947 年 2 月初已是一日数涨，最多一天涨了九次，带动万物狂涨，经济濒于崩溃。上海库存黄金几近抛完，只好由重庆空运库存金条。最后再也支持不住了，中央银行被迫于 2 月 10 日停止暗售，2 月 15 日停止一切黄金售出。2 月 16 日，行政院通过经济紧急措施，禁止黄金、美钞自由买卖。此时黄金市价已超出 900 万元，美元比价达到 12000 元。中央银行此次抛售黄金为时近一年，共抛出黄金 350 余万两。另据外汇平准基金委员会报告，1946 年 2 月的外汇、金、银结存为 83000 万美元，1947 年 2 月降为 34700 万美元，一年中流失金、银、外汇近 5 亿美元。不仅没能达到稳定法币的目的，反而造成了金、汇、物价互相刺激、攀升，终至不可收拾。其根本原因在于国民党内部贪赃枉法、贪污腐败成风，达官贵人纷纷借机大发横财，以及国民党的内战政策，造成滥发货币，法币信用大跌。此次抛售黄金的终结，意味着稳定法币企图的彻底破灭。宋子文的黄金政策失败，引起外界一片哗然。国民党内部对宋不满的各派系乘机发难，掀起倒宋风潮，扬言要彻查责任，惩办失职人员。

宋子文上台后的内政外交措施，很快引起各方面的不满。在 1946 年 3 月召开的国民党六届二中全会上，邹鲁、白崇禧、王正廷等尖锐地批评宋子文等在《中苏友好同盟条约》的谈判及签订过程中，实行错误的秘密外交，要求改变"外交作风"。对宋子文在接收沦陷区时采取的各种措施，也有人提出严厉批评。有人甚至明确在会上宣称：行政院对当前种种问题是否有解决办法，无办法应向全会总辞职。在随后召开的国民参政会第四届第二次大会上，宋子文做完施政报告后，参政员黄宇人批评说：目前的政治现象有推、假、乱三病。胡秋原说："最初大家对宋院长都存有莫大希望，后来慢慢失望，现在已经近乎绝望了。"

宋子文推行的大力扶植国家资本并有利于官僚资本的政策，加上大量倾销美国过剩产品的政策，也使中国民族工商业在抗战胜利后处境更加困难，甚至大批倒闭关门。据统计，从 1945 年 8 月中旬至 1946 年 5 月，重庆 1800 家工厂中，停工、歇业的就有 344 家，占 19%。在成都，1946 年上半年倒闭了三分之二的工厂。在收复区，民营工厂绝大部分都面临破产的境地。上海在 1946 年 6 月至 10 月，工厂倒闭了 1600 余家，工业生产量仅为战前的四分之一。在此情况下，民营资本家对国民党政府的经济政策也极为不满。他们指出，政府财政政策从不为民众着想，而是官僚本位、买办本位的政策，而且买办也做得不高明，美国棉麦倾销将使农村经济崩溃，因此首先要打倒官僚买办政策。

当宋子文正准备采取补救措施时，自由派知识分子的领袖、著名学者傅斯年的一篇讨宋"檄文"——《这个样子的宋子文非走开不可》，掀起了公开"驱宋"的政潮。

文章首先指出："至于说到政治，如果不承认失败，是谁也不相信的。政治的失败不止一事，而用这样的行政院长，前有孔祥熙，后有宋子文，真是不可救药的事。……所以今天能决定中国将来之运命者，必须会悟今天政治的严重性不在党派，不在国际，而在自己。要做的事多极了，而第一件便是请走宋子文，并且要彻底肃清孔宋两家侵蚀国家的势力，否则政府必然垮台……"①

傅斯年从五个方面，对宋"最荒谬之点"进行了猛烈的攻击：（1）黄金政策。宋上台最初的第一件事，是给以前买金子者一个六折，然后又"自由"抛售，中央银行卖金子的铁幕不向立法院、监察院、参议会驻会委员会揭开，结果"不特不足平抑物价，反而刺激物价，紊乱物价，至少来说，他是彻底失败了"。（2）工业政策。宋对接收的敌伪工业只顾"变钱"，有利可图者收归国有，无利可图者"拍卖"；对中纺以外的一般工业"坐视其死"；"发大票子，专选年关"是"毫无常识"；"出口加补助，不看美英法律"是"毫无知识"。"再由他这样下去，三个月后，景象可想，也不忍想。今天连资本家也有许多同情共产党，开万国未有之奇，他把他的政府伺候得这样子的，人民不必说了，他心中反正没有人民的。"（3）对外信用。孔宋二人官商不分、"公私不分"，"自己（包括其一群人）又是当局，又是'人民'"。傅提议由立法院、参议会等彻查孔宋等"豪门"在国内外企业的内幕，包括营业范

---

① 傅斯年：《这个样子的宋子文非走开不可》，岳玉玺等编：《傅斯年选集》，天津人民出版社1996年版。

围和外汇来源。（4）办事方法，宋只依靠"三几个秘书""亲信""智囊团"，把各部长都变成奴隶，或路人。"开会不到，立法院、参政院请他不来，至于人民请愿更不待说，见人傲慢而无话，似乎奴隶之外全是他的敌人。"傅认为，宋子文的"行政"方式，"岂特民国'民主'不容有此，即帝国专制又何尝可以，只有中国是他的私产，他才可以如此做的"。（5）宋的中国文化，"请化学家把他分解到一公忽，也不见踪影的"；宋的"外国文化"，只体现在"英国话流畅"和结交"决不登大雅之堂的"美国人；平时待人和社交之态度，又失"检点"。傅斯年最后的结论是："孔帮、宋帮走得远，也许还有办法，因为假如整顿财政经济，必须向这几个最大的'既得利益'进攻的；如其不然，不堪再摘，'流共工于幽州，放驩兜于崇山'，是最客气的办法，'摒诸四夷不与同中国'，才是最小可能有效的办法。我虔诚希望有此事，不然，一切完了！共产党最欢喜孔宋当国，因为可以迅速的'一切完了'。然后他们就到南京了，蒙古'混同'时代的版图就要如样出现了。国人不忍见此罢？便要不再见宋氏盘踞着！"①

继《这个样子的宋子文非走开不可》之后，傅又接连发表了《宋子文的失败》《论豪门资本之必须铲除》两篇文章，继续对宋进行猛烈攻击，并兼及讨伐孔祥熙。《宋子文的失败》一文称："孔宋失败的第一个原因，由于他的'清廉'程度……前者贪欲过于支配欲，后者支配欲过于贪欲。"文章从经济政策、财政政策、外汇黄金政策及工商贷款政策四个方面入手，分别批宋。在经济政策方面，"他（宋）根本没有经济政策，只是对外买卖，我来控制一切外来物资和钱钞，无论是买的，借的，或捐的。……接收日本工业，应付沦陷区工业，无论官营民营，总要不让大家关门。因为他（宋）只想收入，不想经济，除把有利的拿去外（如中纺）便任其死灭……他对于工业，漠不

---

① 傅斯年：《这个样子的宋子文非走开不可》，岳玉玺等编：《傅斯年选集》，天津人民出版社1996年版。

关心，真正到极点了，就是连印钞票的工业也不在乎，钞票要送美国印，因为要'好看'……他对于经济无知与私心，是使中国经济非总崩溃不可的"。在财政方面，傅斯年主要指责宋子文赋予中纺公司特惠权利：美棉以法价结外汇；机器（150万锭子）全无代价，房子生财全是拿来的；补充机件，外汇取之裕如。在外汇黄金政策上，傅认为宋继孔祥熙之后，压低外汇价格，"这样便宜法，最便宜权贵。好多年来，因此不知道消耗了多少万万美金，纽约的中国贵妇随身首饰，有的为美国银行家羡慕。连带着，黄金又消耗到这个程度"。至于宋的工商贷款政策，"唯有权门、霸户、豪势或与这些人有关系的，才能得到贷款。此虽不可一概论，绝大的成分如此"。这篇文章的结论是："孔宋二氏这样一贯的做法，简直是彻底毁坏中国的经济，彻底扫荡中国工业，彻底使人失业，彻底使全国财富集于私门，流于国外。"①《论豪门资本之必须铲除》一文，称宋有着"无限制的极狂蛮的支配欲"，"在今天宋氏这样失败之下，他必须走开，以谢国人"。②

傅斯年的大文一出，立即在京沪官场、工商界及知识界中不胫而走，一时洛阳纸贵。在宋子文成为舆论攻击靶子的时候，国民党内的C.C.系和政学系联合起来准备把宋子文赶下台。1947年3月1日，宋子文宣布辞去行政院长职务，由蒋介石暂行兼代。

对于宋子文的辞职，与宋子文颇有龃龉的宋美龄对美国驻华大使司徒雷登抱屈说："他们把我哥哥当作替罪羊了。"实际上宋子文是充当了蒋介石内战政策的替罪羊，而不是别的。

1947年3月，何汉文、谷凤翔、张庆桢和万灿四名监察委员对宋子文提出弹劾案，列出宋子文"误国失职"的五个方面的事实：（1）财政金融政策失当；（2）摧残生产事业，促国民经济濒于破产；（3）运用黄金政策失败，

---

① 《世纪评论》第1卷第8期，1947年2月22日出版。

② 吴景平：《宋子文评传》，第504-505页。

贻误国家财政;（4）浪费外汇，促成金潮;（5）独断专行，贻误全盘行政。

弹劾案指出:"宋子文自受任以来，国家内政、外交、交通等全盘之行政何曾顾及，仅仅注意于金融商业。就地域论，不注意于全国各省市，所注意者仅仆仆于上海一隅，国家财政金融仅操之于其本人及贝祖贻等。而其一切财政金融之措施，无一系为民谋利，无一不与民争利，无一不在培植官僚资本，无一不为洋货张目。人皆讥为买办职权，非无因也。"

弹劾案最后指出:"我国抗战八年，全民族流血流汗，方取得复兴之机运，一年以来，几尽为行政院长宋子文之失策、失职所贻误。今大错铸成，恝然引退，不仅为政府之罪人，实民族之罪人。委员等职司风宪，对于此失职误国之行政院长宋子文，岂敢默然置而不闻。兹依法提出弹劾，即请移付惩戒，以正纲纪。"

由于蒋介石的庇护，弹劾案不了了之。

4月18日，国民政府宣布改组，宋子文当选为国民政府委员。在9月9日至13日召开的国民党六届四中全会上，宋子文当选为国民党中央常务委员。会议期间，宋子文宣布将其本人在中国建设银公司的全部股份捐出，蒋介石在大会致闭幕词中，立即说:"外间近对宋委员子文有所污蔑，现宋本人愿将其在中国建设银公司之全部股份捐出，以供抗战及'剿匪'殉难党员家属救济基金之用，希望大家能效法他。"

9月18日，宋子文在南京出席国民党中央常务会议，报告中国建银公司的经营经过后，蒋介石再次说:"希望党员都能效法宋委员。"一个国人侧目、巧取豪夺的权贵，竟然被蒋介石说成是全社会的楷模。

9月，宋子文出任广东省政府主席，后又兼任国民政府主席广州行辕主任、广东军管区司令、广州绥靖公署主任。1949年1月21日宋子文与蒋介石同时辞职。

1949年5月宋子文离开香港飞赴法国，同年6月赴美国定居。

这样，作为中国"四大家族"之一的宋子文，便退出了中国的政治舞台。

十一、盖棺论定

宋子文发迹的背景无疑是他的二姐夫孙中山和妹夫蒋介石。1931年4月30日，广东籍的国民党中央监委邓泽如、萧佛成、古应芬以四监委（加上福建籍的林森）名义发表的弹劾蒋介石的通电中就指出："宋子文一穷措大耳，徒以贵戚之亲，得为援系，不数年间，立成巨富，其享用之盛，等于王公。"宋子文有了蒋介石这座靠山，其财政金融方面的才干有了充分发挥的天地。同样，蒋介石有了宋子文这位"财神"的辅佐，才得以击败群雄，建立起自己的独裁统治。

至于宋子文与蒋介石合作中的矛盾冲突，其原因复杂，个性和政治理念的差距也是一个重要原因。宋子文的密友、职业外交家顾维钧作过如下的分析："宋子文几次辞职，除了经济方面的近因，后面还有委员长与宋子文长期以来个性冲突的原因。从公务共事上看，两人之间关系不睦，不像是两人都身居要职、两人之间又有亲戚关系。事实上，宋与委员长两人性格迥异，无法有效的合作。他们之间存在着一种互相排斥的力量，两人的个性都很强，似乎双方都感到难以同对方顺利合作，彼此之间的分歧是冰冻三尺非一日之寒。"

根据傅斯年、吴国桢等多人的说法，可以概括出宋子文的基本性格特点是傲慢、以自我为中心，同时又很拘谨、不善交际。在中国的官场上这并不是一种受欢迎的性格。

宋子文宣布辞职的次日，上海《申报》于3月2日发表《政局的新动向》，指出："回想宋氏海外归来，上台执政的时候，全国上下莫不寄予无穷的希望。但今日宋氏因金钞风潮，引起各方的责难，终于挂冠而去，表面看来，似成为'众矢之的'。这一个悬殊的对照，固为宋氏的不幸，实亦为国家的不幸。平心而论，宋氏为人，自信甚强，其为政亦颇具毅力，在中国敷衍搪塞相习成风的官场中，固不失为别具风格。唯其自信过强，故不易兼听；唯其有毅力，故往往流于执拗；加以平时所接触的范围，又只限于经济金融之若干人士，而未能默察社会舆情与人民心理的归趋，以致其采取之政策，未必即能对症发药。宋氏的经济政策，在今日我们固不愿以成败论人，但他对于'民无信不立'这句最重要的政治格言，缺乏深切的了解，而轻易毁损了人民对于政府的信心，实在是根本症结所在。"

笔者以为，从政治本质上讲，宋子文是英美资产阶级宠信的大买办，他与中国广大人民是格格不入的。正如 1947 年 3 月 2 日何汉文、谷凤翔、张庆桢和万灿四位监察委员在《为调查黄金风潮案致于右任呈》中指出的："宋氏之财政经济措施无一系为民生利，无一不与民争利，人皆讥为树立买办政权，培植官僚资本……"①

在绝大多数中国人普遍沦为赤贫的情况下，宋子文所推行的为官僚买办谋利的财经政策是注定会失败的。

---

① 《民国档案》2000 年第 3 期，第 39 页。

第二节 连襟孔祥熙

蒋介石统治中国大陆时期，财政金融大权由"国舅"宋子文与连襟孔祥熙轮流执掌，宋去孔上，孔下宋上，直至蒋介石的统治垮台前夕，孔、宋才相继被反对势力轰下台。与宋子文相比，孔祥熙更加受到蒋介石的宠信和重用。

一、与蒋介石结为裙带亲

孔祥熙（1880—1967），字庸之，1880年9月11日出生于山西省太谷县程家庄。关于孔祥熙的家世，孔自称是孔子第75代传人，祖辈是山西太谷富商。但熟悉孔氏底细的人却称孔家祖上根本不是什么巨商富贾。孔家祖业地产不到十亩，又归孔祥熙的父辈兄弟五人共有。孔父孔繁慈在太谷城乡做过私塾教师，还有鸦片嗜好，家业更加败落。孔祥熙的发迹，在与孙中山、蒋介石结为连襟前，是依靠了美国在华的教会势力。1890年春，孔祥熙进

孔祥熙

入美国基督教会在太谷创办的"华美公学"读书，1895年由"华美公学"保送到美国教会创办的直隶通州潞河学院（燕京大学前身）学习，1901年秋由潞河学院保送至美国中部的俄亥俄州欧柏林大学学习，1905年转入耶鲁大学继续深造，1907年毕业，获得理化硕士学位。1907年，孔祥熙回国，在美国教会势力的资助下，在太谷创办了铭贤学校，自任校长。孔祥熙在美期间曾与孙中山见过一面，并当面请求加入兴中会，得到孙中山的允许。

1911年10月10日，武昌起义后，孔祥熙以当地士绅的身份，组织太谷营务处，自任营务处司令，参与山西光复活动。"二次革命"爆发后，孔

祥熙应孙中山之召从山西南下;"二次革命"失败后,孔祥熙东渡日本,担任中华基督教留日青年总会干事,并暗中加入了孙中山领导的中华革命党。1914 年春,孔祥熙与宋蔼龄在东京结婚。宋蔼龄本是孙中山的英文秘书,与孔氏结婚后,推荐刚从美国毕业的二妹宋庆龄担任孙中山的英文秘书;宋庆龄于 1915 年与孙中山在东京结婚。这样一来,孔祥熙与孙中山就成了连襟。孙中山领导的民主革命屡受挫折和失败,孙中山本人也时常处于颠沛流离之中,孔祥熙与孙中山结为连襟,并未立即得到多少回报。直到 20 世纪 20 年代初,孙中山依靠陈炯明和粤军回到广州,建立大元帅府,这才有了自己的一席立足之地。孙中山请他的大舅子宋子文到广州理财,派给连襟孔祥熙的工作却是让他到北方联络冯玉祥、阎锡山、张作霖等军阀势力,搞合纵连横。1925 年 3 月,孙中山在北京病逝,孔祥熙因亲戚关系在身边照料,并成为孙中山遗嘱的见证人。

1926 年 7 月,北伐战争开始后,广州国民政府财政部长宋子文随军北上,孔祥熙接替宋子文兼任的广东省财政厅长职务,这是孔祥熙从政后担任的第一个重要职务。1927 年 4 月 12 日,蒋介石发动反革命政变,建立蒋记南京国民政府后,孔祥熙坚决站在蒋介石一边。当时孙中山的夫人宋庆龄对蒋介石发动政变予以谴责,孙中山的大舅子、时任财政部长的宋子文也站在武汉国民政府一边。蒋介石为了使蒋记南京政府披上合法的外衣,千方百计地想把宋庆龄和宋子文拉到自己的队伍中来。经过孔祥熙、宋蔼龄夫妇做工作,宋子文终于改变立场,很快投奔了蒋介石。孔祥熙以姐夫资格,多次从上海打电报或致函在武汉的宋庆龄,促宋庆龄离开武汉去上海。5 月 21 日,孔祥熙致电蒋介石说:"现又连去电函,请孙夫人速来,并拟再派委员,设法劝驾,希勿念。"受蒋介石的指派,孔祥熙携带蒋介石的亲笔信函秘密潜往武汉游说,但宋庆龄始终不为所动,不与背叛孙中山"三大政策"的蒋介石合作。游说宋庆龄失败后,孔祥熙又受蒋介石的委派,前往游说握有数十万大军、在宁汉对立中举足轻重的冯玉祥。孔祥熙作为蒋介石的密使,在冯玉祥身边活动了一个多月，终于促使冯玉祥倒向蒋介石，成为搞垮武汉政府的最大帮凶。

1927年8月13日，蒋介石为桂系李宗仁、白崇禧逼迫下台后，却以哀兵必胜的姿态追求起孔祥熙的姨妹宋美龄来。孔祥熙宋蔼龄夫妇敏锐地观察到，蒋介石虽然暂时下台了，但其实力仍在，不难东山再起，因此，极力撮合这桩婚事。但宋子文却坚决反对，几至兄妹决裂，宋母劝说无效。宋氏姐妹就商量请求谭延闿出面调解，因为宋子文对谭信服，谭的威望可以压得住宋子文。据谭延闿日记记载："应宋美龄电邀到西摩路赴宋母之约，抵彼，美龄迎于梯口，称有事奉托。入室，宋母以美龄将嫁介石事见告，并称不料子文反对，托为劝解。继呼子文来，同至另室详询经过，当婉劝以儿女婚事尚不应多管，何况兄妹，徒伤感情，且贻口实，再四譬解，始得完成使命而归。"[1]

因此之故，宋美龄与蒋介石结合，成为"第一夫人"后，终身感谢大姐和大姐夫，而对阿哥宋子文总不无芥蒂，并使蒋介石对宋子文留下一不愉快的印象，是形成蒋孔接近、蒋宋龃龉的最初原因。

二、出使四方

蒋介石、宋美龄结婚后，即以纵横捭阖的手段，为东山再起杀开了一条血路。孔祥熙也奉派到西北军和晋军中活动，请冯玉祥、阎锡山发表拥护蒋介石东山再起的通电，造成非蒋不可的气氛。郭毅生编的《孔祥熙先生年谱》记载：孔祥熙"团结忠实同志，苦心疏解，历时数月，极尽调护斡旋之力"。可见，孔祥熙为蒋介石游说各方是十分卖力气的。

蒋介石东山再起，重新掌握党政军大权后，于1928年2月8日，任命孔祥熙为工商部长和国民政府委员。1930年12月，工商、农矿两部合并为实业部，孔祥熙为实业部长。孔祥熙无论是当工商部长还是实业部长，虽

---

[1] 《孔祥熙其人其事》，第3页。

然信誓旦旦地表示要发展经济，但当时的蒋介石正在集中全部财力和兵力打内战，哪还有什么心思去发展经济，连孔祥熙本人也在上海英文《大陆报》上发表《回顾》专文，称："建设方面不能有所成就，是财政当局不给经费之故。"所谓"财政当局"，自然指他的小舅子、财政部长宋子文。但宋子文是蒋介石的钱柜，他又何尝能做主，还不是蒋介石没有心思去发展经济。

孔祥熙虽然在发展经济方面并没有做出什么成绩，但在国民党新军阀的混战中，孔祥熙在其副业——为蒋介石分化瓦解国民党实力派方面却立下了不少功劳。冯玉祥的部下何其巩、丁春膏被孔祥熙收买，专门报告冯玉祥的一举一动。中原大战结束后，丁春膏介绍萧振瀛去走孔祥熙的门路，使宋哲元得以收编冯玉祥的残部成立第二十九军。据说，萧振瀛奴颜婢膝，第一次见孔就跪地不起，说为了团体为了朋友来跪求，如不允帮忙，就不站起来。见萧如此，孔连称萧够朋友，当即答应向蒋介石进言。经孔祥熙说明利害后，蒋介石当即应允宋哲元编组第二十九军，并一次批给宋哲元50万元。1931年12月15日，蒋介石第二次被政治反对派逼下台，宣布辞去国民政府主席、行政院长和陆海空军总司令职务。孔祥熙为了表示与蒋介石共患难，也宣布辞去实业部长职务，将实业部长大印交给汪精卫一派的大将陈公博。孔祥熙在交印之际，还故作轻松地发表了一通高论："我们平常不都标榜'拿得起，放得下'的精神吗？我觉得拿得起的时候，应以天下为己任；放得下的时候，应弃天下为敝屣。这才合乎政治家的风度，不管什么人上台下台，政府还是国民政府！"

蒋介石下台后与汪精卫联手，很快搞垮了孙科政府。1月28日，蒋介石回到南京主持国民党临时中政会，改选汪精卫为行政院长。接着，汪精卫又推蒋介石为军事委员会委员长兼参谋总长，独掌军权。从此，开始了蒋汪合作的时代。

蒋介石上台后，即派孔祥熙为"中华民国考察欧美各国实业特使"。名为考察实业，实际是向欧美各国接洽购买军械和飞机等事项。孔祥熙、宋蔼龄夫妇于 1932 年 3 月 13 日起程，第一站到美国，其后又访问了意大利和德国。意大利法西斯头目墨索里尼告诉孔祥熙："贵国建国，应从空军着手。空军发展起来比较快，所需经费，较海军为少。且将来战争之胜负，取决于空军。日本为海军先进国家，贵国欲赶上日本，非仓促可办。空军则三五年内可见效。"经过谈判，孔祥熙向意大利订购了 20 余架飞霞式轰炸机，并且聘请以劳地为首的意大利顾问团来华协助建立空军。在德国，孔祥熙又见到了德国纳粹头子希特勒，向德国订购了 2500 万美元的武器。孔祥熙购买这批军械回国，兴冲冲地想当航空部部长，他对航空署署长兼中央航空学校代校长葛敬恩说："建设空军，已得到意大利政府的支援，财力物力都有办法，航署应即扩充为部。"并且毛遂自荐："愿意自任航空部部长，请葛以首席次长负实际责任。"然而，当孔祥熙以高价购买的飞机运回来检查时，才发现全是过期的旧货，炮管里的来复线都已磨光，简直是一堆废品。葛敬恩将实情报告蒋介石，蒋口头说要追究责任，实际不了了之。不过，孔祥熙的航空部长之梦也落了空。[①]

三、继宋子文主管财政金融

1933 年春，宋子文与蒋介石在对日外交与财政开支等问题上产生了严重冲突，蒋介石决心将宋子文赶下台，有意让政学系头子张群接替宋子文。政学系获悉后，立即在《申报》上发表这个消息。C.C. 系头目陈果夫、陈立夫不愿财政大权落于政学系手中，陈果夫连夜召集 C.C. 系大将开会商讨对策，他们决定推孔祥熙出来接替宋子文。会后，陈果夫派亲信送信给在上海的宋蔼龄。宋蔼龄接信后，立即赶到南京，以内亲关系去见蒋。蒋介石见到宋蔼龄，即怒斥宋子文搞武力。宋等蒋介石说完后，不紧不慢地进言说："子文究竟是自己人，我想事情实在不实在，要防一着，人家离间计要留神。我看叫子文下来也很好，换哪一个要慎重一点，万一不听你的话，军费发生问

---

① 《文史资料选辑》，第 68-69 页。

题，后悔也来不及了。"蒋介石听了宋蔼龄的一番话，连问："庸之为什么不来？"宋蔼龄乘机说："明天来。"蒋说："庸之来了，请他来谈谈。"①

1933 年 11 月 1 日，孔祥熙宣誓就任财政部长，不久，又兼任行政院副院长，同年 3 月，孔祥熙已担任了中央银行总裁。这样一来，宋子文的三个职务全部转移到了孔祥熙身上。

孔祥熙上台后，吸取宋子文的经验教训，一切以蒋之主张为主张，绝不和蒋争权，也不和蒋标新立异，对蒋绝对忠诚，因而赢得了蒋介石的信赖。孔祥熙担任财政部长 11 年，可分为两个阶段，从 1933 年到 1937 年 7 月止为"平时财政"阶段；从 1937 年 7 月至 1944 年 11 月为"战时财政"阶段。

孔祥熙上任伊始，就公开宣布了"剿共"第一的理财方针，不惜一切代价，为蒋介石的反共内战提供充足的财政保障。孔祥熙宣称："保证尽最大努力筹集所需经费。平衡预算固然重要，但"剿共"作战的胜利比保持预算平衡更重要。"为此，孔祥熙采取了以下一些措施：

第一，发行公债。1934—1936 年短短三年，就发行公债 13 种，总值113900 万元。这些公债的百分之七八十都用作了蒋介石的反共内战军费。孔祥熙滥发公债，以高利率夺走生产流通领域的资金，导致农村经济萧条，民族资本家困难重重，批发物价和房地产暴跌，而投机的金融家却可以通过购买公债获得纯利超过百分之二十的暴利。一位有识之士指出："政府公债的高利率促使工业萧条，农业破产。"

第二，以巧取豪夺的方式控制中国、交通两大民营银行。中国银行和交通银行是两家历史悠久、实力雄厚的民营银行。特别是中国银行董事长张公权对蒋介石的内战政策不满，他认为日本才是真正的敌人，军队在反共内战方面花钱太多，孔祥熙发行的公债不值钱，于是下令大量抛售中国银行持有

---

① 《孔祥熙其人其事》，第 211 页。

的公债券。张公权还同交通银行共同采取行动，拒绝为孔祥熙提供资金。为此，张公权得罪了蒋介石、孔祥熙。孔祥熙气急败坏地说："这个令人讨厌的张公权，一定要叫他滚蛋。"1935 年 2 月 28 日，蒋介石召集孔祥熙与宋子文到汉口密谋，研究如何对付中国、交通这两家实力雄厚的民营银行。蒋介石表示，全力支持孔祥熙对这两家银行采取行动。经过孔、宋精心策划，孔祥熙于 1935 年 3 月 23 日突然宣布："中国银行资产负债总额与资本总额，比率失衡，宜及时充实资本，查原有资本 2500 万元，内官股 500 万元，应再增官股 2500 万元，随文发给二十四年（1935 年）金融公债 2500 万元预约券五张，仰即填具 2500 万官股股金收据送部备查，并将中国银行条例修正。"孔祥熙将同样的命令也发给了交通银行，除资本额外，其他内容均与此大体相同。这样，孔祥熙仅凭一道命令和几张公债券，不费分文，就控制了中国、交通两大银行，完全是一种巧取豪夺的行为。在蒋介石的支持下，孔祥熙宣布改组中国银行和交通银行，中国银行董事长李铭、总经理张公权免职，宋子文担任中国银行董事长，宋汉章担任总经理；交通银行董事长胡笔江、总经理唐寿民。与此同时，豫鄂皖赣四省农民银行改组为中国农民银行，孔祥熙担任理事长（不久改为董事长）。这样，孔祥熙、宋子文郎舅完全控制了中央银行、中国银行、交通银行和中国农民银行这四大银行。稍后，孔祥熙又采取措施，控制了宁波商业储蓄银行、中国通商银行和中国工业银行，使商业银行完全丧失独立地位，逐步形成了全国的金融垄断网。

第三，整理田赋，开辟税源。1934 年 1 月，孔祥熙在国民党四届四中全会上，提出两个议案：一是"整理田赋，举行土地陈报，以除积弊而裕税源案"；二是"减轻田赋附加以救济农村，解除民困案"。两案均获通过。1934 年 5 月 18 日至 24 日，孔祥熙召集第二次全国财政会议，会后发表宣言称："对于田赋永不再加附加，以致前附加各税捐，概须分期减除，并从事税则之根本改订及征收制度之彻底改良。""苛捐杂税，最为扰民，本会议决自民国二十三年七月至二十三年十二月底止，由地方斟酌情形，分别先后逐一废除。"6月5日，行政院作出决议，严禁非法税捐，田赋永不增加附加。据国民党官方的材料统计，自1934年到1937年4年间，25省实行裁撤苛杂。计裁撤苛杂达7100多种，每年裁撤苛杂税款6700余万元，减少田赋附加300多种，减免税款每年达3800余万元，两项合计，减少国民负担达1亿余元。孔祥熙称这是一个"发现天良以苏民困"的"仁政"，但实际上，一方面这是孔祥熙舍小求大的勾当，因农民已不堪重负，暂时减轻农民的负担，有利于将来榨取更多的税收；另一方面，减少田赋附加，受损失的是地方财政，而中央财政收入减少甚微，这有利于控制地方势力；同时，中央可以抵补为名，滥增新税，于中央无损。孔祥熙开辟税源的措施主要是修改进口税则。1934年6月，公布了"海关进口新税则"，一是规定对棉花、金属及其他制品、机械、工具、日用杂货、蔬菜、果品、化学产品、染料、木材酌加轻微之税率，对其他如针钩、樟脑、冰片、硫酸等酌加较高税率。二是对印花及染纱、布匹、高级毛绒线、呢绒、鱼虾海产品、鞋底皮、椰子干等分别减税。按照修正税则，酌加部分计国币1500万元，酌减部分计国币300万元，南京政府每年可增加收入1200万元。

第四，征收白银出口税、平衡税。1934年6月19日，美国总统罗斯福签署"白银法案"，宣布白银国有及无限制收购白银的政策，结果抬高了国际市场白银价格，中国白银不断流向美国，导致中国出口窒息，物价暴跌，银根紧张，生产萧条。为了制止这一狂潮，孔祥熙于10月15日公布了征收白银出口税并加课平衡税条例，其办法是：（1）银本位币和中央造币厂的厂条征收出口税百分之十，减去铸费百分之二点二五，净征百分之七点七五；银元宝、大条和其他银类征收出口税百分之七点七五，加上原定的百分之二点二五，共为百分之十。（2）如果伦敦银价合上海汇兑的比价与中央银行照当天市价核定的汇价之间出现差数，而此一差距于减除上述应行缴纳的出口税后，仍有余额的时候，应按照这一余额的数目，同时加征白银平衡税。与此同时，由中央、中国、交通三大银行组织外汇平市委员会，试行管制外汇。

并由三行拆放贷款 2000 余万元，财政部拨出金融公债 2500 万元，充实市面，这才暂缓了金融危机。

第五，实行法币政策。1935 年 11 月 2 日，孔祥熙以《财政部公告》和《财政部长宣言》的形式，公布了《法币政策实施办法》，同月 15 日公布了《兑换法币办法》及《银制品用银管理规则》等，正式实施法币政策，规定法币 1 元等于英镑 1 先令 2.5 便士。这样，法币和英镑紧密地联系在一起。其后，又规定法币与美元的汇率为 10 : 3，法币与美元又挂上了钩。《兑换法币办法》规定：各地银钱行号、商店、公共团体及个人，持有银币、大条、生银、银锭或银块等，从 1935 年 11 月 4 日起，限在三个月内，就近交各地兑换部门换取法币。到 1937 年 9 月，中央、中国、交通和农民四大银行收兑银币共达 3 亿元。法币发行后，白银停止使用，国民不得不用白银去兑换法币。国民用 1 元银币换 1 元已经贬值的"法币"，立即损失实际价值三分之一，即 3 角钱以上。推行法币政策，是孔祥熙在财政部长任内采取的第一个大举措，也是中国近代货币史上的一件大事，它实现了自清末以来，历届政府为克服币制紊乱屡经拟议筹划而未能实现的币制改革，意义非常重大。蒋介石对此是十分满意的，他说："这种统一币制的政策，是几十年来大家都认为非常困难而不敢做的事，也是过去任何财政家所不敢做的，而我们行政院院长兼财政部长——孔庸之先生，能够依照政府的决策和总理'钱币革命'的原则，不避劳怨，百折不回地努力奋斗，把它彻底地坚持下去，这才使抗战八年国本不生动摇，各种经济建设发展也都有一日千里之势。这些成就，都是法币政策奠定下来的基础……"蒋介石的评价，虽然不无溢美之词，但也反映了部分事实。

第六，推行直接税制。1936 年以前，南京政府的收入完全来自间接税，即关税、盐税、统税等。1934 年 5 月，孔祥熙在主持召开第二次全国财政会议以后，就开始筹划推行直接税，并于 1936 年 7 月公布了《所得税暂行条例》，规定：（甲）"以营利为目的而经营事业所得征课百分之三至百分之十";（乙）"公务员、自由职业者及其他从事各业者薪给报酬之所得征课百分之零点零五至百分之二十"；（丙）"各级政府所发行之公债库券，各种公司所发行之债券股票及银行存款之所得征课百分之五"。除所得税外，5 种消费品（糖、盐、火柴、卷烟、烟叶）也属于直接税。直接税的推行，起初收效甚微，1936 年收入只有 600 多万元，但抗日战争爆发后收入猛增，1943年已增加到 4 亿元以上。

第七，开始推行预算制度，并对内外债进行整理，多少维持了南京政府的债信，为抗战爆发以后继续大规模借债铺平了道路。

当然，孔祥熙公不忘私，在推行法币制度的过程中也狠狠捞了一把。参与法币政策制定的钱昌照回忆说："记得是 1935 年 10 月 20 日左右，宋美龄跑到上海来对宋子文说：蒋要看这个方案。宋子文问我：怎么办？我说不给蒋看不行，否则就难办成。宋把方案给了宋美龄。听说就在方案发表以前的十多天内，孔祥熙、宋蔼龄和宋美龄借此大肆投机，捞了很大的一笔钱。"①

孔祥熙的夫人宋蔼龄是一个诡计多端而且十分贪婪的女人，吴国桢说："她是我所知道的最精明、最有能力，也是绝对缺乏道德的人物。"②宋蔼龄操纵孔祥熙的心腹死党中国银行副总裁陈行、中国建设银公司总经理宋子良、财政部钱币司司长徐堪，在上海成立"三不公司"，在上海证券市场翻云覆雨，做投机买卖，宋蔼龄是这个"三不公司"的幕后黑手，知情者说，"三不公司"是凭借政治和金融力量掠夺人民财富的罪魁祸首，其手段的毒辣，绝非一般商业投机所可同日而语，其罪恶擢发难数。③吴国桢还揭发说："有一度当孔祥熙是财政部长时，孔家就在上海的棉花交易市场赚了许多钱。普遍流传说，孔夫人垄断了该市场，这成为一桩丑闻，以致政府不得不派实业部

---

①《钱昌照回忆录》，第 90 页。

②《从上海市长到台湾省主席——吴国桢口述回忆》，第 233 页。

③ 参见《孔祥熙其人其事》，第 165—168 页。

长吴鼎昌（不是国民党员，是无党派人士）到上海彻底调查。吴鼎昌查明了所有的事实，但在他从上海回南京之前，孔夫人早已抢先见了蒋介石。当吴去见蒋，准备提交完整的报告时，蒋首先对他说的是：'这个案子我都知道了，你没有必要再报告了。'于是吴就没有报告。""我想孔夫人的理由是，所有这些挣来的钱是为蒋做储备用的，以便支持他掌权，或在他退休后应急使用。当然，她也会告知蒋替他挣到了多少钱，而这同实际数目之间，可能有很大的差额。"[1]

四、处理西安事变颇有主见

西安事变的消息传来，南京政府顿时乱成一团。12日晚，国民党中央常务委员会和中央政治会议召开临时联席会议，蒋介石的密友、考试院院长戴季陶首先站起来，演说一番大道理，力主明令讨伐张、杨。戴的提议获得通过，会议决定褫夺张学良本兼各职，交军事委员会严办，国民政府随即下令拿办张学良。会议还决定，行政院由孔祥熙代理院长；指挥调动军队归军事委员会常务委员兼军政部长何应钦负责。

当天，孔祥熙收到张学良发给他的电报，电报称："弟爱护介公，八年如一日，今不敢因私害公，暂请介公留住西安，促其反省，绝不妄加危害。我兄遇弟至厚，当能谅其无他，披沥奉闻，并乞明示。"

孔祥熙后来说："转念学良既于通电之外，独对余另发震电，是已明示尚有转圜余地，益以蒋公安全，在其掌握，尤不能遽闭谈判之门。"[2]

13日晨，孔祥熙偕宋美龄、端纳从上海赶到南京。随后，军政部长何应钦赶到孔祥熙寓所相商，当天下午3时，召开国民党中央政治委员会会议。对于如何应付西安事变，会上产生了严重的分歧，吴稚晖、居正、戴季陶等国民党元老主张用兵，明令讨伐；国民政府主席林森认为，"讨伐令"不可下。

---

[1] 《从上海市长到台湾省主席——吴国桢口述回忆》，第233-234页。

[2] 台北《传记文学》第9卷第6期，第56页。

孔祥熙提出："张学良的主张，可以商量。"力主缓和。经过激烈的辩论，在主战派的坚持下，会议主席居正最后宣布："军政当局应照昨日决议，严密迅速处理此次事变。"

孔祥熙和宋美龄都认为，兴兵讨伐，只能将蒋介石送上死路，因此，坚决反对用兵。孔祥熙后来说：

余既受命兼代行政院长，自念当此危疑震撼之日，而所有政治、外交、军事、经济诸大计，萃于一身，责任重大，设有一着之误，即将沦国家于万劫不复，尤苦时机急迫，不容有从容探索余地。因于当日深夜，独运神思，盱筹全局，首念此事既未能纯以力施，则必须出之以智取。而智取之法，至少有四个方面必须兼筹并顾：

（1）张、杨所谓救国八项主张，既以通电出之，是必对于各省疆吏与民间团体之反应，或有预期。我方对策，即宜首对此点入手，将中央决策要旨，昭示全国，以孤张杨之势。是为政治方面。

（2）张、杨通电，虽以抗日为理由，而八项之救国主张，则未有一项涉及抗日，至其所谓容纳各党各派，停止内战，开放爱国运动等，皆已走入共产党之路线。究竟其与中共之关系如何？与苏联之关系又如何？皆必须先究其内幕。其时日苏关系杌陧不安，究竟日政府对此事件将有何种反应？亦需设法探明。故我方对策，即宜向驻京各有关使节加以警告，并密电我驻外使馆向各该国政府探询趋向。是为外交方面。

（3）张、杨既于通电之外，复对余及中央诸同志各有私电，是明予吾人以谈判之机。如出以谈判之方式，不特可明其背景，且可进一步而加以说服。其时党国元老及各省疆吏中，亦尚有夙为张、杨所敬重或张、杨认为可获同情者。如我能先占一着，争取协助，并即由此类人士出面斡旋，于事必更有济。是为情感方面。

（4）张、杨军力微薄，远非中央之敌，但如旷日持久，则易滋生其他纠纷，杨部冯钦哉之第十七师方驻同州，是否可与东北军合作到底，是否完全盲从张、杨？似有下手余地。而西北军队，是否对于张、杨不无疑忌？亦宜设法统筹。是为军事方面。[①]

以上四个方面，实际上是孔祥熙提出的解决西安事变的策略方针。孔虽然在《西安事变回忆录》中将此方针归结于"军事政治，同时并举"，但显而易见，他所说的"军事"是指分化西北军冯钦哉的第十七师，绝非武装进攻西安。孔站在南京政府的立场上，其方针是很狡诈的。但他不主张用"讨伐"的办法，却对约束南京主张"讨伐"势力的膨胀起了重大作用。

陈公博在《苦笑录》中说："那时可以说党部的意见是一致，家庭的意见是不全同，党部和家庭恰恰形成了一个对峙的形势。在中央党部是不问蒋介石的生死，专着重在中央的威严，在家庭则不愿考虑政府的威严，专着重在蒋先生的自由和生命。……南京忽然传出一种谣言，说何敬之为什么要坚持讨伐，为的是不愿保全蒋先生，他要迫到张杨情急，对蒋先生加害，他好继承蒋先生的大位，升做军事领袖。这种谣言实在来的可怕，照这样说话则大凡主张讨伐的，都是别有用心，我虽然没有冀幸大位的嫌疑，但事已成僵局，只好不管。……因为那时蒋先生之被囚西安，已不像是国家大事，而是宋孔两家的家庭私事，中央已无法过问了。"

孔祥熙和宋美龄这一招确实厉害，有力地抑制了"讨伐派"的嚣张气焰，为和平解决西安事变提供了条件。

在孔祥熙与宋美龄的安排下，于13日派端纳飞西安探明蒋介石的情况，当获悉蒋安全无恙后，孔祥熙又力争派宋子文以私人资格飞往西安，营救蒋介石。孔祥熙之所以要宋子文去西安，其用意在于希望以此改善宋子文和蒋介石的关系。孔祥熙后来说："西安事变时，我们也主张他陪蒋夫人去西安，是想借危难中缨冠往救，来恢复他同蒋的感情，总算做到。"

---

① 孔祥熙：《西安事变回忆录》，台北《传记文学》第9卷第6期，第56-57页。

在西安事变中，孔祥熙以行政院代院长的身份采取了一系列有利于和平解决的措施，为营救蒋介石出险又立下了首功。这样一来，孔祥熙在蒋介石心中的地位更加重要。

蒋介石脱险回到南京后，于1937年4月派孔祥熙作为"中华民国特使"以祝贺英国国王乔治六世加冕为名出访欧美，寻求欧美的支持。在英国，孔祥熙没有得到什么成果，英国首相张伯伦告诉孔祥熙："至于武力战争，英国不卷入，万一中日交战，英国将采取远避的做法，中国不可空望帮助。"在法国，法国银行团原则同意贷款2亿法郎给中国。在德国，孔祥熙见到德国纳粹头目希特勒、戈林及国防部长白龙培等。在美国，孔祥熙拜会了美国总统罗斯福。孔向罗提出"援助"要求，罗答应予以考虑。在罗斯福的示意下，双方签订了贷款1000万美元的协定，并订购了汽油等军事物资。

孔祥熙在美期间，七七事变爆发，孔祥熙受蒋介石之托，分别向欧美各国政府"密询其对中日问题之意见及政策"。但结果是令人失望的，英、德、美、俄、法等列强均不愿对中日战争表态，采取静观事态发展的对策。

7月19日，孔祥熙重返伦敦，与英国有关方面签订关于建筑广梅铁路与浦信铁路借款协定，金额700万英镑，并商定俟机在伦敦发行债券3000万英镑。8月5日，抵达巴黎，与法国银行团签订2亿法郎的贷款协定。8月10日，抵达柏林，与德国经济部长沙赫特讨论了中德贸易问题。8月14日，抵达捷克，向捷克斯高达厂购买步枪、轻机枪等军火一批。

孔祥熙此次出访欧美，历时半年，除借款外，并订购了一批武器与军用物资，对中国的抗战有一定的作用。但孔祥熙这次欧美之行，并没有完成蒋介石交给他的最主要任务：期望英、美等列强向日本施加压力，迫使日寇延缓侵华。

五、建立战时财政金融体制

1937年10月19日，孔祥熙回到南京。1938年1月，蒋介石以"身

为最高统师""前方战事紧急"为由，请求辞去行政院长职务，推荐孔祥熙
继任。1938年1月3日，孔祥熙在汉口宣誓就职。孔仍兼任财政部长、中
央银行总裁等职务。

抗战前，南京政府的财政收入以关税、盐税和统税三大税为主，这三税
主要来自沿海各省市。抗日战争爆发后，沿海各省市相继沦陷，为日寇占领。
这样，南京政府的税收急剧减少，而为应付战争，财政支出则急剧增加。为
了支持长期抗战，孔祥熙根据《抗战建国纲领》所确定的财政方针，采取了
一系列财政金融政策，建立起战时财政金融体制。

第一，稳定金融。1937年8月15日，经孔祥熙审定，财政部公布了
《非常时期安定金融办法》，规定自8月16日起，各银行钱庄之活期存款与
到期之定期存款，每星期每个存户，仅能在存款余额中提取百分之五，最多
以150元为限。未到期之定期存款，欲做抵押者，每存户至多以100元为
限，其存款额在2000元以内者，可以一半作抵押。凡自8月16日起，以
法币支付银行钱庄或开立新户者，则可以随时提取，不加限制。工厂公司商
店及机关之存款者，如为发工资或与军事有关，而需提用存款者，得另行商
办。同业或客户汇款，一律以法币收付之。8月17日，财政部应上海银钱
业之请，又核准颁行补充办法4条，以弥补因限制提存而造成工商业资金周
转困难的缺陷。

第二，实施外汇管制。1938年3月12日，财政部公布《购买外汇请
核办法》，规定：自3月14日起，停止无限制供给外汇。由中央银行及其香
港办事处办理进口物品及私人外汇从此进入了正式管理阶段。4月，孔祥熙
又签发《商人运货出口及售结外汇办法》，规定经营桐油、猪鬃、牛皮等24
种货物的出口商，应将出口所得外汇，依照法定汇价先期预售于中国、交通
两银行，方准报关出口。从而控制了出口货物所得外汇。

第三，整顿旧税，开办新税，建立战时新税制。整顿旧税，一是扩大征
税范围，二是提高税率。如糖类统税为从价征15%，饮料类统税则按其定售

价格分为 10 级，其税率自 13%—20% 不等。在举办新税方面，一是扩大所得税征收范围，二是开征过分利得税和遗产税，以谋求建立直接税体系。

第四，举借内外债。孔祥熙认为借债有五大优点：得款迅速，可以应急；得款易多，便于支持战费；人民不感受压迫；利用游资，无伤国民经济；使后人分担战费。因此，孔祥熙将发行内外债作为解决财政困难的一个主要手段。据统计，到 1944 年，孔祥熙共发行法币公债 150 亿元，外币内债 32000 万美元。外债方面，对美有 8 项借款，总额 74780 万美元；对苏有 5 项借款，总额 36000 万美元；对英借款 12 项，总额 12300 万英镑。此外，还有向法、比、德国借款，举借外债总金额为美金 1054850000 元；英金 156000000 英镑；法金 1030000000 法郎；国币 120000000 元。

第五，滥发钞票。孔祥熙认为："战争紧急之时，正常收入来源，不能接济，利用政府发钞办法以为筹措，既可应急，又能刺激生产。发钞之利，一是收入迅速，一是数额易于增多。"1939 年 1 月，孔祥熙向国民党五届五中全会提议，合理增加法币、辅币及地方钞券的发行。孔的提案为全会接受。全会最后决定："法币不足，可以增加筹码。"从而为孔祥熙滥发钞票开了绿灯。据国民党官方公布的数字，历年法币累计发行额是：1938 年为 231400 万元，1939 年为 429000 万元，1940 年为 787000 万元，1941 年为 1510000 万元，1942 年为 3440000 万元，1943 年为 7540000 万元，1944 年为 18950000 万元，1945 年为 103190000 万元。滥发钞票的恶果，是物价直线上升，形成恶性通货膨胀。

第六，推行田赋征实。从 1941 年下半年起，各省田赋战时一律征实。随后又出台了征购、征借政策。1941 年征到谷麦 25560297 市石，征购谷 13469278 市石，麦 4736058 大包；1942 年征到谷麦 66175687 市石；1943 年征到谷麦 64780678 市石；1944 年度截至 1945 年 3 月底，征到谷麦 50526747 市石。

第七，实行消费品专卖。1941 年 5 月 26 日，财政部成立国家专卖事业设计委员会，孔祥熙自任主任委员。10月底，孔祥熙决定先就糖、盐、火柴和烟4项实行专卖。1942年专卖收入为1057500万元，1943年为314978万余元，1944年为477707万余元。

第八，加强金融管制，建立健全后方金融网。1937年8月，中央银行、中国银行、交通银行、中国农民银行在上海联合组织办事总处，后迁武汉、重庆。1938年9月8日，孔祥熙呈准国民政府公布《战时健全中央金融机构办法纲要》，规定四联总处"负责办理政府战时金融政策有关特种业务"，由财政部授权联合总处理事会主席，在非常时期内对四行可为便宜之措施，并代行其职权。四行各按其所定职权及业务，分别发展。"凡经财政部决定实行事项，函令四总行或联合总处办理者，应立即依照，切实办理，不得违反。"据此而改组成立的四联总处，成为战时金融最高统治机构。1940年8月7日公布《非常时期管理银行暂行办法》，对银行信贷加以控制，规定商业银行经收存款，应以20%转存于中央、中国、交通、农民四行，存款运用以投资生产建设及联合产销事业为原则，不得直接经营商业或囤积货物，银行账册等得随时接受财政部检查。与此同时，完善大后方金融网络。到1942年底，川、康、黔、滇、桂、陕、甘、宁、青、新及重庆市共有各银行总行、分行及支行共1138所，较抗战前的258所增加了880所。

自1933年起，孔祥熙为蒋介石掌理财政金融，对此蒋介石是非常满意的。

1939年9月11日，是孔祥熙的60岁寿辰。蒋介石为了表示对这位连襟的敬意，下令国民政府五院院长、各部会首长、封疆大吏及财政金融界寡头，群集重庆为其祝寿。蒋介石亲自写了《孔院长庸之亚兄先生六秩寿序》，将孔祥熙着实吹捧了一番。蒋氏将孔祥熙比作楚汉相争时为刘邦主管军食的酂侯（萧何），说："昔楚汉相持于荥阳京索间，酂侯镇抚关中，主管军食，遂以破楚。"

1943年11月1日，国民政府为孔祥熙就任财政部长十周年举行了纪念大会，蒋介石又颁了颂词：

> 度支之任，经治国用，遭时艰虞，厥责弥重。
>
> 未战之先，为战之备，革法圜法，实唯至计。
>
> 方战之时，肆应益劳，排除万难，黾免夕朝。
>
> 卅二十载，鬓发已苍，继是戮力，为国龙光。
>
> 下关民力，上计邦储，自强不惜，日居月诸。

蒋介石带头为孔祥熙唱赞歌，国民党大员紧紧跟上，掀起了吹捧孔祥熙的高潮。

六、千夫所指，黯然引退

对于孔祥熙在抗战期间采取的理财措施，应当进行具体分析：首先，应当指出，孔祥熙在抗战期间所采取的财政金融措施，对保障战时供给，保证抗战不因财政崩溃而中断，取得抗战的胜利，是发挥了积极作用的。抗日战争爆发后，中华民族的最高使命就是取得抗日战争的胜利，从这个角度讲，孔祥熙所推行的战时财政金融措施自有其合理性。但正如蒋介石的侍从室幕僚唐纵在日记中所指出的：“我们的政策，依然放在资本家、地主、土豪劣绅基础上……”孔祥熙所推行的战时财政金融措施无疑都带有明显的阶级性和局限性。著名经济学家马寅初指出：“现在是‘下等人’出力，农民和劳动人民在前线浴血抗战；‘中等人’出钱，后方广大人民受到通货膨胀，物价上涨之害，减少了实际收入，为抗日负担了财力；‘上等人’既不出钱，又不出力，还要囤积居奇，高抬物价，从中牟利，发国难财。”无论是田赋征实，还是滥发货币，其结果都是极度地榨取广大农民和后方广大中下层人民的民脂民膏。

其次，孔祥熙、宋蔼龄夫妇及其子女孔令侃、孔令伟兄妹等都是极端贪婪放纵之辈，他们利用职权，假公济私，以私害公，劣迹斑斑，逐渐成为众矢之的。从1938年春开始，著名学者傅斯年就不断上书蒋介石，或在国民参政会上揭发孔祥熙及其家庭成员聚敛金钱等种种劣行，要求撤换孔祥熙。

再次，孔祥熙对抗日战争没有信心，与日寇勾结，向蒋介石施加压力，要蒋投降。抗战爆发后的半年里，中国国民党政府及其军队受到日寇的重创，丢失半壁江山；国际上对日寇的侵略采取姑息迁就的绥靖政策，除了苏联对中国抗战给予了一定的支援外，没有任何其他国家对中国的抗战提供实质性支持。面对这样严峻的国际形势，孔祥熙对抗战失去了信心。1937 年 12 月 1 日和 12 月 26 日，德国驻华大使陶德曼两次面见蒋介石，转达日本提出的所谓"和平"条件，实际上是诱骗国民政府投降。对此，孔祥熙与汪精卫一伙极力主张接受日本的条件，并向蒋介石施加压力和影响。王世杰在 1937 年 12 月 2 日的日记中写道："孔氏近甚倾向和议，与其在往日汪精卫先生主院时之态度大异。"[①] 经济部长翁文灏也在日记中有相同的记载，其 1938 年 1 月 14 日的日记写道："汪（精卫）、孔（祥熙）、张（群）、何（应钦）、王（宠惠）讨论中日大局，多主和。"[②] 1938 年 11 月 12 日的日记又云："复胡适之文电，告以汪（精卫）、孔（祥熙）对和战意见，孔仍力主和平。"[③] 1938 年 12 月 2 日的日记又云："孔宅晚餐谈话，多数主速和，孔及陈立夫尤力。"[④] 事实上，孔祥熙通过其儿子孔令侃在香港与日本方面勾搭谈判，孔令侃通过其设在香港的电台与在重庆的孔祥熙保持联络。

最后，身为战时内阁总理（行政院长），孔祥熙作风疲沓，耽误不少大事。翁文灏在 1938 年 11 月 6 日的日记中写道："国民参政会特别审查会对孔祥熙极表不满，责其不负责，没办法，欠庄重。会后，傅斯年言，在此形势下，在外国只有孔辞职，或解散参政会！"[⑤] 王世杰在 1940 年 7 月 11 日

---

① 《王世杰日记》（手稿本），1937 年 12 月 2 日。

② 知之整理：《翁文灏日记选》，《近代史资料》第 103 号，第 68-69 页。

③ 同②，第 113 页。

④ 同②，第 116 页。

⑤ 同②，第 111-112 页。

的日记中写道:"一切军用品之购置,向由孔部长(祥熙)主持。此公泄泄沓沓,误事不少。今后节制各项军用品之消费,与迅速设法补充之责,倘仍属此公,前途甚可虑也。"①

国民参政会参政员、著名学者傅斯年从 1938 年起就不断地向蒋介石上书,指出孔祥熙的种种劣迹,要求撤换孔祥熙。傅斯年在致胡适的一封信中,列举了不得不攻击孔祥熙的六点理由:(1)孔之为私损公,毫无忌惮。(2)孔之行为,堕人心,损介公之誉,给抗战力量一个大打击。(3)贪赃枉法,有钱愈要钱,纵容其亲党无恶不作,有此人当局,政府决无希望。(4)孔一向主张投降,比汪(精卫)在汉、渝时尤甚。(5)一旦国家到了更危急的阶段,不定出何岔子。(6)为爱惜介公,不容不反对他。傅斯年称:"我一读书人,既不能上阵,则读圣书所学何事哉?"②

1939 年 11 月,国民党五届六中全会第七次会上,孔祥熙改任行政院副院长(院长由蒋介石兼,仍由孔祥熙代理),从权力巅峰跌了下来,威信大损。为此,傅斯年于次年致函胡适说:"若说有无效力,诚然可惭,然非绝无影响,去年几几干掉了,因南宁一役而停顿耳,故维持之者实倭寇耳!至少可以说,他以前是个 Taboo[禁忌],无人敢指名,今则成一溺尿桶,人人加以触物[侮]耳。"③往日声势显赫的孔祥熙竟成了"溺尿桶",人人都可以向之溺尿,真是威风扫地了。

在国民党内,孔祥熙也成了千夫所指的角色。1941 年 1 月 1 日徐永昌在日记中写道:"早间先后国府及军委会团拜。林主席致词要点有二:勖勤勖俭(对于俭以养廉解释尤多),冯先生频频点首,不悉如孔庸之等作何感想。"④

---

① 《王世杰日记》(手稿本),1940 年 7 月 11 日。

② 《胡适来往书信选》(中册),第 479 页。

③ 同②,第 479-480 页。

④ 《徐永昌日记》,1941 年 1 月 1 日。

1943 年 3 月 3 日，徐永昌日记又记："孔庸之无识聚敛，其下尤之，今益不堪。"[①]

1943 年 6 月 12 日，徐永昌日记又记："贾（景德）先生论国家不去孔庸之，无纲纪可言，即教民以偷，国焉得不亡。"[②]

1941 年底，《大公报》披露著名的飞机洋狗事件后，由云南昆明的西南联合大学带头，发起大后方的学潮，其矛头直指孔祥熙家族，学生们喊出了"打倒孔祥熙！"的口号。因此，在蒋介石家族、孔祥熙家族、宋子文家族内引发了家族内斗闹剧。这在蒋介石的侍从室高级幕僚唐纵的日记中有详细的记录。

1942 年 1 月 27 日，唐纵日记载："近来学潮愈闹愈广，委座对此甚为震怒，曾命康泽赴昆明调查，结果与国社党无关，委座怒不可遏，但今日报载，孔副院长病愈视事，这无异激励青年学生，增加委座之困难。也许孔故意为此，使委座不得不为之解脱，而彼得以一劳永逸也。然天下人无不叹息委座为之受过也。闻为此事，委座与夫人闹意气者多日。自古姻戚无不影响政治，委座不能例外，难矣哉！"[③]

1942 年 1 月 28 日，唐纵日记又载："我与芷町（陈方）谈学潮问题，认为直接压抑，不会有何效果，因为孔（祥熙）之为人莫不痛恨，为孔辩护者，均将遭受责难。布雷先生表示异议，谓大凡一种运动，无不假用美名，如以其号召为有理由而不取缔，则误矣。余日，有效之方法，莫若孔氏表示辞职。布雷先生日，孔不但不辞职，而且要登报，表示病愈视事。旋即叹日，孔氏对朋友对领袖对亲戚，均不宜有如此忍心害理之举。"[④]

1943 年 11 月 1 日，唐纵日记又载："本日为孔兼财政部长十周年纪念，财政部在广播大厦举行盛大庆祝会。主座（指蒋介石——引者注）如出席，

---

① 《徐永昌日记》，1943 年 3 月 3 日。

② 同①，1943 年 6 月 12 日。

③ 公安部档案馆编注：《在蒋介石身边八年——侍从室高级幕僚唐纵日记》，第 252-253 页。

④ 同③，第 253 页。

恐民众不满；如不出席，又恐有伤亲戚关系，故不赴广播大厦，而赴财政部。不值而别，其处境亦良苦矣！"①

1943年12月26日，唐纵日记又载："陈（布雷）主任语我，彼自从听孔部长在行政院预算会议大发牢骚，信口批评领袖后，神经甚受刺激，精神极不愉快，至今不能恢复。"②

过去许多著作都说孔祥熙对蒋绝对忠诚，但从上述材料看，抗战时期，孔祥熙与蒋介石的关系已经相当紧张和微妙。

1944年5月间，孔祥熙再次向蒋介石提出辞职。5月21日唐纵日记载："孔副院长鉴于社会人士之责难，向主席提出辞呈。主席嘱布雷先生将原件退回并慰留。主席问布雷先生，究竟外间对孔之舆论如何？布云，普遍的批评，孔做生意。在北京政府时代买办与军阀结合，南京政府时代买办与官僚结合，尚有平津、京沪之距离；今者官僚、资本家、买办都在重庆合而为一，党内的批评，孔不了解党的政策，违背政府政策行事。委座云，现在没有适当的人接替。布（雷）代表慰留孔时，曾谓，不能因外间之非议而有所表示，愈表示反而增加社会的不安。止谤莫如自省，改变作风，国家之福。布公所言，均甚得体，可惜未能接受也。布公云，委座没有彻底改革的决心！"③

但孔一日不下台，舆论的攻击就一日不会停止。1944年9月5日，国民参政会第三届第三次会议开幕。第二天，财政部次长俞鸿钧代表孔祥熙作财政报告后，傅斯年带头开炮，要求"办贪污首先从最大的开刀"。他提出四大问题：一是孔祥熙及其家族经营商业问题。他说："'法之不行，自上犯之'；'官之失德，窃贿彰也'，所以应自上层起。"他一一列举孔氏家族所设祥记公司、广茂新商号、裕华银行等企业后指出：所有孔氏之各项营业，已成立联合办事处，设于林森路裕华银行三楼，并以其家人为总经理。他要求

---

① 公安部档案馆编注：《在蒋介石身边八年——侍从室高级幕僚唐纵日记》，第388页。

② 同①，第399页。

③ 同①，第432页。

调查:(1)祥记公司、广茂新商号等机构是否合法？(2)这些公司借款囤积操纵之事;(3)彻查并公布裕华与国家银行历年往来账目;(4)政府要员私用其地位经营商业影响。二是中央银行问题。傅斯年称:"中央银行是一谜","山西同乡多";梁子美、郭景昆是孔祥熙的"义子";"私人用款,予取予求"。三是美金储蓄券舞弊问题。傅斯年称:"市场忽有忽无,但中央信托局局员、中央银行属员却可以提前买到;孔家某氏竟'自分五万'!"四是黄金买卖问题。傅斯年称:"裕华(银行)在今春发了大财。"[1] 傅斯年的这些责问,尖锐激烈,以致王世杰在日记中写道:"参政员傅斯年等责问孔部长极厉,并涉及许多私人问题(私人经商,以及滥用公款等问题)。"

随后,国民党内 C.C. 系、政学系等也继起攻孔,形成反孔高潮。这时蒋介石的后台老板美国总统罗斯福也通过宋子文转告蒋,要求撤换财政部长孔祥熙、军政部长何应钦,蒋才最后下定决心去孔。1944 年 11 月,孔辞去财政部长。1945 年 5 月 31 日,孔祥熙又辞去行政院副院长。对于孔之下台,唐纵在当天的日记中写道:"孔之下台,为国人公认之快事。"[2]

傅斯年也兴高采烈地写信告诉夫人俞大彩:"老孔这次弄得真狼狈。闹老孔闹了八年,不大生效,这次算被我击中了。国家已如此了。可叹可叹!"[3]

1945 年 7 月 29 日,孔辞去四联总处副主席;1945 年 10 月 13 日,辞去中国农民银行董事长;1948 年 1 月 1 日,辞去中国银行董事长。至此,孔祥熙辞去了所有的重要职务,准备去美国做寓公。

孔祥熙在去美国之前,给蒋介石写了一封告别信:

介兄主席钧鉴:敬陈者:抗战胜利,宇宙重光,此皆钧座艰苦卓绝,精诚感召有以致之也。弟以衰病之躯,早拟回沪养息,兼理家务。嗣以全会召

---

① 杨天石:《海外访史录》,第 548-550 页。

② 公安部档案馆编注:《在蒋介石身边八年——侍从室高级幕僚唐纵日记》,第 514 页。

③ 杨天石:《海外访史录》,第 553 页。

开在即，身为革命党员，追随总理及钧座，献身党国者几四十年。际兹本党大业垂成，本届全会缺席去沪，恐惹误会，乃决缓行。现在大会业经闭幕，不久拟即束装就道。忆二十年来，在钧座领导护持之下，服务党国，勉分劳怨之任，若干任务难副殷望，由于能力之不及，与夫环境之艰难，乃虽心余力拙，仍难见效，致劳钧虑，实深愧憾。顾目今国家环境，内外艰危，实较抗战时期为尤甚。唯信在钧座领导筹谋之下，必可迎刃而解，统一进步之新中国自可指日而待也。

当今之势，我国际地位已跻于五强之列，责任自也加重，苟国际间运用得法，外获世界之重视，内则我党人牺牲奋斗所求之三民主义、五权政府之终极目标，亦可加速顺利完成。近闻指示，极佩荩筹，实我国亿万年幸福之所系，忝属旧僚，实深钦敬。

所窃以自慰者，当抗战时期，重荷青睐，谬膺辅弼之选，自问竭忠尽智，不敢偷闲。今任务勉达，体力日衰，此时休养，度我余年，实拜钧座之所赐，感何可言！山居静养，检讨往事，愧贡献之毫无。惟忆任内凡所施措，均本福国利民之义，绝无为个人私利之念，区区赤心，早邀洞鉴。今后以在野之身，从事社会事业，聊尽国民之职。诸如燕京、铭贤诸校、中美文化、边疆服务、孔学会、慈幼协会等机构，均关社会福利，也即本党终极目的所在。过去所需经费，均由弟私人筹措，虽有若干事业如孔学会、慈幼会等曾由钧座名誉领导，并承钧兄由国库酌予协助，弟以深体国家艰难，迄未请拨。今后事功更艰，深望钧座指导提倡，使之发扬光大，以竟全功。他如国家兴革，弟以从政有年，或有一知半解之见，只供钧座参考，敬有垂询，仍当尽我愚忠，本知无不言，言无不尽之义，仰答知遇于万一。

留禀恭陈，以代踵辞，伏维垂鉴，敬请钧安！弟祥谨启。[1]

孔在信中除了自我表功之外，也反映出他失意后的复杂心情，虽有满腹

---

[1]　杨天石：《海外访史录》，第536-537页。

牢骚，但仍然表示要忠于蒋介石，"仰答知遇于万一"。1947 年秋，孔祥熙赴美，用他当权时搜刮来的巨额不义之财，与其夫人在美国过着奢侈豪华的寓公生活，这是一切贪官的必然选择！

1950 年，蒋介石在台北重登"总统"宝座后，聘请孔祥熙为"资政"。1967 年 8 月 16 日孔祥熙病逝于美国纽约医院，终年 88 岁。美国的《纽约时报》发表评论说："孔先生是一位有争议的人物。他以前的一位下属最近说：他是一个很难相处的人。他喜欢闲谈，但是他从来不愿意发出明确的指示。至于他的能力，他像所有山西银行家一样，是一位精明的办事员，但是他不是一位有政治家风度的理财家。"

在台湾的蒋介石亲自写了一篇《孔庸之先生事略》，把孔祥熙吹捧了一番。蒋介石认为孔祥熙创造了"中国财政有史以来唯一辉煌之政绩"。蒋介石还写道："当其辞职之后，国家之财政经济与金融事业，竟皆由此江河日下，一落千丈，卒至不可收拾。"[①]

这是对继孔祥熙掌握财权的宋子文等人的批评，也隐约表示了对甩开孔祥熙的后悔心情。

---

① 张其昀：《先"总统"蒋公全集》第 3 册，第 4233 页。

第六章　经济巨头

在蒋介石幕府里，还有一批主管经济建设的幕僚，最早的当属全国建设委员会委员长张静江，稍后是全国经济委员会委员长宋子文，再后便是资源委员会、经济部的负责人钱昌照、翁文灏、孙越崎等人。关于张静江、宋子文在前面已经作了介绍，这里不再重复。本章介绍钱昌照、翁文灏和孙越崎三人。

第一节　工业巨子钱昌照

钱昌照是蒋介石早期的重要幕僚之一，也是蒋介石从事工业建设的主要助手，堪称"工业巨子"。

一、怀着"工业救国"的理想投入蒋幕

钱昌照

钱昌照（1899—1988），1899年11月2日出生于江苏常熟县鹿苑镇的官绅之家，其曾祖父一辈，出了不少武将。钱氏祖屋书斋里有这样一副对联："韬略一门，五登蕊榜；簪缨四世，六宴琼林。"可见钱家曾经是相当显赫的。但钱昌照父亲早逝，家庭靠变卖田产维持。钱昌照先后就读于江阴县南菁中学、上海浦东中学。1919年10月考入英国伦敦政治经济学院，1922年下半年进入伦敦牛津大学继续研究一年多，1923年底毕业。伦敦政

治经济学院是费边社的大本营。费边社成立于 1884 年，由韦伯夫妇等人创办。费边社的创始人及著名人物韦伯夫妇、华莱士、霍布浩斯、贝维利支等在伦敦政治经济学院任教。罗素、可尔、皮古、凯恩斯等著名学者也在该校任教，后来成为英国首相的艾德礼当时也在该院任讲师，萧伯纳、H. G. 威尔斯有时也到该校演讲，主要宣扬改良主义和中间路线。钱昌照在伦敦四年的留学生活，深受费边社的影响。

1924 年，钱昌照回国后，由世交江南大士绅张謇介绍，用了一年多的时间，遍访了当时最有权势的张作霖、冯玉祥、阎锡山、胡景翼、吴佩孚、孙传芳等割据一方的大军阀，希望在国内找个实力派来实现其工业救国的主张。但遍访各大军阀后，钱昌照觉得他们都不是理想的人选，不可能依靠这些军阀来实现其工业救国的主张，因而深感失望，便躲进上海江湾蔡家花园研究中国历史。

1927 年，经黄伯樵、顾树森介绍，钱昌照与浙江嘉兴沈性元女士订了婚。沈性元的长姐沈性真（字亦云），嫁给了蒋介石的盟兄黄郛，在蒋介石发动四一二反革命政变、建立蒋记南京政府的过程中，黄郛是主要的幕后策划者，深得蒋介石的敬重。钱昌照与黄郛成为连襟后，黄郛将钱昌照推荐给了蒋介石。

钱昌照遍观国内军阀政客，认为只有蒋介石是一位可以统一中国的人物。但蒋是军人，缺乏国际知识，钱甘愿为蒋拾遗补缺，希望借此可以做一番富国强兵的事业。由于黄郛的关系，蒋介石从一开始就很信任钱昌照。蒋介石早期的幕僚组织很简单，钱昌照和陈果夫、陈立夫是他身边的几个主要谋士，陈果夫、陈立夫管党和政，钱昌照管经济、外交和教育。钱昌照经手拟办的文件，送交国民政府文官长古应芬签发即可。古常常不看内容就批"如拟"。

二、主管教育六年

1928 年，黄郛出任南京政府外交部长后，派钱昌照为外交部机要秘书，钱从此加入南京政府。钱昌照在外交部，参与了宁案的交涉，并亲自经历了济南惨案的处理过程。蒋介石、黄郛推行不抵抗的投降外交，备受日寇凌辱，不久，黄郛辞去外交部长，由王正廷接任。1928 年冬，钱昌照由张群介绍，担任国民政府简任秘书，从此开始追随蒋介石身边。

有一天晚上钱昌照跟随蒋介石、宋美龄去中央军校，蒋讲了一段有关国际形势的话，让钱昌照也讲，钱昌照的国际知识比蒋丰富，讲得比蒋更详细，反响更好。从此，蒋就让钱昌照每星期一在国民政府纪念周上讲话，讲过去一周内的国内外政治经济情况。为了这件事，钱昌照费了不少功夫。纪念周由蒋介石亲自主持，国民党政府的要员都要参加，钱昌照讲话时蒋也坐在台下听。

1930 年春，C.C. 系为控制清华大学，派吴南轩任校长。吴带了教务长陈石孚、总务长朱一成前去上任，清华大学教授对他们很反感，结果发生驱吴风潮。此前不久，广东的中山大学也发生了学潮，蒋介石很生气，声称要严厉惩办为首闹事的学生，蒋随即派钱昌照前往北平查办。钱昌照到达北平后，了解到清华风潮的主要矛盾在教授与校长之间。清华教授主张"教授治校"，而吴南轩则坚持校长大权独揽。学生坚决反对 C.C. 系，和教授联合起来驱吴。钱昌照了解到事情的真相后，打电报给蒋介石，主张让吴南轩三人辞职，由他另觅新人接替。蒋复电同意。经丁文江、陶孟和介绍，钱昌照决定由著名地质学家翁文灏接任清华校长，经蒋介石同意后，钱昌照即偕翁文灏前往清华大学，请教授们到工字厅宣布代理校长翁文灏到任，教授们一致表示欢迎。轰动一时的清华风潮圆满解决，清华教授、学生皆大欢喜。钱昌照在北平时，北师大也发生了风潮，钱昌照找到当时担任全国陆海空军副总司令、统治东北三省及华北五省二市的张学良，对他说：对学生应采取疏导政策，千万不要压迫。张学良表示，师范大学风潮他一定妥善处理，求得解决。

钱昌照处理学潮很得体，与知识界建立起了良好的关系，从 1931 年 6 月 27 日起，钱昌照担任教育部常务次长，直至 1937 年 4 月 16 日，共 6 年。

钱昌照担任教育部次长不久，就发生了日寇进攻东北的九一八事变。蒋介石、张学良推行不抵抗政策，很快葬送了东北三省。蒋介石的不抵抗政策，激起了全国各阶层人民的愤怒和不满。10月间，清华大学讲师吴其昌在南京哭陵，要求政府抗日。11月初，清华学生200多人南下请愿。学生队伍开进国民政府大院时，前一天已有上海大中学校学生3000多人在大院露宿请愿。上海学生要求蒋介石在他们的请愿书上签字，答应立即北上抗日。蒋介石说："这些学生是受共产党操纵的，不能接见他们。"清华学生到后，派了三个代表递送《绝食请愿书》。钱昌照代表蒋介石接见学生代表，对他们说："蒋主席很重视清华，愿意接见你们，你们是绝食请愿，与上海学生不同，如果你们同意的话，蒋主席准备今晚8时在中央党部大礼堂接见你们。"学生同意后，当晚8时蒋介石在中央党部大礼堂接见了清华全体请愿学生。大多数学生对蒋的答复表示满意，准备于次日回北平。钱昌照随即电话通知津浦铁路局派车送学生回北平。接着，北平九所大学的学生2000多人，发起赴京请愿，要求搭车南下，铁路局拒不开车。蒋介石电令张学良："宁可停车，不许通行。"僵持数日，平、津铁路交通完全断绝。后张再与蒋电商，始行挂车运送，高举起抗日救亡旗帜的学生，到达南京。不久，南京集中了来自全国各地29所大专学校的学生，达1万多人。他们首先来到国民政府请愿，逼蒋硬着头皮出来接见，后又到中央党部请愿，值中央常委会开会，大家推蔡元培、陈铭枢出来接见，在群情激昂中，学生将蔡、陈轻轻地殴打了一番。接着，学生又到外交部找王正廷。王正廷对抗日支吾其词，有一学生把墨水瓶向王掷去。红墨水溅到王的身上，学生以为把他打伤了，遂退回中央大学。当晚，国民党中央党部召开紧急会议，商讨处理方针。会上C.C.系党棍张道藩、谷正纲等坚决主张严厉镇压。身为教育部常务次长的钱昌照和蔡元培、杨杏佛等一起坚持对学生只宜疏导，不能压迫。学生打陈铭枢等人，是出了点轨，仍宜抚慰，不应责备。由于钱昌照等人的支持，才避免了一场流血冲突的发生。

三、为蒋介石延揽大批知识分子

蒋介石在大陆统治了 22 年，钱昌照追随他 17 年。钱昌照所做的另一件重要的工作就是为蒋介石广泛延揽了大批著名知识分子，扩大了蒋介石的统治基础。

钱昌照任教育部常务次长 6 年多，由于他的为人处世深得知识界的好感，故而与知识界建立了良好关系，也为他向蒋介石推荐知识分子提供了便利条件。九一八事变以后，全国抗日呼声甚高，各地爱国救亡运动风起云涌，国民党内反蒋派也乘机对蒋介石的不抵抗政策展开猛烈抨击。蒋介石认为中日力量对比悬殊，此时中日交战，中国只有失败。但是对于如何尽快发展民族工业，充实国家力量，改变中日实力的对比，起码是缩小中日间的军事实力差距，蒋介石并无良策。1931 年冬的一天，钱昌照向蒋介石建议筹办一个国防设计机构，并提出国防设计应该是广义的，不仅有军事、外交，同时也应该包括教育文化、财政经济、原料及制造、交通运输、土地及粮食及各种专业人才等。蒋介石对此表示原则同意，并让钱昌照就设计会的组成人员拟订一份名单。

钱昌照草拟的名单很快就交到了蒋介石手上。军事方面有陈仪、洪中、杨继曾；国际关系方面有王世杰、周览、徐淑希；教育文化方面有胡适、杨振声、张其昀；财政经济方面有吴鼎昌、张公权、徐新六、陶孟和、杨端六、刘大钧；交通运输方面有黄柏樵、沈怡、陈伯庄；土地及粮食方面有万国鼎、沈宗瀚、赵联芳等，一共有四五十人。蒋介石同意这张名单，仅在军事方面增加林蔚一人。

钱昌照拟订的这份名单，有个特点，既没有陈果夫、陈立夫 C.C. 系及宋子文、孔祥熙系统的人员，也很少有当时在国民党政府任职的人。名单中的人物，绝大多数都是在社会上较有声望的专家学者、银行家、实业家等，有些甚至是对南京政府持批评态度的人士。钱昌照拟订的这个名单，在民国史上的影响是非常大的。它使一大批以前不为国民党当局了解的中国知识界、实业界的精英人物进入了蒋介石的视野，也使这些精英人物打开了与南京国民政府，具体地说是与蒋介石的沟通渠道，不论这种沟通是他们主观迫切希望的，还是身不由己的。正是从这份名单开始，一批知识分子从"在野派"向"在朝派"转变，由此拉开了"学者从政"的序幕。蒋介石也因此扩大了自己的智囊团和人才库，扩大了自己统治的基础。钱昌照与蒋介石商定，由钱昌照先和名单上的人物个别交换意见，然后再约他们中间的一部分和蒋介石见面，或者为蒋讲学。按照蒋介石的意图，1932 年春、夏、秋三季，钱昌照分别陪同名单上的人员先后在南京、庐山牯岭、武汉等地与蒋介石见面或为其讲学。他们包括王世杰、周览、徐淑希、胡适、张其昀、吴鼎昌、徐新六、杨端六、丁文江、翁文灏、顾振、范锐、吴蕴初、陈伯庄、万国鼎等二三十人。对于这项工作，钱昌照在回忆录中说："我替蒋介石延揽了许多大知识分子（当时没有统一战线这词），介绍和他见面，为他讲学。他自己每每用红铅笔记些谈话内容或讲学的要点，学得些新知识。他是军人，惯于纵横捭阖，拉拢吞并各方军阀，有时甚至用大笔金钱收买。但知识分子，不容易用金钱收买，而且他与知识界也少有渊源，所以他乐于我为他撮合。有一段时间，他的声誉渐渐好起来，说他好学、接近学者、起用文人执政等。"[1]

　　1932 年 10 月初，蒋介石决定成立国防设计委员会，并自任委员长，钱昌照推荐翁文灏任秘书长，钱昌照自己担任副秘书长，负实际责任。钱昌照在《国民党政府资源委员会的始末》一文中说："我建议筹办国防设计委员会的动机，分析起来，可分为三点：（一）我是痛恨日本帝国主义的，同时我认为总有一天日本帝国主义会大举侵略中国；（二）我一向高唱中国工业化，对蒋介石存有幻想，认为蒋介石大权在握，如果他能支持工业建设，将事半功倍；（三）我在政治上是有野心的，很想拉拢一大批银行家、实业家、名流、学者作为政治资本，在蒋介石旁边独树一帜。至于蒋介石之所以接受我的建

---

[1] 《钱昌照回忆录》，第 35 页。

议，分析起来，也有三点：（一）他利用我去拉拢那些银行家、实业家、名流、学者作为招牌，以取信人民，所费有限，收效可能很大；（二）他利用我们这班人去勾结德、英、美三个帝国主义，因为那时候帝国主义者对国民党政府的官员颇为不满；（三）他利用我们这班人去牵制国民党政府里的其他势力，包括宋、孔、二陈在内，这是蒋介石经常的一套手段。"①

国防设计委员会设在南京三元巷二号，由于它是个秘密机构，所以门口不挂牌子，信封上不印机关名称，一切活动都不公开，对外只称"南京三元巷二号"，由蒋介石从军事委员会委员长秘密经费中每月拨款 10 万元，作为活动经费。蒋介石给国防设计委员会指定的任务是：（一）拟订全国国防之具体方案；（二）计划以国防为中心之建设事项；（三）筹划关于国防之临时处置。设计会的任务也仅限于有关问题的调查和计划工作，并不参与实际行政和建设事务。设计委员会所提出的计划或方案"由参谋总长呈请政府核定或商由各关系机关施行"。同时为了分工明确而又协调合作，国防设计委员会又与专负经济建设之责的全国经济委员会，订立了合作办法大纲，进一步明确："国防设计委员会之工作以调查统计设计为主，兼及较小规模之试验事宜。其与重要经济建设有关之设计或意见，随时送交全国经济委员会研究参考。""全国经济委员会关于建设计划之审查或专门事务之研究调查，为国防设计委员会人才及设备所能担任者，得商诸国防设计委员会代为办理。"

首批聘任的国防设计委员会委员共 39 人，他们是翁文灏、钱昌照、黄慕松、杨杰、陈仪、周亚卫、林蔚、丁文江、陈立夫、王宠佑、刘鸿生、穆藕初、曾昭抡、赵石民、陶孟和、刘大钧、吴鼎昌、徐新六、唐有壬、杨端六、万国鼎、沈宗瀚、胡石青、陈伯庄、顾振、沈怡、颜任光、钱昌祚、周鲠生、钱泰、徐淑希、俞大维、谢冠生、裴复恒、王世杰、蒋梦麟、胡适、杨振声、周炳琳。另外，行政院各部会长官为当然委员，以后又陆续增聘了

---

① 《回忆国民党政府资源委员会》，第 2 页。

一些委员和专门委员。这些委员中的绝大多数都是知名学者、技术专家和实业家。

蒋介石组建国防设计委员会的目的是："按现代的国防需要及本国之物资与形势，以制订整个国防计划。"为了达到这一目的，国防设计委员会下设七个小组，聘请约200名各界人士担任专员，这七个小组分别是军事组、国际组、教育文化组、经济与财经组、原料及制造组、运输及交通组、土地及粮食组，各小组分别就有关方面的课题进行调查、统计，制订对策计划。

1933年夏，蒋介石在庐山主持召开了第一次也是唯一一次国防设计委员会全体委员会议，讨论"国家总动员计划"和委员们的提案。

国防设计委员会的调查统计工作虽然还是初步的，甚至可以说是粗糙的，但它的意义不可低估。许多基础性的调查统计都是中国有史以来的第一次，也可以说它是中国近代第一次比较系统和大规模的国情普查。设计会所编列的许多计划如《战时燃料及石油统制计划》《粮食存储及统制计划》在抗战中特别是抗战初期均发挥了重要作用。专门人才的调查为以后资源委员会招募技术人员提供了方便，资委会初期从事工矿建设所需的技术管理人才很多都是据此招募的。

1935年12月，蒋介石继汪精卫之后兼任行政院院长，其各部会首长分别是副院长兼财政部长孔祥熙、内政部长蒋作宾、外交部长张群、军政部长何应钦、海军部长陈绍宽、实业部长吴鼎昌、铁道部长张公权、交通部长俞飞鹏、教育部长王世杰、蒙藏委员会委员长黄慕松、侨务委员会委员长陈树人，以及行政院秘书长翁文灏、政务处长蒋廷黻，其中吴鼎昌、张公权、王世杰、翁文灏等都出自国防设计委员会，因而又被称为"三元巷内阁""人才内阁"。翁文灏、蒋廷黻等一批由学者、教授从政的人被称为"学者从政派"。

四、资源委员会实际负责人

1935 年 4 月，国防设计委员会易名资源委员会，改隶军事委员会。资源委员会将调查研究阶段逐步过渡到重工业建设阶段。其职能逐步发展为管理和主办重工业建设，如煤炭、钢铁、石油、有色金属、机械、化工、电力、水泥等，也包括部分轻工业建设，如制糖、造纸等。

1938 年资源委员会划归经济部主管，由经济部长翁文灏兼任主任委员，钱昌照以副主任委员负实际责任。钱昌照回忆说："1936 年正式办重工业，在一些原则性问题上，也得到他的支持。社会上说国营办不好，不如私营，蒋却不反对国营。我们和各方面合作，兴办工矿企业，但对每个具体单位，主张只能由一方面负责。例如，资源委员会和兵工署合办大渡口钢铁厂，由兵工署负责，我们出钱出人之后不干涉内部事务；资委会和各省合营，各省不过问业务，否则'婆婆'多了不好办。我们和国外合作也有个原则，即只引进技术，不搞经济合营，技术引进还要规定合作年限，年限内包教包会，到期由中国专家接手。这些原则蒋都同意，他认为花钱不多，效果很好。有一次他对资源委员会的汇报很满意，曾对我说：'把这件事交给你啦。'自从 1934 年国防设计委员会改隶军事委员会开始举办工业，用蒋的名义发号施令做了不少事情，有时连相当重要的事也不需汇报。有一次翁文灏颇有顾虑地对我说'不好吧！'我说：'可以放手做，委员长不会反对。'"[①]

抗日战争时期，资源委员会的中心工作有二：

一是统制钨、锑、锡、汞等战略物资，以偿还债务，使国民政府易货偿债有了可靠的保证，对此蒋介石也很满意。行政院副院长兼财政部长孔祥熙见有利可图，也想染指，但因资委会有蒋介石做靠山，孔也奈何不得。

二是全力经营工矿业和电力工业。孔祥熙在争夺钨砂外销权失败以后，处处与资委会为难，不仅基建预算不给，连经常性费用也克扣。1937 年资

---

① 《钱昌照回忆录》，第 35 页。

委会连"年"都过不去了，钱昌照不得已飞香港见中国银行总裁宋子文，请他帮助。宋子文找来钱新之，由中国银行、交通银行各借给资委会250万元才勉强过了年关。在这种局面下，钱昌照另辟蹊径，决定与云南、四川、广东、广西、西康、陕西、甘肃、青海等省当局合办工业，由资委会出钱出人，地方平分利润。钱昌照向蒋介石汇报和各省合作的经过后，蒋很满意，认为用经济建设联络地方，是一个好办法。到抗战结束时，资委会共有厂矿单位121个，其中火力发电厂26个，煤矿19个，石油矿3个，铁矿和铜铅锌矿4个，钨锑锡汞矿11个，冶炼工业37个，等等。经过八年的努力，在工业生产中，确立了国家资本的统治地位。

抗日战争胜利后，资源委员会又接收了大后方的重工业和糖纸两种轻工业。行政院长宋子文要钱昌照将纺织业全部接管过去，但钱昌照考虑到纺织业的工资待遇高，接办后不能与资委会的待遇平衡，不好办，拒绝接受。据统计，到1947年，资源委员会工业产品占国民党统治区工业产品的比重是：电力63%，煤33%，钢铁90%，钨锑100%，锡70%，水泥45%，糖90%。[①]

五、与蒋介石决裂

钱昌照为了实现其工业救国的理想，付出了巨大的努力，也取得了一定的成绩。正如1949年3月16日北京大学经济学会在钱昌照的讲演记录前所加的按语指出的："钱昌照15年来负担了一个最繁重的工作，但他却一向甘愿对社会保守沉默，只有谈起他所熟悉的问题来，才有声有色。"[②]

钱昌照与一般的国民党官僚不同，他是为自己的工业救国理想而奋斗，而不是追求个人的利益。1931年12月蒋介石在第二次下野前，对时任教育部常务次长的钱昌照说："我准备到日本去，你可赴苏联考察，经费由我批

---

① 彭明：《中国现代史资料选辑》（第6册），第415页。

② 同上，第432-433页。

给你。"蒋又问钱:"听说你在教育部节省了一笔钱,有多少?"钱答:"21万元。"蒋随即说:"这笔钱你自由使用,不必移交。"钱昌照立即回答:"不行。公家的钱,我不能自由使用,这是攸关人格的问题。"

因此,钱昌照在回忆录中自豪地说:"多少年我和他在一起,金钱方面一清二楚。蒋介石习惯于每到年终,给左右亲信的人都送一笔钱,以示笼络,但他知道我的脾气,没有给我送过钱。那时我和性元生活都很节省,在教育部时,只住三四间房子。张伯苓来我家后,对人说:次长生活极为简朴!以后我向徐公肃等借了一笔钱,在南京上海路盖了一座房子,这笔债直到抗战后才还清。"①

钱昌照在担任国防设计委员会和资源委员会实际负责人的早期,他还兼任教育部常务次长。当时教育部次长的月薪是 600 元,另加办公费 400元,共约 1000 元;而资源委员会月薪为 400 元,另加办公费 100 元,共约 500 元,仅为前者的一半。钱自动领资源委员会的 500 元,而放弃了教育部次长的 1000 元。

1942 年 1 月 14 日,蒋介石的侍从室高级幕僚唐纵在其日记中对钱昌照有如下评语:"午,资源委员会钱昌照约有留德同学数人讨论今后工业上与德国之联系方法。钱之为人颇有青年勇为与负责之精神,对于政治经济,亦颇有见地,官场中有此一人,亦为不可多见之机会。"

唐纵在 1942 年 2 月 11 日的日记中又有如下记载:"晚,钱昌照约便饭,谈约四小时,先谈经济建设工业化问题;论及人才时,先提人才的标准。我以知识、能力、品行三者为准,钱则提出品格、气魄、见解三点。钱之思想颇前进,仍能保持革命的风度。相约此后,彼此介绍有革命性的朋友。"可见,公道自在人心。

当钱昌照 1947 年 4 月离开资源委员会时,资委会职员已达 33000 余

---

① 《钱昌照回忆录》,第 32 页。

人，技术工人 23 万人（不包括大量的壮工和农民工人），这是一个庞大的组织。为了维持这个组织的良好运转，钱昌照特别注意用人和培养人才，把它作为事业成败的关键。从国防设计委员会开始，钱昌照就经常考虑这个问题，鞭策自己在罗致人才、任用人才上要大公无私，不分领域，不问关系，任人唯贤，任人唯能；一经任用就用人不疑，信任放手，让他们有职有权，发挥才能。钱昌照认为，天生的人才毕竟很少，十之八九得依靠有计划、有步骤的训练培养。那时，钱常说："我们别的可以省钱，训练人才千万不可以省钱。外汇也好，法币也好，只要用得适当，尽管用，不要计较。计较了外汇法币，忘了人才，不但是笑话，并且会误国。"钱昌照和翁文灏等资委会主要负责人都是学者出身，他们用人强调不分领域，但有一个戒条，即绝对排斥陈果夫、陈立夫 C.C. 系分子渗入资委会。他们认为，C.C. 系的人阴阴沉沉，民间称之为"党棍子"。他们和中统分不清，所想不是搞工业，而是属于孙中山所说的"人生以服务为目的，不以夺取为目的"的反面人物。C.C. 系总是处处在谋划夺取资源委员会这块肥肉。C.C. 系的重要分子曾散布要"清君侧"的流言，认为不允许让大权落在一个与党没多大关系的人手里，指的就是钱昌照和翁文灏，尤其是钱昌照。但由于有蒋介石的支持，孔祥熙的刁难、C.C. 系的煽风点火，都没有动摇钱昌照的地位，也没有伤害钱昌照与蒋介石的关系。

钱昌照与蒋介石由亲到疏，肇因于一件小事。有一次，钱受铁道部长顾孟余之托上峨眉山向蒋说情，事毕之后，顺便把上海《密勒氏评论》揭发宋家姐妹趁币制改革之际在上海交易所大搞投机的报道译成中文，当面交给他阅看。当时蒋未动声色，事后蒋问吴鼎昌，吴说确有其事。几天后，蒋给钱写了一封亲笔信："乙藜吾弟……你做事锋芒太露，今后要注意涵养……"钱昌照收到这封信，知道触怒"天颜"了。从此，除了资源委员会的事外，蒋不再找钱，钱自然也不便事事找蒋了，要见面也得事前通报约定后见，关系已经相当生疏。由此可见，蒋的为人，只要稍忤其意，就会翻脸不认人。很多人与蒋介石决裂，都肇因于一件看来不起眼的小事。

钱昌照虽然在蒋面前失了宠，但因与行政院长宋子文关系密切，还勉强维持了几年。1945 年 8 月，钱昌照随宋子文赴美国，与美国政府原则上商定 20 亿美元借款，其中 11 亿美元用在工业方面。随后，钱昌照又随宋子文飞加拿大，原则上商定 2 亿美元借款，也用在工业交通方面。钱昌照认为抗战胜利之后，有了这 20 多亿美元的借款，正是中国工业建设的黄金时代。然而蒋介石一意孤行要挑起全面内战，打碎了钱昌照的建设梦想。全面内战爆发，美元借款泡了汤，建设无从着手，这一切使钱昌照对蒋介石极为失望。1947 年 3 月 1 日，宋子文辞去行政院长职务，钱昌照更加感到孤立，决定辞职，离开蒋介石，但两人并没有撕破脸。当钱正式上辞职呈时，蒋还约钱去吃饭，并征求其对继承人选的意见。

钱昌照辞职后，蒋介石派吴鼎昌传话，要钱主持中央设计局和党政考核委员会，把这两个机构合并成为设计考核委员会，钱昌照拒绝了。

不久，钱昌照来到北平，于 1948 年 2 月 1 日在北平成立中国社会经济研究会，这是一个类似于英国费边社的团体，会员 50 多人，绝大多数都是知识分子，只有个别的人是资本家。中国社会经济研究会还出版了《新路》周刊，由周炳琳负总责。这份刊物一方面骂蒋介石和国民党，抨击蒋介石独裁误国；另一方面对共产主义抱怀疑态度，因此受到左右两个方面的攻击。蒋介石获悉钱昌照创办《新路》的消息后，更是怒不可遏。蒋对陈布雷说："钱昌照是叛徒！"陈布雷连忙找到钱昌照，劝他早日出国，陈布雷并警告说："要不然，你会发现周围到处有人盯着你，你要出去也出不成了。我们虽有几十年的交情，那时帮忙也帮不上了。"[1]

钱昌照原本想去延安，但未能去成，便决定出国。1948 年 8 月，钱昌照前往欧洲。

---

[1] 《钱昌照回忆录》，第 139 页。

1949 年 7 月，由中共有关方面安排，钱昌照来到北平，受到毛泽东等中共领导人的接见。钱昌照将由香港至天津船上写的一首诗读给毛泽东听：

> 闻道中原定，西归又北游。
>
> 从今忧国泪，不再向人流。
>
> 波浪掀千里，亲朋满一舟。
>
> 载歌复载舞，日出海东头。

1949 年 9 月 21 日，钱昌照作为特邀代表参加新政协会议。钱昌照参加新政协会议的名单见报后，在台湾的蒋介石下令永远开除钱昌照的国民党党籍，并以"附逆有据"予以通缉。钱昌照与蒋介石的关系画上了一个句号。此后，钱昌照担任了中央财政计划局副局长、全国人大代表、全国政协委员、全国政协副主席等工作，为新中国的建设作出了贡献。

第二节　经济主官翁文灏

翁文灏与章鸿钊、丁文江、李四光被公认为我国现代地质学的四大奠基人。但在科学事业正如日中天的时候，翁文灏却被蒋介石延揽进入了南京政府做官，而且官越做越大，从国防设计委员会秘书长、行政院秘书长、经济部长兼资源委员会主任委员、中国战时生产局局长直到行政院长，从一介书生到官拜"宰相"。1948 年 12 月 25 日，中共权威发言人宣布南京政府 43 名内战战犯名单，辞去行政院长刚一个月的翁文灏榜上有名，名列第12 名。翁文灏在海外徘徊观望两年后，终于选择了回归祖国，于 1951 年 3 月 7 日从香港回到北京，成为新中国成立后第一个回到祖国大陆的原国民党高官。1956 年 4 月 25 日毛泽东在其著名的《论十大关系》中说："像卫立煌、翁文灏这样的有爱国心的国民党军政人员，我们应当继续调动他们的积极性。"

从中国近代地质学的奠基人，到内战战犯，最后又成为新中国的政协委员，翁文灏在其 82 年的岁月中走过了辉煌而又曲折的人生道路。

一、近代中国地质学的奠基人之一

翁文灏

翁文灏，字泳霓，1889 年 7 月 26 日（清光绪十五年六月二十九日）生于浙江鄞县一个官宦人家。祖父曾任清朝内阁中书。翁文灏 6 岁入私塾，13 岁中秀才。1906 年考入上海震旦学院学习法文和数学。1908 年考取公费赴欧洲留学，入比利时鲁汶大学攻读地质学。1912 年毕业，以优异成绩获博士学位，成为中国第一个获得地质学博士学位的学者。

1912 年翁文灏学成归国，先后在北

京政府工商部地质研究所、农商部地质调查所任职。从 1921 年起，担任地质调查所代所长、所长。在动荡不安的年代，惨淡经营，培养了大批地质学人才。他先后写出了《中国东部地壳运动》《中生代以来中国东部的地壳运动与火成岩运动》《中国东部中生代造山运动》《华北水平运动产生的构造》《中国矿产志略》《中国震中地域及其地质》《中国某些地质构筑对地震之影响》《中国地震分布图》《中国百万分之一地质图幅》《中国山脉志》《华北河流沉积和地质意义》《中国地质》《中国地理通论》《中国分省新图》(与丁文江等合编)、《中华民国新地图》(与丁文江等人合编) 等一系列具有开拓性的论著，从而赢得了很高的声誉。从 1922 年起，他先后担任了中国地质学会会长、中国地理学会会长、国际地质学会副会长等一系列荣誉性职务。

二、学者从政，受蒋介石特达之知

翁文灏是一个科学家，本来无意从政，他曾经在一篇文章中说过："我原是一个毫无大志的小百姓，家里省吃俭用，只想在自己范围内尽一些力，做一点与自己兴趣相合，于社会无害的小工作便算了……我们现在没有能力去当义勇军，我们又不要去抢院长、部长做，我们还是努力我们自己的工作。"翁文灏不想抢院长、部长，可院长、部长的位置偏偏落到了他的头上。虽说是阴差阳错，却也是时势所然。

1932 年夏天，经钱昌照推荐，翁文灏与一批专家、学者应蒋介石之邀赴庐山会谈。钱昌照去拜访翁文灏时说，他在北平、天津拜访了许多人，像丁文江、胡适、蒋廷黻、吴鼎昌等都同意去见蒋介石。于是翁文灏也就跟着钱昌照到牯岭去见蒋介石。

一见面，蒋介石装出一副礼贤下士的神情向翁请教国事该如何办法，他愿意改变方针。翁说："我一向是做地质学工作的人，不懂得政治，但是，我知道无论什么国家都应该保全自己的领土，不能一味地讲妥协。如果老是要大家忍耐，全国人心不安，国家局面将不可收拾，希望政府当局能够明白表示态度。至于具体主意，我提不出，如果要调查矿产，我可以效劳。"蒋介石就开门见山地说："我准备成立一个国防设计委员会，在军事以外研究救国大计。我自己担任委员长，请你做秘书长，还请你替我到各处物色人才，共襄大事。"翁文灏不肯放弃地质调查所这个学术机构，他表示不能应允。在第二次见蒋介石的时候，翁对蒋说："我是穷机关出身的人，对这样一个重要机关担当不起，而且我自己做官，使地质调查所的其他人受苦，对人不起。"蒋介石马上接口说："那很容易，我立刻批给地质调查所5万元，不够还可以商量。"翁回答说："一次帮助不能解决问题，将来经费还是困难的。"之后，翁文灏又见了蒋介石一次。翁对蒋说："这里有个现成的秘书长，钱先生（指钱昌照）各方面情况熟悉，请他担任秘书长是再恰当不过了。"蒋说："那么就这样，你做正的，钱昌照做副的。"翁文灏说："一定要我多负一些责任，那我可以当个常委，以后南京多来几趟就是了。"

在谈话中蒋介石对翁文灏表示：他要以巩固国防为己任，要设立国防设计委员会，延揽贤才，筹划军事以外各项工作，希望翁做秘书长，多出主意，给以帮助。这次，翁文灏虽没有接受职务，但通过这次交往，感到蒋介石"尚能认识保全国土的责任"，因而对蒋产生好感，并由此逐步接近。

最后，蒋介石请翁文灏用三天的时间给他讲课，并发表自己的见解。翁文灏听了蒋介石的一番表白，看他一副礼贤下士的真诚态度，心中不免颇感佩慰。在随后的几天中，翁文灏向蒋介石大略地讲解了中国的地质和矿产资源分布概况，并向蒋介石提出，国家必须建设，建设须有目标。标的既定，则力能集中而功效加速，方法适当则进行顺利而成绩可期。他建议，在此外侮迫切之际，不宜以政党之界线限制选择人才的范围，他还向蒋介石推荐了胡适、张伯苓、丁文江、顾振、徐新六、吴鼎昌、张公权、蒋廷黻、周炳琳、蒋梦麟、周鲠生、卢作孚、范旭东等知名人士。蒋介石对翁文灏所说的一切，不断地点头表示赞同，对他推荐的人物表示愿意随时延请会见。

1934年1月，翁文灏前往南京出席中国科学社年会。会上，一位刚从美国学习地质归来的青年滔滔不绝地谈起石油地质理论，并断言浙江长兴县一带具有石油地质构造。此人的议论引起了丁文江、翁文灏等人的注意。要是浙江长兴真的有石油，那真是一件令人兴奋的好事。于是，丁文江建议翁文灏不妨乘此时机去长兴做些实地调查。翁接受了丁的建议，于中国科学社年会结束后，即赶往长兴调查。调查完毕后，于2月16日从长兴乘汽车前往杭州。当天下午3时，车过吴兴县地界，行至武康县（今德清县）东埭溪附近的洋桥边时，因司机一时疏忽，汽车猛撞到桥栏柱上，造成汽缸爆裂，翁文灏头部受重伤，陷入昏迷状态。直到下午4时左右，翁文灏才被从此经过的长途汽车发现，当即被送到武康县医院抢救。由于伤势严重，武康方面在对翁文灏进行初步抢救后又连夜将他转送杭州广济医院作进一步抢救治疗。

翁文灏的严重受伤，震动了很多人。翁文灏的朋友胡适在3月初出版的《独立评论》第90号编辑后记中，发了两条消息，向读者报告翁文灏的病状，其中写道："当消息最坏的一天，他的一位北平朋友写信给人说：'如此天才，如此修养，岂但是一国之瑰宝，真是人世所稀有！'还有一位朋友对人说：'翁咏霓是五十万条生命换不来的。'"另一则是记叙了一件小事："上月27日，独立评论社聚餐，主人家中恰有体重计，我们都试磅自己的重量，翁先生连衣服、皮鞋只有90磅。他只说：'我又掉了两磅了！'我们都劝他休息，他说：'我明天到陕西去旅行，就是要去休息。只有旅行可以给我休息。'……我们盼望他能利用这个强迫休息的时期，绝对安心静养，就是周口店再发现一个完整的'北京猿人'的脑壳出来，他也不必过问！"

这期《独立评论》出版后，有人给《独立评论》编辑部来信，一针见血地指出胡适的表演是"台里喝彩""互相标榜"。胡适派的丁文江从杭州归来，立即写成《我所知道的翁咏霓》一文，在《独立评论》第97号发表，希望人们从中"了解为什么翁先生的许多朋友十分的敬爱他"。

翁文灏的受伤，也惊动了南京的蒋介石，蒋介石下令医院要不惜任何代价抢救，并给翁文灏派来了当时最好的医生。也许是命大福大，翁文灏终于战胜了死神，从昏迷中清醒了过来，终过一段治疗康复后，于4月27日离开杭州返回北平休养。论者认为，武康遇险是翁文灏人生中的一个重大事件。在这之前，翁文灏对蒋介石心存好感，是因为他"不耻下问""礼贤下士"，翁对他怀有知遇之感；而在武康遇险之后，翁视蒋为"救命恩人"，蒋对他在知遇之恩外，又加了一层"救命之恩"。"救命之恩"是仅次于生身父母的恩德，在知恩图报的翁文灏看来，后半生只有忠心耿耿地追随蒋介石，为他分忧解愁的份儿了。

1934年8月，身体还未完全康复的翁文灏应蒋介石电召，到庐山见蒋。见面之后，蒋先是询问了翁的身体状况，翁对蒋的救命之恩表示万分的感谢。寒暄过后，蒋介石向翁文灏询问起了河南焦作中福煤矿的情况。翁文灏在北洋政府农商部矿政司任过职，他平时关心中国的矿业，对焦作中福煤矿的历史颇为了解，于是将有关情况向蒋作了详细报告。

中福煤矿当时是仅次于河北开滦和山东中兴的第三大煤矿，由中国人办的中原公司和英国人在中国开办的福公司合作经营。1931年，刘峙出任河南省政府主席后，派其亲信、省财政厅长李文浩为中原公司监督，李文浩对于办矿完全是外行，却视煤矿为捞钱的摇钱树，再加上公司本身管理不善，机构臃肿，人浮于事，技术落后，煤矿很快无以为继，李文浩在山穷水尽之际，向福公司求助，由福公司借给中原公司300万元，双方组成中福公司，中原公司占51%的股份，福公司占49%的股份。中福公司成立后，依然无法使煤矿起死回生。1934年7月间，福公司董事长沃德罗夫（Woodruff）亲自来华，由英国驻华大使陪同到庐山晋见蒋介石，向蒋表达对河南省政府领导中福公司的不满，要求蒋派人前往彻底整理，以挽救这个濒临倒闭的煤矿。于是，蒋介石想到了翁文灏，因此，当翁向蒋介绍焦作煤矿的情况后，蒋当即提出要翁文灏担任整理专员，前往河南焦作整顿矿务。翁文灏对此感到突然，表示难以从命。会见之后，翁文灏又向蒋介石的行营秘书长杨永泰了解事情的来龙去脉，更觉得事情棘手难办，再次向蒋力辞。

对于翁文灏的推辞，蒋介石未置可否。在翁回北平后，蒋介石还是下达了派翁文灏为整理专员的任命，但同时又任命河南省政府建设厅长张静愚暂代，前往中福主持矿务。张静愚于 9 月 12 日到矿后，采取了一系列整理措施，但仍没有达到预期的目的，公司账面上亏空 300 余万元，积存的煤炭销不出去。而且，刘峙也不大买张静愚的账，张静愚力不从心，只好知难而退。于是，蒋介石再次电催翁文灏务必尽快前往焦作就任。翁文灏无法再推辞，只好抱着试试看的心情走马上任。此次翁文灏上任，蒋介石给了他很大的权力，要当地军政人员接受翁的支配，对有关中福煤矿的各方面来电，一律以翁的电报为准，对翁的电报只准不驳。

1934 年 11 月，翁文灏带着刚从陕北调回的陕北油矿探勘处处长孙越崎及国防设计委员会、地质调查所的 8 名工作人员来到河南，他们首先到开封与省政府主席刘峙见面，翁文灏表示自己此行完全是蒋委员长的一再敦请，勉为其难，整理工作可随时向省政府报告，但希望刘峙不加干涉，如果不成，他将自去。刘峙知道翁的出山完全是蒋介石的钦派，握有尚方宝剑，非张静愚可比，因此不得不有些畏忌和收敛，对翁文灏一行表示非常欢迎，一定尊重。翁文灏走马上任后，在孙越崎的全力协助下，采取了一系列对症下药的措施，很快使中福煤矿起死回生，生产恢复正常，到 1935 年底，中福公司生产原煤 105 万吨，利润 112 万元。这年 10 月，孙越崎亲到金城银行，将向周作民借的 30 万元大洋周转金一次还清，周作民对着孙越崎情不自禁地竖起了大拇指："真守信用！"

翁文灏整顿中福煤矿大见成效，不仅国人称赞有加，英国人也喜出望外，伦敦《泰晤士报》详细地报道了中福煤矿整理的经过，对翁文灏管理有方大加赞赏。伦敦股票市场上福公司的股票价格大幅上扬，为数十年所未有。翁文灏此举树立了他在英国人心目中的良好形象。1936 年整理结束时，中福公司董事会中英双方董事都坚持选举翁文灏为董事长，但翁文灏历来对金钱看得很轻，他推辞了高薪的董事长，而担任了名誉董事长。

整理中福煤矿，是蒋介石交给翁文灏的第一件具体工作，翁文灏成功了，证明他不是一个不明世事的书呆子，而是一个有学问、有操守的行政干才，蒋介石对翁文灏放心了。

1935年11月1日，行政院长汪精卫在国民党四届六中全会上被爱国志士孙凤鸣打了三枪，差点殒命。在同年11月12日至23日召开的国民党五大上，汪精卫被迫辞去行政院长，由蒋介石以军事委员会委员长兼任行政院长，统揽军政大权，随即提名翁文灏为行政院秘书长。按照当时的行政院组织法，秘书长是简任职，负责协助院长执行政务，负责全院日常行政事务和财务工作。但蒋介石却决定给翁文灏以特殊的待遇，修改行政院组织法，将秘书长升格为特任职，开创了行政院秘书长特任的先例。翁文灏一步跨入了国民党中枢决策圈，这一切都是出于蒋介石的特达之知和恩遇。

政治学者钱端升说："行政院秘书长是一个特别重要的官员。如果他有能力并获得院长的器重，他就能够很好地控制中央和地方的行政机构，虽然他多少要退居幕后。他是行政管理的关键人物，能施加巨大的影响。"

在行政院秘书长任上，翁文灏经手与法西斯德国达成了易货贸易协定。当时翁文灏对办理这样的国际秘密交涉，还是头一次。德国方面出面的是军火商人克兰，他以德国政府私人代表的身份出现。这一件秘密交涉，既不通过南京政府驻德国大使，也不通过德国驻中国大使。在中国是以翁文灏为对手，在德国是以沙赫特为对手。中间的经手人，一个是德国人克兰，一个是中国人齐焌。一开始，翁文灏担心上了克兰的当。他第一次见到克兰就说：

"这件事既不通过德国大使，也不通过中国大使，怎样能够办得成？"克兰一下子就猜透了翁文灏的心思，他知道翁文灏怀疑他的身份，赶忙说："这件事是头等机密的事情，因此不通过正常的外交途径，在德国是由沙赫特亲自掌握。我可以马上要沙赫特直接打电报给你，你也可以直接打电报给沙赫特，而且电报不必经过我手。"翁文灏见克兰说得这样确实，放下了心，于是他向克兰提出了要求："德国政府派你和中国政府接洽，中国政府是不是也可以派一个像你一样的私人代表团到德国去？"克兰满口答应。

翁文灏把和克兰的谈话经过告诉了钱昌照，两人商定，派资源委员会的委员顾振当团长。

1936 年 2 月，以顾振为团长的中国代表团前往德国，经过谈判，于同年 4 月 8 日在柏林签订了一个 1 亿金马克的周转信贷合同，合同规定：在 1 亿金马克的限度以内，国民政府可以向德国购买军火和兵工厂以及重工业的设备，由国民政府陆续用钨、锑、桐油、生丝、猪鬃等抵付。德国为了办理对南京政府的交换货物和技术合作的工作，特别设立了一个以克兰为首的合步楼公司，常驻中国。

合同签订后，交换货物正式开始，由于合同规定南京政府要把农矿产品先行启运，因此就必须垫款收购，而行政院副院长兼财政部长孔祥熙因对以翁文灏、钱昌照为首的资源委员会垄断了贵重金属交易而不满，拒绝向翁文灏、钱昌照拨款。这一下蒋介石火了，他当着翁文灏和叶琢堂（中央信托局局长）的面，大骂孔祥熙为亡国大夫，骂孔把持财权。叶琢堂明白蒋介石当他的面骂孔祥熙，就是要中央信托局来垫款，叶琢堂只得由中央信托局拿出 500 万元了事。

三、参与南京政府秘密外交

1937 年 3 月，南京政府组成了以行政院副院长兼财政部长孔祥熙为特使，海军部长陈绍宽、驻英大使郭泰祺为副使，翁文灏为使团秘书长的中国庆祝英王加冕典礼使团，前往英国伦敦祝贺英国国王乔治六世加冕并观礼。中国代表团的成员还有武官温应星、桂永清等。

翁文灏对担任这个使团的秘书长感到有些吃惊，他与孔祥熙关系不好，于是急忙面见蒋介石，请求将自己改为参赞。翁文灏对蒋介石说："孔不会要我管事，我也不愿管他的事。"

蒋不以为然地挥了挥手，然后解释道："完全不是这么一回事，你们各有不同的任务。孔做什么你不用过问，你的工作直接对我负责，也不必报告给孔。"

"那我的工作是什么呢？"

"日本对我国不断侵略，最终免不了要用武力抗日，可是谈何容易。双方强弱悬殊，我国势必大败，可那时不但我吃亏，欧洲各国在我国的许多既得利益，必定尽归消失，由日本人独吞。中日交战于他们具有切身利害关系。可是他们究竟将采取什么对策，我们还不清楚，此时也不宜正式提出交涉。你在国外素有声誉，我希望你趁这次机会，探询他们的态度，随时向我密电报告。"

此外，蒋介石还要求翁文灏考察接洽几项经济事业，特别是中德易货贸易问题，同时翁文灏还要负责考察德国等国家的人事组织、管理方法，并拟访问学术机关与地质学界的人物。当然作为特使兼团长的孔祥熙也负有向外国商洽借款和购买军火的任务。

5月3日，孔祥熙一行抵达英国伦敦。翁文灏首先去找为南京政府搞币制改革的李滋罗斯。那时英国大选已经揭晓，保守党得胜，李滋罗斯告诉翁，下届的英国首相，不是张伯伦，就是艾登，要翁文灏去看这两个人。张伯伦和艾登见了翁的面，对翁说："对中国华北的投资，原来有个'四国协定'，必须通过四国协商，现在日本要独占对中国华北的投资，我们不能承认。你们要外国投资，可以同英国商量。但是你们不能和日本打仗，如果你要打仗，英国不能帮助你们。"

孔、翁等一行到德国的时候，受到法西斯头子的盛大欢迎，沙赫特亲自到车站迎接，这批人感到受宠若惊。孔祥熙到德国不久，就转赴美国，翁文灏留在德国。翁与德国经济部长沙赫特商定了德国供给国民党的军火、兵工厂和重工业设备的具体清单，并签订了技术合作意向书。翁文灏还通过沙赫特去拜访了一个德国将级军官勃仑保（Blanberg）。翁问这个军官，如果中国和日本打仗，德国怎样看法？这个德国军官对翁文灏说："如果你们能够在德国帮助你们建造的防线（指苏州、嘉兴一道防线）守上两年，别的国家就会帮助你们。"

6月底，翁文灏接到蒋介石的电报，要他立即到苏联去。那时，日本对中国发动侵略战争已经迫在眉睫，翁文灏在英国、孔祥熙在美国都遭到了冷眼，蒋介石不得不向他极端仇视的苏联求助。就在这样的形势下，翁文灏到了莫斯科。

翁文灏到苏联，首先见了苏联外交人民委员会委员长李维诺夫。李维诺夫对翁文灏说："你们要和日本打仗，要苏联帮助，难道你忘记了你们一向与苏联交情不好吗？"翁文灏急着说："中苏两国利害相同，希望苏联政府考虑目前形势。"李维诺夫说："你们要德国军官指挥，为什么还要苏联帮助？"翁文灏撒了一个谎，说："德国军官没有权。"李维诺夫说："那么，我们可以谈谈。"

第二次会见的时候，李维诺夫告诉翁文灏："苏联可以帮助中国，第一，和中国签订互不侵犯条约；第二，和中国签订易货协定，由苏联供给军火，用借款形式办理，中国方面可以用农矿产品分年偿还。"当翁文灏把接洽的结果打电报告诉蒋介石之后，蒋却回电说："签订互不侵犯条约，另外办理；易货协定，暂缓办理。"卢沟桥事变发生以后，蒋介石才派杨杰、孙科和苏联签订了中苏互不侵犯条约和易货协定，先后签订了三个借款合同，一共25000万美元，而且苏联不等易货协定签订，就将军火启运，同时还派出了志愿人员。

翁文灏在苏联的时候，还见过苏联重工业人民委员会委员长。这位委员长告诉翁文灏："根据你们中国的情况，非进行经济建设不可。但是你们的建设，只能由资本主义国家帮助。你们过去那种由官长办工业的办法是不行的，应该物色一些大学教授去办厂，你们中国人自己应该学会办厂的经验。"

四、抗战期间主持大后方经济

1937 年 9 月 5 日，翁文灏回到南京，此时全面抗战已经开始。为适应抗战需要，军事委员会改组为大本营，作为战时政府，大本营下设六部，分别负责与战争有关的不同方面工作。翁文灏被任命为第三部部长兼资源委员会秘书长和工矿调整委员会主任委员。

翁文灏上任后的第一件大事就是主持将华东地区的工矿企业迁往西南大后方。

中国近代工业的一个显著特点就是布局极不合理，绝大部分工矿企业集中在山东、江苏、浙江、福建、广东以及上海、南京、青岛、威海、天津等沿海省市，抗战爆发后，沿海地区首当其冲，直接处在日寇威胁之下，为了保存民族工矿企业，亟须将沿海的工矿企业迁往内地，这项重大工作开始由资源委员会副秘书长钱昌照主持进行，翁文灏回国之后移交翁文灏主持。据统计，抗战初期官方协助内迁的民营厂矿共 448 家，机器材料 70900 吨，技工 12080 人。至于资源委员会所属的各厂、兵工署所属的兵工厂等也同时由内地迁往西南，且规模较民营企业更为庞大。翁文灏主持这一空前规模的民族工矿企业内迁，以保存民族工矿企业命脉。翁文灏本人付出了巨大心血，为中华民族的抗战事业作出了重大贡献，历史应当记住他的名字。

1937 年年底至 1938 年年初，国民政府再度改组，战时政府取消，所属各部和行政院各部合并重组，仍归行政院统辖。原实业部、国民政府建设委员会、全国经济委员会（水利部分）、军事委员会第三部、资源委员会、工矿调整委员会等合并为经济部，由翁文灏任经济部长仍兼资源委员会主任委员。1938 年 5 月 23 日，翁文灏在武汉宣誓就职，国民党元老吴稚晖监誓并致训词。吴稚晖在致训词时说："国当重大之时，必需忠正之士，翁君学问道德，为当代第一人才，向来专心研学，兹因国局艰难出任经济重责，必能禀其素修，早成宏效。"

就专业知识、行政才干和操守来说，称翁文灏为南京政府的"第一人才"

并不为过。

1938 年 7 月，翁文灏由武汉前往战时首都（后正式命名为陪都）重庆办公，受原南开大学校长张伯苓之邀，翁家住进了位于沙坪坝的南开中学校园，因翁家周围种了许多芭蕉树，翁文灏的二女儿为之取名"蕉园"。经济部设在重庆市内陕西路川盐银行内，资源委员会设在牛角沱，翁文灏家在沙坪坝，三地相距较远，他每天来回奔忙，常常利用路上乘车的时间阅读文件。

作为战时大后方经济的主持人，翁文灏所肩负的责任是重大的，他将全部精力和智慧都用在后方经济发展之上。1944 年 11 月，翁文灏又兼任了新成立的中国战时生产局局长。抗战八年，翁文灏为大后方经济建设所付出的心血和所作出的贡献，这里无需一一罗列。翁文灏虽然受到蒋介石的特达之知，但仍然免不了要面对国民党内部的派系倾轧，孔祥熙和 C.C. 系对翁文灏主持的经济部门虎视眈眈，一心想打入，他们之间矛盾重重。

1945 年 8 月，日寇宣布无条件投降，翁文灏在"蕉园"听到国人欢庆胜利的锣鼓声，不禁悲喜交集。他喜的是八年抗战，中华民族终于取得了反侵略战争的伟大胜利，在国家民族生死存亡之际，他个人也尽了一份力量，问心无愧；悲的是爱子翁心翰竟在胜利前夕战死沙场，再也无法看到胜利的来临。

五、垄断中国石油开发

抗战胜利后辞官返回学术本行，是翁文灏久存于心的念头。1945 年冬至 1946 年春，翁文灏连续五次向蒋介石递交辞呈，申明自己原为对日作战而参加政府工作，自当在抗战胜利后告退。因此，坚决请求辞去经济部长、资源委员会主任委员职务，前往欧美游历，考察战后欧美科学技术状况，以便重返科学研究本行。但蒋介石虽然同意他辞去经济部长和资源委员会主任委员职务，却硬要他保留行政院副院长，翁文灏只得勉强同意。

1945 年 11 月的一天，翁文灏与孙越崎谈起未来的去向，他表示自己已经厌倦了做官，想去做一点实际工作，搞什么呢？孙越崎建议翁文灏去开发煤矿，豫西和鲁中都有大煤田，极有开发价值。但翁文灏认为中国煤炭开发已有基础，如再去开煤矿，势必与已有的大矿产生竞争，他觉得犯不上去得罪现有大煤矿的股东和他们的后台势力。孙越崎又建议翁去搞钢铁厂，翁又认为搞钢铁工业投资大，效益缓慢，蒋介石是不可能拿出太多的钱来搞真正的重工业大厂的。选来选去，翁文灏最后选择了搞石油开发。

1946年6月，资源委员会所属的中国石油有限公司在上海宣布成立，董事长兼总经理由翁文灏担任。按照南京政府矿业法的规定，石油只许国营，不许私营，也就是说，翁文灏的中国石油有限公司完全垄断了中国石油的开发和生产。

翁文灏在石油公司干了两年，1947年，中国石油有限公司按照蒋介石的旨意，以2444万美元巨款，向美国政府订购军用石油，供蒋介石打内战之用。在这一活动中，翁文灏是不能辞其咎的。当然，如果仅此而已，翁文灏还不可能进入头等战犯的行列，更大的错误还在后头。

六、官拜"宰相"，成为蒋介石"戡乱"的工具

蒋介石发动了全面内战，经过一年多的较量，国民党军队屡屡败北。面对军事上的劣势，蒋介石想以开国大、行宪政来孤立中共，稳住"戡乱"阵脚。1948年3—4月，国民党在南京召开所谓"行宪"国大，选举蒋介石为中华民国总统，李宗仁为副总统。行宪国大后，行政院改组，行政院长一职位极群僚，为国民党内各派系所觊觎。

翁文灏实在没有想到，行政院长的宝座最后会落到他的头上。之所以发生这样的"意外"，完全是国民党内派系倾轧的结果。

陈果夫、陈立夫的C.C.系与政学系是老对头了。两派争夺了20多年，双方各有胜负，但谁也吃不了谁。这是因为背后有蒋介石这只看不见的手在操纵，因为蒋一贯搞的是派系平衡术，他不希望哪一派占绝对优势。纵观C.C.系与政学系的派系斗争，在杨永泰时代，是政学系主动向C.C.系

挑战；杨永泰被暗杀后，政学系再也没有了杨永泰那样擅长纵横捭阖的权术家，政学系的领头羊张群只是守成之辈，绝非开疆辟土之斗士。因此，杨永泰死后，政学系与 C.C. 系的争斗往往是 C.C. 系主动发起挑战，政学系被动应战。但政学系上层因有蒋介石的宠信，也始终没有在 C.C. 系的打击下全军溃败。

1948 年，国民党在大陆的统治已到了崩溃的边缘，C.C. 系与政学系的争斗也进入了尾声，其最后一幕便是陈立夫指挥 C.C. 系阻止政学系首领张群出任"行宪"后的行政院长。蒋介石在当上总统后，想让张群继续担任行政院长，却遇到了陈立夫和 C.C. 系的强有力反对。

5 月 20 日，蒋介石、李宗仁宣誓就任总统、副总统。当晚，蒋介石召集国民党要员，征求对行政院长人选的意见。蒋介石提名行政院长可由张群或何应钦出任。张、何两人当场表示辞谢。实际上，蒋倾向于张群，而把何应钦作为陪衬。21 日上午，蒋介石召集国民党籍全体立法委员举行谈话会。会上，蒋介石提出要以张群为行政院院长，要大家在立法院行使同意权时一致支持。蒋发言后即离开了会场，谈话会由国民党中央党部秘书长吴铁城主持。C.C. 系的立法委员一致主张用假投票的方式进行民意测验，以供蒋介石参考。吴铁城知道 C.C. 系的企图是借此来反对张群组阁，因而坚持在投票后不要当场开票，容后由中央党部秘书处将投票结果报告蒋介石参考。但吴铁城的建议未被接受。当场计票结果显示，何应钦得票最多，张群见 C.C. 系反对他，便于当晚离开南京去上海，表示不就行政院长职。其中的经过，徐永昌日记有记载：

> 今日上午国民党籍立委在中央党部开会，蒋先生于会前讲话，希望通过张群，但开会举行假投票，何应钦竟得票最多，张群仅何三分之一。唯张群另有一打击，为二陈向张提出若干苛刻条件方许通过。

蒋介石对 C.C. 系此举非常生气，亲自召集 C.C. 系、复兴社等重要分子训话，说"你们不要误会岳军是政学系，他不是的"。这样一来，张群不好意思再就。按理说，蒋介石应该提名何应钦。但蒋介石自1927年下野之后即与何应钦结下了解不开的死结，根本不想让何应钦组阁。蒋介石偏偏不提何应钦，而将无根无派的"客卿"翁文灏推出来组阁。对蒋介石此举，万耀煌后来解释说："总统与何（应钦）之间有解不开的结，早在十六年北伐军自山东退回浦口时，蒋先生召集将领会商，李、白说宁汉可以合作，有蒋在不能合作，何不讲话，蒋先生只好下野到日本去，不久回来复职……他亲自到徐州，一张条子把何调为总参谋长，此后没给何什么实权，此次假投票居然得票最多，在军中何没有力量，而在政治上竟有这样大的力量，愈增其不安，在这种情况下才推翁文灏组阁。"何应钦知道蒋介石不让他组阁，于23日晚发表书面谈话，表示本人无意组阁，请蒋介石另选贤能。

24日凌晨有消息透露出来，行政院长人选系张、何之外的第三人，"可能为在学术上颇有声望，对于经济建设极有贡献者"。蒋介石经过反复权衡，直到最后才把视线落在翁文灏的名字上。翁文灏事后也承认："总统提名之前一极短时间中，始与本人谈及提名之事。"

当日上午，蒋介石召开国民党中央常委会提议由翁文灏出任行政院长，获得赞同。下午2点，蒋又在中央党部约见国民党籍立委，说明提名翁文灏的理由，希望能在立法院顺利通过。立法院随即召开第三次会议，宣读蒋介石致立法院咨文。咨文曰：

兹拟以翁文灏为行政院院长。查翁君为国际著名学者，曾任国民政府委员、行政院副院长等职，对于中外情形夙称通达，尤以十余年来历膺军事委员会第三部、经济部、战时生产局及资源委员会首长，凡关经济建设，以及充实国防资源等工作，久瘁心力，丕彰绩效，而于国际联系暨教育文化诸要端并多建树。当此行宪伊始，内而戡乱建国，外而接应美援，任重事繁，端资通才，以之出任行政院长，深信必能胜任愉快。为依宪法第五十五条第一项之规定，咨请同意，以便任命。此咨立法院。总统蒋中正。

随后立法委员进行无记名投票。发出选票 605 张，收回 603 张，废票 20 张，有效票 583 张中，反对者 94 票，翁文灏以 489 票的绝对多数获得通过。C.C. 系与政学系斗法，翁文灏获利。翁文灏这个"学者从政"的书生怎么也不会想到，他有朝一日会坐上"宰相"的高位，这是令多少人眼红的宝座呀！

接近政学系的翁文灏担任行政院长，政学系的另一要角俞鸿钧担任中央银行总裁，政学系依旧操掌着国民党的行政、财政大权。翁文灏最后接受行政院长的任命，固然是因为蒋的强求，但行政院长的宝座对翁文灏确实也有一定的吸引力。

钱昌照在回忆录中记载：1948 年 5 月，蒋介石要翁做行政院长，翁来找钱昌照，问钱有什么意见。钱说："你同各方面都没有渊源，怎么做得了呢？"翁听了之后说："那就推辞掉。"第二天翁又来钱家，同头一天不同了，有些羞答答的。翁说：蒋又请他去吃饭，还是要他做行政院长，他已答应了。钱说那不必谈了。

从 1948 年 6 月就职，到 1948 年 11 月去职，翁文灏前后做了近 6 个月的行政院长。这个时期正是国共两党生死决战的时候。在此期间，翁主要做了两件为中共所不谅解的事：

一是不断发表所谓"戡乱"讲话。

例如，1948 年 6 月 4 日，翁文灏在立法院作施政方针报告：

主席，各位立法委员先生：

今天出席立法院大会，报告行政院的施政方针，首先要说明的，目前是行宪和戡乱的时期，政府的职责，应对行宪和"戡乱"两方面同时并重。

本人奉命担任行宪后的第一届行政院长，深知目前国家局势的严重，中外瞩望之殷切，自应竭其驽钝，尽瘁职务。现在全国上下，一致期望庶政之革新，并当抱定最大决心，不畏缩，不敷衍，发扬朝气，依照宪法及其他法律的规定，积极树立宪政制度，并应依照三民主义及宪法所定之基本国策，以人民之意志为意志，以国家之利益为利益，认真筹划，切实执行。

戡乱工作在此时，实具有深切重大之意义，戡乱之具体目标，在肃清"共匪"，绥靖地方。在宪政国家，各种政党原为法所不禁，但任何政党皆须不越法律的范围，绝不能保持武装，亦不能扰乱地方，更不能剥夺人民财产，亦不能破坏地方治安。不幸我国的"共党"，不顾一切，侵扰人民，危害国家，所以政府责无旁贷，不能不认真戡乱。我们必先深切了解乱之不能不戡，然后方能加强决心，增厚实力，以期早收戡平之效果。

我们要尽这戡乱的责任，必须集中意志与加强力量，而后具体措施，方能有效。具体措施之最关重要者，自为军事。

军事方面，主要方针，在于积极增强东北、华北、华中各战场之国军战斗能力，维持各级官兵之适当生活，整饬军纪，振作士气，并充分提高克敌制胜之决心，以肃清"共匪"为此时代救国建国最必要之任务。同时并充实地方武力，配合作战，以逐步击灭"共匪"主力，缩短戡乱期限，同时加紧清除地方散匪，安定后方。全体武装人员，应以迅速戡平匪乱为对国家对民族无上之职责，抱灭此而发朝食之决志，认真进行。对于征兵方法，并求切实改善，对于戡乱意义，务求家喻户晓，改善新兵待遇，实行优待征属，减免滋扰，充裕兵源。

关于地方武力，当加强各省保安团队，提高待遇，筹拨枪械。对于民众自卫之力量，当加紧组训，发挥拼命保命及拼产保产之精神，并鼓励在乡军人，参加训练工作，对于武器之修造及筹购，并尽量协助。

对于动员法令，应加以统一简化，并在绥靖区及作战区域，实施总体战制度，使事权统一，军事政治经济切实配合，加强戡乱效用。全国人民因"共匪"扰乱，受害惨烈，莫不迫切期望戡乱工作迅速竣功。政府懔此职责，自当尽速进行，期使武力增强，将"共匪"迅速肃清。

行政方面基本目标，为建立廉洁而有效率之政府，而对于军事，必须为有力之支持。第一是军费的供应。国家开支预算在经常时期，原应统筹并顾，收支平衡，但在此戡乱军事正在加紧进行之时，军事费用，自必不可省。因此预算拟分为两部分：一为普通预算，包括各种经常用途；一为特别预算，其中以"剿匪"开支占其主要地位。如此办理，既存财政之常经，复顾戡乱之急需。至军费开支，自当力重核实，使所发款项，悉供正当而必需之用途，并能确实迅速发转各部队及各军事机关学校应用。

其次，是军服与军粮的供应，军服方面需用纱布，自当努力筹供，俾免缺乏。全国所需军粮为数极为浩大，我国粮食产量，本有不足，故美援物资，首为粮食，以济我国的民食。为供应大量军粮起见，历来系用征实征借办法，实为政府万不得已的措施。政府深知人民筹缴之不易，唯有切实督促主管机关严厉饬令所属各级经办人员，必须体念人民负担的沉重，增加人民筹新的便利，力祛流弊，认真处理。同时希望全国人民鉴于戡乱期间军粮关系之重要，踊跃贡献，使本年征实征借的数额，可以全数达到。

地方行政，不仅直接关系人民利益，对于"剿匪"工作，也有深切影响。在此戡乱之时，前方省份，如何配合军事行动，后方省份，如何逐渐实行自治，均属切要之图。关于省政府职权，必须使其切实加强，使能负有一省自卫之责。县长为基层政治之骨干，尤应慎重遴选，提高待遇，确定任期，使能兴利除弊，为民服务。对于保甲制度，并望认真加强，又为经常行宪计，宜早规定省县自治通则。此项通遇，在行宪以前业经行政院提由国务会议切实研究，现已提送立法院筹划修订，一方面奠立人民自治之制度，同时并顾全国政令之统一，对于全国组织，自具有重大关系。

军事之外，目前局势，当以财政为首要之图。本年下六个月收支，已由财政机关加以估计，不日即可向立法院提出普通及特别预算。为勉敷戡乱时期之重大开支计，收入方面必须尽力增加，以免通货膨胀过甚，人民痛苦加深。因之，如关税、盐税、货物税、直接税等，必须认真振作，切实整理，尤在人民负担之公平，其有关立法职权者，当拟订草案，提请立法院审议修订，深盼能得立法委员之同情，一致策进，以奠定在此时代最为适宜之税制。除税收外，各项公有物资，亦宜妥为运用，以期补充收益。……

7月24日，翁文灏在南京发表广播讲话，宣称："国民党训政时代正式结束。"在实行宪政之初，政府"必须把全国的力量集合起来，以担负我们戡乱建国的神圣任务"。并谓"政府决定实施粮食征实征借办法"。

7月28日，翁文灏发表告全国国民书《明辨是非，共赴国难》，声称"政府为巩固国本及保护人民计，迫不得已，决定实行戡乱"。又称中共是共产国际的支部，"中共的每一行动，每一宣传，无不以共产国际的意见为依归"，"确为危国害民的根源"。

对于此类反共"戡乱"的演讲，翁文灏也抵制过。有一次，蒋介石将陶希圣起草的"戡乱救国"的讲稿交翁文灏去广播。翁对蒋说："此稿是蒋先生的口气，还是蒋先生自讲为好。"蒋介石却说："我自然会讲，但行政院长亦应表示反共，其中词句，自可修正。"在蒋的催促下，翁文灏在将原稿作了修改后公开播讲。翁文灏既然上了船，充当了蒋介石反共"戡乱"的工具，要想不讲也难。

二是参与筹划所谓的财政金融改革。

翁文灏出任行政院长之日，正是南京政府山穷水尽之时。财政破产，物价飞涨，国统区经济生活一片混乱恐慌。

翁文灏组阁之后的当务之急当然是扭转经济状况的混乱。蒋介石对翁文灏说："军事完全由我自己主持，与行政院无关。财政方面，应以财政部为中心，中央银行帮助处理。同心协力来挽救十分艰难的局面。"翁内阁财政部长王云五，是以经营商务印书馆、发明四角号码闻名的"社会贤达"，于财政本无专业知识和经验，但既然做了"财神爷"，就要拿出救世良方来。早在上任前一年，王云五就认定只有改革币制，才能挽救经济日益恶化的趋势。

王云五走马上任后，把财政部历年积累下来的七八十种改革方案和意见，统统翻出来，自己一个人关在办公室里炮制良方，仅用了一个月时间，就草拟出了一个经济改革方案，交到了行政院长翁文灏的手上。

财政改革事关重大，翁文灏不敢擅作主张，在听取王云五的口头汇报后，翁、王于7月8日联袂晋见蒋介石汇报。蒋对王所拟的方案原则表示同意，同时指定徐柏园、严家淦、刘攻芸三人组成专家小组，与中央银行总裁俞鸿钧一起，协助翁文灏和王云五对这个方案展开进一步研究，并草拟具体实施办法。7月9—28日，翁文灏等6人对王云五拟的方案逐条进行研究讨论，最后形成了《金圆券发行办法》《人民所有金银外币处理办法》《中华民国人民存放国外外汇资产登记管理办法》《整理财政及加强管制经济办法》以及《金圆券发行监理委员会组织规程》等系列文件。

7月29日上午，在浙江莫干山避暑的蒋介石电召翁文灏、王云五、徐柏园、严家淦及外交部长王世杰前往莫干山，商讨币制改革办法。中央银行总裁俞鸿钧已在莫干山。翁文灏等到后，从29日下午到30日上午，蒋介石召集翁文灏等就币制改革问题进行了三场讨论。

会议一开始，蒋介石就说："王云五所拟金圆券方案，设法挽救财政，收集金银、外币，管制物价，都是必要的措施。"接着询问各人对这一方案的意见。王世杰强调说："王云五部长所拟方案极为妥善，时不可失，必须由总统下最大决心，大力实行。"翁文灏说："在这个艰危紊乱的时期，改革币制没有多大把握，但财政实非改革和整理不可。"翁认为王云五所拟方案可行，表示赞同。蒋介石问俞鸿钧印刷新钞票是否赶得上。俞鸿钧说："新印金圆券已来不及，但中央银行尚存有新印的钞票，数量足够应用。可以先用飞机密运各中心市场，以便总统命令发表后，就作为金圆券发行。"蒋说这样很好，嘱咐各人先行分别准备，等候决定。

莫干山会议最后就币制改革方案及实施时间表达成如下决定：

（一）本年8月15日以后实行金圆本位，每一金圆等于美金二角五分，折合法币 200 万元；金圆券十足准备，限额发行，并设发行准备保管委员会，迅即铸发银、镍、铜各种辅币。法币限于本年 12 月底以前全部收回。

（二）黄金、白银、外币钞券，依法定兑换率，于本年 9 月 30 日以前收兑，逾期私人不许持有。

（三）国人存放国外之外汇资产限期申报，并对匿报者妥定刑事及其他制裁。

（四）参照战前标准，依法调整税率，以裕税收；并严定办法控制支出，期使收支力趋平衡，以稳定币值。

（五）加强经济管制及金融管制。输出入贸易继续管理。

（六）美援运用以紧缩通货稳定经济力为原则。

（七）文武职人员之待遇改给金圆后，应较现时待遇酌予提高。现行按生活指数付给办法废止之。

决定作出后，翁文灏等返回南京。翁文灏很清楚，这次币制改革是南京政府的最后一搏，如果失败的话，就再也无计可施了。不论从哪方面讲，翁文灏都不敢掉以轻心。他怀着如临深渊、如履薄冰的心情，为币制改革而小心翼翼地进行着准备。8 月 4 日（农历六月二十九日），是翁文灏的 60 岁生日，当天上午仍照常到行政院主持召开行政院会议。下午回家后，蒋介石也跟着走进了翁的官邸，由于事先没有通报，直到蒋介石握住了他的手，翁才意识到，总统亲自上门祝寿来了。此时此刻，翁文灏的脑海里除了感激之外，还能有别的想法？

1948 年 8 月 19 日下午 3 时，蒋介石亲自主持召开国民党中央政治会议，原则上通过币制改革方案。下午 6 时，翁文灏接着主持召开行政院会议，除了对若干条文作文字上的修订外，其余均原案通过。

由于立法院一直反对仓促进行币制改革，蒋介石不得不启用《中华民国宪法》"动员戡乱时期"临时条款授予总统的紧急处分权力，于 1948 年 8 月 19 日以总统令的形式颁布"财政经济处分令"，全文如下：

兹依动员戡乱时期临时条款之规定，经行政院会议之决议，颁布财政经济紧急处分令，其要旨如左。

一、自即日起，以金圆为本位币，十足准备，发行金圆券，限期收兑已发行之法币及东北流通券。

二、限期收兑人民所有黄金、白银、银币及外国币券，逾期任何人不得持有。

三、限期登记管理本国人民存放国外之外汇资产，违者予以制裁。

四、整理财政，并加强管制经济，以稳定物价，平衡国家总预算及国际收支。

基于以上要旨，特制定：（一）金圆券发行办法；（二）人民所有金银外币处理办法；（三）中华民国人民存放国外外汇资产登记管理办法；（四）整理财政及加强管制经济办法，与本令同时公布。各该办法视同本令之一部分，并授权行政院对于各该办法颁布必要之规程或补充办法，以利本令之实施。此令。

总统蒋中正

行政院院长翁文灏

财政部部长王云五

8月21日，蒋介石又发布了一个杀气腾腾的"蒋中正手启"，强制推行币制改革，全文如下：

各省政府主席、各市政府市长均鉴：中央此次依据动员戡乱时期临时条款之规定，于本月19日颁布财政经济紧急处分命令及各项办法，业已通令全国，一体施行，此乃改革币制，稳定经济之必要措施，曾经长期缜密之研究，针对当前国计民生之迫切需要，而审慎订定。综其要旨，有应特为昭示者：第一，新币制金圆券之发行，系以十足准备公开发行，以使新币制之信用永久确立。第二，人民所有金银外币及存放国外外汇资产之处理，系使人民冻结无用之资产，导入工商事业正当之用途，并充分顾全人民固有之利益，绝无丝毫之损失。第三，整理财政及加强管制经济办法，则对平衡收支，稳定物价，促进生产为积极之推动，并对投机操纵、囤积居奇诸不良现象，为严格之取缔。深信循此办法全般实施，不唯民生疾苦将获苏解，即国家大计之财政基础，亦得奠定。各级政府及全国人民必须同德同心，通力合作，俾此重大措施，迅收最良效果。尤其各级地方政府负有执行之责，应即切实晓谕人民，凡能忠实守法共同努力于新币制之推行与经济之安定者，政府自必充分保障其权益。倘有投机囤积怙恶不悛，敢于违反法令以图自私自利者，则是自绝于国家民族，无异为奸匪作伥，其罪行即等于卖国之汉奸，无论其凭借何种势力地位，各级地方政府，应即当机立断，执法以绳，严加惩办，不容稍有宽假。所望各级政府切体时需，自懔职责，以决心建立事功，以强力打破障碍。无论遭遇任何困难，中央必为全力支持，设或阳奉阴违，怠忽职守，致法令不能贯彻，或对所属执行人员监督不严，考核不力，致所属违法舞弊，影响法令之实效者，则各级主管应负失职之咎，中央亦必严厉处分，决不稍存姑息。须知中央此次改革币制，整理财政，管制经济，为整个国家民族荣枯祸福所系，以我国民力之富，地利之厚，我政府各级人员果能认清法令之精神，抱定坚强之信念，赴以最大之决心，率身作则，发扬图功，则新币制与新经济之成就，决可于最短时期内致自力更生之明效。其各勉之！蒋中正手启。

这次币制改革的过程无需多说，这是一次短命的也是彻底失败的改革，它的后果是：从人民手中搜刮去3.7亿多美元的金条、银圆和外汇。并由此造成金融风潮，激起民怨。翁文灏本人也因此受到攻击，在四面楚歌声中，被迫于11月26日引咎辞职。

在翁文灏向蒋介石递交辞呈时，蒋介石还留下话："翁先生，我们共事多年，相处甚久，以后还需要你多多帮助。"

翁文灏后来回顾这次改革说："王（云五）原来想收回市面上的黄金外钞，其用意是要充实金圆券的准备金。没有想到蒋内心看到内战正到严重关头，故要赶紧搜刮现金，供他政治使用。因此蒋要由中央银行认真收集，限期执行。当时持金兑取金圆券的人，为数甚多，趾踵相接，中央银行动员全行人员，犹苦不易应接。蒋见现金集有成数，便直接令中央银行移存台湾，由他自行支配，任何别人不许动用。这个收金的举动得到两个结果：一是使许多持有少量黄金以勉强维持生活的人民，受到重大损失；二是使金圆券流出太多，酿成新的膨胀和争购物资的风潮。这都是我和王所没有预料及的。"

金圆券改革失败，财政部长王云五首先受到冲击。王云五本是所谓的"社会贤达"，在国民党政权中是孤立的，孔祥熙系指责他毁掉了法币，上海银行家更看不起他，11月3日，翁文灏内阁提出总辞职，蒋准王云五辞而挽留翁文灏。11月4日晚，蒋召见翁，劝其忍辱负重，共赴时艰。23日，蒋经国又持其父的亲笔信上门劝慰。但翁文灏辞意已决，不再到行政院办公，行政院事务由副院长张厉生代理。蒋见翁去意已决，于26日准许翁辞职。翁做了六个月零二天的行政院院长。

七、脱离国民党政权，另寻出路

俗话说，无官一身轻。但辞了官的翁文灏心情一点也不轻松。这次金圆券改革的彻底失败，害苦了广大的下层市民和劳动人民，翁文灏不能没有负疚感。翁下台一个月后，新华社公布了第一批国民党战犯名单，共43人，翁文灏榜上有名，位列第12，这使本来就心神不宁的翁文灏更加如坐针毡。根据蒋介石要求政府官员眷属先行撤退的命令，翁文灏已将父亲、妻子、大儿媳和孙辈送到了台湾。长子翁心源、四子翁心钧在上海，三子翁心鹤在无锡，翁文灏一人在南京。资源委员会委员长孙越崎常去看他，并把资源委员会准备起义留在大陆的想法告诉了他，意在劝他不要走。翁指着办公桌上的战犯名单说："你们可以留，我只有去台湾。"

1948年底，翁文灏去了台湾，住在嘉义县中国石油公司宿舍里，无事可做，便利用这段时间回顾总结自己60年来的历史，写下了数万字的年谱初稿。

1949年1月21日，蒋介石下野，副总统李宗仁以代总统的名义上台执政。总统府秘书长吴忠信是蒋介石的盟兄，也是蒋介石亲自安排的，蒋曾明确告诉吴忠信："你的任务是拉德邻上轿，任务完成后，去留由你决定。"李宗仁上任后，吴忠信很快宣布辞职，2月4日，程思远奉李宗仁之命到台北，与台湾省主席陈诚商榷释放张学良的问题，结果碰了个软钉子。程思远随后又代表李宗仁，向翁转达了请他出任总统府秘书长的意思，翁文灏虽然没有立即答应，但于2月9日随程思远一起从台北飞回南京。

翁回南京后，李宗仁请孙越崎出面劝驾。孙越崎对翁文灏说："上次我竭力劝你不做行政院长，这次我却劝你做代总统府的秘书长。因为蒋介石主战，利用你当炮灰，现在李宗仁主和，你去做个主和的代总统府秘书长，表明你赞成主和的政策则是认错改悔的表现，我希望你自己转个弯子吧，将来也可以留在大陆。"

翁文灏默然不语，实际上等于默认。孙越崎明白他的心思，立即回复李宗仁，如李能亲自去一趟，他会同意的。在李宗仁看来，让翁文灏以"相国"之尊来屈就秘书长，有点委屈了他，于是决定上门敦请，二人有这样一段对话：

"大局已极动摇，你实权有限，讲和能成功吗？"

"我有诚意，蒋退去时下令讲和，但仍提出维持法统为条件，我就职声明接受毛泽东1月14日所提出的八大原则，在此根本条件下派代表面商具体办法。"

"你看重什么具体办法？"

"这要大家商量才能明了。目前想到一点，中央许多人都是战犯，必须惩处，我们都在其内，如果如此哪能讲和呢？我愿要求责任由我承担，对待必须区别……"

3月7日，翁文灏正式接任总统府秘书长，参与国共和谈。《李宗仁回忆录》说："谁知翁氏接篆未几，蒋氏便密派私人予以面斥并出语下流。此人说翁氏一辈子安富尊荣，都为蒋氏之所赐，如今旧主刚才退休，翁氏便卖国求荣，投靠桂系，实为无耻之尤云云。翁氏为之气愤不已。其后翁氏卒于1951年投奔中共，可能便是受蒋氏这种狭隘心肠所刺激的结果。"李宗仁说的这段史实没有其他旁证，不知可靠否？

不过，李宗仁虽然打着"和谈"的旗号，但李宗仁和他所代表的桂系的真正意图是与中共划江而治，搞"南北朝"的局面，这自然不能为中共所接受，也不为全国人民所接受，是注定要失败的。1949年4月21日，百万人民解放军渡江而下，南京迅即解放，李宗仁仓皇去了老家桂林，翁文灏与长子翁心源准备去台湾。行前两天，孙越崎再次来到翁家，对翁文灏说："心源尚年轻，你何必害他呢？我看心源不要走了嘛。"翁心源听了孙越崎的话，立即表示他不去台湾，翁文灏也同意。翁心源还说："请父亲到台湾后，即把爱人和女儿送回来。"翁文灏答应道："那是当然的。"这样，翁心源继续留在上海石油公司工作，等待上海解放，他的爱人和女儿也很快回到了上海。

1949年5月22日，翁文灏从台北来到广州，向李宗仁辞去秘书长职务，然后便去香港。孙越崎继续做翁文灏的工作，劝说他脱离国民党政权。孙越崎说："资委会的人都在大陆，钱昌照已回去了，我不久也回去，你的儿子、儿媳和孙女都在大陆，你和老父、老妻三个老人流落在外，太凄凉了，最好把他们从台湾接到香港来，慢慢和共产党联系，得到许可，也回国内，阖家团聚，老朋友也可常见面。生为中国人，死为中国鬼，请你好好考虑。"

翁不是不想回国，而是自知有罪，认为不可能得到共产党的谅解，回不了国，内心是痛苦的。他对孙越崎说："我的问题，非得到毛主席同意，不能解决，但这就太难了。"孙越崎同意他的话，但说："只要你有回国的决心，也不一定没有希望。邵力子在北平，可以请他帮助。我认为目前最主要的是要做两件事：（1）必须从思想上对台湾的关系一刀两断。蒋介石是利用你，发戡乱令，发金圆券，是害你，你应该恨他。（2）快把老父、老妻从台湾接来香港，目前他们行动还自由，再迟怕出不来了。万一回不了国，住香港也比住台湾好。"翁认为孙越崎说的有理。

1949 年 7 月上旬，翁文灏亲自到台湾将父亲、妻子接到香港，这是翁文灏准备回大陆的第一步准备。

孙越崎写信给在北平的邵力子，说翁文灏也想回国，请他帮助，邵表示翁要先写一份悔过书来，以便进言。8 月 10 日，翁文灏写信给在上海的长子心源，要他去香港接祖父和母亲到上海。信中说：

心源：余从五月二十日到六月二日住在香港。至台一行后，又于七月十四日至今即八月十日，仍留在香港。我内心常记念内地，极想早有机会至沪上，与你们重行相见。我的希望是，第一步俟有安全旅行的机会，托人陪祖父与娘先返上海，托你们先为照看，以后我自身深盼也能平安返国，做一个安定守法的人民。

翁心源收到父亲的信后立即递交给有关部门。9 月下旬，华东工业部部长汪道涵和副部长孙冶方亲自找到翁心源，告之来信已转呈中央，中央指示同意翁回国，回国时应发表声明。这个指示可由在沪家属去香港面告。

在此之前，上海市长陈毅就翁文灏回国问题已有过明确表态。在上海解放后的第三天，陈毅和副市长曾山亲临资源委员会大楼，向参加保厂护产、迎接解放的资源委员会人员发表讲话。其间，在与原资源委员会副委员长吴兆洪谈话时，谈到了翁文灏，陈毅说："翁文灏是书生，不懂得政治，即使他在国内，我们也不会为难他。"

吴兆洪从陈毅的讲话中受到鼓舞，由此也起了动员翁回国的念头。在上海军事管制委员会的同意下，吴兆洪派戴世英去香港。当时上海小报登载美国有个大学打算邀请翁文灏去教书，因此，吴兆洪还特别关照戴世英通知翁文灏，如果想回国，有两个地方绝对不能去，一个是台湾，另一个是美国。戴世英到香港后，翁文灏即表示，希望在得到共产党原谅的情况下回到祖国，并听从吴兆洪的劝告，回绝了美国大学的邀约。

10月25日，翁心源抵达香港，向父亲传达了中共中央的指示，并帮助父亲写悔过书，翁文灏父子很快拟就了一份约2000字的自白书，这个自白书写成两份，一份由孙越崎带到北京转呈中共中央；另一份由翁心源带去上海，交有关方面。

在此之前的9月19日，原陆军大学教育长，著名军事理论家、民革中央委员杨杰将军因反蒋而被国民党保密局特务刺杀于香港，这使在香港观望的国民党党政军大员们个个成了惊弓之鸟。与此同时，台湾当局也在向翁文灏招手。C.C.派干将、原国民大会秘书长洪兰友亲自到香港劝说翁文灏去台湾，并恫吓说："投共必有危险，世界大战必将再起，你要认清局势，不去台湾也要移往美国。"

翁文灏早已决定不去台湾，去北京又一时得不到正式允许，他担心再滞留香港，同杨杰一样被蒋介石派来的特务暗杀，不得已临时决定先飞法国巴黎躲避一时，于是翁文灏留下一纸辞呈，辞去他的最后一个职务——中国石油有限公司董事长，于11月下旬悄悄离开香港赴法国。

孙越崎带着翁文灏的自白书来到北京后，首先交给了邵力子。翁文灏的自白书内还有"委员长蒋""行政院长宋"等字样，邵力子觉得实在拿不出去，不便送交中共中央有关部门，便要孙越崎退回翁文灏重写。

由于报纸报道翁已去了法国，孙越崎与邵力子、翁心源商量后，决定还是把"自白书"呈送周恩来总理，虽然内容不够好，但是足可表示他认识错误，有返回祖国的愿望。周恩来同意翁先回国，但须在民主人士方面做些工作。关于战犯问题，周恩来说，这是新华社消息，不是党和政府正式宣布的，可放心。

1950 年春，翁心源从上海调到北京燃料工业部石油总局工作，周恩来指定一位秘书与翁心源联系，做争取翁文灏回国的工作。孙越崎与翁家同住一个院内，他与翁心源常联名给翁文灏写信。

1950 年 4 月下旬，周恩来面告邵力子，中共中央允准翁文灏先行由瑞士转苏联回国，回国后再商定发表声明，邵力子当即函告翁文灏。翁文灏接到邵力子的信后，仍对与台湾当局划清界限、谴责蒋介石反动集团一条持保留态度，回信要求声明中只做自责，不骂他人。确实，翁追随蒋介石十几年，蒋的知遇之恩翁始终难以忘怀，要他掉转头来谴责蒋介石，一下子还转不过弯来。

1950 年 6 月 25 日，朝鲜战争爆发。10 月 25 日，中国人民志愿军开赴朝鲜作战，抗击美国侵略；27 日美国总统杜鲁门命令第七舰队开进台湾海峡，阻挠中国人民解放"台湾"。国际局势急剧变化，台湾当局和美国也对翁文灏的去向倍加关注，台湾当局驻法国"大使"段茂澜三天两头约翁文灏吃饭，或登门拜访促其早日赴美。美国雷诺金属公司致信翁文灏，表示要以高薪聘他赴美担任公司顾问；美国地质调查所也来函相邀。美国矿冶工程和机械工程学会甚至表示，他们将特别召开大会欢迎名誉会员翁文灏的到来。美国驻法使馆三秘还亲自到翁文灏的寓所，告诉他："美国当前政策对国民政府的高级官员去美一律拒绝签证，唯独对你例外。"

原工矿调整处的一位副处长，也从台湾多次写信给翁文灏，动员翁去台湾。

在各方面都向翁文灏招手的时候，翁文灏内心的思想斗争无疑是激烈的。何去何从？翁文灏最后还是选择了去北京，他说："归乡虽少把握，叛国绝非素心。审顾国局，不应逃亡。宁冒艰辛，归向祖国。"决心已定，他给翁心源写了一封信，告诉儿子："我心已定，不愿在外蹉跎时日，近日即将归来。"

1951年2月28日上午9时，翁文灏乘飞机离开法国，于当天下午抵达香港。在中共驻香港有关部门的协助下，翁文灏于29日乘船经澳门前往广州，中共广州市委派专人送翁文灏上北京，3月7日抵达北京火车站，孙越崎与翁心源夫妇到车站迎接。

翁文灏到北京后，被有关部门安排住进了王府井饭店，用几个月的时间，翁文灏写了一份反省书，此文后来发表于1982年出版的《文史资料选辑》第80辑，标题改为《回顾往事》，全文约11万字，全面回顾了他参加国民党政权的经历。

1954年12月20日，全国政协第二届第一次全体会议开幕。会议期间，毛泽东接见了翁文灏。毛握着他的手高兴地说："翁先生回来了，好啊，好啊。"

24日，翁文灏在大会上作了发言，向全体委员讲述了他"投向人民的思想过程"，认为"从前做蒋介石的帮手，实是错走了反祖国反人民的道路，决定当改途晚辙，回返祖国，痛改前非，且争取立功赎罪的机会"。翁文灏最后表示："我决当重新做人，尊重人民，报效国家，以尽我对祖国的责任。""我很愿尽我微力，偕同各位委员，加强工作，在人民民主统一战线上，共同努力，以期早日建成强固繁荣的社会主义社会。"

在这次大会上，翁文灏当选为全国政协第二届委员。之后，又连续当选为全国政协第三、第四届委员。有关方面给他定的月工资为240元，这在当时属高级干部之列。全国政协还给他分配了住房——位于交道口菊儿胡同的一座幽雅的四合院，有大小房屋16间。

1956年，经邵力子介绍，翁文灏又加入了民革，并任民革第三届中央常委，次年又兼任民革中央和平解放台湾工作委员会副主任委员。1956年4月25日，毛泽东在中共中央政治局扩大会议上作《论十大关系》的讲话，讲话中还特别提到："像卫立煌、翁文灏这样的有爱国心的国民党军政人员，我们应当继续调动他们的积极性。"

之后，翁文灏应邀担任地质出版社特约编辑，先后翻译了施罗克著的《层状岩石的层序》、马柯威著的《石油矿床学》和高盖尔著的《构造地质学教程》三部地质学专著，并在《地质译丛》《石油译丛》上发表了十余篇译文，总字数近 100 万字。1959 年以后，由于大跃进、人民公社化运动等一系列运动的开展，极左思潮开始抬头，翁文灏不再有机会接触地质工作。对此，翁颇感惆怅。

尽管如此，翁文灏仍被继续提名担任全国政协第三、第四届委员、中国国民党革命委员会中央委员会常务委员、中国国民党革命委员会中央委员会和平解放台湾工作委员会副主任委员（主任委员为张治中）。他怀着对新中国建设的巨大热忱，争取一切机会外出视察。1961 年在大西北考察时，就内蒙古包头的白云石矿和稀土矿的开发和利用进行调查研究，并提出了许多重要意见。1964 年又赴大庆油田参观。

1966 年，"文化大革命"开始，留在大陆的国民党军政要员被当作"国民党残渣余孽"，受到程度不同的冲击。1966 年 8 月 30 日经毛泽东批准，周恩来写了一张应予以保护的干部名单，宋庆龄、程潜、张治中、李宗仁、邵力子等榜上有名，而翁文灏却没有被列上名单。红卫兵抄了翁文灏的家。更为严重的是翁的长子翁心源在下放湖北潜江五七干校劳动时，被批斗致死。这是翁文灏第二次遭受丧子之痛。第一次是他的次子翁心翰于 1944 年在与日机作战中，机毁人亡。翁心源的去世，对高龄的翁文灏无疑是一次沉重的打击。

1966 年"文革"一开始，翁文灏未受到李宗仁、张治中等人那样的特殊保护，红卫兵冲击了翁文灏的家，勒令他反省。翁心源及时向中央统战部和总理办公室作了报告。据说，周恩来及时指示制止了红卫兵对翁文灏的进一步行动。

1968 年"文革"进入清理阶级队伍阶段，原资源委员会留在大陆人员被列为重点清理对象。翁被怀疑是国民党潜伏下来的特务。外调人员一批又一批走进翁家大门，要求翁文灏写证明材料，而且一些外调人员态度粗暴恶劣，甚至呵斥辱骂，使翁文灏精神上受到极大的摧残，但他还是本着一贯的人生态度，实事求是地评价每一位被调查的旧部，绝不乱写材料。

后来，翁文灏在中山公园见到周恩来，周为没有保护好他表示了歉意，他拉着翁的手说："翁老，我们没有保护好你。"这句话，对翁来说无疑是一个极大的安慰。1969 年 10 月 1 日，在周恩来的安排下，翁文灏被人搀扶着出席了国庆 20 周年纪念活动，登上了天安门观礼台，观看游行盛况。周恩来的这一安排，等于为翁文灏提供了一个护身符，红卫兵再也没有来找翁文灏的麻烦。尽管"文革"中翁文灏受到了冲击，但他对新中国始终没有动摇信心。1970 年中国第一颗人造地球卫星上天，翁获悉这个消息，挥笔写下了一首充满感情的诗篇，其中最后几句写道：

旧事烟尘如水，幸新容焕发，奋起神州。奈潜江骤病，中道弃勋犹。剩高年，眼花手弱；度残龄，祖国骅骝。最欢歌，卫星雄放，赞赏环球。

1971 年 1 月 27 日，翁文灏在北京病逝，终年 82 岁。临终前，他留下遗嘱：死后火葬，不要开追悼会，全部财产 6 万余元人民币捐献国家；我的后代应该永远跟着共产党走，听毛主席的话，走社会主义道，念念不忘我国神圣领土台湾早日回归祖国。

1971 年 1 月 30 日，中国国民党革命委员会中央委员会为翁文灏举行了告别仪式，参加告别仪式的有民革中央常委及翁文灏的生前友好和亲属。31 日，《人民日报》登载了翁文灏去世的消息。消息称：

中国人民政治协商会议全国委员会委员、民革中央常委翁文灏先生，因病医治无效，于 1 月 27 日在北京逝世，终年 82 岁……

第三节 "煤油大王"孙越崎

孙越崎

孙越崎，原名毓麒，1893年10月16日出生于浙江省绍兴府会稽县一个名叫同康村的秀才家庭。

会稽为古越国的都城，1912年民国成立后，会稽与山阴合并为绍兴县。这里自古人才辈出，如贺知章、陆游、徐渭、章学诚、秋瑾、鲁迅、蔡元培、邵力子及祖籍绍兴的周恩来等，当然，还有本节要讲述的主人公孙越崎。孙越崎与中国共产党的领袖毛泽东同年，且比毛泽东年长两个多月。

一、早年经历

孙越崎1912年从绍兴简易师范学校毕业后，先后在绍兴城内的两所小学做了半年义务教师。1913年考入上海复旦公学，在这里读了三年后，1916年9月考入天津的北洋大学（今更名天津大学）矿冶系。1919年，震惊中外的五四运动爆发。孙越崎作为北洋大学学生会会长，参与发动和领导天津一万多名大、中学生罢课游行，并作为学生代表之一，与直系军阀头子曹锟的弟弟、直隶省长曹锐进行了谈判斗争，孙越崎因此被北洋大学宣布开除。后在北京大学校长蔡元培、教务长蒋梦麟的帮助下转入北京大学矿冶系继续学习。

对于在北洋大学学习的这段经历，孙越崎在去世前十几天说了这样一段话："我虽然被北洋开除了，但那是北洋军阀政府迫害爱国学生的结果。我始终对母校怀有深厚的感情。因为我毕竟在这里度过了三年多难忘的学习生活，而且在这里受到了五四运动的教育和洗礼。北洋大学'实事求是'的校训和优良的学风熏陶了我，为我以后的学习和工作打下了坚实的基础。"

北京大学矿冶系是国内大学中师资力量最强的一个系，翁文灏、李四光、何杰、王烈、葛利普等名家荟萃，使孙越崎大开眼界，专业知识更上层楼。更重要的是，孙越崎与翁文灏不仅是浙江同乡，而且又是师生，这就为翁文灏日后重用、提拔孙越崎提供了基础，孙越崎一生的事业，与他的老师翁文灏是分不开的。

1921年，孙越崎从北京大学毕业，蔡元培校长在赠给毕业同学的铜尺上刻了他的题词："各勉日新志，共证岁寒心。"表达了他对学生寄予的无限希望。

孙越崎的父亲孙燕堂追随同乡朱庆澜，担任过中东铁路特别行政长官的秘书长，朱庆澜下台后孙燕堂集资开办起了兴安、逢源金矿，张子良手下的一些人都是该金矿的股东。孙燕堂在东北交际广，那时他的朋友、原吉林省滨江道尹蔡运升已担任了穆棱煤矿公司督办。蔡运升获悉孙燕堂的长子孙越崎是北洋大学和北京大学矿冶系的高才生，立即对孙燕堂说：吉林省府与俄方合资开办穆棱煤矿，俄方多矿师，若我中方没有专门人才，难免被其愚弄，希望令郎前来担任中方探矿队队长，望勿推辞。孙燕堂当即应允。这样，孙越崎应父亲之召来到哈尔滨，经过一番准备，孙越崎和卜鲁西年科担任中、俄双方的探矿队队长，从哈尔滨出发前往矿区，开始了艰难的创业过程。

1924年9月，穆棱煤矿投产，当年出煤12850吨，以后产量逐年提高，到1929年，产量达313585吨，成为北方有数的大矿。孙越崎担任穆棱煤矿探矿队队长、矿务股长，为穆棱煤矿的创建立下了汗马功劳。在施工过程中，孙越崎两次死里逃生，一次是井下突然出现大量流沙，险些将他活埋；另一次是往井上吊石头时突然掉下来一块大石头，幸亏孙越崎躲得快，仅造成他臂部脱臼。

1927年10月，孙越崎在北大的老师、此时任北平地质调查所所长的翁文灏到穆棱煤矿考察。孙越崎在北大矿冶系学习时没有听过翁文灏的课，但翁先生的大名他是知道的，更何况他们还是同乡呢？在孙越崎的陪同下，翁文灏在穆棱煤矿参观了数天。翁文灏对自己这位同乡的艰苦创业精神和脚踏实地的作风留下了深刻印象。

1929年初，孙越崎收到翁文灏打来的电报，推荐他担任河北井陉煤矿总工程师。而此前，孙越崎已收到美国移民局的通知，同意他赴美留学，于是，孙越崎婉言谢绝了翁文灏的举荐，于1929年8月告别穆棱煤矿，赴美深造。

孙越崎在斯坦福大学读了两年后，于1931年下半年转学到哥伦比亚大学矿业学院，一边在哥伦比亚大学听课，一边考察美国东部的煤矿。通过考察，孙越崎对美国先进的采煤技术有了切身的体验。1932年春，孙越崎结束在哥伦比亚大学的学习，转往英国、法国、德国参观考察煤矿，8月初取道苏联回国，途中在莫斯科参观停留两个星期。然后从莫斯科经西伯利亚铁路回到哈尔滨家中。此时，东北已沦为日寇的殖民地，日本人并拉清废帝溥仪出来建立了伪满洲国。孙越崎不愿留在东北做亡国奴，半个月后即离开哈尔滨前往北平。

二、投奔蒋介石，成工矿巨头

孙越崎到北平后，他父亲让他去冀东马兰峪开金矿，但因河北地方势力阻挠，金矿没有开成。孙越崎又去找翁文灏。

翁文灏开门见山地说："那个金矿你不要去了，规模太小了。还是到南京去吧。"

孙越崎一听马上摇头："南京？我不去，那是当官的地方。我在国外三年，在外面看中国比在国内还清楚。有道是：'不识庐山真面目，只缘身在此山中。'我在国外看到，这军阀、那军阀打得不亦乐乎，政客们来来往往，挑拨是非，这些人都是为了自己做官，为了自己的饭碗，饭碗越打越破，越破越打，南京就是这样的地方，我不去。"

翁文灏解释道："我不是要你去做官，我自己都不肯去做官。那一年，宋子文当行政院长，要我去做教育院长，我借口母亲去世报了丁忧，才躲过去。还有，那次清华大学学生驱赶校长吴南轩，也是让我去清华任校长，我为了救急只答应做三个月。我是只肯做教授和校长，只教书和做调查，不肯去做官，所以你放心，我也不会要你去做官。这次要你到南京去，是因为最近南京要成立一个机构，名称还没有完全定下来，他们要我做秘书长，钱昌照做副秘书长。这个机构很有钱，你可以到陕北去探石油。我在穆棱见你用过很好的钻机，为中国开采出石油，好好地做一番事业。一个国家没有石油，怎么立足于世界？"

孙越崎接受了翁文灏的建议，前往南京，担任了新成立的军事委员会下属的国防设计委员会原料及制作组专员，并被授予"同少将"的军衔。

1934 年夏，国防设计委员会委派孙越崎为陕北油矿探勘处处长，这是国防设计委员会下成立的第一个企业单位，孙越崎带领两支油矿探勘队前往陕北，当时的陕西省主席邵力子，与孙越崎是绍兴小同乡，又是他复旦公学时的老师，在邵力子的大力支持和协助下，孙越崎终于在陕北延长县打出了一口油井，这是中国人自己打的第一口油井。他们将开采出来的原油用蒸馏锅制成汽油、煤油、柴油和蜡烛等产品。从此，他们的柴油机就用上了自产的柴油，不再由外地运来了。

1934 年 9 月 18 日，孙越崎在陕北收到翁文灏打来的电报，电报内容很简单："速到新乡会面，商谈中原某大矿事宜。翁文灏。"

孙越崎接着电报没有多想，匆匆南下新乡，当赶到新乡时，翁文灏已回到北平，孙越崎只好追到北平。见面后，翁文灏才告诉孙越崎：蒋介石已任命他为河南焦作的中福公司整理专员，翁文灏一直在学术机关任职，对于处理这样的事务心里没有底，所以想到了办煤矿已有经验的孙越崎。翁文灏还告诉孙越崎："现在是张静愚在代理，已经有了十条整理办法，你拿着看看。"翁文灏要孙越崎先去焦作看看情况，然后再决定是否去就职。

10 月初，孙越崎来到焦作中福煤矿，意外地遇到了两位熟人——汤子珍和张莘夫，都是当年穆棱煤矿的同事。汤子珍现在是中福煤矿的矿长，张莘夫是工程师，他们向孙越崎介绍了中福煤矿的详细情况，孙越崎又仔细考察了一遍。

10月下旬，孙越崎回到北平，将一份调查报告交给了翁文灏。翁看了报告，心中有了底，马上向蒋介石发了电报，告以即去河南焦作上任，并请求委派孙越崎为中福煤矿总工程师。蒋介石很快回电同意。

1934年11月，翁文灏和孙越崎带着8名地质调查所的工作人员，前往焦作上任。由于有蒋介石赋予的大权，翁文灏上任后几乎没有遇到多少阻力，大刀阔斧地采取了一系列整顿措施，并宣布在他离开时，由孙越崎代理。一个月后，翁文灏离开焦作回北平，由孙越崎代理他的职务。孙越崎在中福煤矿的表现，证明了他不仅是一个出色的工程师，而且是一个出色的经营管理者。在初步扭转中福煤矿的局面后，孙越崎于1935年春提出了全年完成"四个一百万"的响亮口号，即生产100万吨煤，运输100万吨煤，销售100万吨煤，盈利100万元。孙越崎说到做到，到年底，"四个一百万"完全实现，全矿上下兴高采烈。孙越崎在中福煤矿的成功，再次使翁文灏认识到了孙越崎的领导才能和吃苦耐劳、脚踏实地的作风，两人的友谊也与日俱增。

1935年12月下旬，翁文灏已调任行政院秘书长，行政院长是蒋介石兼任的，这样一来，翁文灏成了蒋介石的幕僚长，一步跨入了国民党中枢决策圈，当然不宜再担任中福煤矿整理专员，便推荐孙越崎继任，12月31日蒋介石以军事委员会委员长的身份下达了委任状。

到1936年底，中福煤矿出煤160万吨，在全国大煤矿中位于开滦、中兴之后列第三。1937年1月22日，孙越崎出任中福煤矿总经理。

1937年7月7日，抗日战争爆发。国民党军一溃千里，华北大部分地区很快沦陷。在焦作即将沦陷的前夕，孙越崎说服中原公司的董事和英国福公司的总代表，把中福煤矿的机器设备约4000吨及近千名工程技术人员和工人转移到临时首都武汉。1938 年 3 月初，孙越崎在武汉与四川天府煤矿公司董事长兼民生轮船公司总经理卢作孚商定合办天府煤矿。孙越崎随即将中福煤矿的机器设备和工程技术人员运到四川。5 月 1 日，孙越崎担任天府矿业股份有限公司总经理。

1939 年 1 月，孙越崎代表中福联合处与资源委员会、重庆银行家宁芷村在四川犍为县合办了嘉阳煤矿，孙越崎被推选为该矿总经理，他随即任命汤子珍为该矿矿长。

1939 年 4 月，孙越崎经过实地考察后，决定中福联合处投资 35 万元，与四川省建设厅合办隆昌县石燕煤矿公司，由何北衡任董事长，孙越崎任总经理。

1940 年 7 月，孙越崎又决定由中福联合处投资 98 万元，与资源委员会、财政部盐务总局在威远县黄荆沟合办威远煤矿，由缪秋杰担任董事长，孙越崎任总经理，郭象豫任矿长。

中福联合处在四川投资合办的天府、嘉阳、石燕、威远四矿均由孙越崎任总经理。为了统一资金，统一业务，统一行动，孙越崎提议四矿组成总公司，同中福联合处在重庆一处联合办公。四矿的矿务、生产、经营、人员调度、内部管理等都由各自的矿长全权处理。孙越崎对他们很放手，平时不过分干涉具体事务。他虽是四矿的总经理，但只在中福联合处领一份工资，从不在四矿再取额外的报酬。

四矿盈利后，当年坚决反对中福公司拆迁的董事们特别是中原公司创办人胡石青更加佩服孙越崎的远见卓识和组织管理能力。在一次宴会上，胡石青站起来诚恳地说："中福是我国在抗战期间唯一迁到四川的煤矿，它像母鸡下蛋，在四川合办起四个煤矿，大力支援了抗日战争。现在我才认识到，孙总经理真是一位有远见、有魄力的爱国者。"

当年坚决反对拆迁的英国福公司总代表贝尔也以钦佩的口气说："当年我们如果不跟你们中国政府到重庆，今天恐怕就要被关进日本人给我们这些外国人办的山东潍县集中营了。"

孙越崎晚年回顾自己的一生，也说过这样一段话："我一生中做过不少错事，但在两次时局大变动中，有两件事是做对了的，一是在抗战初期把焦作中福煤矿的机器设备拆迁四川，为抗战出力；二是在解放战争后期鼓动国民党政府资源委员会全体人员保护工矿财产，留在大陆，交给人民。"孙越崎担任总经理的四矿所生产的煤炭，供应四川省一半以上的工业和民用，为抗战的胜利作出了很大贡献。

中国的汽油、柴油、煤油一向依赖进口。抗战爆发后，出海港口全部被日寇封锁，进口渠道断绝。为了支持抗战，这时已是经济部长兼资源委员会主任委员的翁文灏决定自己开采甘肃玉门油矿。为此，翁文灏特与中共代表团团长周恩来商量，将前陕北油矿处留在陕北延长、延川的两台钻机调运到甘肃玉门油矿以应急需。周恩来以此事关系到开发后方能源，支援抗战，当即表示同意，并派钱之光接洽办理调运事宜。

开发玉门油矿，翁文灏仍决定由孙越崎挂帅。

1940 年 9 月，孙越崎与严爽、孙健初、霍宝树（代表中国银行）、恽震、翁文波等去甘肃玉门实地考察，认为玉门油矿极有开采价值，当即拟订了一个积极的开发计划，初步确定需要法币约 1.2 亿元（合 500 万美元）。对此，孙越崎不无担心，他对资源委员会副主任委员钱昌照说："恐怕政府很难批准。"

钱昌照却很有信心地说："此事由我来负责。"

翁文灏将孙越崎拟的计划上报行政院。行政院长孔祥熙却让行政院政务处长蒋廷黻出面提出由招商局承办，并且通过了决议，实际上等于反对由政府开发油田。

当时国防最高委员会下设有国防工业委员会，钱昌照托国防最高委员会秘书长张群将此案提到国防工业委员会讨论，钱昌照出席说明。钱昌照很有感慨地说："中国如果是一个上轨道的国家，在抗战以前，这样的矿就早

应该开发了。时至今日，再不开发，太不像话了。请大家好好审议，立即
决定。"

钱昌照说完后，周至柔、俞大维支持钱昌照，徐堪等表示反对。但最后
还是通过要办。这样，国防最高委员会否决了行政院的决议。资源委员会本
来已派萧之谦去美国采购炼油采油设备，他在美国听说不办，非常着急，结
果急性病发作死在美国。后来案子翻了过来，设备仍旧买了，但耽误了两个
多月。设备运到仰光，被日本人炸毁了。为了补救这一损失，钱昌照曾面请
英国驻华大使卡尔转报本国，把缅甸的油矿设备卖给中国。那时，日军已威
胁到缅甸，如果英国接受这个建议，就可以避免损失。可是英国人对日军的
作战能力估计不足，卡尔大使当面对钱昌照拍胸脯保证：缅甸能够保住。后
来缅甸的油矿设备还是落入了日本人之手。

行政院长兼财政部长孔祥熙没有出席国防最高委员会的会议，他派徐堪
代表他出席。国防最高委员会尽管否决了行政院的决议，但为了让孔财神痛
快地批钱，翁文灏和孙越崎决定上门给孔祥熙戴顶高帽子。翁、孙联袂来到
孔祥熙官邸，孔在客厅里接见他们。翁文灏坐在孔祥熙的对面，孙越崎坐在
孔祥熙的旁边。翁文灏先向孔祥熙介绍说："开发玉门的计划和预算是孙先生
做的，现在请孙先生向院长汇报一下经过情况。"

孙越崎把开发玉门油矿的计划很简单地说了一遍，然后说："这是功在千
秋的事情，院长批准了，历史上会记下您这一笔的。现在主要的难题是500
万美元的经费，如果院长批准了，我们不会浪费一分钱，这方面可以请翁部
长监督，这样院长总可以放心吧。"

也许是"历史上会记下您这一笔"的说法打动了这位财政部长。孔祥熙
笑着说："请翁部长监督，这话说得好，我当然放心，我看翁部长要你做总经
理很合适，我也很同意。"

孙越崎起身说："谢谢院长。"说完就与翁文灏一起告辞出了孔府。

在回经理部的路上，孙越崎对翁文灏说："向孔祥熙说好话，心里真难

受。"翁文灏说:"我们是为公又不是为私,大事成功了,还有什么难受?还是赶快派人去买机器吧!"

有了钱就好办事。1941年3月16日,甘肃油矿局在重庆成立,隶属于资源委员会,孙越崎出任第一任总经理,原武汉大学工业学院院长邵逸周任协理。此后,孙越崎每年夏秋在甘肃玉门油矿督促生产建设,冬春在重庆办理运费预算和组织采购器材。孙越崎带领数万名中国第一代石油工业技术人员和工人,不计名利,不畏艰苦,克服种种难以想象的困难和恶劣的自然条件,仅用了短短几年时间,就在荒无人烟的荒漠戈壁滩上建立起了一座有数万人的石油城,油矿所在地——甘肃玉门老君庙成为中国现代石油工业的摇篮。孙越崎当之无愧成为中国现代石油工业的奠基人。

1942年8月,中国工程师学会年会在兰州召开。孙越崎因为开发油矿功绩卓著,中国工程师学会决定授予他金质奖章。这是该学会成立以来,颁发的第四枚金质奖章。在此之前享受此殊荣的是:粤汉铁路总工程师凌鸿勋,发明了侯氏制碱法的侯德榜,钱塘江大桥设计总工程师茅以升。从此,孙越崎被誉为中国的"煤油大王。"

1942年蒋介石、宋美龄夫妇飞到了离玉门油矿不远的嘉峪关机场。蒋介石在这里下了飞机,宋美龄则继续飞往新疆迪化(今乌鲁木齐),去见"新疆王"盛世才的夫人邱毓芳,蒋介石要通过夫人关系做一桩秘密交易,进一步拉拢盛世才反苏联反共,彻底投向国民党中央。

蒋介石留在嘉峪关等待宋美龄归来,他便利用这段时间到玉门油矿视察来了。

孙越崎已经不是第一次与这位委员长打交道,但对蒋介石亲临油矿视察,孙越崎还是丝毫不敢怠慢和疏忽。8月25日,孙越崎召开紧急会议,安排接待蒋介石前来视察事宜。26日晨,他驱车赶到近百公里外的嘉峪关机场,迎接蒋介石一行。陪同蒋介石前来的还有军事委员会副参谋总长兼军训部长白崇禧,第八战区副司令长官、"西北王"胡宗南,甘肃省政府主席谷正伦,宁夏省政府主席马鸿逵和他的堂兄马鸿宾军长等人。孙越崎与马鸿宾陪蒋介石坐在第一辆车里，这样的安排当然含有拉拢、尊重马家军将领的意思。

孙越崎陪同蒋介石一行来到玉门油矿，公路上驶过一辆又一辆满载石油的汽车，孙越崎指着这些车队报告蒋介石："这些油都是我们自己生产出来的。"蒋听了频频点头，面露赞许之意。到达老君庙矿区时，油矿的数万职员和工人已经排好整齐的队伍夹道欢迎委员长的到来。人们的眼睛都齐刷刷地望着蒋，蒋能到这么偏僻荒芜的油矿来，真是太不容易了。这在矿区史上是一件大事，无论是职员，还是工人，都以能亲眼见到蒋委员长为荣，孙越崎也不例外。

蒋介石一行到油矿后没有休息，孙越崎直接引导他们到了山上的8号油井视察，这口井曾经大量喷油，无法制服，后来经由外国专机运来井口管制设备才制服了井喷。孙越崎还当场让8号井表演了喷油，蒋第一次看到黑色的原油从地下喷出，高兴地连声说好。

离开8号井，蒋介石一行又到了石油河东岸的悬崖上，俯瞰石油河西的西河炼油厂。在高高的山崖上，可以遥见祁连山壁上密密麻麻的窑洞，蒋介石经询问后得知是矿上工人的住所，立即表示怜恤，嘱咐给工人发两万元赏金，以示慰问。

随后，孙越崎又领着蒋介石等巡视了炼油厂、电厂、机修厂、医院、洗澡堂、粮库、面粉厂、小学和供应部等设施。孙越崎还抓住机会为蒋介石讲解了采油常识："这里开采的油层，我们给它们命名为K层和L层，K层很浅，L层比较深，但一般油井也不过450公尺到700公尺左右，这样的深度都属于浅层井，蒋先生现在看到的这台钻机，虽然是从美国买来的，但也只能打1000公尺左右的浅井，幸亏玉门这里的油层浅，否则也打不出油来。"

孙越崎本来就很会讲话，讲起油矿来那更是绘声绘色，滔滔不绝，蒋介石听得很有兴趣。也许是因为他从来没有见到过石油是怎样从地底下采出来的，在油矿的所见所闻他无一不觉得新鲜，他到处都看得很仔细，一边看，一边连连点头："不容易，不容易，两年时间建成这个样子，实在是不简单！"很显然，孙越崎的才能和实干精神已经给蒋介石留下了极为深刻的印象。

中午，蒋介石一行在矿上用午餐。饭后，孙越崎把玉门油矿的矿长严爽、炼油厂厂长金开英、总务处长靳范隅、工程师孙健初及翁文波、炼油厂工料课长邹明等人介绍给蒋介石，一起向蒋汇报了工作。蒋听了汇报，表示嘉勉，嘱咐大家再接再厉，以报党国。

下午，蒋介石在上车返回嘉峪关机场时，对一直紧跟在身旁的"西北王"胡宗南说："孙越崎他们在这个地方办矿，看来困难不少，你要支持他。"蒋的这番话是当着孙越崎的面讲的，孙越崎听了，一种感激之情油然而生。

在返回嘉峪关的路上，蒋介石仍让孙越崎、马鸿宾与他同车。在车上，蒋介石为一天来的新鲜见闻所刺激，也为孙越崎等人不为名利、艰苦创业的精神所感动，情不自禁地对孙越崎说："孙先生，你们在这样荒凉偏僻的沙漠戈壁上搞建设，确实是很困难的，以后你如果有什么问题，可以随时告诉我，我一定支持你。"

当时，蒋介石正为"新疆王"盛世才的"内向祖国"指日可待而得意，又知道孙越崎是矿业专家，一个月前又与翁文灏、朱绍良、毛邦初等去过新疆，便对孙越崎说："抗战期间，新疆回归祖国是很重要的一件大事。新疆有金矿，开发出来对国家建设很有利。"

蒋介石谈起了新疆，孙越崎倒是想起了已经沦陷十几年的东北，于是借题发挥说："委员长，你对矿产资源有兴趣，我可以讲讲东北的情况，我在1923—1929年曾经在东北的穆棱煤矿工作过将近六年，后来又到过抚顺、本溪的煤矿，还去过沈阳、长春、哈尔滨、大连等城市，对东北的经济情况知道得还是比较清楚的，东北的地上地下资源都很丰富，地下的矿产资源有煤、铁，已经开发的煤矿在抚顺、本溪、穆棱、鹤岗，钢铁有鞍山、本溪，东北也有很多金矿，一点不比新疆差，另外，东北的交通也很发达，有南满、中东等铁路，还有大连、旅顺、营口等港口，这些都为东北成为中国重工业基地提供了保证，对于整个中国的经济建设，东北和新疆所起的作用，是有着天壤之别的。中国的地下资源，总体分布是铁在东北，煤在华北，油在西北（当时只有延长、玉门、独山子三个油矿），所以中国的北方是很重要的。"

对于孙越崎的言外之意，蒋介石不知是否听懂了，不过他还是很高兴，同车的马鸿宾也看出来了，于是也以迎合的口气说："今天听了孙先生一席话，胜读十年书啊！"蒋介石点头称是。

第二天，宋美龄从迪化回到嘉峪关，蒋介石夫妇与孙越崎合影留念后，飞回了重庆。这张照片在"文革"中被孙越崎夫人王仪孟悄悄烧掉了。

蒋介石回到重庆后，给孙越崎发来密码电报，蒋在电报中说：感谢孙越崎总经理在玉门油矿的盛情招待，请孙总经理草拟战后经济建设计划，并保举人才。蒋还告诉孙越崎，他寄来了一份专用密电码，孙越崎随时可与他通信联系。

总之，蒋介石这次玉门油矿之行，孙越崎在蒋介石心目中树立了实干家、能人的形象，这为孙越崎今后仕途上的升迁打下了坚实的基础。

1942年11月，玉门油矿提前完成年初确定的生产180万加仑汽油的计划。此后几年，玉门油矿的生产进入飞速发展时期。1943年共生产原油61000吨，加工原油68000吨。1944年，甘肃油矿局接办新疆独山子油矿。这一年，生产原料6.8万吨，加工原油6.9万吨。从1943年开始，玉门炼油厂生产的特种汽油专供飞机使用，包括供应驻华美军。后来，美国空军从成都起飞轰炸日本东京的飞机，也都是用的玉门油矿生产的汽油。从而有力地支援了抗日战争。

三、接收大员

1945年8月15日，日本天皇裕仁宣布无条件投降。中国人民经过多年艰苦抗战终于取得了胜利。

日本投降后，根据国际法惯例，国民政府宣布将日本在中国设立的所有公私事业资产及一切权益，一律接收，由中国政府管理。于是，在大后方苦熬了八年之久的国民党党政军特各种势力如饿虎扑食般奔向各个沦陷区,以接收的名义大捞特捞。本来,蒋介石已经明确规定,全国陆军统归陆军总司令部指挥,凡收复区之党政也统归陆军总司令部监督指挥接收;凡属于军事方面者,由陆军总司令部原有机构负责计划接收;凡属于党政方面者,由政治部负责接收。蒋介石为了垄断抗战胜利果实,规定各受降区之接收工作,须由中央统一规定布置,由中央派员接收,任何部队机关及地方行政部门,除有特别指定者外,一律不得直接接收。但这样的命令根本无法执行。

首先,原在沦陷区的国民党特务、"地下工作人员",以及同这些人挂上钩的伪军、汉奸和地痞流氓,他们并不受交通和安全条件的限制,而且熟悉地方情况,在日本投降后首先从地下钻出来,趁陆总人员还没到达之前,选择油水最多的对象,大肆抢劫,完成了第一轮劫收。

接着,那些拥有交通工具的军事机关,如航空司令部、海军部、后勤总部、战时运输局以及在前线的部队,在陆总开始受降接收的同时,便利用自己的优越条件,以"闪电战"的方式抢先进入收复区,劫夺了大量的现金、物资、生产机构、仓库、住宅等,这算是第二轮劫收。

等到陆总各主管部门接收特派员、各省市接收委员会委员进入收复区,开始"正式"接收时,已是第三轮劫收了。这时行政院各部会进入收复区,挂起招牌,站稳了脚,不愿再受陆总的辖制。

1945年8月,行政院成立收复区全国性事业接收委员会,由行政院副院长翁文灏主持,同时将全国划分为苏浙皖、湘鄂赣、粤桂闽、冀热察绥、鲁豫晋、东北、台湾七大区,每一大区设特派员一人,全权办理该区内日伪工矿事业的接收及其他有关事宜,孙越崎被任命为重工业企业集中的东北区特派员。

孙越崎接到东北区特派员的任命后,随即辞去四川四矿总公司总经理和甘肃油矿局总经理职务,在重庆上清寺甘肃油矿局宿舍门口挂出了东北特派员办事处的牌子，同时在报纸上发表通告，招收去东北接收的各种人才。东北是当时全国经济最发达的地区，吸引着大批有识之士，尤其是九一八事变后从东北流落到关内和大后方的东北人更是归乡心切，他们纷纷到东北特派员办事处报名，没有地方住，宁愿在办事处院内打地铺。孙越崎很快招收到了上千名各种技术和工矿管理人员，准备带往东北接收重工业，大干一番。

但当时的东北已被苏联红军控制，蒋介石要想把苏联红军打发走可没那么容易。接着，共产党领导的八路军和新四军利用有利的形势，捷足先登，在苏联红军的默许下，开进了 20 万大军，准备以东北作为战略根据地。国民党鞭长莫及，孙越崎的东北特派员一时也使不上劲。于是在同年 11 月，行政院长宋子文又任命孙越崎兼任行政院河北平津敌伪产业处理局局长，要他先去处理平津地区的敌伪产业。孙越崎随即带领原拟去东北的接收人员50 余人于 11 月 30 日飞抵北平，在北平东交民巷 26 号挂起河北平津敌伪产业处理局的招牌，同时还在门口挂了"经济部东北特派员办事处"的牌子。

行政院还成立了河北平津区处理敌伪产业审议委员会，委派顾毓泉、张子奇、谷钟秀、石志仁、王翼臣、杜建时等为审议委员，配合孙越崎工作。宋子文给孙越崎下达的任务是回收 1000 亿元法币。

孙越崎到任后，在北平各主要报纸刊登公告，宣布行政院河北平津敌伪产业处理局成立，声称："河北平津地区所有中央各部门和地方接收机构，应遵照行政院规定，凡接收的一切敌伪工矿业、房地产业、仓库、物资等均应速将接收产业的清册交到处理局，一律不得自行处理。"

但事实上，北平行营、第十一战区司令部、河北省政府、北平天津市政府以及教育部、经济部、社会部等 13 个部委局机关都早已成立了各自的接收机关，总计在北平的接收机关达 29 个之多，他们早已把工矿企业及所有金融、物资瓜分一空。如果要他们把已经抢到手的东西再吐出来，交给孙越崎的敌伪产业处理局，其难度可想而知。孙越崎的公告发布后一段时间，竟没有一个接收机关将清册报来。北平行营主任李宗仁还以北平行营河北平津区敌伪产业清查委员会主任的名义，加派孙越崎为该委员会的委员，每次开会都请他参加，意在把孙越崎的敌伪产业处理局置于北平行营之下。

看来，孙越崎不搬动尚方宝剑，他的敌伪产业处理局就无法工作。1945 年 12 月 11 日，蒋介石在参军长商震的陪同下来到北平。参军长商震与孙越崎是老熟人，于是孙越崎急中生智找商震帮忙。由商震以国民政府主席行辕名义召集中央各部会特派员及有关单位负责人开会，嘱咐他们即日将所接收的敌伪工矿业企业情况报送处理局。同时，孙越崎还给蒋介石上了一纸呈文："我是处理局局长，是奉行政院之命到北平来处理敌伪产业，不是来负责工厂复工的。请委员长批复，将所有敌伪产业归我处理。"蒋介石急着要去飞机场，他在孙越崎的呈文上批了"照准"两个字，便匆匆离去。

尽管有蒋的批示，仍然没有用。北平行营参谋长王鸿韶等仗着有蒋的批示，已计议变卖接收来的用品。孙越崎无可奈何，只好急电行政院长宋子文亲来北平坐镇处理。

宋子文于 11 月 27 日赶到北平，与孙越崎密议后，又找蒋介石的亲信、北宁路扩路司令兼第十一战区津塘榆办事处主任杜建时谈话，杜建时向宋子文报告了平津接收的混乱情况及许多仓库被盗的情况，并指出要扭转这一局面，必须首先打通北平行营敌伪隐匿物资清理委员会这一关。第二天一早，孙越崎应约来到宋子文的下榻处与宋共进早餐，给宋子文看了蒋介石的批示，宋子文眉头一皱，计上心来。他随即给蒋介石发去一个电报。电报大意是：到北平以后，看到委员长给处理局局长孙越崎的批示，当遵照旨意，与有关方面洽商，将一切敌伪产业交由处理局处理。只字不提蒋介石给地方长官的批示。

早餐后，宋子文和孙越崎驱车前往中南海面见李宗仁。宋子文对李宗仁说："你的清查委员会要取消，你们已经接收的敌伪产业全部移交给处理局，我要在北平住几天，监督办理这件事情。你今天就发通知，明天就在勤政殿开会，我来把情况讲清楚。"

李宗仁在国民党大员中算是不大贪财的一个，他对宋子文的话没有表示异议，随即命令下发会议通知。

次日一早，宋子文又约孙越崎一同进早餐，一边吃一边对孙越崎说："孙先生，今天上午开会时，我要当众责备你，说你到北平后工作开展不力，必须抓紧时间，遵照行政院原来规定和蒋委员长的批示办理，这样，今天的会可以开得有力量，而你以后也容易推动工作。"

孙越崎知道宋子文的用意，连忙坦然回答："你这番意思我完全明白，只要能让大家知道我的难处，协助我把局面打开，有利于把处理局的事情做好，今天在会上你怎么说都行。"

于是，宋子文和孙越崎的双簧戏开场了。

这天上午，华北的党政军首脑、中央各部会特派员及河北省政府的有关厅长包括李宗仁、孙连仲、李嗣璁、熊斌、张廷谔、孙越崎、石志仁、王翼臣、杜建时等40余人齐集中南海勤政殿开会。会议开始，由宋子文讲话。

宋子文首先说，行政院设立敌伪产业处理局是为了解决中央的财政困难，以回笼货币，平抑物价；地方需款由中央核拨，不能自行处理敌伪物资，将款挪用等。随后，宋子文宣读了蒋介石给孙越崎的批示，然后声色俱厉地批评孙越崎，说他到北平已近一个月，事前缺乏准备，工作不力，有负蒋主席和中央的委托。坐在对面的杜建时看到孙越崎面对宋子文的严厉指责神情自若，知道这是宋、孙事先串通好的"双簧"。双簧唱完后，宋子文强硬宣布：本人将暂留北平督战，就在中南海居仁堂设立行政院长办公处，限令各接收单位必须在三天之内把接收的原始清册送到居仁堂点收；清册如有伪造，由主管接收人和地方首脑负责。最后，宋子文要大家同处理局通力合作，以做到"涓滴归公"。

当天下午，宋子文又特意造访李宗仁长谈，李表示支持。北平行营让了步，其他各单位也只好照办。

宋子文在中南海居仁堂成立行政院长驻平办事处，由谭伯羽为主任，各接收机关纷纷在宋子文规定的时间内将清册送到居仁堂点收。

随后，宋子文又在孙越崎等人的陪同下来到天津，一路察看了好几个仓库。在一个粮食仓库，宋子文从口袋里拿出一个随身携带的特制的竹夹子，夹子的一头很尖，把夹子插入麻袋再抽出来，就可以带出一些粮食。宋子文把夹出来的麦粒放在手里仔细察看，又放进嘴里嚼嚼，然后点了点头，念叨着："很好，还没有变质。都可以卖出去。"孙越崎看到宋子文很内行，便忍不住开起了玩笑："我看你不像个院长，倒像个买办。"

宋子文扔下麦粒，拍了拍手，轻松地笑了。他们几个人一路走，一路察看各类仓库物资和银行。孙越崎看到，宋子文对金融市场的管理也很在行，确实有经济头脑。

在北平、天津的接收有了头绪之后，宋子文飞回了重庆。

宋子文一走，孙越崎就将中南海居仁堂的行政院长驻平办事处的牌子撤了，带着敌伪产业处理局的人马和材料回到了东交民巷的中国银行，之后又搬到东交民巷御河桥2号，继续工作。这时，仍有不少实权单位阳奉阴违，想拖一拖再捞一把的大有人在。

第十一战区司令长官、保定绥靖公署主任、河北省政府主席孙连仲是华北的实权人物，他在接收过程中，捞到了不少东西，他控制的河北省银行仓库藏有大量物资，是各方瞩目的焦点。为了打开接收物资的最后难关，孙越崎决定"擒贼先擒王"，从孙连仲的河北省银行仓库入手。

孙越崎来到天津，以检查大烟毒品为名查访了河北省银行仓库，发现里面确实存有大量敌伪物资后，立即通知海关查封仓库。同时，电告行政院长宋子文，得到宋的支持与嘉奖。

孙连仲听说仓库被查封，气得暴跳起来，他立即打电话给孙越崎的敌伪产业处理局，质问为何封了他的仓库。处理局的人不知道这件事，便回答说不会有这样事情。

孙连仲又威胁说："我的仓库里都是布匹，是准备做军装的，你们封了我的仓库，我来不及做军装，士兵换不了季，发生兵变闹事，要你们处理局负全部责任。"处理局的人摸不清情况，只好在电话里说好话："不会有这样的事情，恐怕是孙司令长官听错了吧。"

放下孙连仲的电话，处理局的人就赶忙挂天津长途给他们的局长询问情况。孙越崎在电话里回答说："是的，我们是封了孙连仲的仓库。"处理局的人害怕地说："啊呀，孙局长，你怎么敢封这位司令长官的仓库，他可是不好惹的，可千万别把事情闹大了，不好收场。"孙越崎回答说："这事你不要管，你告诉孙连仲，我是用纸条封的，他可以打开嘛，一拉不就开了吗？"

孙连仲听到孙越崎让别人转告他的这番话，考虑了再三，他也不是没有顾虑，很显然，孙越崎是得到宋子文支持的，而宋子文又是蒋委员长的大舅子，宋子文要统一处理敌伪产业他是知道的，这位行政院长他是不敢轻易得罪的，不交仓库本来就理亏，这位握有重兵的司令长官，终于没有敢去撕那张纸封条。

第二天，孙越崎从天津回到北平，立即到铁狮子胡同孙连仲官邸登门拜访，勤务兵将孙越崎带到客厅，孙连仲见孙越崎进来，仍坐在沙发上一动也不动，孙越崎也不介意，主动说："孙主席，我是来向你道歉的。"

孙连仲仍在气头上，不领情地回答道："你来道什么歉？"

孙越崎很客气地对他说："在华北这片地方，孙主席的势力最大。老实说吧，日本人留下的仓库，你不肯交出来，大家都看着你呢。你不交，大家都不交，我怎么工作？我打不开这个局面，处理局长也就做不成了。宋院长在勤政殿的训话，你也是当面听过的，说得不好听一点儿，'擒贼先擒王'，我不能不从你这里下手。考虑来，考虑去，我知道你一定会十分不痛快，可是我不得不这样做。今天到你家里来，就是请你原谅。我进来时，你连站都不站起来，可见是十分不痛快，也难怪你，所以请你原谅。"

孙越崎说得句句有理，孙连仲也不便发作。孙越崎接着说："还需要解释一下，我是听说你的仓库里有毒品大烟土，所以才下令封的。"

孙连仲连忙表白说："大烟土是没有的，里面都是布匹，准备用来做军服的，这事你太不给我面子了，我的手下现有25个保安团，还没有换季军服，天气快暖和了，军服换不了季，官兵是要闹事的……"

孙越崎知道孙连仲是借题发挥，但又不能和他硬顶，就顺着孙连仲的意思，答应将孙连仲已经上报行政院，请求拨给的25个保安团的军服布匹留给孙连仲，孙这才转怒为喜，以和解的口气对孙越崎说："我服了你了，我是武官，你是文官，咱们的脾气却是一样的痛快，咱们都姓孙，五百年前是一家人，什么都好说，好商量，好商量。"两人随即握手言和。

河北省银行仓库所存的敌伪物资既已解决，其他仓库就容易办了。在天津，处理局第一次卖出布14000匹，火柴1000箱，火油150吨，糖6000吨。

到1946年底，孙越崎完成了宋子文下达的上交1000亿元法币的任务，并将华北地区的473家工矿企业陆续移交经济部处理。

1947年2月，孙越崎辞去了行政院河北天津敌伪产业处理局局长职务，虽然他经手了上千亿元法币的资产，但他本人一如既往，依然是两袖清风，干干净净而去，这在贪污成风的国民党官场并不多见。

四、又倒霉又贴本的大王

1946年5月，资源委员会从经济部独立出来，直属于行政院。钱昌照、孙越崎任资源委员会正副委员长。1947年4月，翁文灏重任资源委员会委员长，孙越崎仍任副委员长。1948年5月，孙越崎升任行政院政务委员兼资源委员会委员长。1949年3月，资源委员会与工商部、农林部、水利部合并为经济部，孙越崎任经济部长兼资源委员会主任委员。

1946年3月12日，国民党军队进入沈阳。次日，以孙越崎为首的经济部东北特派员办事处也进入沈阳，迅速开展接收工作，先后接收了除哈尔滨以外的沈阳、阜新、北票、抚顺、鞍山、本溪、营口、长春等大中城市的工矿企业。

孙越崎在东北接收的工矿企业，其产值占全国总值的70%以上，职工人数达10万余人，占全国的一半。东北的工矿企业占全国的半壁江山，孙越崎雄心勃勃，很想在东北大干一番。他在1946年4月15日欢迎军调部委员的会议上豪情满怀地说："东北工业的确像样子，可以使中国工业水平进步100年，不过不是中国工程师做出来的。今后我们要亲手做出一个样子给朋友们看看。现在正是表现中国工程师能力的时候。"

然而，由于国民党政府志不在建设，内战全面爆发。在东北人民解放军夏、秋、冬三大攻势后，东北形势发生了根本变化，50余万国民党军被分割压缩于长春、沈阳、锦州等孤立地区，已没有反攻的力量。到1947年年底，东北工业产量由1945年的900万吨下降到125万吨；矿产量由1945年3000万吨减少到600万吨。到1948年上半年，东北地区除沈阳外，资源委员会所属企业已大部分被解放或停产。

华北毗邻东北，华北地区国民党的处境也好不了多少。国民党军也被压缩到了北平、天津、唐山、保定等几个城市。从1948年年初开始，华北工矿企业的处境日益艰难。华北钢铁公司石景山大化铁炉于1948年4月正式产出铁后，因原料供应困难，生产无法正常进行。

大局如此，孙越崎个人又有什么办法？

那段时间，有熟人和孙越崎开玩笑，称他是中国的"煤铁大王"，孙越崎笑逐颜开地说："什么煤铁大王，煤成了倒霉的霉，我是又倒霉又贴本的大王。"

五、迈上弃暗投明的第一步

随着国民党政权一步步走向崩溃，孙越崎追随蒋介石搞"实业救国"的理想也开始破灭了。

在这样的时刻，孙越崎和他领导的资源委员会 60 多万员工何去何从？是弃暗投明，投奔新中国？还是继续追随蒋介石，一路走到黑？这需要孙越崎等领导人作出明确的抉择。

孙越崎认识到，国民党必败，共产党必胜，但他既不愿亡命海外当"白华"，也不愿跟着国民党继续混下去。为了保全资源委员会所属厂矿企业及其人员，为了在今后能够继续为人民的国家效力，孙越崎下定决心，弃暗投明，并鼓励和组织资委会全体职员保全厂矿财产，留下不走，迎接解放，办理移交。

孙越崎的这一抉择，不仅符合资委会广大员工的心愿，也是资委会前任领导人翁文灏、钱昌照以及孙越崎的助手吴兆洪等上层领导人的一致愿望。孙越崎与吴兆洪作为资委会现任正副委员长，他们对领导资委会弃暗投明负有更大更直接的责任。

应当说，孙越崎的思想有一个转变过程。

20 年来，孙越崎受翁文灏、蒋介石的知遇之恩，一直埋头于中国的经济建设，与共产党很少打交道，也缺少足够的认识。1947 年 7 月上旬，资委会所属的辽宁北票煤矿第一次被解放军占领。孙越崎在南京接到该矿总经理雷宝华打来的电报，电报称："煤矿被解放军围攻时，俞再麟受员工推举出厂，向解放军求和，解放军的一个营长拔出手枪要杀他，他下跪哀求无效，终被击毙。"俞再麟是洗煤炼焦方面的优秀专家。抗战胜利后，孙越崎到东北接收日本人留下的重工业，北票煤矿有一个很大的洗煤厂，孙越崎请俞再麟去主持该厂工作。俞再麟因爱人患精神分裂症，不愿远离家庭，经孙越崎托人一再动员，俞再麟才勉强到北票煤矿上任的。因此之故，当孙越崎接到雷宝华的这个电报后，情绪非常激动，立即应国民党《中央日报》的要求，写了《悼俞再麟》一文，诬蔑和攻击了共产党。

7 月中旬，孙越崎去东北。当时解放军已主动撤离北票煤矿，孙越崎到矿区视察，才知道在解放军围攻该矿时，总经理雷宝华不在矿区，俞再麟并不是受员工的推举出厂求和，也不是被解放军营长用手枪击毙的，而是这天夜间解放军攻破矿厂大围墙的一个缺口，蜂拥而入的时候，俞再麟跑出宿舍，大概想去什么地方躲避，不幸中流弹而死。雷宝华的电报完全是编造出来的。孙越崎了解到事实真相后心里十分懊悔。

这次，孙越崎在东北视察资委会厂矿达两个月之久。他看到国民党全军上下士气低落，每战必败，地盘不断缩小，国民党必亡、共产党必胜的趋势，已经越来越清楚。孙越崎的思想不平静起来，共产党即将解放全中国，是留还是走？留嘛，他已写文章骂了共产党，得罪了共产党；走嘛，他又实在不愿去国外做"白华"，内心很苦恼。思想斗争的结果，孙越崎还是决定留下来。为此，孙越崎不动声色地做了以下三件事：

第一，撤雷宝华的职。在俞再麟之死的问题上，雷宝华编造虚假情节欺骗孙越崎，导致孙写文章骂共产党。孙越崎在了解了事实真相后，即以"办理不善"为由免去了雷宝华的总经理职务。

第二，改俞再麟追悼会为公祭。1947年8月，C.C.系首领、国民党中央组织部长兼中国工程师学会会长陈立夫通电南京、上海、北平、天津、重庆、武汉、广州、沈阳八大城市的工程师学会分会，在同一天为俞再麟开追悼会，以扩大反共宣传。孙越崎当时在沈阳，如果在沈阳开追悼会，孙越崎不能不上台讲话，而一讲话又免不了要骂共产党，而且一定会在沈阳乃至全国的大报上大登特登，广为宣传。但此时孙越崎实在不想再骂共产党了，怎么办？孙越崎终于想了个变通的办法，把追悼会议改为公祭，来吊唁的人，不论团体或个人，可以随到随走，这样，孙越崎终于避免了上台讲话。

第三，贝秋恒死后一声不吭。1947年9月，孙越崎到锦西杨家杖子钼矿视察后不久，该矿就解放了。矿长兼总工程师贝秋恒死于战火中。对此，孙越崎一声不吭。

以上三件事，标志着孙越崎的思想已经发生了根本变化，留在新中国的决心已经十分明确。

1947 年 9 月底，孙越崎回到南京，先后找钱昌照和他的老师邵力子，向他们透露了投共的心事，得到了他们的一致支持和肯定。

1948 年春，孙越崎令资委会煤业总局上海办事处租用陈纳德航空公司的飞机将集中于沈阳的资委会职员接运到关内，分别安置到华北、华中、华南的资委会所属工矿企业工作。孙越崎从自东北撤退入关的资委会人员口中得知，鞍山被解放军围攻时，鞍山钢铁公司的员工都躲在屋内，没有一个人伤亡。当时该公司总经理邵逸周在沈阳，协助靳树梁、毛鹤年、杨树堂、王之玺、邵象来。轧钢厂厂长李松堂、炼焦厂厂长被解放军留用并受到优待。其他人员则愿留者欢迎，愿走的发给路费，沿途放行，毫无留难。所有从东北出来的人都这么说。孙越崎了解了共产党对工矿企业人员的政策，感到很欣慰。当时留在北平的毛鹤年、杨树堂、王之玺三人的夫人找到孙越崎，要求孙越崎设法救出她们的丈夫，孙越崎胸有成竹地对她们说："救出来是不可能的，但有两个办法请你们选择：一是你们如愿意去看他们，我负责派人护送你们进入鞍山，保证一路平安；二是你们如不想去，可以安心住在北平，我负责接原薪每月改在北平发给你们，维持生活，等候北平解放，为时不会很久，就可团聚。鞍山出来的人中，有一位亲自看见他们在那里很好，我请他来看你们，当面说说，请你们完全放心。"

1948 年 4 月间，鞍山一位机械技术员柯润华从天津乘轮船去上海，他所乘坐的轮船在胶东半岛海面触礁沉没。解放区的领导立即动员群众把乘客救上岸，安置在各村农民家里。过了几天，上海轮船公司派船来接时，解放军又把这些获救乘客送上船，其中有一个珠宝商人所带的珠宝一件也没少。开船时，乘客们向岸上的解放军、干部、农民挥手高喊，感谢他们的救命之恩。一路上，全船乘客纷纷称赞解放区人民，认为自己遇到了奇迹。柯润华到上海后，又到南京来看孙越崎，把这段亲身经历讲给孙越崎听，孙越崎听得出了神，真是闻所未闻，意想不到，大受感动。这样，孙越崎投向共产党的决心更加坚定，他甚至觉得当初从东北撤退资委会职员回关内也是多此一举。

1948 年 10 月，蒋介石为了动员残余力量作最后的挣扎，下令成立"全国工业企业联合会"。当月，由国民党中央社会部主持在南京举行了全国工业企业联合会成立大会，资源委员会各重要工矿企业的负责人出席了大会。孙越崎决定利用这个机会，同资委会各厂矿负责人谈谈他心中积压已久的想法，同时也了解他们的思想动向。

于是在全国工业企业联合会成立大会结束后，孙越崎以资源委员会委员长的名义将与会的资委会所属工矿企业负责人召集到资源委员会大礼堂开秘密会议。与会的人员，据孙越崎回忆，主要有：吴兆洪、杨公兆、许本纯、恽震、陈中熙、洪中、季树农、戴世英、谢子贞、王翼臣、顾敬曾、陈大受、黄文冶、曹丽顺、汤铭琪、李彭龄、郭克悌、曹立瀛、常荫集、张冲霄、杜殿英、郁国城、张峻、谢家荣、黄育贤、徐名材、顾敬心、陶勋、汤子珍、夏安世、夏宪讲等。开会时，由资委会主任秘书李彭龄在门外巡逻，以防国民党特务闯进会场。

孙越崎首先讲话，他没有上讲台，而是站在大家中间讲，以便营造轻松气氛，让大家能够畅所欲言。孙越崎说：目前大局形势，大家都已看得明白，不必我说，以前东北战事吃紧时，我帮助大家逃进关来，现在华北平津形势又吃紧了，怎么办？可能大家心里都有这个问题，我看逃到哪里去都是一样。战争虽然会死人，但只要主管人镇静，战争波及厂矿时，大家不要乱窜乱跑，死亡是可以避免的。鞍钢是个很好的例子，鞍山市被围时，鞍钢员工都躲在屋内，没有出外乱窜，结果没有一人伤亡，因此今后不要再蹈东北撤退的覆辙了，从华北平津起，大家不要再逃了，应坚守岗位，维护财产，办理移交，我想将来共产党会用你们的。我从美国回国时路过苏联，亲眼看到他们举国若狂地全力办重工业。以后，我们可能也会效法苏联，大家都有机会发挥作用。如有擅离岗位的，资委会就不再负责为他们安排工作了。回去以后，希望秘密地把这意思转告附近厂矿负责人。

孙越崎讲完后，资委会金属矿管理处处长杨公兆第一个发言，杨公兆是资委会元老，他父亲是大名鼎鼎的"筹安会六君子"之一的杨度，杨度晚年由周恩来介绍加入中国共产党成为秘密党员。杨公兆不知道是不是受了父亲的影响，反正他赞成投向共产党，他说："好事，好事，交给人民，是比炸掉好。这好比自己生养出来的孩子，我们自己无力养了，送给人养就留下一条命，何必要自己扼死呢？"

接着，河北井陉煤矿总经理王翼臣、武昌电厂厂长兼资委会武汉办事处处长黄文冶也相继发言支持孙越崎的主张，强调只有留下财产才是明智之举。江西萍乡煤矿负责人在发言中交底说："孙委员长如果下令毁矿，我们早就想好了，那就和工人一起奋起保护我们赖以自下而上的'饭碗'，那样，双方要流血。现在好了，孙委员长站在工人一边，上上下下想法一致，民族工业得以留下来，就是换了政府，工人也有工做，有饭吃，我们这些人也有事做。孙委员长此举可说是顺应民心，做了件功勋千载的好事。"

但也有人有不同的想法和认识。资委会重庆办事处处长曹丽顺提出："厂矿负责人有厂矿财产可以维护，对共产党有贡献，以后共产党可以继续用他们，有工作可做。我们办事处没有财产可护，没有贡献可言，共产党还能用我们吗？我们怎么办呢？"

孙越崎对此问题早已考虑到，稍加思考后便答复说："你们办事处的任务，本是代表各厂矿向当地军政机关取联系、办交涉的，你可把重庆地区各厂矿的名称、地址、产品、产量、员工人数、负责人姓名等预先制成一表，共产党一进城，你就把表送给有关方面，并说明如果需要，愿意陪同前往，一一接收。这样，不也是办事处的贡献吗？"孙越崎的一番话，让曹丽顺满意了。

这时，从另一个角落传来一声沉闷的问话："这样不是叫我们去投共产党吗？那么，假如蒋介石打回来，我们怎么办呢？"问话的人是周茂柏。他的话也代表了一部分人的想法。当时辽沈战役还未结束，淮海、平津战役还没有打响，很多人还不能预见到国民党在大陆的彻底失败。周茂柏的问题一经提出，与会者的目光齐刷刷地转向孙越崎。孙越崎对此也有准备，难不倒他，稍加思索后他又侃侃而谈：

"别人不谈，摆在我孙越崎面前有三条路，一是跟着'总统'逃到那个孤岛台湾去。台湾的地产储量也算丰富，全国最大的30万千瓦发电厂就在台湾，也不是没有用武之地。但耳闻目睹这么多年，国民党官场的种种腐败现象，叫我继续合作下去，实在是提不起精神。第二条路嘛，就是到国外去，美国、法国、澳大利亚，那里有我及各位的许多同学，大家也有能力任选一个国度去做'白华'，不知道诸位怎样想，我实实在在不愿走这条路。在哈尔滨我看到从苏联逃到中国的那'白俄'，虽是昔日贵族，却在异国低人三等，还不断受到本国人的唾骂！最后一条我认为是我们的阳关道，那就是留下来，投奔新政府，跟着共产党。这恐怕也是在座的90%人的本意。我们都是学矿冶的，我们人人都太了解这块古老的土地了，只有我们知道这960万平方公里土地上，哪个地方有煤，哪个地方有金银，就是当今世界上最走俏的工业原油，在这块土地上也有着惊人的储量。这是工业的血液，这是'黑色的金子'。许多人不是心里早有个宏伟的计划，要用我们自己的能力，尽可能多、尽可能快地开采出来。只要我们活着，就要一刻不停地开矿、开矿、开矿……油矿、煤矿、金矿、锡矿，那时候，中国就富了。中国人民就不再没饭吃、没衣穿。中国没有了穷人！中国人民在世界上的地位也就高出许多！我们各位同仁，都在向那一天努力。我已经整整干了30年！我们亲手开创的这点民族工业，虽然那么弱小，可毕竟是有了。退一步说，我们人能走，可资源带不走。"

孙越崎越讲越慷慨激昂，继续讲道："愿意走的，请便。可以提前和我们打招呼，我会及时安排你去台湾。愿意留下的，要坚守岗位，保护财产，迎接解放。这是我们今后行动的十二字方针，必须坚守！"

对于这次南京会议，孙越崎是这样评价的："这次会议是我的思想转变开始后见之于实际行动、迈上弃暗投明的第一步。同时通过这次思想交流，也为资委会全体同仁留在大陆、弃暗投明奠定了基础。"

应当说，孙越崎在蒋介石的眼皮底下召开这样一次策动反叛的会议，是冒了极大的风险的。这么多与会者只要有一个人告密，孙越崎就很有可能招来杀身之祸。然而，这种最坏的局面终究没有出现，这不能不归结于资委会独特的用人方针和制度。

资委会从它创立之日起，它的领导人钱昌照、翁文灏就确立了用人标准：第一是学历，第二是名望。钱昌照对以陈果夫、陈立夫为首的国民党 C.C. 系党棍子是绝对排斥的，始终拒绝 C.C. 系党棍子打入资委会。即使在抗战后期不得不在资委会成立党部，钱昌照、翁文灏也坚持必须由自己办，不许 C.C. 系党棍子打入。资委会从上到下集中了一大批学有所长的科学技术人员，他们中绝大多数都抱有"工业救国""实业救国"的理想和抱负，是一批埋头苦干的知识分子，对国民党 C.C. 系党棍子内心是厌恶的，他们中没有顽固的国民党党棍，这是孙越崎敢于在蒋介石眼皮底下召集这样的会议的前提。当然，像周茂柏这样的少数人，孙越崎也作了妥善的安排，将周茂柏调到台湾造船公司任总经理。周茂柏有了有地位、有油水的职务，也就不会去告密了。

六、与蒋汤斗智斗勇，拒迁南京五厂

蒋介石在下令抢运黄金美钞的同时，也没有忘记抢运战略物资。1948年12月底，蒋介石召孙越崎到他在南京中央军校内的官邸谈话。蒋问孙在南京属于资委会的有几个厂？孙越崎答有五个，蒋介石立即下令："把这五个厂迁到台湾去！"孙越崎听到蒋介石的命令，心里一沉，随即提出一个问题："现在外边谣言很盛，说江阴要封锁，轮船不好雇，运输有困难。"蒋介石没有反驳，只是说："京沪铁路不是畅通无阻嘛，可把机器设备由铁路运至上海，再用轮船运去台湾。"孙越崎见没有难倒蒋介石，便又提出第二个问题："五厂现在经济已很困难，拆、运、建需要很长时间，经费无着。"蒋介石像是早已心中有数，当即答复道："这不要紧，你作预算来，我交财政部门照拨。"蒋接着又说："为了快和省钱起见，你们一面拆，一面派人去台

湾勘察厂址，把设备直接运至新厂地址，免得将来倒运，费钱误时。"话已至此，孙越崎不好再说什么。辞别时，蒋介石还说："预算早日送来，越快越好。"蒋介石要拆的南京五厂是：南京电照厂、南京有线电厂、南京电瓷厂、南京无线电厂、马鞍山机器厂。孙越崎离开蒋介石官邸后，深感遇到了难题。在蒋介石眼皮底下，不布置拆迁是难以应付的。孙越崎只得召集五厂厂长沈良骅、黄修青、任国常、瑞骧、张心田开会，传达蒋介石的命令，要他们回去各自造出拆、迁、建的预算。总数为132亿台币的预算很快作出来了，这是一笔很大的预算，蒋介石拿到预算后，也没有通过财政部，而是以"紧急命令"由国库直接在台湾拨发。

南京五厂迫于无奈，不得不开始拆卸设备，并将设备陆续运至南京长江下关码头，就在等待轮船靠岸装船之时，蒋介石于1949年1月21日"引退"回奉化溪口老家，副总统李宗仁上台任代总统。孙越崎于1月21日下午召集五厂负责人到资委会开会，当机立断，宣布工厂不迁了，并写条子由资源委员会正式命令将四厂已运到南京下关码头的器材运回各厂原址，重新安装，迅速恢复生产。

但已下野的蒋介石并没有忘记南京五厂拆迁之事。1949年2月，蒋介石在奉化溪口召见总统府秘书长翁文灏。去溪口前，孙越崎本来已托翁文灏在见到蒋介石时，让他找机会向蒋介石说明一下，南京五厂实无迁到台湾的必要。但蒋介石一见到翁文灏，即主动说："我要孙越崎拆迁五厂去台湾，他没有迁，我看他受了资委会地下共产党的包围，糊涂了。这人对我们很有用，你回去劝劝他，叫他不要上当。"

几天后，汤恩伯奉蒋介石之命给孙越崎打来电报，称："奉层峰（指蒋介石）令，催促南京五厂迅速迁台，盼复。"孙越崎此时已担任经济部长兼资源委员会主任委员（资委会已降格为经济部管单位），在接到电报后，又召集五厂厂长开会，大家认为事关重大，要想出妥善的应付办法。最后，孙越崎决定，蒋介石军政事务繁忙，暂行拖延，不予置评，可以马虎过去。孙越崎认为，汤恩伯根本不知道此事之经过，不过是遵令打电报而已，不会注意这件事的。但蒋介石在溪口却念念不忘这五个厂。大约过了半个月，汤恩伯第二次给孙越崎打来电报，再次催促迅速将南京五厂迁往台湾。电报由首都卫戍司令部的一位副司令亲自送来。第二天，驻南京孝陵卫的京沪警备副总司令万建藩又传见了南京电照厂厂长沈良骅，询问工厂何以不迁，沈推脱说装运困难。最后，万建藩以命令的口气说："迁厂是上级命令，不可不听。如需要火车车皮，我可以负责如数调拨。"沈良骅只好当面答应而退，随即向孙越崎报告，孙越崎说："李宗仁代总统支持我们不迁，现在南京形势很紧，稍拖一拖再说。"孙越崎见蒋介石念念不忘南京五厂，心里很纳闷。他很快想起了一个人，就是南京电照厂的一名特殊员工——周天翔。

1948 年夏，蒋介石亲笔给孙越崎写了一封信，介绍一名叫周天翔的青年让孙越崎安排工作，信中写道："周天翔的父亲是我的老朋友，为革命而牺牲，周天翔自幼由我抚养成长，留学英国，学电子管工程，最近回国，请在资委会给他安排个工作。"孙越崎将周天翔安排在南京电照厂当技术员。不久，周天翔与蒋介石的军务局长俞济时的女儿结婚。南京五厂的未迁消息就是周天翔传到蒋介石耳中的。孙越崎找到根源后，立即以照顾家人为由，派周天翔到台湾糖业公司任工程师。周天翔不知其中奥秘，愉快地答应并表示了感谢。周天翔走后，蒋介石再也没有叫汤恩伯打电报来催了。为了保险起见，孙越崎将汤恩伯的两份电报送代总统李宗仁过目，并对李宗仁说："你正在派和谈代表去北平，却在首都南京拆工厂迁台湾，表明没有诚意，这对和谈不利。这虽然是蒋介石的主意，但别人不明真相，你和我都有责任嘛。"李宗仁上台后一心想与中共划长江而治，搞"南北朝"，当然不会支持蒋介石去台湾搞小朝廷。李宗仁听了孙越崎的话立即说："对，我支持你，不要拆了。"

1965 年，李宗仁由美国归来，投奔社会主义新中国，孙越崎从唐山去北京看他。在谈话时，李宗仁主动问孙越崎："南京几个工厂，后来究竟怎么样？"孙越崎听了很惊愕地说："你当时事情那么忙，而又时隔多年，怎么还记得这件事？五个工厂都没有迁走。"李宗仁听了感到很欣慰，连忙说"很好"，然后把事情的原委告诉孙越崎："我在南京解放前，打电话给上海汤恩伯说：'我要走了，这是内战，你要不要把南京毁掉。'汤恩伯说：'你放心走吧，我不破坏。'这样我才起飞走的。你不愿拆南京工厂和我不愿毁南京，事情虽不同，但意思是一样的，所以我还记得。"

历尽周折，一惊三险，孙越崎终于将南京五厂保留了下来，而且还从蒋介石手里拿到了132亿台币的拆建费，有人说蒋介石是偷鸡不成蚀把米。

接下来，斗争的重心移到了上海。

上海是中国进出口的最大港口。资源委员会主管物资进口的材料供应事务所设在这里。凡资源委员会直接掌握的物资由该所集中办理进口和分配，主要有成套设备、五金材料、工具仪表，以及美援或救济总署拨给待分配的大批生产资料等。

资源委员会出口的物资主要为江西的钨、湖南的锑、贵州的汞、云南的锡、海南岛的铁砂等，由金属矿业管理处主管，其外销业务由国外贸易事务处经营，所得外汇由财务处掌握。资源委员会在台湾有十大公司，它们在上海设有营运处，供应全国的食糖、铝锭、铝制品、纸张等，大都运存上海仓库和私营堆栈。

上述各类物资的仓库大小有70余个，分散在上海各个角落。

资源委员会决定与国民党分道扬镳后，一面加强物资的进口和储存，一面拖延钨、锑等有色金属的出口。五金材料和工业仪表等凡为各企业所通用的物资，都加速分配。美援和救济总署拨给的器材为数较多，材料供应事务所储运能力有限，其中属于发电设备的，例如5000千瓦火力发电机10套，交由电业管理处处长陈中熙接收分发；属于煤矿设备的，例如卷扬机、空气压缩机、煤矿成套机械设备等，交由煤业管理总局副局长吴京负责从长江、湘江运到武汉、长沙、株洲等地保存。所有物资中，以石油一项储存最为困难。资源委员会所属中国石油公司设在上海，油矿则在甘肃的玉门和新疆的独山子。此外，该公司还经理军用油料的进口事宜。当时在上海储有汽油约1800万加仑，进口原油约10万吨，注满了高桥油库的全部油漕。油料易燃，星火可以燎原，依赖油库职工冒险夜以继日地坚守岗位，得以安全保存下来。原油原拟从美国直接运到台湾高雄炼油厂交货，后由该公司副总经理郭可诠改交上海，准备交与人民。上海解放后，华东工业部部长汪道涵、副部长孙冶方利用这批原油，在高桥建了炼油厂，为新中国炼出了第一批自己的油料。另外，还有一种物资保藏也成为问题。中国油轮公司有小油轮10艘，为黄浦江两岸工厂输油作业。上海形势危急时，油轮日夜游弋在黄浦江上，引起国民党军宪机关的注意。他们突然将油轮公司顾副经理扣押，勒令将油轮撤走或破坏。该公司总经理王某来"资源大楼"向吴兆洪告急，请求设法营救，商定立即乘黑夜将油轮的阀门打开，进水下沉。当地军宪以为达到破坏目的，允许顾某保释。1949年后轮机人员很快就把这批油轮打捞起来，依旧日夜游弋在黄浦江上，为两岸工业企业供应油料。

孙越崎还以经济部长兼中国纺织公司董事长的身份委派经济部政务次长简贯三代理中国纺织公司董事长，委派自己的秘书沈嘉元兼任该公司董事会主任秘书，调开了积极将该公司大批花纱布运往台湾的孙九篆，从而保护了该公司大批花纱布等物资。资源委员会、中纺公司以及中央信托局对于抢运物资去台湾不积极作为，引起了汤恩伯的注意。5月14日，汤恩伯发出通报：

据报：资源委员会、中纺公司、中央信托局不疏散物资，对于命令阳奉阴违。经提本会第十九次会议决定：由市政府严行督促疏散，并将办理情形报会。等语。记录在卷。特通报。希查照办理为荷。

此致
上海市政府

主任委员汤恩伯
中华民国三十八年五月十四日

　　接着汤恩伯又给资源委员会坐镇上海指挥的兼任主任秘书季树农发来电报："查资源委员会物资疏运不力，仰即查明具报，切切！"

　　汤恩伯是杀人魔王，而且有关文件早已规定，在抢运物资过程中，"如有阻运等情事发生，应由汤总司令采取必要之措施强制执行"。惹恼了汤恩伯，什么事都可能发生。这样一来，主管上海资源委员会的吴兆洪和经济部长孙越崎再次高度紧张起来。吴兆洪找来材料供应事务所所长蒋易均，请他出面召集上海各企业主管物资的负责人开会，研究对策。与会者都懂得这一"命令"的分量，但他们也知道台沪间船只已为警备司令部征用，研究结果，与其进行解释，不如以攻为守，"将他一军"，要求派船抢运。于是连夜编造了两种清册，一份《半年来已运台湾物资清册》，把台湾十大公司在沪采购的物料全部列入，表明运转物资工作从来没有停止；另一份包括各仓库存量多、体积大的器材，名叫《急待抢运台湾物资清册》，20多人编写到第二天傍晚才完毕，并复文，"恳切要求抢运"。台糖公司上海营运处处长彭善怡自告奋勇，愿意前去投递。他是上海各轮船公司的大主顾，所有往来于台北上海间的航运情况，他都清楚。船只被警备司令部管制后，他又常和司令部某参谋长打交道，因而相熟。彭说："怕什么，他们装官太太还来不及，怎肯替我们运机器！"他抱着一包公文去了。其他人守在办公室，忐忑不安。不到一个小时，彭善怡若无其事地回来了。"无啥事体！无啥事体！"又说："我找到参谋长，我问他为了台糖公司的物资，找过你批给运转吨位，你给了多少？现在忽来问罪了。资源委员会大批物资早已准备要运走，不派船的是贵部，打官腔的又是贵部。"那位参谋长只好说了一通"军运第一"的大道理。彭善怡把公文交了，拜托他"手下留情"早早批给船只。就这样，一场可能人头落地的灾难，几句话就化险为夷了。

　　上海解放后，资源委员会本部人马全部投向人民。受此牵连，在台湾的资源委员会企业——台湾糖业公司总经理沈镇南和台湾电力公司总经理刘晋钰，被恼羞成怒的蒋介石枪杀。

蒋介石、汤恩伯企图从上海劫走5万多吨战略物资，但并不顺利。由于解放大军长驱南下，国民党达官贵人逃命要紧，连已经装上船的货物都要卸下来。蒋、汤原定在5月底抢运完毕，但5月27日上海已经解放，抢运物资的计划没能全部完成。蒋介石、汤恩伯究竟从大陆运走了多少战略物资，目前尚不清楚。

七、"论私，我是背叛了蒋介石；论公，我没有背叛国家"

1948年12月22日，孙越崎担任了孙科内阁的政务委员兼资源委员会委员长。

1949年1月21日蒋介石下野，由李宗仁任代总统。李宗仁上台后，积极摆出与共产党和谈的架势，孙越崎支持李宗仁，协助李宗仁筹组和谈代表团。

主战的行政院长孙科为了拆李宗仁的台，擅自将行政院迁到广州办公。孙越崎为了应付孙科，将资委会广东籍的主任秘书李彭龄调任资委会驻广州办事处处长，而将资委会的高级职员60余人和重要的档案、财务账册及电台等转移到上海四川路桥南的资委会大楼办公，由资委会副委员长吴兆洪负责指挥。

孙越崎还决定在长沙、桂林增设办事处，把会本部一部分人员疏散到这两个办事处。之后，孙越崎还派资委会煤业总局副局长吴京去杭州，负责解决资委会下属的浙江长兴煤矿、钱塘江水电勘测处、中国石油公司杭州分公司、浙江无线电台、萍乡煤矿驻杭州办事处等单位职工的工资和粮食问题，嘱咐他在岗位上安心等待解放。

孙越崎与秘书沈嘉元、电业处长陈中熙、副处长谢佩及全处成员组成资委会南京办事处，以陈中熙兼任处长，办理南京方面的业务。1949年4月21日，国共和谈破裂，解放军渡长江南下，孙越崎离开南京前往上海。

孙越崎在上海买了一栋小楼房，准备辞职隐居起来。但与吴兆洪、杨公兆、季树农等商量后，他们都不赞成。其理由，一是辞职未必能获准，他们一定要来电催孙越崎去广州，在上海隐居下来是不可能的；二是倘若孙越崎辞职获准，他们另派人来接替，谁敢保证他不会下命令拆工厂、运器材、遣散人员去台湾呢？这不是自己破坏了原来要大家留下来不走的意愿吗？因此，他们一致要求孙越崎不辞职，去广州，以掩护大家的安全，直到上海解放为止。孙越崎认为他们说的都有道理，于是打消了辞职隐居的想法。

这时，已迁往广州的行政院给资委会下了两道指令：一是将资委会向美国贷款 800 万美元购买的电器材料运往台湾；二是将资委会全部档案运往台湾。但此时，孙越崎已将此项电器材料的大部分运往有关厂家，少部分存在上海的资委会仓库中。京沪杭警备总司令汤恩伯得知资委会消极对待行政院的指令，下令彻查资委会"疏运物资不力"。孙越崎知道，上海市警察局长毛森是国民党军统第一号杀手，是杀人不眨眼的。怎么办？在这万分危急之时，中共地下党组织派王寅生到季崇威（中共地下党员）家中与资委会财务处长季树农见了面，王寅生告诉季树农："共产党不做强人所难的事。汤恩伯既看重物资，那也好，能留则留，不能留就让他运走些。人第一，物是第二的。保全人是要紧的。"季树农听了这个答复很满意。于是又应孙越崎之托，向王寅生讲了孙越崎的顾虑。孙在东北时，为了俞再麟工程师毙命事曾撰文骂过共产党，后来有了认识，很后悔，希望共产党谅解。王寅生答复说："孙越崎的情况我们有所了解。他靠拢人民，人民欢迎他，有什么可顾虑的？"在离开时，王寅生叮嘱季树农："天快亮了。注意呀！越是在这个时刻，敌人越猖狂。要注意安全。以后按你们的步骤进行，和季崇威少接触些，免得有人注意。"

孙越崎听了季树农的汇报十分满意，说："水平高，像是一个重要负责人，我可以放心了。"

随后，孙越崎指示资委会编造了一个《待运物资清册》交给汤恩伯，而汤恩伯忙于与解放军作战，根本没有时间来顾及这些物资。在孙越崎等人的精心策划下，存在上海的 1.6 万吨白糖、5 万余桶原油、大批钢材、一套炼油设备和钨、锑、锡等特种矿产，完整地移交给了军管会接收。

4月26日，孙越崎从上海飞抵广州，他从上海带来了150万美元的支票，一到广州即电告资委会所属地处中南、西北、西南地区经济困难的工矿企业，领取救济经费，以渡过难关，迎接解放。

5月1日，孙越崎将妻子王仪孟和次子孙大武送到香港安顿好后，前往资委会设在九龙的国外贸易事务所所长郭子勋家里看望钱昌照，并在此见到了中共驻香港工委书记乔冠华。孙越崎对乔冠华说："我早与中共地下党有联系，早已决定投向共产党，但今天是我第一次见到中共地下党的人士，真是巧遇，太高兴了。我即日回广州，去分发从上海带来的美元支票，给南方尚未解放地区的厂矿做员工的生活维持费。发完后，我不能再在国民党反动政府里做官了，我想辞职。"听罢，乔冠华对孙越崎说："您最好仍留在国民党政府内，这对共产党有利。我们早已知道您的心意，您不必急于辞职。"

5月6日，孙越崎回到广州，分发维持费。

5月18日左右，行政院举行院务例会，孙越崎派次长童季龄代表出席。会后，童季龄告诉孙越崎："今天，台湾省政府主席陈诚列席了会议，因你未去，他说孙某为什么不来开会，请大家注意他的动向。"陈诚与孙越崎关系本来不错，这次说这样的话，表明他掌握了资委会及孙越崎的动向。随后民生轮船公司的老板卢作孚也来告诉孙越崎："我今天为民生轮船公司购买加拿大轮船，请行政院帮助解决外汇之事，列席会议去作说明，听陈诚说了怀疑你的话，我还为你说了几句好话。"卢作孚还提醒说："陈诚说话是有分量的，你要注意。"

孙越崎见形势已很严重，便立即请人买了机票飞香港，离开前，向行政院长何应钦、代总统李宗仁各留下书面辞呈，声明辞去所有职务，与国民党政权脱离一切关系。

孙越崎避居香港后，向乔冠华介绍了脱离国民党政权的经过。乔冠华说："人是最重要的，人没有出事就最好。"

5月29日，上海市长陈毅在与吴兆洪谈话时间："孙越崎现在什么地方？过去他熟悉哪项工业？"吴兆洪一一答复后，陈毅说："孙是为事业而做官，党可以谅解，请他回到祖国来。"

事后，吴兆洪立刻把陈毅和他谈话的内容报告了负责接管资源委员会的重工业处处长孙冶方，并经孙冶方同意，吴兆洪打了一份密电给孙越崎，转达陈毅让他回国的指示。

经上海军事管制委员会同意，吴兆洪随后又派戴世英去香港，将上海解放后接管的情况告诉了孙越崎。

与此同时，留在北平的邵力子也写信告诉孙越崎：已得到周恩来的同意，你随时可以来北平。孙越崎对此很高兴，但他此时牵挂资委会驻香港的国外贸易事务所所存的价值五六百万美元的钨、锑、锡等特种矿产品，这是一笔可观的财富。

1949年7月，刘航琛出任阎锡山内阁的经济部长兼资源委员会主任委员后，立即看中了这笔巨额财产。刘航琛首先以数万美元的代价将资委会驻香港国外贸易事务所所长郭子勋派往美国，然后换上自己的亲信方崇森做所长。同时，刘航琛又伙同几个四川资本家组织了一个商会，准备"买"走这批特种矿产品，实际上是企图把这批矿产品转移出去。为了制止刘航琛的阴谋，孙越崎与刘航琛进行了一场针锋相对的斗争。

孙越崎秘密将事务所的十几位职员召集到他在香港九龙的寓所，动员他们与刘航琛进行斗争。孙越崎对大家说："我们资源委员会的同仁都是要干事业的，而刘航琛则是要贪污，他现在要出卖矿产，出清仓库，撤销机构，这样你们就要失业，我现在给你们指一条出路，就是共同抗拒刘航琛的贪污行为，保护好这批财产，现在北平已经成立了人民政府，你们保护好财产对人民是有功的，人民政府一定会给你们安排工作的。这是再好也没有的出路。"

孙越崎的一番话得到在座诸人的共鸣和积极响应，他们对郭子勋被刘航琛收买感到气愤。孙越崎随后进一步劝导他们识大局、明大义，抵制刘航琛和方崇森侵吞巨额财产的企图。随后，孙越崎又动员在香港的资委会金属管理处副处长吴志翔、秘书毕文瀚、广州办事处财务科长林艾园等 8 人到香港事务所工作，这些人同中共与孙越崎联系的罗哲明见了面，建立了固定联系。不久孙越崎之侄、金属管理处职员孙常凌出差到香港，也主动留下来帮伯父与各方面联络，参加了这场护产斗争。

在罗哲明的支持下，孙越崎召集事务所的一些同心同德的员工宣布成立"资委会香港国外贸易事务所员工保护矿产委员会"，以吴志翔为主任，龚家麟为副主任。他们一面拒绝提货，一面在香港《大公报》《文汇报》上刊登文章，揭露这笔非法交易。护产委员会还占领了事务所的办公室，不许刘航琛和方崇森入内。

1949 年 10 月 1 日，中华人民共和国宣告成立。

11 月 7 日，香港中国航空公司、中央航空公司职员宣布起义。

11 月 14 日，香港国外贸易事务所全体工作人员 35 人在吴志翔等带领下宣布起义。为此，毛泽东主席、周恩来总理先后发来嘉奖和嘉勉电报。

后来，这批价值 500 多万美元的特种矿产品被全部运回了祖国。

在护产斗争胜利已成定局的情况下，孙越崎及其夫人、儿子于 1949 年 11 月 4 日离开香港，乘轮船经青岛、天津前往北京。

孙越崎的所作所为，大大激怒了逃到台北的蒋介石。在孙越崎北上之日，蒋介石派出四艘小军舰拦截，企图将孙越崎抓到台北去惩治。孙越崎到达天津时，遇到一位朋友，他也是刚从香港北上的，这位朋友告诉孙越崎，他乘坐的船就在他们后面，刚开出香港不久，就有四艘国民党军舰追了上来，强行靠拢他们的船，上来不少国民党士兵，大声喊叫：孙越崎不在这艘船上。要不然，后果真不堪设想。蒋介石没有抓到孙越崎，一怒之下宣布开除孙越崎的党籍，并予以通缉。

对蒋介石，孙越崎承认蒋对自己是十分器重的。1949 年，当孙科组阁时，本来是安排他的好友吴尚鹰担任经济部长兼资源委员会委员长的，名单报到蒋介石那里，蒋把吴尚鹰的名字划掉，换上了孙越崎，孙科只好安排吴尚鹰担任油水不大的地政部部长。由此可见，蒋介石对孙越崎是信任的。孙越崎说："论私，我是背叛了蒋介石；论公，我没有背叛国家。"

八、晚年曲折经历

孙越崎到达北京后，被任命为中央财经委员会计划局副局长。

1951 年 11 月，孙越崎作为中央西南土改工作团第四团南川工作队的成员，与其他 67 名成员来到四川南川县参加土地改革运动，接受教育和锻炼。

1952 年 11 月 11 日，孙越崎被燃料工业部任命为开滦煤矿总管理处的第三副主任，负责开滦煤矿的基建工作。

1957 年反右运动中，孙越崎在唐山铁道学院任教的长子孙竹生被划为右派，他本人虽未被划为右派，但他到武汉出差时曾对民革中央委员、河北省人民政府副省长高树勋说过这样的一段话："这些大字报、大辩论搞的什么玩意儿？有什么意思？我们也不懂，我们又不知道共产党内部的事情，让我们提意见帮助共产党整风，从何帮起？"在反右斗争中，这段话被揭发出来，孙越崎在开滦煤矿的办公室被改做了会议室，其本人也知趣，遂不再过问开滦煤矿的工作。

孙越崎同时还是全国政协委员、民革中央委员、民革河北省委员会副主任委员、民革唐山市委员会主任委员、唐山市政协副主席。于是，孙越崎的工作基本上转到了唐山市的政协和民革工作上来，应有关部门的约请，到唐山人民广播电台发表录音讲话，向在台湾的原资源委员会老部下宣传介绍大陆社会主义建设的成就。

1961 年以后，响应周恩来总理的号召，孙越崎撰写了《天津五四运动的回忆》《河南焦作中福煤矿的坎坷道路》《我和国民党资源委员会》《回忆我与蒋介石接触二三事》《抗战期间两次去新疆纪略》等极富史料价值的回忆录。

孙越崎在开滦煤矿工作期间，享受国家一级工程师的待遇，月薪250元，属高工资之列。住房上，孙越崎夫妇与开滦总管理处另一位副主任余明德夫妇合住一幢原英国高级职员住的高级洋房，煤矿还为他们配备了厨师和勤务员，生活待遇是相当优厚的。

1966年，"文革"开始，孙越崎夫妇被开滦煤矿的红卫兵勒令"滚出安乐窝"，搬到一间不足10平方米的房子内，室内只有一张双人床和一张桌子，床是用破烂木头拼起来的。在银行的1万余元存款被冻结，工资停发，他们老夫妻俩的生活靠在西安工作的次子孙大武按月寄来的25元钱维持。

红卫兵听说孙越崎原是国民党高官，家里一定很富有，因此多次上门抄家，让红卫兵扫兴的是，孙越崎从来都是不为自己捞钱的，他们上门抄家仅搜出了一个1万元的存折和213元现金，令红卫兵多少有些失望。红卫兵拿走了存折和200元现金，只给孙越崎夫妇留下13元钱作为生活费。

1968年，"文革"进入清理阶级队伍阶段，原资源委员会留在大陆的成员成为清查的重点对象，孙越崎被带到开滦煤矿一个小医院的一间房内，隔离审查了一年多。在此期间，孙越崎先后接待了600多批外调人员，他白天接待外调人员，写证明材料；晚上主要写自己的交代材料。孙越崎被隔离审查后，他的夫人王仪孟被勒令打扫楼道和厕所卫生，同时要为丈夫做饭、送饭，精神受到极度摧残，先后三次自杀均未遂。

1970年初，孙越崎结束审查回到斗室与老伴相依为命。

1973年，军代表宣告孙越崎解放了，并补发了他被扣的5年多的工资，共1万余元。一下子有了这么多钱，生性好动的孙越崎决定带老伴周游各地。1973年夫妇俩一路游览了北京、西安、延安、成都、攀枝花、昆明、贵阳、桂林、长沙、韶山、武汉。1974年，夫妇俩又去了济南、青岛、南京、仪征、扬州、江都、无锡、苏州、杭州等地。出游归来，重新住进了唐山那间不到10平方米的破旧平房，没想到他们因祸得福了。

在 1976 年 7 月 28 日那场空前的唐山大地震劫难中，孙越崎夫妇因为住的小平房没有笨重的水泥柱和水泥预制板而逃过一劫，孙越崎只被木梁砸断了三根肋骨，被邻居救了出来。8 月 1 日，经开滦矿务局负责人批准，孙越崎夫妇离开唐山，前往北京医院治疗。

邓颖超曾托人打听："唐山有个政协委员孙越崎，不知在地震中生死如何？"

1976 年 10 月，"四人帮"被粉碎，中国历史进入了一个崭新发展时期。1979 年 10 月，孙越崎在民革五届一中全会上，当选为中常委；1981 年 12 月，在民革五届二中全会上增选为民革中央副主席；1983 年 12 月，当选为民革第六届中央副主席；1988 年 1 月，当选为民革中央监察委员会主席；1992 年 12 月，担任民革中央名誉主席。

1980 年，孙越崎在全国政协第五届第三次会议上当选为常务委员，之后又连任全国政协第六、第七届常务委员，第七届全国政协经济委员会第一副主任（主任由全国政协副主席谷牧兼任），全国政协三峡工程专题组组长。之后，水利部聘他担任三峡工程论证小组特邀顾问。

20 世纪 80 年代，三峡水利工程上马与否，是海内外关注的热点问题。从孙中山的《建国方略》提出建三峡大坝起，中国人的三峡梦一直做了数十年。原国民党资源委员会负责人钱昌照于 1944 年 5 月电邀美国垦务设计总工程师萨凡奇来华，由资源委员会水力发电工程总处处长黄育贤陪同，乘船沿长江进行了勘察，初步选定了黄陵矶做坝址。随后，经国民党政府批准，由资源委员会主持，会同水利委员会、扬子江水利委员会等机关成立了扬子江三峡计划技术委员会，由钱昌照任主任委员。此项工作因为国共内战的爆发而中断。

新中国成立后，从 20 世纪 50 年代初到 80 年代初，中共中央、国务院一直对三峡工程采取积极而又慎重的态度，有关的调查论证一直在非正式地进行。1983 年，水电部提出了坝高 165 米的可行性报告。1985 年 4 月国务院原则批准，并将坝高提高到 185 米。

这时，海内外一直有"上马派"与"下马派"的争论。孙越崎多次在全国政协、水电部三峡工程论证领导小组等会议上做长篇发言，明确提出三峡工程近期不能上。他在全国政协七届三次大会上的书面发言中宣称："我是三峡工程早上快上的反对派。"孙越崎提出先支流后干流及平原防洪的建议。

他认为："三峡工程能否上马，关系到国民经济发展的战略方针，关系到子孙后代的命运，应加以慎重考虑，不宜由少数部门或少数人决策。"

孙越崎关于三峡工程的一系列观点，对于促进各方面对三峡工程整体认识的深化，推动三峡工程论证的科学化、民主化是有益的。

1972 年 11 月，周恩来在国务院讨论长江葛洲坝工程改建方案时说："总得有对立面，没有对立面危险得很，要有对立面！"

1981 年，国务院聘请孙越崎担任煤炭工业部顾问。作为顾问，他在煤炭体制改革、推广输煤管道技术、加强煤炭立法等方面多次上书或献言献策。

孙越崎晚年，还有一件最大的事，就是为原资源委员会成员平反冤假错案而奔走呼吁。

原资源委员会 3 万多名职员和工程技术人员、60 多万名工人在孙越崎的号召和组织下弃暗投明，留在大陆。这些人在历次政治运动中都是首当其冲的对象，都不同程度地受到批判斗争，有的被抄家，有的被降职，有的被指为"潜伏特务"，有的被错划为右派，有的被开除公职，有的被判刑，有的因逼供而自杀，有的在劳动改造中病死，家属受到株连……

原资源委员会历任领导人，只有翁文灏、钱昌照受到的冲击最小，孙越崎本人受到隔离审查，副委员长吴兆洪被隔离审查四年半，病重出狱后死亡；原中国石油公司代总经理郭可诠、协理兼甘青分公司经理邹明及营业室主任张英，被关进秦城监狱 7 年；原煤业总局副局长吴京被指为"潜伏特务"，关押 17 个月之久才释放；原经济部工业司司长孙祥鹏、原资委会秘书李彭龄、原资委会电台台长潘毅等也都被关押。中共十一届三中全会后，平反冤假错案，成为拨乱反正的重要内容。在历届政治运动中受到冲击和迫害、处理或打成右派、"潜伏特务"而幸存下来的人及其家属纷纷写信给孙越崎，请求老上级向中共中央反映，尽快为他们落实政策。

1982 年 12 月 25 日，原资源委员会华北钢铁公司总经理兼总工程师陈大受的夫人张惠莲写信给孙越崎，申诉她丈夫所在的工作单位——北京钢铁学院在"文革"中认为原资源委员会全部企业单位护厂弃暗投明的人员是一个"潜伏特务"集体，陈大受是其中之一。"文革"中他家先后被抄八次，陈大受本人被揪斗、逼供、强迫劳动，多次自杀，终被迫害致死。信中还诉说陈大受的冤案不仅他本人受害，而且殃及子孙。外孙在"文革"中被无辜打成反革命，身心受到严重摧残，至今留下后遗症；另一外孙在工作中和政治上受到严重歧视，多年不允许他报考研究生。

这样的信，孙越崎收到过成百上千封。面对如此大量的来信，孙越崎的心情极不平静。他们中的许多人本来是有条件去台湾或海外的，但他们听从孙越崎的劝告留了下来，孙越崎常想起《晋书》中的一段话："吾虽不杀伯仁，伯仁由我死，幽冥之中，负此良友。"

怀着这样的心情，1983 年 2 月，孙越崎首先给全国人大常委会副委员长廖承志、中共中央落实台胞台属起义投诚人员政策领导小组组长汪锋写信，信中说："我是当时资委会的委员长，他们是在我的倡导下弃暗投明的。现在他们找我，我有责任将其中主要的意见汇集向你们反映。兹将所有附件随函寄上，请予调查处理，不胜盼祷之至。"

孙越崎的信，引起中共中央有关部门的高度重视。1983 年 11 月 28 日，中共中央统战部发出了《关于对原国民党资源委员会中护产有功人员落实政策的通知》，通知说："全国解放后，在大陆的资委会各下属单位均由我军管会接管，全体员工全部包下来，分别任用，按留用人员对待。资委会驻香港贸易处和国外贸易事务所 1949 年底在香港通电起义，这早已为我们确认。

上述事实说明，新中国成立前夕，在潘汉年同志领导下的上海、香港地下党情报组织，对原国民党资委会的主要负责人进行了大量的工作，资委会的绝大多数员工帮助我们顺利地、完整地接管该会所属的各地厂矿、企业做出成绩。在大陆的原国民党资委会的全体员工在护厂、扩产、迎接解放方面是有功的，对于我国解放后经济上较快的恢复起了一定作用。但是在历次政治运动，特别是在'文革'中，原资委会的不少人受到冲击，有的人甚至被迫害致死。""今年4月，中央书记处会议讨论这部分人问题时，认为：'原国民党资源委员会人员在解放时有组织、有领导地起来护产是有功劳的，对这些人应该妥善安排，但他们同前线起义人员有区别，不应列为起义人员。'请各地按照中央书记处会议精神办理，对资委会护产有关人员应按照'既往不咎'的政策精神对待并妥善安排。请各地检查一下原资委会人员中的冤假错案是否都已平反？还未平反的应抓紧进行，特此通知。"

此通知下达后，经过数年的努力，大部分问题得到解决，但还有些问题解决得不尽如人意。孙越崎于是在1991年10月24日给江泽民总书记写了一封信，反映情况。江泽民接到信后非常重视，很快派当时中共中央统战部部长丁关根和中央办公厅主任温家宝到孙越崎家中听取孙越崎的意见，并了解情况。

1992年3月16日，江泽民又在中南海与孙越崎当面谈了话，对有关问题作了明确的答复。

1993年5月15日，中共中央组织部办公厅和中共中央统战部办公厅联合发出了《关于原国民党资源委员会部分人士按我地下工作人员对待的通知》。《通知》说："根据中央有关指示精神，对原国民党资源委员会人士中，与我地下党有直接或间接联系，接受任务，是在组织、领导护产中有重要贡献或立功表现的，可视为我地下党工作人员。"据统计，原资源委员会成员中享受中共地下工作人员待遇的共有40多人。

1993年10月13日，在中共中央统战部礼堂举行了"庆祝孙越崎先生百岁华诞"的隆重庆典。中共中央政治局常委、全国政协主席李瑞环，中共中央统战部部长王兆国到会祝寿，李瑞环在祝酒时说："江泽民总书记、李鹏总理和乔石委员长委托我向您转达他们对您百岁寿辰的祝贺，并祝您健康长寿。孙越老经历的一百年，是中国历史上极不平凡的一百年，在重大的历史转折关头，孙越老都作出了正确的选择，毅然决然地站在党和人民大众一边，为新中国的经济建设和发展留下了一笔宝贵的财富。孙越老的历史功绩，党和人民是永远不会忘记的。希望您能健康长寿，和我们一起为实现社会主义现代化建设的第二步战略目标和祖国统一而奋斗。"

1995 年 12 月 9 日，孙越崎在北京去世，终年 102 岁。

蒋介石
和他的幕僚们

| 下 册 |

金竹山 —————— 著

团结出版社

第七章 "八大金刚"与"五虎上将"

所谓"八大金刚",指何应钦、顾祝同、钱大钧、蒋鼎文、陈诚、陈继承、刘峙、张治中八人,他们都是黄埔军校教官出身,是蒋介石早期的主要军事将领;后来在国民党政权中掌握兵权的黄埔一期、二期、三期学生,都出自这"八大金刚"的门下。而所谓的"五虎上将",一般认为是指顾祝同、蒋鼎文、刘峙、卫立煌、陈诚,他们在20世纪二三十年代的北伐战争、国民党新军阀混战和反共内战中,为蒋介石东征西讨、南征北战,立下过汗马功劳。除陈诚将在下一章介绍外,本章依次介绍何应钦、刘峙、顾祝同、蒋鼎文、张治中、卫立煌、钱大钧、陈继承八人。

第一节 党军大管家何应钦

在国民党黄埔系将领中,何应钦是"八大金刚"之首,其资历仅次于蒋介石。

有人说,何应钦是一员"福将","他能不战而屈人之兵,纵须躬冒矢石,仍能所向无敌,不损毫发。国民党籍军人里,尤其是从黄埔建军以迄于兹,能够指挥若定,度量宽宏,饶有大将军风范的,首推何敬之一人而已"。[①]"面团团、声细细的何敬之,大有'儒将'之风。"[②]从黄埔军校起,何应钦追随蒋介石,直至蒋介石死去,长达50多年。何应钦在台北过90大寿时,他的贵州同乡、国民党C.C.系大将谷正纲借用《易经》"云从龙,风从虎"来形容何应钦与蒋介石的关系。然而,实际情形却

---

① ② 董之笔:《何应钦组新阁》,《政治新闻》第1卷第4期,1949年2月21日。

并非如此！

一、在家乡失势投奔蒋介石

何应钦（1890—1987），字敬之，1890年4月2日（清光绪十六年闰三月十三日）出生于贵州省兴义县泥凼村。早年先后就读于贵州陆军小学、武昌陆军第三中学，1909年由清政府选送至日本留学，先入东京的振武学校。此前一年，蒋介石（当时的名字是蒋志清）也从保定通国陆军速成学堂保送至振武学校学习。当时的蒋志清并不引人注目，而何应钦又不善交际，他们之间有无交往尚不清楚。但何蒋之间的这种同学关系，后来却成为两者关系中的一个重要因素。

1910年，何应钦加入同盟会。1911年辛亥武昌起义爆发后，何应钦与一批同学回国参加革命。曾留学于日本东京警监学校的陈其美开府沪上，出任沪军都督，1908年毕业于振武学校的学长黄郛以同乡关系投入陈其美幕下，担任沪军都督府参谋长，以同学关系招募留日同学，为陈其美组建军队。不久，黄郛组建了沪军第二师（后改为第二十三师），黄郛自任师长，一批留日同学分任各级干部，其中蒋介石任第五团团长，何应钦在第三团任连长，旋升营长。这是何应钦与蒋介石共事的起点。辛亥革命果实为袁世凯窃夺后，南方革命军队大量裁撤，黄郛的第二十三师缩编为一个团。何应钦转任江苏陆军第七师第一旅第三团营长，黄郛、蒋介石则暂时脱离了军队。"二次革命"爆发后，何应钦在南京参加了讨袁斗争，蒋介石则在上海追随陈其美参加讨袁斗争。

"二次革命"失败后，何应钦与蒋介石等先后流亡日本，蒋追随陈其美参加中华革命党，继续参加反袁斗争；何应钦则

何应钦

于 1913 年 12 月重回振武学校，毕业后分配到日本宇都宫步兵第五十九联队实习，随后升入日本陆军士官学校第 11 期。1916 年秋毕业后，回到黔军任职。1917 年，与贵州兴义系军阀首领王文华的妹妹王文湘结婚，从此青云直上，历任黔军团长、贵州陆军讲武学校校长、旅长等职，成为兴义系的骨干之一。在贵州军阀的激烈内讧中，王文华于 1921 年 3 月 16 日被政敌袁祖铭收买的刺客刺杀于上海，何应钦失去了靠山。年底，何应钦又被排挤失去兵权，与内兄王伯群、弟弟何辑五等离开贵州。何应钦到达昆明时，又被政敌收买的刺客打了两枪，幸未中要害，侥幸捡回一条命。在伤势稳定后，何应钦夫妇在范石生的保护下秘密离开昆明，辗转到上海当寓公。

1923 年，何应钦在上海见到即将赴苏联考察的蒋介石，了解到孙中山即将在广州创办新式军校的消息。何应钦的内兄王伯群担任过孙中山护法军政府的交通部长、大元帅府的参议，经王伯群介绍，何应钦于 1923 年到广州晋见孙中山，孙中山委任何应钦为大本营军事参议。1924 年 2 月 9 日，经蒋介石引荐，何应钦第二次晋见孙中山，并承命以大本营军事参议的名义，协助蒋介石筹备黄埔军校。5 月 3 日，蒋介石正式出任黄埔军校校长，何应钦任军事总教官。从此，何应钦正式成为蒋介石的部下。

孙中山要蒋介石主持黄埔军校，是要他以此训练一支革命军队。但蒋介石却私心自用，效法曾国藩、袁世凯，通过黄埔军校建立一支绝对效忠于其个人的蒋家军。为达到此目的，蒋介石在黄埔军校专门任用绝对听话的奴才，而排斥有革命理想信念的正派军人。周恩来在《关于一九二四至一九二六年党对国民党的关系》中指出："蒋介石开始办黄埔军校时表面上赞成革命，但他的思想实际上是反共反苏的，并不是真心诚意地与共产党合作。……他的军阀思想在那时也是发展的。他让最为人所不齿的王柏龄负责训育。他所能用的就是奴才。对有些骨气不愿做奴才的邓演达，他就容不下；对经王柏龄介绍的何应钦，这第二个奴才，他却非常相信。黄埔军校内的队长都是他的私人。有一次我派了几个左派的人当队长，他就大为不满，撤销任命。"①

王柏龄是黄埔军校第一任教练部主任，地位在何应钦之上。但王的为人生活腐化，成天狂嫖滥赌，还抽鸦片，蒋介石每每有事找不到他，而何应钦则无不良嗜好，且为人谨小慎微，更得蒋的好感，何应钦很快取代王柏龄成为蒋介石的第一号军事助手。1924 年 11 月，黄埔军校成立教导团，何应钦辞去军校总教官和兼代的教练部主任职务，出任团长。12 月，黄埔军校成立教导第二团，王柏龄兼任团长。这两个教导团是国民党黄埔系军队的底子。

1925 年 1 月，广州革命政府决定分三路东征盘踞于东江一带的陈炯明叛军，左路滇军、右路粤军、中路桂军。蒋介石率黄埔军校两个教导团加入右路作战。何应钦率教导一团参加淡水之战，打了一场硬仗，而王柏龄率领的教导二团却表现不好，蒋一怒之下，撤了王的团长职务，升教导一团营长沈应时为教导二团团长。蒋介石称"淡水之战为革命之开始"。淡水之战后，何应钦又率教导团参加棉湖之战，教导一团作为主力，打得英勇惨烈，全团伤亡近三分之一，其中第三营官兵 385 人，最后只剩下 111 人。蒋介石高度评价说："棉湖一役以教导一团千余之众，御万余精悍之敌，其危实甚，万一惨败，不唯总理手创之党军尽歼，广州革命策源地亦不可保。"棉湖之战，打出了黄埔学生军的威风，使蒋介石、何应钦一战成名天下知。蒋介石、何应钦将 3 月 12 日这一天，作为他们同生死、共患难的纪念日。

棉湖之战后，蒋介石委任何应钦为教导第一团、第二团指挥官。不久，教导一团、二团成立党军第一旅，何应钦任旅长兼一团团长，仍归黄埔军校校长蒋介石节制调遣。5 月，何应钦率党军第一旅参加平定杨希闵、刘震寰的叛乱。6 月 16 日，何应钦的党军第一旅扩编为党军第一师，刘峙、沈应

---

① 《周恩来选集》（上卷），第 115-116 页。

时、钱大钧分任一团、二团、三团团长。7月3日，广州国民政府成立军事委员会，广州国民政府主席汪精卫任军委会主席，何应钦、蒋介石均为军委会委员。8月，党军第一师扩编为国民革命军第一军，蒋介石任军长，何应钦任第一军第一师师长。9月，广州国民政府决定第二次东征陈炯明，蒋介石担任东征军总指挥，何应钦、李济深、程潜分任第一、第二、第三纵队队长，在攻打陈炯明的老巢——惠州的战斗中，何应钦担任攻城指挥官，于10月14日一举攻下号称千年未破的坚固城池惠州。捷报传来，广州国民政府致电嘉奖，在《奖励克复惠州将领何应钦等令》中说："东征军第一纵队队长、国民革命军第一军第一师师长何应钦，劳苦功高，指挥有方。"

两次东征和平定杨、刘，何应钦都肩负了指挥主攻的重任，表现出了一定的军事指挥才能，奠定了他在国民党军中仅次于蒋介石的地位。应当指出，何应钦的成名，基本上依靠的是共产国际和苏联军事顾问的指导，而广大共产党员的帮助和先锋模范作用，为党军注入了强大的生命力。何应钦恰逢其时，一举成名。

1926年1月，在国民党二大上，何应钦以"东征英雄"的资格，当选为国民党中央执行委员。1月20日，由蒋介石保荐何应钦接替蒋介石担任国民革命军第一军军长。在何应钦的支持下，蒋介石于3月20日发动"中山舰事件"，打击共产党和国民党左派。蒋介石的阴谋得逞，国民党左派领袖汪精卫在国内无法立足，被迫出国，从此蒋介石一手控制了国民党党政军大权。

二、"敬之不能离弟自立"

1926年7月9日，蒋介石就任国民革命军总司令，誓师北伐。北伐的目标是消灭吴佩孚、孙传芳、张作霖等北洋军阀。北伐分三路：第四军、第七军、第八军为西路，为北伐军主力，沿粤汉铁路北上进攻两湖，直指武汉；第二军、第三军、第六军及第一军两个师为中路，主要任务是警戒江西的孙传芳，以保障主攻方向的侧翼安全；何应钦率第一军第三师、第十四师镇守潮梅，在粤东防止皖系福建督办周荫人进犯广东，第一军第二十师则驻广州，拱卫广州国民政府。

当北伐军西路挺进两湖后，何应钦于9月17日发表讨伐周荫人攻打福建的宣言，向敌军兵力最弱的福建进军，由于福建地方小军阀兵力不强，何应钦在福建进展相当顺利。10月18日，何应钦就任北伐军东路总指挥，以第一军、第十七军、第十四军合编为东路军，于11月间，扫平福建。

1926年底，蒋介石任命白崇禧为东路军前敌总指挥，率4个师由江西进入浙江，受何应钦指挥。蒋连电命令何应钦务必于1927年1月15日以前到达浙江的衢州、处州与白崇禧会合。这时，蒋介石逐渐暴露出了与国民党左派和共产党分庭抗礼的意图，他急于取得江浙上海作为他的基地。为此，蒋介石于1月6日在南昌将其指挥的部队区分为东路军、中央军和西路军，三路进军江浙。入浙之初，何应钦指挥的东路军与孙传芳的孟昭月部一接触，立即败退到衢州。蒋介石怕他的嫡系第一军受损失，立即下令何应钦停止行动，集中于衢州，让白崇禧率领的部队一路领先，何应钦随后跟进。当时，周恩来以总指挥的身份正在指挥上海工人发动第三次武装起义，白崇禧却奉蒋介石、何应钦的密令，在上海龙华按兵不动，坐山观虎斗。当上海被工人武装解放后，白崇禧、何应钦才率领东路军耀武扬威进入上海。随后，何应钦指挥东路军向南京进军，3月25日，何应钦率第一军第三师、第十四师进驻南京。

蒋介石的第一军和桂系第七军进驻江苏、上海后，蒋介石决定联合发动反革命军事政变。在做好一切准备后，白崇禧以东路军前敌总指挥的名义坐镇上海，指挥反革命政变，何应钦则坐镇南京响应。蒋系、桂系联合国民党右派元老发动政变成功，于1927年4月18日，在南京成立了蒋记国民政府，推国民党老右派胡汉民为傀儡主席。何应钦与投诚过来的海军总司令杨树庄领衔，纠集在江浙、两广及川黔等地的一批反共将领和地方军阀，于4

月 20 日召开军事会议，并发表《国民革命军海陆军将领拥护国民政府清除共产党完成北伐通电》，为蒋介石摇旗呐喊。何应钦成为蒋记南京政府的主要功臣和显贵。

蒋介石另立政府，导致宁汉对立后，南京政府内部蒋桂矛盾也逐渐显现。桂系李宗仁、白崇禧率领的第七军在北伐中战功赫赫，号称"钢军"，而蒋介石、何应钦统率的第一军则表现不佳；在建立南京政府的过程中，桂系的作用也大于第一军。但蒋介石在政变成功以后，对嫡系第一军百般优待，而对第七军则既驱之为前锋，又待以薄酬，引起李、白的不满，蒋、桂矛盾产生。蒋介石密令何应钦设法偷袭桂系军队。但何应钦没有执行。这是因为：首先，当时蒋、桂力量不相上下，没有把握一举成功；其次，何应钦与白崇禧私交不错，不想无故翻脸。何应钦为此专门面见蒋介石，陈说执行命令确有困难。

8 月间，李、白公然采取行动逼蒋介石下台。在这个过程中，何应钦并没有坚决表示支持蒋介石，引起蒋介石对何应钦的严重不满。8 月 15 日，南京卫戍司令贺耀祖告诉万耀煌，蒋介石下野的情形是这样的："蒋总司令前天自徐州退回南京，召开军事会议，李宗仁、白崇禧、何应钦等都与会，蒋总司令以徐州战役之失败归咎于长江上游的军事行动。李宗仁当即表示早就不应该顾虑上游，武汉方面可以商量，可以合作。蒋总司令遂表示如果因他在职而为合作之梗，那他可以辞职下野，以促进合作以便合力北伐，李、白均无表示，何应钦也没说话，蒋总司令随即离席而去，当晚乘车赴沪转奉化，并要何、李、白三人负责军事委员会。"万耀煌认为："当时要是何应钦能坚决支持，李、白也不至反对到底，所以从此蒋先生对何的信任也就打了折扣了。"[1]

1927 年 8 月 12 日，蒋介石宣布辞职下野后，南京政府军事由李、白、

---

① 《万耀煌先生访问纪录》，第 212-213 页。

何三人负责。蒋介石则赴日本寻求外交支持，并与宋美龄结婚，寻求东山再起的机会。

　　蒋介石整装赴日前，黄埔一期学生、总部补充第七团团长关麟征与少校团副邓瑞安到溪口见蒋，关、邓两学生于此患难中赶来拜候，蒋介石情绪很是感动而且激动。蒋谈起下野事，竟挥动拳头，状至愤怒地说："告诉你们同学，×××反叛了我。他妈的×！你们去当土匪，我当土匪头子。"关麟征晚年告诉他的传记作者张赣萍："你要一字不漏不错地写下这几句话，否则你替我写的传记，便无价值可言了。这是我追随蒋公数十年，第一次听到他在我们学生面前说的骂人粗话。"关麟征对张赣萍说："当时在南京掌握军权的三个总指挥，其中两个（即桂系李宗仁、白崇禧）借口为党内团结，逼蒋公下野。而×××（指何应钦——笔者注）为蒋公亲信，又掌蒋系军权，竟未表态，形同与李、白采同一立场。是以蒋公被迫辞职后，愤激而以粗话骂人。"①

　　虽然，蒋介石对何应钦极为不满，但他的主要敌人是桂系的李、白，对何应钦仍然看作自己人。1927年10月30日，蒋介石致电正在为蒋、桂两系分配地盘的国民党元老李石曾、张静江，称：

　　曾（养甫）同志来，接读手教，不胜感慨。弟之去就，准照尊意办理。以后制度，只有主张分治。唯措辞及分配地方，应须慎重研究。敬之（何应钦字）与弟，不必分划两地，只要敬之听话，则弟之事可交其一人办理也。事实亦如此，敬之亦不能离弟自立也。第一军、第七军之调解，唯任潮（李济深字）能尽其责，故弟前主张其来宁助弟而调白（崇禧）回粤桂，以免纠纷，盖黄（琪翔）先生亦不愿任潮在粤而亦有此意嘱弟，主张任潮来宁也。如桂系能自觉其长江决非其所能统治而自行退让，或以两广为其根据，则彼此当可互助而成也。

① 《关麟征将军》，第7页。

经过蒋介石一番纵横捭阖的活动,造成一种非蒋出山不可的舆论,而何应钦却反应迟钝。为此,蒋十分恼火,决心给何应钦一点颜色看。李仲公在南京接到蒋介石总司令部秘书长邵力子的一封信,说蒋介石有要事请他到沪一谈。李到上海,蒋即委他复任国民党中央政治委员会书记长,并问他:"你见了敬之没有?"李说:"敬之已来沪,但未见着。"

蒋一听何应钦在上海,便拉下了脸,声色俱厉地说:"现在冯焕章(玉祥)、阎百川(锡山)对我的拥戴电已经发出,我准备即日入京,为什么他还不发!你去问他,他在打什么主意?"

李仲公当时是在何、蒋之间走红的人物,对何应钦尚属老交情,知道事有不妙,赶紧替何解释:"没有别的,这正证明敬之对于政治感觉之迟钝,我就去催他立即发出好了。"蒋说:"好!"

李仲公到环龙路何应钦的住宅见到何,把蒋召他到沪的事告诉何应钦,并说:"他专等第一军将领们的拥戴电入京,冯、阎都发了,你何以还未发?"

李把蒋介石发火的情节隐瞒了,何应钦逗着那股执拗古板劲儿,说:"我就不像他那套独裁专制的作风,第一军发拥戴电,我得先问一问经扶(刘峙)、墨三(顾祝同)等前方将领,因为他们的复电还没有到,故而未发。"

何应钦说的是实话,他对待原第一军的亲信们,从没摆过架子,与蒋的独断专行、颐指气使恰成鲜明对比。但他发拥戴电却要先征求也是蒋的心腹刘峙、顾祝同、钱大钧等的意见,这种无主见无定力、婆婆妈妈的迂腐,常常使蒋疑心他别有所图。因此,李仲公只得对何应钦晓以利害了。李说:"他上次因为健生(白崇禧)逼他走你未曾支持他,已经对你不满了,你这样做,岂不更增加了他对你的疑心;黄埔军校和你都是他的灵魂,你发电还要征求将领们的意见,这个理由,怎好拿去回复他。我看,你今天必须把电发出才好,否则……"何这才不自然地说:"好嘛,就请你代我拟一个电好了。"①

---

① 《文史资料选辑》第36辑,第210—211页。

何应钦放了这个"马后炮"后，蒋介石于 1928 年 1 月 4 日在南京宣布就任国民革命军总司令。2 月 9 日，蒋介石在未通知何应钦的情况下，来到徐州何应钦的总部，宣布撤销何应钦的第一路军总指挥职务，调任总司令部参谋长。

蒋介石以突然袭击给何应钦一个下马威，对此何应钦十分恼火，他说："老蒋对我究竟是何意思？他昨夜到徐州去也不通知我，调我为总司令部参谋长，把我的面子丢尽。不管怎样，我绝不就，听候他发落好了！"

经李仲公、王伯群极力劝阻，何应钦咽下了这口气。随后，蒋又叫李仲公传话给何应钦："你去告诉敬之，不要打错主意；上次白健生逼我，如果他说一句话，我何至于下台。他要知道，而且必须知道，没有我蒋中正，绝不会有何应钦。他怕白崇禧，难道就不怕我蒋中正吗？这次的拥戴电，他竟迟迟不发，是何居心？现在桂系向北方大肆宣传，说我已不能掌握黄埔军队，能掌握的只有何应钦。……所以，我就来前方试试看，我究竟能不能掌握黄埔军。"蒋越说越激动，最后说，"叫他滚出洋去吧，看我离了他行不行。"经过李仲公的一番巧言劝解，一再担保何应钦没有异心后，蒋才止怒，缓和口气说，"敬之对政治认识不清，你须同伯群多帮助他才好。"①

经过蒋介石的一打一拉，何应钦更加谨小慎微，小心翼翼地为蒋介石效力，成为蒋介石最忠实的助手。

三、虚多实少的头号助手

从 1928 年起，何应钦都是以蒋介石黄埔系头号助手的身份出现的。无论是开编遣会议，还是新军阀混战，以及"围剿"红军，何应钦都是主要角色，为蒋介石东征西讨、北征南伐，立下汗马功劳。何应钦还是国民党内最著名的军方亲日派头目。1933 年 3 月 12 日，何应钦取代张学良，担任军事委员会北平军分会委员长，全权控制平、津及华北各省的军政事务。何应

---

① 《文史资料选辑》第 36 辑，第 212-213 页。

钦与另一著名亲日派头子、北平政务委员会委员长黄郛搭档，忠实执行蒋介石的"攘外必先安内"政策，面对侵华日寇的蛮横无理及肆意凌辱，何应钦采取逆来顺受的可耻态度，助长日寇的侵略气焰。何应钦、黄郛主持，与日本签订《塘沽协定》，并承认"何梅协定"，出卖华北五省二市主权。

从 1930 年 3 月 3 日起，何应钦担任军政部长，直到 1944 年 11 月 20 日，一共 14 年多。军政部是军事委员会下最具实权的一个部，但蒋介石赋予何应钦的实权是有限的。

周仲超在《何应钦的四大奇功与三大憾事》一文中说："何应钦任军政部长……但事实上军中人事，乃蒋自己掌握，主其事者为亲信林蔚，他为避嫌不欲与闻；管军费者为蒋氏老师周骏彦，周逝世后亦为蒋直接委派之陈良，何为避嫌更不敢与闻其事。其既无一私人，谁会为他搞钱？"[1]

李仲公也说：何应钦"连用一个营长都要签请批示；至于黄埔学生之进退，更是要通过蒋所直接领导的'黄埔同学会'的核心组织才敢签呈"。而对于"党国大计，更只有匡逢将顺，不敢随便开口，主持议论"。[2]

说何应钦位高权轻，这是不争的事实；但说他"无一私人"则似乎言过其实。事实上，在国民党军队中形成了与陈诚系抗衡的何应钦系，黄埔教官和学生出身的顾祝同、刘峙等就是这一派的人物。何应钦有一个特点就是优容或者说纵容部下。有论者指出：何应钦"优容部曲，优容之极，近于纵容，一入何氏之门，说露骨点，一旦插足于何系之内，无论天大的错事，何氏都会临事代顶和事后原宥的。以贪污荒唐著名如兵役署长程泽润，蒋委员长盛怒枪毙之前，何氏尚代求情，可知其宅心之厚与庇护之深。于是，何系军政人物，对何真是感恩无极，何是冬天的太阳，温暖可爱，不像陈辞修那样冷酷无情"。[3]由于何应钦的这套作风，使得他很得国民党中上层将领的尊敬和

---

① 台北《传记文学》第 66 卷第 4 期。

② 李仲公：《我所知道的何应钦》。

③ 董之笔：《何应钦组新阁》，《政治新闻》第 1 卷第 4 期，1949 年 2 月 21 日。

拥戴，人缘很好。

此外，何应钦利用他的地位，引荐了一批贵州人，武将方面有何绍周、宋思一、陈铁、刘汉珍、牟廷芳、王伯勋、张涛、林光亚、戴之奇、韩文焕、韩文源、王文彦、龚愚、王景渊等；文人方面，如傅启学、叶纪元、张志韩、刘健群、何朝宗、何梦麟、王漱芳、史维焕、谭克敏、袁慕辛、刘燧昌等。

四、西安事变中的表现成悬案

1936 年 12 月 12 日，西安事变的突然爆发，使何应钦与蒋介石的关系又进入了一个转折点。对于何应钦在西安事变中的表现，至今众说纷纭，成为一桩悬案。

军事委员会委员长蒋介石被擒，论理，军事委员会副委员长冯玉祥名正言顺地应当代理委员长职务。但是对于蒋介石集团来说，冯玉祥是异己分子，蒋介石集团的人对他不信任，于是，由蒋介石的密友戴季陶首先提议由孔祥熙负责行政院，何应钦负责军事调动，为此冯玉祥提出了抗议，他说："不成，参谋总长是军令机关，而军事委员会尚有办公厅主任！"言下之意，除参谋总长程潜、办公厅主任朱培德外，还有我副委员长，岂能轮到军政部长何应钦！冯玉祥的抗议于法有据，但蒋介石集团凭借人多势众，否决了冯的抗议。陈立夫晚年在接受采访时直言不讳地说："我们感到最大的问题是冯玉祥，他是军事委员会副主席（应为副委员长，以下同——笔者注），态度不明朗。作为军事委员会（委员长）的蒋先生掌握着全部军权，副主席有名无实，类似于副总统。通常，冯玉祥没有任何权力。照理说，蒋先生被关在西安，应该指定冯玉祥接任。但是，怕他利用这一位置制造麻烦。重要的问题是委任少数人负责。我们组织了一个委员会。何应钦被委任全权负责，计划军事行动。我想，这是一个非常合适的选择。蒋先生还活着，怎能将全部权力移交给副主席！我们希望避免可能出现的情况，久拖不决。"

陈立夫接着又说："值得讨论的是冯玉祥。蒋先生出事，冯玉祥继承他的军事委员会主席的位置。他也许不会利用这一机会来提高自己的地位。但是，从长远的观点来看，我相信个人目的指引着他。这种自私的家伙肯定隐藏在冯玉祥一类人里面，但是，在这个时刻，他们不可能很好地得到表现。如果他们这样做，他们将处于攻击之下。"①

在 12 月 12 日深夜召开的国民党中央紧急会议，决定"张学良撤职查办，军队归何应钦调遣"。这样一来，何应钦取代蒋介石掌握国民党军权，成为南京政府里的关键人物。

对于何应钦在西安事变中的表现，有一种说法流传很广，说何应钦是亲日派，他主张讨伐张、杨，其"目的在造成内战，不在救蒋"，甚至说"实欲置蒋于死地"。王晓华、张庆军认为："说何应钦有取蒋代之的野心不是空穴来风，这段时间，他活动频繁，一方面电促在意大利养病的汪精卫迅速回国，并与王伯群拟订了'统一党国，革新政治'的方案，准备推举汪为国民党总裁，自己任军事委员长，还提出了各院院长人选；另一方面，他积极寻求外界支持，西安事变后的第三天，就密派他的兄弟何辑五飞抵西南找刘湘、龙云，以图壮大声势。他还准备以讨伐为名派飞机轰炸西安，对蒋介石生死置之度外。"②

近年来，有文章对此结论提出怀疑。笔者认为，当事人陈立夫的说法值得重视。陈立夫说："我想，编写西安事变的历史将特别困难。如果何应钦不提出派遣讨伐部队，他可能被指责为和张学良共谋。如果何应钦更聪明，他在表达自己的观点时应该有所保留。他可以说，中央告诉他做什么，他就做什么。这样，他将不负责任。他处在一个特别困难的地位上。我充分同情何。就我所知，他不会利用形势。我为他说了这么多。我不认为他有任何自私的目的。"③

西安事变，由于孔祥熙、宋美龄、宋子文等蒋氏亲属的力争，最终和平

---

① 杨天石：《海外访史录》，第 464、467-468 页。

② 王晓华、张庆军：《多棱镜下的蒋介石》，第 381-382 页。

③ 杨天石：《海外访史录》，第 468-469 页。

解决，主战派的主张未能付诸实施，何应钦即使有取蒋而代之心，也无从着手。蒋介石于1936年12月26日回到南京后，睚眦必报的蒋介石对何应钦不仅没有加以处罚，而且赋予他处理西安事变"善后"及川康整军的重任，蒋介石的态度也许能说明一切。

五、抗日态度暧昧，反共立场鲜明

抗日战争爆发后，何应钦出任军事委员会参谋总长兼军政部长。按照条例，参谋总长为军事委员会委员长的幕僚长，指导军事委员会所属各部、会、厅，襄助委员长处理军委会一切业务，并设副参谋总长，辅助参谋总长，处理军委会一切业务。但实际上，抗日战争时期，大本营负责战争筹划和指挥的是副参谋总长白崇禧，军令部部长徐永昌，军令部次长刘斐、林蔚等人，徐永昌在日记中说："敬之对作战向无主张。"可见，何应钦的主要工作仍在主持军政部。

何应钦是著名的亲日派，对于抗日战争是没有信心的。卢沟桥事变爆发后，何应钦就请徐永昌"谏蒋先生缓开战"。全面抗战终于打起来了，何应钦仍想主和。冯玉祥在1937年11月22日的日记中写道："昨日汪（精卫）、何（应钦）、居（正）、孔（祥熙）等包围蒋先生，请其主和，经蒋先生拒绝，并着汪等就商于李（宗仁）、白（崇禧）诸人，汪先生探询李意，复经李予以难堪，于是诸人方于昨日离京。"

在国民党内部，李宗仁、白崇禧、冯玉祥、李济深等人都是坚定的抗日派。冯玉祥且说，论抗日态度之坚决，中共第一，李、白第二。汪精卫、徐永昌等主和派与李宗仁商量的结果是自讨没趣。汪精卫等终于投敌，而何应钦的态度，正如有学者指出的，是"战和徘徊中跟随蒋中正委员长走"。蒋介石要投降，何应钦也跟着投降；蒋介石继续抗战，何应钦也就继续留在抗战阵营内。

何应钦尽管未投敌，但厌战情绪则不免时常流露出来。冯玉祥在1939年6月18日的日记中说："前天的国防最高会议上，何某之厌战，孔某之云财政无办法,均是汉奸走狗一流,委员长好不高兴。"

何应钦还时常哀叹"我看要亡国",处处流露出民族失败主义的论调。[①]

如果说何应钦对抗日态度暧昧,那么,对反共他则是态度鲜明的。

在艰苦卓绝的敌后战场,中国共产党领导的八路军、新四军得到发展壮大,何应钦与蒋介石一样对此极为恐惧。何应钦参与的第一次反共高潮被中共打退后,并不甘心,开始策划更大的反共阴谋。白崇禧鉴于新四军在长江流域的发展壮大,威胁到桂系在安徽的地盘,力主调新四军"往河北,不惜将冀省及鲁北划与共军"。[②]白崇禧的提议,蒋介石、何应钦均表赞成。

在蒋介石授意下,何应钦与白崇禧于1940年10月19日发出致八路军正、副总司令朱德、彭德怀和新四军军长叶挺的"皓电",12月8日,又发出"齐电",为第二次反共高潮制造舆论。在此之前,从1939年9月起,何应钦下令停发了新四军的经费。自1940年10月起,又停发了八路军的军费。对此,朱德、彭德怀曾发出通电,严厉谴责何应钦:"敝军经费特少,早已饥寒交迫,今并少数经费而亦停发,不啻置敝军于死地。"要求何应钦"取消惨无人道之乱命,维持艰难百战之饥军"。但何应钦置若罔闻,企图从经济上扼杀八路军、新四军。在反共舆论造成后,蒋介石悍然下令顾祝同围歼新四军。经八昼夜血战,新四军3000多人遇难,4000多人被俘,军长叶挺亦被俘。

震惊中外的皖南事变爆发后,周恩来打电话给何应钦怒斥道:"你们的行为,使亲者痛、仇者快,你们做了日寇想做而做不到的事,你何应钦是中华民族的千古罪人!"[③]

1941年1月30日,蒋介石悍然下令撤销新四军番号,命令称:"该新编第四军抗命叛变,逆迹昭彰,若不严行惩治,何以完成国民革命军抗战之

① 《徐永昌日记》,1944年8月25日。

② 同①,1940年7月17日。

③ 《南方局党史资料大事记》,重庆出版社1986年版,第134页。

使命，着将国民革命军新编第四军番号即予撤销，该军军长叶挺着即革职交军法审判依法惩治，副军长项英着即通令各军严缉归案，藉申军纪、而利抗战。"

为分化新四军，何应钦还异想天开，主张消灭原来的新四军，另为叶挺编一支新四军，何应钦的"高见"，得到军令部长徐永昌的赞成，他们认为"可借此以暴'共党阴谋'，使叶挺有地位落实也"。[1] 但叶挺大义凛然，何应钦、徐永昌等人的阴谋只能以笑柄收场。

何应钦的顽固反共态度，也引起了英美舆论的忧虑。1942 年 12 月 7 日出版的美国《时代》周刊发表文章，评述国民党十中全会，称何应钦"为反对共党最力之人"。[2]

英国《新闻纪事报》驻重庆记者格尔德在《关于中国的近况》一文中指出："在军事方面，和中国共产党人成立协定的主要障碍之一，是军政部长何应钦，他稳稳地坐在马上。假如何应钦得到示意，他很快就会进攻共产党的，只有委员长才能这样示意何应钦。"

六、与陈诚争宠失势

从抗日战争爆发至 1944 年 11 月，何应钦的本职是军政部部长。

军政部下辖总务厅、军务司、军法司、马政司、交通司、兵工署、军需署、军医署、兵役署等，是军事委员会下最有实权的一个部，责任极重。徐永昌认为："何敬之平易近人，亦有足多，唯轻率浅薄，实不堪任机要。"[3]

以何应钦这个老好先生来掌管权力最大的军政部，必然是权力下移。何成濬在 1942 年 3 月 23 日的日记中写道："军政部事务太繁，部次长无暇顾及此等细事，一切权皆操在司员之手，其底蕴实不便尽言也。"权力下移的结果是，军政部弊病丛生，兵役尤为各方指责的焦点。

---

[1] 《徐永昌日记》，1941 年 1 月 15 日。

[2] 《是盐米会，不是历史》，1942 年 12 月 7 日出版的美国《时代》周刊。

[3] 《徐永昌日记》，1942 年 4 月 2 日。

徐永昌在日记中写道："近来由于舆论之恶孔及军事责何（应钦）之日甚，更有讥骂二陈者，外报因亦有必去孔（祥熙）、何（应钦）、二陈（果夫、立夫）中国乃能言改革之言论，日来议者以为蒋先生若不能去诸子，其自身亦不能见谅于国人云。"对于外国人的议论，徐永昌为何应钦辩护道："余以为平情论之，孔诚贪黩，恶国；何则仅不胜其任，若使其权责减轻任一较小事，似尚为难得之才。"[1]

何应钦办理军政表现出无能，逐渐引起蒋介石不满。1944 年 7—8 月间在重庆黄山召开的整军会议上，蒋介石声色俱厉地指责军政部："我们自己须知军队之贪污腐化，皆由我们军委会军政部所造成，以后倘再有缺额糜补食用等之造恶办法，皆为军需署责任，即如发给部队衣料绝不是所收进的原货，补充团到渝领物，每次须破费累万行贿军政主管或属员。兵役之坏，死亡载道，一切坏事恶行不胜枚举，如此种种败坏，是谁之责？你们知也不知？（声色俱厉，数数击案如山响）如师管区职员，皆军政部所派之腐化分子，而不能更换；师管区司令纵有如何能力亦无能为力，现在所最腐化的就是兵役及一切后方业务，因后方皆为一切所有腐化分子所把持，永不能有所振作。此次会议，尤其预算大的机构应切实公开，大家拿出良心，为公不要为私的痛加改革。如再不能有效，本委员长即不再姑息情面，必惩处各该主官。后勤与军政不应分之部分一定要合起，不得藉分任推委（诿）塞责。其次军队中有名无实之单位应尽量裁汰，以后兵役、军需应速彻底革新，否则，即以军法从事。本委员长禁止宴会，而军需等负责者每饭必吃几处，不悉何以如此不遵命令。经此次会议，如再不能改革，真无面目再见人。法规皆无大错，过去皆怪我不能监督，不能行法，照此情形，应发装（物）品如何能实实在在到军队？以难得之资粮，养不可要之人员，真对不起死的生的士兵，

---

① 《徐永昌日记》，1944 年 9 月 30 日。

希望各负责主官激发天良，从此洗涤更新。"①

蒋介石急于让军政部改变形象，但何应钦仍然"全无觉悟"，对整顿军政顾虑重重。如蒋介石要求将军队缩编为 200 个师，而何应钦顾虑缩编太多，被裁的将领无法安置，因而力争编 240 个师，等等。

唐纵在日记中写道："晨赴黄山开会，会议中（何）总长论调，总是取消改革主张，为委座所斥责。委座云，此次会议必须要改变大家的脑筋，改变大家的认识。此次委座训话各点，其中有不少采用我与企之、真夫之报告。我所建议各事，亦已为委座所采纳。总长留山未归，似在俟机，再与委座进言，设法取消。总长两次与我谈话，使我苦于应付。忖总长尚未至于改变之时机，恐失言而未敢言。"②

何应钦不听话，蒋介石决定走马换将，以敢作敢为且忠心耿耿的陈诚取代何应钦。据王正元的《监听专员见闻录》称，在 1944 年 6 月的一个晚上，蒋介石找何应钦谈了 90 分钟，委婉地提出要何应钦辞去军政部长职务，并让何推荐继任人选。何表面表示同意，但内心有所抵触。他知道蒋有意让陈诚接任军政部长，但他与陈诚因争宠已成水火，因此，偏偏不提陈，却推荐顾祝同、钱大钧、陈继承。蒋介石看到何应钦的辞呈后，马上毫不客气在何的辞呈上批了四个大字："辞修何如？"辞呈退到何应钦那里，何气愤地说："好吧，就叫他来接吧！"说着便把这份有蒋介石批示的辞呈，往办公室的抽屉里一塞了事。事情就这样拖了下来。

为了给何应钦一点颜色，蒋介石在各种场合对军政部官员声嘶力竭地责骂，扬言要将军需署署长陈良交军法审判，并予以枪毙。1944 年 8 月 30 日，又借故将何应钦的亲信、兵役署署长程泽润加以杖责，并下令将程泽润等一干人员拘捕，交付军法审判后枪毙。在对何应钦猛击几掌后，蒋

---

① 《徐永昌日记》，1944 年 7 月 21 日。
② 公安部档案馆编注：《蒋介石身边八年——侍从室高级幕僚唐纵日记》，1944 年 7 月 28 日。

介石又决定给何应钦一点甜头，让何应钦以参谋总长兼任中国西南陆军司令部总司令。后经何应钦力争，去掉"西南"二字，改为中国陆军司令部总司令。蒋介石一打一拉，终于使何应钦服服帖帖地交出了军政部长宝座。

七、推行媚日的"以德报怨"政策

1944年12月25日，何应钦的中国陆军总司令部在昆明成立，下辖28个军、86个师及其他特种部队，随后编为四个方面军。何应钦以中国陆军司令部总司令的身份指挥西南各战区的作战、整训。从此，何应钦在黄埔系军队中二号人物的角色，事实上已被陈诚取代。何应钦政治生涯开始走下坡路。

1945年8月15日，日本宣布投降，蒋介石让何应钦主持受降。1945年9月9日，何应钦在南京中央陆军军官学校大礼堂主持中国战区日军投降签字仪式。何应钦代表中国战区最高统帅蒋介石将《日军投降书》及《中国战区最高统帅命令第一号》交给冈村宁次，冈村签署降书呈交何应钦签字。

众所周知，何应钦是臭名昭著的亲日派。何应钦在主持受降时，忠实执行蒋介石的所谓"以德报怨"的政策，把侵华日寇当成"兄弟"，把侵华恶魔冈村宁次当成"一位可靠的朋友"。

1951年1月，何应钦"以私人资格"访问日本，又作了一番丑恶的表演。他以国家民族的屈辱和血泪为代价，讨好一小撮日本战争狂人。在与日本政治评论家山浦贯一谈话时，何应钦献媚地说："我认为冈村（宁次）先生是我们的敌人，但是，战争一旦结束，他却是一位可靠的朋友。所以缴械后，我任命他为联络部长官，负传达命令与联络之责……"何应钦又说："我不过是坦率执行蒋'总统'的'以德报怨'的意旨而已，这是无足重提的。"

何应钦对双手沾满中国人民无数鲜血的日寇没有丝毫仇恨，而对中国共产党及其领导的人民武装力量却充满刻骨仇恨。他恶毒地攻击共产党"好比人身上长了一个毒瘤，根本医治，就要使用快刀割掉它"。为此，何应钦荒谬地向蒋介石建议"在黄河两岸使用日军部队协助国军作战"。[①]但蒋介石认为此举过于荒诞，没有采纳他的建议。

八、投之闲散隔洋观战

抗战胜利后，蒋介石决定按照美军顾问团的建议，改组军委会为国防部，以白崇禧为国防部长，以陈诚为参谋总长，指挥军队作战大权由陈诚掌握。何应钦则被解除兵权，派往美国当联合国安全理事会中国军事参谋团团长兼中国驻美军事代表团团长，实际上是投之闲散。

何应钦在美国，并不受美国人的欢迎。徐永昌在日记中写道："何敬之在美，不如商（震）有人缘，盖美国人之恶中国军政者，咸谓何（敬之）实致之至斯。""因美社会颇悉华人在美存款首推冯（玉祥）、张（汉卿）、何（敬之），而宋（子文）、孔（祥熙）尚居其次，其所以如此者，因冯、张、何皆原名存款，他人则不尽如此，信乎？"[②]

九、打内战力不从心

1948年4月1日，在美国闲散了两年的何应钦应蒋介石之召回国参加"行宪"国大。此时，蒋介石、陈诚指挥的内战已遭到惨败，陈诚成为各方攻击的焦点，蒋介石准备走马换将，意味着何应钦又将受到重用。在"行宪"国大上，曾经威风一时的陈诚，成为过街老鼠，部分国大代表喊出了"杀陈诚以谢天下"的口号，何应钦眼看政敌垮台，心中不免幸灾乐祸。

蒋介石在四面楚歌声中爬上"总统"宝座，有意让张群组阁，但在立法院假投票时，何应钦得票超过张群。南京斗鸡闸何公馆大有成为政治中心的架势。张群闻讯后，连忙离开南京潜赴四川。按理蒋介石应该提名何应钦组

---

① 《江苏文史资料选辑》第5辑，第230页。
② 《徐永昌日记》，1947年3月5日。

阁，但蒋介石却偏偏不提何应钦，而将无根无派的一介文人翁文灏推了出来。何应钦的组阁梦就这样被蒋介石粉碎，不得不连夜举行记者招待会，宣布自己"无意"出来组阁。①

对于蒋介石此一反常之举，万耀煌后来解释说："总统与何之间有解不开的结，早在十六年北伐军自山东退回浦口时，蒋先生召集将领会商，李、白说宁汉可以合作，有蒋在不能合作，何不讲话，蒋先生只好下野到日本去，不久回来复职……他亲日到徐州，一张条子把何调为总参谋长，此后没给何什么实权，此次假投票居然得票最多，在军中何没有力量，而在政治上竟有这样大的力量，愈增其不安，在这种情况下才推翁文灏组阁。"②

蒋介石不让何应钦组阁，却让何担任了翁文灏内阁的政务委员兼国防部长。

1948年8月上旬，蒋介石在南京召开军事会议。8月3日，蒋介石在会上作了一个题为《改造官兵心理，加强精神武装》的讲演，将国民党军在内战中的失败归咎于战场指挥官精神堕落，生活腐化，革命信心根本动摇，责任观念完全消失。会议第三天，何应钦以国防部长身份作军事报告。何应钦在照例吹嘘了一番所谓"胜利"以后，将国民党军在历年内战中的损失和盘托出：兵员死伤、被俘、失踪总数共300余万人；损失步枪600万支、轻重机枪约7万挺、山炮野炮重炮共1000余门、迫击炮小炮共15000余门。还有战车、装甲车、汽车以及大批的通信器材和大量的各种弹药数字。听了何应钦这个触目惊心的报告，会场顿时炸了锅。

蒋介石没有出席当天的会议。但何应钦报告的内容和会场的气氛，自然当天就汇报到了蒋介石那里。参加会议的侍从秘书曹圣芬事后告诉宋希濂：

---

① 董之笔：《何应钦组新阁》，《政治新闻》第1卷第4期，1949年2月21日。

② 《万耀煌先生访问纪录》，第451页。

"当我们共同把会场情形和何部长报告内容向总统报告时，先生（指蒋介石）气得满脸红涨，连胡子都翘起来了，两手撑着腰在室内走了许久。"

宋希濂是参加了这次会议的，他分析，何应钦之所以要把那些令人沮丧的数字公布出来，其用意有二："第一，两年来对人民解放军作战失败得这样惨重，表明他是不负任何责任的；因为军队指挥权和军政大权这两年来都是由陈诚掌握着。第二，1944 年蒋介石和陈诚迫使何应钦交出军政部长之职，其后又派他到美国纽约去充当派驻联合国的军事代表团团长，既无实权，又无事做，何应钦是极不甘心的。他这样作报告，实际上就是对蒋介石和陈诚的泄愤和报复。"[①]

何应钦总算借此机会出了一口气。但牢骚归牢骚，何应钦作为国民党政权的国防部长，不能不为蒋介石的内战继续撑门面。国民党军越是接近失败，蒋介石越是不相信任何人，他越来越喜欢越过国防部长和参谋总长，直接指挥作战。

据美国顾问团团长巴大维在一份报告中说："国防部长何应钦怀着若干痛苦心情向我抱怨说，蒋委员长时常直接发布作战命令，不通知他或参谋本部。这是众所周知的蒋委员长的失策。"陆军大学校长徐永昌在他的日记中记载："蒋先生……即对何敬之亦然，只用其作陪衬。"

在淮海战役前夕，何应钦鉴于"守江必守淮"的战略原则，提议由白崇禧统一指挥中原各军。蒋介石对白崇禧尽管不放心，但在手下大将一个个落马的情况下，也不得不把反败为胜的希望寄托于有"小诸葛"之称的国民党名将白崇禧，于是同意何的建议。1948 年 10 月 24 日，何应钦致电白崇禧，告以蒋介石同意由他统一指挥华中、徐州两个"剿总"的国民党军团，与解放军在中原决战。30 日，白崇禧由汉口到南京，满口同意统一指挥，并且同意何应钦的守淮计划。但到次日继续开会时，白崇禧却突然变卦，坚决不

---

① 宋希濂：《鹰犬将军——宋希濂自述》，第 270 页。

肯统一指挥华中、徐州两个"剿总"。无论何应钦怎样央求，白崇禧均执意不从。何应钦对此大为不解。其实，30日晚白崇禧见到李宗仁，李告诉白，美国有意让蒋介石下台，扶李宗仁上台。白崇禧听到这个消息后，立即决定不再为蒋介石卖命，因此才有了31日白的幡然变卦。白的拆台之举，使蒋介石在中原与解放军决战的计划不得不再次修改，弄得手忙脚乱。徐蚌会战的结果，国民党军最后的几支主力依次被刘伯承、陈毅、邓小平、粟裕等指挥的解放军歼灭。

11月26日，翁文灏内阁在国民党政权崩溃前夕总辞职，何应钦亦连带辞去行政院政务委员兼国防部长。

十、被桂系捧上行政院长宝座

蒋介石在1949年1月21日下野前，为使兵权不致落入桂系李宗仁、白崇禧之手，有意让何应钦以海陆空军总司令名义掌握军权，但何应钦拒绝了。

徐永昌日记记载："据悉，何敬之不受蒋先生畀以海陆空军总司令名义避而去沪，渠亦曾为余言，蒋先生仍处处掌握不放，徒拥虚名，我何为者？"[①]

何应钦不仅拒不接受徒有虚名的海陆空军总司令名义，而且躲进了上海江湾陆军总医院，治疗痔疮痼疾。有一天，国民党高级将领汤尧到医院看望何应钦，何留汤长谈解闷。汤说："大局如此，你是党国柱石，怎能心灰意懒？任何一个朝代，没落消亡，总要有一二孤臣孽子，为历史点缀，你不能常住医院里。"何应钦听了这话，立即愤愤不平说："叫陈诚去当孤臣孽子吧！我不够资格。告诉你说，连黄伯韬的死，都是不值得的。黄伯韬打了多少死仗，死后抚恤，你是知道的，不必说他。他生前当一个兵团司令，好不容易。因为陈诚编遣别人，扩充自己，做的太露骨了。连我和墨三（顾祝同的别号）手下的黄埔学生，都惴惴自危，都来怂恿我和墨三去和蒋说话。我知道说也

---

① 《徐永昌日记》，1948年12月28日。

无用，叫墨三去说说看……"①

可见，何应钦对蒋介石不信任他、陈诚排挤他，依然愤愤不平。

为了安抚何应钦，蒋介石在 1949 年 1 月 21 日下野前夕，特地写了一封信托张群送到上海。蒋在信中写道："敬之吾兄勋鉴：贵恙谅已痊可，局势艰难，如可尽其一分心力，还需共同撑持，以冀补救万一。中正以为只要各党能团结一致，则尚有收拾之可能，并无不可为之理。尚望吾兄力疾晋京，无论为公为私，对上对下，皆应积极负责，勉尽天职也。余托岳军（张群字岳军）兄面达，不赘。顺颂愈安！中正手启。"②

张群在医院见到何，转达蒋介石让他出山的希望，何表面虽无异议，却以伤病未痊愈，尚须疗养为由，拒绝立即出山，使张群扫兴而去。

李宗仁于 1949 年 1 月 21 日上台后，将与其有前嫌的行政院长孙科赶下台，提名何应钦组阁。李宗仁、白崇禧、顾祝同、吴忠信等轮番出面向何应钦劝驾，但蒋介石不点头，何应钦不敢答应。而蒋又对何应钦与李宗仁搭档颇不放心，迟迟不点头。张治中看透了蒋的心思，连忙劝蒋："你要不同意由何敬之来组阁，内阁组不成，李又要来抱怨你，把责任推给你了。而且你希望何任副院长兼国防部长，何是一定不会干的。"③

经张治中这么一说，蒋才勉强同意由何应钦组阁。蒋随即写了一封亲笔信，托张治中带给何应钦。蒋在信中写道：

敬之吾兄勋鉴：礼卿、文白二兄来奉，关于大局与个人之出处，均已详讨甚切。中以为只要于革命前途有益，使旧属官兵有所依托，而不致散乱，以保全革命硕果之基础，则兄应毅然应命，更不必论职位之尊卑，与个人之得失。此为中对革命责任之基本观念，亦望吾兄能以中之意志为意志，承当

---

① 《文史资料选辑》第 21 辑，第 224—225 页。
② 《何应钦将军九五纪事长编》（下册），第 979 页。
③ 《张治中回忆录》，第 790 页。

此艰危之局势也。余托礼卿、文白二兄面详一切,恕不赘述。

顺颂时社!

中正手启①

1949年3月12日是何应钦的60岁寿辰,蒋介石又派专人向在杭州避寿的何应钦送去了亲笔题写的寿轴:

敬之同志六秩大庆

安危同仗甘苦共尝

中正敬祝

何应钦接到蒋介石的信和寿轴,犹如接受了委任状一般,立即由杭州回南京组阁。何应钦如愿以偿,当上了阁揆,爬到了他政治生涯的顶峰。但远在溪口老家的蒋介石却怎么也高兴不起来。

万耀煌说:"总统有亲笔信支持何组阁,其实何要过过行政院长的瘾,总统还能挡吗?蒋何之间的不愉快不会消除的。"

张群也说:"何当行政院长,老先生怎能高兴起来?"②

何应钦虽然当了行政院长,但他夹在代总统李宗仁与国民党总裁蒋介石两个"婆婆"中间,一事无成。白崇禧对他的评价是"太不担事"。

据说,国社党的首领张君劢曾向蒋建议,真正把军事交给何应钦,外交交给王世杰,以便他们替蒋收拾烂摊子。蒋立即对张君劢说:"你不识敬之的为人。"张自知造次,只好缄口。

李宗仁回忆录披露:何应钦私下曾告诉李宗仁,他在南京早有特务跟踪,稍有不慎,即有杀身之祸!这样一来,何应钦即算当了行政院长又能有什么作为?何应钦无奈地发牢骚说:"李德公让我来分蒋先生的兵权,蒋先生要

---

① 《何应钦将军九五纪事长编》(下册),第990页。

② 《万耀煌先生访问纪录》,第467页。

我掩护他的兵权，德公利用我分蒋先生的实力，蒋先生利用我保存实力，我成为轴心，两面不讨好，我也不干了。"①

何应钦在行政院长任上所做的一件大事就是拒绝以张治中为首的国民党政府代表团和以周恩来为首的中共代表团达成的《国内和平协定（最后修正案）》。当黄绍竑携带此项协定回到南京，向李宗仁、何应钦请示签字时，何应钦称"此项《和平协定方案》，充满了征服与接收的姿态，毫无对等谈判意味"。"就精神上说，根本不是和平的精神，更不是双方平等协商的精神。如果说是降书，比我们当年向日本提出的受降文件苛刻得多"。因此，何力主拒绝。4月20日，李宗仁、何应钦联名致电在北平的国民党政府代表团并转中共代表团，断然拒绝和平协定。4月21日，毛泽东、朱德一声令下，解放军百万大军横渡长江，向江南进军。

对何应钦的顽固态度，蒋介石是赞许的。他说："在北平交涉中业已取屈服态度的张治中等人，乃要求李宗仁予以接受。李宗仁也正要表示这个态度时，但行政院院长何应钦等坚决反对，故于20日予以拒绝，'和谈'遂致决裂。"

国民党的长江防线崩溃，何应钦仓皇逃至广州。两头受气的何应钦只好向李宗仁辞职，李宗仁挽留，但何应钦却以沉痛的语调回答："德公如要我继续干下去，我只有两条路可走：一就是逃亡，二就是自杀。"

何应钦话说得如此决绝，李宗仁只好接受何的辞呈。李宗仁、白崇禧还希望何继续留任国防部长，但何不愿再恋栈，他对白崇禧说："已具百分之百决心（求去），纵后世詈其××，亦不之恤。"

5月30日，何应钦内阁总辞职。

十一、主持冷曹闲衙

国民党残余败退台湾后，蒋介石在台湾清理队伍，重建小朝廷。

---

① 《万耀煌先生访问纪录》，第469页。

何应钦的政敌陈诚再次为蒋介石所重用，先后担任"行政院长"、国民党副总裁，成为仅次于蒋介石的二号人物，而何应钦被蒋介石安排担任"战略顾问委员会主任委员"。"战略顾问委员会"名义上是最高军事咨询机构，实际上是安置失势高级将领的冷衙门。在国民党改造时，何应钦又被挤出"中央委员会"，只担任"中央评议委员"。从此，何应钦基本上退出政坛。此后即以讲述蒋介石的"行谊"等打发光阴。

面对陈诚的受重用，而自己坐冷板凳，何应钦也难免要发发牢骚。徐永昌日记中就记载了不少，其1954年5月28日的日记云："下午小组会，陈伯南（陈济棠字）主持，在张岳军（张群字）寓所举行（张新任'总统府秘书长'），仍讨论党的干部政策，仍无结论。何敬之询何以几个月不闻秘书长报告中央情事，如其以评议委员老而无用，不如径令滚蛋，这都是秘书长失职，应予处分，乃尚升迁何也（张其昀新升'教育部部长'）。"[①]

牢骚归牢骚，何应钦的失宠已是无可挽回的事实。1987年10月21日，何应钦病逝于台北荣民总医院，终年98岁。

---

① 《徐永昌日记》，1954年5月28日。

第二节 "福将"刘峙

有人说刘峙是"福将"。但也有人认为，刘峙不配称"福将"，只能称为"庸将"。其理由是："'福将'与'庸将'不同，虽两者的区别至微，同样需要雍容大度，然而'福将'的禀质是天赋的，宽大之中有严峻，糊涂之内有精明，国民党前期军人如李福林（登同），后期军人如刘峙（经扶），只是风云际会的'庸将'而已，外间所恭维的'福将'称号，根本上便是不够资格的。"[①]然而，就是这么一名平庸之将，却屡屡被蒋介石委以重任，多次充当指挥百万国民党大军的战区统帅。

一、"校长命令我干什么，我就干什么"

刘峙

刘峙（1892—1971），字经扶，江西吉安县人，早年先后就读于湖南陆军小学、武昌陆军中学、保定军官学校。1916年5月从保定军校毕业后，分发冀东开平巡防营，不久南下广东参加护国军。历任两广护国军司令部上尉参谋、连长、营长，孙中山的大本营游击第一支队队长、许崇智的东路讨贼军总司令部中校参谋兼卫队队长，军事参议。1924年夏，经何应钦介绍，刘峙到黄埔军校任战术教官。从此，刘峙开始了追随蒋介石的生涯。

1925年4月，黄埔军校教导第一团、第二团成立党军第一旅，何应钦任旅长兼第一团团长，沈应时为第二团团长，刘峙任第一团二营营长。刘峙率部参加了东征和平定刘、杨叛乱的战斗。1925年6月，党军第一旅扩充为第一师，师长何应钦，刘峙、沈应时、钱大钧分任第一团、第二团、第三团团长。1926年2月，刘峙升任党军第二师副师长兼参谋长，旋升师长，

---

① 董之笔：《何应钦组新阁》，《政治新闻》第 1 卷第 4 期，1949 年 2 月 21 日。

下辖蒋鼎文、陈继承等团,驻防广州。3月20日,蒋介石发动"中山舰事件",刘峙忠实地执行蒋介石的命令。当蒋介石召集卫戍部队讲话时,刘峙紧跟着宣读了要逮捕的共产党人名单,随即扣押了在第二师及海军中的全体共产党代表及共产党员。当晚,曾经担任过黄埔军校政治部主任的共产党员包惠僧找到刘峙提出质问,刘峙回答说:"我也不完全了解,我是以校长的意思为意思,校长命令我干什么,我就干什么。"这几句话,实际上成了刘峙一生的座右铭。

1926年7月,北伐战争开始,刘峙率第一军第二师作为总预备队,随国民革命军总司令蒋介石行动。9月,刘峙指挥第二师参加了攻打武昌的战斗。第二师前进到离武胜门三四十米处,敌军居高临下,用机枪、大炮和手榴弹还击,刘峙的第二师炮火效力甚微,压不住敌人火力,无法前进。第二师第六团代团长殷尔埃却谎报部队攻进了武昌城,刘峙接报后,不加核实,立即转报攻城总指挥第四军副军长陈可钰。陈可钰接报后,信以为真,立即命令第十师和第三十五团随刘峙的第二师进城,结果遭到守敌炮火轰击,造成伤亡。陈可钰事后查明,刘峙的报告完全不是事实。

武昌久攻不下,蒋介石决定对武昌实行长围久困政策,随即率军进攻江西。蒋介石的嫡系第一军第一师、第二师两个师由第一军代军长王柏龄统一指挥,参加了攻打南昌的战斗,但其表现却让蒋介石这个总司令大丢面子。王柏龄生性喜好渔色,占领南昌城以后,得意忘形,立即潜入妓院寻欢作乐。未料到敌军反扑,王柏龄兼任师长的第一军第一师因军中无主,在牛行车站被敌人冲得七零八落,仓皇乱窜。王柏龄脱险后,自知军法难容,匿迹后方,不敢露面,遂宣告"失踪"。刘峙指挥的第一军第二师也自动退却,使南昌得而复失。嫡系部队表现不佳,蒋介石感到脸上无光,十分恼火。他打电报给黄埔军校代校长兼教育长方鼎英,要方鼎英在教官中选几个有能力,且胆识、志气、经验、魄力和品行好的,推荐给前方部队。

王柏龄失踪后,由刘峙统一指挥第一军第一师、第二师两个师,仍为总预备队，随中央军之后前进。

1926 年 11 月，在苏联顾问加伦将军的筹划下，北伐军决定集中主要力量于南浔路沿线同孙传芳的联军决战，待消灭孙的主力后，再回攻南昌。此次作战，蒋介石任总指挥，刘峙任总预备队指挥官。总攻开始后，刘峙率第一师、第二师击溃了南浔铁路正面的孙传芳军。江西底定后，刘峙奉蒋介石之命随东路军前敌总指挥白崇禧进入浙江，在桐庐县横村埠击溃卢香亭部后进入杭州。1927 年 2 月，在松江一带击溃毕庶澄部，乘胜攻下上海附近的昆山、太仓、浏河。1927 年 5 月，刘峙升任第一路军第十三纵队指挥官，由江苏常熟北渡长江，乘胜追击至江苏灌云、东海。

1927 年 8 月 13 日，蒋介石下野后，孙传芳乘机反攻南京。其时，刘峙所部已退回江南。在杭州的刘峙闻讯后，立即命令副师长徐庭瑶指挥在江苏武进的部队西进迎敌，刘峙本人也立即从杭州赶往镇江指挥。途中，刘峙所乘火车与另一列后退的军车猛烈相撞，造成三百多人伤亡，刘峙也负了重伤。但此时的刘峙还有一股拼命三郎的劲头，重伤不下火线，直至龙潭战役结束。不久，刘峙升任第一军军长兼第二师师长。11 月，第一路军总指挥何应钦指挥北伐。开始，何应钦认为顾祝同比刘峙能干，也稳当些，打算把第一军、第九军两军统归第九军军长顾祝同指挥。但战斗打响后，刘峙的表现比顾祝同要好，使何应钦感到刘峙是个"福将"，从而打消了原来的念头。从此，在很长一段时间里，顾祝同一直隶属刘峙指挥。

1928 年 1 月，蒋介石重任国民革命军总司令，进行"第二次北伐"，刘峙升任第一集团军第一军团总指挥兼第一军军长，指挥第一军、第四军、第九军、第十军共四个军。4 月 1 日，刘峙指挥第一军团接连攻下大津口、界首、泰安、济南。日军制造"济南惨案"，刘峙奉蒋介石之命不抵抗，撤出济南，绕道至德州。6 月，北伐完成后，军队缩编。刘峙改任第一师师长。

二、征讨地方实力派立下战功

1929 年 3 月，国民党召开第三次全国代表大会，刘峙当选为中央执行委员，在蒋介石嫡系中，地位仅次于何应钦。在随后的国民党新军阀混战中，刘峙作为蒋介石嫡系中的主要人物，指挥大军东征西讨，南征北伐，为击败国民党各地方实力派立下了不少战功。

1929年3月，蒋桂战争爆发，蒋介石在九江设立讨逆军行营，亲自督师，他任命朱培德、刘峙、韩复榘为讨逆军第一路、第二路、第三路总指挥。刘峙率第二路军从九江沿长江向武汉推进。4月1日，刘峙部攻占黄冈，次日与桂军激战于五通口、新州、碾子冈、黄陂。由于蒋介石已派人收买俞作柏、李明瑞、杨腾辉在桂军内部倒戈响应，桂军无心恋战，不战而退，刘峙部兵不血刃进入武汉，刘峙出任武汉卫戍司令。不久，刘峙又出任国民党编遣委员会直辖第二编遣分区主任，负责湖北境内军队的编遣。

1929年12月1日，重掌兵权的唐生智为了实现其当一任总统的美梦，起兵反蒋，自任"护党救国军"第四路总司令，并劝蒋介石下野。刘峙奉蒋介石之命，在汉口召开讨伐唐生智的军事会议，决定兵分两路直趋许昌、郑州。刘峙并对记者声称："讨唐计划非常周密，一星期内可完全解决。"刘峙指挥部队攻占河南确山后，遇上多年不见的暴风雪，积雪数尺，气候十分严寒。刘峙主动选择阵地转取守势。唐生智部企图南下占领武汉，对刘峙部猛烈攻击，企图突破刘峙部防线。冲击一周后，部队伤亡很大。1930年1月1日，刘峙指挥第二路军向唐生智军全线发起反击，在杨虎城部的配合下，激战一天，攻占唐生智总部驻地——驻马店，唐军溃散缴械投降，唐生智化装潜逃脱险，后转往日本。

1930年4月5日，南京国民政府下令免去阎锡山本兼各职，并予以通缉。蒋介石调集军队讨伐阎锡山、冯玉祥，将其部队编为四个军团，刘峙任第二军团总指挥，指挥第一师、第二师、第九师、第十一师及三个教导师，蒋介石的嫡系精锐部队几乎全归刘峙指挥。可见，蒋介石对其信任之专。

刘峙指挥的第二军团位于陇海线正面，战争初期，蒋军处于主动进攻地位，刘峙部先后攻占了归德、柳河车站、杞县。6月中旬，刘峙指挥第二军团由杞县、太康经陈留、通许，准备奇袭开封。冯玉祥得报后，将计就计，闪开杞县、太康一线，诱敌深入。当刘峙部深入至高贤集、龙曲集一带时，被冯军孙良诚、吉鸿昌、庞炳勋等部分割包围，处境危险。蒋急令上官云相、张治中率部驰援，才使刘峙部突出重围，撤退到鲁西南曹县、定陶一带。6月底至7月初，战局开始转变。蒋介石命粤军蒋光鼐、蔡廷锴部出师衡阳，李宗仁、张发奎率领的桂张联军害怕后路被截，退回广西，蒋军在平汉线上稳住了阵脚，得以抽调主力部队增援津浦线。7月8日，蒋介石任命刘峙为津浦路总指挥，以陈诚、胡宗南部为中央军，沿津浦线北上；蒋光鼐、蔡廷锴部为右翼军，沿津浦铁路东侧进军；教导第一师、第二师及杨胜治师为左翼军，沿津浦铁路西侧进军；并命韩复榘等部沿胶济铁路西进。8月1日，刘峙指挥各部向阎锡山的晋军发起总攻。经过半个月的激战，刘峙所部于8月15日收复济南。这一战，蒋阎双方投入兵力60万人，伤亡20万人，伤亡达三分之一，可见战斗激烈的程度。刘峙部攻占济南，中原大战战局发生决定性的转折，阎、冯军开始走下坡路。

在蒋、阎、冯之间处于举足轻重地位的张学良，经过几个月的观望，于9月18日发出拥蒋通电，随即进兵关内，压迫阎、冯军，更使战局急转直下，反蒋军大势已去。10月初，蒋介石调整部队编制，组织左翼军、右翼军和中央突破军，以刘峙为平汉线左翼军总指挥，指挥上官云相、刘茂恩、杨虎城的第三、第四、第五纵队三个纵队，攻下新郑、郑州。至此，中原大战以阎、冯的大败而告结束。

为了酬报刘峙的战功，蒋介石于1930年10月7日任命刘峙为河南省政府主席兼开封绥靖公署主任。刘峙是继何应钦之后第二个任省主席的蒋介石嫡系高级将领。

1931年7月，石友三受两广反蒋派的收买，起兵7万反对蒋介石和张学良，自称第五集团军总司令。7月24日，蒋介石下令免去石友三本兼各职，并予拿办。刘峙随即以"剿赤军南路集团军总司令"的名义与"剿赤军北路集团军总司令"张学良分别出兵,对石友三实行南北夹击,很快将石友三部击溃。石友三率残部逃往山东,依附韩复榘。

三、反共有"功",蒋介石下令成立"经扶县"

1932年6月15日,蒋介石在庐山召开鄂豫皖赣湘五省"清剿"会议,商讨第四次"围剿"红军计划,决定先肃清鄂豫皖三省红军。蒋介石自兼鄂豫皖三省"剿匪"总司令,李济深为副总司令。刘峙任中路军副司令官(司令官为蒋介石兼),指挥六个纵队和一个总预备队共十六个师另两个旅,分布于豫东南和鄂东地区,采取"纵深配备,并列推进,步步为营,边进边剿"的战法,进攻黄安、七里坪、新集、商城等鄂豫皖苏区的核心地区,首先将红四方面军主力驱逐出鄂豫边境,然后东西夹击,进占以金家寨为中心的皖西根据地,再由此由北而南,将红军主力压迫于英山以南的长江沿岸而歼灭之。9月,刘峙指挥陈继承的第二纵队、卫立煌的第六纵队,先后攻占新集、金家寨。蒋介石为表彰刘峙、卫立煌的反共功劳,特别以刘峙、卫立煌的字改新集为所谓"经扶县"、金家寨为所谓"立煌县"。这是国民党政府继中山县后,第二次以人名命名县名。可见,刘峙的荣耀。

1932年10月11日,张国焘命令红四方面军退出鄂豫皖根据地后,刘峙仍回任河南省主席,并指挥国民党军对河南的苏区进行了残酷"清剿"。国民党军所至之地,庐舍成墟,田园荒芜,许多地方成了"无人区"。据统计,仅河南新县就残杀了8万人。

刘峙在河南省主席任上一直干了整整五年。1935年4月3日,刘峙被授予二级陆军上将军衔。12月12日被免去河南省主席职务,专任豫皖绥靖公署主任。

1936年12月12日西安事变发生,南京政府明令讨伐张、杨,任命何应钦为讨逆军总司令,刘峙和顾祝同为东、西两路军总司令。顾祝同对讨伐态度消极,而刘峙却十分活跃。他受命后,命令第四十六军樊崧甫抢占潼关,并令陇海铁路停止客运,分兵向西安进军。宋子文、宋美龄兄妹飞西安途中,要求刘峙不要派飞机轰炸西安，刘却置之不理，说："我听国民政府的，你管不着。"

四、昏庸无能的代名词

刘峙先后娶了三个妻妾。刘的原配夫人杨庄丽是由父母做主娶的。杨庄丽长得高大凶悍，且爱财如命。刘峙非常怕她，是有名的"妻管严"。刘峙做了一省之主，杨庄丽便伙同刘的军需处长、会计科长等，大肆搜刮钱财。

唐纵日记中写道："今天有个这样的报告，说是河南安阳县县长舞弊，为民众所告发，省主席刘峙提讯，责以贪污应治罪之意，安阳县长答云：县长是由钱买来的，若不弄钱，岂不失本？并出其省长秘书长张廷休收条一纸以呈。刘峙问张有其事否？张云姨太太手中有账可稽。刘亦奈何？"

杨庄丽利用搜刮来的不义之财，先后在南京、上海、汉口、长沙、南昌、吉安、九江等处购置了大批房产、地皮和盐井盐田，价值约 500 万银圆，成为巨富。刘峙官越做越大，享受越来越奢侈，但胆子越来越小，勇气越来越萎缩，成为一个贪生怕死、胆小怕事的糊涂汉。

1937 年 7 月 7 日，日寇发动卢沟桥事变。刘峙出任第一战区第二集团军总司令，与第十四集团军总司令卫立煌、第二十集团军总司令商震等负责防守平汉铁路沿线。刘峙坐镇保定指挥。在两个多月的战斗中，刘峙相继丢失了涿州、保定、石家庄、邢台、邯郸、安阳等战略重镇，溃退千里，充分暴露了他的贪生怕死和指挥无能，被人讥为"长腿将军"，声誉大损。刘峙奉命将指挥权移交商震。从此开始，刘峙就以国民党内最无能的高级将领而闻名于世。

何应钦为顾全刘峙的面子，向蒋介石建议调刘峙为第一战区副司令长官（司令长官程潜），驻洛阳，负责督练后方部队。1938 年夏，刘峙又调任鄂湘川黔边区绥靖公署主任兼第五预备军司令长官。

1939 年春，刘峙调任陪都重庆卫戍司令兼防空司令。刘峙身兼二职，利用职权，大捞不义之财，致使防空工程质量低劣，到 1942 年初，终于酿成闷死数千人的重庆隧道惨案。惨案发生后，刘峙的亲信又趁火打劫，不仅洗劫死者身上的钱物，而且将处于假死状态的人卡死，然后抢劫钱财。他们将劫来的一部分不义之财孝敬刘峙的太太杨庄丽，赃物送到刘家后，刘家的三房妻妾又因分赃不均大打出手，演出了一幕丑剧。消息传开，刘峙成了过街老鼠，人人喊打。蒋介石无奈，下令由吴铁城、何成濬主持特别军事法庭审问刘峙。由于何应钦的极力庇护，刘峙仅被撤销防空司令兼职，改由贺国光接任。

抗日时期的刘峙成了昏庸无能的代名词。1941年6月18日，在重庆召开清乡会议时，中央调查统计局会同重庆卫戍司令部提案请妥慎处理四川帮会及利用帮会协助地方抗战建国工作。提案还要求调帮会分子到国民党中央训练团受训。为此，刘峙受到白崇禧、刘斐的讥刺。白崇禧大谈其在广西对帮会驱逐、禁绝的故事后，讽刺刘峙："是否即令其做委员长的学生，是真滑天下之大稽，刘经扶昏庸乃耳！"[①]

1942年1月11日，在曾家岩举行汇报会时，蒋介石提议将刘峙调任第三战区司令长官，此议几乎遭到军委会高级幕僚的一致反对，军令部次长刘斐力陈"刘经扶太无能力，不堪任战区长官"。

1944年，在编组中国远征军时，何应钦提议刘峙代替陈诚出任远征军总司令，结果又遭到蒋介石的痛骂。史迪威在日记中写道："何应钦建议由刘峙（重庆卫戍司令）代替陈诚出任远征军司令，'花生米'（史迪威给蒋介石取的绰号）将其痛骂一顿。什么！你拿严峻的局势开玩笑？在这种危机里你还要玩弄政治？"[②]由此可见，蒋介石也认为刘峙已腐化不堪重用。

但到1945年2月8日，蒋介石却又起用刘峙为第五战区司令长官，以接替蒋介石不放心的李宗仁。军令部长徐永昌认为："刘（峙）诚无才。"[③]对

---

① 《徐永昌日记》，1941年6月18日。

② 《史迪威日记》，第176页。

③ 《徐永昌日记》，1945年2月24日。

于刘峙的出山，军令部次长刘斐发感慨说："以刘峙任战区长官，非用走狗而何？"

五、定陶惨败被撤职

1945 年 8 月，日本宣布投降。12 月 20 日，刘峙出任郑州绥靖公署主任，统一指挥原第一、第五两个战区部队及河南、陕西两省。

刘峙上任后，大搞假和谈真备战的活动。1946 年 6 月 26 日，刘峙指挥国民党八个整编师另两个旅约 22 万人，大举围攻郑位三、李先念领导的中原解放区。中原军区部队为保存力量，争取主动，除以一部分武装就地坚持游击战争，以一部分伪装主力向东突围迷惑和牵制敌人外，主力由宣化店等地分两路向西突围，实行战略转移，使蒋介石"一举聚歼，不许漏网"的企图落了空。

同年 8 月，刘峙又指挥 44 个整编师共 30 余万人，从徐州、郑州等地分东、西两路进攻冀鲁豫解放区，企图乘晋冀鲁豫野战军刚刚结束陇海战役之机，歼击其于定陶、曹县地区。8 月 29 日，毛泽东电示晋冀鲁豫野战军司令员刘伯承、政治委员邓小平，相机歼灭刘峙指挥的第三师。根据毛泽东的指示，刘、邓指挥晋冀鲁豫野战军于 9 月 3 日至 6 日在山东定陶县以西大扬湖、大黄集地区分批歼灭国民党军整编第三师，生俘该师中将师长赵锡田。7 日，又乘胜追歼后撤的国民党军整编第四十七师和第四十一师各一部，取得定陶大捷，共歼敌 17000 余人。

9 月 12 日，延安《解放日报》就定陶战役发表《蒋军必败》的社论，指出："这是继中原我军突围胜利与苏中大捷之后又一次大胜利。这三次胜利，对于整个解放区的南方战线，起了扭转局面的重要作用。蒋军必败、我军必胜的局面是定下来了。"

10 月 3 日的《解放日报》社论还说："蒋介石的最嫡系在作战中打得顶糟糕，第三师师长赵锡田，第一旅旅长董正成，都做了战场的俘虏。这不但说明蒋介石嫡系的低能，所谓美国武器也没有增加他们的战斗力……"

刘峙吃了大败仗，蒋介石极为震怒。参谋总长陈诚、陆军总司令顾祝同先后飞抵河南封丘，召开作战检讨会议，指责刘峙、孙震指挥无方，于9月15日当场宣布撤销刘峙及其参谋长赵子立的职务，由陆军总司令顾祝同接替。9月19日，刘峙回到南京见蒋介石，遭到一顿臭骂。之后，刘峙挂着战略顾问委员会委员闲职，带着最宠爱的三姨太黄佩芬闲居上海。

六、"刘经扶无耻已极，怪我选将不力"

1948年5月31日，何应钦任国防部长后，保荐刘峙为徐州"剿匪"总司令。

对此任命，著名军事家杨杰在一次演讲中说："徐州是四战之地，必须是四战之军，共产党方面高级指挥者是刘伯承、邓小平、陈毅、粟裕，是龙、虎、豹、彪。蒋用刘峙，此人连一条豺狗都不如，哪有不败之理？"

国民党上层议论纷纷，有人说："徐州乃南京的大门，应派一员虎将把守。不派一虎，也应派一狗看门，今派一只猪，眼看大门会守不住。"

对于刘峙的昏庸，解放军将领可谓久闻其名。1948年10月间，鲁南军区司令员张光中在临城曾贴出传单，鼓励人民，大意是："国民党，在徐州，来过三个大将，前年来的叫薛岳，打了败仗撤掉了。去年来的顾祝同，庸碌又无能，我们把他赶走了。今年来的叫刘峙，他是有名的大笨猪，我们要想生活过得好，就要勇敢上前打开徐州去杀猪！"

1948年9月24日，刘峙让徐州"剿总"拟订了"对山东共军攻击计划"，幻想集中在徐州地区的国民党部队主力，乘解放军中原野战军和华东野战军分离之际，歼灭华野一部，以振奋国民党军士气。刘峙还大言不惭地说："在王耀武手里丢了济南，不久一定要在刘峙手里把济南收复，使共产党得不偿失，尝尝厉害。"

刘峙、杜聿明的计划刚被蒋介石批准，正准备行动之际，忽然传来东北锦州被围的消息，蒋介石于10月15日令徐州"剿总"副司令杜聿明随同他飞往东北指挥解锦州之围。杜聿明一走，刘峙失去主心骨，急得大喊："光亭（杜聿明字）走了，如何是好？北进谁能做主？真是料想不到的事。"

过了两天，副参谋长文强向刘请示杜走后前线的指挥问题，刘峙回答："光亭走了，谁能指挥得了前线的部队？我已命令前线部队停止待命，原计划暂缓执行。"

杜聿明离开的 21 天，徐州"剿总"指挥的部队一直保持原来状态未动。

蒋介石也明白刘峙过于因循犹疑，不能当机立断，怕他贻误战机，考虑让"小诸葛"白崇禧统一指挥华中和徐州两个"剿总"的部队。刘峙虽无能，却不服气，他愤愤不平地说："白健生（白崇禧字）是寡妇改嫁，对老头子（蒋介石）可以抗衡论理，不听调动；我好像是童养媳长大，骨头多大，当婆婆的都摸得清，服从是无条件的。"

刘峙的参谋长也不服气，他说："多此一举，老白又不是三头六臂。"

由于白崇禧存心拆台，蒋介石让白崇禧统一指挥的意图终于未能实现。

淮海战役国民党军失败的经过，已有很多论著，笔者不想重复。这里只想指出，中国有史以来规模最大的淮海战役中，刘峙扮演了一个极端无能的战区最高指挥官角色，他在指挥上的笑话很多，可以说是丑态百出。概括起来，就是打糊涂仗，算不清、断不明、督战不力，企图侥幸，天天祈祷共产党自动退却。对于刘峙在淮海战役中的表现，朱德 1948 年 11 月 26 日在中国人民解放军总部作战局战况汇报会上的讲话中就指出："刘峙的指挥对我们有很大的帮助，他不像白崇禧那样狡猾会逃跑。刘峙原估计我们从徐州西面打他，结果我们从东面打，他发觉后已经迟了，慌忙改变原来的部署。冯治安部的起义，对战局的影响很大，使敌人原来的部署大为混乱，这是兵家之大忌，特别是对大部队更是不能马上把部署调整好的。"

蒋介石极端痛恨刘峙无德无能，贻误大局，他恨恨地说："刘经扶无耻已极，怪我选将不力。"

据黄炎培的日记记载，蒋介石于 1949 年 1 月 21 日下野前召见刘峙，大加责骂，刘峙回答："不是我不肯打，士兵不肯打，奈何！"

徐州"剿总"撤销后,刘峙担任战略顾问委员会委员。1949年7月移居香港九龙,1950年10月迁居印度尼西亚。1953年1月,由何应钦等说情,刘峙获准返回台湾,担任过"总统府国策顾问"、"光复大陆设计研究委员会委员"。晚年出版了一本《我的回忆》,简要地叙述其军事生涯。有意思的是,刘峙还写了不少日记,他在日记中大骂蒋介石任人唯亲、任人唯私等种种不是,而对自己的作为则无一句反省。

第三节 "粥桶"顾祝同

顾祝同也是黄埔系的主要人物，他的军事才干虽然很一般，被人轻蔑地称为"粥桶"但对蒋介石极为忠诚，从没有不满的情绪和表示。这与何应钦经常与蒋介石讨价还价、满腹牢骚截然不同，因而更得到蒋介石的宠信。

一、何应钦派的"哼哈大将"之一

顾祝同（1893—1987），字墨三，江苏涟水人，1893 年 11 月 22 日（清光绪九年十月十五日）出生。早年先后就读于江苏陆军小学、湖北陆军第二预备学校、保定军官学校，其间参加了辛亥革命、二次革命。1922 年冬，他到桂林投奔孙中山，受任为粤军第二军军事教导队区队长，时蒋介石任第二军参谋长，两人由此结识。粤军第二军扩编为东路讨贼军时，顾祝同升任总部副官长。

1924 年 5 月，蒋介石出任黄埔军校校长，调顾祝同任军校战术教官，从此进入蒋介石幕府。

同年 10 月，顾祝同升任军校管理部代主任。根据孙中山成立革命军的指示，黄埔军校于 10 月成立教导第一团，12 月成立教导第二团，何应钦、王柏龄分任第一团、第二团团长，顾祝同任教导二团第一营营长。顾祝同率第一营先后参加了两次东征，因战功升为第二团团附、团长。1925 年 8 月 26 日，黄埔学生军改编为国民革命军第一军，蒋介石任军长，顾祝同任第一军第三师参谋长。1926 年 1 月 20 日，何应钦接替蒋介石出任第一军军长，顾祝同不久升任第三师副师长，驻防潮州一带。

顾祝同

1926 年 7 月，北伐出师后，何应钦任东路军总指挥，率军向福建进军。顾祝同协助第三师师长谭曙卿指挥作战有功，升任第三师师长。消灭福建境内的小军阀后，东路军从福建挺进浙江，尾随东路军前敌总指挥白崇禧部之后，一路直驱上海、江苏。北伐军攻占南京后，东路军位于沪宁线，顾祝同所部第三师驻防常州。

1927 年 8 月 13 日蒋介石辞职下野后，孙传芳乘机反扑。8 月 25 日，孙传芳部 7 万多人分三路渡过长江，在乌龙山、栖霞山、龙潭地区向北伐军反攻，情况紧急，白崇禧自上海赶到镇江指挥，会同在南京的李宗仁、何应钦，火速调桂系第七军、第十九军协同第一军、第九军作战。顾祝同奉命率第三师向龙潭方向反击，协同其他各师，收复龙潭车站，歼敌甚多。龙潭战役结束后，军队实行整编，顾祝同因战功升任第九军军长，与第一军军长刘峙，成为何应钦手下的"哼哈二将"。

二、分疆拜将

1928 年 1 月，蒋介石东山再起，重任国民革命军总司令。顾祝同在国民党二届四中全会上当选为中央军事委员会委员。北伐结束后，顾祝同的第九军缩编为第一军第二师，顾祝同任师长。在北伐后的新军阀混战中，顾祝同的第二师始终是蒋介石倚重的主力部队。特别是在中原大战中，顾祝同率领第二师，凭借优势火力一举攻占冯玉祥部驻守的归德（今河南商丘县），迫使冯玉祥部万殿尊、石振青两个师投降，并乘胜急进，再克兰封（今河南兰考县）。后来冯玉祥的西北军发起强大反攻，顾祝同率第二师转入守势。

不久，顾祝同收到蒋介石的一封信，蒋在信中称："我军始终诱敌来攻而不反攻一次，不唯逆焰日张，而且为革命军人之羞……观近日各将恐怖之心，忧兵力不足之念，使中正为之悲愤，何我革命军人之精神竟不振如此耶？"

顾祝同收到蒋介石的激将信后，立即与蒋鼎文、陈诚等部组织进攻。在遭到西北军的合围堵击时，蒋军第十一师、第六师、第九师、第五十二师均受到很大损失。在节节败退的情况下，顾祝同率领的第二师却坚守阵地，未受损失，得到蒋介石的赞赏。1930 年 7 月，顾祝同部调为右翼军总预备队。8 月底，顾率部参加对西北军的总攻，迫使西北军全线溃退。

中原大战结束后，顾祝同升任第一军军长、第十六路军总指挥，继任洛阳行营主任，进驻潼关，扼控西北咽喉。

1931 年 5 月，顾祝同调任国民政府警卫军军长兼第一师师长。这个军是蒋介石的御林军，清一色的德国造装备，军事训练由德国顾问指导，按照德国操典进行。蒋介石对这支御林军极为重视，经常到这支部队去看操练、看野外演习，隔一段时间就亲自校阅点验一次，弄得顾祝同这个军长反而无事可做，虚有其名。

1931 年 12 月，顾祝同出任江苏省政府主席，是继何应钦、刘峙之后第三位出任省主席的黄埔系高级将领。顾祝同任命其儿女亲家赵启䟤为省政府民政厅厅长。赵是鸦片烟鬼，上任后为了聚敛不义之财，公然搞了一出卖官的丑剧，卖县长、公安局局长等，以地方的油水多少来定官价，谈妥后在上海租界交款。丑闻曝光，舆论顿时哗然，顾祝同被弄得声名狼藉。蒋介石不得不于 1933 年 10 月将顾撤职。顾出主省政两年，事情弄得一塌糊涂，因此有人嘲笑说："他只能带兵打仗，搞政治是外行。给他当省主席，这是委员长对他的安排。否则，将来履历上不好看。"

顾祝同被免去省主席职务后，蒋介石又委任他担任湘、鄂、赣、粤、闽五省"剿匪军"北路军总司令，总部驻江西抚州，蒋介石的行营也设在抚州，军事上的一切部署都由蒋介石直接掌握，尤其是北路军以陈诚的第十八军为主力，陈诚遇事直接找蒋介石，很少顾及顾祝同这位直接上司，以致顾的北路总司令部形同虚设。顾祝同闲得没事干，就同高级幕僚打牌聊天。他的部下都替他这个空头总司令难过，但顾从未流露不满的情绪。这与何应钦与蒋介石讨价还价、满腹牢骚截然不同，因而更得到蒋介石的喜欢。

红军长征后，顾祝同命令第六路军总指挥薛岳率吴奇伟、周浑元两个纵队九个师追击。北路军指挥机关改为南昌绥靖公署，顾祝同任主任，负责摧毁苏区党、政系统。

1935年4月3日，顾祝同晋升为陆军二级上将。9月3日，调任四川行营主任。1936年8月，调任贵州省政府主席。

1936年12月12日，西安事变爆发后，南京政府匆匆下令"讨伐"张、杨，任命何应钦为"讨逆军"总司令，刘峙与顾祝同分别为东、西路军总司令。蒋介石夫人宋美龄坚决反对"讨伐"，力主用和平方式解决。顾祝同参加了宋美龄召集的黄埔系军官和空军军官会议。宋美龄一再请求顾祝同拒绝执行何应钦向西安进军的命令。会后，顾找借口不到职，留在南京助孔祥熙、宋美龄、宋子文等策划和平营救蒋介石的活动。

蒋介石于1936年12月26日回到南京后，下令撤销何应钦的"讨逆军总司令部"，任命顾祝同为军事委员会西安行营主任，全权负责处理西安事变"善后"。顾祝同接受命令，忠实执行蒋介石的旨意，对东北军和西北军进行整编，并将东北军分调苏北、皖北、豫南。从此，张作霖、张学良父子两代惨淡经营了数十年的东北军沦为被蒋介石任意宰割的羔羊，逐渐瓦解消失。

三、主持第三战区八年

抗日战争爆发后，蒋介石任命冯玉祥、顾祝同为第三战区正副司令长官，统一指挥淞沪会战。蒋并指定由顾祝同负实际指挥责任。1937年8月20日，冯玉祥被免职，由蒋介石兼任，顾祝同以副司令长官的名义指挥。

淞沪会战结束后，顾祝同于1937年12月出任第四战区司令长官，旋改任第三战区司令长官，辖苏南、皖南及浙闽两省。归第三战区指挥的部队有川军、湘军、东北军等，大半是杂牌队伍，国民党中央军部队很少。第三战区副司令长官刘建绪、唐式遵、黄绍竑、上官云相、韩德勤等，这些人当中，顾与韩德勤是江苏同乡，与上官云相是保定军校同期同学，其他人过去与顾很少有什么关系。但顾在八年抗战中与他们处得都很好，见面时这些人都以"墨公"称顾。因此，一般人说顾有驭将之才。

其实顾在三战区所以能撑持八年，在统驭上不发生纠纷，原因不在于有才无才，而在于有财无财。抗战八年，三战区除浙赣会战规模较大外，其余战役规模都不是很大，战争远没有第六、第九、第五、第一、第二等战区频繁和激烈。日寇为了腐蚀中国军队的抵抗意志，故意在浙江、福建、江西、皖南开放了许多走私的口子，让第三战区部队大搞走私生意。顾祝同不仅纵容部下走私，而且自己带头走私。在第三战区走私成为公开行为，各驻军在自己防守区内开辟一条走私路线，不仅正式抽税，而且亲自做生意。各个集团军总司令部都设有前进指挥所，表面上是指挥作战，实际上是指挥走私。因此这些部队，上上下下都有钱，各级指挥人员都与汉奸有经济上的联系，哪能谈得上抗日的战斗气氛呢？

对第三战区公开走私，蒋介石不是不知道。军令部长徐永昌1943年8月15日的日记中就写道："黎处长报告第三战区视察参谋经过，述及上下走私，甚至司法、教育官员亦无不走私，云云。""日前冬鸣论国家抗战期间损失最大，莫过于道德，所见痛切之至。"① 据说，蒋介石的统帅部对第三战区这种走私情况曾有许多指责，但顾祝同认为不如此不能巩固军心。

顾祝同在第三战区八年，抗日成绩虽不多，在反共方面却做了一件震惊中外的大事，那就是奉蒋介石之命，一手制造了皖南事变，新四军皖南部队9000余人除2000余人在第一纵队司令员傅秋涛和第三纵队政治委员黄火星的率领下突围外，大部分壮烈牺牲或被俘。军长叶挺被扣押，副军长项英、副参谋长周子昆于1941年3月中旬在泾县被叛徒刘厚总杀害，被俘的新四军指战员在国民党政府设置的上饶集中营，继续坚持顽强不屈的斗争。顾祝同企图劝降叶挺，叶挺指着顾祝同怒斥说："整个民族的生机将要扼死在你们手中，你们是国家的叛徒，民族的奸徒，你们是多么卑鄙啊！"顾祝同见劝降不成，恼羞成怒，将叶挺押送重庆交蒋介石处置。

---

① 《徐永昌日记》，1943年8月15日。

对于蒋介石、何应钦、顾祝同等一手制造的皖南事变,中国共产党进行了坚决的斗争,强烈要求"惩办皖南事变的祸首何应钦、顾祝同、上官云相三人"。

1944年1月,蒋介石晋升顾祝同为赣州行辕主任,仍兼三战区司令长官,临时指挥第三、第七、第九战区。抗战胜利后,顾祝同以第三战区司令长官名义,接受驻浙江日军的投降,并参加了9月9日在南京举行的接受中国战场日军投降的仪式。

四、指挥国民党军主力打内战

1946年5月,顾祝同出任陆军总司令。1946年9月,郑州绥靖公署主任刘峙因定陶战役失败,被蒋介石撤职。蒋介石派顾祝同接任郑州绥靖公署主任,指挥中原地区作战。

1947年3月,徐州绥靖公署主任薛岳又因宿北战役、鲁南战役、莱芜战役连吃三次败仗,被蒋介石撤了职。蒋又派顾祝同到徐州组建陆军总司令部徐州司令部,统一指挥徐州、郑州两个绥靖公署的军队。蒋把顾当成救火队长,但顾并没有什么高明的指挥水平,正如顾的对手、中共一代名将粟裕指出的:"薛岳用兵还比较大胆果断,相比之下,顾祝同则相差甚远。"

蒋介石重用顾祝同,新华社社论一针见血指出:"用陈诚、顾祝同、汤恩伯等更忠心的也是更无能的走狗当前线指挥,这种情形与希特勒撤换勃鲁齐区极相类似。这样显然无补于事,因为兵力仍旧毫无增加。"

蒋介石在江苏、山东集中了32个整编师85个旅,企图一举击溃陈毅、粟裕指挥的华东野战军。蒋介石在一个战区集中如此众多的兵力,虽然给陈毅、粟裕一时造成了极大的困难,但陈、粟高超的指挥艺术,很快破解了蒋介石、顾祝同的重兵围困战术。1947年4月,号称国民党五大主力之首的整编第七十四师在孟良崮全军覆没。经此重创,顾祝同被迫调整作战方针,采用"并进不如重叠,分进不如合击,以三四个师重叠交互前进"的战术,但解放军刘邓大军、陈粟大军两支部队在中原华东战场紧密配合,很快又打破了顾祝同的战术。顾祝同苦心经营的对山东解放区的重点进攻宣告破产。

五、令美国后台老板十分失望的参谋总长

1948 年 6 月，蒋介石撤销陆军总司令部徐州司令部，成立徐州"剿总"，以刘峙为总司令。顾祝同调任国防部参谋总长，继陈诚之后掌握作战指挥大权。

对于顾的高升，蒋介石的美军顾问团团长巴大维表示了明显失望。他向美国政府报告说："前陆军总司令顾祝同将军被任命为参谋总长，余汉谋将军奉委为陆军总司令。遴选这种军官来担任这些很重要的军事职务，殊令我感到失望。他们的军事背景缺点甚多，他们都是固执支持蒋委员长的人。显然，他们的任命是出于政治上的考虑而不是由于他们有才能。我从前会见过他们两位，深感他们缺乏个性。"①

但因为战争是蒋介石直接指挥的，顾祝同只是个听话的传令兵而已。他这个传令兵一直做到国民党政权在大陆彻底覆灭为止。

1948 年 8 月上旬，国民党在南京召开最后一次大型军事检讨会议，顾祝同、蒋介石、何应钦轮流主持会议。顾祝同在会上作了战略问题的方案报告，提出要停止战略进攻，巩固长江以南防线，阻止解放军过江。把黄河以南、长江以北的部队编为几个机动兵团，在江南组建二线兵团，以求再度夺回战略主动权。这当然只能是顾祝同的幻想而已。

在淮海战役前夕，何应钦推荐白崇禧统一指挥中原、华东两大战场，蒋介石同意后，白崇禧却忽然变卦，弄得蒋手忙脚乱，顾祝同只好以参谋总长的身份飞往徐州部署一切，但顾祝同的军队调整计划还未来得及实施，解放军就发起了攻击，打乱了顾祝同的计划。淮海战役的结果是，国民党主力基本上被歼灭。

---

① 《中美关系史资料汇编》第 1 辑，第 370 页。

蒋介石于 1949 年 1 月 21 日下野后，于 1 月 25 日在溪口召集顾祝同、汤恩伯等亲信开了一个小型军事会议，决定把长江防线分为两大段：江西湖口以西至湖北宜昌由白崇禧指挥；湖口以东至上海由汤恩伯指挥。这表明，蒋介石虽然下台了，但他仍在幕后操纵一切，把代总统李宗仁当成傀儡。而蒋介石幕后操纵，只能通过顾祝同、汤恩伯等亲信来执行。据李宗仁说，在军事上，"参谋总长顾祝同，对一兵一卒的调动，完全听命于蒋"。

有一次，华中军政长官白崇禧为军械分配问题与顾祝同吵了起来，两人"面红语急"，顾祝同情急之下交出老底："军械之分配过去全由委员长支配，我何能做主？"①

蒋介石命令顾祝同，加紧备战，在江南重新编练 200 个师，以便占据江南半壁。但人民解放军绝不允许蒋介石搞什么南北朝。1949 年 4 月 21 日，毛泽东、朱德一声令下，百万解放大军迅速突破蒋介石、顾祝同等人的长江防线，向江南挺进。随着国民党军残余的大溃败，顾祝同将参谋总部先搬广州，后搬重庆、成都，在成都解放前夕，逃往台湾。

到台湾后，顾祝同以"参谋总长"兼代"国防部长"。1952 年 3 月起，任"总统府战略顾问委员会副主任"。1960 年调任"国防会议秘书长"。1968 年仍任"战略顾问委员会副主任"。1972 年仍任"总统府一级上将战略顾问"。1987 年 1 月 17 日，在台湾病故。

六、以"服从心好"保持高位

论军事指挥才能，顾祝同应属于平庸之辈；他之所以地位显赫，完全得益于他对蒋介石的忠诚。长期追随顾祝同的方暾说："顾祝同最善于揣度蒋介石的心理，平时学着蒋介石那种装模作样的一套假面具，连钱大钧都说顾祝同有'道学''令人敬佩'。顾一生对蒋表示服从，调他的工作从不还价，所以在蒋家王朝中顾以'服从心好'著称。连何应钦都说：'顾墨三百依百从。'

---

① 《徐永昌日记》，1949 年 3 月 31 日。

这是他始终得蒋信任，保持高位的主因。"①

鉴于蒋介石最忌军人搞小组织，拉帮结派，顾祝同一生既不抓部队，也不搞小派系，他平时常对部下训示说："我们是军人，不必要参加结社，不要把自己搞复杂了，只要一心一意学打仗。"

抗日战争时期，邓文仪建议顾祝同仿效陈诚组织"干城社"的做法，由顾领导组织一个小团体与陈诚对抗。邓为此事先到江西上饶与黄埔军校同学开过几次会，一切都已有安排，大家推邓文仪正式与顾去谈，以为顾会同意的，不料顾却对邓说："陈诚搞小组织我很不同意，何部长也不同意，但是委员长很支持。不过我们自己不能搞，搞了委员长一定不会答应的，我一生的态度是委员长要我干一天就干一天，不要我干就不干。你们千万不要有这样糊涂的想法。你们如果这样搞，就是爱我反而害我了。"②

抗战中后期，何应钦与陈诚因争宠而闹成水火不容之势。1944 年 11 月，陈诚接替何应钦出任军政部长时，很多人都不服气，认为陈诚资历浅，不孚众望，应由顾祝同来接任。在第三战区，也有许多人替顾抱不平。而顾对此事则很坦然，对黄埔一期、二期同学讲话时，总是说："我早已向蒋委员长表示过，军政部长只有陈辞修能干。"

顾祝同不争权，却反而更能得到蒋介石的器重。尤其是在解放战争中，顾祝同和陈诚扮演了最重要的角色。

但话又说回来，蒋介石依仗顾祝同这样平庸的人指挥国民党大军，与中共名将刘伯承、粟裕等对垒，其失败的结局也是不言而喻的。

---

① 方嘹:《我所认识的顾祝同》。
② 《文史资料选辑》，第 50 辑。

第四节 "飞将军"蒋鼎文

蒋鼎文既是蒋介石的"八大金刚"之一，也是"五虎上将"之一，在国民党官方战史上有"勇敢善战的纪录"，有"飞将军"之称。但发迹之后很快因腐化而不堪重用，不得不提早结束军事生涯。

一、"此人可重用"

蒋鼎文（1895—1974），字铭三，浙江诸暨人，早年就读于翊忠学堂、绍兴大通陆军中学堂、浙江讲武学堂。毕业后，分发浙军中任职，历任排长、连长等职，后在浙江地方派系争斗中失势，于1916年远走广东，依附于同族蒋尊簋，任职于援闽浙军总司令部。从1921年起，历任孙中山大元帅府参谋部中校副官、兵站总监部上校参谋。

1924年5月，黄埔军校成立，蒋鼎文调任军校第一期学生队区队长。蒋鼎文有早起习惯，常被早起的蒋介石碰到，给蒋介石留下了好印象。有一次，军校举行野外演习，蒋鼎文任连指挥，蒋介石和苏联顾问加伦将军观操。加伦当场向蒋鼎文问了几个战术上的问题，蒋鼎文对答如流，加伦听了非常满意，转身对蒋介石说："此人可重用。"从此，蒋介石对蒋鼎文的印象更深了。

1924年10月，军校教导第一团成立，蒋鼎文任第一营副营长兼第二连连长。1925年第一次东征，教导一团第一营营长沈应时在攻打淡水时受重伤，蒋鼎文接任营长。在随后攻打棉湖的战斗中，蒋鼎文率领第一营与陈炯明部林虎、李易标两部主力遭遇，展开激战。蒋鼎文中弹身负重伤，由勤务兵洪某把他从死尸中背出来，送进医院抢救才保住了生命。蒋介石获悉

蒋鼎文

后，当即犒赏 5000 元大洋。但教导一团团长何应钦却怀疑蒋鼎文是怯敌，系逃跑时中流弹。后来，经派员验明子弹是从左肋穿入，才无话可说。蒋鼎文在养伤期间，升任教导一团副团长，后调第二师第五团团长。

1926 年 3 月 20 日，蒋介石为了打击国民党左派和排挤共产党人，制造"中山舰事件"，蒋鼎文奉蒋介石之命，率第二师第五团包围苏联顾问团住宅和省港罢工委员会，强行收缴了苏联顾问团卫士和省港罢工委员会纠察队的枪械。同时，还扣留了黄埔军校和国民革命军第一军中的党代表和政治工作人员多人，充当蒋介石的帮凶。

二、东征西讨，赢得"飞将军"称号

1926 年 7 月，北伐战争开始。蒋鼎文率第五团作为总预备队，随蒋介石的国民革命军总司令部行动。9 月在北伐军第一次攻打南昌的战斗中，蒋鼎文再次受伤，蒋介石认为蒋鼎文作战很卖命，再次留下好印象。

蒋介石在发动四一二反革命政变后，任命蒋鼎文担任警卫团团长。8 月 13 日蒋介石被桂系李宗仁、白崇禧逼下台，回浙江奉化溪口老家后，蒋命令何应钦率其嫡系第一军撤往苏南、浙江一带，以防桂系吃掉第一军。蒋鼎文调任浙东警备司令兼宁波市公安局局长，负责保卫下野的蒋介石。

蒋鼎文手握一方大权后，立即暴露了其劣根性，他除每星期主持一次"总理纪念周"外，其余时间，便与当地资本家蔡琴荪等勾结在一起，狂嫖滥赌，结果染上了严重性病，专请花柳医师杨槐堂跟随医治，杨槐堂以此获得蒋鼎文的青睐，从此跟随蒋，一直做到蒋鼎文司令部的少将军医处长。据说，蒋鼎文的父亲就嗜赌如命，家道因此衰落。蒋鼎文亦嗜赌，但他赌技相当好，总是赢多输少。

1927 年 9 月 22 日，蒋鼎文护送蒋介石由宁波往上海。不久蒋鼎文升任第一军第一师师长，驻防杭州。1928 年 1 月，蒋介石复任国民革命军总司令后，蒋鼎文参加了"第二次北伐"。1928 年 8 月，改任第九师师长。

1929 年 3 月，蒋桂战争爆发，蒋鼎文率第九师参加讨伐桂系，从浦口沿长江以北，经安庆、鄂东进取武汉。桂军因李明瑞师阵前倒戈，自动撤出武汉西逃，蒋鼎文未发一弹就占领了武汉。4月，蒋鼎文升任为第二军军长兼第九师师长。

1929年10月，蒋冯战争爆发，冯玉祥的西北军从陕西分三路向河南进军：北路孙良诚部，沿陇海线东进，出潼关入豫西；中路孙连仲、刘汝明部，经荆紫关，攻取南阳；南路由吉鸿昌等率领，从汉中等地出鄂豫边界之老河口。蒋鼎文指挥第九师及陈诚第十一师，与西北军激战于襄樊，将其击溃。

1929年12月，唐生智突然起兵反蒋，准备一举攻下武汉，再顺流东下攻南京。蒋鼎文闻讯后，急令第九师协同第十三师扼守武胜关，严防唐生智部队偷袭武汉，掩护第六师、第十一师自襄阳东进，拱卫武汉。12日，蒋鼎文率部北进，于23日攻占河南确山，与刘峙率领的部队对唐生智部队实行南北夹击，使唐生智部全部瓦解。唐生智狼狈下野，余部被蒋鼎文、刘峙收编。

1930年5月，蒋介石与阎锡山、冯玉祥之间的中原大战爆发。蒋鼎文奉命率三个师一个旅的兵力，秘密集结于河南周家口，准备由周家口向北挺进，奇袭兰封、开封，协同第二军团歼灭陇海线的冯玉祥部。27日，向兰封、杞县正面之右翼做中央突破之攻击，遭到冯部有准备的反攻逆袭，没有成功。6月，蒋、冯所部进入阵地对峙。18日，蒋鼎文率第九师从右迂回进击杞县，孤军深入扰袭冯军一昼夜，仍未能得手。22日，济南失守，石友三部窜至曹县，使蒋介石的右翼告急。蒋鼎文接到命令后，日夜兼程，前往增援，在考城将石友三部击溃。正当继续向城武挺进时，又奉令回援宁陵、太康。嗣因民权县告急，蒋鼎文又率部驰援，稳定战局，复又增援杨驿铺之友军。这一期间，蒋鼎文率部奔走陇海、津浦两线及其中间地带，忽而向左，忽而向右，迂回挺进，出没无常，赢得"飞将军"之美誉。

8月31日，蒋介石对平汉线冯玉祥部下达总攻击令，并重新颁布了战斗序列，蒋鼎文被任命为陇海线右翼军指挥官。9月初，蒋介石决定以兰封为攻击冯玉祥部防线的突破点，组织了中央突破军，任命蒋鼎文兼任该军指挥官，指挥第九师、第十师、教导第一师、警备第一旅，及炮兵第二集团主力、铁甲车队、空军等，于9月12日午夜向兰封发起总攻，但未能成功。随后，蒋介石改变部署，蒋鼎文调任中央军指挥官，旋因战争重心移至平汉线，又奉派为第九纵队司令，率领三个师向平汉线挺进。9月30日，攻占薛店车站，截断冯玉祥部前后联络。西北军的吉鸿昌、梁冠英等部纷纷投诚，张维玺部全部缴械。

10月，中原大战以蒋介石的胜利而告结束。蒋鼎文、顾祝同、上官云相等蒋军高级军官会集郑州，兴高采烈，大赌一夜，此次蒋鼎文手气不佳，将第九师官兵三个月的薪饷全部输光。第二天，军需处处长汪奇柏找蒋鼎文给部队发饷，蒋鼎文只好硬着头皮去见蒋介石，坦白承认输光了。蒋介石命蒋鼎文向顾祝同讨回输掉的钱，但顾祝同却推说已作为犒赏发给官兵了。蒋鼎文只好又去见蒋介石，蒋介石念他中原大战有功，没有骂他，马上批给他一张5万元的支票，发放官兵的薪饷。随后，蒋鼎文率部进驻洛阳，兼任陇海西段警备司令。

三、争福建省主席未如愿

1931年6月，蒋介石对中央苏区发动第三次"围剿"。蒋鼎文出任第四军团总指挥，归前线总司令兼左翼集团军司令何应钦指挥。

蒋鼎文在国民党新军阀混战中有善战之名，但面对英勇善战的红军官兵，蒋鼎文却自感不是对手。在战斗中，蒋鼎文的第九师第二十七旅被歼，该旅第八十一团团长被红军活捉。蒋鼎文本人也在黄土坳被红军三面包围，适逢第一军团总指挥蔡廷锴率部赶来增援，才使蒋鼎文得以脱围。第三次"围剿"结束后，蒋鼎文仍心有余悸，常常托故避居上海，想躲避反共内战，他私下对其盟兄弟说："今后打算积资百万，在上海消磨二十年岁月，就可结束此生。"

但蒋介石却不会让他的这位"虎将"息影林下。这年10月，蒋介石又命令蒋鼎文率第九师并指挥第七十九师、第五十三师、第五十五师及独立第三十六旅等部，"围剿"赣东北革命根据地。蒋鼎文根据这次作战的经验提出了"步步为营，步步推进"的战法。1933年9月，蒋介石调集100万军队、200架飞机，对红军发动第五次大规模的"围剿"，以顾祝同、陈济棠、何键分别为北、南、西路军总司令，蒋鼎文出任北路军前敌总指挥兼第二路军总指挥。

正当蒋介石杀气腾腾地准备进攻红军时，爱国将领陈铭枢、蒋光鼐、蔡廷锴联合李济深、黄琪翔等人于1933年11月20日发动福建事变，宣布成立"中华共和国人民革命政府"。蒋介石在闽变发生后，于次日发布"讨伐令"，准备首先镇压福建事变。蒋介石自任"讨逆军总司令"，派蒋鼎文、张治中、卫立煌分率第二、第四、第五路军共15万大军入闽，镇压第十九路军。蒋鼎文在进军途中听说红军没有和第十九路军合作，如释重负，口气也硬了，他对部属说："我蒋鼎文攻无不克，战无不胜；如果你们不把军需准备好，那时就要砍你们的头。"蒋介石还调动海军进攻厦门、福州。第十九路军仅有5万人，由于力量相差悬殊，经过英勇奋战，终于失败，余部沈光汉、毛维寿宣布脱离"福建人民革命政府"，拥护蒋介石的中央。福建事变为时仅两个月便归于失败。

据说，蒋鼎文在向福建进军前，蒋介石曾暗示他：如攻下福建，就让他当福建省政府主席。蒋鼎文早就想当一任省主席，以便大捞一把。听了蒋介石的暗示，蒋鼎文极为兴奋，当即物色了省府班子人马，只等平定福建事变后走马上任。但闽变平息后，蒋介石却让陈仪当了省主席，蒋鼎文未当上省主席，大为失望，发牢骚说："陈公洽是日本通，又有日本老婆，福建临近台湾，我们须要提防他。"

1934年1月，蒋鼎文出任东路军总司令，与北路军总司令顾祝同、南路军总司令陈济棠率大军继续"围剿"中央苏区红军。由于当时中共负责人执行"左"倾冒险主义错误路线，中央红军处于被动挨打的地步，被迫退出中央苏区。红军长征后，蒋鼎文改任驻闽绥靖公署主任，驻漳州，与福建省政府主席陈仪争权夺利，闹得乌烟瘴气。蒋鼎文在任内大捞了一把。据说，他在福建修建漳长、建邵、福诏、南浦四条公路时，仅花了100万元，却向军需署报了1300万元。

四、西安事变传令救主

蒋鼎文接到蒋介石的电令，于1936年12月8日飞抵西安临潼华清池，晋见蒋介石。此时，蒋介石正在部署"围剿"陕甘宁革命根据地，当即委任蒋鼎文为前敌总司令，但蒋介石的军事行动还未及发动，张学良、杨虎城两位爱国将领即于12月12日发动了西安事变，将蒋介石及蒋鼎文等一批国民党高级将领扣留。

西安事变给蒋鼎文带来了救主立功的机会。在蒋百里的斡旋下，张学良同意派蒋鼎文回南京传达蒋介石的手令，以制止南京政府的"讨伐"行动。18日，蒋鼎文回到南京，先去见宋美龄，报告蒋介石的情况，然后再去见何应钦，传达蒋的手令：

敬之吾兄：闻昨日空军在渭南轰炸，望即令停止。以近情观察，中于本星期六日（十九日）前可以回京，故星期六以前，万不可冲突，并即停止轰炸，为要！ [1]

蒋鼎文还广泛会见了南京各要员，"恳切劝告，勿任南京西安间之裂痕日见加深，谩骂之无线电广播及恶意之报纸论文皆以中止为佳"。有了蒋介石的手令，何应钦才不得不下令于19日下午6时以前暂停轰炸。

12月22日，蒋鼎文随宋美龄、宋子文离开南京飞西安谈判。行前，蒋鼎文心爱的小妾蔡文媛在南京机场哭哭啼啼，阻其前往。宋美龄很生气，对

---

[1]　南京《中央日报》，1936年12月21日。

蔡文媛说:"你是一个国家大员的夫人,一切事体应以国家为重,不能凭夫妻感情,来阻止丈夫为国效忠。"经宋美龄这么一教训,蔡文媛才无话可说。宋美龄等飞抵西安,到机场接机的张学良拍着蒋鼎文的肩膀说:"铭三,你是好汉,果然不怕死,又回来了。"蒋鼎文回答说:"副总司令是大好汉,我是小好汉。"

蒋鼎文在西安事变中传令救主,被国民党官方史书称为其生平"两件大事"之一。

五、中原大溃败失宠退出军界

1937 年 7 月,抗日战争爆发后,蒋鼎文于 1937 年 11 月继顾祝同担任西安行营主任,负责黄河流域地区的防务。1938 年 11 月,西安行营撤销,蒋鼎文改任第十战区司令长官。但蒋鼎文第十战区的部队大都掌握在第三十四集团军总司令胡宗南手中,胡宗南对蒋鼎文不买账,直接对蒋介石负责。蒋鼎文军权旁落,十分伤感。有一次与刘峙在西安相逢,说起胡宗南,蒋鼎文不禁慨然说:"不要说让胡宗南服从我们,就是我们想服从他,也摸不清他鬼头鬼脑的意图,真伤脑筋。"

从 1938 年 6 月起,蒋鼎文兼任陕西省政府主席。当省主席是蒋的夙愿,现在如愿以偿。蒋鼎文在省政府任上,虽然也做了几件事,但捞钱一直是他的重点。他通过增加苛捐杂税、滥发辅币及走私等手段,迅速积累了巨额财富。他的私人账房陆怡霖说:"西北最大的资本家毛虞琴、石凤翔的财产,只不过蒋鼎文的零头数。"

陕西老百姓曾作诗说:"可怜民已无多肉,便做羹汤有几餐?"以示对蒋鼎文巧取豪夺的愤怒和不满。

蒋鼎文将掠夺来的不义之财,用于狂嫖滥赌,生活极其糜烂。他虽已有一妻两妾,又强占了西安京剧名角粉牡丹。当时,日寇在黄河北岸济源县一带,到处张贴蒋鼎文一手抱美人、一手提钞票的宣传画。

1941 年 6 月,蒋鼎文调任军事委员会委员长西安办公厅主任。1942 年

1月调任第一战区司令长官。蒋鼎文上任后，与其副司令长官汤恩伯不和，洛阳和叶县（汤恩伯副司令长官驻地）公开唱对台戏。1944年4月，日寇发动中原会战，蒋鼎文、汤恩伯统率的一战区近四十万部队在日寇五六万人进攻之下，一触即溃。历时37天的战斗中，丢掉郑州、洛阳、许昌等大小城市38座。蒋、汤中原溃败，更加暴露了国民党军腐败无能的本质，国内外舆论顿时哗然。蒋介石又气又羞，下令将蒋鼎文撤职，调重庆任军事参议院参议闲职，从此失宠。蒋鼎文自称这是他"治军从政四十年来最大挫折"。

同年6月，蒋鼎文以第一战区司令长官的名义向国民党统帅部提交了《中原会战经过概要》及《中原会战溃败原因之检讨报告》，重点总结了国民党军溃败的原因。蒋鼎文在报告中特别提到"军民不能协同，政治全然不能与军事配合"的问题，他写道："此次会战期间，所意想不到之特殊现象，即豫西山地民众到处截击军队，无论枪支弹药，在所必取，虽高射炮、无线电台等，亦均予截留。甚至围击我部队，枪杀我官兵，亦时有所闻。尤以军队到处，保、甲、乡长逃避一空，同时，并将仓库存粮抢走，形成空室清野，使我官兵有数日不得一餐者。一方面固由于绝对少数不肖士兵不守纪律，扰及闾阎，而行政缺乏基础，未能配合军事，实为主因。其结果各部队于转进时，所受民众截击之损失，殆较重于作战之损失，言之殊为痛心。"[①] 这份报告充分暴露了蒋鼎文、汤恩伯在中原胡作非为，荼毒百姓，以及中原人民视国民党军如寇仇的真实情况。

六、东山再起希望落空

抗战胜利后，蒋鼎文迁居上海。他利用贪污来的巨额赃款，先后在南京和平门外开办宏业砖瓦厂，在上海开办轮船公司。从1947年1月起，携家眷乘轮船游历欧美。1948年回国出席"行宪"国民大会。同年5月，蒋介石当上总统后，聘蒋鼎文为总统府战略顾问委员会委员。

---

① 《中华民国史档案资料汇编》，第5辑第2编军事（四），第98页。

　　蒋介石一度考虑启用蒋鼎文接替顾祝同任津浦一带总司令，张发奎任平汉南段一带总司令，而令白崇禧设总部于安徽蚌埠，指挥蒋鼎文、张发奎。但白崇禧认为这"近于为人设官，坚辞不就"。蒋介石的计划未能实现。

　　在淮海战役前夕，蒋介石又考虑起用蒋鼎文接替昏庸无能的刘峙，蒋鼎文以为可以东山再起，十分高兴，并立即着手物色幕僚班子。但何应钦、顾祝同经过反复比较衡量，认为刘峙能力虽然欠缺些，但总比日嫖夜赌、腐化得不成样子的蒋鼎文要好些，最后还是决定用刘峙，蒋鼎文重掌兵权的希望落了空。在国民党政权崩溃的前夕，蒋鼎文派其爱妾蔡文媛到美国经营橡胶园，又派其胞弟蒋鼎五到中国香港办振华公司，将赃款转移到境外。1949年3月，蒋鼎文迁往台湾。临走时，他仰天长叹，对亲友说："今后以天为盖，以地为底，未知葬身何所？"在台湾，蒋鼎文一度出任"东南区点编委员会"主任委员、"光复大陆设计委员会"委员、"国策顾问"等职。1974年1月2日病逝于台湾。

第五节 "和平将军"张治中

在蒋介石的"八大金刚"中，张治中是一个具有独特政治性格的人物。他既是蒋介石的亲信大员，又是中国共产党的朋友，他一生致力于国共合作，人称"和平将军"。

一、从中间偏左向中间偏右发展

张治中（1890—1969），原名本尧，后改名治中，字文白（也写作文伯），安徽巢县人。早年就读于私塾，准备走科举成名的道路，1905年清政府宣布停止科举考试，时代迫使张治中走向新的成才成名之路。之后几年，出身于贫苦农民家庭的张治中，走上了一条艰难的奋斗之路。1911年武昌起义爆发，给张治中的个人命运带来了转机。这年，他来到上海，参加学生军，不久，调到南京，编入陆军总校入伍生团。南北和谈成功后，入伍生团编入保定陆军军官学校。在武昌陆军第二预备军官学校学习两年后，张治中于1914年11月进入保定陆军军官学校第三期步兵科学习，1916年11月毕业后，分发安徽督军倪嗣冲的安武军见习。倪嗣冲是一个顽固落伍的凶残

张治中

军阀，张治中不愿与之为伍，不久即毅然离开安武军，投奔广东的孙中山，进入建国滇军工作。在孙中山被桂系军阀陆荣廷、莫荣新排挤离开广东后，张治中也被桂系排挤逃往上海闲居。不久，又因保定军校同学罗天骨的介绍，两次到川军任职，又差点送了命。从四川脱险后，张治中回到家乡闲居。不久，在粤军第一独立旅任团长的保定军校同学陆福廷邀请张治中到粤军谋事，粤军第一独立旅旅长王懋功也在保定军校读过书，对张也表示欢迎。这样

张治中应邀于 1922 年 10 月入闽，在王懋功部参与军机。

1923 年冬，张治中应桂军师长伍毓瑞之请，来到广州，到桂军总司令刘震寰在广州郊外虎门创办的建国桂军军官学校任大队长，校长是刘震寰兼任，张治中成了这所学校的实际负责人。1924 年夏，建国桂军军官学校迁到广州市内东山，由廖仲恺兼学校党代表，甘乃光任政治部主任，并请了苏联顾问，张治中在此时加入了国民党。1924 年 5 月担任黄埔军校校长的蒋介石正在罗致人才，很快注意到了张治中，并邀请他到黄埔军校工作，任命他为黄埔军校革命军事委员会委员。同年 12 月，张治中在办理桂军军校学生毕业事宜以后，深感桂军方面情形太坏，绝没有什么作为，决定脱离桂军军校。1925 年 1 月，张治中进入黄埔军校，任第三期入伍生总队附，4 月代理入伍生总队长。

张治中加入黄埔军校后，以其才干很快赢得了蒋介石的器重。据说，张治中未正式到黄埔军校前，以军校军事委员的名义参加过第一次东征的军事策划，他拟了个作战方案，蒋介石很欣赏，只改了一个字，把某处"死"守改为"坚"守。此后，张治中谈起此事"言下颇有自负之意"。此外，张治中不搞派系，对蒋忠心耿耿，也深得蒋介石欣赏。第三期入伍生升入军校后，张治中又担任了第四期入伍生团一团团长，并兼航空学校校长、党军第二师参谋长、广州卫戍司令部参谋长等数职，成为分身有术的大忙人，成天奔波于广州和黄埔之间。直到 1926 年 2 月间，张治中才辞去各项兼职，专任军校第四期步兵团军官团长。

1926 年 7 月，北伐军出师，蒋介石任命张治中为总司令部副官处长。副官处处理总司令部的编制、人事及大量事务性工作，张治中终日不离蒋介石左右，成为他亲近的助手之一。随着北伐战争的胜利进展，蒋介石逐步暴露出其国民党右派的本来面目，张治中的政治态度本来是属于中间偏左的，但因受蒋介石的影响，也开始向中间偏右发展。不过，张治中是一个和平主义者，他不希望蒋介石公开和国民党左派及共产党决裂，在忠实于蒋介石，从国民党立场出发的前提下，张治中在左、右之间奔走调和，但没有取得成功，他本人也成为国民党左派公开攻击的目标。在蒋介石发动四一二反革命政变，宁汉公开分裂的前夕，张治中被迫辞去中央军事政治学校武汉分校教育长职务，离开武汉，于4月初抵达上海，追随蒋介石。对此，蒋介石很满意，见面即说："啊！文白也来了。"

蒋介石发动政变后，开始筹划建立蒋记南京政府，张治中应召到南京，为蒋组建总司令部训练处，负责编练军队和培养干部，同时还兼任正在筹备中的中央军校政治部副主任。干了几个月，蒋介石在四面楚歌的环境下，被迫以退为进，宣布下野。8月12日，张治中在蒋辞职的当晚亲送其登车赴上海，随后结束训练处的工作，来到上海，表示与蒋共进退。在蒋介石闲居奉化溪口老家时，张治中又与其安徽同乡、蒋介石的盟兄吴忠信专程赶到溪口陪伴蒋介石。张治中并就中共、桂系、用人诸问题对蒋介石谈了他的看法，剖析蒋的失误和不当之处。当蒋问到军校情况时，张治中讨好地回答："自校长离南京后，学生情况实在可怜，差不多等于无母之儿了。"张治中的这种态度，使蒋介石很受感动。

从溪口回到上海，张治中对国民党的四分五裂、政局的错综复杂感到十分迷惘，决定摆脱这一团乱麻的环境，到外国去换换空气。1927年11月，张治中独自一人乘船离开上海，准备去他心仪已久的德国潜心研究军事学术。但张治中到德国不久，蒋介石已于1928年1月东山再起，重操大权。蒋上台后，连电张治中回国服务。张治中决定回国，并顺道游历了比利时、法国、瑞士、意大利、英国、美国，于1928年7月回到上海。

此次欧美之行，使张治中的思想发生很大变化。他认为，中国最迫切的问题，是如何团结统一，埋头建设，达到富国强兵的目的，使国家重新扬眉吐气于国际政坛之上。这种思想支配着张治中此后的政治态度和行动。

二、中央军校十年极力捧蒋

1928年9月19日，张治中担任南京国民政府军事委员会军政厅厅长。

11月13日改任中央陆军军官学校训练部主任。中央陆军军官学校成立于1928年3月6日，校长蒋介石，副校长李济深，教育长何应钦。1929年张治中取代何应钦成为教育长，直到1937年4月离开，在中央军校干了差不多十年。

中央军校是蒋介石的禁地，蒋让张治中做教育长，充分说明了蒋对张的极大信任。张治中也投蒋之所好，他办学的方针是"开明专制绝对服从"，也就是绝对服从"蒋校长的意旨"。张治中强调："绝对服从要做到什么程度呢？好比我说这白纸是黑的，那么你就要说是黑的，不许说是白的。"这与蒋介石一贯宣扬的"凡是我的学生都应当盲从我"的论调如出一辙。蒋介石所要求的，就是使军校学生成为"绝对服从"于他的忠实工具，即使颠倒黑白，也不要心存疑虑。

为了让大家对这个"绝对服从"心服口服，张治中还作了种种解释：

（1）本校在三民主义感召之下，在党和校长之下，没有"反革命"的造因。

（2）在反革命团体而要求"开明专制绝对服从"，即是奴隶教育、反革命教育，但在革命团体而做到开明专制绝对服从，正是纪律教育革命教育。

（3）革命团体的专制，是有理的专制，是为拥护革命利益而专制，我们对于革命团体而服从，是有理的服从，是为拥护革命利益而服从。

张治中还对军校学生有言在先：凡是不接受这个方针的，"就不认他为黄埔同志，毫不客气地就请他出来"。

为了树立军校学生对蒋介石的信仰，张治中充分发挥他的演讲才能，经常对军校学生演讲蒋介石的"功绩"和"修养"，宣扬蒋介石是"复兴民族"的领袖人物。在《拥护革命领袖的要义》的演讲中，张治中首先阐明为什么要拥护革命领袖。他认为中国之所以不能真正统一，"最大的原因，就是政治上社会上缺少一个中心人物……政治上社会上频年以来秩序紊乱，纪纲废弛，都是因为失却一个中心人物来做全国的领导"。张治中认为，"我们要想国家能够自由独立起来，社会能够进步发达起来，个个人都能为国家着想，我们独一无二的办法，只有拥护革命领袖，来做我们衷心信仰的领导者"。

那么，怎样去拥护革命领袖呢？张治中认为有四个要点：甲、"要有至诚的信仰"。因为领袖"气魄比我们大，学问比我们深，思想见解比我们远……我们在团体里面，平时已把革命领袖认识清楚了，用不着什么犹豫，什么顾虑，只有无间始终的信任，只要追随我们革命领袖，去努力去奋斗，就不会走错了路，就可以达到我们理想的目的"。乙、"要有忠实的谅解"。"领袖做得对的地方，当然我们要诚恳接受，即或领袖做得不对的地方，我们对他更要有忠实的谅解"，"而况领袖所做的未必就有不对的地方。领袖的眼光见解总比我们的眼光见解大得多，远得多"。"领袖所占的地位和所负的责任都很重大"。"我们只有服从他的意旨，遵照他的主张去做就对，毋容犹豫，毋容顾虑的"。丙、"要有正大光明的贡献"。张治中认为："我们本着亲爱精诚的心理，高尚纯洁的思想，公正廉明的态度，牺牲奋斗的精神……而来拥护我们的革命领袖，完成我们的志愿，这就是正大光明的贡献。"丁、"要有分劳分怨的精神"。张治中认为，为了使全国归心于领袖，我们就要做到"分劳分怨"。"所谓分劳，就是遵照领袖的意旨，看到领袖没有做的事，就要代他去做，领袖不及办的事，就要代他去办。""所谓分怨，就是无论受了团体什么任务，负了团体什么责任，其中有了不善不好的地方，自己首先就要承认自己的过失，不能把这个不善不好的地方推到领袖身上去。"[1]

1932年11月至1933年2月，张治中又在军校纪念周作了一次连续演讲——《蒋校长之人格与修养》，张治中将蒋介石的"人格"与"修养"归纳为十个方面：（一）富于情感，（二）善于培育，（三）勇于牺牲，（四）邃于哲理，（五）英明果断，（六）气度宏大，（七）厉行校训，（八）昭

[1]　汪朝光：《"和平将军"张治中》，第54—57页。

示国训,(九)知人善任,(十)律己唯严。张治中的结论是:"校长蒋先生,他是完全具备了革命领袖的条件,无论在哪方面都是值得我们拥护的。我们能以竭诚拥护我们的革命领袖,我们的革命事业一定可以成功。我们的国家现在处于内忧外患纷至沓来的时候,我们要想打破这种严重的难关,我们只有诚心诚意拥护我们的革命领袖,努力革命事业,我们才有报仇雪耻,建设国家,复兴民族的希望。"[①]

自 1925 年 3 月孙中山去世以后,蒋介石与胡汉民、汪精卫等争夺领袖地位,胡、汪虽不想公开称自己是领袖,却也不想承认蒋介石的领袖地位。于是,拥蒋的 C.C. 系和力行社纷纷创办报刊,鼓吹蒋介石的领袖地位。力行社的纲领宣布:"蒋介石是国民党的唯一领袖,也是中国唯一的伟大领袖;因此,党员必须绝对支持他,只听从他的命令,以他的意志为自己的意志。"

相对于力行社分子而言,张治中是他们的老师,地位更高,张治中出面做这样的演讲,比力行社分子的吹捧显然更有分量。

对于张治中在军校十年的作为,深知内情的蓝香山说:他"因为奉命担任中央陆军军官学校的教育长,举止行动,一味模仿蒋校长……"

不过,蓝香山也指出,张治中也有其不得已的苦衷。军校是蒋介石的禁地,蒋"直接抓学生,嫉视他人威望,张只能以保姆自居,远离学生,极力捧蒋"。[②] 也正因为如此,蒋介石才放心地让张治中在"中央军校"干了十年。

三、四次"客串"带兵

张治中在"中央军校"十年,还先后出去带了四次兵,按张治中的话来说是"客串"。

第一次是 1929 年蒋、冯战争爆发后,蒋介石任命张治中为武汉行营主

---

① 汪朝光:《"和平将军"张治中》,第 57 页。

② 蓝香山:《对南京中央军校的一段回忆》。

任，让他带领中央军校第七期 1000 多名学生军卫戍武汉三镇，张治中说是在黄鹤桥头唱了一出"空城计"。

第二次是中原大战爆发后，张治中出任教导第二师师长，率领该师参加作战。1930 年 6 月中旬，张治中率领教导第二师在陈留、太康一带，迭次击退冯玉祥西北军吉鸿昌、张自忠两师。7 月初，败石友三于考城。8 月 31 日占领民权县城。9 月 30 日，进占兰封。随后与第四十六师、第五十五师等会合，于 10 月 3 日攻克开封，10 月 6 日攻克郑州。张治中统率仓促成军的教导第二师，屡战屡胜，立下了不少战功，凯旋而归。

第三次是 1932 年一·二八淞沪抗战爆发，十九路军在上海孤军抗击日寇。张治中认为，十九路军单独在沪作战，孤军决不能久持，应该予以增援。当时国民党内也有人说中央看着十九路军打光，按兵不救，张治中认为这对蒋介石的地位和领导权都会发生不好的影响。当蒋介石于 1932 年 2 月初由洛阳到浦口，张治中去迎接他时，向蒋介石进言道："我们中央的部队必须参加淞沪战斗才好，如果现在没有别的人可以去，我愿意去。"蒋说："很好。"马上关照军政部长何应钦，调集散驻在京沪、京杭两线上的第八十七师、第八十八师两个师合编为第五军，任命张治中为军长，率领参加淞沪抗战。2 月 26 日出发前，张治中郑重写了一封遗书，以誓死的决心，为保卫祖国而战。第五军辖两师四旅及中央军校教导总队，共 15000 余人，是德式装备的国民党中央军劲旅。驻上海的财政部税警总团也有两个团参加淞沪作战，为避免公开得罪列强，该部以第八十七师独立旅名义参战，并归第五军指挥。张治中指挥第五军与十九路军并肩战斗，顽强抗击日寇，特别是庙行激战，打死打伤日寇数千，第五军第八十八师两位旅长负伤，伤亡营长 6 人，连长、排长近百人，士兵 1000 余人。爱国官兵以血肉之躯谱写了一曲感人悲歌。但掌权的蒋介石、何应钦却依然顽固推行其"先安内后攘外"的反动国策，对抗击日寇态度消极，希望由英美出面调停求得妥协，不愿扩大事态。对张治中第五军在上海的抗战，蒋介石也不想大肆宣传，一直要求第五军以十九路军名义抗战。由于蒋介石、何应钦的消极态度，第五军和十九路军的抗日无以为继，不得不撤退。1932 年 5 月 5 日，在英美调停下，南京政府和日本订立停战协定，规定中国军队留驻昆山苏州一线以西现驻地，日本军队退到事变前位置；中方在上海周围不得驻军，取缔抗日组织与活动，将十九路军调离。日本通过发动一·二八事变，达到了其掩护在东北建立傀儡政权的目的。上海停战协定签订之后，第五军奉令复员。何应钦告诉张治中，已经内定朱绍良为中央军校教育长，让他继续带兵。张治中考虑后，对何应钦说："教育长还是我相宜些，军长给朱逸民（朱绍良字）或其他人均可以，我愿意当教育长。"蒋介石听了张治中的表态，非常满意。

第四次是统兵镇压福建事变。1933 年 11 月 22 日，李济深、陈铭枢、蒋光鼐、蔡廷锴等在福州宣布成立"中华共和国人民革命政府"，提出了"否认南京反动政府"等一系列有进步性的政治经济主张。福建事变爆发，蒋介石如临大敌，立即兴师讨伐，自任"讨逆军"总司令，以蒋鼎文、张治中、卫立煌为第三、第四、第五路军总指挥，率领十几万国民党中央军精锐攻打力量相对弱小的十九路军。张治中率领的第四路军由浙江进入闽北，第一个攻击目标为闽北重镇古田。古田守军为十九路军的一个师，师长赵一肩在一·二八淞沪抗战时任十九路军总部参谋处长，与张治中算是熟人。张治中考虑到古田工事坚固，硬攻必有重大伤亡。于是，他顶住压力，利用各种关系，终于说服赵一肩于 1934 年 1 月 12 日缴械投降。兵不血刃占领古田，这使张治中感到一种莫大的安慰。古田为福州的屏障，古田一失，福州势难再守，张治中部几乎没有经过什么战斗，于 16 日进入福州，"福建人民革命政府"退往闽南，很快就失败了。

闽变平息后，张治中电蒋辞职，表示仍愿回军校原任。不久，张治中到南京，见蒋复命。蒋同意张治中仍回军校。国民党军是一支军阀色彩浓厚的军队，高级将领争带兵，争当省主席，以培植私人势力，并大捞油水，是司空见惯的事，而张治中则反其道而行之，更得蒋介石的赏识，国民党内的元老也称赞说："这不愧为模范军人，打仗的时候就'得令'，打完了仗就'交令'，假使中国军人都如此，那还有什么问题。"

张治中在回忆录中承认，他之所以这样做，内心还有说不出来的一种原因，就是想躲避参加反共的战争。张治中在黄埔军校时代，与周恩来等著名共产党人建立了良好关系，并且张治中的态度有一度是中间偏左的。蒋介石发动"中山舰事件"后，张治中还情绪激动地质问蒋介石："校长这种做法，是否顾虑到一般革命同志的信仰和一般革命青年的同情？"以致右派分子将张治中与邓演达、恽代英、高语罕等著名国民党左派和共产党人相提并论，称之为"黄埔四凶"。随着时局的发展，张治中最终还是选择了跟蒋介石走的道路，政治立场也发生了重大变化，但他仍坚守一点，那就是不愿与共产党在战场上兵戎相见，张治中一生都坚持了这一立场。邓颖超为《张治中回忆录》所作的序言特别指出："在第二次国内革命战争时期，文白先生是一位没有同共产党打过仗的国民党军人。"

1936年12月12日，张学良、杨虎城发动西安事变后，南京政府决定实行"讨伐"。16日，何应钦出任"讨逆军"总司令。何应钦随即打电话给正在苏州秘密部署抗日军事的张治中，请他回京商议"讨逆"军事，并出任其中一路的指挥。张治中回到南京后，发现孔祥熙及宋美龄、宋子文等蒋介石的亲属力主和平解决事变，反对武力讨伐，宋美龄还跑到中央军校对师生发表演讲，指责讨伐派"别有用心"，要求大家镇静行事。张治中立即表明自己的态度，"这件事只应该用政治解决，不必采用军事方式。因为当时唯一着眼点是救蒋，为了达到这一目的，应该不以任何条件求得解决"。张治中的这一态度，不仅得到宋氏姐妹的好感，也使蒋介石感到张治中对他的忠诚，蒋张关系再次经受住了考验。

四、点燃淞沪抗战之火

1935年华北事变后，蒋介石也感到他的"安内攘外"政策走进了死胡同，开始逐步调整对日政策，抗日准备工作也开始提上议事日程。在国民政府参谋本部拟定的国防计划中,京沪杭是一个大防卫区,由训练总监部总监唐生智负责督导,下设南京、沪杭、京沪(无锡至上海)三个分区,分别由谷正伦、张发奎、张治中负责。1936年2月,张治中走马上任京沪分区国防计划负责人,在秘密状态下从事国防准备工作。

1937年7月7日卢沟桥事变爆发,蒋介石于7月17日在庐山发表谈话,提出解决事变的四项条件,表示了牺牲到底、抗战到底的严正态度。正在青岛休养的张治中闻讯后立即赶回南京见蒋介石,蒋让张担任京沪警备司令,驻苏州,准备对日作战。张治中根据他对上海敌情的判断,于7月30日密电蒋介石、何应钦、程潜、唐生智,主张在上海先发制人,先下手为强,将驻上海的日寇驱逐出去。蒋介石复电张治中:"卅未电悉,应由我先发制敌,但时机应待命令。"张治中随即于8月12日到达上海南翔设立司令部,指挥作战。但蒋介石一再犹豫不决,三次电令张治中停止攻击,贻误了战机,给了日寇以准备与喘息之机,从而失去了一举将日寇驱逐的有利战机。经过数日激战,张治中原先设想的"彻底扫荡敌军"之目的无法实现。8月17日,日本内阁决定"放弃以前所采取的不扩大方针",大规模增兵上海,蒋介石经与高级幕僚反复研讨,也作出了在上海与日寇会战的决定。这样,淞沪战役由张治中原先设想的先发制人的战术性行动演变为一场大规模的战略大会战。8月20日,蒋介石下令成立第三战区,以冯玉祥为司令长官,顾祝同为副司令长官。蒋介石前后调集了73个师(占当时国民党军总兵力的三分之一),共70万人投入淞沪一隅,与20多万日军在河港交错、无险可守的狭小三角地带,展开大规模的会战,且历时三个月之久。日军凭借其优势的海陆空三军炮火,对中国军队阵地进行狂轰滥炸,使中国军队处于被动地位,伤亡惨重。8月底或9月初,已改任第九集团军总司令的张治中与第八集团军总司令张发奎联名向蒋介石建议:对上海作战使用兵力定一最高点,如果超过这个限度仍不能压制敌人时,我军战略应转变为持久消耗战,以10个师兵力占领吴福、锡澄线既设工事,作第二抵抗线。两人表示可负固守此阵地三个月之责任。但蒋介石却从其幻想依靠英美调停迫使日本停战的政略出发，愚蠢地拒绝了张治中与张发奎的建议，坚持在对我不利的地区死顶硬拼，结果使中国官兵遭受更惨重伤亡。

8月18日，蒋介石派陈诚为第三战区前敌总指挥，赴上海视察张治中集团军的作战。陈诚回京后，对张治中的部署和作战方针有所批评，蒋介石随即任命陈诚为第十五集团军总司令，负责淞沪战场左翼作战。对此，张治中毫不知情，心里不免有一股闷气。更令张治中感到伤心和委屈的是蒋介石对他的无理态度。在上海先动手是出于张治中的建议，但实行的结果并不理想，加上陈诚的汇报，使蒋介石对张治中更为不满。8月24日，张治中到苏州找顾祝同，未见顾之前打电话给蒋，满拟申诉一番内心的苦闷。不料，蒋介石一接电话，即厉声质问张治中为什么到苏州，且不容解释，张忍耐不住，便顶了起来："委员长应该怎么办？我是到苏州与顾墨三商量问题的。我一直在前方，委员长究竟怎么样？"蒋介石见张治中顶撞他，便答了一句："你究竟怎么样？还问我怎样？"一下把电话挂了。对蒋介石的态度，张治中伤心极了，委屈极了。他自信自己并没有错，蒋却如此不理解他。张治中心情沉重，于当晚回到司令部，继续指挥作战。

9月4日，张治中致函蒋介石，恳求辞职，并举贤自代。蒋介石对临阵换将很犹豫，直到9月21日，第三战区重新区分战线与编组，蒋介石才决定张治中与朱绍良对调，张治中任军事委员会管理部部长。

张治中两次参与指挥淞沪抗战，是他一生中最辉煌的篇章。

五、出主湖南省政，火烧长沙古城

张治中从战场上下来，首先回到巢湖老家休养了一段时间。1937年11月中旬应蒋介石之召回到南京，蒋任命他为湖南省政府主席。张于1937年11月26日抵达长沙上任。

湖南处于中南地区的交通枢纽地位，战略地位相当重要。随着战争的深入，湖南成为首当其冲的第一线，战略地位更加重要。张治中第一次出任省主席，很想干一番事业。他说："'建设一个新时代的湖南'，这是我最初的目标，也是我最终的愿望。在我奉命之后，我对于这个被称为'中国普鲁士'的省区，深情着历史上的爱慕。我憧憬革命先烈谭（嗣同）、唐（才常）、黄（兴）、蔡（锷）的遗风余韵，我崇尚湖南人讲骨格、敢担当、说真话、做实事的精神。我想，在这一个地方，无论讲人力，讲资源，讲民风士气，都是最有可为、最能成为民族复兴根据地的所在。我就想要以一片至诚，来把这可爱的湖南，很有作为的湖南造成一个三民主义的新湖南！我在京汉途中的长江轮上，就集中了我的思考在描绘蓝图。"

张治中上任后，于 1938 年 1 月 22 日颁布了《湖南省政府施政纲要》和《湖南省组训民众改进政治加强抗日自卫力量方案》。张治中表示："我们苦心拟成这两个方案，我们一定要按照这个方案一句一字地去做，绝不容许有一个字不实现，一句话落了空！""我有决心，我有担当，我一定拿有进无退百折不回的精神，贯彻这个主张。"[1]

张治中上任后，首先抓了亟待解决的问题：健全行政机构，提高行政效率；调整县乡官吏与行政组织；民众训练；成立民众抗日自卫团；改善财政；整治风气。

张治中抱负很大，决心也很大。但一场大火不仅使两千多年的长沙古城化为了焦土，而且使他的理想抱负化为了泡影。

抗战开始，蒋介石推行消极抗战政策，大搞所谓的"焦土抗战"策略。1938 年 10 月 25 日，武汉三镇失守，蒋介石于 11 月初在长沙召开军事会议，在会上大谈其"焦土抗战"的理论，并举拿破仑入侵俄国，俄国人火烧莫斯科来论证他的理论。蒋对武汉撤退时未能彻底破坏不满，大骂第九战区司令长官陈诚是"既不从命，又不受命"的蠢人。蒋接着问张治中："敌人来了，长沙怎么办？"未待张答话，蒋又接着说，"不要迟疑，烧掉就是。

---

[1] 《张主席言论选集》，第 20 页。

事先把能转运的物资运走，运不走的也要烧掉。公用和民用房屋都烧掉。"蒋一连说了三遍"不资敌用"。

11月12日，张治中接到蒋介石打来的密电："限一小时。长沙张主席。密。长沙如失陷，务将全城焚毁。望事前妥密准备，勿误！中正文侍参。"

张治中接到蒋的电报后，立即命令部下做焚城的准备。由于湘北重镇与门户岳阳已于11月10日失守，长沙已是风声鹤唳，人心惶惶。13日凌晨，长沙开始起火，一处起火，其他各处相继火起，顿时火光冲天，大火连烧三天三夜，有数千年历史的长沙古城毁于一炬，烧死2万余人。日寇未到而自焚其城，造成空前惨重的损失，一时舆论哗然，张治中更成为众矢之的。有人作了一副对联来讽刺张治中，其上联是："治湘有方，五大政策一把火"；下联是："中心何忍，三个人头十万元"，横批是"张皇失措"。

蒋闻讯后，于14日赶到长沙处理善后，长沙大火悲剧的发生，从根本上讲是蒋介石的"焦土抗战"策略造成的，蒋深知张治中不过是代他受过。为推卸责任，蒋介石将长沙警备司令酆悌、长沙保安团长徐昆、长沙市警察局长文重孚三人当作替罪羊，下令枪决。对张治中，则只在形式上给了他一个革职留任的处分，让他继续负责大火后的善后工作。对于长沙大火，张治中坦承："忝主湘政，用人失察，遭此巨灾，神明内疚，罪戾实深。"长沙大火，也宣告了蒋介石"焦土抗战"策略的破产。

六、内调侍从室第一处主任

1939年1月17日，湖南省政府改组，薛岳继任省政府主席，张治中内调陪都重庆，于3月16日出任军事委员会委员长侍从室一处主任，成为蒋介石的近臣。

张治中对于蒋介石的保全，感激涕零。上任伊始，即给自己制定了"自律三端"和"请训五项"，作为座右铭。平时总是对人说："我要以领袖之心为心，要为领袖分劳解忧，对人对事，至公至正，才算尽到了做幕僚的责任。"张治中在侍从室一处主任的位置上做了一年半，为他的主人真正做到了竭忠尽智，日夜操劳。张治中的建议，只要蒋介石认为符合他的利益的都予以采纳。例如桂南会战，白崇禧以桂林行营主任身份指挥作战，桂军作战消极，导致战役失败。在作战检讨会议前夕，张治中建议处分白崇禧和政治部长陈诚及以下各有责高级将领。蒋介石采纳了张治中的建议。陈诚是奉蒋之命前往协助白崇禧指挥的，竟然受到同样处分，有人对此不解。会后，张治中与陈诚一同步出会场，张治中曾低声安慰陈诚："你这次陪绑，我想完全是委座怕使健生心里难过，大家都非常了解的。"

张治中认为设立行营不利于指挥，因为行营主任既要代表统帅部向部队下令，又要代表部队向统帅部要求，地位不明，建议取消行营一级指挥机构。蒋介石采纳了这一建议，先后撤销了桂林行营和西安行营。又如任免军官，规定团长以上须经蒋介石批准，张治中认为数量太多，便和何应钦商量，改为少将以上呈蒋候批，其余的概由张治中以侍从室主任"奉谕照准"。总之，只要不触犯蒋介石，张治中总是知无不言，甚至代拆代行。

蒋介石个性很强，大权独揽，但对于张治中的建议，往往也会采纳。张治中在回忆录中写道："在这期间，我有很多的重大建议，多被采纳。""我经常不敢离开自己的岗位一步，没有一点懈怠，从来不会偷懒。我见到的地方，我会自动去做。""我在侍从室服务期间，很少使蒋操心生气。"张对蒋，真正做到了忠心耿耿，毫无二心，也赢得了蒋更大的信任。

七、对蒋由崇拜到厌恶到绝望

1940年9月，张治中接替陈诚担任军事委员会政治部长兼三青团中央书记长，这是两个更重要的职务。张治中没有利用职权培植自己的私人势力或小团体，而是一如既往，一切为蒋着想。他利用政治部的职位，大肆鼓吹对蒋介石的个人崇拜，赢得蒋介石的极大信任。

军令部长徐永昌说："尝见张文伯领导其政（治）部部属宣誓效忠总裁或

委员长矣。"①

王世杰也说:"向蒋先生当面喊过万岁的人,后来做了他的第一个叛徒(指张治中),而反对他的人,却不一定是他的敌人。"②

这两则日记表明,抗战时期,张治中在政治部长任上对蒋介石的个人崇拜是搞得很厉害的。

当张治中领会到蒋介石培养蒋经国的意图后,便适时将蒋经国推荐到三青团中央。据康泽说:张治中曾在三青团中央常务干事会议上透露,蒋在决定调蒋经国到重庆前,一度心情烦躁,稍不遂意就打人骂人。张治中认为蒋的生活过于严肃,枯燥无味,如果蒋经国能来重庆,同他父亲生活在一起,公余之暇,有儿孙绕膝,享受一些天伦之乐,就可以避免这种情况。为了培植蒋经国,张治中秉承蒋介石的意图,逼迫把持三青团组织大权达 7 年之久的康泽主动辞职,由倪文亚接替作为一个过渡。1944 年 5 月,蒋经国调任三青团中央干部学校教育长,随后又出任青年军政治部主任,最终取代了康泽在三青团的地位。

随着抗日战争的持久,国民党的腐败无能逐渐暴露,张治中对蒋介石的认识也发生了变化。张治中说:"对他(指蒋介石)的领导和作风认为错误太多,是时常不以为然的;并且看清楚了他的弱点,也知道他的思想已成了定型,他的环境也没法打开,同时我对他的保守甚至反动倾向已逐渐起了厌恶和绝望之感。"③

对于这一点,在徐永昌、熊式辉等人的日记中也有反映。徐永昌日记云:"下午会报时,张文伯以中央对人事无切实有效法规,一味宽人敷衍,痛切陈论,难得之至。"④

---

① 《徐永昌日记》,1950 年 5 月 27 日。

② 《王世杰日记》,1960 年 2 月 11 日。

③ 张治中:《六十岁总结》。

④ 《徐永昌日记》,1943 年 6 月 7 日。

徐永昌另一则日记又提到:"晚曾家岩会报,蒋先生先述党政军各机关之不振作无战时气象,言下甚愤慨。张文白冷笑曰:仅如此说说恐终无效。冷嘲慨叹兼而有之。蒋先生无言。"[①]

熊式辉1943年4月27日的日记提到:张治中批评蒋介石"知而不行,但事粉饰,忌医讳病,厌听直言"。

国民党内批评蒋介石的人很多,冯玉祥、李济深、宋庆龄、孙科等都是最著名的,但蒋介石将他们当作政敌;但对爱批评他的张治中却始终当作自己的心腹,从不会怀疑张治中的忠心。无论是国民党还是蒋介石,都是积重难返,张治中的直言进谏,自然也不会有什么起死回生的效果。对于张治中来说,是言者谆谆,听者藐藐;而对于蒋介石来说,只要言者没有外心,听听逆耳之言也无妨,反正采纳与否全在于自己。这种一方尽心、一方容忍的状况,成为后期张蒋关系的独特景观。

八、国共谈判的主角之一

抗战时期,张治中大显身手的领域就是参与国共两党谈判。基于历来的看法,张治中于1938年9月4日大胆向蒋介石提出建议:承认中共合法地位,允许中共公开活动,以减少无谓摩擦,加强两党团结,必有利于抗战大业。对此蒋拒不作答,而国民党内的反共强硬派则对张治中大肆攻讦。

1940年国民党顽固派发动皖南事变前夕,张治中表示反对,但孤掌难鸣,未能挽回。皖南事变发生后,张治中提醒何应钦:"对共产党问题,应有冷静之考虑,慎重之措施,勿任有成见而好冲动者为无计划无限制之发展。"

1941年1月15日,何应钦召集临时会议,由军令部提出两个方案:一是明令撤销新四军番号;二是不撤销其番号,任其渡江北上,以观其动态如何,再作处置。张治中主张采用后案,而副参谋总长兼军训部长白崇禧则力主前案。两人当场吵了起来,白崇禧情绪激动,厉声指斥张治中:"你身为政

---

① 《徐永昌日记》,1944年11月24日。

治部长，如何能说此种话！"并诬张为"洪承畴"。张也颇为动怒，散会后，面红耳赤，气喘吁吁，悻悻上车而归。当天下午，张避不参加蒋介石召集的会报，蒋裁决采用第一种方案。1月17日国民党政府宣布"新四军抗令叛变"，明令撤销番号，军长叶挺交付军法审判。事后，张治中于3月2日给蒋介石上万言书，痛陈对中共问题处理的失策，尤其皖南事件，认为是招致两党关系破裂的开始。

皖南事变后国共之间的紧张关系，到1942年已有所缓和。自此以后，两党又开始了谈判。张治中与在重庆的周恩来、董必武、叶剑英等经常保持接触。1942年10月，毛泽东派林彪到重庆谒蒋，蒋派张治中与周恩来、林彪谈判，前后谈了9个月之久，直到1943年6月结束。张治中的中心思想是国民党承认共产党的合法地位，共产党交出军权。1943年6月13日，张治中约周恩来、林彪谈话，张问周："你们现在不解决，将来战争结束，你们还拥有武力，将何以为国人所谅解。"林彪回答："到那时自然不好，所以现在大家要接近，将来便容易办。"林彪还表示："将军队交出来，但国民党必须首先树立诚心！就是使共产党能相信国民党给予共产党合法地位之保障。"

1944年5月，中共又派林伯渠到重庆与董必武、王若飞一道同国民党的张治中、王世杰谈判。这次谈判一直到1945年3月止，中经美国总统私人特使赫尔利调停，但双方立场相去甚远，未能取得任何成果。1945年4月23日，张治中与王世杰报告蒋介石："职等蒙钧座指派与中共代表进行谈判，自去岁5月起至本年3月，经随时秉承钧座指示，进行磋商，终以中共一再反复，职等复乏肆应之能，任务未达，实深惭悚。"

1945年8月14日、20日、23日，蒋介石三次致电毛泽东，邀请他赴重庆谈判。毛泽东同意后，张治中作为蒋介石的代表，与美国驻华大使赫尔利于8月27日专程赴延安迎接毛泽东。8月28日，毛泽东、周恩来、王若飞在张治中和赫尔利的陪同下，抵达重庆。蒋介石指定张治中、张群、王世杰、邵力子与周恩来、王若飞谈判，国民党四位代表背景各不相同，张治中、邵力子与中共渊源很深，交往也很多；张群、王世杰是政学系巨头，也是蒋介石的亲信谋臣，且王世杰是西方式民主的崇拜者。他们的共同特点是都不主张与中共兵戎相见，主张和平解决。中共代表王若飞根据其个人的观察，指出："国方代表都承认解放区的力量，认为国共不能打，一定要和，他们是倾向民主和平方面的。其中，最肯想问题的是王世杰；邵力子愿意解决问题，但是怕负责任；张治中坦白直爽，连 C.C. 派指责张群'联共坍党'的事情也讲了出来。"

经过 40 多天的谈判，国共双方代表于 10 月 10 日在重庆签署了《政府与中共代表会谈纪要》。对此结果，张治中是满意的。他说："几经折中，舌敝唇焦，好容易才得到这样的结果，自然更感到愉快。"

重庆谈判结束后，10 月 11 日，张治中陪送毛泽东离开重庆回延安。

1945 年 11 月，张治中从新疆给蒋介石上万言书，力言对中共问题采取政治方式解决是独一无二的途径，务请坚持这一方针。

1945 年 12 月 22 日，美国特使马歇尔来华调停国共争端。1946 年 1 月 10 日，在马歇尔调停下，国共签署了停战令，决定双方军队自 13 日起停止一切军事行动和军事调动。之后，张治中作为国民党代表与中共代表周恩来、美国代表马歇尔组成军事最高三人小组，进行整军谈判。

2 月 25 日，张治中、周恩来、马歇尔在《关于军队整编及统编中共军队为国军之基本方案》上签字。在签字仪式上，周恩来在致辞时特地"感谢二十年来曾经多次合作的张部长，张部长对此方案之努力，有他很大的功劳"。整军谈判结束后，张治中又与周恩来进行了东北停战谈判。由于蒋介石早已决定了内战的方针，所有的谈判都不过是他的缓兵之计。张治中处心积虑，付出全部心血参与谈判而达成的一系列协议最后却成了废纸一张。

九、动荡年代主持新疆省政

抗战胜利后，蒋介石有意派张治中去东北主持行政接收，派熊式辉主持军事接收。但政学系想独揽东北接收大权，他们上下其手，终于使蒋介石同意由熊式辉全权主持东北接收。蒋介石随即决定派张治中去西北处理新疆问题。但张治中想去东北，不想去西北，其手下的干部分为两派，一派主张不去，另一派主张暂去。有一天晚上，张治中找到他的邻居万耀煌谈论此事，万耀煌对他说："为何不去？最好莫过于西北了。"张问是什么理由，万答："东北，日本人建设了四十年了，已经有基础了，所有的工矿产业机构都需要专门人才，你拿什么去接？你到东北不能保持日本人留下的现状就算失败了，你能办到吗？你到西北，情况就不同了，左文襄公的功业至今万人怀念，但西北在今日仍是一片荒凉，在政治方面朱绍良到那里是焦头烂额，你去了，失败的责任小，如果成功了，便是西北王，那还了得。不错，西北有困难，对付俄国很不容易，但那也有方法解决，你把美英力量引进去，不让俄国独占，把新疆造成国际性的地方，同时掌握对内交通线，甘肃非抓在手里不可，以甘肃作为后路，自然进退自如，从前左文襄公就是拿陕甘来经营新疆的。"听了这番话，张治中很高兴，连说："绝对去。"①

对于张治中来说，不能去东北，可以说是塞翁失马，焉知非福。东北为国共必争之地，张治中去东北又怎么能保证不卷入国共军事冲突呢？而去西北，因地处偏远，可以避免卷入内战旋涡，保持张治中一贯的超然姿态。张治中赴新疆前，蒋介石特授权张治中："新疆问题你可以全权处理，有什么问题你随时可以打电报来！"

得到蒋的授权后，张治中于1945年10月中旬偕梁寒操、彭昭贤、邓文仪、刘孟纯、屈武等飞新疆首府迪化（今乌鲁木齐）。自1944年9月1日盛世才垮台后，新疆多年积累起来的各种矛盾一下爆发出来，令盛世才之后主政新疆的吴忠信、朱绍良深感难以处理。张治中上任后，一本其宽容平和的态度，与各方周旋。1946年1月2日，《中央政府代表与新疆暴动

---

① 《万耀煌先生访问纪录》，第460-461页。

区域人民代表之间以和平方式解决武装冲突之条款》在迪化签字。这个协议，张治中是"以最大的容忍精神，作出可能的最大让步"而达成的。徐永昌评论说："新疆事件已由张文伯签字十一条，得到一半统治权。"[①]为了让张治中能放手处理新疆问题，蒋介石宣布撤销第八战区，将朱绍良、吴忠信及李铁军内调，于1946年3月29日任命张治中为西北行营主任兼新疆省政府主席。张治中担任新疆省政府主席一年多，"始终采取忍耐和宽大的态度，对于一切纠纷，无不大事化小，小事化无"。

对于张治中在新疆的所作所为，蒋介石因正集中精力打内战，对新疆暂无力顾及，对张治中没有表示什么。但国民党内许多人对张治中是不满的，甚至连一向温和的外交部长王世杰也对张治中大加抨击。王世杰在日记中写道："一年以来，张文伯主持新疆，对苏联一味迁就，在军事政治方面均然。"[②]"张文伯在新疆，内怯叛乱分子，外怯苏联，徒事敷衍迁就，形势日坏。最近政府授予对苏交涉之指示，彼竟擅改而不先电部，尤为荒谬。"[③]确实，像张治中那样富于妥协性的政坛人物是不多见的。

十、呼吁停止内战，重开谈判

1947年9月，张治中辞去新疆省主席职务，回内地休息了几个月。1948年初，到兰州担任西北行辕主任。

1948年3月，胡宗南在宜川惨败，刘戡战死，蒋介石对胡宗南失去信心，一连几次打电报给张治中，让他去西安统一指挥西北五省军事。这与张治中不参加反共作战的宗旨相违背，张治中只好找理由拒绝："新疆局势严重，不能舍新赴陕，三马不能随意调用，事实上统一指挥亦仅胡宗南所部而已，仍请由胡主任负责到底为宜。"张治中不上任，蒋介石只好折中："陕西军事仍以胡主任负责，张主任应督饬甘、宁部队协同作战。"

---

① 《徐永昌日记》，1946年2月5日。

② 《王世杰日记》，1947年6月9日。

③ 《王世杰日记》（第5册），第423页。

随之而来的是，国民党为加强"反共"军事动员，将各地行辕改为"剿匪总司令部"或"绥靖公署"，张治中一向反对以武力解决中共问题，不肯担任什么"剿匪"总司令，决定辞职。蒋介石手下已无人，不能没有张治中坐镇西北，只好妥协，破例将西北行辕改为西北军政长官公署。

西北军政长官公署名义上管辖甘肃、宁夏、青海、新疆四省，但青海、宁夏分别是马步芳、马鸿逵的领地，不容张治中插手；甘肃由西北军政长官公署副长官兼甘肃省主席郭寄峤负责，张治中不大过问。以前，张治中主要负责新疆，离开迪化后，新疆的事也不过问了。张治中求去不成，又不想做自己不愿做的事，便带领自己一家到离兰州几十公里外的兴隆山上闲居，表面上是悠闲自在，但内心里并不平静。张治中已经看得很清楚，国民党的失败已是早晚的事。他本人虽还没有转变立场投向中共，但他已考虑当战火降临西北时，尽量使人民生命财产少受损失，最好做到和平交代。为此，张治中暗中做了一些工作，首先是做舆论吹风工作，其次是呈请蒋介石将一向强硬的新疆警备总司令宋希濂调开，由陶峙岳接任；将一贯反苏反共的新疆省政府主席麦斯武德免职，由包尔汉接任。这就为新疆的和平解放准备了干部条件。

张治中考虑的更大问题是，呼吁蒋介石停止内战，重开谈判。自1946年6月全面内战爆发以来，张治中一直没有放弃这种努力，用张治中自己的话来说就是："我在一切机会坚持反对战争，苦心谋求和平，可以说是到了声嘶力竭的地步。"1948年6月蒋介石到西安，张治中亦从兰州赶来，与蒋交谈了六七天，张治中的中心思想仍然是建议国民党主动宣布停战。蒋的答复是："那还行！假使我们一旦宣布停战，内部马上要分裂，士气马上要瓦解！共产党混进来之后，发展它的组织和地下活动，我们还受得了吗！"总之，内战打响了，要停下来并不是一件容易的事。

在国民党主力被歼灭殆尽之时，桂系二号人物、华中"剿匪"总司令白崇禧于1948年12月24日从武汉发表通电，主张和平，实际上是逼蒋介石下台。30 日,白崇禧第二次电蒋,要他速下决断,桂系领袖、副总统李宗仁也在南京提出五项和平主张,与白成内外呼应之势。李、白以实力逼宫,在国民党内引起的震动非同小可。在白崇禧的通电发出之前,张治中已有劝蒋退位之意。白崇禧的两通电报经张治中和张群转给蒋介石,二张和吴忠信研究后一致认为:"姑不论白的用意如何,但军事大败,军事失策,内部分裂,财政崩溃,蒋确非下野不可。"张治中、张群、吴忠信三人都是蒋最亲信的谋士,在蒋面前可以坦率直言,他们三人拿了白的两通电报去和蒋谈,一连谈了十几天,每天谈一次或谈两三次,最后蒋表示同意下野,由李宗仁继任。1949 年 1 月 21 日,蒋介石发表下野文告,当天黯然离开南京回奉化溪口。

李宗仁上台主政后,幻想以江南半壁江山与中共搞对等谈判。李、白要与中共谈判,不能缺少张治中这位主角。但张治中却于 1 月 28 日悄悄回兰州去了。张为什么走?关键原因在于张治中、邵力子等人的和平言行在国民党内遭到了强有力的攻击。徐永昌在 1948 年 12 月 29 日的日记中记载:"早九时政院出席第三十二次会议,席间因和战问题,引起张文伯、谷正纲激烈辩论,至有比张(治中)为秦桧之语,几至冲突。"蒋下野后,吴铁城也扬言要"打破投降式的低调和谈"。

他们的攻击矛头都是指向张治中和邵力子等人的。特务分子更威胁要对张治中采取行动。为了预防不测,上海市副市长吴绍澍专门送了一件防弹背心给张治中。在这种情况下,张治中"认为大局已很少挽救的可能,倒不如退保西北,为和平交代做准备"。

李、白本想邀张治中担任行政院长,张力辞不就。张走后,李宗仁打了无数的电报、电话催张治中回南京,同时还授意他的亲信程思远给张治中写了一封长信,信中说:李之上台主政,唯欲实现和平,而和谈能否成功,唯张是赖,张若不出,如苍生何!话说到这个份上,张治中也不好再推辞了。1949 年 2 月 22 日他乘李宗仁派去的专机飞回南京。

张治中知道，蒋介石下野并没有诚意，名义上下野了，却仍在溪口老家通过电台遥控其亲信，况且蒋还是党的总裁，和谈这样大的事，蒋不点头便无成功之望。因此，3月3日，张治中又偕吴忠信到溪口见蒋，就和谈方案征求意见。张治中还有一项重要使命，就是劝蒋出国，以免他在幕后掣肘。蒋知张治中的用意，一见面就说："他们逼我下野是可以的，要逼我'亡命'就不行！"明骂李、白，暗骂张。但张治中认为，他的动机"还是以一本爱护他保持他的晚年信誉作出发点，并没有存过和他决裂的心意"。张治中恳切地对蒋说："你出国后，如和谈成，人民对你犹可引起原谅，如谈不成，国人也不会责备你；反之，如你不出国，则势必成为和谈的一种障碍，如和谈幸成，功归李宗仁，和谈不成，国人对你将无从谅解了。"但蒋在这个事关生死的问题上毫无通融余地，声色俱厉地反复申明："我是一定不会出国的！我是一定不会亡命的！"张治中的目的未能达到。

从溪口回到南京后，张治中一面为和谈作准备，一面做京沪杭警备总司令汤恩伯的工作。张治中对汤恩伯有提携之恩，"汤认为得亲领袖，全仗总司令张之拔擢，故始终视张为恩师"。蒋介石下野后，国民党在江南的残余兵力分掌在汤恩伯、白崇禧手中。张治中两度亲赴上海汤宅密谈，并数次通话，要求汤停止在上海修造工事、停止征兵征粮、停止运送金银物资去台湾。张治中对汤说："你不照我的话去做，你就是破坏和谈！"汤是蒋最忠诚的走卒，此前他已出卖恩师陈仪，自然也不会采纳张治中的建议。

3月24日，南京政府正式指派张治中、邵力子、黄绍竑、章士钊、李蒸为和谈代表（稍后又加刘斐为代表），张治中为首席代表。在去北平前，张治中于29日再次去溪口，向蒋介石作最后的请示。蒋对张的到来十分冷淡，蒋对和谈的事没表示什么意见，只叮嘱张"你这次负担的是一件最艰苦的任务，一切要当心！"

但蒋经国却恶狠狠地说："张先生这样热心和谈，将来是没有好结果的！""张先生太天真了！现在还讲和平，共产党愿意和平吗？我看他会死无葬身之地！"

张、蒋这是最后一次见面，他们两人之间20多年的关系已走到尽头。

4月1日，张治中率国民党和谈代表团赴北平。中共接受和谈，并不是要与国民党残余政府平起平坐，而是要其投降，和平接受改编。张治中到北平后，才发现与他原先的设想相去十万八千里。据蒋经国记载，张治中到北平后，尚有电报给蒋介石，称："共产党言论态度，意在逼降"，张劝蒋"毅然放下一切"。张治中在回忆录中也说：他给蒋写过一封信，请屈武带回，重申要蒋"断然暂时出国，摆脱一切牵挂为最有利"，否则，如"仍听信拥护领袖失败者之言，留居国内，再起内战，则非至本党彻底消灭，钧座亦彻底失败不止"。对此，蒋经国认为张治中"完全是替共产党说话的"。

中共方面，通过与国民党和谈代表个别谈话的方式，在彻底打破了张治中等人的幻想后，在形式上也做了某些让步。张治中仍然尽其可能为蒋介石争取某种权益。张治中提出即使战犯应该受惩，也不必正式提名，而且有贡献者还可取消。为此，他煞费苦心，绞尽脑汁。15日晚，周恩来向张治中提交了《国内和平协定》的最后文本。对此，张治中的感觉是：他经手谈判的这个协定，实际是为国民党政权办理结束手续的。张治中在最后的陈述中只能以国共之争是"兄弟之争"，"大哥管家管不好，让弟弟管"这样的字句来自嘲，并为自己服务了20多年的国民党政权的失败盖上了最后一块遮羞布。

十一、"过了年三十，今后还应从年初一做起"

1949年4月20日，南京政府代总统李宗仁、行政院长何应钦联名复电南京政府和谈代表团，正式宣布拒绝《国内和平协定》。4月21日，毛泽东、朱德发布向全国进军的命令，百万大军横渡长江，向江南进军，以武力扫荡国民党残余政权和势力。

和谈破裂后，李宗仁、何应钦致电张治中，请国民党代表团全体返回南京，并于4月24日派专机迎接。周恩来则代表中共中央诚恳挽留国民党代表团全体留在北平。周恩来特别关心老朋友张治中的安全，担心他回去后遇到麻烦。他语重心长地对张治中说："西安事变时我们已经对不起一个姓张（指张学良——引者注）的朋友，今天再不能对不起你了！"

对留在北平与否，张治中的思想斗争相当激烈。他追随蒋介石20多年，是人们公认的蒋介石的亲信部下，直到北平和谈的最后时刻他还在为国民党、为蒋介石争取一个好的结果。现在，他如果转变立场，"人家会不会说我是'投机'呢？""这不是变成干部背叛领袖了吗？"这样的问题始终困扰着张治中。张治中说："我自信是一个革命党员，但是我又是读了十年线装书具有中国伦理观念的一个人，遇到这个问题就觉得非常苦恼！"

为此，周恩来批评他："你是封建道德，你为什么只对某些人存幻想，而不为全中国人民着想？你为什么不为革命事业着想？"

为了争取张治中，周恩来以及毛泽东、朱德、林伯渠、李维汉等都做了很多工作，经过几个月的痛苦思考，张治中的认识逐渐发生了变化。关于他和国民党的关系，他将理论和现实分开，他在理论上追求的国民党应该是个革命党，而实际上的国民党已蜕化为一个反革命党，"我们还能有什么留恋的？"关于他和蒋介石的关系，只是党员和党魁的关系，干部和党的领导者的关系，而"不是私人的关系，更绝不是封建的君臣主仆的关系"。这样一想，张治中就想通了。"党魁不革命，反革命，我们如何能够盲目地跟着走，抛弃了自己的革命立场呢？"他认为他"对国民党对蒋介石先生，实已竭智尽忠，力图匡救，积重难返，无可奈何，可以说问心无愧吧？"

有了这样的认识，张治中转变立场也就顺理成章了。1949年6月26日，张治中在中共中央机关报《人民日报》头版头条发表《对时局的声明》，指出：

我们国民党执政二十多年，竟弄到这样地步，也不是偶然的事。当然，我是党的干部，也要负一分责任。所以今日我们就应该以诚意承认错误，以勇气承认失败，坦然放弃政权，表示一种革命事业成功固不必在我的态度，则人民观感将为我们这种坦白率真的态度而另眼相看，重新评价。甚望我们国民党中央和各地负责同志能够善用理智，正视现实，以反省自咎的胸襟，作悬崖勒马的打算，悲天悯人，忍辱负重，为军民减少牺牲，为国家多保元气。现在虽未为最晚，实已到了最后机会，万不宜轻忽地听其错过。如果还是昧于人心与大势所趋，继续作毫无希望的战争，其结果徒然损伤了大众，贻害了自己，这是无从索解的！①

同一天，《人民日报》还配发了新华社社评——《评张治中声明》，认为"这个声明值得欢迎的。其中对于国民党内爱国分子的劝告，是向他们指出唯一的光明出路"。

声明的发表，是张治中走向新生活的宣言，是他转变立场，从蒋介石的亲信干部站到新中国一边来的标志。从此，他与国民党和蒋介石断绝了一切关系。这年10月，蒋介石下令开除张治中的党籍，并予以"通缉"。

毛泽东多次找张治中谈话，希望他参加中国人民政治协商会议和担任中央人民政府的职务。张治中说："过去这一阶段的政权是我们负责，今已失败，成为过去了，我这个人也应成为过去了。"毛泽东机智地回答："过去的阶段你发表了声明，等于过了年三十，今后还应从年初一做起！"

张治中投向人民之后，做的第一件事就是促成新疆和平起义。1949年10月1日中华人民共和国成立后，张治中先后担任了中央人民政府委员、西北军政委员会副主席、全国政协常务委员、民革中央副主席、民革中央和平解放台湾工作委员会主任等职务，继续为新中国建设和对台工作献计献策。

十二、一生复杂，对国家、民族有功

张治中的一生极为复杂，他的个性也是独特的。

张治中的大半生是作为蒋介石最忠诚的追随者而度过的。张治中在《我

① 余湛邦：《张治中——张治中机要秘书的回忆》，第217页。

与中共》一文中坦承："我不讳言，从北伐军兴，蒋在我心目中的比重逐渐增强，以至到后来，我不但认为蒋是国民党的领袖，而且应该成为国家民族的领袖。"随着张治中对蒋介石认识的加深，对蒋的批评虽然越来越多，但都是以拥蒋为前提，"总离不开维护蒋的基本立场"，"这是我和蒋25年关系中的主导思想"。

对于张治中的独特个性和政治风格，人们可能会有不同的评价，但有一点必须指出，他对日抗战态度是积极的，两次淞沪抗战就是他一生中最辉煌的篇章。对内战，张治中是消极的，甚至是厌恶的，他一生拒绝参与反共内战就是明证。这与那些勇于内战，而怯于外战的人相比，是不可同日而语的。盖棺论定，张治中对国家、对民族是有贡献的。

第六节 "嫡系中的杂牌"卫立煌

卫立煌是蒋介石早期的"五虎上将"之一，卫立煌的部下这样说："在蒋委员长手下，带领中央军嫡系部队的有五个上将，号称五虎将，就是刘经扶（峙）、顾墨三（祝同）、蒋铭三（鼎文）、卫俊如（立煌）和陈辞修（诚）。这五个人都是北伐时期蒋介石老本钱第一军当中的团长，和蒋介石历史关系最深。后来他们升师长，升军长，升总司令，步子都差不多；说起打仗来，拼死命，冲锋陷阵都不如我们卫老总。卫老总一不是浙江人，二不是'穿黄马褂子的'（黄埔系），再拼命，他也没有那四个得宠，不是黄埔军校的区队长，就是黄埔军校的教官，才是真正的嫡系；我们卫老总连黄埔军校的大门也没有跨进过，实际上是一个'嫡系当中的杂牌'。"①

符昭骞、郑庭笈在《蒋介石消灭十九路军战役的经过》一文中也说："卫立煌是蒋集团中最能打仗的一员战将，他虽非蒋的嫡系，但因一向对蒋绝对服从，俯首听命，遇事既不畏难又不怕苦，也不讨价还价，故取得蒋之欢心和信任。且卫系行伍出身，久经战阵，打起仗来，行动敏捷，犹如生龙活虎。很多人认为他是老粗，不学无术，看他不起，然也有很多人誉卫为曾国藩的鲍超。"②

卫立煌

一、与蒋介石结下打不开的死结

卫立煌（1897—1960），字俊如，安徽合肥人。"二次革命"爆发后，柏文蔚任安徽讨袁军总司令，卫立煌随大哥卫立炯参加了坚守和州

---

① 赵荣声：《回忆卫立煌先生》，第 69 页。

② 《文史资料选辑》第 37 辑。

的战斗。"二次革命"失败后，卫立煌于1914年秋，只身来到武汉，适逢湘军在武汉招学兵，便报名进了学兵营。卫立煌在学兵营接受了严格的军事训练，系统地学习了军事基本知识，为他日后在军事上的建树奠定了基础。1916年，卫立煌来到广州，投入粤军，担任了孙中山的卫兵。后升为警卫团排长。1918年，卫立煌调到粤军许崇智部，初当排长，后依次升为连长、营长、团长。

这时，卫立煌结识了蒋介石。1916年，蒋介石与张静江、吴忠信、许崇智结为异性兄弟。蒋介石多次做过许崇智的参谋长。1924年5月3日，孙中山任命蒋介石为黄埔军校校长兼粤军总司令部参谋长。吴忠信与卫立煌是安徽同乡，蒋介石有时到吴忠信家吃饭，卫立煌也常应邀同席，这样，卫立煌与蒋介石也有了私人交往。蒋介石在当上了黄埔军校校长后，有意培植自己的势力，到处物色人才，作战骁勇的卫立煌也成为蒋介石拉拢联络的对象。

1925年9月20日，蒋介石采取突然袭击手段将许崇智的粤军一部缴械，并逼迫粤军总司令许崇智离开广州，许从此失去兵权。蒋介石随后将粤军一部缴械，而将其中一部编为第一军第三师，师长谭曙卿，下辖第七团、第八团、第九团三个团，卫立煌任第九团团长。从此，卫立煌正式成为蒋介石的嫡系将领。但卫立煌追随许崇智多年，在他手下由连长一直升到团长，卫对许崇智有感情。许崇智被蒋介石搞垮后，卫立煌一有机会总想见一见许崇智，但蒋介石不许卫、许往来。对此，卫立煌一直耿耿于怀。卫立煌常对亲信陈铁、陈武等人说："如果有兵力在手，非把不讲信义的蒋介石搞垮不可。"因此，在卫立煌与蒋介石的关系中，一开始就结下了打不开的死结。

1926年7月北伐开始后，第一军三个师随蒋介石行动，两个师（即第三师、第十四师）是东路军的主力，由东路军总指挥何应钦率领，由广东进入福建。1926年10月13日，何应钦指挥第三师、第十四师两个师及一个团向粤闽交界的松口发起猛攻，经过激战，将周荫人部2万余敌军击溃，取得松口大捷。当时舆论指出："何应钦以松口一战而平定福建全省，实国民革命军北伐战史上之奇迹。"松口战役，论功行赏，以卫立煌战功最大，何应钦立即传令嘉奖，并升卫为第十四师副师长。进入福州后，卫立煌升为第十四师师长。之后，东路军未经多少战斗由福建进入浙江，尾随东路军前敌总指挥白崇禧部之后，由浙江向上海、南京进军。

1927年3月24日，以共产党员林祖涵、李富春担任党代表的第六军和第二军攻占南京。英美帝国主义分子进行武装挑衅，他们以南京城内北方溃军和歹徒抢劫外侨为借口，悍然炮击南京，造成中国军民生命及财产的重大损失，是为"南京惨案"。蒋介石为了讨好帝国主义国家，派第六军第十七师师长杨杰会见日本驻南京领事森冈正平，诬告说：这次事件"非党军领导人之意，而是军队内部不良分子和南京共产党支部成员共同策划制造的"。杨杰还表白说，已解散共产党支部，表示愿与英美等国谈判善后问题。蒋介石急忙下令将第六军、第二军调离南京，随即将卫立煌的第十四师调驻南京下关一带，以防止与帝国主义之间再次发生冲突。蒋介石于4月12日发动反革命政变，于18日在南京另立蒋记国民政府，卫立煌的第十四师和顾祝同的第三师成为蒋记政府的御林军。

1927年8月底龙潭战役发生，卫立煌的第十四师驻在镇江，首当其冲，卫立煌赶到龙潭车站指挥，与孙传芳军血战六七个昼夜，终于收复了龙潭车站，击溃了孙军。龙潭战役是卫立煌一生中经历过的最惊心动魄的恶战之一，他后来多次向人说起，龙潭战役这一关很不好过。当时他一直坚持在龙潭车站的一个地穴里边，敌人进入了车站，他还挣扎抵抗，就是不退，终于把敌人打走，活过来真不容易。没有参与指挥这一战役的蒋介石事后发表这样的评论："此役关系首都之安危，革命之成败，在国民党军战史上实占重要地位；而战斗之激烈，可与棉湖、松口、汀泗桥、武昌、南昌诸役相埒，或且过之。各将领深知此役关系之重大，均能奋不顾身，何、李、白三总指挥之果毅杀敌，夏威师长之督攻黄龙山，刘峙师长之头部受伤，卫立煌师长之落水不顾，仍行指挥，均能表现军人奋斗精神也。"

蒋介石虽然表彰了卫立煌的落水不顾，但在战后，蒋介石、何应钦将刘峙、顾祝同、钱大钧分别提升为第一军、第九军、第三十二军军长，而卫立煌却原地未动。蒋介石、何应钦光奖黄埔系，而对粤军出身的卫立煌心存歧视，使卫立煌衔恨多年。卫立煌一气之下，辞职不干，跑到上海休假去了。何应钦也感到自己做得不妥，亲赴上海新惠旅社，想找卫作些解释。何进了客厅，卫就在一板之隔的卧室内，却关照副官推说不在。何清清楚楚听到卫在说话，遂留下东路军总司令的名片而去。从此，何、卫不和。

1926 年冬，卫立煌与基督教美以美会创办的镇江崇实女子学校校长朱韵珩结婚。朱韵珩认为卫立煌虽然骁勇善战，军事实战经验也积累了不少，但如果停留在这个水平上，将来想有更大作为是困难的。通过军事深造，掌握古今中外的军事理论，扩大视野，提高指挥水平，对卫来说非常重要，因而劝卫到陆军大学学习。卫立煌接受夫人的劝告，向蒋介石提出申请，蒋同意了。并为安抚卫，蒋任命卫为南京卫戍副司令，准其带职进入北平的陆军大学特一期学习。

1929 年至 1930 年，正是国民党新军阀混战最激烈的年代。1929 年 12 月 2 日，被蒋介石任命为安徽省政府主席的石友三因参与唐生智、韩复榘、方振武、马鸿逵等倒蒋密谋，是夜在浦口宣布起兵反蒋，随即在浦口隔江炮轰南京。当时，南京兵力相当空虚，蒋因嫡系已布置在讨冯、讨唐前线无法调回，遂命卫立煌结束学习回安徽组织军队保卫南京，并给卫立煌第四十五师的番号。卫到安徽后，召集合肥子弟组建了第四十五师。在国民党新军阀混战时期，卫率第四十五师驻守在津浦路南端，拱卫南京，并保护铁路畅通。

二、反共内战的剽悍先锋

卫立煌再次出山领兵后，参加蒋介石发动的"剿共"战争，成为蒋介石反共内战的剽悍先锋。

1932 年春，蒋介石调集重兵对鄂豫皖苏区进行第四次"围剿"，决心将红四方面军赶出鄂豫皖，以便集中兵力对江西中央苏区进行"围剿"。蒋介石亲自挂帅，设"豫鄂皖三省剿匪总司令部"于汉口，下设左、中、右三路司令部，除何成濬的左路军专门对付湘鄂西红军外，以中、右两路全力对付鄂豫皖红军，其中右路军司令为李济深（未到职，由副司令王均代理），驻六安，指挥徐庭瑶、王均（兼）、梁冠英三个纵队及阮肇昌的预备队；中路军司令官由蒋介石兼，指挥张钫、陈继承、马鸿逵、张印相、上官云相、卫立煌六个纵队及钱大钧的预备队，此外还有三个师又三个独立旅的据点守备部队，兵力相当强大。鉴于过去对红军作战失败的教训，蒋介石采纳参谋长曹浩森设计的"纵深配备，并列推进，步步为营，边进边剿"的方针，遇红军主力则据地固守，待援合围；击破红军主力后，即并进长追，四面堵截。卫立煌的第六纵队辖第十师（师长卫立煌兼）、第八十三师（师长蒋伏生）。8 月 7 日，蒋介石下达总攻击令，要求"进剿"部队以疾速秘密之动作，深入苏区中心，寻求红军主力于一隅消灭之。8 月上旬，卫立煌率第六纵队由河口镇出发，适逢红军向黄安转移，卫部遂占领了河口镇，随即向黄安进击，当日黄昏，被红军包围于黄安之冯寿地区。入夜，卫立煌命令部队收缩防线，并将指挥部官兵全部投入战斗。在战斗最紧张的阶段，卫立煌亲率武器精良的特务连拼死抵抗，才免于被活捉。

国民党军自黄安、新渠、七里坪战斗后，各纵队害怕被红军歼灭，畏葸不前。蒋介石为激励士气，遂下令：谁先占领豫皖苏维埃的军政中心金家寨，此镇即用占领者的名字命名，并改为县治。9 月上旬，卫立煌奉命策应陈继承纵队，他亲率第十师翻山越岭，进至汤家汇附近，遭红军阻击。不久，汤家汇红军主力转移，卫立煌指挥部队追击，乘虚占领了金家寨。蒋介石接到卫立煌的捷报，大喜过望，亲自前往金家寨，除颁给卫立煌巨额奖金外，还履行诺言，下令将安徽省的六安、霍山、霍邱和河南的固始、商城五个县的部分地区划出来，以金家寨为中心，成立县的建制，称"立煌县"，使卫立煌声名大噪。卫立煌虽然得到了虚名，但他最想得到的还是安徽省主席的实权。在此之前，顾祝同、刘峙分别当上了江苏省、河南省主席，卫立煌急于想当一任封疆大吏，但蒋介石偏不给，将安徽省主席授给了从冯玉祥西北军投靠过来的老牌军阀——镇嵩军首领刘镇华，这使卫立煌再次大为失望。

卫立煌当了一个时期的鄂东"清剿"总指挥后，蒋介石又准备调卫立煌赴江西参加对中央苏区的第五次"围剿"。蒋任命卫立煌为北路军下面的第二路军第一纵队指挥官，仍指挥第十师、第八十三师两个师，而此时，北路军总司令顾祝同、前敌总指挥蒋鼎文，第一、第二、第三路军总指挥分别是顾祝同（兼）、蒋鼎文（兼）、陈诚，卫立煌对蒋介石的安排极为不满，拂袖返回南京。有朋友问他："战事正紧，为何突然回来了？"他说："仗打赢了，全是别人的功劳；输了，全是我的责任。我又最不愿与那几位（陈诚等）共事。"蒋介石听说卫立煌又撂挑子不干了，也勃然大怒，准备撤他的职，连撤职令都写好了，经南昌行营主任熊式辉劝阻才未发表，卫立煌夫人赶紧张罗着让卫到医院做了个小手术，才勉强以"生病"为由将此不快的事搪塞过去。

1933年11月，福建事变爆发后，蒋介石任命蒋鼎文、张治中、卫立煌为第三、第四、第五路军总指挥，率15万大军进入福建讨伐。卫立煌率宋希濂、李默庵、刘戡三个师，由江西经闽西北，沿闽江顺流而下，猛扑福州外围。由于兵力相差悬殊，福建延平、水口、古田等重镇相继失守。1934年1月16日，十九路军撤离福州，从泉州撤退。卫立煌指挥所部在仙游以南、福泉公路以北占据有利地形设伏截击。至2月底，十九路军退到泉州的部队完全被包围，卫立煌派人到泉州和谈，达成协议，十九路军余部接受改编。对于卫立煌的行动，蒋介石十分满意，曾对左右说："卫俊如行动敏捷，战略效果出乎其意料。"

闽变平息后，卫立煌、蒋鼎文都非常想当福建省主席，但蒋介石却任命陈仪为福建省主席，蒋鼎文为福建绥靖公署主任，卫立煌的希望再次落空。卫立煌为什么急于想当省主席呢？他的部下道出了天机，他们说："跟着卫老总就活该倒霉了，年年拼命打硬仗，打不出一点儿好处。譬如说那年平息'闽变'吧，'闽变'一开始，卫老总就带了五路军经过红军游击的山区，快于规定的日期，提前到达福建的延平附近，主力不打延平而取水口，得了水口再取延平，直趋龙岩，席卷漳州而到海边，截断十九路军和游击区的关系，一战平定福建，结果怎么样呢？苦是我们吃，福是别人享，陈仪当了福建省主席，蒋鼎文当了福建绥靖主任，卫老总还是带着我们回到山旮旯里去当鄂豫皖三省"清剿"总指挥兼鄂豫皖三省边区督办，只有两三个行政专员管的那么一块地面，连半个省主席也顶不上。这么不公平，你说叫人气不气？人家老总当上了省主席，部下们都有出路，有的当县长，有的当税局局长，后半辈的生活都不成问题了。卫老总没有放过实缺，我们跟着吃苦吃不完。"

　　从本质上来说，国民党军队的性质与袁世凯的北洋军没有什么区别，都是以个人为中心的军阀部队，争权夺利是军阀部队的普遍特点。蒋介石不让卫立煌当省主席，其理由是："卫俊如能打仗，但是没有政治头脑。不能独当一面。"

　　恐怕还有不能明言的理由，那就是卫立煌不是黄埔出身，也不是浙江人，而是由粤军出身的，只能算是嫡系中的杂牌。这是蒋介石不愿重用卫立煌的真实理由，蒋对卫是既利用又提防，利用他的能征善战，提防他不像陈诚等浙江同乡的绝对忠诚。

　　闽变平息后，卫立煌升任东路军前敌总指挥兼第五路军总指挥，参与"围剿"中央苏区。红军长征后，卫立煌改任驻闽第十绥靖区司令官。

　　1935 年 11 月，卫当选为国民党第五届中央执行委员。

　　1936 年 6 月，兼任徐海绥靖分区司令官。

　　1936 年 12 月初，卫应蒋介石之召赴西安参加"剿共"军事会议。12 月 12 日，张、杨发动西安事变，卫立煌与蒋鼎文、陈诚等十几位国民党高级将领在西京招待所里做了俘虏。卫立煌认为自己是一个和红军打仗最多最狠、积仇最深的人，估计此番凶多吉少。但结果，张、杨和红军并没有算旧账，只是要求蒋介石抗日，这使卫立煌虚惊一场。对于西安事变的结果，卫立煌十分敬佩张学良，他说："西安事变是完全没有想到的。后来的结果更是想不到的，好得很！当时要不是张汉卿这么一来，再打内战，中国早已被日本灭亡了。"

三、在山西与日寇鏖战

1937 年 7 月 7 日，卢沟桥事变爆发后，时任第十四集团军总司令的卫立煌打电报给蒋介石，表示对日不可软弱让步。随后，卫立煌南下参加庐山会议，讨论抗日问题。会后，卫立煌北上，他的第十四集团军划入第一战区，参加平汉铁路北段抗战。由于第二集团军总司令刘峙不战而退，使卫立煌参加保定和石家庄战役的企图落空。

1938 年 10 月，日本参谋本部命令其华北方面军以三个师团，七万余人，进攻山西，准备占领太原。蒋介石为确保山西，决定转用平汉线兵力，10 月 2 日，命卫立煌率第十四集团军四个师又一个旅，由石家庄经正太铁路运往太原，增援晋北，归第二战区指挥。第二战区司令长官阎锡山决定在忻口附近与日寇决战。其兵力部署为：以第十八集团军为右集团军，朱德任总司令；以卫立煌的第十四集团军为中央集团军；以第六集团军为左集团军，总司令为杨爱源。归卫立煌的中央集团军指挥的有第九、第十四、第十五、第十七、第十九军及四个炮兵团、一个战车防御炮营、一个装甲车队，总兵力十余万人。卫立煌经与阎锡山、朱德研究后，决定以第十四集团军主力作为机动力量，以李默庵的第十四军、郝梦龄的第九军、刘茂恩的第十五军为基干，编为左、中、右三路兵团，分别在忻口以北的龙王堂、南怀化、大白水、南峪之线布防，抵御日寇的进攻。10 月 13 日，日寇三个师团和特种部队在飞机、战车和重炮的掩护下，对忻口发动猛攻。卫立煌指挥守军奋勇抵抗，几经激战，南怀化以南的灵山制高点被日寇攻占，整个防线被打开了一个缺口。卫立煌闻讯后，急令第二十一师、第十师、第七十二师各一部协同夹击敌人。激战至夜，终于将突入南怀化之敌包围歼灭。14日，日寇增兵三千，再攻南怀化，并同时向中国军队防线的左右两翼攻击。南怀化阵地又被攻陷，右翼第十五军与敌激战至暮，将日寇2000余人压迫于灵山脚下。左翼第十师克复旧练庄，日寇亦攻占侧翼大白水阵地，双方处于对峙状态。15日，卫立煌再次令第二十一师及独立第五旅协同独立第二旅再次向南怀化线攻击，力求将其歼灭。并以一旅由弓家庄向南怀化敌侧背攻击，第五十四师也以一部协助攻击南怀化。战斗异常激烈。中路兵团指挥官第九军军长郝梦龄、第五十四师师长刘家麒、独立第五旅旅长郑廷珍壮烈殉国，中路指挥中断，攻势受挫，右翼日寇增兵至三四千人，向灵山主峰攻击，激战至傍晚，终为中国军队击退。左翼方面亦激战终日，双方均无进展。

在中央集团军激战的同时，左右两集团军也在五台山及宁武山区对日寇后方进行不断袭扰。朱德指挥第十八集团军先后收复宁武、广灵县城，以敌后游击活动配合忻口正面卫立煌部的作战，对日寇造成重大威胁。但因兵力有限，日寇仍源源增兵。卫立煌指挥的中央集团军因连日血战，伤亡惨重，已感兵力不支，遂于17日起转攻为守，卫立煌请求增援，蒋介石命在潼关的第二十二集团军驰援晋北，阎锡山亦命在龙泉关之第九十四师第五二九旅，归卫立煌指挥。19日，日寇将攻击重点转移至中国军队防线之左翼，中央集团军各部与日寇争夺官村以南高地，战事相当激烈，战至21日，日寇将中国军队阵地全部轰毁，随后突入，形势严重，卫立煌急增兵逆袭，将日寇击退，双方呈对峙状态。22日，卫立煌指挥对官村的日寇进行局部反攻，但进展不大。同日，阎锡山命左翼集团军司令杨爱源返回太原，筹划晋南防务，左翼集团军统归卫立煌指挥。

24日拂晓，卫立煌指挥各部全线出击。此时日寇已得到一个支队的增援，亦向中国军队发起进攻。双方的拉锯战，一直持续到10月31日。11月1日，因晋东方面战局不利，晋北中国军队侧后受到威胁，第二战区下令前线部队撤出忻口阵地，向太原靠拢。11月5日深夜，阎锡山找卫立煌、傅作义研究保卫太原的防务。傅作义提出，卫立煌部可到太原以南保护太原与晋南的通道，以形成掎角之势。卫立煌同意。阎锡山随即提醒卫立煌："俊如，听说你在忻口经常冒险上前线，咱可赔不起你的命。"

卫立煌指挥的忻口会战，是他一生中最有意义的篇章之一。八路军总政治部主任任弼时在《山西抗战回忆》一文中写道："敌曾以全力猛攻忻口，遭受了忻口抗战部队的猛烈袭击。忻口战役是华北抗战中最激烈的战争，郝、刘两将军在前线同时壮烈牺牲，卫立煌将军指挥下的全线部队，虽遭受了重大伤亡，毫未动摇；许多忠勇将士的英勇奋斗，是值得每个同胞永远纪念的。"

1937年11月9日太原失守，卫立煌率部退至晋南介休、孝义一带构筑工事坚守，与日寇处于对峙。1938年2月，卫立煌出任第二战区副司令长官兼前敌总指挥，指挥山西境内的全部中央军。2月16日，卫将指挥部移驻霍县，准备迎战。这时，日军华北最高司令官香月清司指挥十万日寇，由太原南下，准备一举占领晋南。卫立煌经与阎锡山、朱德研究后决定在临汾以北的韩信岭构筑工事，阻击日寇，继忻口战役后进行第二次大规模的阵地阻击战。卫立煌指挥中国军队坚守韩信岭阵地十天后，见战略目的已达到，遂命令主力部队向中条山转移。卫立煌本人在八路军第一一五师的掩护下脱险，转移至山西西部的永和县。4月，他取道延安，经西安到达中条山脉的垣曲县，与主力会合，指挥部队坚持在中条山区打游击。

四、不愿反共遭撤职

1938年11月28日，卫立煌调任第一战区司令长官，长官部驻洛阳。

按照惯例，战区司令长官应该兼任战区内最大一个省的主席。但卫立煌上任后，兼任河南省主席的命令迟迟未下来，卫不免着急。这时对卫不满的人冷嘲热讽地说："你们看怎么样，要是卫老粗懂点政治，还能少了他的省主席？"卫立煌等了半年还没有当上省主席，愤怒了，他一方面直接打电报向蒋介石伸手要，另一方面发动在重庆的好友为他活动。直到1939年9月20日，蒋才任命卫兼任河南省主席。1940年初，蒋介石又任命卫立煌兼任冀察战区总司令。

抗日战争爆发以后，坚持全面抗战的中国共产党，在国民党正面战场不断失利的时候，领导第十八集团军（八路军）和新四军在北方和南方开展大规模游击战争，建立抗日民主政权，逐渐发展抗日根据地。除陕甘宁边区以外，八路军在华北相继建立了晋察冀、晋冀鲁豫、晋绥、山东等抗日根据地。这些抗日根据地与卫立煌的第一战区不仅相邻，而且呈现犬牙交错的状态。蒋介石对共产党领导的武装力量的发展壮大极为恐惧，从1939年1月起，以主要精力从事反共防共，卫立煌如何处理与共产党的关系，就成为卫、蒋关系中必须回答的问题。

内战时期，卫立煌是反共悍将，但抗战爆发后，中国共产党领导人毛泽东、周恩来、朱德、彭德怀、徐向前等领导人对卫立煌重点进行了统战工作。1938年4月卫立煌路过延安，受到毛泽东以下中共领导人的隆重接待，更使卫感动不已。他离开延安到达西安后，就以第二战区副司令长官兼前敌总指挥的身份批给第十八集团军子弹100万发、手榴弹25万枚、牛肉罐头180箱等一大批物品。这对第十八集团军来说，是极为珍贵的。此外，卫立煌在第二战区与朱德的第十八集团军并肩战斗，两人建立了良好的友谊；周恩来并派中共党员赵荣声担任卫立煌的机要秘书。所有这一切，都对卫产生了相当大的影响。对于蒋介石的反共防共命令，卫立煌采取消极应付或中立态度。

1938年11月11日，国民党顽固派与确山县民团制造竹山惨案后，卫立煌撤了南阳专员朱玖莹的职，把负有责任的豫西十三县联防主任别廷芳召到洛阳加以拘禁，并收回其兵工厂，取消其民团预备队。别廷芳这个"土皇帝"经此打击，气得吐血而亡。12月中下旬，孙楚指挥所属部队在晋东南摧毁了七个县的抗日民主政权。当孙楚在遭受山西新军决死队的反击时，卫立煌严守中立，孙楚在晋南的部队损失了十之七八。事后，孙楚当面指责卫立煌"见死不救"，"上了共产党各个击破的当"。

蒋介石在晋南吃了大亏，不肯罢休。一面命令八路军撤出太行山以南地区，一面命令卫立煌以武力将八路军打出去。卫立煌回答道："这样内战就扩大了，影响抗日。"坚决拒绝蒋介石的命令。之后，卫立煌来到山西晋城，与朱德谈判，双方议定：以临（汾）、当（留）公路及长治、平顺、磁县之线为界，南为国民党军队驻防，北为第十八集团军驻防。按此协议，第十八集团军退出了太行山以南地区，使蒋介石不得不承认了一个事实上的"特区"。

1940年3月4日，朱怀冰根据蒋介石的密令，将所属部队和鹿钟麟的部队一起部署在河北磁县、武安、涉县和河南林县地区，与退至卫河以东的石友三部队一起，由南向北直逼太行山区和冀南抗日根据地。朱德、彭德怀指挥八路军进行反击，歼灭石友三部6000余人；歼灭朱怀冰两个师、侯如墉一个旅、张荫梧一个纵队，共一万余人，并控制了武（安）、涉（县）公路以南，西平罗、临淇镇以北地区。朱怀冰全军覆灭前，曾以十万火急电报求卫立煌派兵支援，卫立煌却置之不理。

对于卫立煌的中立态度，蒋介石十分恼火。为感化卫立煌，蒋介石、宋美龄曾有意将孔祥熙之长女孔令仪嫁与卫立煌续弦，又遭卫立煌拒绝。蒋无计可施，于1941年3月将卫召至重庆，痛加责备，并声言要撤销他的河南省主席职务。卫立煌不服，请假跑到峨眉山休息。

4月，蒋介石派何应钦到洛阳召集第一、第二、第五战区军长以上军官会议，研究中条山地带作战计划。5月7日，日寇以钳形和中央突破方式，由东、北、西三方面向中国军队发起进攻，这就是有名的中条山会战。中国军队由于将帅不和，且蒋介石、何应钦将重点用于防共反共，对日寇却疏于防范，会战的结果，国民党军不仅丢失了中条山根据地，而且阵亡42000余人，35000余人被俘，日寇以1∶20的极少代价打败了中条山区的国民党军队，日寇惊呼："这是事变以来罕见的战果。"

中条山会战开始后，卫立煌匆匆从四川赶回前线，但已无法挽回败局。事后，蒋介石却将惨败的责任全部推到卫立煌的身上。唐纵在1941年8月24日的日记中写道："上次晋南会战，我方阵亡军长一员、师长一员，被俘师长一员，失踪师长二员、副师长一员、纵队司令员一员，部队损失无数，此为我开战以来莫大之耻辱。闻卫俊如犹自以为有功，是谓无耻！曾为委座所痛斥，不知自杀以谢天下。伤亡官兵25066人，失踪官兵21611人。阵亡骡马4621匹，损失步枪13425支、轻机关枪748挺、重机关枪256挺、手枪1160把、迫击炮137门、山炮14门。"

至此，蒋介石决定走马换将，于1942年1月下令免去卫的第一战区司令长官、河南省政府主席，调任军事委员会西安办公厅主任闲职，由蒋鼎文接任第一战区司令长官兼河南省政府主席。这样，从西安至河南以及豫皖边界，由胡宗南、蒋鼎文、汤恩伯这三个蒋介石最亲信、反共最坚决的浙江同乡掌握，但胡、蒋、汤反共防共的结果，于1944年招致了更大的中原大溃败，使蒋介石更加无地自容，威信大损。

卫立煌到西安坐了两个月冷板凳后，于3月6日晚接到蒋介石的电话，要他出任远征军第一路司令长官。但卫到重庆后，蒋介石却任命罗卓英为远征军第一路司令长官。卫无事可做，只好去成都奉养老母。蒋的出尔反尔，唐纵说是蒋的预谋。他说："远征军第一路司令长官，原定卫俊如，忽而改任罗卓英，外间不明真相，颇滋疑义。此乃委座运用人事之妙处。委座要将卫调离第一战区，故调任办公厅，欲调离华北，故调远征军，调任远征军原非初意也。"[1]

五、出任远征军司令长官

1942年2月11日陈诚出任远征军司令长官，因人事关系，被何应钦

---

[1]　公安部档案馆编注：《在蒋介石身边八年——侍从室高级幕僚唐纵日记》，第269页。

系的关麟征大闹一场，陈诚气得胃部大出血。陈诚在远征军干不下去了，被迫于 1943 年 11 月底向蒋介石提出辞去远征军司令长官，回重庆休养。蒋准其离职养病，起用闲居的卫立煌代理陈诚的远征军司令长官职务。

卫立煌上任后，将陈诚设在云南楚雄的司令长官部推进到距怒江前线仅70 公里的保山县马王堂，为反攻作准备。

卫立煌一到保山即作消灭侵入滇西边境的日寇，进军缅甸，打通中印公路的准备。第一项工作是鼓舞士气，做好思想动员工作，和师长以上的军官一一谈话，团结他们，协调他们的关系。陈诚平日只会讨好蒋介石，对下颐指气使、专横武断，对于不同系统的军队偏心极重，下级只畏其威而不怀其德，心中实际不快。卫立煌长期被视为"嫡系中的杂牌"，处在一个受排挤的地位，是靠打硬仗升起来的，多年以来一直善于团结不同系统的队伍，对下谦和宽厚，气量大，能容人。从抗战开始以来，更吸收了许多八路军的工作方法，现在虽然表面上不喊八路军那一类口号，但在实践中运用从八路军那里学来的精神，倾听下级的意见等。因此，下级对卫也较好，能够听其指挥，上下一心对敌。

反攻的第二项准备工作是赶紧更换武器，训练官兵，使其掌握新武器的使用技能。对于哪些部队首先更换新装备，本来是由重庆的军政部拟订方案，主要是秉承蒋介石的意旨，离不开一个偏私的原则，但是美国人抓得很紧，远征军司令长官部为具体领导机关，避不开，卫立煌对于一些原先是杂牌的军队也加以照顾，有的还另眼相看。例如张学良的东北军，在九一八事变时有 40 万人，到了西安事变时还剩 20 万人、7 个军的番号，到 1944 年，已仅存第五十三军一个军。这个第五十三军在抗日战争初期曾经受过卫立煌的指挥，在黄河边上作战，守郑州黄河铁桥表现得很好，后来调去参加保卫武汉的战斗，到洞庭湖边作战，现在是徒步由湖南走到云南保山来的。卫立煌见他们来了，亲自到这个部队里去视察，看见第五十三军的武器还和当年一样，十分陈旧。卫立煌睹物思人，想到张学良叱咤风云，半生的事业仅余这么一点军队、这么几支旧枪，心里十分同情，回长官部后即下令彻底调整，把第五十三军全部换成美式装备，加强炮兵，步兵中配有火焰喷射器，军和师一级都配有比较完整的医院。第五十三军里的军官，平常一直存着戒备心理，怕缩编，怕吞并，尤其怕调到云南边境地旷人稀之处予以彻底吞并。没想到卫立煌见了他们，讲的是一派热烈的抗日语言，鼓励他们打回老家去，使他们十分感动。后来第五十三军渡过怒江，对日军作战表现得非常出色。

1944年5月21日拂晓，卫立煌下达实施反攻、强渡怒江的命令，战至21日，中国远征军全部渡过怒江，完成了初期反攻任务，强渡怒江成功后，美国《时代》杂志对卫立煌和他的抗战事迹作了专题评论，并在杂志封面上刊登了卫立煌骑马的照片，并配以"常胜将军卫立煌"的标题。

从1944年6月上旬起，卫立煌指挥远征军进行第二阶段作战，其目标是攻占日寇占领的滇西重镇腾冲、龙陵，打通中印公路，与驻印军在缅北会师。在美空军的支援配合下，中国远征军于9月14日攻占腾冲，10月3日攻克龙陵，10月20日攻克芒市，12月1日攻克遮放。日寇残余退守中缅边境最后据点畹町负隅顽抗。中国远征军第五十三军于12月26日迂回到畹町以南，切断滇缅公路；第六军、第二军协同攻击，双方激战25个昼夜，于1945年1月19日攻克畹町，并继续追击，当日攻入缅甸境内。27日，远征军和驻印军正式会师于畹町附近的芒友。至此，中印公路完全打通。卫立煌指挥的远征军为打通中印公路付出了巨大牺牲，阵亡官兵26697人，伤35541人，失踪4056人，各军、师伤亡均达到三分之二，每师只剩2000人左右，最少的仅剩数百人。卫立煌因指挥有功，荣获青天白日勋章。

六、远游欧美，置身内战之外

早在中印公路打通以前，即盛传缅北战争结束以后，中国远征军司令长官部将要改组为中国陆军总司令部，卫立煌当陆军总司令的呼声最高。卫立煌早已知道此事，美军联络官窦恩准将也上书魏德迈，请魏向蒋介石保荐卫立煌，魏德迈也这么做了。卫立煌本人也认为，他战功这么大，出任陆军总司令大概差不多。未料到，陆军总司令部成立之时，蒋介石发布的任命状却是：陆军总司令何应钦，副总司令卫立煌。卫立煌气昏了，多时不就职，也不办移交，弄得蒋介石很尴尬。

蒋介石之所以这样对待卫立煌，主要还是担心卫的政治态度。抗日战争胜利后，何应钦将卫立煌以前的亲信部下陈铁召到重庆，问他："卫立煌参加共产党没有？"陈铁回答："据我所知没有。"何应钦告诉陈铁："校长打算要他到徐州指挥军队，同共产党打，怕他参加共产党问题就大了，要我认真地考查。算了，你我都不要负责的好。"

何应钦虽然没查到卫立煌参加共产党的证据，但蒋介石对他确实不放心。1946 年 11 月，卫立煌带着新婚夫人韩权华及两名秘书去欧美考察军事，置身于国共内战之外。

七、"到东北并不是为帮蒋介石打仗"

蒋介石挑起的全面内战进入 1947 年，国民党军在各个战场都吃了败仗，东北战场首先陷入绝境。1947 年 8 月 29 日，蒋介石免去熊式辉的东北行辕主任，由参谋总长陈诚接任。陈诚督师五个月，结果又是频频失利，损兵失地，令陈诚汗颜，无法向蒋介石交代。在这种情况下，蒋介石再次想起用卫立煌这员"虎将"。1947 年 10 月初，卫立煌应蒋介石之邀，结束欧美十国之行回国。卫立煌回国后，蒋介石几次召见，要他去东北接替陈诚。开始，卫立煌有些犹豫，蒋介石派张群、顾祝同敦劝，连陈诚的夫人谭祥也上门对卫立煌说："辞修病得没法，只有请卫先生去东北才有办法。"谭祥还以哀求的口气说："卫先生一去东北，就是救了我们一家。"接着蒋介石答应向东北增加五个军，后勤补给，东北优先。这样一来，卫立煌终于同意"先去（东北）看看再说"。1948 年 1 月 17 日，蒋介石明令发表卫立煌为"东北剿匪总司令部"总司令并暂代东北行辕主任。

卫立煌到东北后，吸取陈诚失败的教训，采取一种稳重态度，以不变应万变，即不论东北解放军打到什么地方，如东北解放军攻占新立屯、盘山、辽阳、法库、鞍山等城市，不论国民党守军如何告急，请求增援，也不论蒋介石如何再三电令，卫立煌总是坚持自己的主张："共军目前采用的战法是围城打援，我们绝不能轻举妄动，上其圈套，只有蓄聚力量，固守沈阳，以待时局的变化。"至东北解放军冬季攻势结束时，东北国民党军只剩下长春、沈阳、抚顺、本溪、锦州、葫芦岛等几个孤立的据点。卫立煌认为固守以沈阳为中心的几个据点不成问题，即使万一守不住沈阳，他也有退一步的想法："真到万不得已时，我们难道不是一样的可以打游击？何况我们打游击比共军在江西时的条件要好到千万倍呢！"

1948年2月7日，在陕北的毛泽东致电东北野战军负责人林彪、罗荣桓、刘亚楼，提出了"封闭蒋军在东北加以各个歼灭"的战略构想。在其后的半年多时间，毛泽东经与林彪等往返电商，到9月间，正式形成先打锦州，将国民党军封闭在东北境内加以歼灭的战略共识。9月12日，林彪、罗荣桓、刘亚楼指挥强大的东北解放军率先向锦州展开进攻，蒋介石这才意识到问题的严重性，他决心保住锦州。9月24日，蒋介石召卫立煌到南京，命令卫从沈阳出兵驰援锦州。而卫以兵力不足，地势不利，解放军是围锦打援，部队离开沈阳就会被歼，不肯接受这项命令。蒋执意援锦，并派参谋总长顾祝同去沈阳督战，但卫立煌仍坚持不能出兵。蒋介石十分气恼，决定"御驾亲征"。10月1日，蒋介石在北平召开军事会议，决定从华北抽调第六十二军等部，连同原来锦西的第五十四军共九个师组成"东进兵团"，由锦西驰援锦州；10月2日，蒋介石又至沈阳，不顾卫立煌的阻挠，决定将在沈阳地区的部队分编为防守沈阳的防守兵团和援锦的"西进兵团"，攻击兵团由精锐的新一军、新六军等五个军和三个骑兵团组成，以廖耀湘为司令官，直接受蒋介石指挥。但"西进兵团"和"东进兵团"未能挽救锦州国民党守军覆灭的命运。

10月15日，锦州失守，范汉杰被俘，蒋介石责怪卫立煌、廖耀湘执行命令不力，决定将卫立煌撇在一旁。10月18日，蒋介石第三次飞抵沈阳，任命杜聿明为"东北剿匪总司令部"副总司令兼冀热辽边区司令官，直接指挥"东进兵团"和"西进兵团"收复锦州。战争的结果，大家都知道国民党军在东北全军覆没。

卫立煌为何与蒋介石顶牛，拒不执行蒋介石的命令，至今还是一个谜。卫立煌的机要秘书，中共地下党员赵荣声在《回忆卫立煌先生》一书中指出，卫立煌在法国考察军事时，曾通过汪德昭与中共有关方面联系，并起草了一封代电，由汪德昭转交。代电的大意是：为了尽快结束中国的内战，我决心站到人民一方，和有关方面进行军事的、政治及其他方面的一切合作。顾及个人的环境，希望绝对保守秘密。这封电报由汪德昭几经辗转，才从某国转到中共"有关方面"。1948年1月，汪德昭得到中国共产党有关方面的回电，大意是：信已转达目的地。据革命权威人士的意见，将军应选择时机并利用当前情况，做有利于革命的事情。汪德昭收到回电后，即用他同卫立煌约定的密码致电卫立煌。因此，卫立煌到东北不久，即收到了汪德昭的来电，内容大意为：前次在巴黎发出的电报，已到达目的地，对方有回信，谓可以利用目前情况相机行事。卫立煌看完电报后，也用同样密码致电汪德昭，请汪实践前约到东北工作，帮助他继续同"有关方面"联系。汪德昭应卫之召从法国回国，担任卫立煌的"东北剿匪总司令部"副秘书长兼办公厅主任。因此之故，卫立煌的夫人韩权华及亲属、部下汪德昭、陈铁、王理寰、卫道然、刘性夫等人，"他们众口一词，坚持说卫立煌到东北并不是为帮蒋介石打仗，而是想促成蒋介石的失败"。

东北国民党军全军覆没，蒋介石对卫立煌恨之入骨，11月30日，蒋介石发布命令："东北剿匪总司令卫立煌迟疑不决，坐失戎机，致失重镇，着即撤职查办。"将东北失败的责任完全推到卫立煌头上。1948年12月间，卫立煌一家趁着混乱的机会，包租陈纳德的一架飞机逃往广州，准备潜往香港。蒋介石得到特务密报后，立即密电广东省主席派宪兵、特务将卫立煌押回南京听候查办。

当时，面临覆灭的国民党残余分子发出了"杀卫立煌以挽士气！"的号叫。按照蒋介石的本意，也恨不得将卫立煌碎尸万段。但是蒋介石手下也有人认为：卫立煌杀不得。如果作战失利就落这样一个下场，现在整个形势被动，还有谁敢带兵打仗？卫立煌跟随蒋介石20多年，出生入死，立下过汗马功劳，国民党全部军队有三分之一受过他的指挥，很多军官都和他熟悉且有交情，现在明明是因为不听卫的意见而招致失败却要杀他，将要引起很多将领的惶惧心理，对蒋也没有好处。蒋认为这种看法有道理，只好暂不杀卫立煌，把他幽禁起来，先让他背着黑锅，以后再说。

1948年12月，中共权威人士宣布国民党43名战犯名单，卫立煌名列第13位，这帮了卫的忙，使特务对卫的监视有所松动。

1949年1月21日，蒋介石下野后，卫立煌的命运出现了转机。李宗仁代总统一上台，下令恢复卫立煌的自由。但监视卫的特务、宪兵直接听命于蒋介石，而不受代总统李宗仁的指挥，李的命令没有发挥作用。直到1949年除夕之夜，特务都回家过年去了，卫立煌一家才化装出走香港。1949年10月1日，中华人民共和国宣布成立时，卫立煌不顾自己还是中共宣布的"战争罪犯"，致电毛泽东和中共中央，对中华人民共和国成立表示祝贺。

八、"有爱国心的国民党军政人员"

1955年春，周恩来写信给卫立煌，希望他返回北京，卫立煌接信后，立即偕同夫人回到北京，并先后担任了全国政协常委、国防委员会副主席、民革中央常务委员。1956年4月25日，毛泽东在中共中央政治局扩大会议上发表《论十大关系》的重要讲话。在谈及"党与非党的关系"时，毛泽东明确指出："一切善意地向我们提意见的民主人士，我们都要团结。像卫立煌、翁文灏这样的有爱国心的国民党军政人员，我们应当继续调动他们的积极性。"毛泽东是在论及社会上热爱和谩骂中国共产党的两类人物时讲这番话的，卫立煌被毛泽东明确地界定为热爱中国共产党的人物。

第七节   "儒将"钱大钧

钱大钧是蒋介石的"八大金刚"之一，他旧学根底很好，喜欢舞文弄墨，尤喜与文人雅士交往切磋，人称"儒将"，但打起仗来，勇气就差了一些，虽然身为"八大金刚"之一，但一生没有指挥过像样的战役。

一、打仗勇气很差的将军

钱大钧（1893—1982），字慕尹，江苏昆山人。早年就读于江苏陆军小学、保定陆军军官学校、日本士官学校。其间，参加过辛亥革命、"二次革命"及护国运动。1919 年到保定军校任教。1921 年投入孙中山领导的粤军任职。1924 年 5 月，蒋介石出任黄埔军校校长，钱大钧初任军校中校兵器学教官，依次升为上校代理总教官、校本部参谋处少将处长、少将参谋长。第一次东征时，钱大钧协助蒋介石指挥作战。在攻打淡水的战斗中，教导第二团团长王柏龄因缺乏指挥作战能力，没有掌握好部队，贻误了战机，蒋介石将其撤职，改任沈应时为教导第二团团长，沈应时因身受重伤，由钱大钧代理团长。钱大钧代理团长职务后，在棉湖战斗中，立下战功。1925 年 4 月，钱大钧回到军校，组建教导第三团，旋任团长。1925 年 10 月，在第二次东征中，钱大钧率领第三团再立战功，12 月升任国民革命军第一军第一师副师长兼参谋长。

1926 年 1 月，何应钦接替蒋介石任第一军军长，钱大钧升任第一军第一师师长，后改任第二师师长。

1926 年 7 月，北伐开始后，钱大钧改任广州警备司令，兼广州市公安局局长和广州戒严司令，防守后方。

蒋介石发动四一二反革命政变后，钱

钱大钧

大钧配合李济深，在广州"清党"，大肆屠杀共产党员和革命群众。之后钱大钧出任广东北路军总指挥。周恩来、贺龙、叶挺率领南昌起义部队南下广州时，钱大钧指挥部队对起义军进行堵截，起义军离开广东后，钱大钧出任第三十二军军长，驻守广东东江地区。

1928年1月，蒋介石东山再起后，调钱大钧部北上，驻沪宁线。钱大钧出任淞沪警备司令，为蒋介石看守其心腹地区。

1929年春，钱大钧改任国民革命军总司令部总参议，开始充当蒋介石幕僚的角色。1929年蒋桂战争发生，钱大钧第一次参与蒋介石的戎机。钱大钧在其自传中说："白崇禧在（北）平之际，擅自发兵驱逐湖南省主席鲁涤平，酿成湘鄂事变。总司令亲自督师西征，命余随军参与戎机，于4月5日底定武汉后，余曾奉命至鄂北随县，招抚夏威部之李明瑞师。"

蒋桂战争结束后，蒋介石将李宗仁在武昌创办的军官学校改编为中央陆军军官学校武汉分校，蒋介石自兼分校校长，任钱大钧为教育长。

1930年，中原大战爆发后，蒋介石任命钱大钧、夏斗寅分别为正、副总指挥，在湖南羊楼司一带防堵北上的李宗仁、白崇禧、黄绍竑、张发奎的桂张联军。钱大钧官做大了，胆子也就小了。他一听到枪响，就带领几个参谋教官及随身卫士躲进树林中不敢出来，直到战斗结束，部下在树林中找到钱大钧时，只见他面容惨白，站在一棵树下发抖，听说打垮了敌人的进攻后，才高兴地回到车站。一个名叫文振武的军校学生讥讽说："教育长是当战术教官出身，对战术作业是很好的，打仗的勇气就差了。"

1932年春，钱大钧调任军事委员会委员长南昌行营主任，协助蒋介石制定第四次"围剿"红军的方略。1933年初，蒋介石任命钱大钧为保定行营主任兼军政部保定编练处主任，同年6月，钱大钧又调任鄂豫皖三省"剿匪"总司令部参谋长。1935年，张学良出任武昌行营主任，钱大钧任行营参谋长，协助张学良指挥"围剿"鄂豫皖根据地的红军。

二、安排蒋的生活行动精细敏捷

1936 年 1 月，军事委员会委员长侍从室成立，下设第一处、第二处两处，钱大钧任第一处主任兼侍卫长，总管总务、参谋和警卫工作。侍卫长一职原由王世和担任，王因工作不力，又有贪污行为，被蒋介石撤职后，钱大钧兼任侍卫长，自此，包括蒋介石食宿、警备等一切重要事项，都须经钱大钧亲自过问方能处理、决定。

钱大钧在自传中说："二十四年冬武昌行营结束，余则奉调委员长侍从室主任兼侍卫长，余随委员长年久，相知既深，信任亦专，凡细务不须上闻者，余皆随时妥慎处理，不稍搁置，俾以分担领袖宵旰之劳，不使万机丛脞于一身，而得以专心致志于重大国策也。有时有重要机密者，多亲自研处，随时请示，虽夜以继日，不敢辞劳。在侍从室数年，凡内外上下之情，必妥为协调宣释，幸无隔阂与贻误。"①

熟悉钱大钧的人说："由于他对蒋介石忠心耿耿，俯首听命，所以蒋很喜欢用他。钱大钧任侍从室第一处主任时，在蒋身边处理文书，安排蒋的生活行动，精细敏捷，颇称蒋意。"1936 年，两广事变发生后，钱大钧奉蒋介石之命，密赴广东大庾，以保定军校同学关系，策反陈济棠手下第一号大将余汉谋叛陈成功，直接促成了"南天王"陈济棠的垮台，为蒋介石立下大功。

陈济棠垮台后，蒋介石成立广州行营，派陈诚为行营主任，钱大钧为参谋长。钱大钧在保定军校时代本是陈诚的老师，现在让他屈居陈诚之下，蒋介石有些不安，特别对钱解释说："陈诚经常要下部队奔走，想请你为侍从室主任兼行营参谋长，这样可以坐镇行营，全权处理行营重要军事决策，并不是以你是老师之尊而降格于学生陈诚之下，事先你以辞修为主任之选，足见你是胸有谋略的高级幕僚。因此我非要用像你这样具有谋略、宽怀阔度、博

---

① 《钱大钧自传》，载台北《革命人物志》第 23 集。

大胸襟的长才不可！你可每天上午过江到行营办公，下午回到侍从室工作，行营对侍从室还是要用呈文行文的，实际上你还是辞修的上级。我想你亦当乐于而为之。"

钱大钧很豁达地回答说："人间一切皆在变，先生既可当学生，学生亦可当先生。"[1]

钱大钧这种不计较的态度，自然深得蒋介石的欢心。

在西安事变中，钱大钧在华清池惊闻枪声，急忙奔赴现场，命令警备部队拼死抵抗，全力保护蒋介石脱险。钱大钧被乱枪击中，子弹由前胸部穿出伤及右肺尖，因流血过多，跌坐地下。他忍住伤痛，大声疾呼："我是钱主任，你们双方不要乱打枪。"东北军官兵认出钱大钧后，将钱送入医院抢救，才使其幸免于难。12月25日，蒋介石被释放。27日，钱大钧等人也获释。

蒋介石回到南京后，怀疑钱大钧是否受了张学良的暗示，将停靠在临潼车站、由蒋专用的一列法国造游览客车调开。因此，曾向钱严词诘问。但此事钱大钧早就向蒋请示过，并得到蒋的批准的。他拿出蒋的批示，进行申辩，蒋才无话可说。念及钱大钧身负重伤，蒋便不再疑他。钱在上海治好枪伤后，仍回侍从室。

抗战爆发后，钱大钧在侍从室的工作更加忙碌。淞沪会战开始后，收藏在上海租界的故宫古物7000余箱尚未运出，有关部门均已疏散西迁，运输工具极为缺乏。张群鉴于古物之珍贵，特向蒋介石建议，请钱大钧负责调用军车将其运送至下关，装船疏运，以免珍贵古物沦落日寇手中。蒋介石当即核准，命钱大钧执行。钱受命后，调集军车十余辆，亲自督导装运，使国宝得以保存。

1937年底，钱大钧离开侍从室，在宋美龄的支持下，相继担任了航空委员会秘书长、参谋长。1938年2月，接替宋美龄担任航空委员会主任，

---

[1] 《钱大钧自传》。

负责指挥空军对日作战。其间，钱大钧还组织了一次别出心裁的向日本本土投放"纸弹"的行动。

三、贪财好色受惩处

钱大钧个性贪财好色，平生着意追求物质享受。据知情人透露，钱大钧搜刮的钱财数额是巨大的。他在上海、南京、苏州均建有豪华宅第，尤以苏州私邸为最。他在任保定行营主任时，又在北平、保定两处置有最豪华的私宅，一切设备应有尽有，经常乘用特备专车，偕其爱妾欧阳生丽来往于北平与保定之间。钱大钧为贪污钱财，常以馈送河北各将领为词，在行营开支特别费，每次少则数万元，多的甚至达十余万元。

由于钱人钧贪财肥私，保定行营的人将"钱人钧"三字颠倒，将"钧"改为"钩"，讽之为"钩大钱"。

蒋介石得到钱大钧贪财的报告后，极为不满。1932 年，钱大钧的胞兄钱体声因贪污渎职案，被蒋介石下令枪决。一般人都认为蒋介石此举是对钱大钧的警告，含有杀鸡儆猴的意思。钱大钧对此却并无觉悟。

1939 年初，经宋美龄同意，钱大钧在航空委员会分发一笔特别费，他只分给少数几个高级人员，因分赃不均，有人将此事向蒋介石告密，蒋一怒之下，下令将钱大钧撤职查办。徐永昌在日记中记其事："午后 4 时，唐（生智）、陈（诚）、何（应钦）在范庄约晤，即偕往蒋先生处，为慕尹事也。（慕尹取巧原非图财，蒋先生并恨之，谓其素日即爱财如命，又言其贪的部分绝不似一般贪者之巨，特以其亲近而特治之。）"[①]

钱被撤职后，一时无事可干，便在风景秀丽的四川省铜梁县虎峰镇西温泉创办西泉中学，自任校长。

钱大钧是黄埔系何应钦派的"四大金刚"之一，后经何应钦说项，又逐渐被起用。1940 年，蒋介石下令成立运输统制局，由何应钦兼任局长，何

---

① 《徐永昌日记》，1939 年 6 月 6 日。

应钦呈请以钱大钧为运输统制局参谋长，旋改任秘书长。

1942年6月，由何应钦推荐，钱大钧接替曹浩森出任军政部政务次长兼点验委员会主任。

1944年11月何应钦被免去军政部长调任中国陆军总司令后，钱大钧与林蔚对调，12月，钱大钧仍回侍从室任第一处主任。但这时，侍从室第一处主任的职权已今非昔比。第一，侍卫长一职已由蒋的同乡亲信俞济时担任，直接对蒋负责，不再隶属于第一处；第二，原属第一处的第三组（警卫组）也划归侍卫长管辖；第三，第一处第一组（总务组）组长一职已由陈希曾出任多年，他是陈其美的侄儿，同蒋介石的关系非同一般，凡有关蒋介石夫妇生活起居、交通等各项安排，都由陈希曾一手操办，亦不劳第一处主任过问。身为第一处主任的钱大钧，手下能指挥的，仅仅是一个为蒋介石管理军事行政和参谋业务的第二组。好在钱大钧能够重新回到蒋介石的身边，恢复其亲信的地位，也就心满意足了，并不介意权力的旁落。当时，他携带家眷住进了德安里"尧庐"内的一幢小洋楼，把楼上做寓所，楼下当办公室，工作并不忙，也就乐得清闲自逸。[①]

四、接收上海，搞"五子登科"

1945年8月，日本宣布投降。钱大钧近水楼台先得月，出任上海市长兼淞沪警备总司令。上海是经济金融中心，是第一肥缺。据说，钱大钧以"接收大员"的姿态于8月13日飞抵上海任职。他大搞"五子登科"，依旧"贪财好色""同流合污"，把上海弄得一团糟。凡是由重庆来到上海的接收大员，经过几个月的搜刮，无不腰缠万贯，大发其胜利财，使接收变成了"劫收"。

当时有一家报纸为这些"劫收大员"编了一首顺口溜，作为他们的写照：

一品高官，两幢洋房（南京、上海各一幢），三部汽车（南京两部，上

---

① 张令澳：《侍从室回梦录》，第207页。

海一部），四季衣裳（抗战前衣服甚少，现在绫罗皮袭均有），五子登科（房子、金子、女子、车子、票子），六亲不认（一阔脸就变），七扯八拉（肚里是草包，只会胡说八道），九头鬼脑（只会出歪点子、打坏主意），十足新贵。

特别是宋子文实施的伪币兑法币 200 元兑换 1 元的政策，使沦陷区的每个人都无一例外地横遭一次洗劫。在日寇铁蹄下饱受苦难的上海市民，终于唱出了"盼中央，望中央，中央来了更遭殃"的歌谣。行政院长宋子文原以为接收上海后，每年岁入能大为增加，不料接收变成了劫收，钱财尽入个人腰包，因而极为不满。宋子文很想将钱大钧赶下台，几次提名另派人接替钱大钧，但蒋均不同意。最后，宋子文提名美国普林斯顿大学博士、号称"民主先生"的吴国桢，蒋才同意。1946 年 5 月 14 日，当了 10 个月上海市长的钱大钧被免职，由吴国桢接替。

对于钱大钧在上海市长任上的表现，吴国桢直言不讳地说："我的前任是一位非常糟糕的管理者，以致上海市政府甚至要依赖中央政府的补贴。要知道上海可是中国最富裕的城市。"① 由此可见，钱大钧已经成为一名落伍的军人。

钱大钧回到家乡苏州，当选为小小的吴县参议会议长。1948 年出席"行宪国民大会"，蒋介石当上总统后，聘钱为战略顾问委员会委员。1949 年又被起用，担任重庆绥靖公署副主任、西南军政长官公署副长官，但已无力回天。1950 年去台后，担任过"总统府"资政、台湾"中华航空公司"董事长等职。

---

① 《从上海市长到台湾省主席——吴国桢口述回忆》，第 30 页。

第八节 "八大金刚"之尾陈继承

陈继承也是蒋介石的"八大金刚"之一，但他并没有多大的军事才干，几次被蒋介石当作替罪羊免职，是"八大金刚"中最不得志的一个人。

一、参加东征与北伐

陈继承（1893—1971），字武民，江苏靖江人。早年先后就读于江苏陆军小学、陆军第四中学、保定军校。1916年保定军校毕业后，分发到陆军第七十二混成旅任见习官。嗣后，应陆军小学同学李明扬之邀，南下入粤，转入驻粤赣军总部担任幕僚。1924年5月黄埔军校成立后，陈继承应聘担任黄埔军校教官。1924年10月，黄埔军校成立教导第一团，陈继承任第二营营长。后又担任黄埔军校第三期入伍生营营长。1925年黄埔军校党军扩编为第一师、第二师两师，陈继承任第二师第六团团长。1925年第二次东征，第四团团长在攻打惠州时牺牲，陈继承即奉命调任第四团团长，赶到前线指挥战斗。

1926年2月28日，蒋介石以突然袭击手段，将接近广州国民政府主席汪精卫的第一军第二师师长撤职关押，由亲信刘峙接任第二师师长。陈继承秉承蒋介石、刘峙的指示，肆意刁难和打击在该团中任职的共产党人。3月20日，蒋介石发动"中山舰事件"之后，下令清除第一军中的共产党人，陈继承率该团官兵于北校场集中，将本团中的共产党代表、政工人员和党团员一律缴械拘禁。

1926年7月，北伐开始。蒋介石嫡系第一军的第一师、第二师由副军长王柏龄率领，随蒋介石行动。汀泗桥战役后，陈继承升任第二师副师长。北伐军攻打武

陈继承

昌时，第二师奉命归第四军副军长陈可钰指挥。两次攻城均未能成功。在第二次攻城时，第二师师长刘峙谎报战功，称第二师首先攻进了武昌城，结果造成第二次攻城失利，蒋介石决定对武昌实行围城政策，由陈可钰指挥继续围攻武昌。蒋介石本人赴江西督战，第二师跟随进入江西战场。攻打南昌时，因第二师自动退却，导致南昌得而复失，蒋介石嫡系在战场上表现不佳，使其总司令威信受损。蒋介石致电黄埔军校教育长兼代校长方鼎英，称："此次出师，第一师、第二师成绩皆不良，其病于官长能力薄弱，升进太快，年龄幼稚，管理不严也。务请兄多留意于人才。"蒋要方鼎英在黄埔教官中选拔一批有能力、胆识、志气、经验、魄力和品行好的人才，推荐给前方。同时，蒋又多次到第一军第一师、第二师中给官兵训话，希望提高士气。

北伐军东路军前敌总指挥白崇禧及东路军总指挥何应钦相继入浙后，陈继承奉命率第二十二师到后方休整训练。进驻上海后，调任第一军第二十一师师长。陈继承率领第二十一师参加第一次渡江北伐津浦路诸战役，之后又参加了龙潭战役及第二次北伐诸战役。

二、参与"围剿"红军

1928 年 7 月，第一集团军缩编，陈继承转任陆军第三师副师长（师长钱大钧）。1929 年 1 月后任第三师代师长。

1929 年 11 月，第二次粤桂战争爆发，陈继承奉命率第三师南下广东，支援陈济棠部抵抗桂张联军。因援粤有功，于 1930 年 1 月获三等宝鼎勋章。

1931 年 7 月，石友三在顺德通电反蒋，蒋介石任命刘峙为"讨赤南路集团军"总司令，率领陈继承的第三师等部队北上平叛，将石友三部打败。石友三余部孙光前师被陈继承缴械，陈继承并下令将师长孙光前枪决。镇压石友三叛乱后，陈继承升任第一军军长。

1932 年一·二八事变爆发后，战争波及南京，南京国民政府仓皇迁往河南洛阳，陈继承任洛阳卫戍司令，负责保卫迁到洛阳的国民党中央和国民政府。

1932 年 5 月，蒋介石自任豫鄂皖三省"剿匪"总司令，指挥中、右两路大军，对鄂豫皖苏区发动第四次大规模的"围剿"，陈继承任中路军第二纵队指挥官。对这次"围剿"，蒋介石以中路军第二、第四纵队两纵队担任主攻。陈继承指挥第二师、第三师、第五师、第八十师共四个师，先后占领了鄂豫皖苏区的重要据点黄安、新集、商城。红四方面军主力一部被迫离开豫东南，向皖西北转移。红四军主力转移后，陈继承调任豫南特别区善后委员会副委员长兼豫南"清剿"区指挥官，使豫南苏区再次遭受严重摧残。

1934 年 4 月，陈继承调任湘鄂赣边区"剿匪"总指挥。5 月，中共湘鄂赣省委转移到龙门山区，陈继承得报后指挥部队包抄龙门山区，中共湘鄂赣省委几次突围都没有成功，红军主力和省委机关一千多人大部分壮烈牺牲，只有一小部分突围出去。

1934 年中央红军撤离中央苏区后，蒋介石令顾祝同担任驻赣绥靖公署主任，该公署下设八个绥靖区和驻赣预备军，负责"清剿"留在江西的红军和游击队。陈继承任第四绥靖区司令。1936 年 11 月，陈继承调任豫鄂陕边区绥靖公署主任。在西安事变中，陈继承与陈诚、蒋鼎文等十几名国民党高级将领被扣留于西京招待所。

三、遭桂系打击，第一次被撤职

1937 年 4 月，陈继承继张治中出任中央军校教育长。不久，抗日战争爆发，中央军校迁往四川成都。1938 年 1 月，军委会改组，训练总临部改组为军训部，白崇禧兼任军训部长。

抗战期间，各战区陆续成立了中央军校分校，由军训部直接管辖。陈继承眼看各军分校大权为白崇禧抓去，心里很不是滋味，便向蒋介石报告，称中央军校本校的人少，分校的人多，如此弱干强枝，革命精神不能充分贯彻。因此，今后分校应该脱离军训部管辖，而归本部管理，直属委员长。蒋介石将陈继承的报告交白崇禧核议，白崇禧是桂系头目，对此很敏感，立即在陈继承的报告上不客气地批示："不管是养成教育和召集教育，应该统归军训部督导，我们期望每一个干部都要养成革命精神，做一个良好的战斗员指挥官，不应该有弱干强枝的顾虑。如果因为军训部长不能称职，可以换军训部长。国家设官分职，最高统帅日理万机，不能事事由最高统帅办理。"

全面抗战中，蒋介石不能失去桂系李、白的支持，因此只好忍痛牺牲陈继承。蒋介石看了白崇禧的批示后立即表态："该教育长糊涂已极，所请应毋庸议。"陈继承碰了一鼻子灰，自讨没趣。

1942 年，陈继承主持的中央军校学生迭出事故，白崇禧抓住这一机会，狠狠参了陈继承一本，迫使蒋介石下令撤了陈继承的中央军校教育长职。

这一经过，在军令部长徐永昌的日记中有详细记载。其 1942 年 4 月 19 日的日记口："晚 8 时在曾家岩汇报：成都中央军校学生近日迭出事故，如与邓锡侯儿子打群架，至于动手枪，又与钟表铺打闹而至与警察群打，又如与戏园争不出戏价之优待座位而闹风潮（后三事为健生由成都归来报告）。蒋先生询已如何处分，且嫌其轻。余谓此等打闹，皆系过去北洋军队现象，军官学生何得有此不在乎？今日处分重，而在乎此后管教严。敬之谓教育长太好纵学生，蒋先生谓即撤换之。"

5 月 23 日，蒋介石正式决定撤陈继承的职。徐永昌在当天的日记中有如下记述："8 时在曾家岩汇报，蒋先生谓成都本校学生竟殴打会计主任，陈教育长应即撤换，以万耀煌继之，以阮肇昌继万，即日下令。敬之谓最近学生又打一次戏园。蒋先生益怒，问健生知否？谓已知，未敢言耳。询陈教（育）长应否别予任用，蒋先生谓此等人永不必用，且应办罪，并谓军校风气由方鼎英坏起。"[①]

从上述两则日记可以看出，不仅白崇禧对陈继承不满，何应钦对他也无好感，这就决定了陈继承不能不下台的命运。

陈继承被撤职后，闲居了两年。后经刘峙保荐，蒋介石起用陈继承担任

---

① 《徐永昌日记》，1942 年 5 月 23 日。

重庆卫戌副总司令。1945 年 1 月,调任川鄂陕甘边区总司令;旋调任第六战区副司令长官。

四、为傅作义排挤第二次被撤职

1945 年 8 月,蒋介石为抢占华北,特组建了第十一战区、第十二战区两个战区,孙连仲任第十一战区司令长官,陈继承与高树勋、上官云相、李延年、马法五等为副司令长官,陈继承还兼任北平前进指挥所主任,负责指挥在第十一战区的国民党中央军。1946 年 9 月,陈继承又兼任了北平警备司令。1947 年 3 月,第十一战区改组为保定绥靖公署,孙连仲任主任,陈继承、上官云相、马法五任副主任。1947 年 8 月,北平警备司令部扩大为警备总司令部,陈继承任总司令。

在保北、清风店、石家庄等战役后,孙连仲自知不是聂荣臻、杨得志的对手,连忙自请撤职,并推荐傅作义统一指挥华北军事。蒋介石于 1947 年 11 月 28 日在北平主持召开军事会议,决定将保定、张垣(即张家口——笔者注)绥靖公署合组为华北"剿匪"总司令部。12 月 1 日,华北"剿总"正式成立,傅作义任总司令,陈继承、宋肯堂、邓宝珊、冯钦哉、刘多荃、上官云相、吴奇伟、郭宗汾等任副总司令,统一指挥华北五省二市军队。

当时,华北"剿总"的部队以国民党中央军占多数,而傅作义的晋绥军占少数。陈继承以副总司令的身份指挥国民党中央军。傅作义上台后,决定将指挥大权集中到自己手中,他不仅要指挥晋绥军,也要指挥中央军。为此,傅作义与陈继承发生了严重冲突。

1948 年 2 月,傅作义主持召开华北"剿总"会议,研究作战计划。会上,傅提出有权使用战斗序列的所有部队,陈继承当场表示反对。陈继承声称中央军的行动必须通过他,有的部队只有他才能使用(如青年军第二〇八师),而且傅的直属部队的使用他也要过问。傅对陈继承的权力不予承认,而陈坚持,于是两人争吵起来。傅作义无奈,只好宣布休会。会后,傅作义向蒋介石甩乌纱帽,以去就力争。傅作义是国民党内少数几个指挥能力比较强的高级将领，国民党上上下下正将反共内战胜利的希望寄托在傅作义的身上，蒋介石自然不会同意傅作义辞职。

1948 年 7 月 5 日，流亡北平的东北大中学校学生数千人到东交民巷北平市参议会议长许惠东住宅前集会，抗议北平市参议会通过"征招全部东北（流亡）学生当兵"的议案。北平市警察局长白世雄指挥军警开枪镇压，当场打死学生 18 人，打伤学生 100 余人，逮捕 37 人，造成七五血案。事发后，身兼北平警备总司令的陈继承推卸责任，傅作义只好出面接见学生代表，流着眼泪向学生检讨。南京政府监察院的调查报告认为："傅作义一再命令不准开枪，不准打学生，陈继承有措置失当之责。"为了平息舆论，蒋介石不得不将陈继承调离北平。

10 月底，陈继承任南京卫戍总司令。1949 年 1 月 21 日，代总统李宗仁上台后，将陈继承免职，调任战略顾问。1950 年 5 月去台湾。1952 年 10 月退役，任"台湾招商局"顾问和"交通银行"监察。

第八章 嫡系中的"三鼎甲"

宋希濂晚年在回忆录中说："蒋介石用人的标准，第一是亲戚，第二是同乡，第三是学生。而他真正给予军权的，主要还是亲戚和同乡。"[①]

20世纪30年代中期以后，陈诚、胡宗南、汤恩伯分掌重兵，形成国民党中央军的三大集团。因此，陈诚、胡宗南、汤恩伯被人称为蒋介石的嫡系中的"三鼎甲"。陈诚、胡宗南、汤恩伯都是蒋介石的浙江大同乡，他们对蒋介石的忠诚是绝对没有问题的，但难就难在最忠诚的不一定就是最有才干的。上述三人中，除陈诚稍具军事才干外，胡宗南、汤恩伯显然都不具备大将之才；因此，陈诚、胡宗南、汤恩伯被人们讥为"柴胡汤"，能治小病而派不上大用场。历史已经证明，蒋重用陈、胡、汤是导致他失败的一个重要原因。

第一节 "小委员长"陈诚

陈诚以第十一师、第十八军起家，发展成为国民党中央军中实力最强的军事集团，人称"土木系"。陈诚本人历任政治部长、军政部长、参谋总长、台湾省主席、"行政院长"、国民党副总裁、"副总统"等一系列党政军要职，人称"小委员长"。蒋介石对陈诚极为宠信，有"中正不可一日无辞修"的说法。

一、东征北伐露头角

陈诚（1898—1965），字辞修，别号石叟，1898年1月4日（清光

---

① 《鹰犬将军——宋希濂自述》，第169页。

绪二十三年旧历十二月十二日）出生于浙江省青田县高市外村的一个破落地主家庭。陈诚早年就读于浙江省立第十一中学、省立第十一师范、杭州体育专门学校，后入保定陆军军官学校。1922 年 6 月，陈诚从军校毕业，分发到浙江第二师第六团实习。陈诚到浙军报到后，本想攀缘在浙江军政两界权力很大的青田同乡夏超，未能如愿，陈诚很苦恼。恰在此时，保定军校第六期毕业的邓演达奉孙中山之命，到上海招收军事人才去广东参加革命。陈诚的同乡世交杜伟得到这一消息后，便介绍陈诚随邓演达南下。

陈诚

陈诚到广东后，先在邓演达任团长的建国粤军第一师第三团任上尉副官，旋调上尉连长，负责孙中山大元帅府的警卫事宜。5 月，随孙中山西征桂系沈鸿英，在肇庆与沈鸿英部作战中，陈诚胸部中弹负伤，被送往肇庆医院治疗。此时担任孙中山大元帅行营参谋长的蒋介石来到肇庆，到医院慰问伤员，对陈诚当面予以抚慰。这是陈诚第一次见到蒋介石。据说，这次见面，在陈诚的脑海里留下了十分深刻的印象。

1924 年 5 月，黄埔军校成立后，邓演达调任黄埔军校教练部副主任兼学生总队总队长，陈诚随邓演达到黄埔军校任上尉特别官佐。

刚到军校时，陈诚人地两疏，能够交往的只有邓演达和保定军校五期生、时任黄埔军校学生总队副总队长的严重等少数几个人。一次偶然的机会，引起了蒋介石对陈诚的注意。一天晚上，陈诚外出访友，深夜始归，不能入睡，遂拿起孙中山的《三民主义》一书阅读起来。天色微明时，陈诚携书至操场，放下书本，练习单杠。习惯于早起的蒋介石，每天总是最早来到操场散步，等候学生早操、训话。蒋介石见操场上有人在练习单杠，便信步走了过来。

陈诚见是校长来到，连忙停止练习，向蒋介石行礼。蒋随手翻阅陈诚放在一旁的《三民主义》，只见上面圈圈点点，显然已被认真阅读过。蒋介石对站在自己面前的这个部下大为赞赏，当即提出表扬，并记下了陈诚的姓名及职务。后来，蒋介石又将自己的这一发现告诉了严重，严重与陈诚既是保定军校前后期同学，在建国粤军时又是陈诚的顶头上司，两人关系相当好，遂在蒋介石面前说了陈诚不少好话。这样，蒋对陈的印象更深刻了。

1925 年 1 月，黄埔军校用苏联援助的大炮成立了炮兵连，蒋介石任命陈诚为炮兵第一营第一连连长。炮兵连成立后，立即参加了第一次东征。在攻打淡水的战斗中，陈诚指挥炮兵连以密集炮火压制守城敌军火力，并将淡水城墙炸开了一个缺口，为陆军攻城创造了条件。随后，在攻打棉湖城时，战斗异常激烈，在胜败的关键时刻，陈诚连发 4 炮，发发击中敌军，使战局出现转机。

对于陈诚的表现，时任军校教导第一团团长的何应钦赞不绝口："棉湖战役在今天看来是一个很小规模的战斗，但在当时是吃力的一战。那时的炮兵不像现在，有马匹或车拉拽，那时的炮，要由人扛抬，在那种艰难的情况下，身为连长的陈辞修，不论步兵行军多快，他总是使他的炮兵跟得上，每次都能完成任务。虽然炮弹有限，但他弹无虚发，对促使这一战役的胜利，可以说是最有功劳的人之一，那时我就看得出他是一个勇敢沉着的人。"[1]

陈诚也很得意，后来常常对人说："我的炮兵只有几尊旧式大炮，炮弹少得可怜，但每发必中，有如神助。"要说"神助"，陈诚恐怕应当庆幸自己担任的是炮兵连长，而不是步兵连长，否则的话，性命能否保住都大有问题。因为在这场恶战中，教导第一团的 9 个连长，有 6 个阵亡，3 个负伤。而炮兵则是远距离对敌人作战，伤亡显然要少得多。

1925 年，陈诚升任党军第一师炮兵营营长，随即参加了第二次东征。

---

[1] 《江苏文史资料选辑》第 3 辑，第 62 页。

在攻打陈炯明部坚固设防的惠州城时，陈诚再次立功，战后得到 500 元奖金。

东征结束后，陈诚调任黄埔军校第 4 期炮兵科科长。

1926 年 7 月，北伐战争开始。蒋介石下令成立新兵训练处，任命严重为新兵训练处处长兼第一补充师师长，陈诚任第一补充师筹备处主任兼第三团团长，负责向北伐前线输送合格兵员。

1926 年 11 月，第一补充师边行军边训练，开往江西赣州，改番号为第二十一师，严重任师长，陈诚任第六十三团团长。该师从此加入战斗序列。不久，第二十一师归东路军前敌总指挥白崇禧指挥，由江西进入浙江，在桐庐战役中，第二十一师表现相当出色，尤以陈诚的第六十三团战斗最有力，伤亡也最重。营长阵亡 1 人，负伤 2 人，连长、排长伤亡更多。一个特务队，军官只剩下 1 人，班长也只剩 1 人。陈诚本人亲临火线，督队冲锋，鼓舞士气。战后，陈诚及第六十三团受到蒋介石和白崇禧的嘉奖，为第二十一师赢得了荣誉。随后，第二十一师随东路军一路由浙江进入上海、江苏。

在蒋介石酝酿发动四一二反革命政变时，蒋认为第二十一师师长严重与国民党左派领袖邓演达有密切关系，且思想左倾，对他极端不放心，蒋与李宗仁商量后，决定由第七军监视第二十一师，其后蒋又千方百计迫使严重去职，随即命令他信得过的陈诚代理第二十一师师长。陈诚上任后，蒋介石召见陈诚，传授机宜。当蒋问及陈诚的态度时，陈挺起胸膛，严肃地表示："坚决绝对服从总司令。"蒋介石为网罗到一个忠实的追随者而庆幸。

1927 年 5 月 1 日，陈诚率第二十一师随蒋介石渡长江北伐。8 月 2 日，蒋介石下令在徐州附近进行决战，命陈诚的第二十一师进攻云龙山。云龙山是徐州城外的制高点，位置重要。陈诚接到命令后，昼夜兼程，在第四十军第一师的配合下，很快攻克了云龙山、凤凰山，又连夜构筑工事，防备直鲁联军张宗昌部的反攻。当晚，张宗昌、孙传芳部倾全力猛攻云龙山。陈诚督师死守，部队伤亡过半。这时，蒋介石鉴于全局失利，于8月3日下令全线撤退。蒋命陈诚率第二十一师掩护各路军队撤退。陈诚受命后，沉着冷静，且战且退，掩护主力顺利退到淮河以南。陈诚在这次北伐中又给蒋介石留下了能打硬仗的印象。

二、与何应钦结怨

由于北伐失利，武汉政府东征讨蒋，蒋介石处境相当困难。这时，桂系李宗仁、白崇禧乘机逼蒋下台。蒋无法立足，于8月12日离开南京，次日在上海宣布下野。

蒋介石下野后，南京政府军权分别掌握在何应钦、李宗仁、白崇禧三位总指挥手中。8月25日，孙传芳部6万余人渡长江反攻南京。何应钦命驻镇江的第二十一师参战。在连日征战中，陈诚胃病发作，疼痛难忍。危急时刻，他坐轿上前线督战，所部官兵见师长抱病指挥，莫不受鼓舞，士气大振，死守阵地不退，在友军配合下，终于稳定了局面。

龙潭战役结束后，第二十一师副师长孙常钧拉拢黄埔一期学生王敬久、王福乾、李岑等欲扳倒陈诚，他们向何应钦检举陈诚坐轿指挥作战。坐轿行军和指挥作战，是北洋军阀的作风。何应钦接到举报后，不加分析，对陈诚提出指责。陈诚怪何应钦偏听偏信，深感委屈，认为何应钦有意排挤他，他对时任军委会军械局长的杜伟说："蒋介石的下野，也是被何应钦联络白崇禧的桂军逼走的。他们对浙籍军人，是要排挤的。"于是，陈诚于10月间主动向何应钦提出辞呈，离开了第二十一师。他带着何应钦特批的500元，前往上海。

陈诚是个不甘寂寞的人，在上海小住了一段时间后，为手中无权而苦恼。这时，好友杜伟劝他到南京去找老上司严重。原来，蒋介石下野后，宁汉合流，桂系李、白操纵成立了特别委员会，控制了南京政府，严重出山当了军政厅长。陈诚到南京找到严重，严重随即保荐陈诚当副厅长。

1928年1月，蒋介石东山再起后，解除了何应钦的军权，调任有名无实的参谋长。蒋介石亲自担任第一集团军总司令，任命陈诚担任总司令部炮兵指挥官，指挥炮兵第一团、第二团，参加第二次北伐。

第二次北伐结束后，蒋介石的第一集团军缩编为 6 个师，由刘峙、顾祝同、钱大钧、蒋鼎文、方鼎英、曹万顺分任第一师、第二师、第三师、第九师、第十师、第十一师师长。前 5 人都是黄埔教官，只有曹万顺是北伐初期投诚过来的北洋将领。曹原是皖系福建督军李厚基部将领，北伐初期投降何应钦，被改编为第十七军，曹任军长。缩编时，蒋介石下令将第十七军与警卫第一团、第二团合编为第十一师。蒋介石本想让陈诚当师长。但何应钦认为陈诚资历尚浅，不能与刘峙、顾祝同等平起平坐，蒋认为有理，而且过早地去掉曹万顺，也容易使投诚归来的杂牌部队将领寒心，蒋权衡利弊，决定暂让陈诚屈居副师长。陈诚不了解蒋介石的苦衷，闻讯自己只当了个副师长，以为又是何应钦与他过不去，愤而出走上海，拒不到职。蒋介石立即派副官到上海将陈诚召回南京，告以就副师长只是一个过渡，并授予他处理第十一师人事、经理的实权，陈诚这才转怒为喜，欣然返回部队就任副师长职。陈诚由于有蒋介石的"尚方宝剑"，表面上对曹万顺恭顺，实际上是大权独揽，使曹万顺形同虚设。

三、在讨伐地方实力派中露锋芒

陈诚掌握第十一师大权后，先后参加了蒋桂战争、蒋唐战争和中原大战，成为蒋介石讨伐异己的凶悍帮手。

在蒋桂战争中，第十一师归第三路军总指挥朱培德指挥，由江西、湖北交界处的武穴向武汉进军，由于蒋介石收买桂系李明瑞等部倒戈，蒋军兵不血刃，进入武汉。随后，陈诚与曹万顺又奉蒋介石之命进驻湖北襄樊，将冯玉祥西北军的新编第五师收编。

1929 年 6 月，曹万顺调任新一师师长，陈诚升任第十一师师长。10 月，蒋冯战争爆发，陈诚率领第十一师坚守襄阳并指挥罗霖的独立第四旅守南漳。陈诚指挥第十一师与西北军张维玺部苦战两日，挫败了西北军的攻势。此时，冯玉祥下令西北军全线撤退，张维玺部也向西走。蒋介石下令分路追击，陈诚的第十一师追至草店。西北军退守潼关以西，蒋冯战争暂时告一段落。

蒋冯战争刚告结束，唐生智又在河南起兵反蒋。陈诚率第十一师马不停蹄，兼程东返，12月下旬经武胜关到达河南信阳，尾随蒋鼎文、赵观涛各师之后，沿平汉线北进。12月25日，陈诚的第十一师与唐生智的第五十一师、第五十三师激战于确山以东的刘店地区。时值隆冬，雪深过膝，双方展开血战。开始时，唐军攻势甚猛，第十一师第六十三团几乎全军覆灭，唐军骑兵旅且一度绕到刘店陈诚的指挥所附近，陈诚不免一阵紧张。12月27日，第十一师在大肖店、牛村一带的阵地被唐军突破，陈诚亲率特务营参战，这时，第十一师第六十三团自信阳押运弹药赶到，投入战斗，随后又得到其他部队的增援，才稳住了阵脚。战斗间隙，双方隔壕对骂，陈诚察觉对方军心不稳，即派人前往劝降。果然，双方混战之际，唐生智部两个营向第十一师投降，陈诚的压力顿时减轻。1930年1月1日，杨虎城奔袭唐生智的司令部所在地驻马店，切断了唐军的南北联系，唐生智部迅速溃败。陈诚率第十一师追击到漯河，将唐军残部包围缴械。

1930年4月，规模最大的蒋、阎、冯中原大战爆发。陈诚率第十一师先后转战于平汉线、津浦线，屡立战功。8月15日，第十一师与蔡廷锴的第六十师、蒋光鼐的第六十一师联合击退阎锡山晋军，占领济南。蒋介石论功行赏，晋升陈诚为第十八军军长，奖赏2万元。

9月初，陈诚到陇海路上的柳河车站见蒋介石，蒋很高兴地说："辞修，你辛苦了。"

陈诚汇报后，蒋介石面授机宜："我们同冯玉祥打阵地战，吃了不少苦头。这次我决定用锥形战术，大胆钻隙，钻进去就是胜利。我打算就陇海路平汉路的正面和两侧，编成13个纵队，以郑州为目标，不顾一切地钻进去，以瓦解冯军的阵地，把冯军压迫于黄河两岸而歼灭之。待津浦方面的部队集中后，即开始。"

蒋说完后，征询陈诚的意见。陈诚说："这个计划很好，但一定要各纵队有独立作战和自我牺牲的精神。"

蒋表示赞同，命令陈诚的第十一师和夏斗寅的第十三师合编为一个纵队，由夏指挥，沿平汉路东侧向郑州进攻。

10月6日，第十一师首先攻入郑州，陈诚早已有准备，立即致电蒋介石报捷。蒋介石接到报捷电后，立即奖给第十一师20万元。陈诚为表示自己"不称功、不贪财"，特致电蒋介石，称第十一师攻克郑州，"上赖钧座指挥有方，下靠官兵用命和友军协助之力，赏金不敢独受，拟分半数给第四十七师"。陈诚此举，既拉了第四十七师师长上官云相一把，又见好于蒋介石，可谓一举两得。

四、治军有术，第十八军成为王牌军

陈诚升任第十八军军长时，年仅33岁，自保定军校毕业投身军界仅8年，即由少尉排长升至军长，以火箭般的速度蹿升，这无疑得益于蒋介石的大力栽培。军中同人嫉妒陈诚升迁过快，便以其年轻且又身材矮小，戏称其为"童子军"。

陈诚升任第十八军军长后，本应统辖两三个师，但没有人愿意归陈诚指挥，陈诚仍只指挥第十一师，不啻一个空头军长。中原大战结束后，蒋介石强令钱大钧交出他的教导第三师，编入第十八军。陈诚接收教导第三师后，将其改为第十四师，自己兼任师长，所遗第十一师师长由罗卓英升任。第十八军有18个步兵团，共43000人；武器装备也很精良，步枪、重机关枪、驳壳枪，八二迫击炮、七五山炮、三七平射炮等轻重武器样样齐全。

蒋介石信任陈诚，陈诚也不负蒋介石的重托。为了把第十八军训练成劲旅，陈诚采取了许多与众不同的措施：

第一，用人唯才，不分畛域。陈诚用人，少有地域观念，无论南方北方，皆一视同仁。除了军需官外，陈诚很少用同乡当带兵官。在第十一师当团长的青田同乡孙家富与陈诚多少有点亲戚关系，陈诚认为他不称职，就把他撤了，以后不再任用。陈诚用人不分畛域，这在当时确实少见。

第二，重视训练。陈诚非常重视部队的教育训练，并首先抓部队的骨干。

第三，推行"三公开"，即"人事公开""经济公开"和"意见公开"，以加强团体内部的团结和向心力，严禁贪污。

陈诚治军有术，使第十八军成为蒋介石手中的一支精锐之师，号称国民党"五大王牌军"之一。

五、中央红军最凶悍的对手

国民党新军阀混战结束后，蒋介石集中全力"围剿"中国工农红军，陈诚的第十八军又成为工农红军最凶悍的对手。

在国民党对中央苏区的第一次、第二次"围剿"失败后，蒋介石于1931年6月21日亲赴南昌，部署第三次"围剿"。蒋自任"围剿"军总司令，调集兵力30万，分左、右翼两个集团军及总预备军，以陈诚的第十八军为第二路进击军。当时，中央苏区红军只有3万人，兵力相差悬殊。毛泽东、朱德采用"磨盘战术"与国民党军周旋，使国民党军"胖的拖瘦，瘦的拖病，病的拖死"。陈诚的第二路进击军始终未遇到红军主力，部队东奔西征，师劳无功。第十八军中流行疟疾、痢疾，陈诚自己也未能幸免。但由于未与红军主力交锋，陈诚对红军的作战力还缺乏亲身体验，以为"红军不敢和十八军决战"。陈诚的这种自大意识，终于使他在第四次"围剿"中大吃败仗。

第三次"围剿"结束后，第十八军留驻江西。这时，蒋介石、宋美龄亲自做媒，将谭祥女士介绍给陈诚。谭祥是世家闺秀，其祖谭钟麟是清朝的湖广总督，其父谭延闿是南京政府主席、行政院长，况且谭祥还是宋美龄的干女儿，陈诚对这门婚事相当满意，很快与青田老家的原配吴舜莲办理了离婚手续。1932年1月1日，陈诚与谭祥在上海举行婚礼。从此，陈诚又成了蒋介石的干女婿，两人的关系又进一步。

1933 年 2 月至 3 月，蒋介石又调集 50 万兵力向江西中央苏区发动第四次"围剿"。陈诚指挥蒋介石的 12 个嫡系师为中路，是这次"围剿"的主力。陈诚兵分三路，由乐安、南城、金溪"分进合击"，进攻南丰、广昌。第五十二师、第五十九师由乐安分路向黄陂进犯，遭到周恩来、朱德指挥的红一方面军的伏击，激战两天，第五十二师师部及一五四旅一个多团、一五五旅主力被歼，师长李明被俘；第五十九师除一个团逃脱外，亦全师覆灭，师长陈时骥被活捉。3 月中旬，陈诚的第十一师，由黄陂、东陂向广昌方向进攻，21 日在距东陂八里的草台岗遭到红一、红三军团的伏击，第十一师师长萧乾与两个旅长黄维、黄与硕均负伤，6 个团长阵亡 3 个，负伤 1 个。营长、连长、排长阵亡负伤者更多，全师战后只剩下 3000 人。

陈诚连吃两个大败仗，损失三个主力师，羞愧难当，感到无法向蒋介石交代。这时，与陈诚素有矛盾的何应钦、熊式辉、杨永泰等人乘机落井下石，对陈诚人加指责，熊式辉并向蒋介石建议，撤销被歼的几个师的番号，蒋介石知道熊式辉别有用心，当即驳回了熊的建议，使他碰了钉子。但陈诚闻悉各方的攻击后，仍悔恨交加，致电蒋介石请求辞职。并不待蒋回电，即离开前线，到南昌家中闭门谢客。

蒋介石对陈诚的失败虽然不满，但并没有因此对陈诚绝望。蒋环顾手下大将，如何应钦、刘峙、顾祝同、蒋鼎文等，或者优柔寡断，或者暮气沉沉，皆不足以担当"围剿"重任；唯有陈诚顽固反动，作风泼辣，执行命令，无出其右者。蒋决定仍起用陈诚，并频频示意，要陈和他见面。陈因蒋对之啧有烦言，信任动摇，因而心存怨怼，坚不往见，其用意在于有所要挟，以坚蒋对己之信任。蒋陈关系，一时竟成僵局。

这时，乖巧的南昌行营参谋长贺国光灵机一动，提议走夫人路线，打开蒋陈关系僵局。贺国光对陈诚夫人谭祥说："辞修不肯见委员长，这样倔强，应有个转圜的办法。你可偕陈去见蒋夫人。"

谭祥采纳贺国光的计策，转而对陈诚说："你不见委员长，我们去看看蒋夫人好了。"陈诚夫妇去见宋美龄,双方寒暄不久,蒋介石即出来相见,并与陈诚商讨新的"围剿"红军计划,表示了重用陈的决心。陈欣然受命,前嫌遂释。陈诚对蒋介石的信任感激涕零,对部下邱行湘说:"我们在江西处境艰苦,要不是委员长了解我们是真正为打共产党肯于牺牲的话,十八军早就完了。"

随后,陈诚重回江西抚州军中,整顿军队,准备再战。

为总结四次"围剿"失败的经验教训,提高部队士气和作战技能,蒋介石决定于1933年6月在庐山开办"国民党赣闽湘鄂北路剿共军军官训练团",即庐山军官训练团,分批对北路"剿共军"中下级军官进行轮训,蒋自任团长,陈诚任副团长,蒋介石确定训练团的宗旨、内容和方法,由陈诚负责组织实施。陈诚能主持训练团工作,知道这是蒋介石对他的信任,因此特别用心与重视。为了表示对蒋的忠诚和树立蒋的绝对权威,在精神训练中,陈诚特别强调军人以服从为天职。无论大会、小会,只要一讲到"委员长"或"领袖",他必率领全体人员立正,以示尊重。他要求军官不论军阶高低,一律不佩戴武装带,身穿布质军衣,脚穿草鞋或胶鞋,吃大锅饭。在陈诚的带领下,受训军官的精神面貌大大改观。蒋介石对此很满意,认为陈诚不仅忠心耿耿,而且以身作则,勤恳能干。

蒋介石在经过多方面的周密准备后,于1933年10月,对中央苏区发动了第五次"围剿"。蒋介石这次调集100万军队,以50万兵力重点进攻中央苏区,由顾祝同任北路军总司令,指挥第一、第二、第三路军,由北向南实施主攻;陈诚任第三路军总指挥,指挥三个纵队又一个守备队,十八个师又一个旅,是主力军,在第一、第二两路策应下,依托碉堡向广昌方向推进,寻找红军主力决战。

在安排各路将领时,蒋本想让陈诚担任北路军总司令,但南昌行营的高级幕僚们都不想让陈诚伸头,以其资历不够,难以统率大军为由,抬出顾祝同为北路军总司令。陈诚虽有所不满,但也无奈,只好忍下一口气,决心大干一番。

　　这时，中央苏区红军虽然已发展到 10 万人，但武器缺乏，训练不足，物资奇缺，特别是共产国际派到中央苏区任军事顾问的李德，掌握了红军指挥权，推行"御敌于国门之外"和"短促突击"的错误战略战术，很快使红军陷入了被动挨打的境地。陈诚指挥的第三路军占领黎川后，主力经甘竹扑向广昌。红军使用以集中对集中、以堡垒对堡垒的战术，朱德、周恩来亲临广昌前线，指挥红军主力第一、第三军团与陈诚指挥的第三路军在广昌进行主力决战。激战 18 个昼夜，由于众寡悬殊，红军被迫于 1934 年 4 月 28 日放弃广昌。广昌战役，陈诚的第三路军阵亡 600 余人，负伤 1800 余人，而红军伤亡则多达 5500 余人，占参战总兵力的五分之一。红军丧师失利，元气大伤。

　　广昌战役后，国民党军凭仗优势兵力，步步进逼，先后攻占兴国、宁都、石城等地。根据地日益缩小。10 月上旬，中央苏区红军连同后方机关人员 8 万余人，被迫撤出中央根据地，从福建长汀、宁化和江西瑞金、于都出发，进行举世闻名的万里长征。

六、整军与出征

　　中央苏区红军长征后，蒋介石下令将北路军总司令部改为南昌绥靖公署，任顾祝同为主任，划江西全省为八个绥靖区，分别任命张钫、孙连仲、赵观涛、毛炳文、罗卓英、汤恩伯、余汉谋、樊崧甫为司令。陈诚则担任驻赣绥靖预备军总指挥。这是一个闲职，陈诚见无事可做，即将军务交给罗卓英，自己跟随蒋介石回南京去了。

　　陈诚为了找事做，便上书蒋介石，建议整理全国军队。陈诚认为："我国陆军为数之多，固无详确统计。但最近调查，除新疆、外蒙、西藏、西康外，计有陆军一百八十个师，又九十四个旅，四十余个独立团；军官约在二十万左右；军费约耗国家财政总支出百分之七十以上。且此数仅指在中央所辖部队可统计者而言，其他直接取之地方人民者，更不知凡几。溯自袁世凯乱政以来，养成割据称雄，私兵自卫，不顾国家民族之痼习，因之虽有此庞大之陆军，而不能扫除革命之障碍。且年来战乱频仍，中央无整军之暇，各人存自满之心。军事学术既日益落后，战争工具尤异窳劣，方之列强，几隔一世纪。"[①]

陈诚的分析，合乎当时的实际情况。陈诚的建议，为蒋介石采纳。1935 年 3 月 12 日，蒋介石在武昌行营设立陆军整理处，陈诚兼任处长，并聘请杨杰、周亚卫、俞大维、邹作华、卢致德、郑大章、冯庸等为研究委员，按照国防需要及财政状况，计划将全国陆军逐年分期训练为教导师。在未编成教导师以前，先行整编成整理师，暂定四年之内（至 1938 年底）完成 60 个师。

整编全国军队，按常规应由军政部会同有关部门去办，而蒋却在武昌行营下设立陆军整理处这样的机构主持。陈诚的计划虽然庞大，设想也不错，但事实上不可能完全做到。一方面非中央军不大听调遣，中央军又因军事任务频繁而无暇整顿；另一方面，何应钦的军政部对大权旁落也不十分痛快，时常有意无意对陈诚加以掣肘，使整理工作进展很慢，到 1937 年全面抗战爆发时，只整编了 50 多个师，而且这些师也只是充实了部分近战武器，因财力限制，从海外进口的武器，特别是火炮，大都未完成计划。

1935 年 11 月，陈诚又兼任武汉城防整理委员会主任委员。1936 年 1 月，武汉城防整理委员会改组为"委员长行辕城防组"，仍由陈诚主持。在陈诚的主持督促下，武汉国防工事很快具备了规模。1935 年 10 月初，蒋介石设立宜昌行营，以陈诚为参谋长，代蒋统一指挥，对红二、红六军团进行大规模的"围剿"。11 月 19 日，红二、红六军团从湖南桑植出发，开始战略转移，陈诚指挥汤恩伯、樊崧甫两个中央军纵队和孙连仲的第二十六路军，"追剿"红军，从湖南追至贵州境内。1936 年 1 月，到达陕北的中央红

[①]《陈诚私人回忆资料》，载《民国档案》1987 年第 1 期。

军和刘志丹的陕北红军组成"中国人民红军抗日先锋军"，彭德怀任司令员，毛泽东任政治委员，部队 13000 余人，分左右两路，突破晋绥军黄河防线，进入山西境内。

红军进入山西，山西土皇帝阎锡山一面集中晋绥军反击，一面亲赴南京向蒋介石求援，并指名要在江西有"剿共"经验的陈诚赴晋增援，蒋立即应允。3 月 19 日，蒋介石电令陈诚迅速赴山西协助阎锡山指挥作战，同时命关麟征、汤恩伯等中央军分由风陵渡、娘子关进入山西。3 月 28 日，阎锡山以军事委员会副委员长名义，委陈诚为"剿匪"第一路军总指挥，指挥中央军的三个纵队，即第五纵队关麟征部、第六纵队吕济部和第七纵队汤恩伯部，以恢复同蒲铁路为其作战目标。4 月 17 日，同蒲路全线打通，红军被迫退往汾河以西地区。陈诚复将在江西"围剿"红军时实行的"碉堡战术"运用于山西，在一个月内，完成了 550 余华里的碉堡封锁线。陈诚并派人指导第二路军（晋军）杨爱源部修筑碉堡，至 4 月 27 日，完成汾河封锁线。4 月 29 日，国民党军开始对东征红军实行"第三期行动计划"，一面严密封锁，一面以关、汤二部进击，企图将东征红军消灭在黄河以东、汾河以西地区。为截断红军西撤的退路，陈诚还密电蒋介石，请其命令张学良的东北军，严密封锁黄河两岸各渡口。陈诚的计谋可谓相当毒辣。由于兵力相差悬殊，红军在山西境内的活动区域越来越狭小。为保存有生力量，红军被迫于 5 月 2 日至 5 日，陆续撤回黄河以西，返回陕甘革命根据地。

红军退出山西后，蒋介石下令成立晋陕绥宁四省"剿共"总指挥部，任命陈诚为总指挥，调集国民党中央军十六个师又三个旅，准备对陕甘革命根据地发动新的"围剿"。

6 月 1 日，陈诚在太原就职，但就在同一天，两广事变发生，蒋介石急召陈诚飞南京商议对策。6 月 6 日，陈诚抵达南京，面见蒋介石分析局势。陈诚认为，两广兵力，粤军实力较雄厚，桂军训练较统一。反抗中央的部队原计划由桂军先取衡阳，压迫湖南当局，控制湖南。粤军等待桂军据有三湘后再会师湘赣。因此衡阳能否确保，成为大局成败的关键。但桂军徒步行军，道路虽然近，仍不如中央军由火车运送快，中央如出兵，当在桂军之前占领衡阳，此时湖南的何键必不敢异动。湖南不动两广问题即好解决。蒋介石同意陈诚的见解，并命他指挥军队抢占衡阳。6月8日，陈诚飞抵武昌，以武昌行营参谋长的身份，命令平汉、粤汉铁路暂停客货运输，日夜抢运中央军南下。9日，陈诚又飞赴长沙，往晤何键，晓以"国家民族大义"，申明"政府抗日决心"，原本模棱两可的湖南省主席何键，见陈诚的中央军开入湖南，先声夺人，只好见风转舵，倒向南京。桂系军队进至离衡阳30华里时，知中央军三个师已经先期抵达，便按兵不动。

随后，蒋介石、陈诚又利用各种关系，对兵力相对较强的陈济棠部进行分化收买，使陈济棠众叛亲离，被迫于7月18日宣布下野。

蒋介石在搞垮陈济棠之后，又于7月底任命李宗仁为军事委员会常委，白崇禧为浙江省主席，黄绍竑为广西省主席。这是蒋介石以桂制桂策略的连环运用，李、白拒不接受，并摆出孤注一掷的架势。后在冯玉祥、李烈钧等人的极力进言下，蒋介石始放弃武力解决的念头，由居正、程潜、朱培德、刘斐等出面斡旋，才达成和平解决广西问题的协议，9月6日，蒋重新任命李宗仁为广西绥靖主任，9月16日，李宗仁宣誓就职。两广事变平息后，蒋介石任命陈诚为广州行营参谋长，处理善后。

蒋介石在解决"两广事变"后，再次飞抵西安，部署对陕北红军的大规模"围剿"，陈诚、蒋鼎文、卫立煌、陈继承、陈调元等国民党高级将领也相继云集西安，准备领军围攻红军。12月12日，张学良、杨虎城将军发动西安事变，将蒋介石及陈诚等全部扣留软禁。陈诚被拘后，自知平素欠红军的血债太多，此次翻船，凶多吉少，出于对蒋介石的尽忠，他主动对张学良说："如果委员长遇害，你就早一点把我枪毙。"陈并取出随身携带的手表、钢笔、小日记本等物，请张学良转交其妻谭祥。当陈诚获悉张学良的真实意图后，他又力劝张学良，解决问题的唯一办法是即速送蒋回南京，并特别叮嘱"千万不能让共产党插手参与其事"。[①]但陈诚当时不会明白，要是没有共产党的调停，他与蒋介石能否离开西安还很难说。因此，当陈诚离开西安后，对中共从民族最高利益出发，不计蒋介石十年"剿共"的血仇，放蒋回南京之举十分钦佩，他说："这次西安事变亏共产党方面没有同情张（学良）、杨（虎城）的举动，否则会闹成不堪收拾的局面，不仅蒋（介石）个人垮台，连同被扣留的高级人员生命都不能保险。"

七、主持庐山中央训练团

1937 年 4 月，蒋介石任命陈诚为中央训练团筹备主任。6 月下旬，庐山中央训练团开学。蒋兼任团长，陈诚任副团长兼教育长，负实际责任。这次集训的人员，有军队的中、上级军官和文职人员中的中学校长，以及国民党各省市党部委员、县长、专员等。

陈诚在庐山军官训练团和庐山中央训练团发表了不少演讲，如《现在军人应有的常识与信仰》《庐山军官训练团开办的意义》《"剿匪"的过去现在与将来》《我们目前的中心任务——"剿匪"》《带兵的要旨》《陆大学员的地位与责任》《现在军人应有的精神》《怎样做一个健全的军人》《通讯人员的错误与觉悟》《军队政训工作之检视》等。陈诚在演讲中，除了强调军事技能的训练，再就是向受训军官及其他成员灌输绝对服从蒋介石的思想。陈诚吹捧蒋介石为"天才军事家""最高领袖"。他说："天下乌乎定？定于一。孰能一之？唯'中''正'能一之。天下乌得而'中''正'？唯中正（指蒋中正）乃能定于一。"陈诚还说，作为一个"革命的领袖"，应具备伟大的人格、卓越的才能、坚韧的毅力、无畏的精神、救国的决心五个条件，而蒋介石则是具备了上述五个条件的"革命领袖"，是军人的灵魂，言论行为之标准可以和墨索里尼、希特勒并驾齐驱，在中国除了蒋介石，找不出第二个领袖，因此要绝对地服从蒋介石，凡受训的同志一

---

① 　孙宅巍:《蒋介石的宠将陈诚》，第 115 页。

定要忠于职守，精诚团结，报效"委座的培养与爱护，竭诚拥护和信仰领袖"。

对于庐山训练，参与其事的湖北省政府主席黄绍竑在《五十回忆》中这样评价："二十六年以前，我虽时常往来这些地方，但没有直接参加过训练工作。而且以前的训练，完全以军队重要的干部为对象，他的作用，是将过去曾互相攻击互相对抗的所谓中央军、西北军、东北军、晋绥军、四川军、两广军等，会合一起，在蒋先生精神感召及恳切训导之下，加以国家民族意识的熏陶，惕以敌国外患侵凌的危险，使得他们把以前的畛域派别的观念和频年交相火拼的夙隙前嫌，不期然而然的消弭泯灭。同时更积极地造成了精诚团结一致对外的新意识、新力量。所以训练的时期虽极短促，受训人员在学术上的收获，虽未必甚大，而就其作用和效果言之，可以说是未来抗战建国的一种原动力。成功之伟大，可以想见！……到了二十六年，训练的范围，更加扩大了，把全国中等学校的校长、训育主任以及办理童子军的干部，与党政的干部，都集合到庐山去受训。于是二十四年以前军事干部的团结训练，乃一变而为知识青年干部的团结训练，范围和意义自更重大。"

八、坚定的抗日派

陈诚是坚定的抗日派，与何应钦等亲日派不同。早在 1936 年 8 月，陈诚就在庐山军官训练团上指出："今日不是同日本战与和的问题，也不是和日本开战以后，中国有没有胜算可操的问题；而是不和日本开战，中国还有没有存在的可能的问题。""我们同日本打仗，时间上迟早虽不一定，性质上都绝对无可避免的。""如果说日本容易打，固属欺人之谈；但如果说完全不能打，那也是我们绝对不能相信的事。"

1937 年 7 月 7 日，卢沟桥事变爆发后，陈诚于 8 月 18 日自庐山回到南京，面见蒋介石，蒋当即交给他三项任务：一、赴华北向晋、陕将领说明中央之决心与应战准备；二、赴上海视察张治中部作战，并协助之；三、速定战斗序列。18 日晚，陈诚与副参谋总长白崇禧及军委会第一部部长黄绍竑等会商战斗序列，由陈诚将各将领的历史、个性、能力逐一口述一遍，作为拟订战斗序列的参考。

19 日，陈诚与熊式辉同赴上海战场视察，20 日返南京，向蒋建议："敌对南口，在所必攻，同时亦为我所必守，是则华北战事扩大已无可避免。敌如在华北得势，必将利用其快速装备沿平汉路南下直赴武汉，于我不利。不如扩大沪战事以牵制之。"蒋听了也表示："一定打。"陈诚接着说："若打，须向上海增兵。"陈诚的谋划，完全符合蒋的意图，从而坚定了蒋介石在上海与日寇进行大规模会战的决心。

之后，陈诚以第三战区前敌总指挥、第十五集团军总司令、左翼作战军总司令的名义，参与指挥淞沪会战。淞沪会战结束后，陈诚于 11 月出任第七战区副司令长官。1938 年 1 月，出任武汉卫戌总司令，负责督修武汉国防永久工事。2 月，出任军事委员会政治部部长，6 月又任第九战区司令长官兼武汉卫戌总司令、湖北省政府主席。

陈诚一身兼数项要职，引起军委会同僚的非议。军令部长徐永昌在 1938 年 6 月 10 日的日记中写道："余屡言陈辞修兼政治部等事太繁，有害军事责任，今日敬之、健生反要其再兼湖北省政，或谓此于辞修不利，然辞修颇有乐就之意，此真无法救正者。"

在 1938 年 7 月 3 日的日记中他又写道："敬之云辞修事太繁，开会会客已将时间用尽，对军事无暇过问，此如何可者，政治部及省政皆须有人代办才好。"

陈诚本人也意识到了这个问题。1938 年 11 月武汉会战结束后，陈诚将第九战区指挥交薛岳代理，赴重庆见蒋，报告："以兼职过多，不仅招致物议，抑且有误事公。请就可能，畀以专职，或可无大贻误。"蒋答："以理政治部事宜为主，鄂省主席则令严立三兼代。"

陈诚任政治部部长，与参谋总长兼军政部长何应钦、副参谋总长兼军训部长白崇禧、军令部长徐永昌成为军委会"四巨头"。据康泽说，"四巨头"

中，以陈诚的风头最劲，康泽后来回忆说："在当时军委会的四'巨头'——参谋总长兼军政部长何应钦，副参谋总长兼军训部长白崇禧，军令部长徐永昌和政治部长陈诚中，除了徐永昌形式上似乎重要，实际上只是一个配角，在任何场合，他都没有意见以外，何应钦、白崇禧和陈诚，是针锋相对，各有一套。何应钦除了资历较高，倚老卖老以外，最突出的，是他对于抗战的消极态度与失败论调。白崇禧常是借题发挥，对何应钦所有的见解和主张，都持反对和批评的态度，借以炫耀自己的'高明'和谋取桂系的利益。陈诚对于白崇禧，如同白崇禧对何应钦的态度一样，且有过之。凡是白崇禧提出了一个什么建议或主张，陈诚必然是批评和反对，而且突出之处，则是他不问他自己的理由是否充足，办法是否'高明'。争论到蒋介石面前，常是陈诚的意见，事实上获得蒋介石的支持，无论是重要的人事问题，或者部队的调动及使用问题。因之，陈诚常占上风而益加刚愎自用，趾高气扬。何应钦、白崇禧已在事实上把他无可奈何，其余高级将领，或则表面敷衍（如顾祝同），或则侧目而视（如刘峙、蒋鼎文）。我只听说卫立煌、汤恩伯在那些时间，还是和他当面对骂，或者背后痛骂。"[1]

陈诚在蒋介石统治集团中，原来的资历颇低，在获得蒋介石的信任，掌握实权后，不仅较他资历为高的，如何应钦、刘峙、顾祝同、蒋鼎文、陈继承、卫立煌等不服，即许多黄埔第一期同学（除了第十八军系统的以外）也不服。他自己知道这种情形，于是对那些不服他的人，尤其是黄埔同学，尽量打击，想使那些人害怕他而向他低头。特别是到了武汉抗战那一个阶段，在上海、南京参加抗日作战的黄埔同学，有许多都遭受到撤职查办处分而坐进监狱或受审判，如孙元良、宋希濂、桂永清等。这些人之所以受处分，多是因为陈诚的攻击，如果说是因为他们打了败仗，陈诚何尝不是一样在打败仗？

---

① 《康泽与蒋介石父子》，第 245-246 页。

这种情形，引起了康泽的注意。康泽后来说："当 1938 年 4 月左右，孙元良、宋希濂等那些被撤职查办的人，先后到武汉军法执行总监部报了到，关在牢里后，我曾深深的有一种感觉，即是陈诚主张惩办这些人，并不是为了要振饬军纪，而是为了要提高他的威风。我认为他的动机不纯。因此，在有一次晚上'官邸会报'散了会之后，我单独向蒋介石提出说：'现在同学中比较能够带兵作战的将领，很多都被撤职查办，他们接到委员长处分命令之后，都自己到军法执行总监部报到，听候审判。他们所犯的过失，多半都是因为人事处得不好而遭受攻击。他们受了处分对委员长虽没有怨言，但对于他们今后做事的勇气和信心，将发生很大的影响。现在是抗战紧张之际，我觉得，奖惩方针应以激励忠勇善战之士为主，其余细枝末节不宜深究。我看到很多能够带兵作战的同学都被关起来了，所以我提出这点意见来，请委员长参考。'蒋介石说：'唔，你这个意见是可以的，以后就要这样办。'不久，孙元良、宋希濂、桂永清、王敬久陆续获得释放了。孙元良的案子，我还被指定和军法执行总监部会签。桂永清在这一次被免职查办后，经陈诚一打一拉，我感到他已向陈诚低头。在他恢复自由后，就被陈诚找去任军委会战时干部训练团教育长去了。其余的几个，如孙元良、宋希濂、王敬久，我感到他们还是没有向陈诚低头。"[1]

1938 年 7 月，三民主义青年团在武汉成立，蒋介石以国民党总裁兼任团长，指令陈诚任书记长，实际主持三青团工作。1940 年 7 月，在三青团成立两周年之际，陈诚向蒋介石提出了一个改组三青团临时干事会的新名单，企图以他的亲信取代三青团组织处处长康泽，从而将三青团完全控制起来。但蒋介石不同意，并加派张蔼贞、黄仁霖任中央干事会干事。陈诚借口反对张蔼贞、黄仁霖，拒绝接受蒋介石所核定的名单，并不到中央团部办事，以要挟蒋介石。

---

[1] 《康泽与蒋介石父子》，第 247 页。

僵持大约两周后，蒋介石见到三青团组织处处长康泽，便问康："最近青年团的情形怎样？"

康答："陈书记长已经有三个多星期没有到中央团部来负责，一切例会均没有举行。"

康接着又说："我曾去看陈书记长，向他报告中央团部有许多事情，陷于停顿，他要我问委员长是什么意思，我就不明白他是什么意思，所以我没有来问。"

蒋说："不要替他来问，也不要去看他，他要挟我。以后青年团的事情，你们各处直接对我负责好了。"

由于陈诚涉嫌"要挟"，蒋介石于 1940 年 9 月陆续免去了陈诚的政治部部长、三青团中央干事会书记长、中央训练团教育长等职务，调任第六战区司令长官兼湖北省政府主席。康泽说："自 1938 年以来，陈诚以军委会政治部部长，兼任三青团中央干事会书记长，对中央党、政、军各部门的重要事务，无不参与，无不过问，作威作福，俨然以'九千岁'自居，然好景不再，至此滚到颇为偏僻闭塞的鄂西去了。他的亲信和他本人，当然会认为是一种失败；他的敌对者——包括和他争权夺势与曾遭受过他打击排斥的人，则拍手称快。我当时是属于后者，在我思想中，并曾认为，他的失败，是由于他太狭隘自私，太骄横跋扈，使比他资格较老的人寒心，使比他资格较低的人怀恨，甚至使蒋介石亦感到他的要挟。"①

陈诚被贬到鄂西偏僻地区后，接替陈诚的政治部长、三青团书记长张治中屡次向蒋介石进言，主张让陈诚仍回中央担负重要任务。这样，陈诚又逐渐抬头。1943 年 2 月，蒋委派陈诚为远征军司令长官，仍兼第六战区司令长官及湖北省主席。

陈诚在远征军与史迪威合作得不错，史迪威认为陈诚是中国国民党高级

① 《康泽与蒋介石父子》，第 249-250 页。

将领中一位"最强有力和最令人感兴趣"的人物，但远征军的两个集团军总司令宋希濂和关麟征都是何应钦系的将领，与陈诚有较深的隔阂。关麟征在何应钦的支持下，与陈诚大闹了一场，两人拍桌对骂。不久，陈诚在宴请美军将领时，因闹酒过甚，引起胃疾复发，吐血过多，以致昏迷。陈诚在远征军无法干下去了，蒋介石不得不派卫立煌接替陈诚的远征军司令长官职务，让陈回重庆休养。

九、功过难断的第二次整军

抗战时期，何应钦主持的军政部成为各方攻击的焦点之一。陈诚将一切弊病归咎于军政部长何应钦做"滥好人"。一向勇于任事的陈诚从 1942 年开始就有意赶何应钦下台。

徐永昌在 1942 年 1 月 22 日的日记中写道："为章述陈辞修云：关于军政部，何敬之早应辞职，委员长令顾墨三任次长，而令接部长之意，特何不训趣耳？请为章如何设法促其明了。为章以为碍难接受此建议，并述辞修语意，亦不甚满意顾长军政部，彼完全满意其自己，而为其自己着想者。又述何敬之除痛恶陈辞修外，并不喜冯焕章、李德邻、程颂云，以为程、李与其资格相埒，或且上之云云。官场直如戏场，唯做官的尚不如做戏的有风度。"

1944 年 12 月 21 日，徐永昌又在日记中写道："辞修述建议改组军委会，实系为事，并非对人，而何总长疑为是驱他，真是大错，又论何之种种不通处，以军队之腐败归咎于其一人。"

对于何应钦，美国人也极不满意，史迪威日记也记载："事情越来越明显，我们必须弄掉糊涂虫（指何应钦）。幸运的是，（宋）子文接受这个想法，说他去试着干一下，代之以长江下游的小家伙（指陈诚）……（子文）是我们操纵'花生米'（指蒋介石）的最大希望。"[1]

---

[1] 《史迪威日记》，第 16 页。

何应钦为保住他的军政部长职务，进行了顽强的抗争，但到 1944 年 11 月，蒋介石终于以中国陆军总司令换取何应钦让出军政部长给陈诚。陈诚任军政部长后，排除一切阻力，大刀阔斧地整军。陈诚认为："我们今日要整理，实在困难太多，但如不加整理则危险性更大：不仅抗战不能胜利，即使盟军协助打败了敌人，我们自己也不能维持下去，总会有一天要整个崩溃的！"陈诚还扬言："我一定要'整军'，我不怕得罪人，我也不怕哪个反对我，充其量他们去当土匪。"

据陈诚的统计，到 1944 年底，国民党军有 124 个军 354 个师又 31 个旅，近 600 万人。从 1945 年初开始，陈诚主持陆续裁减了 36 个军 111 个师又 21 个旅，编制减少了约三分之一，人数减少了约 110 万人。军政部次长林蔚在国民党六届二中全会上报告，国民党军将在 18 个月内分期整编，第一期 12 个月，部队裁减为 30 个军 90 个师，其中第一阶段先将军改为师，师改为旅，预定 5 月底完成；第二阶段统一编成 90 个师，两期预计复员官兵 143 万人。第二期全军编为 50 个师，预计复员官兵 65 万人，地方保安团队亦复员三分之一。整编办法是将军缩为师，师缩为团，或先缩成旅，即将三师九团制的军缩编为二旅六团制或三旅六团制的师，裁掉三分之一的员额。

国民党军的整编从 1946 年 3 月开始，第一期整编陇海铁路沿线的 27 个军 67 个师，4 月底完成；第二期整编长江以南的 30 个军 84 个师，6 月底基本完成；第三期计划整编陇海路以北的 32 个军，从 7 月开始，因全面内战爆发而停止。在整编军队的过程中，陈诚公不忘私，尽力扩张其"土木系"的势力。陈诚吞并异己，历来不择手段，心毒手辣。这次陈诚掌握了整编大权，自然不会放过扩张自己的机会。陈诚系的部队有第十八军、第五十四军、第六十六军、第七十五军、第七十九军、第九十四军、第九十九军、新一军第五十师、新六军第十四师等。此外，海军、空军总司令都是陈诚保举的亲信。

对于蒋介石、陈诚主持的整军，国民党军方上层的意见极为对立。当时供职于军政部的高级幕僚郭汝瑰回忆："围绕着整军，蒋军内部发生过激烈的争论。奇怪的是：蒋（介石）、白（崇禧）、陈（诚）都坚决反共，而整军的态度各不相同。蒋介石坚决反共，国共两军在全国已广泛展开战斗，蒋军将领许多人都叫嚣停止整军，但蒋介石还是要整，陈诚希图迎合蒋介石意旨取宠，也大声疾呼整军，对于蒋军要整，对"满洲国"及汪伪部队更要整编，声称国防军不能容纳伪军，以保持国防军的纯洁性，不特称之为自新军。而且所有自新军，都只给暂编第××纵队的番号。所有整编部队编余军官，都成立军官总队加以收容，人数达数万也在所不顾，因此怨声载道矣。白崇禧认为内战不可避免，反对整军。"①

事实上，国民党军方上层如何应钦、白崇禧、徐永昌等都反对整编军队。徐永昌在日记中写道："辞修一味慕美军编制之经济，且谓美仅此90师，即能应付大战，我裁编为百师有何不可？蒋先生虽改为120师，但仍主陈议也。殊不知我人民教育及军官养成皆非美比，其结果不裁至最后则已，否则将见其徒损失器械与偾事也。"②

因此，国民党上层人物对陈诚整军的评价基本上都是负面的。

徐永昌认为："辞修之错，首为整军与排除异己等（前日文伯亦及之）。"关于这一点，徐永昌在他的日记中多次提到。其1947年5月27日的日记云："陈总长排除异己，人咸侧目。"其1951年4月22日的日记又云："抗战以来尤其是末期，迄胜利后，军事皆坏在以人事完全操之国防部，而得假人事法规排除外系，而致解体，即十之八九完全中央直系矣，但用非其才，每每偾事，又所谓排除外系，毋宁说是排除异己……"

白崇禧也将国民党在内战中的失败归咎于陈诚的整军。他认为："因整编

---

① 《郭汝瑰回忆录》，第237页。

② 《徐永昌日记》，1947年9月28日。

与取消杂牌部队，致军队减少，仅能控制点与线（无控制面的力量），士气低落，人人怨上畏匪……"迄今为止，台湾的论史者仍将国民党的失败归咎于陈诚的整军，有人说：抗战胜利后，"各部队因陈（诚）氏整军，或为编并或为遣散，衍至流落无以为生，或为哭陵或为投共，因此人心大失，共军兵力大增，造成大陆失陷"。

国民党方面的评价是一面倒的否定，但毛泽东在 1946 年 7 月 28 日致刘伯承、邓小平、陈毅、宋时轮、张鼎丞、邓子恢各战略区负责人的电报中却指出："蒋军经过整编，其战斗力一般加强……"①

如何评价陈诚的整军，恐怕还可进一步研究。

十、内战狂人到处碰壁

1946 年 6 月 1 日，陈诚和白崇禧分别宣誓就任参谋总长和国防部长。陈诚口头上说："国防部长有权，参谋总长有能。如无国防部之动员令及预算，参谋总长不能指挥一个兵、动用一文钱。"但实际上，参谋总长总揽军政大权，而国防部长不过是"虚负其名"而已。

事实证明，蒋介石精心安排白、陈搭档是一个极大的败笔。白崇禧与陈诚均是不甘寂寞、非常自负的人物。两人之间瑜亮情结极深，互不买账，长期以来暗中较劲，面和心不和。陈诚任参谋总长以后，大权独揽，愈加盛气凌人，目无余子，根本不把上司白崇禧放在眼里，甚至连表面上的敷衍也没有。白崇禧身为国防部长，不仅作战无由置喙，甚至有些重要的公文，陈诚也不给白崇禧看。只有遇到不得不让国防部长知道，而又无关紧要的文件，才批上"着送交白崇禧部长核阅"或"白部长阅"等字样。按正规的公文格式，这是上级对下级的语气，含有命令的意思。正确的写法，一个参谋总长对他的上级国防部长应该用"呈部长核示"或"呈部长白钧阅"。陈诚如此跋扈，不仅使白崇禧本人感到难堪，甚至连白的部下也看不顺眼。白除了在

---

① 《毛泽东军事文集》第 3 卷，第 368 页。

国防部举行的"总理纪念周"担任主席外，基本无事可做。因此，白对于担任这么一个空头部长，"觉得很不是滋味"。白对陈表面上敷衍，背后却经常大发雷霆，攻击陈诚毫不留情。随着国民党在反共内战中的失利，白对蒋介石、陈诚的不满情绪也更加强烈。他认为蒋指挥无能，用人不当，导致了战争的失败，因而对蒋产生离心倾向。后来，白附和李宗仁、黄绍竑逼蒋下台，实种因于此。国民党军方上层人士认为，如由何应钦出任国防部长，白崇禧任参谋总长，是一种比较妥当的人事安排。但蒋不以为然。

陈诚是一个顽固的反共分子，他扬言："三个月肃清苏北，六个月肃清华北。"[①] 口气相当大。但一般人认为，陈诚除了忠于蒋介石外，在军事素质、指挥作战能力方面，并没有什么过人之处。

全面内战一开始，蒋通过"官邸会报"，指挥全国内战，但一年下来，国民党在各个战场都吃了败仗。国民党的全面进攻被粉碎后，又对陕北和山东实行重点进攻，陈诚亲赴徐州指挥，对山东解放区实行重点进攻。

随着内战的失利，蒋介石对陈诚也失去了信心。王世杰在日记中写道："晚间与陈辞修总长细谈，彼对大局亦悲观，关于近日对共军事之失利，彼觉得自己不能负责，因为命令多不由彼决定或发出。彼颇露消极之意，谓俟局势稍好转即将引退，由此可见局势之严重。"[②]

徐永昌在 1947 年 6 月 8 日的日记中也有这样的记载："辞修言，'剿共'无进步诚可忧，但今日有一可喜，是主席已明白，即明白军队不合理想，不能随意使用，必稳扎稳打才行，并及蒋先生几次之不当詈彼经过，直使其不能做下去而一度示辞，云云。"

从 1947 年 6 月 25 日，蒋介石下令停止"官邸会报"，自己走到前台，亲自指挥全国各大战场的作战。对此，徐永昌认为："蒋先生之亲自指挥更属

① 《徐永昌日记》，1947 年 1 月 8 日。
② 《王世杰日记》，1947 年 5 月 31 日。

非是，尤其远隔前方，情报不确，判断往往错误。"①

蒋介石亲自指挥作战后，8月初免去熊式辉的东北行营主任，由陈诚以参谋总长兼任东北行营主任，陈诚上任后，撤销东北保安司令部，由行营直接指挥作战，让东北保安司令长官杜聿明也离开东北。

陈诚到东北后，为了挽救垂危的局势，他从整饬军纪和整治贪污抓起。陈诚认为，东北社会已经出现了"纵兵殃民，逼民为匪，收匪为兵"的恶性循环现象。因此，"与其说向'共匪'拼命，不如先从自己拼命作起"！陈诚甚至以"黄豆事件"为由，将死守四平的第七十一军军长陈明仁撤职查办。陈明仁是一名战将，不久前因血战四平而获得青天白日勋章。陈诚对这样的战将下手，那他还指望谁去为他拼命！真是令人难以理解。陈诚在东北大打出手，辽宁省参议会议长马愚忱说："熊式辉是内科大夫，开药治病；陈诚是外科大夫，对东北的恶性肿瘤开刀了。"

然而，在不义之战中，败局绝非抓几个人、杀几个人所能挽回的。正如时任东北行营副主任的郑洞国在其回忆录中所指出的："我对陈诚将军曾有些了解（抗战中期我曾率第八军在他指挥的第六战区作战），知道他在国民党高级将领中，算是作风比较廉洁的人，做事也喜欢大刀阔斧，雷厉风行，很有些魄力，且善于辞令，这是他的长处。但他野心很大，一有机会便想吞掉别人的队伍，排斥异己。同时又千方百计地偏袒自己的亲信，培植个人势力，搞得国民党军队内部矛盾很深，不少人既怕他，又讨厌他，至于军事上，很难说他有什么过人的'天才'，这一点，在后来的东北战场上得到更加充分的验证。不过，后来国民党内许多人士都把几十万国民党军队在东北战场上的最终覆灭，在很大程度上归罪于陈诚将军，这也是欠公正的。其实，国民党军队在东北战场上的失败是历史的必然结果，是和国民党的反动本质连在一起的。在陈诚将军未到东北之前，就已经注定了的，他到东北来指挥，仅

———————

① 《徐永昌日记》，1947 年 9 月 28 日。

是把失败的可悲命运提前了。"

因此，郑洞国得出的结论是："我至今认为，尽管国民党军队在东北战场上的失败早已注定，但陈诚将军被派到东北主持军政大计，对国民党政权来说，仍是一个用人失当的严重错误。陈氏那时无论在国民党内部或军队内部，都甚不得人心，加上他本人军事才能平平，却又专断独行，实难独当大任。只因其与蒋介石先生关系密切，故而备受器重，每每被委重任，结果自然是事与愿违。实际上，国民党政权在东北，乃至于在中国内地的失败，固然源于政治上失去前途，丧尽民心，但其从上至下大搞任人唯亲，裙带风盛行，却不能不说是一个致命的原因。"①

陈诚未能在东北打开局面，于1948年2月5日灰溜溜地离开了东北。1948年4月12日，在"行宪"国民大会上，国大代表们就国防部长白崇禧的军事报告自由发言，山东代表赵庸夫首先向陈诚发难，其他代表群起呼应。

东北代表张振鹭说："我们希望蒋主席挥泪斩马谡！"

赵庸夫跟着大吼："应请政府杀陈诚，以谢国人！"

还有代表说："由大会发电给上海市政府，不要陈诚走！"

这种局面，使蒋介石十分难堪。蒋介石不得不亲自出马为爱将开脱说："陈在东北执行中央政策，假若你们要责备陈，可责备我，我是最高统帅，要负责的。"②

尽管蒋介石一心要庇护陈诚，但何佛情等35位国大代表还是联名提出了《请政府严办参谋总长陈诚》的提案，要求"由大会决议请政府将参谋总长陈诚明令撤职，并查明贻误军机事宜，交付军法审判"。这个提案由于蒋介石的干预，国民大会第三审查会于4月20日作出决定："请政府严办参谋

---

① 《我的戎马生涯——郑洞国回忆录》，第460-461、471页。

② 《白崇禧先生访问纪录》下册，第888页。

总长案，予以保留。"

对于他人的攻击，陈诚本人没有公开出面申辩。4月14日，有位叫"张静野"的杭州读者投书颇有影响的《观察》周刊，为陈诚叫屈。来函如下：

编者先生：日昨国代大会检讨军事，有主张借陈诚之头以励军心以谢国人者，读报不禁为陈诚叫屈！就事论事：陈诚强霸刚愎，失地折兵，固属罪有应得；但该杀者又岂止陈诚一人？陈诚贪污应让熊式辉，强霸又不及杜聿明。东北光复之初，当道如托付得人，本大可为；徒以起用熊、杜二公，遂使人心丧尽，土地丢光，种如是因，收如是果，如伸国法请以熊、杜开始。抑有陈者：中国人最喜欢打落水狗，某人一旦下台，百无是处。平心而论，陈诚在指挥战事上固铸成大错；但其廉洁自持，负责不苟，做事有热情，敢担当，究属不可多得。即此数点，求之当今政府要员中能有几人？质之高明，然乎？否乎？张静野四月十四日，杭州。①

4月14日，陈诚在写给林蔚的一封信中为自己作了全面的辩解：

第一，关于整军的责任问题。陈诚写道："此问题之政策与原则，均在弟未到中央以前所决定。弟到中央（按1944年12月1日陈诚辞去第一战区司令长官就任军政部部长职），仅负执行之责，而当时实际负责执行者，尚在陆军总部。此事就政策言，绝对正确。就执行言，亦并无多大错误。然今日反对整军者，亦即当日反对中央不整军之人。出尔反尔，所谓伪君子，最难处，其此辈之谓乎？弟尚记得，当大家均认为整军绝对需要，但绝对困难，而不整军，则绝对危险。一直至敌人打到贵阳，大家才下决心，与其坐而待亡，何如克服整军之困难？但当时又谁肯任此劳怨？再检讨整军，究竟裁了多少兵？实际上，只是裁并机关与空单位而已。换一句话讲，如不裁并机关与空单位，如何充实国军？同时国家财政，如此困难，人民生活，如此痛

---

① 《观察》周刊第4卷第11期，1948年5月8日出版。

苦，能否负担 720 万人虚额的粮饷？"

第二，关于收编伪军问题。陈诚写道："此问题当时确有人建议，但全部收编，事实上大有问题，以弟所能记忆者，（1）何以对抗战之国军？（2）何以对被压迫残杀之民众？（3）何以维持国家民族之正气？以上三项，姑不计，再就军费一项言，自抗战结束后，决定国家总预算原则，所谓收支平衡，所谓军费不得超过总预算百分之五十，以连年军费言，非但不能收编伪军，而且仅有之国军，亦不能养活，其他可知矣。"

第三，关于指挥作战失败的责任问题。陈诚辩解道："关于作战方面，弟身为幕僚长，在地位言，自应负责。但此中不能告人之事，实在太多。仅就山东与东北言，山东军事失败，莫过于新泰莱芜之役，此役之计划，究竟谁建议于主席，主席如何决定，弟在徐州，均无所闻。吾人绝不怨天尤人，应就事论事，吾人决不愿与伪君子计较。再就东北问题言，如要算账，应由雅尔达（大陆译为'雅尔塔'——笔者注）三巨头会议与政协会议算起，而军事只能算末节。总之，东北问题不要说弟身为参谋总长，并兼行辕主任需要负责，即就中国人立场言，亦应负责。唯回忆当时，有主张放弃者，有主张外交解决者，有主张指定区域，让与'共匪'者，有主张已成死马，但不能不作活马医者。主张虽有不同，而为国家作久远之谋则一也。犹意当时岳军先生见告，已与主席决定，准天翼兄辞职，要弟兼任。弟第一句即说：这救了天翼，害了我了。后因命令已发表，不顾成败得失，只有前往。当时劝弟前往者，莫不以国人皆知东北为死马当活马医相勉，中国人最大精神，在知其不可为而为之。弟深知是火坑，最后只有跳下去。但当时经再三请示主席，非即增加两个军，不能使在东北之国军，能争取时间，稍加整顿（四平之役后，各军均残破不堪）。当时主席已应允，决定抽调两个军，增援东北。结果被人阻挠，仅遣将而不派兵。东北如此重要，为一人之私，非但欲置弟于死命，而且不顾国家民族存亡，长此以往，真不知国家被这班小人误到如何地步也（反对增援的理由，大别山要紧，东北冬天，那能打仗。但大别山现在战果如何，老百姓最清楚，而东北则已不可收拾矣）。总之，弟今已成为封建官僚集团以及自私自利者之目中钉。在彼等对弟，自非打倒不止。唯望彼等能以捷克为戒，不可造成中国为捷克第二（此点弟实有所闻，不知南京方面，有无发觉）。假使彼等阴谋不能成功，以中国'匪共'手段之恶辣与高明，届时彼等辈纵欲如捷克外长，跳楼自杀，亦不可得也。"①

十一、接受重托，重建台湾小朝廷

1948 年 5 月 13 日，蒋介石正式宣布免去陈诚的参谋总长兼东北行辕主任后，蒋问时任国防部长的何应钦，如何安置陈诚？对陈诚余怒未消的何应钦愤然答曰："战略顾问委员！"显示对陈的严重不满和蔑视。

在这种情况下，蒋介石只好让陈诚暂时退隐。这年 10 月，陈诚携一家老小移居台北草山静养。12 月 25 日，中共权威人士发表 43 名内战罪犯名单，陈诚继蒋介石、李宗仁之后位列第三名。

蒋介石在大陆失败已成定局的情况下，于 1948 年 12 月 29 日任命陈诚为台湾省政府主席、蒋经国为台湾省党部主任委员，让他们两人负责在台湾重建小朝廷。1949 年 1 月 11 日，蒋介石致电陈诚：

台湾陈主席：今后治台方针：一、多方引用台籍学识较优、资望素孚人士参加政府。二、特别培植台湾有为之青年与组训。三、收揽人心，安定地方。四、处事稳重，对下和蔼，切不可躁急，亦不可操切，毋求速功速效，亦不可多订计划，总以脚踏实地，实心实力实地做事，而不多发议论。五、每日特别注意各种制度之建立，注意治事方法与检点用人标准，不可专凭热情与个人主观。六、勤求己过，用人自辅，此为补救吾人过去躁急骄矜，以至今日失败之大过，望共勉之。中正手启。②

蒋的这份电报不仅指示了治台方针，而且针对陈诚性格、作风中的缺点，

---

① 台北《传记文学》2000 年 5 月号，第 94 页。

② 孙宅巍：《蒋介石的宠将陈诚》，第 253 页。

提出了委婉的忠告。

1949 年 7 月 18 日，陈诚又兼任东南军政长官，负责统筹安排国民党残余势力进入台湾。

1950 年 3 月出任台湾当局"行政院长"。

1952 年 10 月，在国民党"第七次全国代表大会"上，特别作出决议褒扬陈诚："当三十八年革命遭遇空前挫折之际，大局处于风雨飘摇之中，陈诚同志确能秉承总裁指示，采行确切措施，作中流之砥柱，立复兴之基础。"

1954 年 5 月，陈诚宣誓就任"副总统"。

1957 年 10 月，蒋介石提名陈诚为国民党"副总裁"，确立了陈诚在台湾一人之下的地位。

蒋介石重用陈诚，实际上是为蒋经国全面接班作过渡和铺垫的。但陈诚从不甘心做空头傀儡，到台湾后，仍一如既往培植亲信势力，结果引起与蒋介石、蒋经国父子的激烈冲突。

这一点，在《徐永昌日记》中多有记载。其 1951 年 5 月 31 日日记云："陈诚每语人，渠是蒋先生下第四个红人，以吴（国桢）尚在第三也。询其第一、二为谁？谓蒋夫人与蒋经国云。"

其 1954 年 2 月 13 日日记云："辞修年来很布置势力，此为蒋先生所不喜，但去之亦殊无因，今正其时。且蒋先生每流露在六七年间身体尚可应付一切，'副总统'仅一虚名，予谁都无所谓，'行政院'则不然，必是其人无野心易控制而能助蒋经国者。今辞修与经国已摩擦甚，其事可以想象得之。"

其 1955 年 11 月 18 日的日记又云："谢冠生与陈辞修同为直属区党部第二小组。据谢冠生云：某日小组讨论会辞修公开言，他身体远不如蒋先生，必先去世，万一做了'总统'，他可用经国做'行政院长'，但蒋先生用之则不妥。闻辞修与经国素不洽，辞修对自清运动亦不赞同。"

其 1957 年 6 月 3 日日记又云："昨光裕谈及辞修、经国暗争，如辞修左右极言此次事件（即刘自然事件）为经国主动，即其一证。"

在陈诚与蒋经国的冲突中，蒋介石自然站在儿子一边。

1965 年 3 月 5 日，陈诚因肝病去世，享年 68 岁。对于陈诚之死，蒋介石给予了特殊的哀荣，亲题挽匾"党国精华"，并书挽联：

> 光复志节已至最后奋斗关头，那堪吊此国殇，果有数耶！
> 革命事业尚在共同完成阶段，竟忍夺我元辅，岂无天乎？

蒋经国的挽联是：

> 三十年导师中殂，忧国不忧身，少长皆令照肝胆；
> 千万里疆土待复，为河亦为岳，涕洟原许负亏旌。

陈诚的去世，使他避免了与蒋经国的火并，应是不幸中的大幸，在蒋家王朝中落了个圆满的结局。

十二、结语

在蒋介石幕府中陈诚占有极其重要的地位，他的精悍干练、大刀阔斧的办事作风，在国民党官僚集团中，都是比较突出的。

但陈诚的最大特点是善于揣摩蒋介石的意图，并为蒋介石分忧解难。

尹国祥说："陈诚的气量小，他想替蒋介石背黑锅，把一些杂牌军都吃掉，很懂蒋介石的心里想些什么，蒋的表面要应付，由陈诚来做恶人。"[1]

白崇禧在其回忆录中也直言不讳地说：陈诚的最大特点是对蒋介石"先意承旨"，也就是揣摩蒋介石的意图而主动做事的意思。

因此，蒋介石也格外信任他，让他扮演最重要的角色。但陈诚主动做恶人，自然得罪了不少人，也经常使他处于四面受敌的困境。

---

[1] 《尹国祥先生访问纪录》，第 60 页。

第二节 "西北王"胡宗南

胡宗南是国民党黄埔学生系将领的"领头羊"。从抗日战争中期起，蒋介石派遣胡宗南坐镇西安，并授予胡宗南独立的建军权，使胡宗南集团发展成为拥有二三十万大军的军事集团。胡宗南因此得了个"西北王"的称号。

一、拥蒋有方受重视

胡宗南（1896—1962），生于浙江镇海，后落籍孝丰县。1923年底，

胡宗南

已经28岁的胡宗南在上海参加了黄埔军校招生考试，获得通过。1924年1月胡宗南赴广州参加复试，不仅年龄超过了三四岁，而且因身材矮小，在体格检查时即被淘汰。幸运的是，黄埔军校党代表廖仲恺，见胡宗南说话激昂，有一定的文化程度，就亲自下条子特许其参加复试，使胡宗南得以进入黄埔一期学习。黄埔一期毕业生后来有许多人脱颖而出，分别成为国共两党军队中的高级将领。胡宗南、黄杰、关麟征、杜聿明、宋希濂、桂永清、曾扩情、李延年等成为蒋介石的嫡系高级将领。胡宗南是蒋介石的同乡，备受蒋介石宠信，加之他年龄较大，自然成为国民党黄埔学生系的老大哥和"领头羊"。

1924年11月，胡宗南从黄埔军校毕业以后，分发军校教导团第一团任少尉见习，参加了讨伐陈炯明的两次东征。胡宗南因功升为机枪连上尉副连长，并引起蒋介石的注意。1926年7月，胡宗南任国民革命军第一军第一师第二团第二营营长，不久升为第二团团长，参加北伐。胡宗南率部先后参加攻打江西、浙江、上海的战斗，屡立战功。1927年4月，蒋介石

在发动四一二政变前夕，撤销了有严重左倾倾向的第一军第一师师长薛岳的职务，任命邓振铨接任第一师师长，胡宗南升为第一师副师长兼第二团团长，并晋升为少将。随后蒋介石命令第一军控制南京。蒋介石在做好一切准备后，于4月11日在南京发出"已克复的各省一致实行清党"的指令，上海、南京、广州等市以及浙江、福建、广西、四川等地反动军阀纷纷举起了屠杀共产党员和革命群众的屠刀，仅上海一地，在4月12日以后的两三天内，被杀害的共产党员和群众达300余人，被捕1000多人，流亡失踪5000余人，腥风血雨的白色恐怖笼罩各地。蒋介石在屠杀共产党人以后宣布在南京另立国民政府。南京政府成立后，胡宗南与以第一军及桂系第七军将领为核心的陆海军将领联名发表《拥护国民政府清除共产党完成北伐通电》，支持蒋介石反共"清党"。

1927年8月12日蒋介石下野后，以何应钦负责统率自己的嫡系部队第一军；同时，以黄埔同学会联络和指挥黄埔系的各级军官。

国民革命军的势力进到江苏浙江地区后，蒋介石便迅即扩充他的军事势力，下令成立7个补充团，所有团长，都是黄埔军校第一期毕业学生，包括关麟征、李园、刘保定等。蒋介石那时向外国购买了一批武器，主要是步枪、重机关枪、驳壳枪等。蒋介石派其亲信蒋鼎文为宁波警备司令，买来的武器，就存放在宁波附近，预备装备这7个补充团。这7个补充团当时大部分都驻在浙江境内。蒋介石离职后，南京国民政府实际上由桂系的李、白操纵一切，他们首先要求何应钦解散新成立的7个补充团，何即遵从他们的意旨，下令解散。蒋介石在奉化闻悉此事，大为愤懑，痛骂何应钦愚蠢，误大事，并大骂黄埔同学会（当时主要负责人为曾扩情）为什么不号召补充团在职的同学加以抗拒，甚至说："万不得已时上山当土匪都可以，也应把力量保存下来。"

紧接着，桂系又要何应钦下令，将驻在京沪一带由黄埔学生带领的军队一律开往江北，以防御孙传芳军队再次渡江反攻，所遗京沪一带的防地，统交广西部队接防。蒋介石得悉此事，认为桂系阴谋是要置他的嫡系部队于死地，如不抗拒，有被歼灭的危险，这样，他也就没有政治资本了。于是，蒋立即密电在杭州的黄埔同学会负责人曾扩情（黄埔同学会会长为蒋介石，曾为秘书，实际负责）立即通知团长以上的同学到上海朱绍良的家里开会，筹商对策。那时宋希濂是黄埔同学会的交通股长，曾扩情便把这一秘密任务交给宋办理，此事必须避免让何应钦知道，不能用电报通知，所以宋就昼夜在沪杭、京沪两线上奔波，几乎所有大站都下来去通告。宋希濂回忆说：

> 20多名黄埔同学齐集原国民革命军总司令部参谋长朱绍良上海公馆会客室开会。会议形式上由朱绍良主持，而实际上，胡宗南成为这次会议的中心人物，他发言最多，态度慷慨激昂，获得了到会者绝大多数人的同情。当时他的地位是第一师副师长，其余大多是团长。他当时发言的意思大略如下：校长（指蒋介石）的英明，在国内无出其右者，现虽暂时下野，不久的将来，必然会出来收拾时局，我们军校同学带领的队伍，绝不能脱离他的领导。李（宗仁）、白（崇禧）阴险，敬公（指何应钦）忠厚，不易对付他们，容易上他们的当，补充团的撤销，使我们的力量受了很大的损失。李、白要我们开过江去，而把京沪杭一带交广西部队接防，这是什么意思呢？那不是很明显吗？就是要我们去和孙传芳、张宗昌等北洋军阀拼打，而他们却截住我们的后路，想借以消灭我们，至少也可扼住我们，这是很危险的。江浙地区富庶，我们要向北进，必须有江浙地区物资的支援，必须要有巩固的后方，而现在却要由他们来控制，等于使我们没有后方了，这是多么危险呀！

胡宗南这一席话，博得了与会者一致的支持，大家纷纷表示决心，如果何应钦强迫的话，就要采取必要的行动，使李宗仁、白崇禧的目的和何应钦的命令不能实现。这次会议，给何应钦一个沉重打击，决定了他不能领导黄埔系的军队。胡宗南的大力拥蒋，引起蒋介石的重视，这是胡宗南以后一直被蒋介石信任和委以重任的一个重要原因。

二、军阀混战中显身手

1928 年 1 月，蒋介石东山再起后，胡宗南作为蒋介石的坚定支持者，先后参加了第二期北伐和国民党新军阀混战，均有出色表现，特别是在 1930 年的蒋、阎、冯中原大战中，胡宗南以第一师代师长的身份指挥第一师打了很多硬仗。何应钦说："中原事起，宗南弟率第一师转战津浦、陇海两线。油菜坊一役，尤著声威。"从此，胡宗南名声大震。

中原大战结束后，胡宗南奉命率第一师进驻河南省会开封，不久实授第一师中将师长。此时，黄埔一期的同学多数还是团、营、连长，胡宗南遥遥领先，成为黄埔系中名副其实的"领头羊"。

1932 年春，黄埔同学贺衷寒、康泽、酆悌、滕杰、周复等在南京成立"三民主义力行社"，以拥蒋为核心。本来，蒋介石是不允许力行社吸收带兵将领参加的，但却特许胡宗南、桂永清、黄杰等少数几个最亲信的黄埔将领参加，胡宗南还当选为力行社干事，成为领导骨干。力行社分子萧作霖对 20 世纪 30 年代胡宗南的地位和作用有如下评价：

> 胡宗南在力行社组织中没有负实际责任，并且从不轻易与人谈到或提及力行社这个名称，好像他并不热衷于任何政治活动似的。其实他正是一个有极大政治野心、极热衷于政治活动的人。早在 1930 年，他驻防开封时，即与冷欣、萧洒、马志超、陈质平、王天木等，秘密组织过所谓"三民主义大侠团"，这是在西安事变时萧洒向我说的，我和胡宗南直到 1936 年才相识于开封。当时，他任第一军军长，驻防徐州，某次因事过开封，特来访我，谈得很投机，大有相见恨晚之慨。不久我去南京，事先并未通知他，他竟于我车过徐州时，亲到车站接我下车，强留我在他的军部住了一天，又谈得很融洽，从此便交往渐密。在屡次深谈中，我才发觉他有意图取中原作为基地，并有意于谋取控制力行社整个组织，他的野心是不下于蒋介石的。他

在黄埔系将领中，由于受到蒋的特意培植，由第一师长而第一军长，升擢总在人前，部队编制也特别大，军饷也特别多，而保举人员又无不照准（蒋介石对各部队团长以上军官都必直接遴派或核委，仅胡宗南、陈诚和汤恩伯得自行遴选保举军师长）。因此，他的实力日增，声望日隆，成为黄埔军人中无人可与并肩的第一位红人，他也隐然以黄埔系的天字第一号人物自居。同时，因为蒋介石特别把他提名为力行社领导骨干之一，大家以为蒋必有其特殊用意所在，所以都对他特别表示尊重，凡有大事，无不征求他的意见，他的然否往往是具有决定作用的。因此，他便也隐然以力行社组织的幕后人自居。黄埔学生一般都自命为蒋介石的嫡子，而胡宗南则更以"太子"自许。[①]

从 1932 年夏开始，胡宗南率领第一师参加"围剿"红军，为蒋介石的反共内战再立新功。胡宗南在黄埔军校时的老师、现在的对手周恩来，1936 年 7 月 9 日在陕北接见美国记者埃德加·斯诺时，也以赞赏的口气谈到胡宗南，推崇胡宗南为蒋介石手下最有才干的指挥官，比陈诚出色。周恩来还说："蒋介石手下最能干的指挥官恐怕要算胡宗南了。'反共'战争的大部分战果是他取得的。"

周恩来的评价也许有些过高。因为就在周恩来说这番话后不到四个月，胡宗南指挥的第一军就在著名的山城堡战役中吃了大败仗，第一军第七十八师第二三二旅几乎被全歼，团长晏俭阵亡，旅长廖昂带少数人突围逃脱，第七十八师第二三四旅损失也很严重，第七十八师的大量武器为红军缴获。山城堡之役，是胡宗南从军以来，第一次遭受重大失败，过去不论东征、北伐，还是参加新军阀混战、"围剿"红军，胡宗南都是扮演胜利者的角色，似乎命运之神对他特别垂青，山城堡之败，无疑给胡宗南以当头一棒，预示了他今后在反共内战中必然失败的命运。

---

① 《文史资料选辑》第 11 辑，第 68-69 页。

三、抗战初期功过兼而有之

1937年抗日战争爆发后，胡宗南率第一军参加了淞沪会战，与日寇血战数十天，胡宗南本人始终在前线指挥。"日夜在战场指挥抚巡，从未离去，官兵见之，无不感奋"。看来，这时的胡宗南还有几分胆量。淞沪血战，第一军伤亡相当大。第一军参谋处长傅维藩告诉淞沪警备司令部作战科长刘劲持："该军已补充兵员四次，接防换防五次，总算能顶住。以第一师为例，旅长两个，先后伤了三个，团长四个，先后死伤五个，全师连长除通信连长外，余均伤亡换人。他们住在竹林村庄内，白天隐蔽不动，敌机投弹扫射，不予理会。这样沉着应付，守多攻少，反可持久。"

淞沪会战结束后，胡宗南率第一军开往河南。1938年1月中旬，奉蒋介石之命进驻关中，胡宗南升任第十七军团军团长。1938年5月，奉蒋介石之命，率第十七军团开往豫东，参与阻击与围歼渡黄河南犯的日寇精锐土肥原的第十四师团。为了打好这一仗，蒋介石于5月中旬亲临郑州指挥，先后调集13个主力师15万人，围歼土肥原师团的2万余人，却未能成功，蒋介石自称这"在战史上亦为一千古笑柄"。

兰封会战失败后，蒋介石下令在郑州以东掘开黄河南岸大堤，企图以水代兵，阻止日寇的攻势。黄河掘堤后，胡宗南部奉命南下，进驻河南信阳、罗山一带布防，阻击由安徽越大别山西进的日寇，参加武汉保卫战，归第五战区司令长官李宗仁指挥。在武汉保卫战中，胡宗南部牺牲很大，当信阳即将陷入日寇合围险境的时候，胡宗南为保存所部实力，未经请示李宗仁，自行决定所部撤离信阳至罗山一线，撤至信阳西北的桐柏山区布防，掩护西（安）荆（州）公路。胡部撤离后，信阳于10月12日失守。

信阳失守后，中国军队在平汉线上的防线出现了一个大缺口。日寇从这个缺口突入，切断平汉线，然后迅速沿平汉线以西南下，一路攻占应山、武汉、安陆，对五战区在平汉线以东的10万军队形成包围圈，幸亏在信阳南部三关一带防守的罗卓英、刘汝明等部凭险固守，与日寇反复争夺，迟滞日寇南下，才使平汉线以东的部队得以转移至路西。李宗仁对胡宗南擅自撤退，认为"实在不成体统"，便愤而向蒋介石控诉，要求查办胡宗南。但蒋介石不予理睬。后来蒋介石还安慰胡宗南说："一切事由大本营（即军委会）替你负责，你不必顾虑。"对此，李宗仁发牢骚说："此事如系其他任何非'嫡系'将官所为，必被重惩无疑。"蒋介石的政策，是亲疏有别，疏不间亲。

1938年10月，日寇占领武汉、广州后，抗日战争进入相持阶段。日本大本营决定改取"确保占领区"的战略方针。为此，对国民党正面战场实行以政治诱降为主、军事打击为辅的政策，而把主要兵力用于对付共产党领导的敌后战场，进行所谓彻底的"治安肃正"。随着日寇侵华方针的转变，国民党的战略方针也相应地发生了变化。

进入相持阶段以后，慑于共产党和人民力量的壮大，国民党由抗战初期的联共抗日转变为"既抗日又反共"的双重方针。1939年1月，在国民党五届五中全会上，国民党顽固派大造反共舆论，说什么国民党"领导全国从事抗战已届年半，乃异党假借抗战之名阴分壁垒，分化统一，破坏团结，谋夺政权，已造成党国莫大隐忧"。蒋介石在会上致辞中也公开号召对中共进行"斗争"。他说："我们对中共不好像（民国）十五、十六年那样，而应采取不打它但也不迁就它，现在对它要严正——管束——教训——保育——现在要溶共——不是容共。它若能取消共产主义，我们就容纳它。"全会决定成立所谓防共委员会的专门机构，执行"防共、限共、溶共"的方针。五中全会后，蒋介石督饬国民党中央制定和颁布了一系列防共、限共的文件，这些文件规定对中国共产党的斗争策略是"中央可示宽大，地方务须谨严，下级积极斗争"；"党部负斗争责任，政府处调和地位，军队则为后盾"。

为了贯彻上述反共方针，蒋介石精心挑选他最为信任的两位浙江同乡——胡宗南和汤恩伯，分别统率大军，专门封锁中国共产党的敌后战场，做反共斗争的"后盾"。在这种背景下，国民党中央军内出现了"西北王"胡宗南和"中原王"汤恩伯。

1938 年 10 月底，胡宗南奉蒋介石之命率所部第十七军团进驻西安，控制关中这一重要的战略地区。1939 年 8 月 4 日，胡宗南升任第三十四集团军总司令，1942 年 3 月升为军事委员会西安办公厅主任。7 月，升第八战区副司令长官。蒋特许胡宗南在西安设立副司令长官部。胡的副长官部名义上属驻兰州的第八战区司令长官朱绍良领导，但朱秉承蒋介石的意旨，对胡宗南副长官部的军事、人事、财务等，从不过问，放任胡独断专行。胡宗南直接对蒋介石负责，其军政权力之大，实际上已大大超过非嫡系的战区司令长官。当时舆论称胡"开府西安"。蒋介石在不断提升胡宗南职务的同时，千方百计扩充胡宗南的军队。到 1943 年胡宗南统辖的部队发展到 3 个集团军、12 个正规军、40 多个师，加上直属部队，共计 45 万人。另有警察、宪兵、地方团队和配属他指挥的空军还不计算在内。据军政部军需署署长说，由胡宗南具名领取的经费，要占国民党政府军事支出的四分之一。胡宗南成为威震陕、甘、宁、青数省的"西北王"。他忠实地执行蒋介石交给他的"东御日寇，北制共'匪'，西防苏俄，内慑回马"的战略方针，成为蒋介石在西北的代理人。

对于胡宗南在西北的作用，蒋介石是这么解释的："我们应从全局来看问题。大家要知道，八年来如果没有胡宗南这支力量在西北顶住，则我们的抗日根据地——四川这个地方，就会受到严重的威胁，这样，我们就不能争取抗日的胜利。"

四、坐大西北称王

随着权力的扩大，胡宗南的政治野心也急剧膨胀，他一贯以黄埔系领袖自居，处处以蒋介石嫡系传人自许。1939 年，他在西安与力行社骨干萧作霖纵论历史人物，故意推崇萧作霖为唐代李靖，然后话锋一转，反问道："李卫公提三尺剑周游天下，意在谋隋而代之，但他自见了李世民，便自知不如而甘为之下，因李世民已有基业，不可与争，今天你却如何？"其拥兵自重欲继大统之心，已是呼之欲出。①

1943 年秋，戴笠以出席在河南临汝风穴寺举行的中美第三特种训练班开学典礼作掩护，牵头组织了他与胡宗南、汤恩伯的结盟仪式。他们在距洛阳城南 25 公里的龙门，选定一处有三尊大佛的石窟，作为聚会地点。"西北王"与"中原王""特工王"的聚会内容，外人不得而知，但通过胡宗南执笔，汤、戴共同修改的《盟誓诗》则不难知其大概。《盟誓诗》写道：

> 龙门阙下三尊佛，眼底烟云理乱丝。
> 但愿乾坤能入掌，危舟此日共扶持。

这首诗无疑是"三王"联盟的政治宣言和纲领。"但愿乾坤能入掌"一句，已经明白无误地表达胡、汤、戴三人要抱成一团，谋取国民党统治集团的最高权力，以成大业的政治野心。

蒋介石破格任用胡宗南、汤恩伯等浙江同乡，引起了国民党中央军其他将领的不满。黄埔一期出身的宋希濂后来指出：

自北伐至抗日战争的初期，以黄埔军校学生为骨干的蒋介石嫡系部队，人事上的升迁调补，基本上还是相当平衡的。除极其个别的情况外，所有升调起来的人，一般都是基于他的战功和在部队有相当时期的作战和带兵经验。但到抗日战争中期，这种平衡就打破了。蒋介石私心自用，他害怕这些日益扩展起来的嫡系力量，有些人兵权过大，会对他不忠诚，于是他就开始把兵权寄托在他认为对他最忠诚可靠的浙江人身上。这就是陈诚和胡宗南，其次是汤恩伯。不到几年工夫，陈诚就以第十八军为基础发展到几十个师，汤恩伯则以第四十八师、第八十九师两个师为基干，也发展成一个相当大的军事集团。这样一来，在蒋介石嫡系部队中，不平和怨愤一天天地增长。1943 年，同是黄埔出身的关麟征（陕西人）因人事迁调问题在昆明与陈诚大吵大闹，

---

① 《文史资料选辑》第 11 辑，第 69 页。

气得陈诚胃病旧疾复发，吐出一脸盆鲜血，形成了蒋介石部队之间斗争的高潮。由于陈诚、胡宗南、汤恩伯等人大权在握，他们的部下升迁很快，而其他部队的军官升迁的机会少而且慢，这就影响到部队的士气。特别是1946年，陈诚以国防部参谋总长的身份，几乎掌握了国民党军队的全权，他借整编为名，排除异己，弄得部队士兵意志涣散，士气低沉。

那位与陈诚大吵大闹的关麟征，与胡宗南同是黄埔一期毕业生，官至集团军总司令，对蒋也很忠诚，但他对蒋介石过于重用浙江人很反感，他曾发牢骚说："北伐打天下是靠黄埔学生，北伐成功，掌权的却是半路出来的浙江帮。"[①] 抗战期间胡宗南无功坐大，关麟征尤其不服气。

胡宗南身受蒋介石的重托，结果在不知不觉中养成了神秘莫测的气质。1940年3月29日，力行社骨干萧作霖与蒋介石的侍从室高级幕僚唐纵谈论起胡宗南，唐在日记中写道："下午往访萧作霖于国际联欢社，于大厅中含烟品茶，纵论西北人物。作霖论宗南，其人聪明有才气，且能苦干奋斗，为时下杰出之材。但有不少缺点，骄，多疑，不诚，莫测。无论其情态、意志、行为，几无不有莫测高深之感！为何如此？因彼受委座之特殊恩遇，而抱负又为不凡，故其聪明才智，无不欲从不凡中求进展、求表现。因其意识充满不凡，故其情态化为莫测，于是骄与伪生焉，惜乎！"[②]

无独有偶，时任军令部长的徐永昌也在日记中写下了类似的评语："论及胡宗南，余以为莫测高深（似善于投机者，且再察之）。"

熊斌则说："胡宗南不注意训练，日在调动人事，以防其不为己用，浮而不实，有如张汉卿之军。"

看来，对于胡宗南的缺点，许多人是看得很清楚的。对于胡宗南的地位，唐纵有这样的评述：

---

① 《关麟征将军》，第16页。

② 公安部档案馆编注：《在蒋介石身边八年——侍从室高级幕僚唐纵日记》，第125页。

宗南约在其私邸谈话，先出其纸笔而言曰："今日彼此尽情而谈，人谓我神秘，以我不与人谈政治，不得其人不谈，今日我都可谈。"我将现在的政治形势分析结果，我谓你在西安的部队，系国家民族的安危，千万不能失败。彼一再反问责任如此重大吗？我说现在的国军都打完了，共产党所惧者只有胡部。如果胡部失败，"共党"可以独步中国了。彼对于现政治非常悲观失望！宗南认为唯一的办法只有组织，唯有组织才能救中国，要如何设法形成一个坚强的中心力量的组织，这是今日救中国唯一的道路。余曰然，但领袖将此责任交给谁，而组织的意识又个人不同；领袖对于组织的运用并不坚强，将奈何？对于第二点，彼无反应，其余讨论甚详。最后要我批评，我谓人云你的部下打牌耍钱，你在西安会客不易，人以你神秘。我劝其平庸，彼反问平庸吗？余曰然，圣人大智若愚！彼一一记之于纸，谈约一时半。[1]

五、打内战出师不利

1945年8月15日，日本宣布投降。9月22日，胡宗南以第一战区司令长官的身份在河南郑州接受日寇第十二军军长鹰森孝中将的投降。

抗战胜利后，蒋介石决定整编国民党军队。胡宗南统率的部队奉命于1946年春进行整编，编为4个整编军（相当于集团军）、10个整编师（相当于军）、20个整编旅（相当于师）、55个步兵团，连同直辖部队和特种部队，总兵力25.6万人。不久，胡宗南又将两个整编军划给刘峙指挥，胡宗南的一战区直辖两个整编军，即整编第一军（军长董钊）和整编第二十九军（军长刘戡）。

1946年6月，蒋介石密令郑州绥靖公署主任刘峙指挥30万大军企图围歼中原解放区部队，挑起了全面内战。中原解放区部队大部向西突围成功后，胡宗南指挥所部在荆紫关、南化塘、温川关一线，凭险设防，截击郑位三、李先念、王震等率领的中原解放区部队，中原解放区部队经过血战，于

---

[1] 公安部档案馆编注：《在蒋介石身边八年——侍从室高级幕僚唐纵日记》，第444页。

7月20日突破胡宗南的防线，进入陕南秦岭山区，李先念率一部在秦岭山区建立鄂豫陕根据地，开展游击战争；王震率三五九旅沿秦岭西进，越川陕公路，经陇东返回陕甘宁边区。刘峙、胡宗南以绝对优势兵力围追堵截中原解放军，虽然使中原解放军受到极大削弱，但未能实现蒋介石消灭这支军队的愿望，中原解放军保存了骨干。一年以后，王震将军成为胡宗南的有力对手。

与此同时，胡宗南又出兵晋南，与他的黄埔一期同学、解放军太岳部队司令员陈赓对垒，胡宗南又连吃败仗，损失了包括整编第一旅在内的几个旅。虽然短时控制了晋南，但到1947年三四月间胡宗南移师陕北后，晋南又重新为解放军占领。人们因此讥笑胡宗南在晋南是"以一条肥牛换来了几条鸡肋"。

六、打延安得不偿失

攻占中共首脑机关所在地延安，可以说是蒋介石念念不忘的心愿。早在1943年七八月间，蒋介石就已向胡宗南下达过闪击延安的密令，但无奈蒋介石运气不好，受到国际国内各种因素的干扰，使他的打延安的计划迟迟不能实施。

1946年6月，蒋介石挑起全面内战后，妄图在三个月或半年内消灭中国共产党。中国人民解放军经过八个月的英勇反击，歼灭国民党军71万人，并在几个主要战场上取得了主动权。蒋介石在全面进攻失败后，被迫改为重点进攻，其重点一是陕北，二是山东。蒋介石终于决定打下延安。他说："凡是匪军的老巢，尤其是他的制弹厂和粮秣、弹药的集中地，及其发号施令的首脑部的所在地，必须犁庭扫穴，切实攻占。'剿匪'的这个'剿'字，望文生义，便可看出捣毁匪巢的重要。'剿'字是从'巢'、从'刀'，意思就是必须用刀刺入鸟兽的巢穴，也就是必须捣毁其老巢，方能算是达到'剿匪'目的。我们'剿匪'战术应该采取这个意义，彻底捣毁'共匪'的老巢，夺取或销毁其粮秣、弹药，解放其人民。"[1]

延安是中共中央、中央军委等首脑机关所在地，是中国人民解放军的指挥中心和神经中枢，是红色首都所在地。蒋介石不惜代价打延安，企图给中共以致命一击。

1947年2月28日，蒋介石将胡宗南召至南京，面授机宜，并一再问胡宗南："陕北作战有把握否？"胡宗南历来好大喜功，不假思索便回答："有把握。"

1947年3月3日，胡宗南回到西安，决定分左右两个兵团同时进攻延安。总兵力为15个旅14万余人，另有空军配合，企图一举攻下延安，并歼灭解放军主力。当时在陕甘宁边区的解放军兵力只有2万余人，兵力对比十分悬殊。在此危急时刻，身为中共中央军委副主席兼总参谋长的彭德怀向毛泽东主动请缨。他对毛泽东说："在贺龙未来延安前，陕北几个旅并后勤人员不过两万人。是否暂由我指挥？"毛泽东听了，连忙以赞赏的口气说："很好！你这是临危请命，为党分忧。可谓肝胆照日月，忠心垂千古啊！"

彭德怀指挥部队与胡宗南部激战数日后，于3月19日主动放弃延安。当天下午，胡宗南部进入延安城，只得到了一座空城，不用说中共首脑，就连一个战士也没有抓到。胡宗南得报，心想打延安这么一件大事，如果一点缴获也没有，蒋介石那里无法交代，想到这里，他自作主张，向蒋介石谎报俘虏解放军5万人，缴获武器弹药无数。胡宗南的谎言通过国民党中央社及其他宣传机构迅速传遍国内外，成为国统区的特大新闻。

蒋介石也信以为真，于3月20日给胡宗南打来嘉奖电："宗南老弟：延安如期收复，为党为国雪二十一年之耻辱，得以略慰矣。吾弟苦心努力，赤忱忠勇，天自有以报之也。时阅捷报，无任欣慰。……"

胡宗南得到蒋介石的表扬，心花怒放，手捧电报对部下说："你们看攻占

---

① 张其昀主编：《先"总统"蒋公全集》第2册，第187页。

延安，先生是多么高兴呀！"

胡宗南随即指示陕西省政府主席祝绍周在西安庆祝所谓的"陕北大捷"，着实闹腾了一番。

七、周恩来的四字评语

胡宗南打下延安后，很快就发现他的绝对优势的兵力已经掉进了人民战争的汪洋大海中而不能自拔。毛泽东、彭德怀以其"蘑菇战术"，牵着胡宗南的大军在陕北兜圈子，将胡军磨得精疲力尽时，抓住有利战机歼敌。青化砭、羊马河、蟠龙，彭德怀指挥西北野战军三战三捷，奠定了粉碎胡宗南对陕北重点进攻的基础。蟠龙大捷后，彭德怀说："蒋介石最后一张王牌胡宗南，并没有多大本事，其实，他只不过是一个'志大才疏'的饭桶！"

新华社记者在评论蟠龙战役时，除历数胡宗南进攻陕北以来的败绩，揭示胡军屡败的原因外，还写了一首打油诗：

> 胡蛮胡蛮不中用，延榆公路打不通。
> 丢下蟠龙去绥德，一趟游行两头空。
> 官兵六千当俘虏，九个半旅当狗熊。
> 害得榆林邓宝珊，不上不下半空中。

蟠龙战役之后的第二天，周恩来将新华社记者找到王家湾口授了一篇述评，题为《志大才疏阴险虚伪的胡宗南》。文章写道："蒋介石最后的一张王牌，现在在陕北卡着了，进又进不得，退又退不得，胡宗南现在是骑上老虎背。""事实证明，蒋介石所依靠的胡宗南实际上是一个'志大才疏'的饭桶。""胡宗南'西北王'的幻梦必将破灭在西北，命运注定这位野心十足、志大才疏、阴险虚伪的常败将军，其一生劣迹必在这次的军事冒险中得到清算，而且这也正是蒋介石法西斯统治将要死灭的象征。"[①]

---

① 经盛鸿：《西北王胡宗南》，第281页。

周恩来与胡宗南是同乡，在黄埔军校时，周还是胡的老师，两人太熟悉了。所以周恩来口述的这篇述评，对胡宗南的评价可谓入木三分。不过，当胡宗南在收听新华社广播这篇文章时，可能还不知道这是周恩来写的。胡宗南听了这篇广播后感受如何，外人难以知道。不过从此以后，胡宗南不再听新华社的广播，也不再看新华社的电讯稿了。

八、"就是牺牲两个师也要捕捉中共首脑"

蒋介石在广播中得知毛泽东还在陕北的消息后，立即派出一个特别小组带着美国的先进仪器——电台测向仪到延安，测向结果发现安塞县王家湾村一带有电台群，蒋介石判断毛泽东可能在那里，于是命令胡宗南不惜一切代价予以围捕追杀。胡宗南奉令后，下狠心说："就是牺牲两个师也要捕捉中共首脑！"

胡宗南命令董钊、刘戡率主力向安塞县王家湾村合围，驻西安的空军配合地面作战。据胡乔木回忆，当时的情况非常危险。

6月7日，刘戡率四个半整编旅从西边和南边向王家湾村扑来。负责保卫中央的"三支队"（原"昆仑"纵队）紧急动员，准备转移。但是，往哪儿转移呢？往东走还是往西走？毛泽东和任弼时之间发生了激烈的争论。任弼时说："我军主力远在陇东作战，远水救不了近火，不能调兵来掩护中央；敌军四个半旅两三万人，而我们中央警备团只有四个半连，才两百多人；敌人从西边来，如果我们向西走，万一和敌人相遇怎么办？除了刘戡军，西边还有马鸿逵的八个骑兵团，向西回旋余地小，有被敌人包围的危险；越往西，人烟越少，粮食也越困难。"因此，任弼时认为，往东走比较安全，万不得已时还可以东渡黄河。

毛泽东一听任弼时提出"过黄河"就很恼火，他尽量保持克制解释道：敌人就是估计到彭德怀远在陇东，离我们几百里，救不了我们，那么我只好往东转移，这样他就设下一个圈套，想把我们往东赶，从南边来的这股敌人，就是想在东边拦截我们，即使消灭不了，也要把我们往黄河边赶，赶过黄河就是他们的胜利。毛泽东说:"过黄河,我们是迟早要过的,现在不是时候。现在向东是绝路,因为这是敌人早已算好了的,就是要我们落入陷阱。"毛泽东还说:"中央机关的安全,不用担心。这点队伍算什么,再大的队伍我也能指挥。"

毛泽东和任弼时争论了差不多一整天,"三支队"打前站的早已向东开进,可大队人马还在原地集结待命。毛泽东和任弼时谁也说服不了谁,最后还是周恩来出面打圆场,建议先向北走一段,然后再从西北方向转移。周的提议获得通过,毛泽东一行由"三支队"保驾往北走。天黑得伸手不见五指,山高坡陡,雨大路滑。马不能骑,警卫战士们连拉带推,有时架着毛泽东往山上走,一个个浑身淋得湿透。驮电台的骡子滚下山摔死了,战士们摸黑爬到山下把电台拖上来。半夜雨停了,队伍在一个小山村里休息。毛泽东忽然灵机一动,派"三支队"副参谋长汪东兴带一个排到王家湾附近骚扰并侦察敌人动向。

向东追赶的刘戡扑了个空,立即掉头向北追来。6月9日,"三支队"到达小河村,刚要做饭、架电台,敌机就来低空盘旋。队伍出村不久,天又下起雨来。夜里,只见左边山沟里和山头上,胡宗南大军燃起了一堆堆篝火,人喊马叫的声音都听得清清楚楚。但陕北地形有一个特点,就是"隔了一个山,就像隔了一个世界"。胡宗南大军没有群众基础,如同瞎子、聋子,在陕北山上、山下乱窜。而"三支队"有老乡做向导,在敌人的眼皮底下悄悄地走过,于6月10日晨到达天赐湾宿营。胡宗南大军终于发现了蛛丝马迹,急忙向天赐湾追来,和"三支队"只隔一个山头,隐隐传来机枪声。情况十分危急。各大队紧急动员,干部、战士纷纷表示,要以自己的生命保卫党中央。除一部电台坚持工作外,全部人员整装待发。但毛泽东却临危不惧,摊开地图仔细分析敌情。他说:"敌人向山上来,我们立刻就走。敌人顺沟过去,我们就住下。我估计,敌人并没有发现我们,因此十二点钟以后可能要退。"果然,下午侦察小组纷纷回来报告,敌人在东南方没有发现我一兵一卒,便不再继续西进，通过尖山一带顺沟向保安方向去了。人们惊叹毛泽东神机妙算，成功地唱了一出"空城计"。后来，毛泽东指着地图介绍其中的奥妙："我们现在的位置，正好处于胡宗南和马鸿逵防线的接合部。胡马钩心斗角，矛盾很深，各人都想保存实力，削弱对方，所以他们谁也不想来，让我们钻了空子。"①

6月17日，毛泽东率"三支队"返回小河村，筹划如何尽快实现从战略防御向战略进攻转变。刘伯承、邓小平在接到毛泽东陕北"很困难"的电报后，二话没说，于6月30日夜，率领7个纵队13万余人，在鲁西南强渡黄河，向大别山进军，揭开了解放军战略进攻的序幕。

为了摆脱胡宗南大军的包围，也为了使彭德怀放手打仗而不必顾及党中央的安全，"九支队"（8月1日起，党中央代号由"三支队"改名为"九支队"）原想渡过无定河向西，再次返回小河村一带，插入敌人后方。可是，派人找船没有找到，又不能涉水过河，无奈，"九支队"只好向东北方向转移，于8月16日到达神泉堡附近。刘戡率大军紧追不放，距离中共中央机关只有半天行程，而黄河已近在眼前，毛泽东说："前有黄河，后有追兵。"在这千钧一发的危险情况下，任弼时、周恩来一致劝说毛泽东过黄河暂避一时，以保证党中央的安全。周恩来甚至说："等打了胜仗，我们再过河来。兵不厌诈嘛。"但毛泽东仍坚决不同意过河，却命令中共西北局机关和伤病员东渡黄河以确保安全。这样"九支队"又沿着黄河北上。行军途中，周恩来因劳累过度而病倒，经过大家劝说才上了担架。

8月17日，刘戡大军追到黄河边上，却扑了个空，便兵分几路向佳县、神泉堡等地围追，"九支队"处境极为危险。中央警卫团一早接到三道命令，派团长率一个连赴前沿侦察、警戒。"九支队"在夜间冒雨行军，沿佳芦河往西北方向潜行，中午抵达白龙庙。眼看人困马乏，一个个精疲力尽，毛泽

---

① 《胡乔木回忆毛泽东》，第490-492页。

东往石头上一坐，说道："不走了，就在这里休息。敌人上山来，打他三个钟头再走不迟。"

8月18日，刘戡和钟松两军愈加靠拢，将中共中央机关夹在当中，就像两块大石头中间的一条缝，已经可以清楚地听到枪声。休息后，"九支队"继续赶路，中央警卫团大部留在山上，准备狙击敌人。当时，山洪暴发，奔腾的佳芦河拦住了"九支队"的出路。情况万分危急，周恩来、任弼时亲自指挥战士和老乡们架设浮桥。毛泽东则若无其事地坐在河边一块大石头上，专心致志地批阅电报。不一会儿，浮桥架好了，"九支队"安全地渡过了佳芦河。[①]

在刘戡大军紧紧追赶中共中央机关的同时，隐蔽集结在镇川东北地区待机的西北野战军司令员彭德怀全面分析敌情后，决定寻找机会围歼钟松的第三十六师。

钟松率领的第三十六师，虽然是胡宗南的三大主力之一，但是经过长途行军，实际上已是疲惫之师，并且严重减员，战斗力已大大削弱。而且钟松刚刚援榆林成功，骄狂异常，声称"共军可以吃掉别的军队，就是吃不掉三十六师"。为了再立战功，竟孤军冒进，扬言要"一战解决陕北问题"。

彭德怀说："骄兵必败！要利用三十六师的弱点消灭它。"彭德怀判断整编第三十六师主力必经沙家店地区东进，决心在胡军夹击之势尚未形成之前，以伏击手段在沙家店地区歼灭整编第三十六师，从而粉碎敌人的夹击企图，确保党中央机关的安全。

20日拂晓，西北野战军第一、第二纵队向整编第三十六师师部及其第一六五旅发起攻击。钟松为挽回危局，急令第一二三旅靠拢。第一二三旅于凌晨4时由乌龙铺地区沿常高山向沙家店前进。20日下午1时，彭德怀向部队发出动员令："彻底消灭三十六师，是我西北战场由战略防御转入战略反

---

① 《胡乔木回忆毛泽东》，第 498-501 页。

攻的开始，是收复延安解放大西北的开始；为着人民解放事业，继续你们无限英勇精神，立即消灭第三十六师，活捉钟松，号召你们本日黄昏以前完成胜利的战斗任务！"

沙家店战役，全歼胡宗南三大主力之一的整编第三十六师，成为扭转陕北战局的关键一仗。从此，国民党军对陕北的重点进攻被粉碎，西北野战军由内线防御转为内线反攻。沙家店战役打响时，毛泽东就在离战场只有20里的梁家岔。炮声一响，毛泽东就兴奋地说："好！我看这回胡宗南怎么交代！"战斗一结束，毛泽东、周恩来、任弼时就赶到西北野战军司令部，高兴地说："胡宗南是个没有本事的人，阴险恶毒，志大才疏。他那么多军队，打没有一点办法，我们打了这么多次，就没有吃过败仗。他的本事，就是按我们想的行动。""那有什么办法？我们哪样想，他就那样办，当然要吃亏了。"

在23日召开的西北野战军旅以上干部会议上，毛泽东、周恩来、任弼时到会向指战员祝贺胜利。毛泽东说："沙家店这一仗确实打得好，对西北战局有决定意义，最困难时期已经过去了。用我们湖南话来说，打了这一仗，就过坳了。"

九、大军覆没西北西南

沙家店战役后，胡宗南于1947年8月命令陕北的主力南撤，拱卫西安和关中。从此，胡宗南开始走下坡路。特别是1948年二三月间的宜川战役，胡宗南两大主力之一的整编第二十九军近3万人全军覆没，充分暴露了胡宗南指挥大兵团作战的无能。蒋介石极为震怒，下令将胡宗南"撤职留任"。蒋介石甚至考虑要走马换将，几次电令驻兰州的西北行辕主任张治中去西安接替胡宗南，但都遭到张治中的坚决拒绝。

胡宗南虽然继续留任，但他已无力回天。经过西府战役、澄合战役、荔北战役、冬季战役、春季攻势、陕中战役、白平战役、扶眉战役等一系列战役，胡宗南连战皆败，被迫于1948年8月退出关中地区，率残部退守秦岭、大巴山地区。

1949 年 10 月，周恩来亲自主持对胡宗南做工作，希望他走傅作义的道路率残部起义。周恩来找到胡宗南的故交胡公冕，让他给胡宗南写了一封信，托在陕北清涧战役中被俘的原胡军整编第二十四旅旅长张新带给胡宗南。面对策反信，胡宗南思想斗争相当激烈。经过痛苦的思索，胡宗南痛苦地大喊："士为知己者死！我不能不想想校长，不能对不起校长哇！"胡宗南拒绝了起义的选择，决定跟蒋介石走到底。

1949 年 11 月，胡宗南残部南撤进入四川，参加蒋介石指挥的所谓"川西决战"。12 月，胡宗南残部在川西溃败，胡宗南率少数人逃往海南。蒋介石却不依不饶，严令胡宗南飞返西昌建立所谓的根据地。胡宗南勉为其难，于 1949 年 12 月 30 日从海口飞西昌，纠集各部残兵败将一万余人，在西昌苦撑了三个月。1950 年 3 月，解放军从南北两路向胡宗南最后盘踞的西昌地区发动围攻。胡宗南不想做俘虏，将残部交罗列指挥，于 3 月 26 日深夜，与贺国光、赵龙文逃离西昌，飞往海口。

十、"非不为也，是不能也"

胡宗南大军在内战中毫无作为，国民党上下对胡宗南极为失望。他们均认为胡宗南对不起校长。陈立夫且以无比恼恨的口吻说："大陆沦陷，胡之数十万大军，冰消雪融，一无作为，我为之浩叹不已。"

蒋介石更是痛恨胡宗南无能，当 1950 年 3 月西昌不守时，蒋曾气愤地坚决不许胡宗南至台湾，时任"副参谋总长"的郭寄峤向蒋一再坚请，甚至直言："送一名大将给敌人做俘虏，既违反战争利益，也违反指挥道德。"由于郭的坚请，蒋才默许胡宗南赴台。

对于胡宗南，国民党资深人士雷啸岑 1973 年 12 月 1 日在中国香港《大成》杂志创刊号上发表了《"马五先生"笔下的胡宗南》，作出了这样的评价："胡之为人，恂恂无华，忠于职守，对人亦无强悍骄倨之态。唯才识平凡，缺乏干略，以之为奉命行事的偏裨之将则可，赋以冲繁疲难、遗大投艰的方面大员之任，则绠短汲深，踬躇可俟，非不为也，是不能也。昔人谓'知人则哲'，每兴才难之叹，有以也夫。"

对于胡宗南的失败，笔者不拟作全面分析，但笔者在研究解放战争史时强烈感到，作为解放军西北战场的最高指挥官，彭德怀始终坚持战斗在第一线，与官兵同甘共苦，靠前指挥，在西府战役中甚至出入于枪林弹雨之中。而胡宗南作为国民党的战区最高指挥官，却从不敢到前线一步，始终躲在数百公里以外的西安遥控指挥，算不明，断不清，有时甚至是胡乱指挥，宜川战役的惨败，与西安绥靖公署的瞎指挥无疑有极大关系。

推而广之，解放战争中，国民党各战区最高指挥官贪生怕死，也是吃败仗的一个重要因素。李默庵回忆录也证明了这一点，他说：

就指挥人员来说，由于军队体制不一样，国民党的高级将领很难亲临一线指挥。比如我，当时一直在常州，基本上是隔江遥控指挥，有什么情况，待下边往上报。而粟裕却和部队在一起，有什么情况，及时发现，及时处置。后来我从材料中看到，粟裕为处置战斗情况，连夜乘车，骑自行车，又乘船赶路达300余里。这种精神在国民党的高级将领中是不可能具备的。这样，国民党军队的优势就变成了劣势，而解放军本来是劣势，却可能变化为优势，战斗的结果也就不一样了。

第三节　"中原王"汤恩伯

汤恩伯也是蒋介石嫡系将领中的"三鼎甲"之一，人称"中原王"。

一、后来居上

汤恩伯（1900—1954），小名其发，后易名克勤，字恩伯，以字闻名于世，浙江武义人。先后就读于武义县立壶山小学、金华省立第七中学、兰溪私立浙江体育专科学校、援闽浙军讲武堂。1920年任援闽浙军排长。1921年赴日本留学，1922年入日本明治大学。1924年5月，辍学回国筹措学费，经浙军第一师师长陈仪保送并资助重返日本，进入日本陆军士官学校中华队第18期学习。1926年，汤恩伯毕业回国，经陈仪安排到浙军第一师任少校参谋。同年，与陈仪的外甥女王竟白女士结婚。此后，汤恩伯得到浙江军界前辈陈仪的鼎力提携与推荐。

在陈仪的推荐下，汤恩伯于1928年调到中央陆军学校任教官，不久担任第六期上校大队长。在校工作期间，汤恩伯颇能吃苦耐劳，对连排教练悉心研究，野外演习动作十分出色，并编写了一本步兵连队的操典教材，受到军校教育长张治中的赏识。

1930年，中央军校成立教导师，经张治中与陈仪鼎力推荐，汤恩伯升任教导第二师第一旅旅长。是年参加讨伐冯玉祥、阎锡山的中原大战，因功升为第四师副师长兼第十八旅旅长。

中原大战结束后，汤恩伯率部对方志敏、邵式平领导的赣东北革命根据地进行了为期一年的"围剿"。汤恩伯秉承蒋介石宁可错杀一千，不可放过一个共产党人的旨意，纵兵大肆屠杀根据地军民，使赣东北革命根据地遭到极大破坏。汤恩伯因"剿匪有功"，升任第二师师长。

1931年11月，蒋介石调集15个师的兵力对鄂豫皖根据地发动第三次"围剿"，汤恩伯率第二师参加"围剿"。1932年1月19日至2月2日的商潢战役，汤恩伯的第二师遭到红四方面军毁灭性的打击，汤恩伯为此受到撤职处分。

赋闲未几，蒋介石重新起用汤恩伯，调任第八十九师师长，继续领兵"围剿"湖北黄陂一带的苏区。为报答蒋介石的不弃之恩，汤恩伯在"围剿"中特别卖力，并制造了许多骇人听闻的大屠杀事件，因此得到蒋介石的赏识和重用。

1934年1月，汤恩伯率部参加对中央苏区的第五次"围剿"，升任北路军所辖的第三路军第十纵队指挥官，指挥第四师、第八十八师、第八十九师等三个师，汤恩伯驱赶部队构筑了大量碉堡群，采取堡垒战法，先后与中央红军第一、第三、第五军团进行了9次激烈的阵地战，虽遭红军沉重打击，但亦使红军遭受很大伤亡。中央红军实行战略转移，退出苏区后，汤恩伯率部抢先进驻中华苏维埃政府首府瑞金，修建所谓"犁庭公园"，以炫耀其战功。

1935年底，汤恩伯又率第四师、第八十九师参加追击红二、红六军团。这一年，汤恩伯升为第十三军军长。

从1927—1935年的八年间，汤恩伯由一个普通的士官毕业生跃升为军长，其升迁速度之快，连黄埔一期出身的嫡系宠儿胡宗南也十分嫉妒。

汤恩伯之所以能够在以黄埔系为主体的国民党中央军脱颖而出，并后来居上，其原因是多方面的。

第一，陈仪、张治中提携。陈仪保送汤恩伯进入日本陆军士官学校学习，是他发迹的起点。为此，汤恩伯后来一直以父执事陈仪，以恩师之礼事张治中。

第二，汤恩伯在治军练兵方面有一套做作功夫，在作战中又善于虚报战功，对

汤恩伯

蒋介石俯首帖耳，百般顺从。而且汤恩伯反共态度坚决，手段残忍，所有这些均能获得蒋介石的赏识。

第三，汤恩伯与蒋介石是浙江同乡，符合蒋用人原则中的"地缘"原则，这是汤恩伯能够在国民党中央军将领中迅速崛起的根本原因。

顺便指出，有许多材料都提到，汤恩伯与蒋介石既是浙江同乡，又是日本士官学校先后期同学，具有双重关系。这是不准确的。蒋介石就读于日本陆军士官学校的预备学校——振武学校，他虽然向往士官学校，但一直未能如愿。从所受军事教育程度来说，蒋介石所受的是初级，汤恩伯所受的则是中级，汤比蒋还高出一个档次。

二、抗战期间中原称王

抗日战争爆发后，汤恩伯率部参加抗日，先后在南口、彰河与日军作战，后又参加徐州会战、武汉会战、随枣战役、豫南抗战。在抗战初期，汤恩伯虽然也有保存实力、不服从指挥以及打滑头仗的毛病，但总体来说，还是立有一些战功的。蒋介石依次擢升汤恩伯为第二十军军长、第三十一集团军总司令，使其实力迅速壮大。

武汉、广州相继失守后，抗日战争进入相持阶段。1938年10月，日寇占领武汉后，其大本营决定改取"确保占领区"的战略方针。为此，对国民党正面战场实行政治诱降为主、军事打击为辅的政策，而把主要兵力用于对付共产党领导的敌后战场，进行所谓彻底的"治安肃正"。从1939—1943年的5年中，日军用于敌后战场的兵力，平均每年占60%，而用于正面战场的兵力，平均每年只占40%。5年中日寇对正面战场大的进攻平均每年2.8次，而对敌后战场千人以上的"扫荡"，仅华北平均每年就有56次。随着日本战略方针的转变，国民党的战略方针也相应发生了变化。进入相持阶段以后，国民党慑于共产党和人民力量的壮大，由抗战初期的联共抗日转为既抗日又反共的双重方针。大敌当前，蒋介石却不顾民族大义，将主要精力用于对付共产党，很多黑幕毕竟是不能为外人道的。于是，蒋介石便精心挑选他最信得过、对他亦最忠诚的两位浙江同乡——胡宗南和汤恩伯，分别统率大军，专门封锁中国共产党的敌后战场，做反共的"后盾"。在这一背景下，国民党中央军将领内出现了所谓"西北王"胡宗南和"中原王"汤恩伯。

汤恩伯的情况与胡宗南类似，提升之快且有过之而无不及。胡宗南等黄埔系的将领参加了东征、北伐，为国民党政权的建立立下过汗马功劳。而汤恩伯1927军夏才从日本毕业回国，是名副其实的半路起家的将领。而其提升速度甚至超过了胡宗南。1938年6月8日，汤恩伯升任第三十一集团军总司令，还比胡宗南早一年多，其时汤仅38岁，从军的历史仅11年。1943年汤升任第一战区副司令长官、鲁苏皖豫边区总司令。汤恩伯在河南叶县设立副司令长官部，在临泉设立边区总司令部。蒋介石授予他独立的经理、人事、指挥大权。汤恩伯受命后，模仿胡宗南，抓住一切机会，不断吞并、改造和消化杂牌部队，甚至中央军部队，并且滥委地方武装，壮大自己。到1944年春，汤恩伯的第一战区副司令长官部指挥的部队多达4个集团军，加上5个新编师的直属部队，总人数达40万人，成为人多势众的"中原王"。

汤恩伯手握大军，其目的不是抗日，主要是为了对付共产党。中原历来是兵家必争之地，汤恩伯控制的鲁苏皖豫边区与八路军、新四军在这四省建立的敌后根据地毗邻，豫北、鲁西、鲁南是八路军的根据地，淮南、苏北及豫南、鄂东地区为新四军的根据地。鉴于中原已处于共产党武力三面包围之下的态势，蒋介石利用汤恩伯这位反共最积极、手段最残忍的嫡系坐镇中原，其目的正是限制共产党力量的发展。

汤在四省边区滥委地方武装，改称挺进军，他的部下沈克（字公侠）、张轸（字翼三）等人对此不理解，讽刺汤恩伯"狗吃牛屎——好多"，徒然危害地方，于抗战毫无裨益。沈克、张轸为此还很天真地劝说过汤恩伯。汤事后对亲信张雪中说："沈公侠、张翼三实在有些不像军人，有些迂腐的书生气，他们一再要我裁撤游杂部队。真是只知其一而不知其二，只见其小而不见其大。试问照他们的意见来办，我需要的兵源从何处来？有朝一日要向新四军大举进攻之时，不用这些地头蛇，又怎能伸入到腹地。"汤恩伯的这番话，将蒋介石不可告人的阴谋和盘托了出来。

不久，日寇发动豫湘桂战役，汤恩伯首当其冲，所部40万大军被打得溃不成军。汤恩伯的反共梦就这样被日寇粉碎了。

三、荼毒中原

汤恩伯等人恃宠而骄，以当代英雄自居，汤恩伯与胡宗南、戴笠等人平时聚在一起，好纵谈我国古代英雄人物。他们所列举的对象总离不开古代的"五霸七雄"，尤其崇拜秦始皇、汉武帝、成吉思汗等人。据说，汤恩伯平生最好《三国演义》，既喜听有关曹操的故事，也爱看有关曹操的京剧，在汤的心目中，曹操是最符合他的个性的英雄人物。至于他同时也极力推崇的曾国藩、胡林翼，这只是由于曾、胡对人民的血腥镇压，符合他的嗜杀本性；同时也是由于蒋介石三句话不离曾文正公如何如何一套，也就跟在蒋介石后面大捧曾、胡之流。但就汤的本性和野心来说，他曾很有感慨地认为曾国藩未能取清廷而代之是可惜的。由此可见，汤之选择曹操作为崇拜的典型人物，就不是偶然的了。

抗战中后期，汤恩伯选择河南叶县作为他的总部所在地，是有用心的。叶县是东汉光武帝刘秀的发祥之地；同时，曹操也兴起于中原。刘秀叶县一战击败王莽而奠定东汉王朝的霸业，曹操迁都许昌挟天子以令诸侯。这些故事，对汤恩伯都有很大的吸引力。

1943年秋，戴笠以出席在河南临汝风穴寺举行的中美第三特种训练班开学典礼作掩护，牵头组织了他与汤恩伯、胡宗南的结盟仪式。

汤恩伯和陈诚、胡宗南、戴笠，论年龄，胡最大，其后依次为戴、陈、汤。论发迹，陈诚最早，胡宗南次之，汤恩伯、戴笠是后起之秀。论角色，陈诚担任过党政军诸多高级职务，是仅次于蒋介石的"小委员长"。而汤、胡、戴的角色则比较单纯，汤、胡是纯粹的军事将领，戴则是特工头子。单个比，汤、胡、戴都不是陈的对手，只有联合起来，才能与陈诚一争高低。

汤恩伯、胡宗南、戴笠这"三王"，戴笠是上不得台面的特务头目，一般来说，并没有接蒋介石班的意图。但汤恩伯、胡宗南则不同。胡宗南一贯以黄埔系"领袖"自居，处处以蒋之嫡系传人自许。胡宗南如此，汤恩伯的野心也不在胡之下。1944年春，戴笠又到汤恩伯的防地盘桓了半个月。在界首时，汤恩伯陪戴到曹操的出生地亳州，实地访问了当地一些姓曹或姓夏侯的老百姓。汤恩伯打算为曹操在亳州或许昌建立一座永久性的纪念塔，以表达其崇拜之心。对此，连戴笠也感到震惊。他回到洛阳，即对手下的大特务文强、黄天迈、叶翔之等人说："胡宗南在关中要学左宗棠做西北王。没有料到汤恩伯做了中原王还不满足，竟想学起曹操来了。我劝他英雄本色是应该有大志的，但功高压主决无善终之理。"戴的一番话，使在座的特务们听得毛骨悚然，深以汤之骄横狂妄为不当。

汤恩伯以枭雄自命，他认为自古以来掌握大权的英雄豪杰，必须残杀立威。他在写字台的玻璃板下亲笔写着清代胡林翼的两句话："要有菩萨心肠，要有屠夫手段"，以此作为他的座右铭。但汤恩伯所实行的只是后面那一句话。他在"围剿"红军时，一次以机枪杀害革命青年和群众两三千人，汤对此常常津津乐道，如数家珍。对部下，对平民百姓，汤恩伯也是喜怒无常，随意杀人。鲍刚是他的副手，后来不如他意，他便起了杀意，指使陈大庆设宴招待鲍刚，直到把鲍刚灌醉，然后于送其还家途中预伏枪手将其杀死。还有一次汤恩伯抓到五个打牌赌博的排长，汤下令枪毙其中的四个，留下一个打瞌睡未参与赌博的。类似的事例不胜枚举。因此，汤恩伯的部下人人自危，给汤起了个诨名——汤屠夫。

汤恩伯40万大军盘踞中原，给中原人民带来的灾难是巨大的。

首先，数十万大军的全部军粮均出自地方，广大中原人民慑于汤恩伯的淫威，不得不罄其所有供应汤军。

其次，汤恩伯的部队开到哪里，首先就在那里修建营房、剧院等，所需砖瓦、木料、人工，都是就地强迫征用，砍伐树木，拆毁民房，弄得家家露宿，处处山光。河南百姓说："汤恩伯要盖房子，连龙王宫都要拔掉。"还有人说："宁叫鬼子来烧杀，不让汤恩伯来驻扎！"

最后，汤恩伯为阻挡日军战车前进，北起郑州附近，东至开封，南至周家口附近，挖掘深沟。两道复线蜿蜒千里，均是驱赶深沟所经之地百里内的农民自带粮食工具，夜以继日地开掘而成。沿途所经祠堂、庙宇，甚至民房，均被拆之。1944 年春日寇大举进犯中原时，这些劳民伤财的巨大工程却未能发挥任何作用。

1942—1943 年，河南水灾、旱灾、蝗灾交替降临，加上汤恩伯大军所带来的人为灾祸，中原人民称为"水""旱""蝗""汤"四灾。老百姓说："水、旱、蝗、汤（指汤恩伯——引者注），汤祸最猖。""天灾是有时间性的，各地区轻重不同，还不怎样可怕。最可怕的是'汤灾'，范围广，时间长。我们的骨髓都被他们吸干了。"天灾人祸煎熬下的中原大地，十室九空。从漯河至周家口大道两侧的麦田中，每隔八步十步，即有饿殍尸体数具，无人收殓，被野狗争食。据统计，河南死亡人数在 400 万人以上。

四、非大将之才

作为蒋介石宠信有加的高级将领，汤恩伯的军事指挥才能又如何呢？台湾学者张瑞德在《抗战时期国军各阶层成员出身背景及素质的分析》一文中指出："平心而论，国军将领中也不乏杰出之士，如中央军的陈诚、汤恩伯、罗卓英、孙立人、关麟征、杜聿明、邱清泉等，战时均是日军的首要攻击对象。"值得注意的是，张瑞德的文章将汤恩伯列为国民党军仅次于陈诚的"杰出之士"，却无胡宗南的名字。在他看来，汤恩伯比胡宗南要优秀，这也算是一家之言吧。

下面我们再来看看汤恩伯的长官、部下对他的评价。

李宗仁是国民党内新桂系的领袖，与蒋介石是金兰兄弟，也是政治对手。抗日战争时期李宗仁任第五战区司令长官，指挥汤恩伯作战有三年之久。1949 年 1 月李宗仁任代总统时，汤恩伯是京沪杭警备总司令。两度共事，应当说，李宗仁是了解汤恩伯其人的。李宗仁晚年在美国写了一部回忆录，许多地方涉及对汤恩伯的评价。李宗仁认为汤恩伯"最脓包"。1949 年 9 月，李宗仁与蒋介石公开决裂前夕，李、蒋进行了一次诀别谈话，李宗仁当面对蒋介石指出："宠信汤恩伯亦属非其人。""论品论才，汤氏任一师长已嫌过分，何能指挥方面大军？汤的为人，性情暴戾，矫揉造作，上行下效，所部军纪荡然。""像汤恩伯这样的人，你也倚为心腹，能不坏事！"

李宗仁是与蒋介石争夺大统的政敌，他对汤恩伯的评价难免有情绪化的偏激之词。下面我们再看看汤恩伯部下对他的评价。

文强与马励武、王秉钺、岳烛远合写的《"中原王"汤恩伯》一文指出，汤恩伯在作战中有"粗心大意，顾头不顾尾"的毛病。

侯镜如、覃异之、廖运泽合写的《蒋介石王朝在京沪杭最后的挣扎》一文中也指出："我们与汤恩伯都是在国民党政权下多年的同事，汤在作战指挥上的拙劣，可以用八个字来形容：'战前细心，枪响忙乱。'他的感情易于冲动，每每为局部战况所眩惑，一再改变决心，打乱整个作战计划。"

郑洞国在汤恩伯手下任过师长、军长，1938 年底郑洞国辞汤恩伯的军长不就，去担任杜聿明手下的师长。郑洞国在回忆录中说，他之所以离开汤恩伯，也是因为对汤恩伯的军事才干有看法。他说："汤氏本人虽然一向待我算是不错，但我对他是有些看法的。他这个人指挥作战缺乏计划性，忽东忽西，不讲章法。非大将之才，且其专好重用亲信，大权独揽，使人不宜在其底下放手做事。"

上述诸人，或是汤恩伯的长官，或是汤恩伯的部下，他们的看法基本上是一致的，都认为汤恩伯非大将之才。

从其一生的军事实践来看，汤恩伯确实打过很多败仗。为此汤恩伯四次被蒋介石撤职，这在国民党将领中很可能也是独一无二的。

汤恩伯第一次被撤职是 1932 年，他率领的第二师在商璜战役中被徐向前指挥的红四方面军击溃，为此蒋介石撤销了他的师长职务。但为时未几，又东山再起。

第二次被撤职是 1944 年，此时汤恩伯已是第一战区副司令长官，统兵 40 万的"中原王"。

1944 年 4 月，日寇发动豫湘桂战役。豫中战役是这一战役的第一阶段。日军以郑州、洛阳为攻击重点，其兵力约 16 万人。汤恩伯和蒋鼎文此时所拥有的部队有 50 万人。中原已两年多无战事，军队得以整训两年。但战役打响后除少数杂牌军队作了局部的拼死抵抗外，汤恩伯的嫡系部队却一触即溃，日军迅速攻占了郑州、洛阳，继而攻占了叶县、临汝。当日军形成对嵩山山麓的封锁态势时，汤部更是闻风丧胆，溃不成军，争先往嵩山里钻。整个豫中战役，为时仅一个月，即以汤恩伯所部大军的溃败而结束。

汤恩伯在中原的大溃败，蒋介石气得两眼发红，暴跳如雷骂了好几天。随即下令将汤恩伯撤职留任。但未几，蒋介石又任命汤为黔桂湘边区总司令，继续统兵指挥黔南作战。在豫湘桂战役中，蒋介石下令枪毙了作战不力的军长张德能等人，但对丧师失地最严重的汤恩伯却仅给予撤职留任的轻微处分。

此种不公平，引起国民参政会参政员的不满。在 1944 年 9 月召开的第三届三次国民参政会上，参政员纷纷提出质询。参政员王普涵在口头询问中指出："河南战事失败后，对负责将领之处分，仅撤职及革职留任，远不如湖南战事失败将领处分之能得人民同情。且始终未见明令发表，希望有同样公平的处分，以服人心而振士气。"

著名民主人士黄炎培于 1945 年春作《河菹蛇》长诗以讥刺汤恩伯这位常败将军：

　　　　将军抗敌不好武，雅歌学祭春秋杜。

河上逍遥欲十霜，军中文教何洋洋。

一庠之大过于县，布粟力役征之遍。

偷取中州一夕安，金谷土木兴百端；

官符急借军符力，知有将军不知官。

草偃德风诸将士，棘门霸上归成市。

足食何先自隗始，人人胥宇来朝喜。

上有好者下甚焉，苞苴白日亦莫耻。

诒生有道乐生多，士也何心肯言死。

中州死士实最多，输丁第一遑论他。

红缨抢众河南北，南阳乡治善自饬。

彭别万家遍庙食，不善媚官善杀敌。

中原士风美且清，可怜人祸天灾并。

壬午暵乾癸未水，寒流甫散飞蝗起。

食草草尽土继之，不忍生人乃食死。

惨绝尘寰黄泛区，数百里地非人居。

菹蛇凶过人臂粗，攫取粮食逐客车。

散振人归亲语余，中枢迭令减徭赋。

将军威重征如故，征粮征购有常经。

加购抢购法无据，益之委购与代购。

征之名六实无数，灾黎敲扑日不遑。

无乎宁与汝皆亡，载道民谣吾耳熟。

五毒水旱蝗敌汤，中牟一夜敌偷渡。

长驱千里莫之御，斯时诸将震失措。

孑遗长跽苦遮住，将军跳免岂暇顾。

观音堂险集雄师，从容士骑陷何遽。

同仇大义匪敢忘，于橐于囊忍舍去。

亦有孤城南八雄，澧兰久弃嗟迟暮。

一时国论喧沸羹，将军归谢良屏营。

罪重恩深终许赎，黔山深处建牙纛。[①]

汤恩伯第三次被撤职是在 1947 年。

1947 年 3 月，汤恩伯出任陆军总司令徐州司令部顾祝同属下的第一兵团司令，参与山东战场作战。汤恩伯刚到徐州走马上任时，意气甚豪，他写信给国防部主管作战的第三厅厅长郭汝瑰，称"愿率五六个军，专寻陈毅主力决战而击破之"，大有灭此朝食、不可一世的气概。汤还扬言："我不消灭陈毅，我就不是汤恩伯。"

但牛皮毕竟不是吹出来的。陈毅、粟裕均是一代名将，非汤恩伯可比。孟良崮一役，陈毅、粟裕指挥华东野战军一举歼灭国民党五大主力之一的王牌军——整编第七十四师，师长张灵甫被击毙。汤恩伯指挥无方，致使王牌军全军覆灭，蒋介石有切肤之痛。大怒之下，蒋介石撤了汤恩伯的第一兵团司令官职务，并将其召至南京，一顿臭骂之后，继之以拳脚相加，使汤备受羞辱。

汤恩伯第四次被撤职是在 1949 年。

1948 年 8 月，经陈仪说项，蒋介石再次起用汤恩伯，任命他为衢州绥靖公署主任。1949 年 1 月 18 日，蒋介石任命汤恩伯为京沪杭警备总司令。此时，国民党主力在辽沈、淮海、平津三大战役中被消灭殆尽。蒋介石此番任用汤恩伯，负责东南半壁的防务，并非指望才能平平的汤恩伯创造奇迹，守住长江，使国民党军队起死回生，而是在国民党政权即将覆灭、蒋家王朝土崩瓦解、众叛亲离之际，利用汤恩伯的忠诚，让他在东南多拖延时日，以抢运在上海的黄金及战略物资去台湾，掩护他在台湾重建小朝廷。汤恩伯果然不负蒋介石的重托。

---

① 《中华民国史档案资料汇编》第五辑第二编文化（一），第 1045-1046 页。

蒋介石下台后，中国共产党为避免战火破坏上海重镇和江南繁华地区，做了很大的努力策反汤恩伯，希望他效法傅作义，为和平解放江南作贡献。但汤恩伯顽固地拒绝了人民的争取，并且可耻地出卖了他视为父执的恩师陈仪，导致陈仪遇难。汤恩伯狂妄地说："我汤恩伯的脑袋是最顽固的，是块化石，谁来准要受到最不好的下场。"

由于汤恩伯拒绝人民争取，人民解放军于1949年4月21日发起渡江战役，数十万大军在一夜之间即突破了汤恩伯的长江防线。

23日，汤恩伯命令部队向上海撤退，企图坚守上海，负隅顽抗。但无坚不摧的人民解放军仅用两个星期就解放了上海。

汤恩伯仓皇从上海逃往福建，就任蒋介石委派的东南前进所主任、福建绥靖公署代理主任。9月底，人民解放军发起厦门战役，汤恩伯所部损失惨重，将残部撤往金门等东南沿海岛屿。

10月24日，解放军发起金门战役，以三个团的兵力在金门西北角古宁头一带强行登陆作战，汤部一触即溃，汤急电蒋介石请求撤守金门，并想辞职脱身。蒋回电称"金门不得有失，尔等必须就地督战，负责尽责，不得请辞易将"。汤恩伯迫于蒋的严令，遂放弃撤守金门的念头，督兵顽抗。解放军先头部队登陆后，因受潮汐影响船只无法返回输送后续部队及时增援，汤恩伯在胡琏增援部队和空军的配合下，发起反攻。解放军登陆部队，苦战三天三夜，伤亡殆尽，无一人投降。金门战役，解放军伤亡9000余人。这是自解放战争以来，解放军伤亡最多的一次，也是汤恩伯对解放军作战所取得的唯一"胜利"。

指挥金门战役的解放军第十兵团司令员叶飞上将晚年在回忆录中指出："没有攻下金门岛，对我来说始终是一大遗憾。"

金门之战，国民党军侥幸取得了一次小"胜利"，但汤恩伯在关键时刻请辞，却令蒋介石彻底失去了对他的宠信。蒋介石对陈诚说："汤恩伯于危难中主退殊失我望，他是嫡系，是我的学生，辜负我多年对他的宠信。"蒋介石派陈诚到金门宣布由胡琏接替汤恩伯的职务。

五、死后被蒋介石"鞭尸"

汤恩伯赴台后，蒋介石给了他一个"战略顾问"的虚职，并让他以上将官阶退役。在大陆纵横一时的"中原王"，从此结束了军旅生涯。

汤恩伯到台后，发现日子并不好过。在上海战役中被汤恩伯遗弃的第三十七军军长罗泽闿，化装逃出上海来到台湾后，向汤恩伯猛烈发难，指责汤身为战场最高指挥官，却率先逃跑，弃部队于不顾，此种行为，何以对"党国"，应自杀以谢天下。汤恩伯则反唇相讥，闹得不可开交。蒋介石下令由陈诚主持召开上海作战检讨会解决。汤、罗两人火气都很大，检讨会无法解决，后经汤恩伯部下陈大庆、石觉等人从中疏通，这桩官司才不了了之。

更让汤恩伯难堪的还是陈仪之死。陈仪被捕后，汤恩伯、俞大维、林蔚等与陈仪有旧的浙籍人士纷纷为陈仪求情，请求蒋介石免其一死。蒋介石对求情者当面应允，但心里却非置陈仪于死地不可。1950年，蒋介石下令组织军事法庭，判处陈仪死刑。同年6月，陈仪被处死。汤恩伯知道陈仪死于自己的告密，良心发现，深感自责，在家中设立灵堂，晨昏祭奠。蒋介石知道后，令汤撤去灵堂。据说自此以后，汤恩伯绕室彷徨，不知所以，不久住到三峡乡间。

1953年1月，汤因胃病复发，因无钱去美国治病，便选择了比较近的日本。在日本住院期间，曾写信向老对头陈诚告贷。

1954年6月29日，汤恩伯死于手术中，时年54岁。

汤恩伯死后第七天，蒋介石却在国民党党政军高级干部会议上对汤恩伯"暴尸鞭骨"。

蒋介石说："照我个人看法，假使汤同志当时在上海保卫战中牺牲殉职，将是何等光耀，他在日本最后弥留之际，一定非常难过，回忆前尘，定会无限懊悔，抱恨终天。所以也值得我们检讨、痛惜与警惕。"

蒋的这番话，说得在座的国民党要人们如一股凉气袭上心头。按照蒋的逻辑，忠于他蒋介石，只能死于丘壑，而不许善终床第，否则他便要"检讨"，便会让人"痛惜"并引起"警惕"！

蒋介石发动反共内战以来，即一直鼓励他的部下"成仁"。他说："我军将领，应该坚毅果敢，杀敌立功，倘若不幸失败，就应光荣地'成仁'。被俘是最可耻的事，与其生而辱不如死而荣。"但事实上，国民党在大陆的失败，蒋介石的责任比汤恩伯要大得多。如果真的按照蒋介石不成功便成仁的理论，蒋介石本人就应该首先"牺牲殉职"以"成仁"。但蒋介石却从没有想到过自己也要这么做。这就是蒋介石的双重标准！镜子只照别人不照自己！

一生忠心护主的汤恩伯绝对想不到自己会落个如此结局！

更令人难以理解的是，在台湾出版的《中外杂志》1997年6月号刊载了一篇谈汤恩伯的文章，仍与当年的蒋介石持同一腔调。该文说："1949年，大陆变色（应为解放——笔者注）前夕，汤恩伯坐镇上海，麾下大军四十余万，因东北、平津、济南、徐州等地相继失守，上海成为孤岛，汤恩伯军竟未与共军鏖战一场，即全面溃退，撤退来台。……作为一名顶天立地的军人，临危未能血洒疆场，马革裹尸，却于三年后死于病榻，不能不说是一大憾事。"

按照这位作者的观点，国民党在大陆的败军之将都应该"马革裹尸"，否则就是"一大憾事"。这是什么逻辑？而且文章中所谓"汤恩伯军竟未与共军鏖战一场，即全面溃退，撤退来台"也不符合历史事实。在上海战役、金门战役中，汤恩伯都是顽抗到底的。只是大势已去，汤恩伯无力回天而已。

第九章　其他重要军事幕僚

蒋介石是个名副其实的草头将军，其一生大部分时间是在征战中度过的。所以，蒋介石的幕下，军事人才最多，其数当以千百计。除上面提到的"八大金刚""五虎上将"及"三鼎甲"外，下面这些军事幕僚也有必要予以介绍。

第一节　"小孟尝"何成濬

在国家分裂的时代，各种实力集团纵横捭阖、合纵连横，游说之风随之盛行。春秋战国时代的晏子、张仪、苏秦就是著名的游说之士，他们凭三寸不烂之舌，游说于诸侯列国之间。民国有如战国，军阀割据称雄，游说之士随之应运而生。在蒋介石的幕府中，有一批以游说各方见长的幕僚，如何成濬、吴铁城、张群、方本仁、蒋伯诚、贺国光等。他们不仅有广泛的社会关系，而且善于言辞，均是雄辩之士。史载张群"是一个善于雄辩的人"，吴铁城有"笃厚俊爽的风度，庄谐并发的词令"。何成濬更是他们中的佼佼者。有人说，何成濬"具有军阀、政客和流氓三重角色和特长"，这为他开展游说提供了条件。

一、辛亥革命中显露头角的老资格军人

何成濬（1882—1961），字雪竹，湖北随县人。他的父亲是当地的大地主。1904年，何成濬赴日本留学，先后就读于东京振武学校、士官学校中华队步兵科第五期。1905年，黄兴介绍何成濬加入同盟会。从此，何成濬开始追随黄兴参加革命。何成濬从日本回国后，每年向父亲索要5000元巨款从事革命活动，何对金钱从不吝惜，广结朋友，颇有"小孟尝"之风。

何成濬

1912年，中华民国成立后，黄兴任陆军总长兼参谋总长，何成濬任陆军部副官长。1912年4月，黄兴任南京留守，何成濬任留守府军务厅总务处长。其间，何成濬主要在黄兴与沪军都督陈其美之间做联络工作。何成濬、陈其美因性格爱好相投，成为莫逆之交，也因此认识了在陈其美麾下奔走的蒋介石。

1913年"二次革命"发动后，黄兴任江苏讨袁军总司令，何成濬任总参议。"二次革命"失败后，何成濬随黄兴流亡日本。1916年黄兴病逝后，何成濬转而追随孙中山，孙中山利用他的特长，命其奔走于上海、广州以及湖北、湖南、云南、福建等地联络，显示他的游说才干。

1926年7月，蒋介石以国民革命军总司令的名义率师北伐。何成濬在《八十回忆》中说："余息影沪上不及一年，而北伐军兴，邵力子自粤携总司令蒋公函来，促速赴粤。余闻北伐之讯，而极兴奋，至则蒋公拟以总参议一职畀余。余以广州偏在南疆，与内地交通困难，各方倾向革命者不易取得联系，必须在上海设置专人负责接洽。蒋公深以为然，命余以总代表名义驻沪，总代表下，设代表十余人，由余自行选派。"从此，何成濬开始了为蒋介石奔走游说的生涯。

二、北伐开始，游说四方

何成濬出山后，第一个游说的对象是五省联军总司令孙传芳。何成濬与孙传芳及其手下大将卢香亭等均为日本士官学校同学，经卢香亭接洽后，何成濬到南京见孙传芳，要他与蒋介石合作，出兵与蒋介石夹击武汉的吴佩孚。但孙传芳自视甚高，他的如意算盘是让北伐军与吴佩孚血战两湖，待两败俱伤后，孙传芳再出兵坐收渔人之利。因此，孙传芳对何成濬的游说无动于衷，并下了逐客令。何成濬离开南京后，即前往江西游说江西军务督办方本仁。方本仁是湖北黄冈人，其部下将领及幕僚也大多是湖北人。因同乡关系，何成濬成功地策反了方本仁，方本仁所部随即改编为国民革命军第十一军，终于挖了孙传芳的墙脚。

1927 年 4 月，南京政府成立后，蒋介石委任何成濬为军事委员会委员兼国民革命军总司令部高级顾问。7 月 29 日，何成濬奉蒋介石之命到北京与奉系军阀张作霖的头号谋士杨宇霆进行谈判，企图与张作霖谋求妥协，以便首先消灭武汉国民政府，但因种种原因，未能实现。1928 年 4 月，第二期北伐开始，蒋介石任国民革命军总司令兼第一集团军总司令，何成濬任总参议。北伐军攻占济南后，日军于 5 月 3 日在济南肆意屠杀中国军民，企图阻止蒋介石的北伐。蒋介石下令不予还击，并派高级参谋熊式辉以日本陆军大学同学关系去与日军第六师团长福田彦助谈判。但福田气焰嚣张，熊式辉无功而返。蒋介石要何成濬再去。何说："熊既被拒，我何能为？"蒋说："汝且去，不卑不亢与之周旋。"何成濬无可奈何，只好硬着头皮去找日军师团长福田，结果被福田关押了起来。何成濬在《八十回忆》中写道：

师团长福田问余曰：汝代表蒋总司令，凭何资格？余答职任总参议。福田曰：总参议能负责否？余曰能。福田点头说：能负责最好。即出文书一卷，要吾签字。余曰：我是代表蒋总司令来与汝协商，不是来签字的。福田见余拒签，又出示文书内容，大要为：一、胶济路交日人管理。二、济南附近二十里不得驻兵。三、赔偿此次事变损失。四、保证不再发生同样事端。五、向日本道歉。余答此五条，我一条也不能签。福田曰：是否无签字权。余曰：此来本是全权，但不能签字。福田厉声曰：不签字不行。叱士兵将余幽禁终宵，不给饮食。翌晨有一参谋来，余拒与洽谈，渠问何故如此？余答：昨晚迄今，匀水未入于口，不能发言。渠连声道歉，即唤来茶饭，并以颇似亲切口吻问曰：闻君曾留学日本，然否？余应曰然：进士官学校中国学生第五期。渠自称为士官二十期，正与余为同期，又劝签字，余仍坚决拒签。并称：如此条件，就是经蒋总司令签字也无效，他仅负北伐军事责任，外交条件非国民政府无权核可。渠又威胁曰：汝不想安全回去耶？余忿然曰：奉蒋总司令命令来此，照蒋总司令命令行事，利害问题，非所计也。渠见我气壮，又说容去与参谋长商量再谈。未几又来劝余签字，余拒签如故，并声明虽蒋总司令来电，余亦不签；余不能签丧权之约，为国人唾骂。福田师团长又问：汝带我一信回见蒋总司令，由蒋再派汝来签字何如？余答如蒋再派余来，还是代表协商，若须签字，必须得到国民政府允许。日人纠缠至此，知终不可夺，始让我退出。[①]

何成濬受辱而返，蒋介石命令北伐部队退出济南，绕道北伐。1928 年6 月，北伐军进入北京（随即改名为北平），张作霖率奉系军队退回关外。此后，蒋介石留何成濬在北平，与占据平津的阎锡山、白崇禧等实力派周旋，并接洽东北易帜问题。经过数度接洽，张学良于12 月29 日通电全国东北三省易帜，服从南京国民政府。

1929 年3 月，何成濬在国民党三大上当选为中央执行委员。5 月，蒋介石任命何成濬为湖北省政府主席，以酬其奔走游说之劳。但何成濬没有到任，由方本仁代理。何成濬随即以北平行营主任的名义去策划推翻桂系白崇禧。

白崇禧所统率的部队绝大多数是桂系西征时收编的原湘军唐生智旧部。蒋介石决定起用唐生智，蒋亲自到上海，请陈公博找到原唐生智部军长刘兴，要刘兴代替唐生智潜往天津，与唐旧部将领联络，蒋并要陈公博告诉刘兴，如能抓住白崇禧，便杀了他，所需军费，由宋子文负责。唐生智见有机会东山再起，自然一拍即合。何成濬随即以北平行营主任的名义进驻北平布置一

---

① 台北《革命人物志》第 8 集，第 29-30 页。

切，唐生智随后也北上。何成濬在《八十回忆》中说："余奉命速去北平部署一切，星夜起程，遵海北上。迨抵天津，则平津铁路已为异动军队所驻守，余电阎锡山饬傅作义派铁甲车护送到平。一面设法开导刘春荣师及魏益三师，使之拥护中央如初；一面对北平行营任命状，用蒋总司令名义，委唐生智接收湘籍部队。经此多方运用，异动局面已成土崩瓦解之势。张学良复暗中助余，嘱于学忠调动队伍，以示压迫，主其事者乃不得不微服宵遁，乘桴浮于海矣。"

在何成濬的策划下，唐生智从白崇禧手中顺利收回旧部，号称"小诸葛"的白崇禧则狼狈离开部队南逃香港，蒋介石"灭桂"的第一招顺利告成，何成濬在蒋桂战争中立下一功。

何成濬马不停蹄地南下至开封时，差一点儿被韩复榘扣押毙命，他逃至徐州，由马鸿逵护送至青岛，然后乘船南下。何成濬随即前往湖北，指挥徐源泉、王金钰部参与讨冯、讨唐。唐生智兵败下野后，何成濬回到武昌，任湖北省政府主席，旋兼武汉行营主任。

三、中原大战中有特殊的表演

中原大战，是蒋介石成败关键的一次战争。阎锡山、冯玉祥、李宗仁等各大小实力派实行"反蒋大联合"，奉阎锡山为领袖，与蒋介石决一雌雄。反蒋派军队80万，蒋介石军队60万，形势对蒋介石不利。蒋介石将所部编为三个军团，何成濬为第三军团总指挥，统率徐源泉的第四十八师、萧之楚的第四十四师、杨虎城的第十七师、王金钰的第四十七师、郝梦麟的第五十四师、刘茂恩的第六十六师等部队，驻在许昌和漯河一带。这些都是清一色的杂牌部队，虽然早已投靠了蒋介石，可是因受到蒋介石的歧视而心怀怨恨，往往成事不足，败事有余，甚至应付不好，就会倒戈相向。由于多年来的军阀割据和混战不休的结果，杂牌军队在数量上相当可观。在当时国民党派系头目联甲倒乙、拉丙打丁的混战局面下，庞大的杂牌军队的向背，往往可以左右战局，甚至成为战争胜负的关键所在。因此，如何驾驭控制这些杂牌军队，使其为自己效命，至少不致为对方所收买利用而变生肘腋，就成为战争双方首脑所苦思焦虑的一个重要问题。

蒋介石选择何成濬来统率这些杂牌军，可以说是"知人善任"。

首先，他既是老同盟会员和早期士官学生，又在辛亥革命时就已显露过头角，那么，何就有资格捅着"老革命""老军事家"的招牌先声夺人，肆应一切，而使杂牌小军阀头目们不得不"肃然起敬"。

其次，何不但能够滔滔不绝地纵谈革命往事、军事韬略，以至日本的明治维新等，而且因为他是秀才出身，对于封建士大夫的那一套周旋应付办法也极其娴熟，这一点足使那些老粗军人为之倾倒，而自惭形秽。又由于他有在上海滩上长期生活的丰富经验，对于三教九流，吃喝嫖赌，可以说行行精通，样样出色，使那些沉溺于腐化糜烂生活的杂牌军队的头目不仅引为同道，而且视为老手，于肃然起敬之余，转而乐于相亲、相忘于放浪形骸之中。正由于其备这些特点，也可以说这些特点同时萃于一身，何成濬便成了国民党统治集团中以善于奔走拉拢、擅长周旋应付而著称的旧军阀官僚典型人物之一。由此看来，更可见蒋介石在此次混战中叫何成濬来充当驾驭杂牌部队这一个角色，确实是"运用之妙，存乎一心"的。

"讨逆军"第三军团总指挥部设在河南漯河车站，何成濬就在由武汉开来的一列专车上办公。漯河是豫南粮食集中市场，商业相当发达，各种物资供应本来非常齐备。但是这些土货，何成濬哪里看得上眼。他的生活所需，几乎全部是专门从汉口运来的名贵品种。不但山珍海味应有尽有，高级烟酒样样俱全，而且还有四川、云南乃至印度产的大烟。这些东西不只是为了他个人的生活享受，从某种意义上说，实际上是他指挥作战的"战略物资"，或者说"战略手段"。

以上这些供应物品，不过只是一般的"战略物资"而已。他除了从汉口调来一批有名的中外厨师，日夜制作各种各样的点心、筵席流水般地招待麾下的杂牌军队头目之外，威力最大的"战略物资"则是从汉口成批地搜罗来的一群所谓高等妓女。他一面把这批妓女乱点鸳鸯谱地分配给各个将领（自然他自己也不例外），一面在漯河街上一所相当宽大的四合院里布置了一个"军中之家"，一应设备，都很考究。他和各将领各自带着妓女就住在这个院子里，昏天暗地地过着荒淫糜烂的生活。当时蒋军兵站总监俞飞鹏，除了负责供应各种生活享受物资之外，更因为他擅长赌博，就成为各种各样豪赌的组织者。他和何成濬一唱一和，十分默契，充分发挥了"兵站总监"的作用。

当那些将领在酒席宴前杯盘狼藉、酒酣耳热的时候，或者在赌博台上吆五喝六、赌兴正豪的时候，或者在烟灯旁边吞云吐雾、飘飘欲仙的时候，或者在和身边的妓女嬉笑谑浪、丑态百出的时候，也正是何成濬施展他的浑身解数和看家本领把这些将领制服得服服帖帖的时候。许多关系着当时战争成败以至"党国大计"的问题，都是在这样一些场合和气氛之中，由于何成濬的作用而获得了有利于蒋介石的结果。

中原大战，何成濬使出浑身解数，将一批难以应付的杂牌军小头目玩弄于股掌之上，为蒋介石再立一大功。

四、"湖北家长"祸害家乡

中原大战结束后，何成濬兼武汉行营主任、湖北省政府主席、湖北省党务指导委员，集党政军大权于一身，成为所谓的"湖北家长"。这是何成濬最风光的时代。他坐镇九省通衢的武汉三镇，平时在汉口办公，轻裘缓带颇有羊叔子之风度。他白天处理公事，接见来宾。晚间就召集僚属、来宾及故旧在汉口俱乐部或煮茗清谈，或斗牌召妓，东山丝竹，逸兴遄飞，大有不知昏晓之慨。当时，武汉三镇流传几首打油诗：

> 主席何成濬，手拿三颗印。
> 公议太平洋，天亮未尽兴。

市长刘文岛，跟着飞机跑。

开口总司令，闭口何芸樵。

教厅黄建中，用人秉大公。

只要是北大，不管通不通。

民厅吴醒亚，本党招牌挂。

烟赌与娼妓，一概不许抓。

从 1930 年底开始，何成濬调集 9 个多师的兵力，向鄂豫皖苏区发动了疯狂的围攻。何成濬军事上是外行，连吃败仗，但他异常残暴，在鄂东，他下令对苏区壮丁一律处决，苏区房屋一律烧毁。

何成濬专心反共，不理民政，将水利事业费全部挪用为"剿共"军费。1931 年长江流域大水，何成濬竟然任用武汉最大的鸦片贩子赵典子为防汛总指挥。天灾人祸交至，长江溃口，江汉平原和武汉成了汪洋泽国，数十万无辜平民葬身波涛。当时湖北人给何成濬编了几句顺口溜："主席何成濬，一官兼三印。除了打内战，百事都不问。"何成濬因失职受到普遍谴责，被迫于 1932 年 3 月辞去湖北省政府主席职务，由夏斗寅接替。

1932 年 5 月，蒋介石在武昌成立豫鄂皖三省"剿匪"总司令部，自任总司令，同时将武汉行营改为湖北绥靖公署，仍以何成濬任主任。"剿匪"军事由蒋介石亲自指挥，何成濬则重操旧业，到四川、湖南游说刘湘、何键服从蒋介石。

何成濬《八十回忆》记述："余念剿匪军事既有蒋公主持于上，因抽暇致力于川湘两邻省之联络工作……两省军政当局，或则凭恃险阻，志在保守，或以介居南北，迹近模棱，所谓服从中央，难免貌合神离，推诚宣导，实关重要，余秉性平易，善与人交，对于川之刘湘及湘之何键，或亲往访问，或频通信使，于睦邻之中寓宣慰之意，使之日益了解中央，信赖中央，化猜疑为精诚，消割据之隐患。"

五、为宝座，与蒋介石暗中斗法

何成濬自 1932 年 3 月失去湖北省政府主席职务后，一直想卷土重来，但蒋介石却任用夏斗寅、张群，而不任用何成濬。

夏斗寅本来是何成濬的部下，但他走蒋介石路线当上省主席后，何、夏关系就相当紧张。有一天，夏斗寅跪到蒋介石面前诉说何成濬如何压迫他，并长跪不起，引起蒋的反感。蒋介石在湖北省党部扩大纪念周上对何、夏摩擦大发雷霆，说从前北洋军阀统治湖北，湖北人不敢说话；现在中央把湖北交给湖北人自治，又互相倾轧，争吵不休，难怪人家说"天上九头鸟，地下湖北佬"，"省府主席无知，省党部委员更无耻"。蒋的训话把湖北人骂了个遍，引起湖北人士的强烈反感，蒋事后也自觉失言，连忙叫宋美龄出来主持招待茶会，解释一番以平息众怒。

1935 年 12 月，张群辞去湖北省主席职务，调任外交部长，蒋又任命政学系头子杨永泰为湖北省政府主席。对此，何成濬大为不快，为阻止杨永泰到任，他与 C.C. 系串联，唆使武汉学生上街游行，高呼"打倒政学系！""反对杨永泰接任省主席！"等口号。

对于何成濬的这套把戏，前来履任的杨永泰洞若观火，他不甘示弱，下船后首先便来到湖北绥靖公署质问何成濬："你有无制止学生游行的办法？我是不怕这一套的，如果你无办法，我有办法。"何成濬只好回答："我正会同省、市教育厅局长排解。"[1] 于是，何成濬一面护送杨永泰到省府，一面叫省市警察局会同教育界负责人及学生家长把游行队伍解散。

在南京的蒋介石知道何成濬等人在背后捣鬼，佯作不知，给何成濬发来一通电报："据报湖北省党部借学生提出打倒杨永泰口号，向政府示威。如果属实，仰将该党部及其负责人一律军法从事，具报为要。"[2]

---

[1]　《湖北近现代名人史料专辑》，《湖北文史资料》1988 年第 4 辑（总第 25 辑），第 10 页。

[2]　孙彩霞:《新旧政学系》，第 232 页。

蒋的这个电报，明里是针对 C.C. 系把持的省党部，暗里是对何成濬的一个警告。何接到这个电报大为不满，发牢骚说："如果枪决，请自我始。"① 并复电为杨锦昱等申辩。蒋鉴于杨永泰已到任，也就不再追究。

1936 年 10 月，杨永泰在汉口遇刺身亡，蒋介石又把浙江省主席黄绍竑调任湖北省主席。对此有人不解，黄绍竑解释说："蒋介石一向不满鄂人治鄂的说法，他尤其不喜欢何成濬。自夏斗寅下台，他就用张群来接替；张群内调外交部长，就用杨永泰来接替。张、杨头面大，可以挡得住。杨永泰被刺死后，何成濬似乎非当湖北省主席不可。但何与 C.C. 系有关系，而杨案又传说与 C.C. 系有关。何素为蒋介石不满，黄埔系又反对，于是就把浙江的'看家狗'拿出来挡一挡。这完全是蒋介石对付湖北人、对付何成濬、对付 C.C. 系和黄埔的把戏，我不过是一个挡箭牌罢了。"②

1936 年 12 月 12 日西安事变发生，张学良因与何成濬有多年的交往，知道何成濬在蒋介石面前能说上话，便专门给何成濬发来电报，邀请他去西安共商善后事宜。南京的何应钦、孔祥熙、陈立夫也连电何成濬，恳求这个老说客去西安营救蒋介石。何接电后本来想去西安，不料他的参谋长杨揆一却危词劝阻说："杨宇霆和张（学良）那样的交情，尚被杀害；张是个翻脸不认人的角色，不可不慎。"何认为有理，嘱秘书复电张学良："以委座的德望尚被劫持，濬何人斯，能无顾虑？"

何成濬甚至劝阻宋美龄去西安。12 月 17 日，何成濬致电行政院代院长孔祥熙，称："顷接经扶兄电称端纳回京接蒋夫人到西安，弟意委座若无一字外出，蒋夫人望以不去为宜，俟莫柳忱（德惠）、于右任诸先生赴陕后再看情形决定，较为妥适。"

蒋介石获释回南京以后，许多人攻击何成濬明哲保身，见危不救，不忠

---

① 《湖北近现代名人史料专辑》，第 10 页。

② 《文史资料选辑》第 7 辑，第 91 页。

于蒋。蒋系从此以讥讽的口吻称何成濬为"何人斯"，蒋对何成濬的信任更是大打折扣了。

六、八年军法总监

1937 年 7 月，抗日战争爆发后，何成濬于 10 月起重任湖北省主席兼湖北行营主任，准备抗战。年底，蒋介石率军事委员会进驻武汉，武汉成为战时首都。何成濬"以身兼军政两要职，内耗心血，外招嫉妒，必须辞去其一，以让贤者，而免偾事各情形，面呈蒋公，奉准卸去鄂主席职务，旋因军事逐渐西移，武汉行营亦撤销，余改任军法执行总监……"

1938 年 6 月，何成濬任军事委员会军法执行总监，直至 1945 年 10 月军法执行总监部撤销为止，坐了七八年的冷板凳。

何成濬作为军事委员会军法执行总监，对于蒋介石以好恶随意杀人做了一些力所能及的抵制。

有一天，蒋介石召见何成濬说："航委会主任钱大钧贪污五万元，应予枪毙，交给你执行。"何成濬据理陈说："钱大钧用这五万元，是有正当用途的，经过航委会宋（子文）副委员长予以批准，把他枪毙，将置宋于何地？钱大钧跟随委座多年，事未查明，即处极刑，一般老同志都要寒心，仍请加以考虑。"蒋不得不让步说："暂把他看管起来，查明再办。"

四川省教育厅长杨廉因贪污嫌疑，蒋介石想杀一儆百，但何成濬认为杨廉罪不至死，一再向蒋介石据理力争，引起蒋的不满，质问何："你不听我的话，要设军法总监何用？"何成濬本想说："你要杀人就杀人，何必要设军法总监？"但没有说出口。何拗不过，最终还是按蒋的意旨把杨廉杀了。

粤军军长张德能交军法总监部审理时，何原想等蒋介石的火气稍退，再将判决案呈送。不料，蒋介石有一天忽然想起，催何成濬立即将张德能案的材料送核。何无法再压，只好将判决案送上去。蒋介石不由分说，将徒刑改为枪决。

又如程泽润一案，程泽润的靠山是参谋总长兼军政部长何应钦，程泽润在兵役署长任上，把兵役办得一团糟。1944年8月底，程泽润在公馆庆祝50大寿，大摆筵席。不料，蒋介石得到次子蒋纬国报告，说兵役署有虐待壮丁以及得钱买放种种不良情事，蒋听了勃然大怒，立即召集何应钦等前往兵役署查问，蒋当场用手杖将程泽润一顿暴打，随后下令将程泽润交军法总监部先行看管，并当场枪毙两个连长。程泽润被关押后，何应钦等纷纷出面求情，拖到1945年2月下旬，蒋介石明令组织会审，由何成濬主持审判。何成濬在何应钦的强烈要求下，判处程泽润9年徒刑。1945年6月上旬，何成濬将判决书呈蒋介石核阅时，蒋先批"应严惩"，末尾再批："枪毙可也。"蒋介石批示后，何应钦等还想转圜，请代参谋总长程潜等出面求情，但蒋介石执意杀程泽润，求情一概落空。

在国民党内，人们把何成濬（号雪竹）、陈调元（号雪暄）和刘镇华（号雪亚）这三个具有同一典型性格的军阀联在一起，称之为"三雪"。"三雪"中，雪竹与雪暄之间的关系尤其亲密，两人均有吸鸦片烟的爱好，遇到一起常常一榻横陈，谈天说地。特别是抗战期间在重庆时，何成濬的军法执行总监部在大田湾，陈调元的军事参议院在国民政府附近的建设路，相去不远。北洋小军阀出身的陈调元自投奔蒋介石后长期担任军事参议院院长、陆军二级上将，但军事参议院无事可参，唯一的事情就是享受玩乐，陈好享受，雇有专职的擦背削脚师及理发师，浴洗一切均甚方便。尤其是陈调元的厨师善烹调美味佳肴，饮食精致可口，何成濬时常光顾陈家，酒足饭饱，烟瘾过足后，浴洗干净，然后谈话到夜阑始散。有时发发牢骚，何成濬常常这么数落蒋介石："老蒋总是有事有人，用不着你时，就一脚踢开你。我们仗着老面子，所以总是另眼看待。这种薄情的人，不可以久处的。"

陈调元也是杂牌军头子，听了这话自然深有同感，频频点头表示同意。

七、重返湖北政坛

1945 年 9 月，抗日战争胜利，军法执行总监部撤销，何成濬退役回到武汉。

1946 年 4 月，何成濬当选为湖北省参议会议长。5 月，蒋介石从重庆还都南京，途经武汉，当他走下飞机的时候，何成濬随武汉行营主任程潜首先迎了上去。蒋介石一见何成濬就说："雪竹兄，你当老百姓了？"何答："老朽了，不顶用了。"对蒋介石的冷落发出了抱怨。

何成濬当湖北省议会议长，而省主席则是何成濬当年的部下万耀煌。万耀煌因受到蒋介石的宠信，到任之后趾高气扬，没有把省议会和何成濬这位议长放在眼里，何成濬自然也不买这位后生辈省主席的账，于是他装着为民请命的样子，对于省主席提出的增加湖北人民负担的提案大多予以否决。例如，武汉轮渡费由一角增加为一角五分的提案因何成濬的抵制而遭否决。又如田赋征实，省政府提出除征 1000 多万担正税外，还要征收附加税。何成濬在省参议会上说："湖北各县份多有江河，往往十年九灾，每遇灾荒，多由湘赣两省买米接济，况沦陷八年，一切物资被日伪探索殆尽，许多百姓还在啼饥号寒之中，喘息未定，又要他们增加负担，实不可能，我意正额要减，附税更谈不到。"省参议员们一致赞同何的意见，万耀煌在省参议会上虽强词狡辩，提案还是被否决。行政院长张群从南京来电疏通，也未发生作用。

之后，蒋介石召集各省参议会议长到南京开会，蒋介石特地召见何成濬，问："武樵在鄂怎样？"何成濬回答："他缺乏行政经验，被人包围，他的夫人也时常干政，好听妇人之言，搞得不太好，恐怕干不下去。"

蒋接受何成濬的意见，让陈诚转告万耀煌自请辞职。1948 年 4 月 3 日，万耀煌辞职，张群推荐张笃伦接充。

张笃伦也是何成濬的老部下，他吸取万耀煌的教训，对何成濬这位老上司特别表示尊敬，因此张、何得以相处无间。

1948 年底，桂系二号首领白崇禧以华中军政长官身份进驻武汉，何成濬与桂系首领李宗仁、白崇禧积怨甚深，素不相睦，如今，白崇禧以华中最高军政长官的身份主宰一切，让何成濬不寒而栗，于是三十六计走为上，他悄悄潜往上海后，电请辞去议长职务，未获同意，便托病不再出席会议，由副议长艾毓英代理议长职务。

1949 年，何成濬移居香港。这时的何成濬很悲观，常对人说："天地之大，已无容身之地矣！"[①]

1951 年春，何成濬去台湾，担任"总统府国策顾问"、"资政"、国民党中央评议委员等虚职。

[①] 《湖北近现代名人史料专辑》，《湖北文史资料》1988 年第 4 辑。

第二节　"战略专家"杨杰

杨杰是蒋介石幕府中最有才干的军事家之一，斯大林称他为"战略专家"。后来杨杰与蒋介石分道扬镳，走上反蒋的民主革命之路，终被蒋介石派遣的特务暗杀。

一、杰出的军事干才

杨杰

杨杰（1889—1949），字耿光，云南大理县人。1905年考入云南陆军速成学堂，因成绩优秀，1906年被保送保定的通国陆军速成学堂。1907年，由清政府保送到日本留学，初入振武学校，两年后进入陆军士官学校炮兵科学习。1909年加入同盟会。1911年，杨杰从士官学校毕业，回国参加辛亥革命。其后，在滇军、黔军中任职。1921年，已是陆军中将的杨杰进入日本陆军大学学习，1924年冬，杨杰从日本陆军大学第十五期毕业后，受国民军第三军军长孙岳的邀请，到国民军任职，历任参谋长、河南陆军训练处教育长等职。不久，杨杰离开国民军，投奔广东。

1926年5月，杨杰任国民革命军第六军总参议，协助军长程潜制订作战计划。同年12月，任第六军第十七师师长。在宁汉分裂前夕，杨杰被蒋介石收买，投入蒋的怀抱。1927年4月28日，程潜的基本部队第六军第十九师被何应钦包围缴械。蒋介石将陈仪的第十九军缩编为第十九师，与杨杰的第十七师合编为第六军，以杨杰升任代军长。后来蒋得知程潜在武汉重新组建第六军后，遂将杨杰的第六军改为第十八军，杨杰升任第十八军军长。

杨杰很快显露出杰出的指挥才干。北伐中任第三路军总指挥，人称"小诸葛"的白崇禧对杨杰的指挥才能也赞不绝口，他说："杨杰日本陆大毕业，身材魁梧，仪表甚佳，有学问。第六军在克复南京时发生事件被惩处，程潜去职，由杨杰任军长，归我指挥。渡江北伐后，遇需拟作战计划时，杨一面拿地图看，一面就写，一下子写好了，又快又合作战需要。"

第二次北伐中，杨杰任第一集团军总参谋长，随国民革命军总司令兼第一集团军总司令蒋介石行动。5月3日，日寇制造济南惨案，阻止北伐进军。杨杰对蒋介石说：这件事早在估量之中，可令未渡黄河的部队，绕道渡河；已到济南附近的部队，迅速离开济南往北推进，以收北伐全功。随行的吴稚晖、邵力子、陈立夫等听了都赞不绝口。蒋依计而行，命令第一集团军绕道济南继续北进。1928年6月，北伐军进入北京（旋改名为北平），蒋介石即任命杨杰为国民革命军总司令部北平行营主任，与阎锡山、冯玉祥、白崇禧等周旋。

二、新军阀混战中为蒋介石立下汗马功劳

在北伐结束以后的国民党新军阀混战中，杨杰作为蒋介石倚重的军事干才，为打败反蒋派立下汗马功劳。在蒋桂战争中，杨杰任蒋介石的陆海空军总司令行营总参谋长。

在蒋冯战争中，杨杰先后任南路军总参谋长、讨逆军第十军军长兼左翼军指挥官。西北军代总司令宋哲元指挥西北军东出潼关，发起强大攻势，蒋军失守登封，密县将陷，临汝城被围，战局对蒋军不利。在这危急关头，杨杰决定以一部从正面抵挡西北军的进攻，以一部侧击登封，以解临汝城之围。经过两日激战，杨杰指挥的蒋军配合临汝城内的守军，击溃西北军，解了临汝之围，扭转了战局。

在蒋唐战争中，蒋介石委任杨杰为洛阳行营主任，负责讨唐军事，将唐生智击败。

在中原大战中，蒋介石任讨逆军总司令，杨杰任参谋长兼第二炮兵集团指挥官。反蒋军人数多于蒋军，一开始，蒋军处于被动挨打的局面，康永良回忆说：

蒋介石的中央军由于阎、冯两方面的压力，初期战事颇感棘手。中央军各高级将领情绪悲观，许多人很消极。蒋本人虽不消极，但亦无计可施。时杨杰在上海，蒋派人持己亲笔信请杨来，并电上海方面负责人促杨成行。杨到前方后，力排众议，主张进攻，并向敌方施行大迂回作战。杨态度傲慢，骂中央各高级将领无能，请求自率一部迂回晋军后方——大汶口，敌人可不战而退。蒋介石按照杨杰建议进行部署。派杨带一个军用迂回战术挺进大汶口，截断晋军后方。晋军知后方被切断，迅速后撤，津浦线傅作义部队因之大败。由于津浦线的失败，胶东的张荫梧部队就不得不放弃追击韩复榘任务而撤回济南，至此，晋军的形势迅速恶化。杨杰迂回战成功，成为中央军对阎冯军作战的一个转折点。

8月上旬，冯玉祥又指挥西北军在陇海路发起全面攻势，以徐州为目标，分七路进攻。西北军攻势极为猛烈，蒋军连连后撤。在冯军全线猛烈攻击的时候，蒋介石鉴于情势危急，为了确保退路，乃分电各将领固守鹿邑、太和、阜阳、涡阳、蒙城、永城、夏邑和亳州各城，敌军来攻时能固守不失者，准备升二级，赏洋五万元，借以激励士气。蒋介石并在柳河召集会议，他看到柳河、归德岌岌可危，准备由陇海正面及归德以南地区退却，缩短战线。参谋长杨杰和军政部陆军署长曹浩森（曾任冯的参谋长）均在会上研究了当时的情况。杨杰认为在敌人攻势正猛的情况下退却极为不利，应再继续苦撑数日，视情况的发展，再寻找退却的有利时机。曹浩森夙知冯玉祥作战向主稳扎稳打，非有十分把握，绝不敢冒险深入。他们研究结果，都主张将控制在柳河附近的仅有的两个营加上去进行重点突击，俟稳住阵线后，再看情况的发展变化，一面调留守南京的教导师火速开来，解除左后方的威胁，然后再作新部署。当时参加会议的陈调元向蒋自告奋勇，建议从右翼反攻，以分陇海线晋军兵力，即可保正面无虞。至此，蒋始中止了执行退却的计划，并悬赏全线各军，固守原阵地。恰逢大雨，冯军停止进攻，蒋军颓势才有了扭转。

总之，杨杰高人一筹的战略眼光在中原大战中再次得到验证。

在中原大战之际，杨杰原配夫人赵丕欣在上海病故，杨杰未能见上一面，殊感痛心。蒋介石也过意不去，多次安慰杨杰："为国效劳，不顾个人情义，古今少有，你对国家的安危尽到了力量，对自己的家室没有尽到情义，真是忠义难全，望自保重，无为悲伤。"

中原大战结束后，杨杰在南京设灵悼念夫人，蒋介石宋美龄夫妇亲往致祭。

三、道不同，不相谋

中原大战结束不久，蒋介石立即兴师"围剿"红军。杨杰认为这违背了孙中山倡导的"联俄、联共、扶助农工"的政策，与自己平生的愿望不吻合，便向蒋介石陈述自己的意见，劝蒋介石不要把力量用去打共产党，应赶快集中力量，进行国防建设，加强国家抵御外侮的力量。蒋介石最忌讳军人有自己独立的思想和主张，从此对杨杰不满。杨杰见不能说服蒋介石，也很失望，便与方鼎英化装离开部队，避居上海。

1931年12月，杨杰任陆军大学校长，次年2月，蒋介石再度出山，仍兼陆军大学校长，杨杰改任教育长，实际主持陆军大学工作达六年之久，成为民国时期著名的军事教育家。

杨杰在陆军大学教育长任上，经常直言不讳地批评蒋介石手下那些庸碌无能的高级军事助手。

方天说："杨杰有点才学，对谁都看不起，除委员长外，他谁都敢骂，对委员长不是不骂，是不敢骂！"

杨杰因此得罪了这些人，包括蒋介石手下一号军事助手何应钦。在1933年长城抗战中，杨杰任古北口方向的总指挥，受到北平军分会委员长何应钦的当场刁难。

由于蒋介石和杨杰在抗日问题上产生了分歧，蒋介石对杨杰很不放心，不再把实际兵权交给杨杰。在以后的整个抗日战争中，杨杰再没有机会统兵去与侵华日军作战。杨杰因为不能实现他疆场杀敌、保卫中华的夙志，感到终生遗憾。

1933 年秋，杨杰受蒋介石委派，前往欧洲考察。在近一年的时间里，杨杰走遍了欧洲 29 个国家。1934 年秋，杨杰回国，向蒋介石提交了《欧洲各国军事考察报告》，提出：要赶快进行重工业建设，进行以国防工业为重心的兵工业的根本建设，克服依赖外国武器的弱点，力求自强，建设独立自主的兵工业。他指出："职预料世界火并战祸一开，必蔓延全世界。是时，各国自顾不暇，敌必以海军封锁我国各口岸，断我军火之来源。是时，虽以万万金，不能得一御侮之工具。"这是很有远见的战略，但蒋介石志不在此，没有采纳杨杰的建议。

随后，蒋介石又陆续委派杨杰为参谋次长、参谋本部城塞局局长、防空委员会主任。

江阴要塞司令杨春圃，依法稽查英轮，英轮仗势向军政部提出质问，蒋介石不但不支持杨春圃的正当做法，反而使杨春圃两次入狱，长帝国主义之志，灭自己人的威风。杨春圃无法，前后花了 15000 元运动军政部军法司长王震南才算了事。为此，杨杰在日记中写道："王（震南）为委座亲戚，如此贪婪违法，而委座专任之无感乎？此蒋氏被天下人怨恨也。"

不久，杨杰奉蒋介石之命检查航空委员会新买来的飞机。当时，宋美龄任航空委员会秘书长。在检查中，杨杰发现其中几架是用报废的飞机抵充的，便如实报告了蒋介石，因此又得罪了宋美龄。从此，杨杰去见蒋介石，蒋都不露面。他便辞去了防空委员会主任一职。

后来，宋美龄联合何应钦及陈果夫、陈立夫兄弟，向蒋控告杨杰在修建南京城防工事中贪污公款，蒋遂将城塞局军需处长和副处长逮捕枪毙。随后，将杨杰的代理参谋总长和城塞局局长之职也撤了。

杨杰与蒋介石关系破裂，很大程度上是由于政见不同所致，而国民党上层军事人物却往往从杨杰的所谓"骄傲"上去理解。

1943年1月19日，军事委员会军令部长徐永昌在日记中写道："此君（指杨杰——笔者注）诚狂妄，但颇有才。陆大学员至今念之者仍不在少，使受折磨后似仍应试用之。"

白崇禧在晚年的回忆录中也说："杨杰仪表好，很有学问，拟订作战计划又快又好，不过他好利、夸大，在陆大演讲常批评他人。话说回来，军人本分，不要如此。"

四、民国一代军事理论家

1937年7月7日卢沟桥事变爆发后，蒋介石召开庐山谈话会，研究和战大计。杨杰力主抗战，他说："日本目前有军阀与财阀之争，陆军与海军之争，陆军中又有少壮派与老年派之争，全国不是一条心；……以小国临大国，又不可能倾全力来犯；外交上既要与苏联为敌，又得罪了英、美，四面树敌，犯了兵家大忌；……因此，我们不难打败日本。"

杨杰奉蒋介石之命，拟订了对日作战计划。在计划中，根据敌强我弱、敌小我大的特点，明确地提出了"持久战"的战略战术，强调要"利用空间，争取时间，逐步削弱敌人，使我转弱为强，最后战胜敌人"。杨杰的计划交给蒋介石后，满以为蒋会任命他为统帅部的参谋总长。可是，蒋确定何应钦为参谋总长兼军政部长，白崇禧为副参谋总长兼军训部长，统帅部没有杨杰的位置。蒋介石还将何应钦拟的作战计划交给杨杰看。杨杰阅后，连说："狗屁！狗屁！"

何应钦虽是应付差事的平庸之才，但从蒋军人事上来讲，何是黄埔系头面人物；为了统帅黄埔系，不能缺少何应钦。况且，何应钦平素唯唯诺诺，而蒋介石又过分自信，正需要这么一个没有主见的助手作招牌。因此，无论从哪一方面讲，参谋总长的位置都不可能交给杨杰。

1937 年 8 月，蒋介石特派杨杰为赴苏军事考察团团长，寻求苏联的军事援助。斯大林接见杨杰，并慷慨提供了大批飞机、坦克、大炮，支持中国抗战。9 月，蒋介石任命杨杰为驻苏联大使。驻苏期间，杨杰经常受到斯大林、伏罗希洛夫等苏联最高领导人的接见，他也认真地了解研究了苏联的社会主义制度，认为："苏联的制度是建设理想国防的最好制度。"杨杰的明显亲苏态度，引起蒋介石不安，1940 年初，蒋免去杨杰的驻苏大使职务。

杨杰回国后，向蒋介石提出加强国防建设全国团结一致抗日和中苏亲善的建议，以及作战方案。再次触动了蒋介石敏感的反共神经。蒋介石随即派人送给杨杰一部《曾文正公全集》，叫他好好阅读，并加批注，限三个月后送还。杨杰很生气，将书丢在一边，成天打麻将。三个月后，杨杰在上面随便批了几个字，送还蒋介石。蒋看了批注，认为杨杰不可救药，决定让他坐冷板凳，给他军事委员会顾问的虚职并指使军警特务监视杨杰的行动。

杨杰在重庆闲居的日子，埋头从事军事理论著作的写作。继 20 世纪 30 年代完成《战争抉要》《大军统帅学》《蒙古骑兵之性质及其使用法》后，在 40 年代又完成了《国防新论》《军事与国防》等著作，奠定了杨杰作为民国一代军事理论家的地位。

五、为民主革命献身

1945 年 10 月，在周恩来、董必武等中共领导人的关怀下，杨杰与谭平山、陈铭枢、王昆仑、郭春涛等人，在重庆组织三民主义同志联合会，从此投身民主运动。

当陈诚扬言三个月打垮共产党时，重庆记者问杨杰："你看过陈诚对记者的谈话吗？"杨杰答："看过了，我没有多大见解，但我的看法，共产党有广大的群众基础，要三个月打垮共军主力，五年内肃清是办不到的，我认为十年打不垮，百年肃不清。"

1948 年 1 月 1 日，中国国民党革命委员会成立，杨杰当选为中央执行委员，负责民革西南执行部。他对国民党左派张天放说："蒋介石是独夫，非垮不可，反对他的人多得很，我们现在要朝这个方面做工作，多联系些人，非把这家伙打倒不可。"

杨杰在其他场合还对人说："蒋介石是独夫，他不垮台我去做和尚，过去的革命过去了，现在重新来。"

对于杨杰的反蒋行动，蒋介石恨之入骨。蒋介石指使保密局杀手沈醉在昆明暗杀杨杰，杨杰闻讯后转移到香港；蒋介石又指令保密局局长毛人凤派遣保密局行动处处长、著名杀手叶翔之带领韩世昌等四名特务赶到香港，于1949年9月19日将杨杰刺杀于香港轩尼诗道260号四楼。

9月21日，在北平召开的中国人民政治协商会议开幕式上，中国共产党代表团提出临时动议，由主席团以大会名义向中国国民党革命委员会和杨杰家属发唁电。

1982年6月5日，中华人民共和国民政部追认杨杰为革命烈士。

第三节　"安边儒将"朱绍良

朱绍良追随蒋介石数十年，特别是从 1933 年 5 月起，历任甘肃省政府主席、驻甘绥靖公署主任、第八战区司令长官，为蒋介石坐镇西北 13 年，有"安边儒将"之称。

一、投奔蒋介石

朱绍良（1891—1963），原名宝瑛，因为敬慕汉代大臣张良，改名绍良，字一民（也作逸民）。原籍江苏武进县，生于福建福州。早年就读于福建陆军小学、南京陆军第四中学，1910 年赴日本留学，入振武学校。同年加入同盟会。1911 年武昌起义爆发，朱绍良前往汉口参战。汉口失守后，朱绍良来到上海，到陈其美的沪军都督府任参谋。当时蒋介石任沪军团长，朱、蒋二人很可能在此认识。

"二次革命"失败后，朱绍良亡命日本，1914 年进入日本士官学校第十一期炮兵科学习，与何应钦、谷正伦、贺耀祖为同学。1916 年毕业后，朱绍良随何应钦到黔军中任职，历任黔军团长、师参谋长、黔军司令部参谋长等职，有"黔军小诸葛"之称。

1923 年春，朱绍良投奔广东，历任孙中山大元帅府参谋、驻粤滇军参谋长、广东省政府顾问。1926 年 4 月，蒋介石委任朱绍良为国民革命军第四军第十师参谋长，随军北伐。在蒋介石挑起的迁都之争中，朱绍良支持蒋介石，出任国民革命军总司令部武昌行营参谋长。朱绍良的拥蒋态度引起武汉国民政府的注意，朱绍良见在武汉无法立足，于 3 月中旬离开武汉前往南昌见蒋，蒋随即委派朱绍良为第九军军长。蒋介石发动四一二反革命政变后，朱绍良升任国民革命军总司令部参谋长。8 月 13 日蒋介石下野后，朱绍良与蒋介石同进退。

二、东征西讨

1928 年 1 月蒋介石复职后，朱绍良也随之出山，任军事委员会委员、军事委员会军政厅厅长、办公厅主任、第八师师长等职，成为蒋介石手下大将之一，参与国民党新军阀的混战。

在蒋桂战争中，朱绍良任第二军军长兼第八师师长，指挥第八师、第十三师和独立第一旅讨伐桂系。桂系大败后，逃往鄂西的残部由朱绍良收编。

1929年9月，张发奎在宜昌举兵反蒋，并准备由鄂西经湖南开赴广西，与桂系留在广西的部队合作攻打广东。蒋介石任命朱绍良为讨逆军第六路军总指挥，率第八师、第三师和第五十师援粤，与广东军阀陈济棠联合击退桂、张联军，朱绍良率军进入广西梧州、桂平等地。

1930年中原大战中，朱绍良任第六路军总指挥，统率第八师、第五十六师和新编第二〇二师等三个师，归武汉行营主任何应钦指挥。

从1930年底至1933年初，朱绍良又先后参加了对中央苏区的第一次至第四次军事"围剿"。因"围剿"不得力，一度被蒋介石免职。1932年5月，朱绍良调任鄂豫皖三省"剿匪"总司令部参议。8月，朱绍良出任湘赣边区"剿匪"总指挥。

三、安边十三年

1933年5月4日，朱绍良任甘肃省政府主席，同年9月起兼任甘肃绥靖公署主任。从此，朱绍良开始了长达13年的安边生涯。

从清末起，大西北的甘肃、青海、宁夏境内逐步形成了一支强悍的政教合一的回教军队，人称马家军。到20世纪30年代，出现了马步青、马步芳、马鸿宾和马鸿逵四大回教军阀。甘肃是大西北的交通走廊和战略要地，马家军各军阀头目都觊觎甘肃，企图将甘肃弄到手，以便称霸西北。马家军阀的这一企图因受到民国历届中央政府的抵制，而没有能够实现。甘肃省成为民国以来历届中央政府控制西北的基点。朱绍良到任后，因手中没有多少军队，只能极力拉拢西北地方士绅及盘踞一方的大小军阀，同他们建立私人关系，以取得他们的拥护和支持。尤其是对马步青、马步芳、马鸿宾、马鸿逵这实力最强的"四马"，朱绍良极尽敷衍、笼络之能事。

1933 年底至 1934 年初，朱绍良根据蒋介石的密令，借助马家军的实力，消灭了拥兵自重的流氓军阀孙殿英。孙殿英盘踞山西边境，拥兵自重，不受蒋介石调遣，蒋决心消灭这支军阀武装。1933 年底，蒋介石任命孙殿英为青海柴达木屯垦督办，令其率部西开。同时，蒋介石又密令朱绍良借助西北马家军的实力消灭孙殿英。朱奉密令后，在兰州召开军事会议，督饬马步芳、马步青、马鸿宾配合马鸿逵，在宁夏境内堵截孙殿英，形成"四马"阻孙的局面。朱绍良委派马鸿逵为左翼军总指挥，马鸿宾为右翼前敌总指挥，邓宝珊为右翼军总指挥，马步芳为总预备队总指挥。在朱绍良的协调指挥下，"四马"与孙殿英在宁夏境内经过一场恶战，将孙殿英所部击溃。

红军长征进入西北后，蒋介石先后委派朱绍良为"剿匪"军第三路司令、第一路军司令，"围剿"进入甘肃境内的中央红军。1936 年 12 月 12 日西安事变爆发，朱绍良也被拘禁在西京招待所。西安事变和平解决后，朱绍良任第三集团军总司令，准备进攻东北军、西北军与红军组成的联军。

1937 年 7 月 7 日抗日战争爆发后，朱绍良出任军事委员会管理部部长，分掌组训事宜。八一三事变后，奉调第九集团军总司令，参加淞沪会战，兼任中央军总司令，辖第九、第二十一两个集团军，设指挥部于真茹，负责黄浦江以西、蕴藻滨南岸地区的作战。

1937 年 11 月 18 日，朱绍良调任第八战区司令长官兼甘肃省政府主席，辖甘肃、青海、宁夏三省及绥远省一部。朱任司令长官直至 1945 年抗日战争结束，第八战区撤销为止。甘肃省政府主席任至 1940 年 11 月 15 日止，由谷正伦接替。

朱绍良任第八战区司令长官，马步芳、

朱绍良

马鸿逵、傅作义、胡宗南等任副司令长官。但实际上，陕西归胡宗南，宁夏归马鸿逵、马鸿宾，青海归马步青、马步芳，绥远归傅作义，都无需朱绍良过问。朱绍良所负责的，仍只是甘肃一省。1940年11月，谷正伦接任甘肃省主席后，朱绍良专管甘肃的军事。

朱绍良的主要任务是安抚马家军阀，防止其异动，控制甘肃这一西北重要的交通要道，并监视中共领导的陕甘宁边区。

1942年，"新疆王"盛世才与苏联关系破裂，有意归顺国民党中央。为此，朱绍良奉蒋介石之命于1942年7月3日从兰州飞抵新疆首府迪化（今乌鲁木齐市）与盛世才磋商。1927年朱绍良任国民革命军总司令部参谋长时，盛世才曾在朱手下任参谋，两人交谊甚笃。此次塞外相逢，彼此均很有感慨。在盛世才的招待晚宴上，朱即席赋诗赠盛，诗云：

> 立马吴山忆旧时，相逢塞外鬓如丝。
> 平生意气期无负，大好河山共维持。

朱绍良与盛世才接洽后，飞返重庆向蒋介石汇报，然后携带蒋介石致盛世才的手谕于7月20日由重庆第二次飞迪化，传达蒋介石的意旨。朱绍良并转告盛世才，关于其既往之一切，委员长不但原宥，且均为之负责。盛世才后来说："彼时职逖听之下，不禁铭感五内。"

1942年8月15日，蒋介石飞抵兰州，朱绍良于19日携盛世才致蒋介石函自迪化返兰州向蒋介石报告。28日，蒋介石、宋美龄夫妇与朱绍良飞嘉峪关，旋赴西宁接见马步青、马步芳兄弟，商定原驻扎在河西走廊一带的马步青部迁回青海柴达木盆地屯垦，由中央军进驻河西走廊，从而打通了从内地进军新疆的通道。

8月29日，朱绍良随宋美龄第三次飞迪化，并向盛世才提出以下要求：（一）调派甘肃境内中央军由兰州进驻安西、玉门，牵制在哈密的俄军；（二）委派新疆外交特派员，将外交权收归中央；（三）肃清新疆共产党；

（四）让俄军退出新疆等。

11月6日，朱绍良由兰州第四次飞迪化。随后返回重庆，出席国民党五届十中全会。11月28日，蒋介石任命盛世才兼任第八战区副司令长官，新疆纳入了朱绍良的第八战区。朱绍良四度赴新，为促成盛世才归向国民政府做了很多工作。

1942年12月31日，蒋介石在其一年总反省中写道："新疆省主席兼督办盛世才于七月间公开反正，河西走廊马步青军队亦完成撤回青海。于是，兰州以西直达伊犁直径三千公里之领土（古代欧亚主要交通路线所经过之地区）全部收复，此为国民政府自成立以来最大之成功，其面积实倍于东北三省也。"这其中，也包括朱绍良的一份功劳。

自此以后，国民党中央党、政、军势力逐步向新疆渗透。1943年，朱绍良下令在甘肃武威设立第二十九集团军总司令部，以李铁军为总司令，率中央军向新疆进军。

国民党党政军势力进入新疆后，动摇了盛世才"新疆王"的宝座，盛世才感觉投靠国民党中央成了"引狼入室"，与国民党中央势力的矛盾迅速激化。加之，国民党军在豫湘桂战役中溃败数千里，盛世才判断国民党政府即将崩溃，反复无常的盛世才又想趁机投靠苏联。1944年8月11日，盛世才下令将国民党中央派至新疆的党政人员全部逮捕，这就是盛世才编造的所谓"八一一黄、林大阴谋暴动案"。蒋介石得报后，决定以政治手段解决，于8月15日派朱绍良飞迪化，向盛世才转达蒋介石的旨意。在朱绍良赴迪化前，蒋在重庆召见了朱绍良。据朱绍良年谱记载：

朱先生奉蒋委员长电召自兰州飞抵重庆。委员长侍从武官电话通知即日下午在黄山官邸接见。时朱先生足疾复发，虽勉能举步，但恐不能登山，宣泽兄即在电话中据实报告。侍从武官谓：委员长已有指示，派委员长座轿下山相迎。于是朱先生乘汽车到山下，即乘伫候之委员长座轿直至客室门前，

（后来据侍从人员说："这是从来未有的特例。"）委员长与朱先生检讨新疆内部问题及国际因素，商谈达三四小时之久。鉴于新疆局面的严重，为防更恶化的剧变发生，最后朱先生表示：甘冒不测危机，亲到迪化一行。委员长与朱先生商谈时，座位极近，忽以手加于朱先生膝上，关切地询问朱先生有儿女多少及年龄大小？意在负责朱先生身后，朱先生虽然效忠领袖，慷慨忘身，此时也惕然感动。结果，因朱先生此行，乃得扭转危局，并使盛世才随朱先生飞抵重庆，输诚中央。

可见蒋介石对朱绍良此次新疆之行的重视。而盛世才是个反复无常的人物，朱绍良此行也确实有危险。据整理朱绍良年谱的周开庆说：朱绍良抵迪化后住东花园，夜间有卫兵枪口从窗户伸入正对朱的卧床，朱裹被服于墙角下，在所谓"死角"（即子弹打不到之地）处避难。

当时蒋介石为了防止盛世才叛变，已对盛世才采取了严密的军事措施，对迪化形成包围之势。朱绍良以蒋介石的命令为依据，以两人旧谊来谈判。盛因得不到苏联的支持只好就范。8 月 21 日，朱绍良偕盛世才之弟盛世骥回到重庆，向蒋介石报告与盛世才的谈判经过。8 月 29 日，国民政府下令免去盛世才的新疆省政府主席兼新疆边防督办，裁撤新疆边防督办公署，调盛世才为农林部部长，调吴忠信为新疆省政府主席，在吴未到任以前，由朱绍良暂代。

1945 年 11 月，新疆爆发伊犁事变，朱绍良连忙调集驻新疆的国民党军队进行镇压，但接连为起义军挫败。起义军在占领伊犁、塔城和阿尔泰三区后，推进到距乌鲁木齐 140 多公里的玛纳斯河西岸。朱连电蒋介石向新疆增兵，未获回复。朱手足无措，向蒋拍了一封措辞沉痛的电报，称："事态严重，前途不测，只有一死殉国。"蒋接电后，感到问题严重，决定派与中共及苏联均有良好关系的张治中去新疆。张治中到迪化后，与朱绍良商定，一方面由第二十九集团军总司令李铁军激励士气，确保迪化安全；另一方面约请苏联出面斡旋，以谈判解决问题。谈判的任务由张治中负责。从此朱绍良结束了其安边的使命。

四、"成败兴亡定于数"

1945 年下半年，朱绍良调任军事委员会副参谋总长兼办公厅主任，负责处理抗战胜利后国民政府还都南京等善后事宜，并为蒋介石即将发动的全面内战作物资准备。

1947 年 5 月，朱绍良改任重庆行辕主任，至 1948 年 5 月改为重庆绥靖公署主任，管辖四川、云南、贵州和西康四省，负责从大西南向内战前线输送兵员和粮食。

1949 年 1 月 21 日，蒋介石在下野前夕，布置人事，命张群接替朱绍良，朱绍良调任福州绥靖公署主任兼福建省政府主席。朱绍良回到福建后，受萨镇冰、陈绍宽等反蒋的地方大老的影响，对死守福建没有太大的信心，备战也不很得力，每日饮酒赋诗，朱绍良还说："国家成败兴亡定于数，非人力所能挽回。"

为此，蒋介石于 1949 年 6 月 21 日飞抵福州，与朱绍良等见面，布置所谓福州保卫战。福州背山面水，军事上是个绝地，蒋介石让朱绍良固守福州，只是他的主观幻想。1949 年 8 月 17 日，华东野战军第十兵团解放福州，朱绍良、李延年等逃往台湾。

到台后，朱绍良任"战略顾问""国策顾问"等虚职。

第四节　悲情大吏陈仪

在蒋介石幕府中，陈仪是个很特殊的人物。他本是浙江军界前辈，1926 年底投靠蒋介石后，迭任军政要职，他为官清廉，有满腔的抱负，但他处在风云变幻的时代，往往事与愿违，他的理想到处碰壁，最后以悲壮的结局走完了他的一生。

一、国民党兵工建设的开创者

陈仪

陈仪（1883—1950），谱名绍华，字公侠，亦称公洽，号退素。浙江绍兴人。1902 年，陈仪与大哥陈威考取官费赴日留学，大哥学文，入早稻田大学读经济学；陈仪则选择学武，先后就读于成城学校、陆军测量学校、日本士官学校中华队第五期炮兵科、炮兵射击学校第四期，在日本参加光复会。1907年毕业后回国，到清政府陆军部任二等课员职。辛亥革命后，历任浙江都督府军政司长，统率办事处参议。1917 年第二次赴日，进入陆军大学，成为中国留日陆大第一期学生。回国后却学非所用，并没有投入军界，而是与友人在江苏、上海等地经商，曾任裕华垦殖公司经理。1922 年受委托去日本筹措资金，在日本认识了日本姑娘古月好子，随后两人结了婚，并为她改名陈月芳，此后，陈仪即与这位日本夫人长期生活在一起，原配夫人沈蕙和他们的女儿陈文瑛则被打发回了绍兴老家。

1924 年江浙战争爆发，直系军阀后起之秀孙传芳从福建进军浙江。因为陈仪与孙传芳是日本士官学校前后期同学，浙江省长夏超委派陈仪前往桐庐迎接孙传芳入杭。孙传芳入驻杭州后，委任陈仪为浙军第一师师长。

1925 年孙传芳自封为五省联军总司令，委任陈仪为联军徐州总司令。

1926 年 7 月，蒋介石以国民革命军总司令名义兴师北伐。陈仪见北伐军深得民心，随即派与蒋介石有过一面之缘的葛敬恩（浙军第一师参谋长）去武汉见蒋介石，了解北伐军实情。1926 年 12 月，葛敬恩在江西奉新见到蒋介石后，将陈仪有意接近北伐军的意思告蒋。蒋介石即将委陈仪为国民革命军第十九军军长的委任状交葛敬恩带给陈仪。蒋还亲笔给陈仪写了一封信，写了十几张纸，每个字有核桃般大，也交葛并转交。陈仪接到蒋介石的委任状和亲笔信，暗中接受任命，等待时机，易帜响应。

1926 年 9 月，浙江省长夏超暗中接受蒋介石的委任，在杭州宣布脱离孙传芳独立，但夏超的警察武装作战力十分薄弱，很快被孙传芳镇压下去，夏超本人被杀。孙传芳随即委派陈仪为浙江省省长。同年 12 月，浙军第二师师长周凤岐宣布脱离孙传芳，投奔蒋介石。陈仪的动向也为孙传芳察知，孙传芳先发制人，派兵将陈仪留在杭州的第一师部队缴械，将陈仪本人押往南京软禁在五省联军总司令部。孙传芳本想杀掉陈仪，后经刘宗纪、蒋百里等人的多方营救，陈仪方得以获释。

1928 年 1 月，蒋介石复出后，筹划今后的国防建设。3 月，蒋介石派陈仪率团赴欧洲考察军事。陈仪一行历经德国及奥地利、法国、瑞士、意大利和荷兰等国，历时五个月，考察了这些国家的军工厂和机场、港口等设施，聘请了一批德国顾问。

陈仪回国后，于 1929 年 4 月继张群为军政部兵工署署长，5 月升任军政部常务次长，1931 年 1 月转任军政部政务次长，直至 1934 年 1 月。陈仪因无暇兼顾兵工署的工作，于 1933 年 1 月推荐俞大维接任。陈仪成为国民政府时期兵工建设的主要负责人。

二、主政福建八年

蒋介石镇压福建事变后，于 1934 年 1 月任命陈仪为福建省政府主席，同年 10 月又令其兼全省保安司令。陈仪在福建主政近八年，他在任内采取

了以下一系列措施:

第一,改革人事制度。在福州创办县政人员训练所,自兼所长,大力训练县政人员。他规定,凡县政府的科长、科员,以及区长、区划员,都需要由受过训的人员充任。训练分成两大系统:一是县政人员训练系统,设有区员班、区长班、科员班、科长班,以及财政班、建教班等;二是警保人员训练系统,按职务分班次,训练县保安队长、警察局长、巡官、巡长等。这种人事制度,改变了政府机构人员随主官而进退的陋习。这种做法,得到南京国民政府的肯定,并向全国推广。

第二,发展高等教育。福建的高等教育不发达,陈仪任内,先后创办了福建医学院、法学院、农学院、师范专科学校、音乐专科学校以及省立研究院等。

第三,发展省营事业,搞"统制经济"。首先设立福建省银行,发行一元、三元、五元钞票。成立福建省贸易公司,外添设运输公司、企业公司,从生产、销售到运输,全部由省"统制"。抗日战争爆发后,为了解决福建省内缺粮问题,陈仪推行粮食"公沽"政策,实行粮食专卖。1939年设立省公沽局,各县设分局,规定全省余粮一律由所在县设置的分局统购,禁止粮食自由流通。机关、学校和城市居民食粮计口供应。这种办法在抗战时期一定程度上保证了军民对粮食的起码需要。

陈仪本人为政清廉,兢兢业业治理福建,但国民党官员从上到下普遍存在的贪污腐化、横征暴敛、欺压民众的积习,使陈仪的一些政策措施在执行中演变成了掠夺人民的苛政。1940年,祖籍福建的南洋华侨领袖陈嘉庚率领代表团回国访问,于9月下旬抵达福建考察,在50多天里,连续走访了20多个县。陈嘉庚对陈仪推行的"统制经济"造成与民争利,弄得桑梓不安,极为愤怒。在福建省参议会的欢迎会上,陈嘉庚公开批评陈仪的种种措施,为民请命,并向蒋介石控告陈仪。当时担任国民政府主席的林森也接到家乡乡绅的控告,对陈仪也颇有微词。在这种情况下,蒋介石于1941年

8月28日免去陈仪的职务，由第十集团军总司令刘建绪接任。

三、调"中央"工作

1941年12月，陈仪就任行政院秘书长，兼国家总动员会议主任。行政院院长由蒋介石兼任，日常工作由副院长孔祥熙主持。前任行政院秘书长魏道明对孔毕恭毕敬，公文都送到孔的官邸批阅，不成体统。陈仪是老资格不管这一套，弄得孔很不习惯。陈仪为了减少公文旅行层次，提高工作效率，拟订了"分层负责，下放部分职权"的提案。可是，这个议案触动了孔祥熙的大忌，每送院务会议都被孔压了下来。

1942年7月初在行政院例会上，孔又见到该提案，极为不快，当即拍案对陈仪说："怎么又提出这个议案，我没见过像你这样固执的人！"

陈仪也不示弱，当即拍案而起："我的牺牲是有限度的。"

对于陈仪此举，唐纵在7月3日的日记中写道："上次行政院例会，为奉行委座手令事，陈（仪）秘书长与孔副院长当场拍桌大闹公堂。孔责陈失态，陈亦不示弱。陈敢与孔拍桌，尚不失为军人本色。"

为了调和陈、孔矛盾，蒋介石于1942年12月8日下令陈仪与张厉生对调，陈仪接任党政工作考核委员会秘书长。

四、亲手收回宝岛台湾

1943年11月26日中、美、英三国首脑蒋介石、罗斯福、丘吉尔签署《开罗宣言》，宣布："三国之宗旨，在剥夺日本自1914年第一次世界大战开始以后在太平洋所夺得或占领之一切岛屿，在使日本所窃取于中国之领土，例如满洲、台湾、澎湖列岛等，归还中国。日本亦将被逐出于其以武力或贪欲所攫取之所有土地。"

1944年4月17日，中央设计局设立台湾调查委员会，作为收复台湾的筹备机构，陈仪任主任委员。陈仪主张，接收台湾时，"应有特殊的组织，以应付特殊的环境"，建议实行"行政长官制"。他向蒋介石建议：（1）为了保证台湾不受大陆通货膨胀的影响，大陆中央银行、中国银行、交通银行、中国农民银行四大银行暂不插足台湾，仍运用原来台湾银行管理金融，在台湾实施独立的货币体系；（2）接收事宜，概归长官公署统一办理；（3）无需在台湾驻扎重兵。这些建议都得到蒋介石的嘉许。

1945年8月15日，日本宣布无条件投降。8月29日，国民政府派陈仪为台湾省行政长官公署行政长官，嗣兼台湾警备司令部司令。10月25日，在台北市公会堂（今中山堂）接受原日本台湾总督兼第十方面军司令官安藤利吉的投降。受降仪式结束后，陈仪发表广播演说宣布："从今日起，台湾及澎湖列岛已正式重入中国版图，所有一切土地、人民、政事皆已置于中华民国国民政府主权之下。"从此，沦为日本殖民地达半个世纪之久的台湾回到祖国的怀抱。

五、事与愿违，酿成二二八事变

陈仪主政台湾，本有一番抱负，在抵达台湾的当天，他曾发表演讲说："本人此次非为做官而来，而是为台湾服务而来，一方面为人民谋福利，另一方面为国家求建设。"

陈仪还声明他今后治台将本着不撒谎、不偷懒、不揩油，激发荣誉心、爱国心、责任心去做，希望台胞协助，努力建设一个新台湾。

陈仪本人的确是这么做的。于百溪在《陈仪治台的经济措施》一文中说：

陈仪1945年到台湾接收时，已是鬓发灰白的62岁高龄了。他无子女（有过继女儿文瑛），也无家累，仅有一位年逾半百的日籍夫人独居上海，按月由陈仪汇给有限的生活费。

陈仪一个人在台湾，集台湾党政军权于一身，若果他要过帝王式的豪华生活，也不是没有条件。但他根本不谈此调，甘于过着既有规律但又极其刻板的清教徒生活。他每天总是比规定时间提早一小时到署办公，晚上推迟一小时回官邸。中午就在公署吃一荤一素一汤的便饭，吃完后仍继续办公，并不午休。晚上回官邸去，吃过夜饭后，除继续批办未了的公事外，总要看些新书，直到深夜才就寝。

说来奇怪，年逾花旱的陈仪，每天总是不停地工作，好像有用不尽的精力。经管伙食的人员，为了照顾他的劳累和健康，想多弄些鸡鸭鱼肉之类供他佐膳，借以补充营养。他不但不接受，反而时加指责甚至申斥。无已，只好常常在鸡汤里不放鸡块，而以青菜豆腐取代，才算平安无事。

1946年春，独居在上海的日籍夫人去台北，原想陪伴他多住一个时期，但见陈仪终日忙碌，跟他说话的机会都很少，哪怕星期天也不例外。住不到数周，仍只好返回上海。

陈仪在蒋家王朝里，做过那么多年的大官，一无存款，二未置过房屋地产。记得1947年4月，我回到上海，陈仪的夫人不知从何得到消息，急急忙忙跑来找我，并诉苦说："于局长，陈长官不知忙些什么，最近两月都没汇生活费来，弄得我十分恐慌。因此特来找你问讯，并请你暂时通融接济一点，好吗？……"我没有想到一位堂堂行政长官的夫人，竟会因生活费恐慌而向一个没有直接打过交道的人告贷，实在令人难以置信！[1]

后来担任台湾省主席的吴国桢也指出："公平地说，自从他当台湾省主席后，尽管他的名字受到很多诋毁，但他确实不是个腐败的人。……战后他受命担任台湾省主席时，几乎拥有绝对权力，但在接收台湾的过程中，却是十分清白的，这与大陆接收其他日占区的情况形成了鲜明对比。"

然而，陈仪本人虽然清廉，但他对当时台湾官场存在的严重腐败现象却缺乏应有的重视。台湾光复不久，一些贪官乘乱浑水摸鱼，贪污成风。专卖局长任维钧，被《民报》揭发有证据的贪污即有500万元台币之多。省纸业印刷公司总经理李卓芝，将价值数千万元台币的机器廉价拍卖，自己仅以40万元台币买下，后来此案披露，因李的岳父葛敬恩时任行政长官公署秘书长，结果不了了之。贸易局局长于百溪，被国民党中央清查团认定犯有严

---

[1] 《陈仪生平及被害内幕》，第118-119页。

重的贪污罪，移送法院，但"钱能通神"，不久即从狱中放出。台北县长陆桂祥，被人指控贪污旧台币5亿元，但在调查过程中，一场"怪火"将账簿单据烧得一干二净，使调查无法进行。

面对下属的腐败现象，作为行政长官的陈仪却没有引起足够的重视。有人说："负政治全责的陈仪长官天天坐在长官公署大楼的第一层，受着葛敬恩（秘书长）、包可永（工矿处长）、严家淦（财政处长）、周一鹗（民政处长）等包围。耳中所听到的是政治如何上轨道，人民如何歌功颂德，京沪的舆论如何的赞美，他老人家真有点飘飘然。"

因此，陈仪不但没有采取有力的措施整治贪官污吏，反而极力袒护他们，为他们辩解。1946年2月美国记者撰文披露"台湾之中国行政当局充满腐败散漫气象"，"重庆政府委派前往台湾之大小官员均竭尽其吸收贪图能力"等事实之后，1946年3月陈仪专门出来辩护，说该记者"倾听一面之词"，"其所见闻未免不实"。而且此时正是几宗特大贪污案被揭露之时，此事引起台湾民众极大愤慨。

据说，陈仪还有一个严重缺点。吴国桢说："他（笔者按：指陈仪）这人也有个缺点，他固执己见并且专横傲慢，对待中国血统的台湾本地人，就像对待被征服者一样，而且急于想树立政绩。……陈仪将军是个雄心勃勃的人，他一接管台湾，不仅要复兴所有被战争破坏的工业，而且想将其建成为自给自足的经济实体。但这一切都需要钱，他就靠增加台币的发行来获得资金，这就开始了通货膨胀，给人民造成了巨大苦难。但他也确实做过几件大好事，早已成为废墟的铁路、公路重建起来，港口也运行了，有些工业恢复了。除了印钞票外，他还尽力增加税收，这引起了不少怨恨。"[1]

另外，对台湾人来说他们受了日本人50年的殖民统治，在重新回到祖国怀抱后希望受到很好的对待，但陈仪不懂得这些。台湾省政府官员中台湾

---

[1] 《从上海市长到台湾省主席——吴国桢口述回忆》，第104-105页。

籍的人很少，陈仪不但将许多受过良好教育且有工作能力的台湾人排斥于中高级职务之外，而且在同样职务中还实行同工不同酬的不平等待遇，这一点也引起台湾民众的反感，他们大有受歧视之感。种种孽缘，最终激起了二二八事件，陈仪因此于 1947 年 4 月 24 日被免去台湾行政长官职务，可谓乘兴而来，败兴而归。

六、为保全江南不受战火破坏而牺牲生命

陈仪被免职后，回到上海闲居了一段，对在台湾的失败进行反省。1948 年春，陈仪被蒋介石召到南京，蒋以浙江省主席之职相属。陈以体力衰弱不胜繁剧推辞，并建议起用壮年，蒋却以浙江情况复杂，形势日紧，需要老成为由，一再相劝，陈仪只好勉承新命。1948 年 6 月 22 日，南京政府正式任命陈仪为浙江省主席。6 月底，陈仪到杭州就职。他深知浙江地方豪绅权势大，派系根深蒂固，抱定不得罪人的态度处理省务。

在三大战役接近尾声时，陈仪已完全看清国民党的崩溃已是迟早的事，陈仪为使锦绣江南免于战火的破坏，反对蒋介石、汤恩伯在浙江进行无谓的顽抗。他希望浙江全省和平地完整地交到人民手中，不受破坏。他在省府会议上公开说："共产党不是日本人，我们不能以对外作战的办法来对付。"

为达到目的，陈仪决定策反手握重兵的京沪杭警备总司令汤恩伯。陈仪早年有恩于汤恩伯，汤一直以义父视陈仪。陈仪认为以他与汤恩伯的关系，策反汤当不成问题。1949 年 1 月 28 日，陈仪派外甥丁名楠携其亲笔信到上海面见汤恩伯。汤是反共狂徒，花岗岩脑袋，他接信后立即向蒋介石作了密报，出卖了陈仪。1949 年 2 月 17 日，已经下野的蒋介石操纵广州行政院宣布改组浙江省政府，免去陈仪的省主席职务，并下令保密局特务头目毛森将陈仪逮捕押送衢州，后解往台湾。

陈仪被捕后，林蔚等故旧力劝陈仪写一纸悔过书，向蒋介石认错。陈仪坚决拒绝，说："我有何错？我无错可认，他不高兴，可以杀我。我已年过半百，死得了，悔过书我不能写。"

林蔚说："总得让蒋先生下台。"

陈仪回答："下不下台是他的事，我没有要他把我抓起来。"

俞大维则向蒋介石求情，要求免陈仪一死。俞大维对蒋介石说："陈公洽为人清廉正直，一生功多而过少。现既已拘禁，就请比照张学良，关他而不杀他，给他悔过自新的机会。"谈了将近一个上午，蒋介石终于答应："我不杀他就是。"

但实际上蒋介石杀机未消。1950 年 6 月 9 日，蒋介石在台北组织特别法庭审讯陈仪，派顾祝同为审判长，判处陈仪死刑。6 月 18 日凌晨，蒋介石派与陈仪有隙的蒋鼎文监刑，在台北枪杀了陈仪。陈仪在临刑时，连说："人死，精神不死！人死，精神不死！"

第五节 侍卫将军俞济时

负责蒋介石安全警卫工作的，都是蒋的亲戚和浙江同乡。如蒋孝先、王世和、俞济时等，不是亲戚就是同乡。其中以俞济时追随蒋的时间最长，地位最高。俞济时狐假虎威，面部表情常显阴森恐怖，人称"骄将"。

一、御林军头目

俞济时（1904—1990），字良桢。出生于浙江奉化县城奉南村。俞济时中等身材，天生兔唇，头上有一点儿癞痢。幼年时个性倔强且顽劣，乡邻都呼之为"俞缺嘴"。成年后，俞在上海医院动过手术缝合，但仍留有痕迹。他一生从不蓄发，剃着闪亮的光头，前额因此更显得宽阔而发出亮光；两道浓眉，下面的双目炯炯逼人，给人以一副桀骜不驯、专横跋扈的印象。

俞济时幼时读过几年私塾，稍长便到奉化城内的一家米店当学徒。后因故与米店老板闹翻，便远走广东，投奔在黄埔军校当军需处长的族叔俞飞鹏。经俞飞鹏推荐，俞济时进入黄埔军校第一期学习。由于俞飞鹏的说项，蒋介石决定重用俞济时，两次东征，蒋介石让俞济时当侍卫。俞济时从此开始其侍卫生涯。

1926 年，俞济时在蒋介石的侍卫大队任排长、连长；1927 年，侍卫大队扩充为警卫团，俞任营长、团长；1928 年，警卫团扩充为警备第一旅，俞济时任旅长兼南京警备司令；1930 年，警备第一旅扩充为第一师，俞济时任师长，成为蒋介石御林军头目。

蒋介石为了培养俞济时的资历，于 1932 年任命张治中为第五军军长，俞济时为第八十八师师长，参加一·二八淞沪抗战。在作战中，俞济时腹部受重伤，肚肠穿孔，后经上海德国租界医院治愈。俞从此离队养伤，师长由孙元良接任。

二、整顿浙江保安团队

1933 年，蒋介石派俞济时为浙江省保安处长，并交代他："你此去之主

实话实说遵历史真相

黄埔一期育抗日名将

俞济时将军

俞济时

要任务，乃切实整编各县保安团队，使其成为一支统一领导的地方绥靖力量。"

俞济时到任后，仗着有蒋的"尚方宝剑"，不把省政府主席及其一班人放在眼里，独断专行。省政府秘书长杨绵仲作梗，将俞济时的"整编保卫团"提案拖延不办，俞济时便将提案直接送给蒋介石审核，并说明"此案业已报送省府逾月，鲁主席托病不予处理"。蒋介石审核后，亲批"准予试办"，交俞济时全权执行，并电斥鲁涤平："整编保卫团，事关国家百年大计，该主席怠忽职责，贻误要政。"

后来，俞济时得知是省府秘书长杨绵仲从中作梗时，怀恨在心。在一次省府会议上，俞济时见到杨绵仲便火冒三丈，当场斥问道："整编保卫团，乃委员长特交事项，所拟的计划，系秉承蒋委员长的旨意，你算什么东西，胆敢从中阻挠。"俞骂完，抡起拳头向杨砸去。杨见势不妙，急忙从侧门溜走，事后，杨绵仲向鲁涤平哭诉，鲁也无可奈何，只好叹息说："我从军数十年，当年身为大将时，这小子还不知在哪里！如今他是有所恃派来浙江的。我尚且被架空，你又何必与他去争一日之短长呢？"

自此以后，省府一班人再也不敢惹俞济时，以免自讨没趣。俞也就更加为所欲为，毫无顾忌。他执行蒋介石的指示，在浙江主持禁烟，明文规定，贩毒主犯杀头，吸毒者枪毙。人们谈起俞济时的名字，就有谈虎色变之感。

1935 年，俞济时出任皖、浙、赣三省边区"剿匪"指挥官，指挥第四十六师及王耀武预备旅，"围剿"方志敏、粟裕等领导的抗日先遣队。由于力量对比悬殊，经过数月苦战，方志敏被俘，粟裕脱险，红军先遣队被击溃。

1936 年西安事变发生后，俞济时率第五十八师昼夜兼程开往陕西朝邑境内待命，准备勤王。

三、率劲旅参加抗战

1937 年抗战爆发。俞济时率第五十八师开往上海，参加淞沪会战。俞升任第七十四军军长，下辖王耀武的第五十一师、冯圣法的第五十八师。第七十四军在淞沪会战、南京保卫战中，都打得相当勇敢。

1938 年，俞济时升任第三十六军团军团长，下辖第七十四军（军长俞济时兼）和第二十九军（军长陈安宝）。随即参加武汉会战，在江西南浔线作战，取得万家岭大捷，号称"小台儿庄大捷"。

武汉会战结束后，俞济时兼任长沙警备司令，奉命处决对长沙纵火案负有责任的酆悌、徐昆、文重孚三人。

1939 年，俞济时又率第七十四军参加了南昌会战，受到军事委员会的嘉奖。

1939 年 7 月，俞济时调任第五军军长，所遗第七十四军军长由王耀武升任。第五军是国民党唯一的机械化部队，俞济时对调任第五军军长非常满足。但军事委员会副参谋总长兼军训部长白崇禧、现任第五军军长徐庭瑶因与俞有芥蒂，串同在蒋介石面前参了俞济时一本，说俞非懂机械化人才，恐难胜任。蒋批"考虑"两字，结果，第五军军长的美差为杜聿明夺得，俞济时空欢喜一场。蒋介石为安抚俞济时，即提升俞为第十集团军副总司令兼第八十六军军长。

四、收编浙江自卫团武装

1937 年 11 月，投靠蒋介石的原桂系二号人物黄绍竑第二次出任浙江省政府主席。黄绍竑不甘心做有名无实的傀儡主席。他后来说："抗日自卫团总司令部是抗战时期各省地方军事机关，由省主席兼任总司令，是全国性的，但有些省份没有组织。我回浙江后，不久武汉失陷，政府迁重庆，山高皇帝远，蒋介石管不了我许多，我就利用这个组织办理兵工厂，扩充自卫队。那时浙江前线只有刘建绪集团的部队，兵力不敷分配，因此战区方面也希望扩充自卫队，我仅是负责组织成立的责任，但指挥调遣则属于战区长官司令部，省自卫队与省保安队是两个系统，省保安队是属于黄埔范围的保安处长。因此，我一意扩充自卫队，没有扩充保安队，与黄埔系也发生摩擦。"[1]

黄绍竑成立了四个纵队（相当于四个师）的浙江省国民抗敌自卫团，由黄绍竑自兼总司令。黄并在丽水大港头设立兵工厂，制造枪械弹药，自成系统。蒋介石深恐浙江成为广西第二，不听自己指挥，便于 1940 年 6 月，任命俞济时为第十集团军副总司令，到浙江执行他赋予的特别使命。俞济时在金华设立副总司令部，7 月迁往新昌。俞的使命，一是从黄绍竑手中接收自卫团武装，将其改编为三个暂编师，归其指挥；二是指挥"围剿"四明山区共产党领导的人民抗日武装力量。

1941 年 5 月，浙东战役爆发，日寇进攻浙东，俞济时设在新昌的总部被敌机炸毁，连蒋介石的老家溪口也告沦陷，蒋介石的原配夫人毛福梅被敌机炸死。俞济时的失败，为刘建绪、黄绍竑找到了攻讦的借口。蒋介石见收编自卫团的目的已经达到，于 8 月间宣布撤销俞济时的副总司令部，调他回重庆。

五、侍卫蒋介石终身

1942 年，蒋介石派任俞济时为侍卫长。俞上任后，将原"军事委员会委员长侍从室第一处侍卫长室"改为"军事委员会委员长侍卫长室"，直隶于蒋介石，摆脱了侍从室第一处的控制，使他与侍从室第一、第二、第三处处长并列，从而满足了他喜居"一人之下，众人之上"的心理。

接着，俞济时又千方百计地扩充自己的权力。在蒋介石的同意下，他把警卫组（即一处第三组，组长黎铁汉）收归于自己手下，把所辖军委会警卫团扩充为警卫旅（旅长楼秉国，黄埔三期生）。又新设了侍从组和武官室。

---

[1]《文史资料选辑》第 7 辑，第 103 页。

侍从组的人员由在蒋介石身边担任警卫的侍卫官和卫士组成，组长是蒋的外甥竺培基；武官室的人员由四五名三军侍从参谋组成，这几人均曾在美、英等国军校留学，又有当过驻外武官或助理武官的经历，精通外语，在蒋接见外国军方人员时，由他们担任翻译或记录，如中将高参朱世明、少将高参皮宗敢等都是。俞济时规定，各级官员晋见蒋介石都要先到武官室登记，由他安排时间地点，呈蒋同意后，再通知和接见。所以后来外地大员来渝晋见蒋介石的，往往要先向俞侍卫长打招呼，说好话，以免久候。

特别是那些非嫡系将领和官员，对俞更是奉承备至，以疏通关节。俞济时为进一步揽权，在蒋介石的批准下，在 1943 年底，又成立了一个参事室。其中主任张晓崧、主任秘书项昌权都是俞的文职亲信，其余 30 多名视察也是他的旧部。任务主要是分布到各战区监察中统、军统特务人员和部队主要将领的活动，此外，还要及时掌握中共在各地的活动情况。因此，这个参事室被人视为"监察之监察"的一个机构。

但这样一来，参事室不但与中统、军统常发生矛盾，而且特别引起了前方将领的不满，认为俞济时仿效明代末年的宦官监军制度，对上蒙骗最高统帅，对下涣散军心，于是纷纷向上告御状。蒋介石从全局考虑，才作出对参事室的活动加以限制的决定。

1946 年 6 月，军事委员会改组为国防部，侍从室撤销，俞济时转任国民政府参军处军务局局长。军务局第一科主管军队事；第二科主管作战及全军部队的教育训练；第五科职掌军法；第七科掌管战地视察任务。

1949 年 1 月 21 日，蒋介石第三次引退回溪口，俞济时始终跟随左右，保护蒋介石的安全，成为始终不渝的患难之交。到台后，俞济时继续担任侍卫长。直到 1975 年蒋介石去世，俞济时才以年老告退。

第六节   标准幕僚林蔚

林蔚从 1928 年当蒋介石的参谋处副处长、处长起，历任军事委员会铨叙厅长、参谋次长、侍从室一处主任、军令部次长、军政部次长、国防部次长等职，一直是蒋介石最亲信的军务幕僚。

秋宗鼎在《蒋介石的侍从室纪实》一文中说："林蔚为人深沉平易，态度温和，喜怒不形于色。……在蒋介石的属下虽然比不上那些显赫一时的人物，但凭他多年'幕僚'的一套丰富经验，不仅工于谋人，而且善于谋己，所以他懂得见风使舵，预留地步，常能因缘时会，水到渠成。可称是蒋介石反动集团中'幕僚'人物的典型。"[①]

一、甘做默默无闻的幕僚

林蔚（1889—1955），字蔚文，1889 年生于浙江黄岩。早年就读于南京江南水师学堂、北京陆军大学，受过正规系统的军事训练。林蔚从学校毕业后回浙军任职。1926 年，经陈仪保荐，任浙军第一师参谋长。同年底，林蔚随陈仪投靠国民革命军总司令蒋介石，出任第十七军参谋长。1928 年，蒋介石调林蔚为国民革命军总司令部参谋处副处长，参与第二次北伐策划，从此成为蒋介石身边不可缺少的军务幕僚。

从 1928 年 11 月至 1932 年 9 月，林蔚历任参谋本部第三厅、第二厅厅长。在国民党新军阀的混战中，林蔚或在总司令部内精心策划作战方案，或随蒋介石亲临前线督战。中原大战结束后，林蔚奉蒋介石之命赴河南负责编遣战败投降的冯玉祥西北军。他按照"高官少兵"（即对投降的西北军将领，官可以给得很大，但兵编得很少）的办法编遣部队，例如在编遣梁冠英部时，他给梁以第二十五路军兼第三十一军军长的高职，但所部兵力只有不足额的一个师。对其他杂牌部队亦照此办理。这种做法，深得蒋介石的赞许。

---

① 《文史资料选辑》第 81 辑，第 114-115 页。

从 1933—1938 年，林蔚担任军事委员会铨叙厅厅长，主管人事。人事权是蒋介石政权的根本所系，蒋让林主管人事，说明了他对林的器重。1935 年 4 月，国民党军队开始授军衔。国民党军队是以黄埔系为主体，拼凑其他各地方实力派而成的，其中山头林立，派系纷杂，而原来各派系为笼络人心，拉拢人才，拼凑班底，早已形成了"将官满街走，校官多如狗"的局面。林蔚为了这次授军衔，绞尽脑汁，

林蔚

拟订了一个照顾到方方面面的方案，使国民党军队第一次授衔顺利进行，深合蒋介石的心意。

在国民党军队内部，常以"京官、幕僚、副官"是无权、无利、无势的苦差事，但林蔚从无怨言，甘于做默默无闻的幕僚。有人形容他："沉默寡言，晓畅戎事，文采亦斐然，且虚怀接物，不以丰沛子弟自居，此所以为难能可贵也。"[①] 他先后两次将铨叙厅报请他晋升上将的名字勾掉，以示不图名、不图利。

二、抗战统帅部主要幕僚之一

1937 年 7 月抗战爆发后，林蔚任石家庄行营参谋长，协助行营主任徐永昌指挥华北抗战。但因徐永昌指挥乏术，高级将领无心作战，林蔚对此亦无能为力，华北各军一溃千里，同年底，石家庄行营撤销。

1938 年 4 月至 1939 年 3 月，林蔚担任军事委员会委员长侍从室第一处主任，同时兼任军令部次长，成为抗战时期统帅部协助蒋介石指挥作战的主要幕僚之一。

① 海如：《记行营代理参谋总长林蔚文》，《天文台》第 3 期（1936 年），第 3 页。

侍从室第一处负责军事，下设一组、二组、三组，分掌总务、参谋和警卫。林蔚的前任是钱大钧。

熟知侍从室内幕的秋宗鼎说："林蔚为蒋介石服务，谨慎稳重，长于谋划，为蒋所信任。林到侍从室工作时，正值日寇继续入侵，国民党军节节败退之际，他偏重于对战区的作战规划，关于一般参谋和文书业务的处理，由他的助手于达（侍二组组长）负责。在外表上看来，他不像钱大钧那样活跃。随蒋到各处活动时，也不像钱大钧那样，专在蒋的生活安排上，处处殷勤，讲求纤巧。但是，林却工于心计，对蒋的用人和重要意图常能预为窥测，所以遇机一撮合，成为蒋介石的左右手。"①

例如，蒋介石想惩罚山东省主席、第五战区副司令长官兼第三集团军总司令韩复榘，但苦思不得万全之策，最后还是采纳了林蔚提出的"请君入瓮"计。林蔚提出由蒋介石去开封主持一次军事会议，召集前线各将领到会参加，蒋并亲自打电话给韩复榘，和颜悦色地向韩说明这次会议的意义，邀请他无论如何拨冗出席。韩不疑有他，带了一团警卫，坐上专列，到达开封。不料被骗入会场，解除了武装，最后连自用的两支手枪也随同与会的许多将领交了出去，束手就擒并立即被戴笠押解武汉，交军法审判，判处死刑，就地枪决，这件事曾经轰动全国。林蔚表面上性格温文而内心却工于心计，由此可见一斑。②

林蔚出任侍从室一处主任，就搬进临近曾家岩的德安里原川军将领许绍宗的官邸——尧庐，作为办公地点。他和蒋介石一样昼夜不停地叫接长途电话，询问战况和下达命令，经常在半夜被叫起来听电话，也从无怨言，全心全意为主人分忧。

军令部长徐永昌在日记中这样评价林蔚："蔚文办事精细负责，亦颇公正，

① 《文史资料选辑》第 81 辑，第 114 页。

② 张令澳：《侍从室回梦录》，第 212-213 页。

惟不甚着意识人，稍欠热心而已。"①

　　台湾出版的林蔚传记说："日出则治事，日夕犹未归，归则战地电话，又复纷至沓来，凡有不敢直呈于委员长蒋公者皆属君，而君亦必善为之辞，于是内外大和，而万事成矣。"②

　　1939 年 4 月，林蔚任军令部次长兼桂林行营参谋长，协助行营主任白崇禧指挥第三、第四、第七、第九四个战区的军事。1941 年 6 月，蒋介石任命林蔚为军事委员会驻滇参谋团团长，负责策划中英军队共同防御滇缅路作战业务。1941 年 12 月 8 日太平洋战争爆发后，中国组织远征军第一路军，进入缅甸与英、美军联合作战。但由于蒋介石的自私，朝令夕改，使中国军队将领和史迪威无所适从。史迪威称自己是"被绳索拴着的指挥官"。史迪威找到林蔚，要求赋予他指挥权，林蔚没有蒋介石的命令，不敢做主，对史迪威不辞而别。1942 年 4 月 29 日，远征军后方基地腊戍被日军占领。林蔚率参谋团由腊戍后撤一千多华里，退到云南保山。由于参谋团的失职，中国远征军在撤退时伤亡损失巨大，第一次跨出国门作战即以悲惨结局收场。林蔚属下的参谋处长萧毅肃还恬不知耻地以林蔚的名义向军事委员会报功，为他自己请功。

　　林蔚自知难以辞卸责任，回到重庆后向蒋介石上书请罪。唐纵在 1942 年 5 月 26 日的日记中写道："林次长上委座书，内称：职见识浅陋，对于腊戍之重要事先未有觉察，以致入缅作战失去重心，又敌军攻腊未能阻止，又未能达到节节迟滞的任务，损失重大，如此轻材何堪重任，应请明令免职议决。林次长可谓知罪矣。"③

　　中国远征军入缅作战失败，主要责任在蒋介石，林蔚的请罪书，最后不了了之。

---

① 《徐永昌日记》，1943 年 1 月 31 日。

② 《林蔚》，台北《革命人物志》第 3 集。

③ 公安部档案馆编注：《在蒋介石身边八年——侍从室高级幕僚唐纵日记》，第 280 页。

三、绞尽脑汁谋反共

1942 年 9 月，林蔚重任侍从室第一处主任兼军令部次长。林蔚除了继续协助蒋介石指挥对日作战外，还多了一项工作，这就是策划对付共产党领导的八路军、新四军及敌后抗日根据地。林蔚与蒋介石一样，对共产党领导的敌后抗日根据地的发展壮大极为敌视。唐纵在 1943 年 7 月 24 日的日记中写道："往见林（蔚）主任，林主任对目前奸伪局面，政府毫无处置办法，甚为愤慨！但余认为用兵之时机尚未成熟。"[1]

为了对付共产党，蒋介石下令成立了党政军联席会报，商讨对策，由陈布雷或林蔚召集。蒋介石甚至想铤而走险，命令胡宗南攻打延安，并让林蔚召集有关方面研讨具体计划。唐纵在 1943 年 9 月 9 日的日记中写道："对共产党的军事行动，林主任约集朱长官、胡副长官、马主席、傅主席及西北来各将领，研讨军事计划。此项计划，一再商榷，大致已定。连日来本组忙于绘图抄写，但计划草拟，我始终未参加。林主任未交我参加意见。我之意见与此亦不相同。我正在研究对中共之整个态度，从政治上着眼之根本方针，恐非自我强化，军事上无法彻底解决也。"[2]

对蒋介石的不理智行动，美国、苏联政府均极力反对，中国共产党也发动了声势浩大的宣传攻势，揭露蒋介石的阴谋。在国民党内部也有人觉得过于冒险，军令部长徐永昌向蒋介石提出，如果国民党军攻打延安，日寇乘虚攻打关中及西安，将何以收场？蒋权衡利弊，这才不得不放弃打延安之举。

林蔚非常明白自己的身份和与蒋的关系，因而他为人外柔内刚、貌善心冷、不喜交游、很少应酬、从不请客，对朋友的求助也不慷慨。由于这样，他便在蒋介石的眼里成为无所贪求、无所争、无派系、绝对服从、竭诚尽忠的得力助手。林蔚在侍从室，对蒋介石的公私生活也安排得处处得体而无微

---

[1]　公安部档案馆编注：《在蒋介石身边八年——侍从室高级幕僚唐纵日记》，第 369 页。

[2]　同上，第 378 页。

不至。蒋介石对自身的安全是十二分注重的，尤其是对自己卧室的安全保卫工作做得万无一失，从不让人随便进入，除宋美龄和照料他生活的贴身卫士外，能进入他卧室的只有林蔚和陈布雷，林蔚甚至可以进入卧室，向躺在床上的蒋介石汇报请示工作。

由于林蔚同蒋介石关系密切，因而他在蒋的家眷亲信中以及蒋的侍卫人员中威信很高，无形中成了"官邸派"的首领，连蒋经国、蒋纬国有事相求于其父时，都要先找"林叔叔"通通气；那些高级将领遇上不利之事时，也都先求助于"林主任"，让他先把个关，或者帮助先消消蒋的火气，以至为他们开脱一二。

四、协助陈诚整军

1944 年 12 月，林蔚任军政部政务次长，协助军政部部长陈诚大刀阔斧地整军。这次整军，一个重要意图，就是吃掉杂牌部队。在这一点上，林蔚和蒋介石、陈诚是完全一致的。人们常说，陈诚以狠吃杂牌而著名，林蔚也不逊色。两人配合得非常默契。

举一个例子，张作霖、张学良父子两代创建的东北军，曾经风云几十年，全盛时有 40 万人，到 1936 年西安事变时，还有 20 万人。张学良被囚后，蒋介石将东北军随意宰割，并在抗战中假日寇之手，将东北军一一消灭，到抗战末期东北军成建制的部队只剩下了周福成的第五十三军。就连这个军也不予整补。1943 年，卫立煌出任中国远征军司令长官时，到第五十三军视察。看到第五十三军的武器还和当年一样，十分陈旧，卫立煌睹物怀人，联想到张作霖、张学良父子两代叱咤风云，全部的家当仅余这么一点军队，这么几条旧枪，感到十分同情，回到长官部立即下令彻底调整，将第五十三军换成美式装备。由于卫立煌的格外庇护，第五十三军得以生存下来，并在反攻怒江作战中立下战功。

但就是这么一点部队，林蔚仍不放过。1945 年 2 月 25 日徐永昌在日记中写道："早去铨叙厅会议，研讨部队编并人事问题，五十三军周福成，美方认为优秀，而蔚文提议欲去之，其言忸忸而出，迨健生仅一言不宜轻动，蔚文即无言……健生以周福成不宜遽调勿使东北人寒心云，尚就团结立言，仍非奖功之论……"

对于陈诚和林蔚主持的整军，持否定态度的居多。特别是徐永昌等人认为，陈、林等借整军之机排斥异己，导致国民党军队人心涣散，这是国民党在大陆失败的重要原因。

五、内战高参

1946 年 5 月，林蔚任国防部次长，1947 年 7 月转任参谋次长。8 月，陈诚出任东北行辕主任后，林蔚短暂代理参谋总长。

作为蒋介石的高参，对于蒋介石发动的全面内战，林蔚已无良策可献。在国民党失败已成定局的情况下，林蔚也产生了自杀的念头。他对宋希濂说："国民党几百万军队，都是二十多年积蓄起来的精华，现在几乎被共产党完全歼灭了。局势败坏到这个地步，还有什么办法可以挽救？共产党提出的和谈条件，实际上就是叫我们投降，有什么和谈可言？我自当幕僚以来，很少携带手枪，现在我把手枪随时佩带在身，准备万一被共军抓住，我就自己了结了自己……"[1]

但林蔚并没有自杀，他根据蒋介石的旨意，在蒋下野后，折冲于李宗仁、白崇禧、何应钦、阎锡山以及从中央到地方各实力派之间，为蒋介石在大陆的失败扫尾，及至最后，仍指挥李弥、汤尧等在云南收编残兵败将，企图建立所谓的反共基地，进行最后的挣扎。

1950 年 2 月，林蔚出任"东南军政长官公署"副长官，协助长官陈诚，为蒋介石经营台湾基地。

同年 3 月，蒋介石复出，任命林蔚为"战略顾问"，并晋升为"二级陆军上将"。1955 年，林蔚病逝于台北，蒋亲临吊唁并明令褒扬。

---

[1] 《鹰犬将军——宋希濂自述》，第 296 页。

第七节 黄埔名将杜聿明

杜聿明是国民党黄埔系的名将，尤其是在 1946—1949 年的国共内战中，杜聿明扮演了一个非常重要的角色。

一、治军有方的黄埔一期生

杜聿明（1904—1981），字光亭，陕西米脂县人。黄埔军校一期毕业。1925 年春，黄埔军校党代表廖仲恺派杜聿明等四位北方籍学生往河南开封，协助国民军第二军军长、河南军务督办胡景翼开办军官学校。胡景翼是陕西人，对杜聿明等人的到来格外满意。杜聿明等协助苏联顾问筹办开封军校，但为期仅一个月，胡景翼即病逝，继任的河南军务督办岳维峻与胡景翼政治倾向、思想作风均大不相同，开封军校随即停办。杜聿明在河南无法立足，回到陕北，辗转投靠国民军第二军将领、陕北小军阀高桂滋。

1926 年下半年，国民革命军北伐进军至长江流域后，杜聿明毅然南下归队，先到武汉，后到南京投靠蒋介石，受到张治中的提携。历任中央陆军军官学校杭州预科大队第二中队中校队长，中央军校第七期第四队中校队长，教导第二师营长、团长。1930 年冬，教导第二师改编为陆军第四师，由徐庭瑶任师长，杜聿明任第十二旅第二十四团团长。杜聿明深知这个职位来之不易，而且他认为团长这个职务很关键，搞得好就能爬上去，搞不好就会一蹶不振，因此格外奋发努力，以全副精力投入治军，因此受到徐庭瑶的赏识和器重。1932 年冬，徐庭瑶升任第十七军军长，升杜聿明为第二十五师第七十三旅旅长、第二十五师副师长。在长

杜聿明与蒋介石

城抗战中，第二十五师师长关麟征负伤，由杜聿明代理师长。

二、掌握国民党第一支机械化王牌军

第二十五师师长关麟征也是黄埔一期毕业的名将，杜聿明任第二十五师副师长，没有什么实际权力，杜便于1933年秋进入中央陆军军官学校高等教育班第一期进修。1936年3月，南京陆军交辎学校成立，蒋介石挂名校长，徐庭瑶任教育长，徐保举杜聿明到交辎学校担任学员队队长，培养机械化军事人才。

1938年，国民党成立第一支机械化军队第二〇〇师，杜聿明为师长，邱清泉为副师长，廖耀湘为参谋长。同年12月，第二〇〇师扩编为新编第十一军，徐庭瑶任军长，杜聿明任副军长。次年，新编第一军改为第五军，徐庭瑶升任集团军总司令，杜聿明升任第五军军长，该军是国民党的第一个机械化军，下辖荣誉第十一师、第二〇〇师和新编第二十二师，分别由郑洞国、戴安澜、邱清泉任师长。从军长到各师长，都是黄埔系将领中的骄子。杜聿明上任后对部队强化了军事训练，提出"操场就是战场""平时多流汗，战时少流血"的口号，要求部队官兵具有"五除"（除骄、惰、伪、欲、恶）、"三习"（习精、诚、勤）的朝气，刻苦练兵。杜聿明本人以身作则，几乎日日夜夜身在部队，严格督促。经过近一年的严格整编和训练，第五军的军事素质达到很高水平，精神风貌亦为之一新。蒋介石派员到广西全州校阅，第五军的军事训练列为第一。1939年秋，第五军在广西界首地区举行大规模的攻、防、追、退演习，历时一个月，副参谋总长兼军训部长白崇禧、训练总监徐庭瑶带领参谋人员前来参观演习。演习结束后，徐庭瑶激动地说："现在我可以告知天下，国家创建这支机械化部队没有白花钱，我举荐了第五军军长，没有看错人。"

三、一举成名昆仑关

杜聿明将第五军训练成国民党王牌部队后，立即奉命参加桂南会战。

杜聿明的第五军作为北路军主力，迎击沿邕宾公路进犯之日军。

1939 年 12 月 12 日，杜聿明指挥第五军三个师利用夜行军进入攻击准备位置，随后以突然动作，一举将号称"钢军"的日军第五师团第十二旅团包围于昆仑关地区，中日两支王牌部队在昆仑关展开殊死搏斗，其激烈程度为抗战以来所罕见。激战至 1940 年 1 月中旬，第五军将日军第五师团第十二旅团全歼，并歼灭其台湾混成旅团一部，日军第十二旅团长中村正雄少将、第四十二联队长坂田元一、第二十一联队长三木吉之助、副联队长生田滕一、第一大队长杵平作、第二大队长宫本得、第三大队长森本宫等百分之八十五以上军官，均被击毙，士兵也有 4000 余人阵亡（战后日本防卫厅公布的数字）。中村正雄在临死前的战地日记中写道："帝国皇家第五师团第十二旅团，之所以在日俄战争中获得了'钢军'的称号，那是因为我的顽强战胜了俄国人的顽强。但是，在昆仑关，我应该承认，我遇到了一支比俄军更顽强的军队……"

昆仑关战役捷报传出，振奋全国人心。国民党《中央日报》发表《记杜聿明将军》一文，称："我国机械化部队开始歼敌，则自杜将军督战开始，在昆仑关大捷后，敌人开始认识到，我国军队已踏入世界近代军队行列。"

汉口《申报》在《昆仑关鏖战记》中写道："回溯一千年前一个元宵节日，宋狄青将军夜渡昆仑关，击败侬智高，写成了一页光辉的历史。千年后的今日，就是中华民国二十九年元旦之前夕，中国抗战诸将士，这页光辉的历史，又在人们热切的期待之下，重演一过，这更有其特殊的意义的。因为狄青当年是平内乱，今日诸将士是御外侮，而且歼灭既众，而克复昆仑关，其价值又在当年夜渡昆仑百倍以上也。"

在昆仑关战役中，第五军也付出了惨重代价，阵亡 5000 余人，11000 余人负伤。为了祭奠昆仑关战役中的英烈，杜聿明于 1946 年在昆仑关修建了阵亡将士墓园和纪念塔，并将他当年所写的挽联刻于柱上："血花飞舞，苦战兼旬，攻克昆仑寒敌胆；华表巍峨，扬威万里，待清倭寇慰忠魂。"

昆仑关一战，杜聿明一举成名天下知。

四、入缅甸作战遭到惨败

1942 年 3 月，蒋介石任命杜聿明为中国远征军副司令长官。因司令长官卫立煌未到任，由杜聿明代理。4 月 3 日，罗卓英接任司令长官。中国远征军由第五军（军长杜聿明兼）、第六军（军长甘丽初）、第六十六军（军长张轸）组成，共 10 万人。中国远征军由中国战区参谋长史迪威和罗卓英共同指挥。

中国远征军进入缅甸后，先后取得同古、仁安羌两次战役的胜利，但由于中英联军的多头指挥，造成极大的混乱。而且，英军本无保卫缅甸的决心，邀中国远征军入缅作战，完全是为了掩护其印度方面的防卫，在战局紧张时，狡猾自私的英国军队不顾中国远征军的安危，立即将英军撤退至印度，并且向美国施加压力，迫使将原定归中国远征军使用的美军第十航空队调往埃及，使中国军队失去空中保护。由于种种原因，中国远征军进入缅甸作战后，自始至终处于被动的态势，至 5 月上旬，远征军在缅甸作战失败，不得不分两路向印度和云南退却。

杜聿明不愿在战败的情况下退入印度，以免为印度人轻视，遂率领第五军军部直属部队及新编第二十二师（师长廖耀湘），徒步穿行在缅甸热带原始森林中。时值雨季，山洪暴发，部队弹尽粮绝，官兵饥病交加，死亡累累，"沿途尸骨遍野，惨绝人寰"，杜聿明本人亦感染重病，几乎殒命。

中国远征军分多路分别退入云南和印度境内，死亡奇重。人数由出国时的 10 万人减为 4 万人，第五军第二〇〇师师长戴安澜、第六军第九十三师副师长胡义宾、第六十六军新编第三十八师副师长齐学启壮烈殉国。

杜聿明率第五军残部回国后，到重庆面见蒋介石，一再检讨说："这次作战失败是学生指挥无能，未能完成任务，为国争光，请校长处分。"蒋介石知道责任不在杜聿明，不但没有处分他，反而提升他为第五集团军总司令兼昆明防守总司令，成为独当一面的统军大员。

五、奉命扳倒"云南王"

杜聿明上任后，蒋介石授给他的重大任务是寻机解决"云南王"龙云。为此，杜聿明作了细致周密的准备。蒋介石并先后两次召杜聿明到重庆面授机宜。蒋告诉杜："拟调龙云到中央任军事参议院院长，恐他不服从中央命令。你要在军事上作彻底解决龙云的准备，先将昆明附近的国防工事全部控制，然后在我明令到达的同时，即以武力解除龙的全部武装，限龙云于三日内到重庆。"

1945年9月30日凌晨5时，杜聿明指挥中央军各部将龙云的部队包围缴械，并将免去龙云的军事委员会云南行营主任、云南省政府主席本兼各职，调任军事委员会军事参议院院长的命令送交龙云。对于蒋介石使用这种偷袭手段，龙云很不服气，躲在昆明五华山上不肯就范，闹成僵局，后经中国陆军总司令何应钦、行政院长宋子文出面劝驾，龙云有了台阶下，才于10月4日离开昆明去重庆。

事后，蒋介石为了敷衍龙云，决定对杜聿明来个假处分。蒋于10月15日召见杜，对他说："你解决龙云对国家立了功，可是得罪了龙云。你应该为国家背过，任劳任怨。我表面上先公布将你撤职查办的命令，以后再任你别的职务。"杜了解他这位校长的权术，连忙慷慨地说："只要于国家有利，个人不计较任何名利地位。"蒋听了很高兴，笑容满面地说："你这样识大体、明大义，很好。就照我的命令办吧。不过因为照顾龙云的关系，处分你的命令要先发表。你明天就到昆明办理交代，18日就来重庆。"

16日，蒋发表命令："杜聿明在云南处理失当，着即撤职查办。调任关麟征为云南警备总司令。"

六、黄埔一期学长不敌四期同学林彪

1945年10月18日，蒋介石任命杜聿明为东北保安司令长官，使其成为仅次于东北行营主任熊式辉的东北"二大王"。

在抗日战争胜利后，东北成为国共两党争夺的焦点，中共领导人更为看

重东北，将能否控制东北，当作生死存亡的大事。抗日战争一结束，中共领导的八路军和新四军凭借地利和与苏联红军的良好关系，捷足先登，首先进入东北，并成立了以林彪为司令员的东北人民自治军，后更名为东北民主联军、东北野战军（第四野战军）。

蒋介石原先设想，根据《中苏友好同盟条约》，要在东北的苏联红军掩护国民党军在东北各港口登陆，"接收领土主权"。这个企图因受到苏联政府和苏联红军的抵制泡了汤。

蒋介石在"外交接收"失败后，对要不要进入东北曾经有过犹豫，在国民党上层中也有过争论。杜聿明是力主以武力"收复"东北的。郑洞国回忆说，杜聿明在去东北上任前，曾有这样的豪语："共产党的力量当然不能忽视。不过彼一时也，此一时也，现在仗打起来，绝非当年江西的情况可比。如今我们拥有几百万装备精良的军队，再加上美国朋友的全力支持，整个形势都将对我们有利，只要认真、慎重地指挥作战，打败共军不是不可能的。"杜聿明后来还告诉郑洞国："当初是我在委员长身边力主收复东北，今日仗若打不好，我是无法向老头子（指蒋介石）交代的。"[①]

蒋介石最终采纳了杜聿明等人的主张，命杜聿明以东北保安司令长官的身份指挥国民党军强行打入东北。蒋先后调归杜聿明指挥的军队有新一军、新六军、第五十二军、第七十一军、第十三军、第九十三军、第六十军共7个军25万人，加上特种兵和地方武装，总兵力40万人。东北内战开始，毛泽东要求林彪封闭山海关，拒止国民党军进入东北，但此时美式装备的国民党军无论在数量和火力上都占有较大优势，从1945年11月至1946年6月，杜聿明指挥国民党军从山海关一直打到长春，占领了东北29%以上区域，达到了其在东北"接收"的顶峰，这是杜聿明最得意的几个月。1946年6月6日，蒋介石为了消化已占领的东北地盘，下令在东北停战。由于关内全面内战已经

---

① 《我的戎马生涯——郑洞国回忆录》，第399、420页。

开始，东北的国民党军队一时无法得到新的增援，停战期限一再延长，直至
1946 年 10 月中旬，在东北维持了长达四个多月的停战状态。在这段停战时
间里，中共东北局书记、东北民主联军总司令兼政治委员林彪指挥部队深入农
村开展土地改革，建立起了巩固的东北根据地，部队发展到 36 万人。

　　1946 年 10 月，东北内战重开，杜聿明与熊式辉、郑洞国等精心策划了
一个"南攻北守先南后北"的进攻计划，林彪采取"南打北拉，北打南拉，东、
西满配合"的作战方针和部署，粉碎了杜聿明的进攻，迫使国民党军转入守势，
扭转了东北战局。1947 年 5 月，东北民主联军发起了历时 50 天的夏季攻势，
消灭国民党军 8 万余人，收复城镇 42 座，将国民党军压缩到东北不足 10 万
平方公里的狭小区城内。林彪的夏季攻势不仅沉重地打击了国民党军队，而且
也拖垮了杜聿明的身体。7 月 8 日，杜聿明垂头丧气离开了东北。

　　七、辽沈淮海大丧师

　　1948 年 6 月，蒋介石任命杜聿明为徐州"剿总"副总司令。徐州"剿
总"总司令刘峙是个典型的庸将，蒋介石派杜聿明代替刘峙指挥在华东战场
的几十万国民党大军。

　　杜聿明上任时，华东野战军发起济南战役。蒋介石严令杜聿明率第二、
第十三、第十六等三个兵团增援济南，但受到华野部队的强有力阻击，眼看
着济南失守，王耀武被活捉。

　　10 月辽沈战役打响后，蒋介石鉴于东北"剿总"总司令卫立煌不听指
挥，又想让杜聿明取代卫立煌。蒋对杜说："我把东北完全交给你好了。你自
己发纸币，找粮食，扩充军队。"

　　临时抱佛脚，杜聿明岂能有这么大的能耐。杜再三推辞，蒋不得不提出
折中办法，任命杜聿明为东北"剿总"副总司令兼冀辽热边区司令官，司令
部设在葫芦岛，要杜聿明指挥廖耀湘兵团收复锦州，打通关内外通道。杜聿
明指挥作战的结果是，廖耀湘兵团全军覆灭，兵团司令官廖耀湘被俘。沈阳
也很快解放。杜聿明坐镇葫芦岛，部署东北国民党军残余撤退，第六十二军、

第九十二军及第九十五师归还傅作义；第三十七军、第五十二军、第五十四军撤至上海、南京。

杜聿明从东北溜回南京时，三大战役中规模最大的淮海战役已经开始，黄百韬兵团已被华东野战军包围，蒋介石又命令杜聿明赶紧去徐州代替刘峙指挥，并部署解黄百韬之围。对于蒋介石和杜聿明在淮海战役中的拙劣表演，粟裕大将讽刺说："从敌人的失败，我们可以看出蒋介石这个人很'小气'。他有一个怪脾气，你要他一点，他连半点也不给你，如果你拿下了他大的呢？他连小的也不要了。这次淮海战役，他又很小气。开始舍不得丢四十四军，黄百韬在新安镇等待连云港撤来的四十四军。结果，黄百韬陷入重围。黄百韬陷入重围以后，他又舍不得丢黄百韬，不但派邱清泉、李弥来救，还派黄维来救，结果，黄百韬没有得救，黄维又被包围了。他又让杜聿明来救黄维。结果黄维没有得救，又丢了杜聿明的三个兵团。"[1]

淮海战役，国民党 55 万大军全军覆灭，杜聿明本人也做了俘虏。

八、军事才能评价不一

对于杜聿明的军事指挥才能，有不同的评价。美军顾问团团长巴大维少将认为杜聿明是"一个不大称职的军人"。[2]

但杜聿明的黄埔同学兼副手郑洞国却认为，在指挥大兵团作战方面，杜聿明的能力水平远远超过陈诚。

粟裕大将则这样评价杜聿明："杜聿明只能打胜仗，不能打败仗；只能在有利条件下打仗，不能在不利条件下打仗。他们在印缅作战时，有美国的供应，出过风头。在东北时，有火车、轮船、飞机源源供应。但这次被我们包围在永城地区，突不出，守不住，被我们全部歼灭。"[3] 这是真正的知人之论。

---

① 《陈粟大军征战记续编》，第 150-151 页。

② 《中美关系史资料汇编》第 1 辑，第 375 页。

③ 《陈粟大军征战记续编》，第 151 页。

第十章　力行社台柱

三民主义力行社（以下简称力行社）是蒋介石于 1932 年 3 月亲自领导黄埔学生建立的一个带有法西斯主义性质的秘密政治组织，它模仿当时世界上十分猖獗的德意法西斯主义，在理论上鼓吹法西斯主义的独裁救国论，宣扬"只有仿效意大利和德国的法西斯残酷斗争的精神"，才是拯救中国的唯一出路；"建立中心偶像是统一国民党的重要条件"，为蒋介石实行专制独裁统治而鼓吹。在行动上，力行社崇拜暴力和恐怖，主张采取野蛮、残暴的手段，对付中国共产党和国民党内的所有反蒋派别，推行"攘外必先安内"的反动政策。

力行社是一个由不同层次构成的秘密和公开相结合的组织系统。其最高决策和指挥层是三民主义力行社，大约由 300 名会员组成，其领导机构为中央干事会。第二层是"革命军人同志会"和"革命青年同志会"；"革命军人同志会"人数不清楚，"革命青年同志会"到 1938 年解散时大约有 3 万人。第三层是"中华复兴社"，成员总数说法不一，有 10 万人以上、50 万人两说。以上三个层次对外是不公开的，保持绝对秘密的组织状态。第四层是公开的外围团体，如"中华民族解放运动委员会""中国文化协会""中国童子军励进会""西南青年社""忠义救国军"等。力行社吸收会员采层级递进制，即中华复兴社——革命青年同志会——三民主义力行社。整个组织具有高度秘密性和铁的纪律，内部只有自上而下的纵向联系，而无横的联系。外界很少有人知道力行社的内幕，当时外间误以为蒋介石所组织的是"蓝衣社"或"蓝衣党"。[①]

---

① 　王奇生：《党员、党权与党争：1924—1949 年国民党组织形态研究》，第 222-223 页。

力行社最高层的核心骨干被称为蒋介石的"十三太保"，他们中的贺衷寒、康泽、邓文仪、戴笠被称为力行社的"四大台柱"。戴笠将在下章介绍，本章介绍贺、康、邓三人。

第一节　政训头子贺衷寒

贺衷寒是力行社的"四大台柱"之一。他不仅是力行社的理论家，而且曾经一度掌握国民党军队的政训系统，权倾一时。

一、黄埔系右派干将

贺衷寒（1899—1972），字君山，湖南岳阳人。幼年在家读私塾，1916年进入武昌湖南旅鄂中学学习。在五四运动中，贺衷寒是湖南旅鄂中学的学生代表，他对俄国"十月革命"的成功十分向往，1921年被武汉学生会推选为代表，赴苏俄巴库参加东方民族会议，会后对苏俄进行了考察。当时，苏俄面临内外敌人的封锁、干涉和叛乱，处于极端困难时期，经济形势十分恶劣。贺衷寒经过实地考察后，认为苏俄"景象残破"，对社会主义革命不以为然，并公开发表反苏言论。

贺衷寒

1922年，贺衷寒回国，先后在武昌、长沙创办"人民通讯社""平民通讯社"，并受聘为《上海时报》特约记者。1924年，贺衷寒考入黄埔军校第一期，同年秋毕业后，留在黄埔军校政治部任秘书，旋即又调任第三期入伍生总队政治部主任。1925年1月，贺衷寒与蒋先云、曾扩情、何畏能发起成立黄埔军校青年军人联合会，并担任该会的中央执行委员会秘书。1925年3月，国民党老右派谢持跑到广州，游说黄埔军校学生反共。谢持煽动说，青年军人联合会是共产党的组织，贺衷寒、曾扩情等人在里边工作是为共产党作嫁衣。共产党名为与国民党合作，实则是乘机篡夺国民党的党权，一旦得逞，所有的国民党党员将受到无情的迫害而无立足之地，等等。在谢持等国民党右派的煽动和拉拢下，贺衷寒迅速右转，与青年军人联合会中的共产党员发生了矛盾，在第一次东征期间的梅县集会上，还与共产党员李之龙发生了格斗。

为了对抗共产党及青年军人联合会，贺衷寒等人在蒋介石的暗中支持下，于4月间在广东梅县筹备成立中山主义学会（后改为孙文主义学会），贺衷寒与潘佑强为主要负责人。9月，贺衷寒等人创办《国民革命》周刊，作为孙文主义学会的机关刊物，极力反对孙中山的三大政策，中伤共产党，攻击国民党左派。贺衷寒领导孙文主义学会与青年军人联合会大唱对台戏，受到蒋介石的赏识。

1925年10月，在第二次东征期间，蒋介石曾主持召开第一军政治部职员及各级党代表会议，讨论党争问题。时任第一军第一师第一团党代表的贺衷寒在发言中指出，一个革命政党内，绝不能容许两种不同主义的信仰者长久存在，长久合作，与其将来分裂，不如及早各走各的路，但我们两党可以联合对付敌人。贺衷寒的发言极合蒋介石的意图，因而更加得到蒋介石的器重。

1926年3月，蒋介石借口青年军人联合会和孙文主义学会之间的斗争有违"亲爱精诚"的校训，迫令青年军人联合会解散，并命令孙文主义学会停止活动。蒋介石指派贺衷寒与蒋先云、曾扩情、李之龙、潘佑强等另行组织黄埔同学会，蒋自任会长，企图将黄埔同学置于自己一手控制之下，并以之作为达到自己政治目的的工具。

1926年4—5月间，贺衷寒作为广州国民政府军事政治考察团成员赴苏联考察，不久进入莫斯科中山大学学习，旋转入苏联最高军事学府——伏龙芝军事学院学习。贺衷寒对苏联红军的政治委员制度感兴趣，并用心做了研究。他认为："苏联政治委员能够注重军事工作，帮助军事长官提高士兵知识，维持纪律，处处对部队长官予以实际上的辅助。因此，军事长官认为政工与己有利，于是发生信仰，感到政工人员的需要。我国过去政治工作的失败，其重要原因，就是没有注意到此点，事事不务实际，专尚空谈。所以我国政治工作独归失败，而俄国终于成功了，这一点，是值得我们深切认识的。"

贺衷寒因在苏联组织反苏反共的"孙文主义学会分会"，被苏联当局遣送回国后，积极追随蒋介石发动反共政变。同年 11 月，贺衷寒担任黄埔军校第六期北迁学生总队长，奉蒋介石之命在杭州收容从广州来的黄埔军校学生，并筹办浙江军事训练班。

次年 4 月，因蒋介石已经重新上台，该班遂迁往南京。7 月，贺衷寒任国民革命军总司令部政治训练部主任。1929 年，贺衷寒被蒋介石派至日本明治大学研究军事、政治。1931 年回国后，任江西"剿匪"总司令部宣传处处长、训练总监部国民军事教育处处长等职。

二、力行社发起人

1931 年九一八事变后，国内外形势的发展，使蒋介石又面临第二次被赶下台的局面。蒋介石为了巩固他的个人专制独裁统治，决心依照苏联的"格伯乌"（政治保卫局），成立一个组织来为他个人服务。但蒋介石有一个特点，即在某些见不得人的重大问题上，从不直接命令他的爪牙按照他的命令去做，而是采取冷酷骂人的方式，逼着他们去揣度他的心理，想出办法来迎合他的意图。1931 年 11 月初，蒋介石召集贺衷寒、桂永清、萧赞育、周复、滕杰、郑介民、邱开基、戴笠、邓文仪等十几个亲信的黄埔学生开会。会议开始，蒋介石装出很难过的样子说："现在日本帝国主义压迫我们，共产党又这么捣乱，我们党的精神完全没有了，弄得各地的省市党部被包围的被包围。被打的被打，甚至南京的中央党部和国民政府都被包围。我们的党一点力量也没有，我们的革命一定要失败！我的好学生都死了，你们这些又不中用！我们的革命就要失败了！"蒋介石讲完后，就宣布散会。

第二天，贺衷寒召集这些被蒋介石骂为"不中用"的学生开会，揣摩蒋介石的意思。

几天后，蒋介石又把贺衷寒等人召去，照原样骂了一通。会后，贺衷寒等再次集会揣摩蒋介石的意图。

三四天后，蒋第三次召见贺衷寒等人开会，讲话与前两次完全相同，只是在最后加重语气骂道："我的好学生都死光了，你们这些又不中用！"说到这里，贺衷寒站起来，如丧考妣，泪流满面地说："时局虽然很困难，只要我们能团结，还是有办法的。"

蒋感到这些"不中用"的学生已经开了窍，便一面骂，一面顺水推舟地再往下逼，并露出自己的一点点意图说："你们怎样能团结起来？今天团结，明天就要闹意见，好吧，你们试试也可以。我想，我们要有像苏联的那种'格伯乌'的组织就好了。我们今天的力量是够的。"

这时，康泽站起来说："就我所知，苏联的'格伯乌'是它政府的一部分，是挑选最忠实最干练的党员去组织的，在各地还受它的党的监督。"蒋介石见自己的目的已经达到，也就不再骂人，只是说："你们慢慢地去研究吧！"①

蒋介石短暂下野再度复出后，于1932年2月29日上午在南京励志社召集康泽等人再次开会，蒋介石出了两道题目：一为《论俾斯麦的铁血政策》，二为《试述合作社的意义》。蒋要求每人任择一题写篇作文，于次日上午8时交卷。3月1日，各人按时再到励志社将写好的文稿呈蒋介石批阅。接着由蒋介石宣布成立三民主义力行社，并当场宣布力行社干事会成员名单。随后发给每人一份印好的誓词，大家在蒋介石的监督下宣誓，誓词是：

余誓以精诚，力行三民主义，恢复革命精神，复兴中华民族，牺牲个人

---

① 《康泽与蒋介石父子》，第31-32页。

一切利益，服从命令，严守秘密，完成革命建国任务。如违誓言，愿受最严厉制裁。谨誓。

誓毕，由滕杰将誓词收齐焚毁。蒋介石随即大力鼓吹力行哲学，说："王阳明知行合一与我总理知难行易，只要努力以行，力行公正，则中庸所谓虽愚必明，虽柔必强，必可达到目的。"蒋讲完后，与大家站成一个圆圈，手拉手，对大家说："三民主义力行社从此正式成立了，我将尽心竭力来领导你们。大家从此要更加精诚团结，努力奋斗，不达目的，绝不中止。我现在预祝大家成功。"

力行社纪律条例规定：不得违抗命令，不利用小组织，不得泄露秘密，不得倾陷同志，违犯以上四条之者，处以极刑；不得贪赃纳贿，不得狂嫖滥赌，不得娶妾，违犯以上三条之者，视情节轻重，处以无期徒刑或有期徒刑。

力行社的领导机构为干事会，担任第一届干事会常务干事的是滕杰、贺衷寒、桂永清、潘佑强、康泽，由滕杰任书记。胡宗南、邓文仪、萧赞育、曾扩情等12人为干事，干国勋、戴笠等11人为候补干事。干事会下设四个处：总务处处长李一民，助理何日纲；组织处处长萧赞育，助理胡轨、李新俊；宣传处处长康泽，助理梁干乔；特务处处长桂永清，助理戴笠。

力行社成立后，紧接着建立了二级外围组织革命军人同志会和革命青年同志会，三级外围组织中华民族复兴社。为严守力行社这个核心组织的秘密，力行社员一般都以复兴社名义相称。复兴社的组织机构和领导成员，也全由力行社的领导班子代替。

力行社的骨干，被称为蒋介石的"十三太保"，实际上不一定只有13个人，也难以肯定是哪13个人，其中，滕杰、贺衷寒、刘健群、酆悌、邓文仪、康泽等先后担任过书记长，刘健群任过两次，郑介民代理过一次，邓文仪、滕杰、康泽、周复、梁干乔、桂永清、张辅邦、戴笠等十余人先后任过各处处长，此外，潘佑强、葛武棨、萧赞育、杜心如、胡宗南、曾扩情、周复等也是其中的骨干人物。

贺衷寒在黄埔系一贯以政治领袖自居，而推胡宗南为黄埔系军事领袖。对于力行社，贺衷寒也自居于第一把交椅，不但对非黄埔系的刘健群视若无物，即对其余的"太保"们，也一律视为应该听话的小兄弟。他以为胡宗南既管军队，他就该管力行社，这是"当仁不让"的事。他和萧赞育、邓文仪、刘咏尧、袁守谦、张镇（宪兵司令）的关系特别密切，潘佑强、杜心如也向他们靠拢。这些人都是湖南人，而江西籍的桂永清和周复，与这些湖南人也很亲近。因此，实际上便无形中形成了一个"湖南派"的小集团。这个湖南派以贺衷寒为首领，萧赞育被推居于第二把交椅，势力实在不小。（这些人除了同乡关系外，又绝大多数都是留俄或留日的，萧赞育曾留俄又留日，他的地位就更重要。）

按照常情来说，像这样一个有力量的小集团，在力行社的领导层，就理应居于操纵把持的垄断地位，要怎样就可以怎样。无奈力行社是蒋介石亲自直接掌握的，酆悌、康泽和戴笠等人都是直接承命于蒋介石，特别是戴笠和康泽又都有各成独立系统的实权实力，这就使得贺衷寒无法实现其把持操纵的野心。并且蒋介石早已看透了贺衷寒的个人野心，因而仅让他在力行社担任过一次书记长。

贺衷寒还以黄埔系和力行社的唯一理论家自居。他先后主办了《扫荡报》和《前途》月刊大肆进行法西斯宣传。他自己在《前途》月刊上发表《法西斯蒂的国家——协团的国家》《法西斯国家的概念》《法西斯主义之政治与社会理论》《法西斯主义经济原理》《法西斯统治下意大利的经济制度》《法西斯主义之国家改造论》《法西斯蒂下之劳动业余训练》《法西斯蒂的精神史观》等，大肆宣传在中国实行法西斯主义的必要性，为蒋介石的独裁制造舆论。

三、掌握国民党军政训大权

1932 年，贺衷寒出任豫鄂皖三省"剿匪"总司令部政训处处长。1934 年任军事委员会南昌行营政训处处长，负责国民党军队的政训工作。贺衷寒扬言要为"军队政治工作开一个新纪元"。

首先，他以军委会政训（总）处为总机关，网罗了大量的军队政治工作人才，在各级部队和各军事学校、各军事机关都设立了政训处，派驻了政工人员。他所网罗的这些政工人员中，中级以上的多数是力行社的成员。从此，政训人员在军队形成了一个系统，几年之间竟发展到数万人。这些政工人员除了经费开支是在所在部队外，其余组织、人事、业务关系均在（总）政训处。

贺衷寒为使军队政训工作系统化、规范化，制定了《政工典范》。他规定政工人员的主要活动除了进行反共宣传鼓动外，便是侦察监视各部队长、各级军官和学生的思想行动；不仅对非嫡系部队、杂牌部队如此，即对嫡系部队的部队长也不例外。他认为军队政训工作的路线是三个原则，即：（一）巩固"革命"力量；（二）取消敌对势力；（三）整理同情力量。为此，他给各级部队的政训处赋予很大的权力，即：在部队的驻防地，可以对当地社会实行军事管制，"清查"共产党；对人和事情的处理，均可以"军法从事"的名义。

这个《政工典范》还规定了军事学校政训处的主要对象是学生。政工人员以侦察和监视学生的思想行为为中心工作，并在各学生队派出政治指导员。而这些政治指导员对凡是他们认为有"共产党嫌疑"或思想不稳的学生，即可由政训处通过学校予以禁闭、开除党籍的处分，或交军法机关转送陆军监狱。

军事委员会政训处还办了大量的培训班。培训班招生标准，一是军校毕业生，二是在部队工作两年以上。

他还为各级部队政训处装备了先进的通信设备，师以上的政训处都配备了电台。

　　贺衷寒对政训工作有一套系统的理论，这种理论体现在他所著的《一得集》中。军委会政治部曾在 1938 年将这部书印发给各级政工人员作为必读的"教材"。贺衷寒认为，政治训练工作的任务，是把不革命的、腐败的一切军事设施布置准备改善过来。政治训练工作的前途就是"军事统一化"。他说："我们要求国家将来的出路，必须有赖于武装，有赖于军队，任何国家，它的一切设施、一切布置、一切准备，没有不是军事的，离开了军事，国家便会灭亡。所以，一个强盛的国家，教育一定是军事化教育，政治一定是军事化政治，社会一定是军事化的社会，技术一定是军事化的技术，交通一定是军事化的交通。总而言之，离开了军事，这个国家就没有前途，这个民族也就没有前途。"因此，军队政训工作的重心，"从理论上来说"，就要握住统一性；"从实际方面来说"，"就要着眼军事化"。"无论什么工作，都要把握这两件东西——实际上这就是一件东西，军事即统一，统一即军事"。为了达到这个"军事统一化"，他要求政训人员，"要从需要上看出来，需要即真理，政训工作需要，所以政训工作即是真理。凡是有志做事业的人，应该只问前不前，不问途不途，只问出不出，不问路不路。我可以断言，前则有途，出必有路"。他认为军队政训工作落脚点，就是要达到各军事人员绝对服从蒋介石。他说："一部人类的历史就是领袖的创造史，领袖在历史上是一个制度。主义维系我们的精神，领袖在维系我们的精神外还维系我们的行动。政训工作重心是统一，统一的重心是主义，主义的重心是领袖。"

　　贺衷寒对政训工作用心良苦，可收效却不大，原因正如他所说的，"只有领袖（指蒋介石）注重政训工作"。他在政训工作上遇到重重困难，例如，底下的政训人员经费不够用；政训人员很受鄙视，被官兵说成"卖膏药""耍嘴皮"的。政训人员则大都不愿干这一行，认为干了这一行是"倒了霉""没出息"。这些政训人员只是把干政训工作当作桥梁，希图借此与各部队长拉上关系，能转入带兵。贺衷寒见自己搞的政工系统成效不大，十分丧气。他曾发牢骚说："部队政治工作要就只有实行党代表制，像现在这个样子就还不如不要，这样干下去没有什么好处。"抗日战争时期，蒋介石命令师政治部主任一律兼任副师长，但仍没有什么效果。

四、西安事变谋不轨遭放逐

1936 年 12 月 12 日，西安事变爆发的消息传到南京，贺衷寒召集黄埔系同学 2000 余人开会，坚决主张进兵"讨伐"，轰炸西安，"挽救出领袖的生命"。他还决定由黄埔系同学中团长以上的将领 275 人，由胡宗南、黄杰领衔致电张学良，称：

> 兹请以吾全体同学之意志，忠告执事，望执事内审天理，外怵公愤，及早悔祸，泥首请罪于委座之前，俾委座即复自由，出而继续领导复兴救国之大业，则中央与委座对执事如何曲加矜贷，自一听中央与委座之裁处。万一执迷不悟，使委座稍有差池，则吾全体同学，誓必不顾一切，悉力以赴，决不与执事及与执事有关之任何个人共戴天日于此世，海枯石烂，此志不渝……

据说，贺衷寒将力行社内部组织情况及审判员名册，向何应钦作了报告。贺并向何应钦提出成立三个师，由他保举干部，预定潘佑强为师长之一。何应钦对此感到很不愉快，认为这是一种利用时机的要挟。蒋介石获释回到南京后，力行社特务头目戴笠立即将贺衷寒的行动报告给了蒋介石，蒋认为贺居心叵测，大骂道："我还没有死，就把我出卖了，混蛋的家伙！"将贺骂哭了。

不久，贺衷寒被免去政训处处长职务，改由袁守谦继任。贺衷寒被派到欧美考察，实际上等于被流放。

五、受冷落不改自重、自大习气

1937 年 7 月抗日战争爆发以后，贺衷寒从德国柏林致电蒋介石请求自效，蒋方允其回国，担任了一年多的军委会政治部秘书长兼第一厅厅长，便被蒋介石闲置起来，仅在三青团内担任有名无实的临时中央干事会常务干事。

贺衷寒虽然为蒋介石冷落，但他仍以黄埔同学的领袖自居。贺衷寒的自重自大是出了名的。有一次，黄埔一期同学关麟征到南京公干，顺便上门去看贺衷寒，不料进门时守门的人要他登记，关麟征本来就看不起贺衷寒等力行社的"太保"们，他曾对人说："这批人是政客，不是政治家，成事不足，误老汉（指蒋介石——笔者注）的事有余。"关麟征见贺如此装腔作势，气得不行，拿起笔来写下"不要脸"三个字，然后拂袖而去。①

侍从室第二处第六组组长唐纵在 1940 年 1 月 20 日的日记中记下了贺衷寒自重自大的一幕：

> 晚上在军委会大礼堂举行军校同学春季联谊会，到会有何总长、陈立夫及上校以上同学 200 余人。首由刘咏尧同学报告，现在毕业生调查处之单位有 105 个，总人数有 179720 人，有百分之六十已履行登记，同学失业被救济者有 20550 人。次由何总长训话。旋陈立夫演说三点：一、勉同学求学；二、力行；三、知耻，耻不若人，尤应求友，在不同的环境中求友，求友长于我者。其意似有所指。后由贺君山演说。君山似有相当学识，但非演说家。其发音、其用辞、其态度，均已失去其演说之条件。然君山最好说话，每次集会均有他演说一番。君山为人自重、自大，尤其拘谨而少机智。今日之集会，君山独居上座与何总长并肩而坐，不知事后亦有何感觉否？

1941 年 11 月 27 日，贺衷寒与唐纵谈话，仍念念不忘蒋介石的事业。唐纵在日记中写道："下午晤君山，谈及目前局势，已至危急紧迫关头。吾人应有所警觉，有所准备，若坐待大势洪流到来，将有措手弗及之

---

① 《关麟征将军》，第 15 页。

虑。谈约三小时。君山以目前所处环境，不敢有所主张，恐遭物议。君山云：委座对学生与对他人不同，他人可说之话，吾人不便说，委座为全国之领袖，一切设局应从大局着眼，如果替委座的事业做小了，这是我们的罪过。"

1943年6月14日，贺衷寒与周恩来大吵一场，以示不改其顽固的反共立场。唐纵在日记中记道："晚上，张（治中）部长为周恩来、林彪饯行，邀约黄埔有关系之教官及同学作陪。席间君山与周恩来均因酒醉言词态度各不示弱，各同学均担心彼二人不要破脸。"

当然，在私下，贺衷寒对蒋介石的过河拆桥还是颇有牢骚的。

1941年的一天，贺衷寒邀力行社分子萧作霖到他李子坝住处吃腊狗腿。萧醉后大发牢骚，痛骂蒋介石昏暴。贺衷寒借着酒醉说了一番真心话，他说：

"你哪里知道，蒋先生暴则有之，昏则完全不然。你没有看到他的统驭术的绝顶高明。他一向抓得很紧的是军队、特务和财政这三个命根子。他这三个命根子各有一套他最亲信的人替他看守；同时他又让这三种力量互相依赖互相牵制，而只听命于他一人。这三个方面的每一方面，又都各有三个鼎足并峙的力量，使其互相牵制。军队方面是陈诚、汤恩伯和胡宗南；特务方面是戴笠、徐恩曾和毛庆祥；财政方面是孔祥熙、宋子文和陈氏弟兄；他们之中谁也不敢有所挟持而无所顾忌。所有这些人，除了孔、宋是他的至戚外，其余又都是浙江人，连宋子文的原籍也是浙江（宋子文原籍海南文昌县——笔者注），可以说，都是他极亲信的人了。可是他对这些人都还有个防而不备、备而不防，难道这还能算是昏！他对我们湖南人尤其是懂得点政治的湖南人，是绝对不放心的。像力行社这样的组织，他也只是一时利用一下子，等到他已被捧成了绝对的独裁领袖，当然就不再要这个组织了。因为他唯恐力行社会发展到一旦难以驾驭的地步；尤其是这个组织的高级骨干又多数是湖南人，这也是他所难以放心的。他的运用和打算都是有极高明的权术的，你还骂他昏！可见你还是年轻不大晓事，你自己才是有点昏！"①

1942年4月，贺衷寒被重新起用，担任社会部劳动局局长、国家总动员会议人力组主任等无足轻重的职务。

1949年后，贺衷寒去台湾，担任"交通部长""行政院政务委员""总统府国策顾问"等职。

① 《文史资料选辑》第11辑，第63页。

第二节　别动队头子康泽

康泽是力行社"四大台柱"之一，国民党法西斯的特务警察武装别动队头目、集中营系统的总头子，又长期掌握三青团组织大权，权倾一时，被称为蒋介石"犀利的尖刀"。

一、戴季陶主义的信徒

康泽（1904—1967），字代宾，号兆民，四川安岳县人。1925 年春，康泽考入黄埔军校第三期。康泽认为校长蒋介石十分严肃，显得十分威武，从而产生了敬畏的心情。

康泽

一次，蒋介石到教室巡视。当天是星期日，学生们大多外出了，教室里只有康泽一人在整理校长讲话笔记。见蒋进来，康泽连忙起立立正，蒋走过来翻了翻康泽的笔记，问："你叫什么名字？为什么不休息？"随从教官抢着介绍说："他叫康泽，学习很用功。"蒋听了，频频点头，觉得康泽是名好学生。

第一次东征后，康泽所在的学生连因前任连长贪污事发，康泽作为代表之一向校长蒋介石告发，这是康泽第二次单独与蒋打交道。康泽在黄埔军校 10 个月，形成了"蒋介石很威武""蒋介石是国民党的正宗""蒋介石是孙中山的忠实信徒"等认识。康泽后来承认："这些封闭的、形式的、片面的和不正确的印象，成为我以后在中山大学接受真理的障碍和向反动方面发展的酵母。"

除了养成对蒋介石的崇拜外，康泽承认自己军事课程学得不好，上课总打瞌睡，没有兴趣，军事学没学到什么。

1925 年 12 月，康泽和黄埔军校第一、第二、第三期以及几所学校的 30 余名中国学生进入苏联首都莫斯科中山大学学习，康泽被选为国民党黄埔特别党部旅莫斯科支部的三名执行委员之一，很快卷入了当时激烈的左、右矛盾和斗争。中山大学校长拉狄克在讲课时严厉批评了刚出笼不久的戴季陶主义，引起康泽的注意。康泽在黄埔军校时听过戴季陶的课，觉得他口才很好，但对讲课内容并未在意。听了拉狄克的批评后，专门从中山大学图书馆里借来戴季陶的《孙文主义的哲学基础》《国民革命与中国共产党》，仔细地读了一遍。康泽认为，戴季陶说得很对，戴季陶主义"正确"地阐述了三民主义理论，是国民党员"应该有的认识和觉悟"。从此，康泽成为戴季陶主义的信徒。

康泽后来承认："我对中国共产党同志和苏联就多少有些隔膜和芥蒂了。从此以后我在歧途上越走越远，虽然教授沙可夫先生一再诱导我、鼓励我、争取我走进步的道路，但我始终执迷不悟，暗中团结顽固分子，以国民党'忠实同志'自居，事实是走'反俄、反共、反左'的道路"。

在中山大学，康泽与王仲裕、谷正纲、萧赞育、吴鲁、杨振藻等国民党右派组成"高级碰头会"，这些人分别领导由三四名国民党员为一组的碰头会，与国民党左派和共产党人相对立。中山大学将康泽、谷正纲（谷正纲回国后为谷正鼎）、萧赞育、张镇、夏云沛、唐健飞六人称为反共的"六头机关"。

1927 年蒋介石发动四一二反革命政变的消息传到莫斯科中山大学，中山大学进步师生掀起讨蒋浪潮，连蒋介石的儿子蒋经国也在集会上声明反对蒋介石。对小蒋的行为，康泽不以为然。康泽经与几个右派头目碰头后决定，对外不轻易发表意见，同时注意碰头方式，防止有人动摇。

1927 年 7 月，康泽与谷正鼎等一批右派学生启程回国。他们到达上海时，蒋介石已经于 8 月 13 日下野回奉化，康泽进入南京的中央党务学校任训育员。

1928 年，为了反对桂系控制的中央特别委员会，在中央党务学校成立了"南京市各级党部暨各民众团体救党运动委员会"，康泽、谷正纲、段锡朋担任常务委员，康泽还兼任秘书，成为实际上的头目。

他们不断制造事端，挑战国民党中央特别委员会及其国民政府，并制造"一一·二二"惨案将中央特委会搞垮，为蒋介石重新上台铺路。

蒋介石 1928 年 1 月复出后，没有忘记康泽这位忠心拥戴自己的"功臣"。2 月中旬，蒋介石在自己的总司令部以满意的目光和温和的笑容接见这位忠实爪牙，蒋问康泽："你今年多大岁数了？"

康回答："我今年 25 岁了。"

蒋点点头，夸赞道："我听说你很努力，你的工作做得很好，我要另外调动你的职务。"

不久，康泽即被调到蒋介石的身边当侍从少校参谋。

1930 年 3 月，蒋介石任命康泽为陆海空军总部宣传大队大队长，在前线进行敌前宣传，并担任陇海路沿线的护路重任。

中原大战结束后，蒋介石掉转枪口，集中兵力"围剿"中央苏区。为了配合军事"围剿"，蒋介石命总政训处处长周佛海组织反共宣传大队，以康泽为第一宣传大队大队长，率队随军赴湖南；蒋坚忍为第二宣传大队大队长，率队随军赴江西。康泽十分卖力地进行反共宣传，并创办《剿匪军》半月刊，刊登反共报道、论著、通讯和照片等。

二、力行社干将

1931 年底，康泽与贺衷寒、酆悌、桂永清、滕杰、萧赞育、郑介民、周复、邱开基、戴笠等参与发起成立力行社，蒋介石命康泽负责组织建设诸问题，凡有人呈上的与力行社有关的意见书，蒋介石基本上都交康泽全权处理。1932 年 2 月 29 日，蒋介石亲自主持力行社成立的秘密会议，康泽当选为力行社中央干事兼宣传处处长。在力行社成立后，又成立了革命军人同志会和革命青年同志会两个外围组织。革命青年同志会主要吸收机关科局长以上干部和一般知识分子，康泽兼任革命青年同志会的宣传处长兼书记。

另外，康泽还在革命青年同志会下，设立了"西南力行社"，以西南各省在南京就学的青年，尤其是中央军校的学生为吸收对象，这个组织发展了200多人。康泽希望这些人毕业后，回到西南各省掌握实权，从而使自己的触角伸到西南各地。但该组织的成员，直到组织散伙，也没有一个回到西南去，康泽的企图落空。

康泽将力行社的活动概括为：

1. 宣传——要人信仰"领袖"；

2. 组织——为了扩大宣传和特务的发展；

3. 训练——教人拥护"领袖"，服从命令；

4. 特务——用各种各样的方法，侦察并排斥异己；

5. 政训——宣传信仰"领袖"，忠"党""爱国"；

6. 国民军训（包括社会军训及学生军训）——宣传信仰"领袖"，并扩大组织作用；

7. 别动队——保护地主，反共、反人民；

8. 特别训练班——训练别动队人员及政训、交通、团干等人员，以扩大力行社影响；

9. 保安系统——掌握地方武力，加强统治力量；

10. 宪警——维持反动统治。

康泽先后负责宣传、训练、别动队等重要工作。

1932年元旦，力行社机关报《中国日报》成立，康泽任社长，徐朗亭任总编，张客公任总主笔。根据蒋介石的指示，《中国日报》反反复复宣传蒋介石的"攘外必先安内"的反动谬论以及"一个党、一个主义、一个领袖"的论调，为蒋介石的独裁统治摇旗呐喊。

1932年，蒋介石命令康泽担任中央军校特别训练班主任，负责培训那些原属国民党内改组派等政治派别、现在想投靠蒋介石的黄埔毕业生以及少数变节的原共产党员。蒋介石对这个训练班非常重视，每周都要亲临训话一次。蒋介石在一次讲话中说："你们这一次到特别班受训的人，都是在政治上犯了错误的人，我现在不怪你们，我要责备我自己，我没有领导好，使你们走入歧途，只要你们今后革面洗心，回到革命阵营，我们是一样的看待你们和信任你们……"

这期训练班于1932年6月结束，历时三个月，学员经各组训育员考核合格后，大部分被吸收加入革命军人同志会。

三、罪恶累累的别动总队头目

康泽在力行社内从事的最重要的工作是组建并领导法西斯性质的武装特务警察部队——军事委员会别动总队。这是一支模仿纳粹德国党卫军冲锋队成立起来的极端反动武装。

1933年10月，军事委员会别动总队成立，蒋介石任命康泽为别动总队总队长。别动总队初设一、二、三大队，以马维骥、龚建勋、公秉藩分任大队长，以后又陆续成立了四、五、六三个大队，以曹勖、萧树经、安汝毅为大队长。每个大队下设三个中队，每个中队设两个指导员，分别掌管政治和情报；每个中队下辖三个区队；每个区队下辖三个分队；每个分队有十七名队员。别动总队还有一个连的特务队，担负警卫任务。别动队装备精良，正、副分队长以上，一律佩戴手枪；队员各配长、短枪两支；每个分队装备一挺轻机枪。别动队的装束，也仿效德国冲锋队，与国民党军队有所区别，一律灰布军装、灰布绑腿、白衬衫、黑鞋、黑袜、腰扎横皮带。另外，各大队须以三分之一队员着便衣，以便进行秘密活动。康泽身为别动总队头目，也与队员一样，穿一套士兵衣服，系一根小皮带，穿草鞋，腰间还挂一把左轮手枪，与力行社另一头目、政训处处长贺衷寒"哔叽军装，斜皮带，长靴，闪闪的两颗金星，和一柄军人魂宝剑"的打扮形成鲜明的对比。

康泽在别动总队强调绝对服从命令，从思想到行动都实行严格控制。康泽叫嚷："生的进来，死的出去。"

康泽指挥的这支反动武装，成为"剿共"的扫荡队，别动队的魔爪首先指向中央苏区，所到之处，生灵涂炭；继而伸向鄂、皖、湘以及川、康、黔、陕等省，在国民党正规军队后面，围追堵截小部红军，残酷迫害苏区革命群众，罪恶累累。康泽在江西时收到一封匿名信，内有一副对联："屠兄屠弟手段何其残忍，丢母丢妻心术硬是毒辣。"横批是"屠夫世家"。因康泽的父亲是杀猪的屠夫，故称屠夫世家。

康泽也承认，别动队在"清剿"红军中，"打死红军游击队的人数不知多少！同时，别动队在执行所谓恢复地方秩序过程中，认为是嫌疑分子而逮捕送往县政府被判死刑或徒刑的，又不知多少！"

力行社分子萧作霖也说："康泽与戴笠这两个人，真可以称作两个活生生的法西斯特务典型；……康泽……组织别动队……在进行'剿共'军事的前方和后方广大地区，大肆活动，对人民所施镇压和屠杀之残酷惨毒，与戴笠的特务处系统互为表里而有过之无不及，特别是在江西、湖北及四川为尤甚。"

1934年底，蒋介石借"四川王"刘湘向其求援的机会，派参谋团和别动队入川，协助刘湘抵御红军，并向刘湘吹嘘别动队在江西的"成效"。康泽是四川人，他的别动队中四川人很多。蒋介石派别动队入川，是将其作为控制四川的急先锋。

蒋介石特别吩咐康泽："你这一次到四川，要做新生活的榜样，不要参加他们的无谓应酬和吃喝嫖赌；要把别动队分布到各重要地方去工作，不集中使用。"

康泽率别动队一个支队入川后，分散至各县、市担任训练保甲，指导构筑碉堡，并推行新生活运动的任务。这批人员所到之处与当地力行社三级外围组织复兴社、军队政训处及各专署政训室取得联系，并配合工作。别动队的"声威"很快传播于全川。此外，蒋介石还任命康泽担任刘湘的第二十一军政训处长、四川保安处政训室主任、四川国民军训总指导员。康泽说："由于我自己的反动地位，与蒋介石的信任以及人事上的安排，我把别动队、政训处、国民军训会以及复兴社四川支社和重庆区社的工作联系并统一起来了。因之，我在四川，事实上成了这一系列反动工作的总头子！”

康泽的活动直接威胁到“四川王”刘湘的地位，与刘湘的冲突越来越激烈，康泽请求在形势许可时，由别动队负责解决刘湘，蒋介石默认，并要康泽与顾祝同商量具体措施。

1936年12月12日西安事变爆发，康泽了解情况后，与公开主张讨伐的人保持距离，也没有公开发表激烈“讨伐”的言论。因此，当蒋介石获释回到南京后，对力行社头目贺衷寒、邓文仪等极为不满，斥责他们不忠，而对康泽的表现表示满意。蒋介石回到南京的第二天，躺在床上接见了康泽，对他的信任依然如故。

1937年2月的一天，康泽接到蒋介石的电报，赶到奉化溪口。蒋介石向康泽询问四川的情况，康泽便将刘湘在西安事变前后的表现对蒋说了一番。蒋介石问康泽怎样处理为好，康泽早就胸有成竹。他的方案是，在陕南与川东保持强大兵力，并联络四川反刘各派军阀，要求刘湘按照国民党中央规定整编军队。如接受则和平解决，不接受则军事解决。康泽认为，刘湘在这种外有强大压力，内有各派分化的情况下，接受的可能性较大。康泽对蒋介石说：“刘湘是一个割据军阀，我们必须要把他彻底解决，把四川经营成我们的后方，将来对日的战事发生时，我们才可以免去顾虑。”康泽提出用一个月时间准备，6月前可以动手解决问题。蒋介石认可了康泽的意见，让他拟订出一个具体行动计划。

康泽回到南京，足不出户，一个人关起门搞了两天，拟出一份处理四川问题的意见，交给了蒋介石。蒋介石看过后，又召见康泽，对他说，意见大体可行，并要康泽到西安，让顾祝同做好军事准备，同时约见四川各派反刘势力代表，传达蒋的意见。

随后，康泽到了西安，向顾祝同报告了蒋介石的指示，又和顾一道会见了四川各派反刘势力代表，说明蒋介石有解决刘湘的决心，以打消他们怕因反刘不成反吃苦头的顾虑。康泽根据此行的结果，写了一份报告，飞到上海交给蒋介石。蒋看了报告后对康泽说："大体可以这样办，现在四川天旱，有人说不宜有军事行动，到秋后好些，时机究竟怎样好？"

康泽迫不及待地说："四川有些地方干旱是局部的，在四川绝没有全省闹旱灾的事情，我们不可因此变更原有决心。解决了刘湘之后，真正遭受旱灾区域，我们可以即刻赈济。这样所费不多，对于'收拾人心'效用颇大。我的意见，解决的时机，仍以在3月以后、6月以前为好。"

蒋介石考虑了一会儿，对康泽说："大概可以这样，我们在政治上采取行动，在军事上被动一点。"

由此可见，康泽急于搞掉刘湘，一方面是因为自己在四川为了贯彻蒋介石的意旨，而得罪了刘湘，受到刘湘的种种压制；另一方面，搞掉刘湘，或许还可以为自己在四川军队谋取一个更高的职位创造条件。

4月以后，南京方面向刘湘发动政治攻势，何应钦、贺国光对刘湘提出整理四川军队的问题。经过与刘湘代表的谈判，双方达成初步协议，将刘湘部队和川军其他部队缩编，让出重庆、万县由中央军驻防。康泽对这个协议不满意，对蒋介石说："如果照现在的协议，那还是太便宜了刘湘！"

但蒋介石有他自己的考虑，何况康泽对四川的事情插手太多，也容易引起一些矛盾。因此，当刘湘表示同意初步协议，准备在重庆召开四川整军会议时，蒋介石便要顾祝同告诉康泽，不要他去重庆参加会议。康泽自以为对解决四川问题有功，结果却被排除在四川问题的最后解决之外，心里充满懊丧与气恼，然而他对蒋介石的决定又不敢说半个不字。

四川整军会议正在进行之中，卢沟桥事变爆发，刘湘率领川军出川参加抗战，担任第七战区司令长官兼第二十三集团军总司令。不久因胃溃疡住进汉口一家医院。康泽曾到医院探望，觉得刘湘的病并不严重，怀疑刘湘是装病，以便寻找借口回四川。正在此时，蒋介石找康泽，告诉他刘湘要求回川疗养，自己未同意，要康泽派人在医院周围监视，并调查刘湘有什么交通工具，停在什么地方，防止刘湘逃走。康泽受命后，立即找到原汉口禁烟督察处的主任邱开基，让他具体负责这件事。两人商量后，决定在医院里利用护士监视刘湘的行动，在医院外利用警察监视刘湘的往来关系与汽车的活动情况，同时派人监视江面上刘湘调来的炮艇，最主要的是不让刘湘出医院。康泽还命令驻在当地的特训班派出一连兵力，驻扎在汉口至宜昌公路的十里铺，监视往来车辆，一有可疑人物立即扣留。康泽对搞这样的行动得心应手，主观上也很卖力，觉得可有机会出出受刘湘压制的恶气了。

对于监视刘湘的情况，康泽都及时向蒋介石作了汇报。就这样过了若干时日，刘湘突然于 1938 年 1 月 23 日在医院吐血暴死。关于刘湘的死因，有种种说法。但康泽知道后，觉得刘湘这样死了，真是便宜了他。康泽恨不能搞得刘湘走投无路、身败名裂。然而，无论如何，康泽与刘湘的恩恩怨怨至此算是结束了。从康泽在四川的所作所为可以看出，他在蒋介石排斥异己、确立个人专制统治的过程中，是不遗余力的，扮演了一名忠实鹰犬的角色。

四、三青团核心人物

1937 年 8 月，蒋介石手令康泽担任力行社中央干事会书记。

这年 10 月间，蒋介石召集康泽与陈立夫、刘健群谈话，他说："现在抗战已经发生，这是全国的和长期的性质，过去同学方面（指复兴社）的和党部方面（指 C.C.）的秘密组织的形式，是不合用了。我们需要公开的、范围更大的组织，将来共产党也可以参加的。现在我们先把党内的力量统一起来，以党部的、同学的和改组派为基础，先组织起来，然后再吸引其余的……"经过几次会议讨论，决定成立三民主义青年团。

1938 年 4 月，力行社在武昌宣布解散。并且通过决议："在团体解散之后，青年团成立时，所有全体同志，可根据自愿，在各地踊跃参加三民主义青年团。"

　　7月9日三民主义青年团（以下简称三青团）成立，蒋介石宣誓就任团长，三青团中央临时干事会由24名干事组成，康泽为干事兼组织处代处长（处长胡宗南挂名）。

　　三青团成立后，康泽利用蒋介石召见的机会，向蒋提出了他酝酿已久的"核心理论"。康泽说："凡是一个组织，必须有个核心，才能团结和巩固，三民主义青年团的组织，也不能例外，请考虑一下，确定一个核心。"蒋回答："当然力行社为核心。"康泽进而又说："三民主义青年团中央团部的组织，将来相当的庞大，相当的复杂，要把工作做好，需要有一个人作重心。"蒋明白他的意思，立即肯定地说："当然你是这个工作的重心。"对于蒋介石的信任，康泽感激涕零，有了蒋的这柄"尚方宝剑"，康泽可以放手大干了。

　　三青团筹备后期，除参与起草有关章程以外，康泽把他的主要精力放在三青团的人事配备上，"寸土必争"。三青团成立以后，临时中央干事会副处长以上人员中力行社分子占据优势。处以下人选，康泽更可以行使组织处长职权。各组组长这一级力行社分子所占比例大于副处以上，仅组织处所属六个组（普通、战地、学校、海外、女青年、登记）的组长全是力行社成员。组以下工作人员，力行社分子则占绝对多数。

　　至此，康泽通过分布在各处、各组的力行社分子，用组织处处长的身份号召，在团中央临时干事会上，事实上形成了以康泽为首的人事联系中心和工作推动中心。康泽的意见在各处均受重视并发生效力，即使陈诚或陈立夫不满意也无可奈何。因为这是力行社结束时的决议，是康泽奋力争取并经蒋介石裁可的既定方针。

　　当时，担任三青团中央书记长的陈诚也想在三青团建立自己的派系势力，因遭到康泽的抵制而不能实现。陈诚想去掉康泽，并以不到三青团任事向蒋介石要挟，但蒋介石不同意，反而让陈诚辞去政治部部长和三青团中央书记长的职务，并把他派到偏远的湖北恩施去任第六战区司令长官。康泽在与陈诚的较量中取得了胜利。

绝对拥护蒋介石为全国唯一的领袖地位，实行中央集权和个人专制，是力行社的一大"政治纲领"，也是力行社的传统。力行社成员均来自黄埔，毕业后与校长蒋介石之间的师生"情谊"和"血缘"关系使他们在官场和仕途中始终保持着紧密的联系：学生的事业发展和职务升迁需要校长的信任和提携；校长的意图和指令需要学生心领神会，以效犬马之劳。力行社在国民党内部首先发起对蒋氏的个人崇拜，宣称"高度拥护领袖，建立领袖在全国人心目中至高无上的权威和信仰"。官方人士称："蒋公之有领袖的称呼，是由力行社开始。"

康泽本人堪称拥蒋"楷模"。自黄埔军校始，他即视蒋氏为国民党正宗，尊君如父，也被蒋赞为他最用功的学生。十余年来康泽不论是在侍从室、别动队还是在力行社，都忠心耿耿，唯蒋命是从，且只知有蒋而不顾其他。他自命为"天子门生"，自认"没有思想"。

1938年在武汉期间，康泽会见旧友聂绀弩，同上饭店喝酒。他半开玩笑地要聂为他写传记，说除了吴稚晖外，就看中聂绀弩了。聂绀弩问："不怕我这个左翼作家把你的像画歪了吗？"

康泽则答："没有什么可歪的。顶多，说我没有思想，我没有思想，我没有自以为是思想家。"

不论在何种场合，康泽只要一听见"蒋委员长"这一名称，立即起立，双脚并拢，"嚓"地立正。

在国民党中央军中流行着一首颂歌："大哉中华，信出贤能；历经变乱，均能复兴；蒋公中正，今日救星；我们跟他前进，前进！复兴，复兴！"这首歌词即是康泽的手笔。

在康泽看来无条件拥蒋，于他必如此，于三青团也应如此。在三青团团章中写着团长具有"总揽团务决定一切"的权力，强调团员必须绝对服从领袖，否则将遭到"最严厉的制裁"，行动中也一体遵行。这种尊蒋之风在三青团一大期间形成了高潮。

对领袖的忠诚和绝对服从是以"绝对牺牲个人权利和自由"为代价的，既要求团员"绝对服从团体的命令"，"以团体之生死为生死"，就必须也必然要求把力行社一贯热衷并奉行的高度集权的"团队精神""战斗性"承袭过来。三青团的理论是对外实行硬干、实干、快干的"三干"精神，对内则对违反纪律者实行最严厉制裁。

反对以至在全国范围内消灭共产党和共产主义势力，是实行蒋介石独裁统治之前提和保障，也是蒋氏自北伐成功后并在国民党内立足已稳、大权在握多年来所奉行之方针。七七事变前蒋介石抛出"攘外必先安内"的妥协政策和理论，力行社是其狂热鼓吹者；西安事变和平解决、全面抗战爆发至实现国共两党二次合作，蒋介石仍没有放弃反共立场，力行社又是忠实的执行者。

1939年1月21日至30日，国民党五届五中全会召开，制定了以"有限度"为其主要特色的抗战《第二期作战指导方针》，抗战态度转向动摇和妥协。在这次会议上，还决定了"容共、防共、限共、反共"的方针。会后散发了《异党问题处理办法》《限制异党活动办法》等一系列反共秘密文件，多方面加紧"防共、反共"活动。国民党军队对中共陕甘宁边区的封锁日益加强，在敌后与八路军、新四军的摩擦不断出现；国民党舆论机关的反共宣传紧锣密鼓地进行。三青团承继力行社的衣钵，"限共、防共和反共"与对领袖的拥戴融为一体，成为他们尊奉的"团体精神"。抗战期间根据分布的区域，三青团基本分为地方团队、战地团队、学校团队、海外团队几种。其规模、人员组成、活动方式各有差异，但在活动中均以"反共"为第一要务。

地方团体分布在川、黔、陕、甘等国民党政权统治相对稳固的"大后方"。三青团成员普遍加入了地方政权，有的本身即为官吏，兼任团职；自三青团调任官职者也屡见不鲜。在基层组织中，县长、乡长、保甲长不计其数。地方团队与地方政权融合，并吸收当地帮会分子，与地方反动势力相勾结，镇压民主爱国运动，破坏中共组织，拘捕进步人士和爱国青年，形成了国民党地方政权的社会基础和对国统区大众严密的控制网。

到抗日战争后期，蒋介石开始着手培植蒋经国，并以三青团系统作为"太子"的势力范围。康泽本是一凶恶的家奴，但又缺乏家奴的乖巧，他是一个极端狭隘而又刚愎自用的人，顾忌"太子"的崛起，会威胁到他这个"太保"的地位，从而失去蒋介石的恩宠。他过高地估计了校长蒋介石对他的信任，不愿正视蒋介石在"太子"与"太保"之间的远近亲疏关系具有本质的不同，忽视了血统关系在政治活动中的决定性作用。为了争夺三青团江西支团部的领导权，康泽与蒋经国进行了第一轮短兵相接的激烈火并，最后以蒋经国的全胜而告终。在蒋经国调到三青团中央后，康泽继续与蒋经国明争暗斗，毫不妥协。

不去掉把持三青团大权的康泽，蒋经国就不可能真正在三青团立足。蒋介石终于决定去掉康泽这个忠实的走卒。在1945年2月的国民党六大上，蒋介石安排康泽为中央执行委员，于7月间由张治中出面让康泽主动辞职。8月1日，三青团中央干事会宣布改组，由倪文亚取代康泽出任组织处长，为蒋经国上台作铺垫和过渡。

对于蒋介石的过河拆桥，康泽十分恼丧。他觉得："过去十八年的努力，一笔勾销了！"

五、魂断襄阳古城

1945年10月，康泽前往欧美考察。1947年3月回国，担任立法委员，并在国民党六届三中全会上当选为中央执行委员会常务委员，但都是有名无实的职务。

康泽回国后，一直盼望蒋介石能再次重用他，然而一直未能如愿。因此，牢骚满腹。有一次，张治中对蒋介石说："现在共产党闹得很厉害，像贺衷寒、康泽这些人，一个划一块地方给他们，让他们去和共产党斗，免得他们在南京发牢骚。"蒋介石采纳张的建议，1947 年 11 月，任命康泽为第十五"绥靖"区司令官。

1948 年 2 月 1 日，康泽到湖北襄樊上任。

康泽这个特务武装头目对于打仗本是外行。1948 年 7 月，刘伯承、邓小平指挥的中原野战军发起襄樊战役，一举攻下襄阳，活捉了康泽。

六、"康泽这样的人也不杀"

康泽被俘后，被关进了战俘营。被俘初期，康泽思想极为顽固，人民政府对这个罪恶累累的法西斯头目并未虐待，而是给他治疗，精心护理并提供牛奶、鸡蛋让他补养身体，使他触动很大，思想立场逐步转变。新中国成立后，康泽被转押于北京功德林监狱。在此他写了大量回忆文章，揭露国民党的一系列内幕。

1956 年 4 月 25 日，毛泽东在《论十大关系》著名讲话中，正式宣布了对"康泽这样的人也不杀"的政策。毛泽东说："不杀他们，不是没有可杀之罪，而是杀了不利……杀了他们，你得一个杀俘虏的名声，杀俘虏历来是名声不好的。"

1963 年 4 月 9 日，康泽成为第四批被特赦者之一。此时的康泽年仅 58 岁。康泽被安排担任全国政协文史资料研究委员会文史专员，1967 年病逝于北京，终年 63 岁。

第三节 "复兴社的戈培尔"邓文仪

邓文仪是力行社的"戈培尔"。为严守力行社这个核心组织的秘密，力行社员一般以复兴社名义相称。复兴社的组织机构和领导成员，也全由力行社的领导班子代替。因此，邓文仪自封为"复兴社的戈培尔"。

一、"反共"赢得垂青

邓文仪（1905—1998），字雪冰，湖南醴陵人。1924年5月考入黄埔军校第一期学习。从一开始，黄埔军校内部左、右两派的斗争就非常激烈，而身为校长的蒋介石摆出一副不偏不倚的姿态，并以假左派的面目出现，但他暗中却时刻在关心每一个人的言行表现。在一次关于国民革命前途的讨论会上，邓文仪慷慨陈词：国民革命的前途就是要建立一个国民党一党专政的三民主义国家，其他党派只有尊重这一现实才能存在，否则必将被历史所淘汰。邓的发言，引起蒋介石的注意，会后即在校长办公室召见了他，详细询问了他的年龄、籍贯、身世等问题，邓文仪第一次被召见，虽诚惶诚恐，但"廷对"却颇洽"圣心"，从此受到蒋介石的垂青。

邓文仪

1924年11月，邓文仪从军校毕业，蒋介石亲自圈定邓文仪留校，任第三期步兵科中尉区队长。1925年10月，邓文仪由蒋介石保荐赴莫斯科中山大学学习。在中山大学学习期间，邓文仪特别注意研究苏联的"契卡"（全俄肃反委员会）和"格伯乌"（苏联政治保卫局）。这为他回国后从事特务活动打下了基础。

1927年2月，邓文仪回国。不久，蒋介石任命他为黄埔军校入伍生部政治部主任，他与胡靖安等组织黄埔军校清党委员会执行委员会，主持"清党"，然后，他与一批国民党极右分子组成了黄埔军校特别党部。当时，方鼎英是军校教育长代理校长，他出于对共产党的同情曾建议让军校内的共产党员"准假支薪、自由离校"。邓文仪立即抓住这一点，攻击方鼎英包庇共产党，私放共产党，破坏"清党"运动。6月10日，邓文仪主持军校特别党部执监委员会会议，作出决议："方鼎英出资放走C.P.（共产党）熊雄（原军校政治部主任），应报中央清党委员会核办。"迫使方鼎英离开军校。

邓文仪疯狂反共，"军校清党共捕去官生四百余人"。在宣传上，邓文仪下令将《帝国主义侵略中国史》《国民革命》等进步书籍近10万册全部查封，黄埔军校一时出现了无书可读的局面。为了填补这一空缺，邓文仪下令大量印行反共刊物《黄埔周刊》《黄埔军人》《黄埔武力》《黄埔生活》以及《蒋校长最近之言论》《清党运动》等反动书籍。邓文仪在黄埔军校政治部任内为时仅三个多月，却为蒋介石的反共"清党"立下了汗马功劳。

二、力行社"理论家"

对于邓文仪其人，萧作霖在《复兴社述略》一文中有形象的刻画：

邓文仪是一个"拥蒋狂"和"反共狂"，狂到几乎难以令人理解，甚至连他自己也莫名其妙的地步。他对于拥蒋和"反共"，一直都像发疯似的，老是狂喊狂叫、乱蹦乱跳，却又张口结舌，说不出个所以然来。他的文章和讲演，都只是一大串语无伦次、乱七八糟的口号，简直使人无法懂得他到底是说的些什么。但是他无休无止的活动，乱冲乱撞的劲头，却是他最大特点。他满口"需要即是真理，行动即是理论"，这两句话倒也的确是他自己的真实写照。1927年四一二前，他从苏联回国，即与贺衷寒、萧赞育等向蒋介石提出反共的主张，蒋因而派他到黄埔军校任入伍生部政治部主任。在四一二后的黄埔军校"清党"期间，他是"清党"的积极主谋者和执行者之一。其后他即任蒋的侍从秘书，一直到1934年，是非浙江籍的黄埔学生中侍从历时最久也最被亲信的一人。虽然蒋喜怒无常，时而挥之使去，又时而呼之使来，他却总是摇着尾巴，毫无怨色怨言，还老是厚颜无耻地向人说："谁能离得开自己的领袖呢，在他身边是在他身边，不在他身边也还是在他身边，这便是所谓精忠的那个精字。"因此，蒋对他倒也不像对贺衷寒那样的有所疑忌，而对他亲信的程度几如其对浙江籍的其他侍从一样。[①]

1930 年，邓文仪利用蒋介石侍从秘书的身份，以黄埔同学会的名义，创办了一个拔提书店（拔提为英文"Party"的谐音），专门发行蒋介石言论集及邓文仪、黄杰等人写的几本蒋介石传记以及希特勒的《我的奋斗》之类的著作，为蒋介石树碑立传，宣传法西斯主义。

邓文仪编写的《领袖言行》称："或曰领袖与墨索里尼、希特勒相埒，同为世界之伟大人物，然希氏统治下的德国……自然易于统治；墨氏统治下的意大利，亦和德国相似……而我领袖丰功伟绩，实非希、墨二氏所可比拟者。"这段话，捧得蒋介石十分惬意。

同时，拔提书店还大量发行诸如《剿匪手册》《剿匪主要文献》之类的反共宣传品，大量向国民党军队及一切有关机构强行推销。

邓文仪以蒋介石侍从秘书的身份参与筹划成立力行社，成为力行社"十三太保"之一。邓文仪还与贺衷寒、刘健群号称力行社的三大"理论家"。

知道邓文仪根底的人说，邓文仪虽然写不通一篇文章，也说不清任何一个什么道理，较之刘健群相去不可以道里计，可是他却居然以力行社的戈培尔自诩。他曾对萧作霖说："我对特工到底是外行，太不行了，要做希姆莱只有雨农（戴笠别号）才够格，我只有甘拜下风。但戈培尔是我们大家都可以做的，我们组织里就正少一个戈培尔。"

因此，他不但到处找机会讲演，老是东拉西扯，还长篇大论地不断写文章硬交给力行社的报刊发表，而且他还编写了《主席的青年时代》《黄埔军

---

① 《文史资料选辑》第 11 辑，第 64 页。

校之建设》《革命与战争》等书，主编了《"剿匪"文献》《黄埔丛书》等书。

他的所谓宣传，万变不离其宗，反反复复地宣传"一个主义、一个政党、一个领袖"的法西斯理论和"攘外必先安内"的反动政策。邓文仪在兼任中央训练团政工训练班主任时，班里学员流传着这样几句话："天不怕，地不怕，就怕邓文仪来讲话。啰啰唆唆几点钟，讲得大家头发蒙。"甚至斥之为"蒸人讲话"（南京天热受不了）、"瘟神讲话"。

有人将这些反映给邓文仪，并劝他讲话要精练一点。邓文仪回答说："讲了比不讲好，多讲比少讲好。讲的多了，总要听一两句进耳，这样就收到效果了。"

当部下对他说："人家喜欢蒋经国的演讲，言简意赅。"邓文仪不服气地说："蒋经国算什么，我懂的比他多。"

1933 年 12 月 25 日，邓文仪接受萧作霖建议，报请蒋介石批准，在南昌成立中国文化学会，奉蒋介石为名誉会长，邓文仪自任理事长、萧作霖任书记长。中国文化学会标榜"以三民主义为中国文化运动之最高原则，发扬中国固有文化，吸收各国进步文化，创新新中国文化"。其中心内容在于"引起全国人民对于革命、领袖及革命集团之绝对信仰与拥护"，"根据三民主义指斥共产主义与资本主义之谬误，辟除阶级斗争与自由竞争之主张"。中国文化学会先后在上海、浙江等地成立分会，吸引文化教育界人士参加。在浙江还搞了一个"文化前卫队"，由警官学校校长任队长。在中国文化学会存在的八九个月里，是力行社法西斯宣传活动的高潮时期，在社会上产生了恶劣的影响。

三、力行社特务头目

邓文仪从开办"拔提书店"开始，就搜罗了留俄学生中的几位中共变节分子，如王志文、王新衡、汪开文、陆梦衣等，着手研究和准备进行反共间谍组织，并由王新衡、陆梦衣翻译了几本关于"格伯乌""契卡"的书籍，以耸动视听，为其组织反共间谍活动作借口。

1932 年初，经邓文仪献策，蒋介石下令在"豫鄂皖三省剿匪总司令部"设立调查科，其后又在南昌行营设立调查科，邓文仪任科长。在各"剿共"军队及湘、鄂、赣、豫、皖等"剿共"省份的保安处设立间谍股，进行反共军事谍报和间谍活动，同时对各"剿共"军队的将领进行监视。邓文仪在南昌行营谍报科（对外是调查科）内网罗了一大批特务人才，包括以后成为军统骨干的张严佛、李人任等。

1934 年 6 月，南昌机场发生失火案，国民党新由意大利购来的飞霞式轰炸机被烧毁十几架，蒋介石命令邓文仪调查。调查结果，是航空署署长徐培根在上海做投机买卖，亏蚀了 300 多万元，无法弥补，于是纵火焚烧库房，借此妄作报销，填补亏蚀。不料因天气太热，大火失控，延烧到航空仓库，以致烧毁飞机。但邓文仪因接受了徐培根 10 万美元的贿赂，便做了一个假报告给蒋介石，把起火原因说成是汽油库发生爆炸，燃烧起火，波及飞机，导致飞机被焚，企图掩盖事实真相。政学系头目、南昌行营秘书长杨永泰看到报告后，认为疑点很多，穷追不舍，查明真相后，向蒋介石报告。蒋介石大怒，认为邓文仪对他不忠，免去了邓的调查科科长职务，由戴笠接替。

四、西安事变护主过火

1935 年春，邓文仪出任驻苏联大使馆武官。同年秋，他回国述职报告，向蒋介石提交了一份有关王明在共产国际"七大"发言的摘要。蒋介石立即从这一发言的字里行间捕捉到了共产党正在转变政策的重要信息，随即指派邓文仪马上返回莫斯科找王明进行接触，了解政治解决共产党问题的可能性。1936 年元旦后，邓文仪赶回莫斯科，通过中华民族革命同盟驻莫斯科的代表胡秋原与中共驻共产国际代表团的潘汉年见面，转达了蒋介石政治解决的意向。随后，邓文仪又与中共驻共产国际代表团团长王明进行了谈判。谈判虽然没有取得具体成果，但打开了国共两党接触和谈判的大门。

1936年7月，邓文仪奉调回国，蒋介石任命他担任力行社书记长、新生活运动促进总会总干事。

1936年12月12日，西安事变爆发。邓文仪和贺衷寒、刘健群等在南京的力行社高级骨干主张敦请何应钦主持军事，迅速调集陆、空部队进攻西安，平定"叛乱"。12月15日晚，邓和贺等人在南京炮校大礼堂召集了两千余人的大会，动员社员们为平定"叛乱"，"挽救领袖生命而战斗"。

蒋介石回到南京得到戴笠的报告后，对邓文仪等人的做法极为不满，认为邓等人居心叵测，有贰臣之意，对邓等人进行了严厉的斥责，"骂得邓痛哭流涕，走投无路，几乎连力行社的助理书记的职务都丢掉"。

不久，戴笠又暗中把邓文仪在南京中山陵园所盖的一栋洋房的外观和内部的陈设拍成照片，送给蒋介石。

同时，戴笠将邓文仪的父亲在湖南被土匪绑票的消息也报告给了蒋介石。蒋介石把邓文仪再次叫去责骂说："你如果不是贪污，你哪得钱盖这样大的洋房子？如果不是贪污，找了很多钱，为什么土匪会把你的父亲绑票？"邓文仪遭受这番责骂以后，驻苏武官的职务也被免掉而赋闲了。

五、"造谣公司"总经理

抗战期间，邓文仪历任中央军校政治部主任、成都行辕政治部主任、第三战区政治部主任、军事委员会政治部第一厅厅长等职务。

1945年5月，邓文仪在国民党六大上当选为中央执行委员。1946年3月，在国民党六届二中全会上，当选为中央常务委员。1946年6月，军事委员会改组为国防部，邓文仪出任国防部新闻局局长，后新闻局改为政工局，仍由邓文仪任局长。邓文仪还担任了国防部军事发言人。全面内战爆发后，国民党中央社的有关军事新闻几乎全部通过邓文仪之口公布。他的主要工作就是负责战地宣传和军事新闻发布。国民党发动内战后，不断遭到失败。为了鼓舞士气，邓文仪开动宣传机器，颠倒是非，往往把败仗说成胜仗，把

"全军覆灭"说成"国军大捷"，以至于人们必须从反面来理解邓文仪发布的新闻，才能了解事实真相。邓文仪还时常亲自出马，乘飞机到前线空投传单，以鼓舞国民党军的士气，有时代表蒋介石亲临前线。因此，人们给邓文仪起了个"造谣公司总经理"和"空中使者"的绰号。

1949年1月21日，蒋介石宣布引退后，邓文仪经常到溪口看望蒋介石。4月1日，邓文仪根据蒋介石的指令，下令镇压举行要求真和平、反对假和平的游行示威的南京大中专学校师生及工人、爱国民主人士，制造"四一惨案"，打死2人，打伤200多人。

在程潜、陈明仁起义前夕，邓文仪与黄杰奉蒋介石之命飞赴长沙阻止，陈明仁未接受。陈明仁的部下建议将邓文仪扣留起来，陈明仁说："邓是一介书生，又是信使，人各有志，道不同不相谋。"让邓文仪离开了长沙。

1949年10月，邓文仪在阎锡山的"战时内阁"任"国防部政工局局长"，指挥国民党特务继续进行疯狂破坏活动。在一次军警特务头子会议上，邓文仪杀气腾腾地说："所有嫌疑分子应迅速逮捕，所有政治犯应迅速处决。"邓文仪命令广州卫戍司令李及兰在广州搞大破坏，并丧心病狂地炸毁了广州市民引以为傲的海珠大桥，炸死炸伤500余人，炸毁轮船百余艘。已经逃到成都的蒋介石却称赞邓文仪干得好。

六、晚年致力中国统一

邓文仪去台后，他一手掌握了多年的"政工局"被蒋经国接管，并改为"国防部总政治部"，蒋经国任"主任"。之后，邓文仪担任过国民党台湾省党部主任委员、"行政院内政部政务次长"、"国军退役官兵辅导委员会副主任委员"等。

20世纪60年代邓文仪退出政界，皈依道教，从1983年起担任台湾道教总会理事长。80年代后，邓文仪任台湾"中国民主和平统一策进会"主任。1991年，台湾"中华黄埔四海同心会"成立，邓文仪被推为名誉会长，刘璠为会长。

1991 年 4 月 5 日，邓文仪、刘璠率该会祭祖团到陕西桥山祭扫黄帝陵。邓文仪在接受《中国新闻》社记者采访时说："台湾同胞来桥山祭拜黄帝陵的机会很难得。我想说的话很多，但最要紧的还是祖国尽快统一。中国统一，好处很多，海内外同胞都应为此竭诚努力。"

祭陵后，邓文仪、刘璠率"中华黄埔四海同心会"祭祖团到北京，同大陆黄埔军校同学会进行座谈。4 月 10 日，受到当时的中共中央总书记江泽民接见。

第十一章　特务头目

特务是蒋介石维持统治的重要工具，也是蒋介石政权的重要支柱之一。特务被分成军统和中统两大系统，戴笠、郑介民、唐纵、毛人凤、徐恩曾、叶秀峰、毛庆祥等是蒋介石幕府中著名的特务头目，其中以戴笠、毛人凤、徐恩曾地位最重要，他们都是杀人不眨眼的刽子手。

第一节　"希姆莱"戴笠

军统头目戴笠，追随蒋介石负责特务活动 20 年，是蒋介石最倚重的头号杀手。人称为蒋介石的"希姆莱"，"蒋介石佩在身边的一把犀利的匕首"。

一、从坐探起家

戴笠（1897—1946），字雨农，1897 年 5 月 28 日出生于浙江省江山县保安乡。戴笠生性贪玩，喜逞强好胜。当戴笠在外面惹事时，他那禀性善良的母亲就将他痛打一顿。据戴笠自称，当他 14 岁离开家庭时，他母亲打过他数百次。1914 年，戴笠在杭州省立第一中学就读时，因恶作剧被开除学籍。从此开始了十余年的不务正业的流荡生涯，在沪杭一带厮混。

1926 年 10 月，戴笠考入黄埔军校第六期。1927 年蒋介石发动四一二反革命政变后，下令从黄埔军校第六期入伍生中挑选 300 人成立骑兵营，戴笠入选，编入骑兵营一连，不久升为骑兵营营党部执行

戴笠

委员。当骑兵营开到苏州时，蒋介石已于 8 月 13 日宣布下野。骑兵营闻讯后，推戴笠、刘艺舟、赖云章三人为代表赴浙江奉化溪口，向蒋介石表示慰问和拥戴的决心。这是戴笠第一次与蒋介石见面谈话。从此，蒋介石对这位口齿伶俐的戴笠留下了深刻印象。不久，骑兵营解散，戴笠随胡靖安奉蒋介石之命到上海充当坐探，开始了职业特务的生涯。

1928 年 1 月，蒋介石东山再起后，胡靖安去德国留学，戴笠遂以蒋介石总司令部联络参谋的名义负责情报工作，直接向蒋介石负责，成为蒋身边的一个特殊人物。1931 年 12 月 15 日蒋介石第二次下野前，命令戴笠建立一个联络组，成员有徐亮、王天木、马策、胡天秋、赵世瑞、郑锡麟、张炎元、方超、唐纵、吴乃宪十人，号称"十人团"，戴笠成为这个特务组织的头目。

二、力行社特务处处长

1932 年春，蒋介石第二次下野复出后，指使黄埔学生成立秘密的带有法西斯性质的三民主义力行社。力行社以干事会为领导机构，滕杰、贺衷寒、桂永清、潘佑强、康泽任第一届干事会常务干事，滕杰任书记，胡宗南、邓文仪、萧赞育、曾扩情等 12 人为干事；戴笠、干国勋等 11 人为候补干事。干事会下设总务、组织、宣传、特务四处。蒋介石任命戴笠为特务处处长助理，旋任处长。

力行社头目基本上是黄埔军校一期、二期、三期的同学，而戴笠却是六期的。论资历，戴笠是最浅的一个，但蒋介石却选中他来担任最有权势的特务处处长，自有其特殊的考虑：

第一，戴笠动作敏捷，处事精细，自从事特务活动以来，已经表现出了这方面的才干。

第二，蒋认为，搞特工的人，不能有自己的思想。戴笠虽然头脑灵敏，但对政治问题从不作独立思考，对蒋介石个人保持绝对忠诚。

以上两条，都为蒋介石所满意。蒋在决定由戴笠任特务处处长时，亲自召见了他。蒋告诉戴："主持特务处的工作，已经保举六个人，我认为只有你才适宜，能够做好这种工作。"

戴笠故作谦虚，说力行社成员多数都是他的老大哥，表示自己不宜担负这项职务。蒋知道戴的用意，连忙予以鼓励说："这不要紧，一切有我，不必顾虑，现在就是有没有决心的问题。"

戴笠立即保证："就黄埔的关系说，你是校长，我是你的学生；就革命的关系说，你是领袖，我是你的部下。既然如此，我只有绝对服从命令。"

几天后，蒋介石正式颁发对戴笠的任命状，并再次召见了他。戴笠再次表示忠心："从今天接到了命令之日起，我的这个头就拿下来了。"

蒋问为什么，戴回答："这个工作做得好，头一定给敌人杀掉，做不好当然要给领袖杀掉。"

戴笠有这种必死的决心，正是蒋介石为建立专制独裁统治所需要的奴才。从此，戴笠的特务工作进入了一个新阶段。

三、蒋介石对付政敌的得力凶器

1932年4月1日，力行社特务处在南京鸡鹅巷53号成立。9月，蒋介石又委派戴笠为军事委员会调查统计局第二处处长，以公开的名义掩护力行社特务处这个秘密的特务组织。1935年2月，蒋介石将南昌行营调查科归并于军事委员会调查统计局第二处，使之成为力行社特务处的组成部分。特务人数由刚成立时的145人增加到1700余人。特务处下面，设立跨省的区，省设站，站设直属组，以区辖站、站辖组。同时，在军警宪各部门设立特务机构，在宪兵司令部设立政训处，处长由力行社特务担任；各省保安处设立谍报股，股长由当地特务站（组）长兼任；警察系统则由戴笠派特务人员担任各省市警察厅（局）长，此外，许多军警机构中的特务队长、侦缉队长，也大都由戴笠的特务人员担任，以这些公开机关掩护特务工作。这样，戴笠领导的特务网笼罩了全国，成为蒋介石镇压政敌的得力帮凶。

力行社特务处成立时，蒋介石交给戴笠的两大任务，一是反共，二是排除异己。

首先说反共，因为中共中央设在上海，戴笠的特务活动最初也以上海为重点。戴笠对付中共党员的手段有暗杀、绑架、搜捕等。特务抓到中共党员后，采取吊、"炒排骨"、向鼻孔灌冷水、"老虎凳"、"踩杠子"等种种酷刑，强迫他们供出新的线索。对抓到的一些女性，特务们的花样更多，他们一面审讯，一面借此来发泄兽欲，除了上述几种酷刑之外，还加上用小针插入奶头，竹签刺入指甲，藤条抽打阴户，以及剥光衣裤进行羞辱，等等，特务们则围观取乐。有次在强脱一个女共产党员的衣裤来相威胁时，她真是愤怒到了极点，厉声责问特务们："你们有没有妈妈和姐妹？你们是不是人？你们这种无耻的动作连禽兽都不如！"可是，特务为了达到他们卑鄙的目的，还是坚持脱掉了她的衣裤。她最后一阵狂笑，说："死都不怕，还怕你们这一套！"终于她在受尽各种酷刑的折磨和侮辱之后死在那间黑暗的小女看守室中，一个字都没有招出来。经过特务的酷刑审讯后，一般人不死也得重伤。戴笠的特务在上海究竟杀害了多少共产党员，现在还是个谜。

其次是对付反蒋派和爱国民主人士。对付这些人，戴笠的军统特务一般不便明目张胆地进行逮捕和审讯，更多地采用暗杀手段。1933 年 6 月，蒋介石为对付宋庆龄及其领导的中国民权保障同盟，指使戴笠到上海，亲自指挥上海的特务组织，暗杀了中国民权保障同盟总干事杨杏佛。暗杀杨杏佛的目的主要在于威吓宋庆龄及其他爱国进步人士。杨被害后，中国民权保障同盟虽然因各种原因停止了活动，但宋庆龄反对蒋介石黑暗统治的态度却更加坚定了。戴笠并不罢休，指示已担任法租界组组长的沈醉研究对付宋的办法。沈醉经过一番谋划，向戴笠提出用制造撞车，将宋撞成重伤，使其不能活动的办法。具体进行办法是，将自己汽车的挡风玻璃换成不易破碎的保险玻璃，驾车的特务穿上避弹护胸的背心，待宋的座车外出时，尾随其后，在租界地域内遇红灯停车时，立即朝宋的汽车尾部猛撞。戴笠认为这个办法很好。沈醉自告奋勇地向戴表示可由他驾车行动。戴回到南京，向蒋请示，蒋顾虑万一将宋撞死或伤势过重，在宋氏姊妹面前不好交代，没有表示认可。戴笠再次到上海，面示沈醉继续做好准备，没有他的命令，不得轻易行动。蒋介石、戴笠最后没有对宋庆龄下手，是因为他们担心宋美龄顾及姊妹情谊而大吵大闹下不了台。

1934 年 11 月 13 日，戴笠又奉蒋介石之命，暗杀了上海《申报》总经理史量才。戴笠手下的特务在瓦解福建事变、侦破南京刺汪案、瓦解两广事变等事件中，都发挥了重大作用。

四、西安救主

1936 年 12 月 12 日，西安事变爆发，蒋介石被囚于西安。这一突如其来的事件，对戴笠与蒋介石的关系是一次严峻的考验。本来，戴笠在西安的特务组织对张学良、杨虎城两将军和中共的来往已有所觉察，并由戴笠向蒋介石作过报告，但蒋介石过高地估计自己，不相信张、杨会采取异常行动，故对戴笠的报告未予足够重视。

蒋介石被囚后，力行社分子指责戴笠没有尽到责任，以致校长受此危险。有人写信质问戴笠："你负特务责任，委座为何受此危险？""校长如有不测，我们将找你算账！"戴笠一面"痛哭流涕地强咎自责"[①]，一面急忙去见何应钦和力行社的其他头头，然后又去见了宋美龄和宋子文，但他们之间意见并不一致。

戴笠随后到慧园街参谋业务训练班找到特务专家余乐醒，这时郑介民、梁干乔等特务头目也闻讯赶来，戴笠哭丧着脸说："如何是好，领袖在西安被张学良、杨虎城劫持了，生死难卜。何部长主张立即讨伐；宋院长和夫人则认为打不得，要用政治解决。……我想亲自到西安去，最好能找到会飞檐走壁的人同去，混入西安去救领袖，请乐醒兄想出办法来。"

---

① 《革命文献》第 94 辑，第 206 页。

余乐醒也流着眼泪说："救是要救，越快越好。飞檐走壁的人，一时何处去找？我愿随戴先生化装混入西安，再想办法。"

郑介民等人却主张打，戴笠说："能打吗？不打都难活命出来，打不是催命符吗？"

由此看来，戴笠等大特务也是束手无策了。

21日，宋子文由西安回到南京，带来张学良写给戴笠的一封信，张学良写此信的目的是"为使黄埔同学明白我们的动机和主张"。[①]

从张学良的信中，戴笠大概已经看出蒋介石没有生命危险，于是决定随宋子文、宋美龄兄妹去西安救蒋。

临行之前，戴笠对手下的特务骨干们说："委员长蒙难，是我们的过失，我决定到西安随侍左右。此去凶多吉少，如果委员长能够安然返京，我也能随侍归来，否则，我也死而无憾。古人说：'主忧臣辱，主辱臣死。'我只有一死，才能上报领袖、下救工作的危亡。"

当时一些特务骨干为他的安全担忧，有的竟然感伤落泪，戴说："成功成仁，是革命者的抱负，我戴笠既然以身许国，忠于领袖，就无可惧怕之事。只要能俯仰无愧，就能内心平安。"

他还将在沪读书的独子藏宜电召回南京，把全家人召集一起，作临别遗言说："我此去西安，必无生还之理，唯有效忠领袖，万死不辞，望家人勿以我死为悲，只要藏儿善待祖母，以娱余年，则我死亦瞑目。"

12月22日，戴笠随侍宋美龄与端纳、蒋鼎文一同飞往西安。飞机抵达西安机场，戴笠最后一个走下飞机，当即被张学良的侍卫将他随身佩戴的手枪摘除，押送到张学良公馆的地下室禁闭起来。尽管他一再叫嚷要见蒋介石，都遭到拒绝。他自忖凶多吉少，想为自己留个美名，于第二天写下一纸遗书：自昨日下午到此，即被监视。默察情形，离死不远。来此殉难，固志所愿也，

---

① 《西安事变三忆》，第70页。

唯未见领袖，死不甘心。张学良采取这样的措施，实际上是为了保证戴的安全。因为东北军官兵获悉戴笠已到西安，纷纷要求张学良"速杀戴笠，以绝后患"。但张学良因为要和平解决西安事变，不想伤害戴笠，只好把他保护起来。

12月25日，张学良决定亲自送蒋介石回南京，戴笠随机返回。张学良到南京后，蒋介石自食诺言，命令戴笠派特务长期软禁张学良。

西安事变中，戴笠虽然没有发挥什么作用，但他亲赴西安救主，使蒋介石很感动。戴笠回到南京后，便把他赴西安之行与蒋介石当年于永丰舰护卫孙中山蒙难相比，抬高自己的身价。蒋介石在《西安半月记》中表扬了戴笠两句，戴引为不世之荣。戴笠后来对人说，杭州警校是他的第一发祥之地，而西安事变则是他"冒死而去，呈祥而归"。在戴笠的口语中，"呈祥"二字是将蒋介石比作刘备过江，虽然不是招亲，却是逢凶化吉，得以生还南京，不能不说是"呈祥"了。1937年春，戴笠患慢性阑尾炎在上海宏恩医院治疗，宋美龄特地代表蒋介石到医院探视，并关照医院，未得痊愈，不许戴出院，戴又视为莫大的荣宠。

1937年11月，戴笠又奉蒋介石之命，将杨虎城将军一家扣押。从此，杨虎城将军一家失去自由，落入戴笠之手。

五、特务系统恶性膨胀

1937年抗日战争爆发后，戴笠的特务系统进入恶性膨胀时期。

1938年8月，戴笠的特务处扩编为军事委员会调查统计局（以下简称军统），蒋介石考虑到戴笠资历太浅，难以服众，便下令相继以军事委员会侍从室第一处主任贺耀祖、林蔚、张治中、钱大钧等挂名军统局局长，而由戴笠以副局长名义包揽军统局大权，直接向蒋介石负责。抗战前，特务系统人员有三四千人，到1942年后发展到四五万人，形成一个无孔不入、无所不在的庞大的特务网，一党专政、特务统治和保甲制度，三者相互结合，相互渗透，构成了中国法西斯的专制独裁统治。戴笠还先后掌握了"忠义救国军""便衣混城队"等特务武装，有数万人之多。抗战中后期，戴笠还将魔爪伸向了交通、财政、邮电等部门，掌握了交通检查权、邮航检查权和缉私大权，以及战时货管局大权，成为国统区最有权势的人物。

戴笠权力的扩张，甚至使蒋介石也感受到了威胁。唐纵在 1943 年 6 月 23 日的日记中写道："委座有意要雨农专任特务工作，把带兵的事交出来，忠义救国军和缉私部队都要交出来。"

其 7 月 21 日日记又云："委座对林主任表示，雨农专负特务责任，不要带兵、缉私署，因为有二十团兵，所以要派宣铁吾去接手。忠义救国军和别动军也要整理。林主任几次要我拟议，要我与雨农接洽，可是雨农并不愿意，这使我为难了。"

抗战胜利后，蒋介石在重庆下令成立一个秘密的五人小组，其成员有宣铁吾、李士珍、钱大钧、胡宗南、唐纵，但没有戴笠。五人小组表面上的任务是平衡中统、军统两个特务组织的矛盾，实际上也有抑制戴笠权势的性质。

六、对上绝对服从，对下绝对控制

戴笠一手掌握了庞大的特务系统，使他成了一个令人望而生畏的人物。

为了避免蒋介石生疑，戴笠总是极力表白自己对蒋介石的忠诚。他经常说："在领袖没有命令叫我不做以前，只要一息尚存，我还是要始终如一，贯彻到底，生死成败，在所不计，一切的一切，但求对得起领袖。""如果领袖叫我去死，我心里有一句怨言，我对不起我生身父母。""如果我父亲做贼、母亲偷人，领袖问起，我隐讳一个字，我便不是我爹娘生的。"戴笠还声称："我是领袖的狗，谁对领袖不利，我就咬谁。"

戴笠以绝对忠诚面对主子蒋介石，而以法西斯铁腕手段对付部下和特务。

为了控制这庞大的特务网，戴笠在特务系统建立了督察制度，以防内部人员反水及防范其他势力打入军统内部。在人事布置上，利用各种矛盾，互相牵制和监视。戴笠自己常说："人人我都相信，人人我都不相信。"在军统内部，戴笠建立了一套严厉的"家法"，规定凡进入军统的人员"必须绝对忠于'团体'，不容许有背叛行为，投敌自不能容忍，就是退出军统或请长假也都是不允许的。只许进，不许出"。此外，戴笠还有两条特别禁令：一是禁止打麻将，二是抗战期间军统人员禁止结婚。凡是"违纪"人员，处罚办法有辱骂、体罚、降职、撤职、短期禁闭、监狱服刑至处死等，但就是没有"开除"一条，处罚的标准完全由戴笠一人掌握。一般来说，对于有失职守、泄露秘密、背叛团体者，处置严厉，对于贪赃枉法、以权谋私、欺压民众的不法行为，则往往采取姑息纵容的态度，这也无形中助长了军统特务在社会上胡作非为，横行不法。戴笠对于军统人员实行残酷的统治，使军统喽啰们感觉不到这个"家庭"的温暖，只觉得"家法"的残暴、"家长"的可畏，而走上精神崩溃和自杀道路的大有人在。在重庆大罗湾大防空洞里几乎每年都发现有几具自杀的尸体，其他服毒或开枪自杀者更多。有的因精神过度紧张而神志错乱，成都一家精神病医院，长年住着军统局的病人。

戴笠以法西斯手段控制军统特务，但他自己的生活却是极端腐朽糜烂的。自从当上特务头目后，戴笠认为干这种罪恶的勾当，自己的头说不定哪一天就保不住，因此，就以疯狂的享受主义来弥补。

早在1933年11月12日，唐纵就在其日记中对戴笠的荒淫生活有所记述："归来与徐为彬谈起雨农的事。徐与雨农交谊最久，故知之较详。……最大毛病就是爱色，他不但到处有女人，而且连朋友的女人都不分皂白，这是他私德方面，最容易令人灰心！"

抗战时期，戴笠霸占了"电影皇后"胡蝶，并在重庆为胡蝶修建豪华的神仙洞官邸。对戴笠的一套手腕，他的手下特务头目也看得很清楚。唐纵说："雨农的作风，对上绝对服从，不计利害以达成任务，使上信任；对下绝对控制，不顾舆情，以残酷手段，使下知畏惧。这是他事功成就的两大法则。"

周伟龙说：戴笠"对上忖度精到；对下死刑与禁闭（彼谓人之骨头是贱的）；对事是重点主义、兴致主义；对人是无所顾忌（彼谓针不能两头尖）；对己是享乐主义（彼认做得好敌人杀，做得不好领袖杀）。人生是短促的，及时行乐，故其整个生命和生活的意义是赌博式的。这是人生另一种作风"。

七、丧命岱山

抗日战争后期，日本败局已定。戴笠的军统特务与日伪勾结，准备合流对付共产党。1945 年 8 月 15 日，日本宣布无条件投降，戴笠指挥各地的军统特务率先进入沦陷区，抢夺地盘并劫收财产。不久，蒋介石又下令将肃奸大权全部交给戴笠，以遮掩其不可告人的与敌伪勾结的内幕。

抗战胜利后，全国舆论一致要求废除军统局这样的罪恶机构。国民党内的某些军政要员，也想趁机瓜分戴笠的军统。1946 年 3 月，正在北平的戴笠收到毛人凤发来的电报，称："重庆宣（铁吾）、李（士珍）、黄（珍吾）在捣鬼，谨防端锅，请亲自呈复。"

戴笠收到这个电报后，内心十分恐慌和愤懑。他急召文强为他代拟一份复电给蒋介石："校座钧鉴：电谕敬悉。本当遵谕返渝，因平津宁沪巨案尚待清理，本月中旬始能面聆教诲，敬乞示遵。生云天在望，唯命是从。讵料煮豆燃萁，相煎何急。生效忠钧座，敢云无一念之私。不得已而晋忠言，冒死陈词，理合伏乞明察。生戴笠。"[1]

文强担心这样激烈的语气会激怒蒋介石，把事情弄僵。戴笠愤愤地说："李士珍与我斗了近二十年，以往无隙可乘，这次端锅是他落井下石的鬼主意，宣铁吾如果被他利用，两年前抢过我财政部缉私总署长的兼职，难道就不能抢我的军统局长一职？"

戴笠坚决表示："绝不能使李的诡计得逞，难道我白活了一辈子，容许其

---

[1]　文强：《戴笠其人》，第 253-254 页。

插手？如被这个阴阳怪气的东西吃掉，死也不会瞑目。”

于是戴命令文强将电报发出。1946年3月15日，戴笠乘坐航空委员会为他准备的一架C47型222号专机离开北平，计划经天津、济南、青岛、上海飞重庆。17日下午飞机坠毁于南京附近的岱山，机毁人亡。

蒋介石获悉戴笠坠机殒命的消息后，顿觉“五内俱煎”。他为在挑起反共内战前夕失去得力的帮凶而苦恼。3月25日，蒋介石下令公布戴笠的死讯，派朱绍良主持治丧，并规定自3月26日至6月14日为公葬期，发动各地党政军机关举行追悼大会。6月11日发布“国民政府令”称：

> 故军事委员会调查统计局局长戴笠，志虑忠纯，谋勇兼备，早岁参加革命，屡濒于危，北伐之役，戮力戎行，厥功甚伟；抗战军兴，调综军事情报，精勤益励，用能制敌机先，克奏朕功；比以兼办肃奸工作，不遑宁处；讵料航机失事，竟以身殉，缅怀往绩，痛悼良深。该故局长戴笠，应予明令褒扬，着追赠陆军中将，准照集团军总司令阵亡例公葬，并交部从优议恤，生平事迹，存备宣付史馆，用示政府笃念勋劳之至意。此令。①

6月12日，国民政府在南京举行公祭。蒋介石亲临主祭，行政院长宋子文、国防部长白崇禧分率文武大员陪祭。蒋介石的祭文称：“呜呼！笳鼓频喧，兵祸犹延。匹夫有责，共扫腥膻。胡期一朝，殒此英贤。心丧天丧，五内俱煎。……”

蒋介石还为戴笠题了一副挽联：

> 雄才冠群英，山河澄清仗汝迹；
> 奇祸从天降，风云变幻痛予心。

蒋介石集团为戴笠操办盛大的追悼活动，大吹大擂。就连当时来华调处

---

① 《国民政府公报》第2543号，1946年6月11日。

国共关系的美国特使马歇尔也认为，在停战协定签订后不久，就这么大张旗鼓地歌颂一个著名"反共"人物是很不适宜的。当美国海军部军令部部长尼米兹派梅乐斯来华致祭时，马歇尔出面加以阻止了。

1953年底，已在台湾重登"总统"宝座的蒋介石想起了戴笠留在大陆的后代，他命令毛人凤设法将戴笠的儿媳妇郑锡英及其两个孙子从大陆接到了台湾。

第二节　杀人魔王毛人凤

毛人凤是军统特务头子戴笠的继承人，他不仅继承了戴笠的衣钵，而且是一个比戴笠更加疯狂和残忍的杀人魔王。

一、戴笠栽培起家

毛人凤（1898—1956），字齐五，1898年出生于浙江江山县吴村乡。1911年考入江山县文溪小学读书，与戴笠成为同学，且成为朋友。随后，两人同时考入浙江省立第一中学。戴笠被一中开除后，毛人凤继续留一中学习，毕业后回江山一所小学当教员。1925年，毛人凤进入黄埔军校第一分校（潮州）学习，但因中途奔丧返回故里，未能取得黄埔军校毕业生的资格。

毛人凤

毛人凤在守丧期间，见到了正在到处游荡的戴笠，他劝戴投考黄埔军校，戴听从劝告，赶往广州，进入黄埔军校第六期。

以后，毛人凤一直在地方政府部门担任低级职务，先后在湖北黄陂、浙江温岭、衢州行政督察专员公署任股长、秘书、浙江崇德县政府科长等。1934年，已担任力行社特务处处长的戴笠向毛万里打听他哥哥毛人凤的下落，才将毛人凤召到特务处。戴笠投考黄埔军校，走上发迹之路，得之于毛人凤的指引和帮助，戴笠则以培养和提携毛人凤作为报答。毛人凤投靠戴笠后，历任武汉行营办公厅第三科少校股长、西安"剿总"办公厅第三科少校科长、西安军宪警联合稽查处中校秘书、力行社特务处机要秘书。1941年前后，任军统局代理主任秘书，负责军统局秘书室工作。

秘书室虽与军统其他各处室是平行单位，但由于郑介民担任主任秘书，各处室文件均需先经郑签发，并可代替戴笠批核一般性事务。戴安排毛代理主任秘书后，不仅让他逐渐接替了郑介民的职权，而且为他取信于蒋介石多方创造条件，除亲自带领他面见蒋介石外，1942年后，戴每次离开重庆，向蒋报告时，均禀报说军统局的工作交与毛代为负责。戴在外地向蒋的报告，也都是用电报发回军统局后再由毛亲自呈送。这样，毛也就逐渐受到蒋介石的器重。郑介民、唐纵分别担负有军令部第二厅和侍从室第一处的工作，无暇顾及军统。郑只是为处理有关八路军、新四军方面的情报，每周才去军统局一两个半天。唐也是只有戴笠不在重庆时，才去局里主持纪念周讲讲话。他们都很了解戴笠的意图，尽量少过问局内的事务，由此毛人凤就在军统局内形成了实际上的二号人物地位。

戴笠极力栽培毛人凤，但戴笠在世时毛人凤却深藏不露，极力韬光养晦。沈醉在《军统特务头子戴笠继承人毛人凤》一文中说，毛人凤有"忍、等、狠"的特点，是一个吃人不吐骨头的"笑面虎"。他写道：

毛人凤爱赌博，尤其会打"沙蟹"（扑克牌的一种赌法）。他对打"沙蟹"的赢钱秘诀：忍、等、狠，很会运用，因此每赌必赢。过去许多曾在他家赌博的人见面时，总爱问上句："今天是当了宋子文，还是当了刘纪文？"这是因为宋子文和刘纪文与"送几文"和"留几文"谐音，一般人便拿这两个人的名字作为大输与少输的代义词。因为谁也没有打算去"赢几文"，能少输一点便不错了。毛人凤从打"沙蟹"中悟出"忍""等""狠"的道理，把它运用到了对人和做事上去。多年来，他一直本着这一"原则"，当机会没有到来的时候，要咬紧牙关忍耐，安心等待，一旦时转运来，便抓紧时机狠狠地搞一下。

他在军统局当代理主任秘书时期，是个有名的"笑面虎"，极少看到他板起面孔发脾气，见了任何人都是笑嘻嘻的。当戴笠责备他的时候，他能毫不勉强地忍受下去；即令遇到部下向他耍态度，发牢骚，他也同样能忍受得住。当时特别使许多特务高兴他的，是他还肯代人受过无怨言。戴笠的脾气非常暴烈，稍有不如意就大发雷霆，常常为了一些小事动辄骂人打人关人。遇到这种情况，毛人凤总是向戴笠引咎自责，把错误由他承担下来。[①]

二、继承戴笠衣钵

1946 年 3 月，戴笠坠机的消息得到证实以后，毛人凤被压抑已久的个人野心开始膨胀。他估计戴笠的继任人，蒋介石只会在郑介民和唐纵两人中择其一，便于 3 月 20 日晚召集副主任秘书张严佛，处长何芝园、郑修元、沈醉等大特务集议，主动请求蒋介石指派郑介民继任军统局局长。因为，郑介民虽然是老牌大特务，但他身兼军令部第二厅厅长，平时很少过问军统局内部的事务，此时郑介民又担任军事调处执行部国民党方面的代表，身在北平，更无暇顾及军统局。因此，让郑介民做局长，实权就会落在毛人凤的手中。为了让蒋介石采纳自己的建议，毛人凤向蒋进言说：军统大部分高级人员对郑很好，和唐纵关系比较疏远。3 月 23 日，蒋介石决定以郑介民为局长，唐纵、毛人凤为副局长，由唐纵代理局长。

1946 年 7 月 1 日，军统局改名为国防部保密局，由郑介民任局长，毛人凤任副局长。同时对原军统局庞大的编制进行了压缩，裁减 2 万人，保留 7000 余人，保留下来的，一是抗战前参加组织的核心分子；二是由军统各训练班培训出来的基本人员；三是从其他一般分子中挑选出来的"反共"意志坚决，而又有所专长的分子。

保密局设局长办公室及情报、行动、人事、电讯、司法、经理、总务七个处，以及督察室、总稽核室、预算室、机要室、特种政治问题研究组、特务技术研究组。外勤单位在各省市设站，按省市的大小及其在反共中所处的地位分作甲、乙、丙三类，分别配备人员和设备。另外，在韩国、西贡、新

---

① 沈醉：《军统内幕》，第 351 页。

加坡、曼谷、开罗、卡拉奇、菲律宾等设站。

蒋介石指示保密局："今后之中心工作为对共产党之情报与斗争。"蒋介石还声称，"同共产党的斗争比过去同日本与汉奸作斗争要困难得多"，他要求每个特务人员"都必须全力以赴"，"多研究一些办法，多出一些主意，随时总结经验和教训，很好地担负起这项直接和共产党作斗争的任务"。如果说军统局在抗日时期还负有抗日锄奸的部分任务，那么保密局则纯粹是一个反共反人民的罪恶机构。保密局的机构设置，更加突出了其反共反人民的特点，如主管情报的第一处，设有收集人民解放军情报的军事情报科，收集中共党组织及各民主党派情报的党政科，以及收集苏联情报的国际情报科。主管行动的第二处，设有行动、侦防、策反、心理作战等科。其行动科主管逮捕、暗杀、破坏；策反科领导许多策反站，专门进行对解放军和地方人民武装的策反活动；心理作战科领导许多外围机构和组织，如南京"大同新闻社"、武汉"汉潮通讯社"、重庆《新华时报》等，这些所谓的新闻机构，都由一些老牌特务主持，专事制造各种政治谣言，攻击中国共产党及民主进步人士。主管司法的第五处，设有对中共党员、民主进步人士进行审讯的审讯科，和主管重庆渣滓洞、白公馆及北平、上海、西安、南京等地看守所和集中营的狱管科。特种政治问题研究组的班底，为原先由张国焘主持的特种政治问题研究所，其成员均是中共叛徒。特种技术研究组则专门研究暗杀、爆破、破坏、放火等方面的技术，以及研究制造各种定时炸弹、毒药、毒弹、毒刀等杀人武器和纵火伞、纵火笔、铁道破坏器等破坏物品。1948 年又增设了一个布置组，专门向解放区作潜伏布置及在将要解放的城市和地区布置潜伏特务、电台。

由保密局控制的公开机关，虽然没有戴笠在世时那么多，但由戴笠亲手建立起来的一些重要机构依旧由保密局控制，如交通警察总局先后由军统骨干吉章简、周伟龙、马志超担任总局长。各主要铁路局的警务处长，公路总局的稽查室主任，各地公路局的警卫稽查组，各运输处的警稽室以及轮船招商局的警稽组，等等，也都是由原来的军统分子掌管。特别是交通警察总局统辖的交通警察总队，全是收容的军统特务武装。

原先由戴笠精心策划建立起来的各地稽查处，如上海警备总司令部稽查处，南京卫戍总司令部稽查处，北平警备司令部稽查处以及重庆、成都、西安等地的类似机构，以及其侦缉大队、刑警处等，都一直掌握在保密局手中。

三、疯狂破坏中共地下党组织

1947 年 12 月，毛人凤取代郑介民，成为保密局局长。

毛人凤扶正后，首先将郑介民派的大将马汉三、刘玉珠处以死刑，杀一儆百，铲除异己，在保密局内建立起毛人凤的绝对权威。

毛人凤上台后，疯狂地破坏中共地下党组织，以下是几个大案：

第一，"北平共谍案"。

1947 年 8 月，保密局在北平兆东街 24 号捕获中共地下党组织的报务员李政宣和他的妻子，译电员张厚佩。李政宣被捕后叛变，供出了北平地区的两个中共地下党组织。一个是中共华北地下党组织的情报、电讯系统，导致北平市地政局代局长董登平、北平贝满女中教员田仲英、北京大学学生李恭贻等中共地下党员被捕；另一个是原第十一战区司令长官部，现改为保定绥靖公署内的秘密策反机构，致使绥署设计委员会副主任余心清、参谋处长谢士炎、副处长丁行、军法处长王某及一批校尉级军官被捕。因此案被捕的还有陈布雷的女儿陈琏及女婿袁永熙。之后，毛人凤顺藤摸瓜，破获了沈阳、天津、西安、兰州等地的中共地下组织，全案涉嫌被逮捕的不下于 800 人，牵连甚广。

第二，上海"中共补给总机关"案。

1947 年秋，保密局截获了大华公司往解放区运货的帆船。大华公司是中共华东财政委员会与苏北财政当局设在上海的秘密机构，负责为解放区采购物资并运输到解放区。保密局扣压帆船后，个别押船的人员受不起严刑拷打，供出了实情，导致 60 余名中共地下组织成员被逮捕。根据上海的线索，保密局又破获了宁波、定海、烟台、青岛等地的中共地下秘密机关。

第三，"重庆中共地下党"案。

1948 年春，保密局重庆站破获中共在重庆主办的《挺进报》，由此破获了中共重庆地下组织，导致中共重庆市委委员许建业、中共下川东地委委员江竹筠、中共重庆沙磁区委书记刘国志、中共重庆北区工委委员王朴、华蓥山农民武装领袖邓兴酆、《挺进报》印刷机关负责人陈然、中共重庆市委电台特支成员成善谋以及中共川东工委、川西工委、川北中心县委、重庆市委各区的学运工运组织等重要成员相继被捕。其中，重庆市委副书记兼组织部长冉益智、成都市工委委员骆安清、重庆市城区区委书记李文祥、下川东地委书记涂孝文等陆续叛变，又供出许多线索，导致中共四川地下党组织从领导机关到基层支部都遭到严重的破坏。小说《红岩》，就是根据这段历史写成的。

第四，"周镐通共案"。

周镐原是军统大特务，抗日战争胜利后，因在接收过程中的擅自行动，受到戴笠的处罚，被关进了监狱。出狱后，周镐的思想发生变化，1946 年8 月，在徐楚光的积极争取下，中共华中分局批准周镐为中共特别党员，并吸收为中共第三工作委员会的成员。上级交给他的任务是负责策反新编第二路军孙良诚部。1947 年，在三工委工作的中共地下人员吕祥瑞在策反孙殿英时，被保密局抓获，变节自首，供出了周镐。1947 年 12 月，周镐第二次被捕，同时徐楚光也在武汉被捕。但因为证据不足，毛人凤不得不又放了周镐。1948 年底，周镐在接受中共地下组织重托，策反国民党第八兵团司令官刘汝明时，第三次被捕。1949 年 1 月 21 日，蒋介石下令处决周镐，周镐高呼"中国共产党万岁"的口号英勇就义。

四、魔手伸向中共首脑机关

蒋介石挑起全面内战后，毛人凤指挥保密局的特务全力向解放区渗透，但成功的不多。

1947 年 3 月，胡宗南攻占延安后，保密局在延安设立小组，派老牌特工崔毓斌担任延安稽查处处长，全力追踪中共首脑的行踪，但没有成功。毛人凤为此很愧疚，对身边的亲信喽啰说："我们的工作没有法子配合军事上的胜利，辜负了领袖对我们的期望，这种千载一回的好机会都放过了，实在太说不过去。"

之后，毛人凤通过研究中共的宗教政策，决定利用天主教作掩护，向解放区渗透。当时，天主教的华北工作督导团，归主教雷震远领导。雷震远是个有多重身份的间谍，与保密局关系密切。根据毛人凤的指示，雷震远在华北工作督导团的下面设立"华北青年戡乱救民先锋队"，在解放区从事情报搜集工作，这个组织以地区为单位，分层建筑，一直深入到城镇乡村，遍布平、津、冀、鲁、晋、绥、察等省市，拥有 130 多名成员，其中还有一些外籍教徒。

1948 年 4 月 12 日，毛泽东、周恩来、任弼时等率中共中央首脑机关进驻河北阜平县城南庄，住在中共晋察冀军区大院。毛泽东一行到达城南庄后，潜伏在军区司令部的保密局特务孟宪德（公开身份是烟厂经理）、刘从文（公开身份是军区司令部小伙房司务长）企图在饭菜中下毒谋害中共领导人，未能得逞。孟宪德、刘从文将毛泽东到达城南庄的情报上报到毛人凤手中，蒋介石命令空军于 5 月 18 日轰炸城南庄，击中毛泽东的住处。

5 月 27 日，毛泽东抵达平山县西柏坡，与朱德、刘少奇、周恩来、任弼时等中央领导人会合。平山县天主教堂披着宗教外衣的保密局特务米二海立即通过他们的渠道将此消息上报到毛人凤手中。蒋介石随即命令国民党空军对平山县实行大轰炸。8 月，国民党空军出动大批飞机，对平山县实施大轰炸。

10 月初，国民党空军又根据两名披着宗教外衣的特务提供的情报，对石家庄和灵寿地区的中共党政机关、物资仓库进行了大轰炸，造成重大物资损失和人员伤亡。

10月底，蒋介石又根据保密局特务的情报，命令华北"剿总"总司令傅作义派兵偷袭西柏坡，但没有得逞。

五、覆没前的大屠杀、大破坏

1948年12月底，当桂系二号人物、华中"剿总"总司令白崇禧逼蒋下台时，蒋介石恶向胆边生，召见毛人凤，让他派保密局特务刺杀桂系一号人物、副总统李宗仁。毛人凤将这一任务交给保密局著名杀手沈醉负责。只等蒋介石一声令下，李宗仁就会丧命于这批保密局歹徒之手。蒋介石最后权衡利弊，终于决定放弃这一罪恶计划，自己辞职在幕后操纵，由李宗仁代总统在前台作傀儡。

1949年1月21日，蒋介石下台前，命令毛人凤将保密局的财产、机要、档案、人事卡和指挥机构全部转移到台湾。毛人凤向国防部辞去保密局局长职务，在后台指挥保密局。同时拼凑了一个假保密局，由徐志道任局长，去应付代总统李宗仁，这个假保密局只有92人的编制，设业务、总务两个处。其他各省市的外勤机构一律不受徐志道指挥，仍由毛人凤在幕后指挥。蒋介石、毛人凤还向徐志道作了政治交代：李宗仁干不长，新保密局的任务明里是应付他，向他要经费、要武器，暗里是监视李宗仁及其桂系的活动，向蒋介石负责。毛人凤则率保密局的大批人马，在上海南京路145号设立"毛记保密局"的上海办事处，由郭旭任主任。

下台后的蒋介石，像一个赌输了的赌徒，他杀气腾腾地对毛人凤说："过去由于我们杀人太少，对一些反对我们的人没有杀掉，所以使得越来越多的人不再怕我们。今后只有多杀掉一些，才可以挽回这种不利于我们的局面。"毛人凤根据蒋介石的旨意，开始了大规模的惨绝人寰的大屠杀。

在上海，保密局著名杀手、上海警察局局长毛森共逮捕3000多人，杀害1300多人。毛森杀人如麻、手段残忍，令人不寒而栗，人称"毛骨森森"。毛森对此非但没有表示异议，反而说："我毛森就是毛骨森森，诸位请看，我满身血腥，恐怕连鬼见了我也要害怕。"毛森的监牢更是令人谈虎色变，电刑、坐老虎凳、乘飞机（吊鸭儿溪水）、灌荷兰水（即用辣椒面和酸醋灌鼻子）、拔指甲、烧红铁丝刺手指等各种酷刑无一不备。他声称，德国盖世太保的刑具也没有他齐备，只要进了他那里，不管他是何人，嘴有多硬，身体有多棒，我都能叫他开口，就算是哑巴也要说出话来。毛森还企图对中国民主同盟领袖人物张澜、罗隆基举起屠刀，被蒋介石制止了。

在重庆，毛人凤命令保密局特务、西南军政长官公署二处处长徐远举主持大屠杀。1949 年 9 月 6 日，周养浩等特务残忍杀害了杨虎城将军及其子女、秘书共 8 人，拉开了重庆大屠杀的序幕。10 月 28 日，根据毛人凤从台湾发出的命令，重庆白公馆、渣滓洞开始行动，杀害了陈然、成善谋、涂孝文、蒲华龄等 10 人；11 月 14 日，江竹筠、陈以文等 32 人被秘密杀害；11 月 25 日，白公馆大屠杀，杀害 30 余人，其中包括原东北军副军长黄显声，同济大学校长周均时等。11 月 27 日，渣滓洞大屠杀，杀害 140 多人。11 月 29 日，新世界看守所大屠杀，杀害 32 人。

重庆大屠杀的主持者徐远举在作为战犯被关押期间，写了《我的罪行实录》，他写道："我血手染红岩的罪行，是震骇中外，令人发指的。""为蒋介石做了十八年的特务，竭尽忠智，为非作歹，以种种阴谋危害革命组织，摧残革命志士，用心之狠毒，罄竹难书。""我沉痛地悔恨自己过去的罪恶，即使人民处以千刀万剐，也难慰革命烈士的英灵于万一。"

在成都，毛人凤命令四川省党部委员兼特委会秘书长徐中齐杀害了 36 人。其中，包括中共建党初期的老党员杨伯恺等。

在昆明，毛人凤下令杀害在"九九整肃"中被捕的人，但为卢汉阻止，没有得逞。

这一时期，被保密局暗杀的还有著名军事家、原陆军大学代校长杨杰等。

国民党统治覆灭前夕，蒋介石还丧心病狂地命令毛人凤对大城市进行彻底破坏。1949 年 11 月 29 日，毛人凤命令杜长城的技术总队将重庆的各兵工厂、发电厂、动力厂等炸毁，炸死近千人。随后，蒋介石又命令毛人凤炸毁历史名城成都，这一阴谋未能得逞。

六、困兽犹斗

毛人凤逃台前，在大陆潜伏了大批特务，让他们乘机作乱。

毛人凤逃往台湾后，仍然困兽犹斗。他继续主持保密局，派遣大批特务，进行颠覆破坏，以及刺杀新中国领导人。这些罪恶活动，绝大多数被人民民主专政机关破获了。1955年，蒋介石获悉新中国总理周恩来将赴万隆参加亚非会议，立即指令毛人凤策划在中国香港、印度尼西亚暗害周总理，毛人凤命令其驻香港的情报站执行。4月11日，印度国际航空公司C69型星座式客机"克什米尔公主号"从中国香港飞往雅加达途中，在北婆罗洲西北的海面被蒋帮特务事先放置的定时炸弹炸毁，机毁人亡。机上11位乘客包括中国政府工作人员和记者，以及该机8位机组人员全部遇难。

1956年12月11日，毛人凤病死于台北。蒋介石下令追赠毛人凤为"陆军上将"，比戴笠的"陆军中将"高了一级。蒋介石还题写"忠勤永念"四个字，以纪念这位著名的杀手。

第三节　中统元凶徐恩曾

徐恩曾是蒋介石两大特务系统之一"中央调查统计局"的负责人。他领导的"中央调查统计局"（以下简称中统）系统特务，全盛时期达 10 万人，是蒋介石反共防共的又一重要工具和得力帮凶。

一、中统掌门人

徐恩曾（1896—1985），字可均，浙江吴兴县（今湖州市）人。他与 C.C. 系首领陈果夫、陈立夫是表兄弟。徐早年就读于南洋大学电机系，毕业后赴美留学，入卡纳奇大学，学习电机工程，获学士学位。按专业，徐恩曾应成为一个电机工程师。1927 年徐恩曾回国后，被陈氏兄弟拉入 C.C. 集团。1928 年，陈果夫任国民党中央组织部代部长后，任命徐恩曾为总务科长。徐城府很深，善于钻营，很快取得了陈氏兄弟的信任。

1931 年，徐恩曾出任中央组织部党务调查科科长，成为职业特务头子。

徐恩曾

徐登台后，为了反共，又在调查科里增设了一个专门策划破坏共产党组织的最机密部门特务组，专门从事反共活动。徐恩曾还和国民党宪兵司令谷正伦密切合作，谷正伦聘请徐恩曾为顾问，徐推荐他的骨干顾建中、季源溥等做宪兵的督察、教官之类，两个反共组织密切分工合作：逮捕、关押、审讯、枪杀共产党人，调查科经常通过宪兵去做；宪兵捕人之后的策反、劝降，则往往由调查科去做。

1931 年 4 月下旬，中共中央政治局候补委员、参与领导中共中央特科工作的顾顺章在护送张国焘、陈昌浩和沈泽民等到鄂豫皖革命根据地后，在武汉被国民党中央组织部党务调查科驻武汉特派员蔡孟坚侦知，予以逮捕。顾顺章长期负责驻上海的中共中央的保卫工作，了解中共的重要机密极多，清楚只有极少数人才知道中共中央机关和许多中央领导人的住址，也熟悉中共中央的各种秘密工作方法。顾顺章被捕后，蔡孟坚将其押送至南京交徐恩曾处理。顾顺章很快叛变，并且向国民党当局建议以突然袭击的方式将中共中央机关和主要领导人一网打尽。这个极端机密的重要情报，被打入国民党中央组织部调查科当机要秘书的中共地下党员钱壮飞获悉后，他立即派人连夜从南京赶到上海，报告中央特科负责人李克农转报中共中央。中共中央负责人周恩来得报后，果断地采取了一系列应急措施：销毁大量机密文件；迅速将党的主要负责人转移，并采取严密的保卫措施；把一切可以成为顾顺章侦察目标的干部，尽快地转移到安全的地带或撤离上海；切断顾顺章在上海所能利用的重要关系；废止顾顺章所知道的一切秘密工作方法。当夜，中共中央、江苏省委和国际机关全部搬了家。聂荣臻后来回忆说："这两三天里真是紧张极了，恩来和我都没有合眼，终于抢在敌人前面，完成了任务。"

在顾顺章的引导下，徐恩曾指挥进行大搜捕，周恩来原来的住处也被搜查，结果一一扑空。徐恩曾在搜捕中共中央机关时虽捕了空，但因顾顺章的出卖逮捕了中共沪东行动委员会书记恽代英。陈果夫、陈立夫和徐恩曾对恽代英实施了一系列威胁利诱、软硬兼施的手段，恽代英坚贞不屈，在酷刑下没有让敌人得到一句有用的供词。蒋介石气急败坏下令杀害恽代英。恽代英在临刑前，大义凛然，毫无惧色，高呼"共产党万岁"！引吭高歌《国际歌》。徐恩曾以后想起当时的情景，都要不寒而栗地说："共产党人的可怕就在于此！"顾顺章叛变、恽代英被杀，中共中央机关被查抄，徐恩曾的这一系列功劳引起蒋介石的注意。蒋召见了徐恩曾，不仅口头予以嘉勉，而且给他发了奖金。徐恩曾在蒋介石心目中的地位开始上升。

二、建立庞大的中统特务系统

1932 年春，徐恩曾在南京瞻园路 132 号，建立了以迫害共产党人和进步人士为任务的魔窟——特工总部。

这个特工总部由陈果夫、陈立夫兄弟实际控制，徐恩曾为具体负责人，直接对蒋介石负责。这个特工总部，开始时较简单，后来发展成为遍及全国各地的庞大的特务系统。整个系统，最上一层是特工总部本部。本部内除了负责行政管理的机构以外，有专管训练特务的组织，有专管侦察、搜集、登记、整理、情报的组织，有专管逮捕、跟踪、绑架、暗杀的行动队，有专管通讯联络的交通、无线电台等，人数有三四百人之多。

第二个层次是特工总部的附属机构。如"南京市试验区"，是专管南京市特务活动的；看守所，是专门扣押秘密逮捕（公开逮捕的送公开机关）后，准备审讯、处置人的；各种各样的招待所，是变相的监狱和反省院，其中"留俄学生招待所"，迫害的对象是留学苏联的共产党员和左派人士。

第三个层次是特工总部在各省市及各部门设立的肃反专员办公室和特务室，重要地区还设立有工作区。

第四个层次是职业特务机关在各个机关、团体、工厂、学校和城乡基层单位布下的情报网。有的叫义务情报员，有的叫通讯员，名称各种各样，实际上都是做暗探、奸细的。徐恩曾凭借这个庞大的特务系统企图把全国人民都纳入他的监视之下。

徐恩曾秉承蒋介石的意旨，对共产党采取血腥杀戮政策，非叛即杀，宁可错杀一千，不可漏掉一个。上海的龙华、南京的雨花台，大江南北处处洒满了共产党人和革命群众的鲜血。究竟有多少人牺牲于中统特务机关，数据是难以统计的。1933 年 4 月，北平各界人士为李大钊举行公葬，送葬者有数千人。事后，中统和宪兵三团对送葬人进行了残酷迫害，逮捕上千人，将其中的四五百人残杀。据统计在 30 年代上半期，中统共捕获中共高级干部19 人，中级干部 80 人，下级干部和普通党员 1500 人。

三、始终以反共作为主要任务

1938 年 8 月，中统本部扩充为中央执行委员会调查统计局，由国民党中央党部秘书长兼任局长，而由徐恩曾以副局长名义负实际责任。

由于全面抗日战争已经爆发，中统的工作也增加了抗日的内容，将日伪调查、党政调查、党派调查并列。但实际上，徐恩曾仍以反共作为主要任务。徐恩曾一再告诫中统特务："反共，消灭共产党，是我们的历史任务"，"抗日是我们临时的次要任务，反共是我们长期的基本的第一位的任务"，"为着我们的发展前途，只有集中力量消灭共产党，否则我们将死无葬身之地"。徐恩曾和中统骨干头目濮孟九、梁辅丞、王思诚等共同炮制了《防制异党活动方法》，在 1939 年 1 月召开的国民党五届五中全会获得通过，此后中统特务便将主要精力用于对付共产党。1942 年，中统破获了中共南方局工委和江西省委机关，逮捕了廖承志和张文彬，并将他们关押在江西泰和马家洲集中营。因受到残酷迫害，张文彬被折磨致死，廖承志经营救出狱。徐恩曾在破坏中共南方局工委后，利用叛徒郭潜和涂振农等，继续扩大线索，在广东、广西、湖南等省进行了一系列逮捕和搜查，前后逮捕近千人。徐恩曾还异想天开地建议"为对共产党进行分化，似可组织另一共产党"。

四、不务正业被撤职

1938 年 8 月，朱家骅以国民党中央执行委员会秘书长的身份兼任中央调查统计局局长。按照蒋介石的设计，中统和军统的局长都是挂名的，由副局长负责。但朱家骅却不管这些，想把中统这个庞大的特务组织抓到自己手中，一上台就过问中统局的具体工作，为此，与徐恩曾发生激烈的冲突。另外，徐恩曾领导的中统与戴笠领导的军统矛盾也极其尖锐，两大特务系统相互倾轧。

徐恩曾一直不满足于做一个罪恶的特务头目，企图谋求部长职务。1941 年春徐恩曾当上交通部次长时，蒋介石曾明确告诉他，"中央"的安排是要求他利用职务的方便，在全国范围内布置一个完整的调查网，以进行更大范围的反共活动。但徐恩曾并没有按照蒋介石的意图去做，而是将精力集中到如何结交钻营，如何当部长上面去了。他调回亲信顾建中为他控制中统，自己则多方活动，尤其和中央党部秘书长吴铁城关系日趋密切，曾协助吴铁城针对当时物价飞涨、通货恶性膨胀的形势，斟酌写成"稳定物价紧急措施"和"加强管制物价方案"，冀图获得蒋介石的重视，不料却遭到政学系吴鼎昌的反对，更被蒋介石认为是"不务正业"。蒋介石为此召见徐恩曾谈了一个多小时，蒋对他说："我要你在党员调查网上用功夫，调查党政军文教部门有些什么人对政府不满；在'特情'上用大力，侦查共产党的破坏活动，设法加以防范与制止。财经诸事，自有主管者在，你不必多分心。"说来说去，蒋还是要徐安心地做特务工作。徐大失所望。陈果夫、陈立夫兄弟认为这是徐恩曾离心的表现，有步朱家骅、张厉生后尘之虞，因此在蒋介石面前不再为他说话。兼任中统局局长的朱家骅与副局长郭紫峻联合向蒋介石告了徐恩曾的状，说徐恩曾领导无方，中统内部纪律松弛等。种种因素，使蒋介石对徐恩曾大为不满。1943 年前后，蒋介石多次申斥徐恩曾。

1943 年夏秋间，徐恩曾得到经济部一职员有共产党嫌疑的情报，便下令所属重庆实验区区长陈庆斋前往逮捕。陈庆斋令行动科长张文农执行。这次捕人行动失败，经济部长翁文灏以特务到经济部捕人竟不向他打招呼，向蒋介石告御状。蒋为敷衍翁文灏，将徐恩曾痛骂一顿，并且下令："捕人之事，应由有权机关处置，中统局是党务机关，不得捕人。"

戴笠的军统可以明火执仗捕人，而中统受此限制后更处于下风。在一次两统特务的"甲种会报"会上，蒋介石大骂徐恩曾。他厉声责问："共产党造谣言，说我与护士同居，破坏我的威信，你为何不对我报告？《新华日报》天天登载反对我、反对党国的言论，你为何不负责任，听其发行传播，这充分表现了你腐败无能！"

徐恩曾受到蒋介石训斥后，竭力想恢复其在蒋介石心目中的地位，在内部提出了"争取时间，追求效果"的口号，要求所有人做到"一人一事，事事有人管，处处无闲人"，还增加了工作时间，将原来的八个小时工作时间改为十个小时，从早晨6点就上班，中午12点才吃午饭，徐还在上班时亲自到各办公室查看，但仍无济于事。

1944年在国民党中央党部院内发现"总裁独裁，中正不正"的标语，蒋介石严令中统彻查，但始终一无所获。蒋介石极为恼火，1945年1月24日，下令免去徐恩曾本兼各职，"永不录用"。从此，徐恩曾这位双手沾满了共产党人和革命群众无数鲜血的大特务头目结束了其罪恶的特务生涯。

徐恩曾失宠的原因，深知内幕的特务头目认为，除了上面提到的因素外，还有一点就是蒋介石不满意徐恩曾的作风。徐恩曾先后娶了三位夫人，其第三位夫人费侠是留俄学生，中共叛徒。徐恩曾在费侠叛变革命后，热烈追求她，大有非娶她不可之势。二陈曾经反对这桩婚姻，并上告蒋介石。蒋介石找徐恩曾谈话，问："你有把握吗？她是受共产主义理论毒害很深的人，能说会道，你不要看简单了。"徐恩曾表示宁愿不做官，也要与费结婚。蒋介石想想自己也有四房妻子，将心比心，此事不在公务之内，只得听之任之。这件事，肯定使蒋介石不放心。此外，蒋介石与戴笠的关系是家主与家奴的关系，但徐恩曾与蒋介石的关系，则要复杂得多，而且徐带有旧知识分子气味，既有谄媚事上的一面，亦有宁可丢官也不屈的一面，不像戴这么死心塌地奉蒋为家主。这也是戴笠比徐恩曾更为蒋介石宠信的原因。

失去蒋介石的宠信后，徐恩曾十分懊丧。唐纵在1945年2月22日的日记中写道："晚与徐恩曾晤谈，恩曾以失委座之宠甚为惶然，问我有无政治关系。患得患失者，其心不安，为官之苦也。"

后来，徐恩曾创办了"中国机械农垦公司""中国打捞公司"，做起了生意。1949年去台湾继续经营商业。1985年病死于台湾。

第十二章 三大"文胆"

在任何一个时代，舆论宣传都具有极其重要的作用，蒋介石深知这一点。他一生笼络了不少知识分子，为其舞文弄墨。其中包括邵力子、邵元冲、叶楚伧、周佛海、陈布雷、潘公展、董显光、陶希圣、程沧波、李惟果、沈昌焕、陈方等。在大陆时期，邵力子、周佛海、陈布雷为蒋介石撰稿最多，堪称蒋介石的"三大文胆"。

第一节 "和平老人"邵力子

邵力子是蒋介石的第一位文宣秘书，他早期是中国共产党党员，后成为蒋介石的亲信，地位特殊。晚年致力于国共和平，有"和平老人"之称。

一、蒋介石的第一位"文胆"

邵力子

邵力子（1882—1967），原名景奎，字仲辉，力子是他后来办报时用的笔名。浙江绍兴人。邵力子早年就读于上海南洋公学、震旦公学及复旦公学。1906年，邵力子与于右任去日本考察求学。在日本见到孙中山，加入了同盟会。在日本学习新闻学，于1907年4月回国。邵力子与于右任在上海租界先后创办《神州日报》《民呼日报》《民吁日报》《民立报》，后三种报纸是上海最有影响力的革命报纸。1916 年 1 月，邵力子在上海与人合办《民国日报》，后来成为国民党的机关报。1919 年 6 月，邵力子在《民国日报》开办《觉悟》副刊，积极宣传三民主义及马克思主义，当时与北京《晨报》副刊、《京报》副刊及上海《时事新报》副刊《学刊》，并称为"四大副刊"。《觉悟》副刊大量译载马克思主义经典作家的原著，还刊登了不少中国共产党理论家的文章。他本人也在《觉悟》副刊上发表了各类文章千余篇，开始用马列主义观点撰写时评、专论。邵力子的文章在青年中影响很大，他的续弦夫人傅学文就是在读了邵力子发表在《觉悟》上的文章后对他产生爱慕之意的。

　　1920 年 5 月，邵力子与陈望道、陈独秀等人在上海组织"马克思主义研究会"，后来这一组织发展成为上海共产主义小组。1921 年 7 月，中国共产党在上海成立时，邵力子参加了筹备工作，但为了守住《民国日报》这个阵地，邵力子没有参加中共一大会议。1922 年，邵力子又兼任上海大学副校长，校长是他的至交于右任。邵力子到任后，力主教育改革，将办学宗旨定为"为适应社会的需要"，并聘请著名共产党人邓中夏任总务长，瞿秋白为社会学系主任。社会学系系统讲授马克思主义，这在当时的中国大学中是独一无二的。1925 年"五卅"运动中，上海大学进步学生受到帝国主义列强租界当局的镇压和迫害。上海护军使秘密下令缉拿邵力子。邵力子在上海无法立足，不得不离开上海，前往当时国共合作的大本营广州。

　　1925 年 6 月，邵力子到广州后，当时的黄埔军校校长蒋介石知道邵是一位不可多得的文宣高才、办报能手，立即聘他为军校秘书长，后又兼任军校政治部主任。邵力子除了给军校学生上课，讲授三民主义等课程外，主要的工作是为蒋介石撰写各种文告。蒋介石在黄埔军校初期，并没有专职的文宣秘书。但随着蒋介石地位的提高，对秘书的要求也越来越高。有了邵力子这位文宣高手，蒋介石的理论宣传水平也提高了一大截。1925 年 7 月26 日，蒋介石在广州国民政府军事委员会会议上，就帝国主义和封建军阀的关系进行演讲。蒋介石声称：

　　各位还要晓得，帝国主义者最凶狠的一个毒计，就是挑拨中国国内的战争，使我们国人自相残杀，国家四分五裂，不能统一，不能建设。他花了少许金钱卖弄军阀，如同剧场的看客，花了一些戏票钱，直要我们中国人民的生命化作炮灰。还有帝国主义者在中国用的惯技，就是遇到与他帝国主义利害冲突的时候，他绝不肯拿他本国军队来同我们革命军打仗，这亦是他势有不能。因此他因有拿金钱来买我们中国不爱护国家的军人来牺牲，对我们革命军打仗。譬如庚子年联军攻北京，首先入北京的，并不是外国兵，实在是老番所雇用的我们中国广东的潮州兵，这个惯技到了今日，越用越精了，不但买北军来打南军，买反革命的军阀打革命军，还要买假革命军的军队来打真革命军，你想可痛不可痛，可恨不可恨。所以我们反对帝国主义，并不单因为他表面上压迫中国人民，实在是在深切处，看到他帝国主义因为资本主义发达最高的程度，造成经济恐慌，不得不向殖民地、次殖民地施行榨压，以图苟活。更痛恨他买中国人来打中国人的毒计。由此可知帝国主义实为吾人的死敌，其间绝无妥协调和的余地。我今天可以说，帝国主义不倒，中国必亡；中国不亡，帝国主义必倒。今日正是世界上帝国主义与反帝国主义一场最后的大激战，不但在北方，帝国主义利用军阀，阻止革命，即在南方，帝国主义亦无时不思利用反革命和假革命的军阀，以妨碍革命势力的发展，务使革命势力消灭而后快。……香港政府既暗助杨、刘，杨、刘不倒，革命政府必不能存在，我们若不将杨、刘打倒，香港政府早已统治了广东了，所以此次杨、刘失败，就是香港政府的失败。诸君听此，可以明白我们革命军形式上虽与国内军阀打仗，实在是无时无地不与帝国主义为敌。……就常理来说，军阀受帝国主义的暗助，既有钱又有械，应大得其势，然实际上军阀在北洋及西南的，都不能延长其生命至三四年之久。袁世凯要算是超等的唯一军阀了，然而他依靠帝国主义者，借款购械，压迫民党，到了结果，还是自毙，帝国主义势力虽大，也不能救住他的寿命。于此可知，军阀虽有帝国主义者做护身符，但因为与人民利害相反，不仅不能得人民之助，反遭人民激烈的反对，无论他的外援如何强大，总敌不过民众反抗的力量，所以他的结果总是失败。此次沪案发生，广东工、农、商、学、兵联合的兴起，足以使帝国主义者胆寒，中国民族革命运动的精神，更引起了沿印度洋、红海、地中海的被压迫民族壮大的独立呼声，直吓得帝国主义者向吾人发抖。……帝国主义国内真正握政权的，不过少数资本家特殊阶级，而最大多数的无产阶级，却一样受苦，一样反对其本国帝国主义。苟帝国主义与吾人开仗，正是他无产阶级推翻资本主义千载一时的机会，他们绝不会轻轻放过，而且必能与我们革命军相策应。我们打倒帝国主义，才是革命的真成功，我们敢同帝国主义作战，才是革命的真起首。……①

邵力子为蒋介石捉刀的这一连串精彩的演讲，提高了蒋介石的理论水准。一天，苏联顾问鲍罗廷当着广州国民政府几位领导人的面夸奖蒋介石："蒋校长最近看了很多书，几次演讲精彩得很哩！"

但人们没有料到，一年多以后，正是这个蒋介石变成了被帝国主义收买的反革命和假革命的大军阀，并且一手葬送了轰轰烈烈的第一次大革命运动。

蒋介石从理论宣传中尝到了甜头，以后又陆续聘请了周佛海、陈布雷等才子做他的捉刀手，更加壮大了他的文宣声势。

二、服从决定退出共产党

1926 年 7 月，蒋介石委派邵力子代表国民党赴莫斯科出席共产国际执委会第七次扩大会议。邵力子途经上海时，中共领导人陈独秀、瞿秋白、张太雷、恽代英、周恩来等人开会欢迎。在欢送会上，瞿秋白说："邵力子同志多年来为党做了很多工作，这次去莫斯科，还是做个纯粹的国民党代表为好，相信他在党外同样可以为党为革命出力。"邵力子表示服从党的决定，退出了共产党。

---

① 万仁元等主编：《蒋介石年谱初稿》，第 398-400 页。

邵力子于 1927 年 5 月中旬回国时，蒋介石已经发动了四一二反革命政变，残酷地屠杀共产党人和革命群众。面对如此巨变，邵力子内心十分痛苦，在十分矛盾的心理下去见蒋介石复命。蒋不问他任务完成得如何，提出要邵担任他总司令部的秘书长，邵回答："我不再担任秘书长，不离开你就是了，但希望你停止杀戮青年，并不叫我写关于反共的文字。"

离开蒋介石后，邵力子和于右任隐居在南京水西门附近的一个朋友家中。邵力子虽然很矛盾，但他终究难下与蒋介石决裂的决心。1928 年 2 月，邵又去见蒋，要求以政治手段解决国共间的分歧，并把北伐战争进行到底。蒋表示同意，任命邵力子为中央政治会议委员、国民革命军总司令部秘书长，主要工作是与周佛海、陈布雷等人为蒋介石起草文告。

多年以后，邵力子承认自己当时"决心不坚"。他对蒋介石很崇拜，对他寄予幻想，想通过留在蒋身边工作来推进社会的进步。而蒋介石也需要邵力子这样的人留在身边，以便将来与苏联与中共打交道时用得着。

三、主政甘肃、陕西

1931 年 12 月 15 日，蒋介石任命邵力子为甘肃省政府主席。1933 年 5 月改任陕西省政府主席，致力于西北开发和建设。1935 年，张学良率领东北军移驻陕西，奉蒋介石之命"围剿"到达陕北的红军。1936 年 9 月 8 日，毛泽东致函邵力子：

力子先生：

阅报知尚斤斤于"剿匪"，无一言及于御寇，何贤者所见不广也！窃谓《觉悟》时代之力子先生，一行作吏，而面目全变。今则时局越做越坏，不只一路哭，而是一国一民族哭矣！安得去旧更新，重整《觉悟》旗帜，为此一国一民族添欢喜乎？共产党致国民党书，至祈省览。语云：越人弯弓而射之，则已弯弓而射之，其兄弯弓而射之，则已垂涕泣而道之。此垂涕而道之言也，先生其不以为河汉乎？"开发西北"，"建设西北"，先生之志则大矣，先生之办法则不可。日本帝国主义正亦有此大志，正用飞机大炮呼声动地而来，先生欲与之争"开发"，争"建设"，舍用同样之飞机大炮呼声动地以去，取消它那一边，则先生之"开发""建设"必不成功，此办法问题也。谈到这个办法问题，询谋佥同，国人皆曰可行，不信先生独为不可行，是则国共两党实无不能合作之理。《三国演义》云：天下大势，合久必分，分久必合。弟与先生分十年矣，今又有合的机会，先生其有意乎？书不尽意。

　　顺颂

　　　勋祺！

毛泽东

九月八日 [①]

　　邵力子读信后，大为震动。因此，当蒋介石飞抵西安督促"剿共"时，邵力子即不断地向蒋介石建议："要停止'剿共'，一致对外，否则人心思乱将不可收拾。对东北军不能多用压力，因为他们都有怨气，多压可能发生激变。"

　　但蒋介石不接受，反而斥责邵力子："你把问题完全看颠倒了，不安内怎能攘外呢？共产党就是利用攘外来夺取政权，这一点你都看不到，你真是书生。至于东北军有怨气我知道，张汉卿（张学良字）是大事糊涂小事聪明的人，如果不用压力，他就可能与共产党合流。今天'共匪'势力已成穷途流寇，不乘此一鼓剿灭，如旷日持久，又将坐大，问题就严重了。"

　　蒋介石一意孤行，终于引发了西安事变。邵力子事后曾说："西安事变就是压迫出来的，如果当时蒋介石能接受意见，毅然改变做法，又何致发生此次事变呢？"

　　蒋介石被扣后，邵力子所在的省政府机关被占，他本人也被拘禁在杨虎

---

① 《毛泽东书信选集》，第54-55页。

城公馆，夫人傅学文的右手还为流弹所伤。很快张学良来看他，告诉他事情的经过。邵力子担心地说："可以相信动机是为了救国，但做得太冒险了。开始就不太好，收拾能有把握吗？"

张回答："目前最重要的是劝蒋接受抗日的要求，我们仍愿接受他的领导。但他现在怒气极盛，一句话都听不进去，还拒绝进食，也不肯穿送去的寒衣，请你去劝劝他。"

邵力子就去见蒋介石。蒋表示决心牺牲，绝不受任何要挟。邵力子问蒋是否可考虑自动辞职，等国家需要时再复出。蒋介石说："绝不能在武力胁迫下考虑这个问题。"

邵力子只好劝蒋"善保身体，即时进餐，加衣防止受寒"。第二天他又去见蒋，心平气和地劝蒋："今天已经发生了这件事，希望委员长仔细考虑。由于日寇不断入侵，已经激起了国民的愤慨。如果政府还不想办法去抵抗，自然会酿成变故。现在设法弥补，尚未为晚。"并说："事已如此，委员长还应以国家人民利益为重，他们的要求似乎可以考虑。"

邵力子对蒋介石的劝告，对于和平解决西安事变起了一定的作用。

蒋介石获释回到南京后，陈果夫、陈立夫密告邵力子在西安参与了"劫持领袖"，要求撤销他的党籍。蒋认为证据不足，没有同意。但蒋认为邵力子在西安站在张、杨的立场上发言，故对此极为不满。他让邵力子陪张学良去他溪口老家学习古文，实际上也是要邵闭门思过。

四、主持宣传受责难

1937年4月，邵力子出任国民党中央宣传部部长。

1937年7月，抗日战争爆发后，第二次国共合作形成，邵力子比较注意维护国共两党合作关系，如允许中共在南京创办《新华日报》。该报后来迁到武汉、重庆，成为中共在国统区最有力的宣传阵地。邵力子的态度引起了蒋介石的猜疑。有一天，蒋介石打电话责问邵力子："你知道现在的刊物有多少是共产党的？""我知道百分之九十是共产党的，你做宣传部长怎么不知道？"后来又发生了一件事，《文摘》旬刊发表了一篇译文，批评鼓吹德意日结成轴心国的论调。邵力子认为是一篇好文章，而国民党中的某些势力却坚持要查封这家刊物。邵力子一怒之下辞去了宣传部长职务。

五、亲苏外交遭疑忌

1940 年，邵力子出任驻苏大使，主要使命是促使苏联恢复对华援助。赴苏前，邵力子向蒋介石进言，他去苏联后政府应作出愿与苏联一起反对德意日反苏反共轴心的表示，但蒋默不作声，实际上是不同意。蒋介石在对苏联政策上左右摇摆，矛盾百出，邵力子知其不可为之。对邵力子的使命，1940 年 10 月 19 日翁文灏在致驻美大使胡适的信中有如下描述："现在可虑的危险，是苏联停止以飞机等军械供给中国，在如此紧要时期，我国驻苏邵大使到莫斯科之后，尚未能与苏联外长莫洛托夫见面，其工作之困难可想而知。邵大使忠诚爱国，可以深信。但他不会讲西洋话，在莫斯科办外交，言语必须翻译，实是极不便利。"[1]

不会讲西洋话，并不是主要障碍，而蒋介石的反共防苏政策才是邵力子难以取得成果的主要原因。特别是蒋介石发动皖南事变后，邵在莫斯科的处境更为困难。1942 年 10 月，邵力子回国述职，向国内各界宣传苏联红军最终一定能战胜德国法西斯。当时斯大林格勒战役正在激烈进行，国内有不少人对他的预言持怀疑态度。邵力子到处作报告、写文章，说明苏军必胜、德军必败。国民党中那些顽固反苏反共的人甚至风言风语地说邵力子"不像中国驻苏大使，像是苏联驻华大使"，称他为"邵力子斯基"。尽管苏联政府希望邵力子回任，但蒋介石还是决定改派傅秉常为驻苏大使。

六、国共谈判中的主角之一

邵力子先后担任了行政院秘书长、国民参政会秘书长。

从 1945 年 8 月起，邵力子作为国民党代表，参与了重庆谈判、政治协

---

[1] 《胡适来往书信选》中册，第 490 页。

商会议。邵力子真诚希望和平，为此付出了巨大努力。连蒋介石的侍从室高级幕僚唐纵也称赞邵力子"敢于负责"。唐纵在日记中写道：

> 据报中大学生明日一定游行，当嘱（徐）佛观召集会议商讨应付办法。夜七时半在中央党部会议，到陈立夫、王世杰、邵力子、朱骝先、吴国桢、雷震、张伯常（笃伦）、张贞夫（镇）、甘乃光、吴有训等。决定无法阻止其游行时，在国民政府宪兵携枪不实弹；各党派讲话，本党推邵力子先生；经过领事巷时，能劝止劝止，否则，听其游行，但派警察前往保护，如有必要，得将英法使领馆大门关闭，以免学生冲入捣毁公署。会议至十一时许始散。于会议中，大家诚恐发生事端，彼此准备推卸责任，教育部、外交部、宪兵、警察都是如此。唯邵力子先生独具胆识，勇于断事，敢于负责。①

但蒋介石蓄意打内战，邵力子的努力不可能取得实质性的成果。1946年6月，蒋介石挑起全面内战。10月11日，国民党军占领张家口，蒋介石利令智昏，悍然下令召开国民大会。邵力子认为，在打内战的情况下开国大，制定宪法，实属儿戏，拒绝担任国民大会秘书长。

七、与蒋介石公开决裂

由于国共全面破裂，邵力子这个国共联系的中间人已经无事可做，被蒋介石冷落一旁。

在三大战役即将结束，国民党统治即将崩溃的前夕，蒋介石又想起用"和"的一手来缓和局势。1949年1月1日，蒋介石发表文告，呼吁和谈。中共针锋相对提出八项和谈条件。蒋介石邀请邵力子、孙科等人到官邸吃饭，征求对中共八项条件的看法。孙科认为，这八项条件是要国民党无条件投降。邵力子则说："三大战役一打，人家本来就是胜利者嘛，我们还有什么话可说。"因此，蒋经国对邵力子极为不满，认为他公开鼓吹投降。

---

① 公安部档案馆编注：《在蒋介石身边八年——侍从室高级幕僚唐纵日记》，第581页。

1949 年 1 月 21 日，蒋介石下野，代总统李宗仁于 3 月 23 日派邵力子与张治中、黄绍竑、章士钊、李蒸、刘斐（后加入）为国民党和谈代表。邵力子坚持不当首席代表，并推张治中担任。邵力子决定这次北上不管成功与否都不再回南京。1949 年 4 月 21 日，国民党政府拒绝在和平协定最后修正案上签字后，解放军横渡长江，邵力子与代表团全体代表决定留在北平，为局部和平作最后的努力。邵力子与蒋介石公开决裂。

新中国成立后，邵力子担任全国政协委员、政务院政务委员、民革中央副主席等职务，积极参与新中国的政治生活，为统战做了大量工作。另外，邵力子还积极提倡计划生育，控制人口。1958 年 7 月 9 日晚，毛泽东在中南海召见邵力子与其他几位民主人士，邵力子又谈起自己对计划生育的意见。毛泽东对他说："人口问题，目前还不严重，可在达到 8 亿时，再讲人口过多，但对计划生育仍应实施。"肯定了他的看法。

第二节　朝秦暮楚的周佛海

关于周佛海其人，历史学家、周佛海传记作者蔡德金先生有如下的盖棺论定："周佛海其人，是中国现代史上少有的一个风云变幻人物。他从信仰共产主义到鼓吹卖国主义；从中国共产党创始人之一到蒋介石的亲信、到汪朝股肱、到上海行动总指挥；从革命者到卖国巨奸。其变化多端、朝秦暮楚，在中国现代史上没有任何一个人物能与他相比。"

一、脱离中共投蒋成为反共理论家

周佛海（1897—1948），湖南沅陵人。1919年，自费赴日留学，先后就读于东京第一高等学校、鹿儿岛第七高等学校。周佛海在日本期间，接受了马克思主义。1921年7月，周佛海与施存统作为留学生代表参加中共一大。周佛海在参加一大后，又返回日本继续求学，1922年进入京都帝国大学学习。1924年1月国民党第一次全国代表大会后，担任中央宣传部长的戴季陶写信给在日本京都帝大读三年级的周佛海，约他到广州担任宣传部秘书，每月薪水200块大洋，这对十分贫困的穷学生周佛海来说，是一个天大的喜讯。周佛海不顾当时尚未进行论文答辩，立即起程回国，于5月间回到广州，担任宣传部秘书。不久，广东大学校长邹鲁又聘请周佛海兼任广东大学教授，月薪240块大洋。从此，周佛海每月有了400多块大洋的巨额收入，这对一个穷学生来讲是天翻地覆的变化。戴季陶、邹鲁都是国民党右派元老人物，周佛海对他们感恩戴德，成为他们的忠实信徒，对中国共产党则日渐疏远。在对周佛海进行批评教育和帮助无效后，中共中央于1924年

周佛海

9月宣布将周佛海开除出党。

被中共开除后，周佛海即与中共为敌。1925年4月，周佛海约集广东大学几位右派教授，创办《社会评论》周刊，进行反共宣传，受到戴季陶的赞扬。

1926年9月，周佛海携带戴季陶的亲笔介绍信，由上海到汉口求见国民革命军总司令蒋介石。但当周佛海抵达汉口时，蒋介石已于9月17日离开武昌，到江西指挥作战去了，未能见面。蒋介石接到总司令部行营主任邓演达的报告，立即电委周佛海为行营秘书。11月1日，中央军事政治学校武汉分校成立，蒋介石自任校长，由邓演达代理，张治中任教育长，周佛海为秘书长兼政治部主任。

在蒋介石发动四一二反革命政变，宁汉分裂后，周佛海于5月18日潜逃出武汉，准备前往南京投靠蒋介石。但船到南京时，周佛海没有上岸，随船到了上海。一上船，即被蒋介石的反共打手、杀人如麻的杨虎当作共产党捉了去。后经张治中、陈铭枢等人营救才获释，随即前往南京求见蒋介石，蒋委派周佛海为中央陆军军官学校政治部总教官。

1927年8月13日，蒋介石宣布下野后，周佛海与蒋共进退，旋即应戴季陶之邀，赴广州任中山大学教授。

广州起义发生后，周佛海又回到上海。此时蒋介石正在为东山再起作准备，指令周佛海与陈布雷、戴季陶、邵力子、陈果夫等人创办《新生命》月刊，由周佛海负总责，为蒋介石反共政策辩解。1928年4月，周佛海出版了《三民主义理论的体系》一书，歪曲孙中山的革命的三民主义，以三民主义为名，攻击共产主义和马克思主义，叫嚷马克思主义不适合于中国。并以所谓的全民主义和渐进主义，反对马克思主义的阶级斗争学说。蒋介石利用周佛海这个中共的叛徒来攻击中共和马克思主义，自然更有欺骗性。

二、蒋介石的第二支铁笔杆

1928年1月，蒋介石东山再起，随即委派周佛海为南京中央陆军军官学校政治部主任。

1928 年 6 月，北伐结束。6 月 26 日，蒋介石携吴稚晖、邵力子、周佛海、陈布雷、陈立夫等一班文人北上主持四总司令祭奠孙中山的大典。周佛海与邵力子、陈布雷负责起草各种文告，把蒋介石打扮成孙中山的嫡传弟子。由周佛海等替蒋介石起草的祭文称：

> 维中华民国十七年七月六日，国民革命军既奠北平，弟子蒋中正谨诣香山碧云寺，致祭我总理孙先生之灵曰：溯自我总理之溘逝，于今已三年余矣，中正昔待总理，亲承提命之殷殷，寄以非常之任，教诲拳拳，所以期望于中正者，原在造成革命之武力，铲出革命之障碍，以早脱人民于水火。

在国民党新军阀混战年代，周佛海与邵力子、陈布雷是蒋介石的三支铁笔，他们起草的各种文告及讨伐各大小军阀的檄文，掷地有声，为蒋介石壮色不少。

周佛海在《盛衰阅尽话沧桑》一书中说："三全大后的有天晚上，蒋先生亲自打电话给我说：'请你马上到公馆来一下。'那时他的公馆就在总司令部之后，内里是可通的。他叫我草拟一篇讨伐李、白的宣言，并口授李、白种种的背信和不法的事实和要加以讨伐的理由。我心里暗想，真的要干起来了。"

在周佛海草拟的讨伐桂系《告将士文》中，罗列了桂系的五大罪状后称："桂系军阀犯此极恶大罪，中央本应及早讨伐，上以肃国家之纲纪，下以除民众之祸害。……桂系军阀，以一系之私利，违背全国民众之要求；以一系之势力，触犯全国民众之愤怒，中央以全国将士之努力，全国民众之后援，讨此叛逆，固不难一鼓而歼。而桂系军阀反逆民主统一的潮流，肆行封建割据的举动，更属自求死路，自取灭亡。我全国之大，应上膺中央命令，下顺民众要求，奋勇牺牲，杀贼致果，以歼灭此破坏统一，摧残民众之桂系军阀，而完成革命战争之最后一幕。"

蒋桂战争拉开了国民党新军阀混战的序幕。从此，蒋介石讨冯、讨唐、讨石、讨阎等新军阀混战连绵不断，周佛海、邵力子等炮制通电、文告以及从事战地宣传的文人也忙得不亦乐乎。

蒋介石在中原大战前，非常强调对各部队的控制。1930年1月29日，蒋致信周佛海称："以后每月1日须由政训处为我拟撰上一月政治、军事报告，及各军官兵赏罚表一篇，须于上月30日拟妥，呈阅核发。又令各部政训主任侦察各师之工作与枪械之存数，经理饷项发放之日期与粮服、学术科之程序，官兵一月中之逃亡、病死之缺额，及招补之新兵（制定表格），皆须令其详报。现无政训主任，如第四十七师与第四十八师，应速选老练者委充为要。"

2月1日，蒋介石又写信告诉周佛海，要求军队的政治训练以军歌为要，先将三民主义、五权宪法与国民革命历史，逐章编成军歌，排成乐谱，每月发表两三篇。而且指示，"训练处工作以宣传主义与宣传军事领袖人物为最要，使我军人对主义与领袖有坚确之信仰，现在即少此工作也。故军队精神无此寄托，所以日渐衰坠也。"

中原大战爆发后，蒋介石命令周佛海："陇海、平汉、津浦三路，均需组织宣传队，各二三队，专为我军前进时跟踪，会同当地党部，组织民众，联络绅商，使为我用。又加组二队，随第二军（蒋鼎文）之路前进，尤为紧要。如无妥员，可在军校高级班挑选。"并令周佛海："请将中央及中正对冯有关发表之文字，搜集印刷，合订与分张，交由汉口与徐州飞机向郑州、洛阳、南阳散送为要。"

当时，周佛海、邵力子等人针对阎锡山军队的口号有：

不要做帝制余孽阎锡山的私人军队，跟他去挨冻饿，走绝路。
要来做中央国家的国民革命军，才可以足衣足食。
阎锡山是欺骗你们官兵来压迫国民的，摧残革命的！

> 阎锡山是要消灭国民党的帝制余孽！
>
> 阎锡山是要消灭三民主义的反革命！
>
> 阎锡山是要实行反对国民革命，所以要取消国民革命！
>
> 你们反抗国民革命军，就是反对国民革命！

针对阎锡山、冯玉祥军队的宣传口号有：

> 愧为无业的游刀，愿为劳动良民。
>
> 在军为良兵，
>
> 退伍为良民。
>
> 在军敬长官，
>
> 归家孝父母。[①]

1931 年，当国民政府立法院院长胡汉民在南京被蒋介石扣押后，孙科、汪精卫、唐生智、唐绍仪、古应芬、林森、邓泽如、萧佛成、李宗仁、白崇禧等反蒋的各路人马聚集广州，在陈济棠的武力保护下，于 1931 年 5 月 27 日在广州召开国民党中央执监委员非常会议，提出了"护党救国，打倒独裁"的口号，并在广州成立了国民政府，形成宁粤分裂的局面。7 月 21 日，广州国民政府正式颁布讨蒋令。9 月初，粤桂出兵北上，分袭江西、湖南。李宗仁、白崇禧的桂军任前锋，占领祁阳、郴州等地。

面对此种形势，蒋介石便急忙赴武汉布置讨伐西南的军事。蒋到武汉两三天之后，便电令周佛海前往。周佛海在《盛衰阅尽话沧桑》一书中说："我到汉口的任务，就是要我草拟讨伐陈济棠的通电和告将士书及民众书。我心中暗想，对西南的军事要发动了。"

三、第一"文胆"的位置为陈布雷所取代

周佛海以其文才得到蒋介石的赏识，被列入了亲信之列。周佛海虽有文

---

① 蔡德金：《朝秦暮楚的周佛海》，第 81-83 页。

才，但其人极富政治野心，而且生性放荡，喜爱拈花惹草，得志以后，更是到处留情，因而绯闻濒曝，是个出了名的荒唐鬼。周佛海在任训练总监部政治训练处处长时，公余闲来无事，喜游秦淮酒楼茶室，四处猎艳。时有歌女艳丽秋娇美俏丽，歌声婉转，善解人意，周佛海一见，便垂涎欲滴，为其美色颠倒着迷。经过彼此密商，周佛海以化名筑香巢于南京太平路大华饭店，两个人偷偷摸摸过着野鸳鸯的生活，乐陶陶然。数日之后，秦淮河畔的艳姬忽然不告而去，杳如黄鹤。周佛海为着自己的颜面，当然不敢声张，此事日久也就淡忘了。1932年11月，周佛海调任江苏省教育厅长后，艳丽秋竟找到了厅长办公室，开门见山地对周佛海讲其生活潦倒，无以为生。周大窘，恐丑事张扬，立即送给艳丽秋300大洋，请她速行离去，不许再来。然而过了不久，艳丽秋又找上门来，再行伸手。如此反复，令周佛海穷于应付。

1929年，周佛海随蒋介石专车北上。一到北平，便把北京饭店的三楼全部包下了。蒋介石在北平期间，整天忙于与阎锡山、张学良等商量公事，周佛海因不需要参加，就召集一批人整天逛八大胡同，在妓院中牌酒通宵。在蒋介石启程南返那天，周佛海等人还在"清吟小班"里与一群妓女鬼混。这时周佛海的勤务兵跑来报告说路上戒严了，陈布雷马上意识到蒋介石要动身南下了。他们连忙打电话到北京饭店一问，果然蒋介石已去车站。周佛海等人仓皇赶回饭店，检点行装，匆匆赶到前门外火车站。这时蒋在站台上与阎锡山、张学良殷勤话别。蒋见周佛海等人匆匆赶来，不满地瞪了他们一眼，也没有说什么话。蒋介石的专列一到徐州，蒋又去徐州九里山阅兵。周佛海等人住在宝兴面粉厂，立即打电话给当地警察局长，在全市戒严中，给他们送来了一批娼妓，胡天胡地大闹起来。

南京有一韩家潭妓女名叫小桃，秀丽大方，姿色不恶，周见色心喜，立时与小桃打得火热，以至于难舍难分。小桃得知周佛海文学修养深厚，特在香闺备妥笔墨纸砚文房四宝，请周写联语相赠，周佛海不便推辞，一时又不知书写什么才好，正犹豫间，在座的友人窥知周佛海的心意，乃自告奋勇代为撰句曰：

> 小狗叫，大狗跳；
> 桃花红，李花白。

此联摘自当时初级小学教科书中之语句，稍微改动几字，将小桃二字嵌入。此事传出后，又成为一段官场笑谈。

周佛海荒淫透顶，然而他却振振有词："后世的批评，我们可以不去管。流芳百世也好，遗臭万年也好。无声无息，与草木同朽更好。身后是非谁管得？满村争唱'蔡中郎'……"活脱脱勾勒出这位荒淫无耻的野心家的丑恶嘴脸。

由于周佛海的政治野心和放荡的生活作风，使他难以成为蒋介石理想的第一撰稿人。从1932年1月起周佛海担任江苏省政府委员兼教育厅厅长，第一撰稿人的位置由陈布雷取代。

周佛海任江苏省教育厅厅长到1938年8月免职，共6年8个月。从1936年2月起，周佛海还担任了一年多的国民党中央民众训练部部长。

四、弃蒋投汪成为卖国巨奸

1937年7月7日，抗日战争爆发后，周佛海先后担任了大本营第二部副部长、蒋介石侍从室副主任。大本营第二部是一个政略部，该部的主要任务是负责筹划对内对外政策。但周佛海本人却是一个彻头彻尾的民族失败主义者。

他认为"中国的人的要素、物的要素、组织的要素，没有一件能和日本比拟"，如果战争扩大并延长下去，"日本当然是要愈益困难的，但是，日本感觉着痒的时候，中国已感觉着痛了；等到日本感觉着痛的时候，中国已会因痛而死了"。他说："也许日本会崩溃，但是中国崩溃在前。"想在日本崩溃之中，寻求中国的最后胜利，完全是"镜花水月的幻想"。

周佛海随即与胡适、陶希圣、高宗武、梅思平、罗君强等一批见解相同的民族失败主义分子组成了所谓的"低调俱乐部"，策划如何反对抗战，与日本"恢复和平"。

周佛海认为自己是蒋介石的亲信部下，不宜向蒋介石建议，他便策动在野的名流胡适、青年党的左舜生、国社党的张君劢、《大公报》的张季鸾等向蒋介石进言，要求蒋介石对日本的抵抗适可而止，尽量妥协，绝对不要扩大事态，要以外交方式结束战争。但蒋介石权衡利害，拒绝了周佛海等人的要求。周佛海这个反复无常的败类，为了达到其目的，终于与老牌亲日派头子、国民党副总裁汪精卫结合在一起，并极力怂恿汪精卫出逃，投靠侵华日寇，建立汉奸傀儡政权。1938 年 12 月 19 日，周佛海与汪精卫、陈璧君、曾仲鸣、陶希圣、陈春圃等一伙离开昆明飞往河内，走上了叛国投敌的罪恶道路。

周佛海随汪精卫叛逃后，成为汪精卫投敌卖国的"参谋长"。1940 年 3 月 30 日，汪伪政权在六朝古都金陵粉墨登场。周佛海在日记中写道："第三次中政会，通过中央各院部会人选，余所预拟者，大体均照样通过。此次中央，实余助汪先生组成。"

他还为自己能在历史上留下臭名而得意洋洋，恬不知耻地说："国民政府还都……完全系余一人所发起，以后运动亦以余为中心，人生有此一段，亦不虚生此一世也！"

在汪伪政府中，周佛海历任"中央执行委员会常务委员"、"中央政治委员会常务委员兼秘书长"、"行政院副院长"兼"财政部长""警政部长""中央储备银行总裁"、"中央军事委员会副委员长"、"财政部中央税警总团总团长"、"清乡委员会副委员长"、"上海特别市市长"兼"保安司令""警察局局长"。在伪政府中，周佛海名义上居汪精卫、陈公博之后为第三号角色，但因为他掌握了财政、金融、特工及外交甚至伪军大权，成为汪伪政府里权力最大的汉奸。

五、朝秦暮楚向蒋输诚

随着世界反法西斯战争的节节胜利，周佛海看到了伪政权及其主子日本军国主义即将覆灭的命运，投机成性的周佛海眼看大事不妙，又相继派人到重庆向蒋介石输诚。蒋介石命军统特务头目戴笠、中统头目陈立夫及顾祝同与周佛海接洽并周旋，准其投诚。

对于周佛海的朝秦暮楚，唐纵在 1944 年 1 月 12 日的日记中写道："周佛海派人至后方联络，请求委座宽恕，称彼可在伪方掩护我方工作人员活动。此人廉耻丧尽，尚有何颜向委座说情。"①

1945 年 8 月 10 日，日本内阁决定接受苏、美、中、英四国《波茨坦公告》无条件投降。12 日，蒋介石通过其侍从室任命周佛海为军事委员会上海行动总队总指挥，命令他指挥伪中央税警总团、上海市保安队等伪军，负责维持上海及沪、杭一带治安。周佛海受宠若惊，指挥其伪军配合国民党军抢夺地盘。在完成任务后，戴笠奉命于 9 月 30 日将周佛海、罗君强、杨惺华、丁默邨、马骥良等大小汉奸送往重庆。

10 月 1 日，周佛海给蒋介石写信，表示"静候处分"，托戴笠转交。原信如下：

> 委座钧鉴：职于昨日偕同丁默邨、罗君强、杨惺华、马骥良谨来渝投案，静候处分。此次回渝一似堕落子弟回家，实无颜以见家长，辱承钧座宽大为怀，特予爱护，虽粉身碎骨，亦无以报宏恩于万一。唯共党策动一部分外国记者时发异论，职决不愿为职等之事，使钧座难于应付，其余一切由雨兄转呈，专此敬叩钧安。职周佛海敬上。十月一日。②

由于周佛海协助国民党军抢占地盘有功，蒋介石拟庇护他，但全国广大人民不答应。1946 年 1 月 3 日，上海《文汇报》发表读者来信，题为《周佛海怎么样了，我要为沦陷区同胞大哭》。文谓：

---

① 公安部档案馆编注：《在蒋介石身边八年——侍从室高级幕僚唐纵日记》，第 404 页。
② 《中华民国重要史料初编》傀儡组织（四），第 1556 页。

惩处汉奸，是大众的要求。可是当局虽也是如此高喊，而实际上这工作是做得如此迟缓，并且令人失望。试问罪大恶极的周佛海者，为什么至今没有发落？而且像他那样的人，难道还要调查加罪证据？只要单看我们手头的一张一张"储备票"就可以指定他一百个死罪！即是他在胜利以后，已经向政府通知自首，那么至多也仅能减去一百个死罪中的一个。民生困苦如此，沦陷区冻毙饿毙者累累，"储备票"你这魔手，你这恶鬼，几万万人民要寝周佛海之皮，要食周佛海之肉。政府不让他在上海法院受审，难道政府还如此痛惜这个败类的生命？解到重庆之后，今日不提，明日不讯，延宕再延宕，我们老百姓要问问政府究竟具有的什么心肠？如果周佛海不立即明正典刑，那么中国根本无汉奸，中国根本无叛逆。我为我们沦陷区的同胞大哭！

6月13日，国民参政会也有人提议，请政府将周佛海等人交法院严办。

8月28日，《大公报》发表社评，题为《周佛海、丁默邨怎样呢？》，质问国民党政府将对周佛海等如何处置。《社评》称："日本投降倏已一年，战犯在东京清算，审问质证的新闻频传，国内大小汉奸也在受审判，有罪无罪法庭都要把他们交代出来，独独头等汉奸周佛海、丁默邨不知其何以久无消息？且无人能知其久置不讯的原因。""八九年来人民与为虎作伥的汉奸斗争，记忆犹新，若巨奸不早伏法，多年锻炼培植起来的民族气节，将不觉有耗伤。"

在全国民众的强烈要求和舆论的强大压力下，蒋介石才不得不研究对策。8月22日，司法行政部长谢冠生前往庐山牯岭见蒋介石。29日，谢冠生在上海对记者发表谈话称，周佛海等5人将由重庆押往南京审讯。

在南京受审时，周佛海狡辩说，他参加南京伪政府的前半段，是"通谋敌国，图谋有利本国"，后半段则是"通谋本国，图谋不利敌国"。1946年11月7日，南京高等法院以通谋敌国、图谋反抗本国之罪，判处周佛海死刑。周佛海及其妻子杨淑慧不服，一面向最高法院抗告，一面求助于周佛海

从前的密友、蒋介石的亲信陈果夫、陈立夫、陈布雷、陈方、洪兰友等人，
请他们向蒋进言，赦免周佛海的死罪。

1947年1月25日，陈果夫、陈立夫上书蒋介石，称：

> 窃查周佛海现经最高法院复判，维持原判决，处以极刑，尚待司法行政
> 部之最后核定。惟周于胜利前一年所表演者，全能依照第三战区之预定计划，
> 例如派罗君强为上海市长（笔者按：应为上海市政府秘书长），丁默邨为浙江
> 省政府主席，在京沪杭一带暗中布置军事颇为周密，胜利后使江浙两省不致
> 尽陷于共党之手，国府得以顺利还都运兵至华北各地，不无微功。如蒙钧座
> 开恩免其一死，拟请于日内面饬司法行政部长设法准予缓刑或减等处罪，是
> 否可行？伏乞核夺。①

蒋介石收到陈氏兄弟的呈文后，煞费苦心，亲笔修改了对周逆的特赦令，
宣布将周佛海的死刑减为无期徒刑。蒋介石亲自为汉奸减刑，这是唯一的一
次，可以看出周在蒋心目中的分量。对此，周佛海感激涕零，他说："前闻
文官处所拟余减刑命令，主座曾亲笔修改两次，当时以为前段必须痛责，后
段乃系原恕，不知主座所改者为前段或后段。淑慧谓，芷汀（陈方字）告渠
所改者较原稿为佳，谅系后段。今见明令毫无责备之词，而主座所改者何字
何句，均能体会而心识之，读此，对于主座曲为矜全之苦心，能不感激涕零
耶？"②

1948年2月28日，一代巨奸周佛海瘐毙于上海老虎桥监狱，结束了
他翻云覆雨、反复无常的罪恶人生，终年51岁。

---

① 《中华民国重要史料初编》傀儡组织（四），第1624页。

② 《周佛海狱中日记》，1947年4月13日。

第三节　"文胆"兼幕僚长陈布雷

陈布雷是大陆时期追随蒋介石时间最长、撰稿最多的"文胆"。自1935年起，陈布雷还担任了蒋介石幕僚长的角色，至1948年自杀为止。

一、南昌见蒋改变人生道路

陈布雷（1890—1948），原名训恩，字彦及，笔名畏垒。浙江慈溪人，生于1890年11月15日。陈布雷早年接受传统的教育，从1904年起，先后就读于慈溪县中学堂、宁波府中学堂、浙江高等学校。1911年夏从浙江高等学校毕业后，到上海《天铎报》任撰述记者。同年10月10日武昌起义爆发后，陈布雷在《天铎报》上发表《谭鄂》十篇，以"布雷"笔名按日刊布，热情欢呼武昌起义的成功。"布雷"从此声名大震。1912年因《天铎报》总编辑李怀霜忌才，陈布雷辞归故里，到宁波任教五年。从1916年起，家居六年。1921年，陈布雷应聘担任上海《商报》编辑主任。陈布雷在《商报》六年，他写的社论短评，才思横溢，犀利通畅，有笔扫千军如卷席之势。著名报人张季鸾称赞陈布雷为"论坛寂寞中突起之异军"。叶恭绰说：全国报界主持社论之人，"其议论周匝，文字雅俊者，在北惟颜旨微，在南惟陈畏垒"。《商报》六年，奠定了陈布雷在报界的地位。著名报人邹韬奋说："布雷先生在报界文坛的声誉，在《商报》时代就已建立起来。他当时不但富正义感，而且还有革命性。当时人民痛恨军阀，倾心北伐，他以畏垒为笔名在《商报》上发表的文章，往往能以锐利的笔锋、公正的态度，尽人民喉舌的职责。"

陈布雷

陈布雷在上海主持笔政出名后，引起了蒋介石的注意。1926年春，蒋介石派邵力子赴上海公干，托邵将自己亲笔签名的戎装照片赠给陈布雷。邵力子告诉陈布雷："蒋公对君极慕重也。"

1927年1月，陈布雷和潘公展应蒋介石之邀到江西南昌相见。

蒋介石对陈布雷、潘公展的到来表示欢迎，蒋介石礼贤下士，给陈、潘留下良好印象。经蒋介石、陈果夫介绍，陈布雷、潘公展在南昌加入国民党。陈布雷并为蒋介石代拟了《告黄埔同学书》，使蒋对陈布雷的文才有了更切实的体验和认识。3月，陈布雷从南昌取道武汉回到上海。

南昌之行，彻底改变了陈布雷的人生道路。4月，经张静江、邵元冲敦劝，陈布雷出任浙江省政府秘书长。5月下旬前往南京，任中央党部书记长。8月13日，蒋介石下野后，陈布雷也与蒋同进退，辞职回故乡小住。9月下旬，蒋介石赴日游历前，托张群询问陈布雷愿不愿随行赴日，陈以不谙日语辞谢。10月，陈布雷去上海，担任《时事新报》特约撰述。

1928年1月，蒋介石东山再起，陈布雷随蒋介石赴南京，蒋有意命陈布雷为总司令部秘书长，托陈立夫征询其意见。陈不允。一日，蒋直接问陈："布雷先生，你自己选择，愿任何种职务？"

陈布雷答道："我的初愿是以新闻工作为终身职业，若不可得，愿为公之私人秘书。位不必高，禄不必厚，但求对公能有涓滴之助。机关重职，非我所能胜也。"

蒋介石笑着回答："何能以君为私人之秘书！"

不久，蒋介石拟任命陈布雷为《中央日报》主笔，陈又坚辞。于是，蒋便只好暂时命陈布雷与周佛海去办《新生命》月刊。这年4月，经蒋介石同意，陈布雷任《时事新报》总主笔，主持该报社论，为蒋介石鼓吹。

从1929年8月至1933年春止，陈布雷历任浙江省教育厅厅长、教育部次长、中央宣传部副部长等职。

这时，蒋介石有邵力子、周佛海和陈布雷三支笔，所以陈布雷可以在杭州任职，而一有撰写文稿的任务，就应召到蒋介石身边拟稿，事毕之后，仍回原任。有人这样描述陈布雷：“在杭州浙江省教育厅长任内，蒋委员长要发表文告，一个电话或电报，布雷先生就拎着一个小包，带着他自个用的文房四宝到南京来了，写好了文章他就悄然回杭州。”

二、蒋介石形影不离的“文胆”

1934 年 2 月，陈布雷赴江西南昌参加会议。会议期间，蒋召见陈布雷，对他说：“行营诸务猬集，政事有杨永泰，军事有熊天翼，唯文字撰拟，迄无佐助之人，实需如君者在余之左右。浙江省教育厅事如可兼任名义，以秘书代行则更佳，否则可另保一人。总之，盼能来此相助，然亦不必急急，俟学年结束后再来亦可。”

蒋介石本来有邵力子、周佛海、陈布雷三支笔，但自 1933 年起，蒋介石的主要精力已转向反共，而邵力子同情中共，不愿写反共文字，所以邵力子已不能用；周佛海虽是写反共文字的好手，但他生性放荡，且富于政治野心，非能长久在蒋介石身边做文字工作者。事实上，周佛海已于 1932 年 1 月起担任江苏省教育厅长。只有陈布雷，文才不弱于邵、周，而且为人谦恭温和，无政治野心，可以说是蒋介石最佳的文字幕僚人选。陈布雷感于蒋介石的知遇，欣然从命。陈布雷回到杭州移交教育厅工作，于 5 月间回到南昌，担任南昌行营设计委员会主任。1935 年，转任军事委员会委员长侍从室第二处主任，为蒋介石掌管机要和文书，成为蒋介石形影不离的“文胆”，直至生命的终结。

陈布雷一生为蒋介石撰写的文章，难以准确统计，有人估计，有 1000 篇左右。但这些文章都署上了“蒋中正”的名字。自从做了蒋介石的“文胆”后，陈布雷最有价值的文字，当属抗日战争时期起草的文告。如 1938 年 7 月初，为蒋介石撰写的《抗战建国周年纪念告全国军民书》写道：

我们抗战意义很简单，我们为保卫民族生存和独立自由而抗战，也为正义公理而抗战。我们抗战的目的很明确，我们要维护国家领土主权的完整，要打击到敌阀放弃侵略，要使敌阀根本改正其侵略中国的传统政策来重现东亚的和平。这个目的未达到以前，我们的抗战就一天不停止，虽至寸土个人，亦必奋斗到底……

我们民族有一句古训："楚虽三户，亡秦必楚。"这是何等壮烈的气概！……凡是中华民族的敌人，自古以来，就没有不被中华民族消灭的……我们今天所受痛苦残杀的灾祸，就是甲午以来自亡清皇室以至袁世凯畏敌苟安，不顾民族百年祸福所留的遗毒，前人所种的恶因，到我们这一时代受到了这样惨毒的恶果。如果我们今天还不下"拼民族的生命来争民族生存"的决心，还要蹈从前以苟安心理来鼓励侵略疯狂的覆辙……就是三百年以后，也不能恢复我们民族的自由和独立生存。①

《大公报》主笔张季鸾评论此文："淋漓酣畅，在统帅昭告全国之书告中当不能更详尽于此，篇幅虽长而不觉其冗，气势旺盛，通体不懈，是抗战前途光明之象征也。"②

陈布雷为蒋介石捉刀，撰写重要文章时，一定要清静独处，一字一句慢慢地煎熬出来，往往深夜工作，一面握笔，一面抽烟，一支接一支，烟瘾越来越大，一张陈旧的大写字台上留下一道道被烟尾燎烤过的痕迹，有的经常放烟的地方，凹沟深达一两公分，足见他在写文章时专心思考的情形。宋美龄为了慰劳陈布雷，特别每天供应他牛奶和三五牌筒装香烟，这在抗战时期的重庆，已是难得的高档享受品了。侍从室二处下辖第四组、第五组、第六组三个小组，第四组负责政务、外交、经济方面的公文，组长陈方；第五组负责整理蒋介石的日记、言行录等机密档案方面的工作；第六组负责情报工作，组长唐纵。陈布雷作为侍从室主任，地位似乎不大显赫，但

① 张其昀主编：《先"总统"蒋公全集》第 3 册，第 3168-3171 页。
② 《陈布雷回忆录》，第 132-133 页。

他处于国民党最高权力的核心，参与党国重大机密，类似于清朝的军机处大臣。

三、宣传作战的参总谋长

抗战中期后，国共关系日趋紧张，陈布雷又多了一项职权，就是充当反共宣传战的幕后决策人，人称为宣传作战的参谋总长。

1943年7月22日，唐纵日记写道："今日党政联席会报，讨论对付共产党之宣传攻势。衮衮诸公，发言盈庭，毫无结果。在会议时，陈主任宣读委员长指示如下：（一）如果发动宣传，应侧重于揭发奸党少数人之罪恶而启迪彼党多数人之觉悟；（二）须知此乃奸党内部动摇，故造作谣言，希挑起战争，以促其党内之团结；（三）他们想借此挑起战争，是决达不到目的的；（四）从该党'七七'以后言论看来简直是通敌卖国；（五）对外发言，不必说决不致有内战，根本无所谓内战。"①

1944年3月9日唐纵日记又写道："陈主任准备对中共宣传材料，慨然曰：此一问题，为一艰巨问题，政府无一负责，势必落在他身上。陈主任问我看法如何？我谓委座一面做军事上之准备，一面做政治上之准备，因共党绝无诚意也。陈主任以为然。"②

1945年9月，侍从室撤销后，陈布雷先后担任国防最高委员会副秘书长、中央政治委员会秘书长，并担任了宣传小组的召集人。先后参加这个宣传小组的有国民党中央组织部部长陈立夫、副部长谷正鼎；中央宣传部部长李惟果（前）、黄少谷（后），副部长陶希圣；中央文化运动委员会主任委员张道藩；行政院新闻局局长董显光、副局长曾虚白；国防部政工局局长邓文仪、副局长张彝鼎；蒋介石英文秘书沈昌焕等显赫的人物，因此陈布雷被人们称为宣传作战的参谋总长。

---

① 公安部档案馆编注：《在蒋介石身边八年——侍从室高级幕僚唐纵日记》，第369页。
② 同上，第416页。

陈布雷主持的与共产党长达十几年的宣传战，他自己也承认打了败仗。

1943年5月11日唐纵日记写道："委座对于宣传，近来甚为注意，曾对中宣部、《中央日报》责备备至，几至负责人无地自容。陈主任对此亦颇不安！何以本党言论低落一至于此之问语，陈主任亦颇不解。我谓此无他，本党在朝，对于政府之缺点，不能不加掩饰，攻击的话容易讲，亦容易听，颂誉的话不易讲，亦不易听。且异党在野，办文化宣传的人，都是最优秀的人才。本党在朝，优秀的人都做了官。惟本党平日无计划来培养这一类人才，则不能辞其责也。"[①]

四、负疚殉主

陈布雷是个身材瘦小、面容枯槁的文人，面对蒋介石赋予的繁重机要公务，付出了他全部的精力和心血。长期熬夜，绞尽了脑汁，使他患上了严重的失眠症，安眠药成了陈布雷一日不可或缺的用品。他的药箱里装满了五颜六色的各种安眠药。由于严重的失眠症，陈布雷身体每况愈下，直接影响到工作任务的完成。

1946年7月9日，陈布雷写信给陈立夫，诉苦说："弟体力迄今仍极衰颓，尤其精神疲弱。于今乃知身体衰弱为最不可抵抗之事实，少壮时尚能强自振作，今则真成有心无力，徒叹急之，亦不能见谅于人，静夜思之，每觉如此生存实无意义，惘怅何极！兹以委座敦促又不得不扶疾上山，然仍不能工作耳。"[②]

陈布雷常常悔恨自己身体差不能很好地完成蒋介石交给的任务。这种内疚、悔恨的心理始终折磨着陈布雷。1945年2月3日，唐纵在日记中写道："布雷先生向我表示烦闷！余知其另有所言也。布雷先生谓彼系一狷介之士，

---

① 公安部档案馆编注：《在蒋介石身边八年——侍从室高级幕僚唐纵日记》，第418页。
② 《民国档案》1995年第3期，第29页。

来从委座，原为文字工作，今委座责彼负荷如此重责，彼实无法担负，彼正考虑进退问题，唯恐增加委座之烦恼，苦于措词耳！"①

1945 年 7 月 26 日，唐纵日记又云："昨日在黄山与陈主任相谈甚久。余谓抗战八年，发生许多严重问题，这些严重问题的来源，一则由于历史的积病，一则由于人为不善。人为不善是由于违反革命的原则，今天许多问题都牵涉到基本问题，动动小处无济于事，动到大处，则顾虑太多，危险愈大，所以牵到根本问题便打消了。这些基本问题，如果没有革命精神，是不会有决心的，无论制度、人事、理论莫不如此。布雷先生有感，喟然曰：'我对不起领袖，这些事领袖多交给我做，可是我都打消了！我也知道这是一个错误，想改，可是改不过来，也许是身体的关系，也许是性格的关系！'"②

1945 年 9 月 21 日唐纵日记又云："布雷先生谓彼近来深切反省，有许多应该做的事而没有做，现在后悔无及。他自己犯了同样错误，他承认没有团体的观念与团体的生活方式（孤独的生活），所以失败！"③

随着蒋介石的统治走向崩溃，陈布雷的忏悔心理越来越严重。

当时国民党内的一些高级将领看到军队在前线拼死拼活，待遇很差，而四大家族却在后方乘机发财，军队不愿再打仗，提出要蒋、宋、孔、陈四大家族拿出四五亿美元充作军费。陈布雷看到形势紧急，就向蒋介石进言，劝蒋要宋子文、宋美龄和孔祥熙出钱捐饷。不料蒋介石大发雷霆，打了陈一个耳光。陈布雷平时备受尊敬，现在突然遭此凌辱，加上对形势的悲观失望，已经"油尽灯枯"的陈布雷终于选择了以自杀的方式报答蒋介石的知遇之恩。

陈布雷在自杀前写了《上总裁书》，作为他向效忠了二十多年的主人的最后交代。陈布雷写道：

---

① 公安部档案馆编注：《在蒋介石身边八年——侍从室高级幕僚唐纵日记》，第 490 页。

② 同上，第 526 页。

③ 同上，第 541—542 页。

　　介石总裁钧鉴：布雷追随二十年，受知深切，任何痛苦，均应承当，以期无负教诲。但今春以来，目睹耳闻，饱受刺激，入夏秋后，病象日增，神经极度衰弱，实已不堪勉强支持。值此党国最艰危之时期，而自验近来身心已毫无可以效命之能力，与其偷生尸位，使公误计以为尚有一可供驱使之部下，因而贻误公务，何如坦白承认自身已无能为役，而结束其无价值之一生。凡此狂愚之思想，纯系心理之失常。读公昔在黄埔斥责自杀之训词，深感此举为万万无可谅恕之罪恶，实无面目再求宥谅，纵有百功，亦不能掩此一眚，况自问平生实无丝毫贡献可言乎。天佑中国，必能转危为安，惟公善保政躬，颐养天和，以保障三民主义之成功，而庇护我四亿五千万之同胞。回忆许身麾下，本置生死于度外，岂料今日，乃以毕生尽瘁之初衷，而蹈此极不负责之结局，书生无用，负国负公，真不知何词以能解也。夫人前并致敬意。

部属布雷负罪谨上 [①]

　　陈布雷于 1948 年 11 月 13 日服安眠药自杀。对于陈布雷之死，在知识分子中影响极大的《观察》周刊发表了这样的评论："二十年来患难相随，忧乐与共的职掌总文案和内府机密的陈布雷之敢于自杀，前以'停止戡乱，放弃独裁，绝交孔宋'三事直言相谏，谏之不从，则'以死明志'。这件事在政局的发展的研究上是颇值得参考的。据说陈自杀以前的旬日间，是有篇难缴卷的文章的。那便是当轴对固守江淮，死守首都表示最后可与金陵共存亡，而且表示将于最后到中山陵前自杀时，曾嘱陈为之起草遗嘱的文稿，陈乃以当轴当年在黄埔时告诫大家的演词相反驳。当北伐时，当轴是斥责过自杀者为懦夫的，后来因为新夫人的缘故而'皈依基督'以后，又曾表示自杀者是罪人，因此，陈乃觉国运不绝如缕，而他的'领袖'又是要'宁为玉碎，不为瓦全'的硬干到底，既倒之狂澜已无挽回的余地了，终以死谏之。"[②]

①　罗炳光等：《蒋介石首席秘书陈布雷》，第 320—321 页。
②　《大局外弛内张》，《观察》周刊第 5 卷第 16 期。

吴国桢认为陈布雷之死与他女儿陈琏参加共产党也有一定的关系，吴国桢说："我想那时使陈布雷感到苦恼的，除了国家以外还有自己的家庭，他的女儿（笔者按：指陈布雷的次女陈琏）成了共产党，他为此感到非常惭愧，但从未向别人讲过。……此人极端反对共产主义，在同我的谈话中，他不认为与共产党有任何妥协的可能，但他也看到国民党政权正变得腐败，甚至自己的孩子都变成了共产党，他为此感到十分羞愧。他认为我们已失去了年轻人的信任，觉得没有希望了，于是就自杀了。"①

13日下午1时，蒋介石来到陈布雷自杀现场，站在陈布雷遗体面前，状极哀戚。在场的陶希圣递上陈布雷致他的遗书，蒋边看边流泪，随后吩咐"将布雷先生的遗体送往殡仪馆"。

当天晚上，蒋介石召开会议讨论如何办理陈布雷的丧事。会上出现两种意见，一些人认为陈是高级幕僚，跟随蒋的时间很长，地位高，影响大，平时又勤勤恳恳，任劳任怨，因而主张隆重办理丧事，甚至主张举行国葬；另一种意见认为陈系自杀，大办丧事，对外影响不好，主张从简。双方各抒己见，争论不休。

最后，蒋介石发表讲话，他说："现在很多人听了共产党的宣传，相信什么'四大家族'有很多财产。最为可恨的是陈布雷竟然也这样讲！他要我和宋家拿出几亿美元来作军费。我们几家哪里有钱！宋子文开始办中央银行只有几百银圆，后来才逐渐发展起来。特别是要宋美龄出钱，她哪来的钱！"蒋介石越想越气，破口大骂陈布雷，足足骂了两个小时，大家都不敢作声，国葬一事就此作罢。②

尽管如此，蒋介石还是为陈布雷题写了"当代完人"四个字，随后又以总统的名义对陈布雷下了"褒扬令"，为这位追随他二十余年的"文胆"唱

---

① 《从上海市长到台湾省主席——吴国桢口述回忆》，第245-246页。
② 《贾亦斌自述》，第167页。

了最后的赞歌。

五、盖棺论定

关于陈布雷在蒋家王朝中的地位和作用，陈布雷曾对杨玉清说过："我接近委座，愧无积极贡献；仅在消极方面，曾作善良之建议而已！"陈布雷还说："委员长是全国领袖，系国家安危于一身。譬如说他是'火车头'，牵拉着满载全国军民长列火车前进，有时速度太快，路基不平，左右颠摆太猛的话，难免没有危险，我的作用等于'刹车'。必要时可使速度稍减，保持平稳。这就是我一点微小的贡献。"

也就是说，陈布雷不能决定蒋应干什么，或不干什么，但在一个问题发生以后，陈布雷的几句话往往可以左右蒋的行动。陈布雷曾讲过这么一件事，三青团成立时原拟议称蒋为"领袖"。在蒋上台讲话前一分钟，陈给蒋写了一张纸条，指出称"领袖"不好，"在家为家长，在团为团长，无不当也"。蒋看了纸条以后，欣然接受了陈的意见，以后确定称蒋为三青团团长。也就是说，陈的作用多在于具体的事务，而非大的方略。

然而，陈毕竟是决策圈中的人物，是幕僚长，其参与决策、影响决策的作用是存在的，不过主要侧重在宣传方面，"陈布雷在国民党内的重要作用，不仅在于为蒋撰写文章，而且表现在逐渐成为国民党宣传方面的主持人和决策人。可以这样说，所有在国民党政府从事宣传工作的重要干部，极少不和陈布雷打交道的。国民党中央宣传部的工作方针、计划，大都要向陈请示报告；侍从室设有宣传小组，由陈一手负责"①。

著名报人王芸生评论说："陈布雷是以政论家而入蒋介石幕下的。自1928年做蒋介石的私人秘书长，到1948年11月在南京自杀，整整20年勤勤恳恳地侍候在蒋的身边。他虽谈不上有什么思想，但旧书生气极其浓厚，与蒋遇合俨然'圣君贤相'，橐笔献策，兼论圣贤之道。蒋介石不乏市廛军

---

① 《文史资料选辑》第81辑，第166页。

旅之气，戎装仗剑，而头上却扣着一块旧儒生的方巾。蒋的'头巾气'，不能不说是出于陈布雷之力。四大家族的生活意识中何尝有什么'礼义廉耻'？而陈布雷却每以'道德'责让人民。标榜四维八德的所谓'新生活运动''宋元学案'的摆设，都是受了陈布雷的影响。"

吴国桢说："他受过极好的中国教育，但其风格的优点是值得商榷的，他以此对蒋施加了很多影响。每当他意识到蒋正在发怒或处事匆忙时，就尽力来软化他，但他不是一个有创新和远见的人。他个人对蒋极为忠诚，我想他一天平均工作达 16 个小时到 18 个小时，为蒋服务竭尽了全力。但在重大政策上，他对蒋的影响既不够坚定也不够明智，也许蒋不该挑选我所描绘的这个人充当自己的主任秘书。"[①]

由此看来，陈布雷作为幕僚长，其决策能力和对蒋介石的影响远远不如杨永泰。

---

① 《从上海市长到台湾省主席——吴国桢口述回忆》，第 245 页。

第十三章 "贤内助"宋美龄

蒋介石一生公开的妻妾有四人，但参与蒋家王朝政治生活的，只有最后娶的宋美龄，她既年轻又漂亮，而且又有留学美国的背景，是吃洋面包和奶酪长大的。她的风头和声名都大大盖过了蒋介石的前三位妻妾，成为国民党统治大陆时期最风光的"第一夫人"。

一、民国史上最显赫的政治婚姻

宋美龄（1897—2003），海南省文昌人，1897 年 3 月 23 日（清光绪二十三年二月二十四日）出生于上海。宋氏兄妹六人，宋美龄是老四，上有大姐宋蔼龄、二姐宋庆龄、哥哥宋子文，下有宋子良、宋子安两个弟弟。宋氏家族是 20 世纪中国最显赫的家族。这个家族的崛起，首先要归结于宋庆龄与孙中山的婚姻，而宋美龄与蒋介石的婚姻则把宋氏家族的显赫推到了巅峰极致。

宋美龄

宋美龄的父亲是基督教传教士，与美国基督教会有密切的联系。宋氏兄妹都留学于美国。宋美龄 11 岁留学美国，毕业于美国韦尔斯利文理学院，主修英国文学。怀有政治野心的蒋介石不仅倾慕宋美龄的品貌，而且宋美龄的姐夫孙中山更是蒋介石所需要攀缘的。有次，宋美龄去看望二姐宋庆龄和二姐夫孙中山。当时蒋介石也在场，蒋介石一见美丽活泼的宋家三小姐，当即发出了"此为余理想之佳偶之感想"。蒋介石将宋美龄与自己已有的一妻二妾相比，无论是学识、修养、风度、才干，还是容颜相貌，她们都不及宋小姐之万一。蒋素以英雄自诩，而英雄就需要有美人相伴。蒋介石见色心喜，暗地里下定决心，誓将宋小姐弄到手。

蒋介石的第一步，就是请求孙中山"作伐"。他对孙中山说："老师，我现在没有太太了，您认为可以说服宋小姐接受我吧？"孙中山想了一会儿，坦白地说："不。"不过，孙中山仍答应与太太宋庆龄商量一下，但宋庆龄的态度则很明确，坚决反对这门婚事，她说："我宁可看到小妹死，也不愿让她嫁给一个在广州城内至少有一两个情妇的男人。"

再说，尽管蒋介石对宋美龄一见钟情，但当时心高气傲的宋小姐并未把蒋介石放在眼里。因为蒋介石当时的地位实在太低了，在孙中山的大元帅府里，蒋介石充其量也还只是个三四流的角色。

据报载，在 1927 年蒋、宋结婚前夕，有记者采访宋美龄。

记者问："蒋先生（指蒋介石）谓初见女士时，已认女士为其理想的伴侣，但不知当时女士，作何感想？"

宋美龄回答说："（女士微笑）此乃五年前事，当时余未注意之。"

记者又问："结婚问题，起于何时？"

宋美龄答："半年前，然最近始有成议。"

由此看来，当时蒋对宋的一往情深，却成了地地道道的单相思。

高傲的宋家小姐不易得手，蒋介石只好暂时死了这门心思，逢场作戏，和出身低贱的少女陈洁如打得火热。

据说，在 1925 年孙中山去世后，蒋介石还曾一度派人向宋美龄求婚。宋庆龄在与美国记者斯诺的一次谈话中披露了这件事。斯诺后来写道："孙文于 1925 年逝世后，蒋介石透过媒人向她求婚。她认为这是政治，不是爱情，就一口回绝了。"

在孙中山去世后的一两年里，蒋介石在国民党内的地位迅速蹿升，成为国民革命军总司令，成为一个手握党政军大权的一号人物。1926 年 7 月，蒋介石率师北伐，一路势如破竹，短短一年内即底定长江以南的大半个中国。1927 年 4 月 12 日，蒋介石在上海发动四一二反革命政变，随即成立了南京政府。此时，蒋介石的权势如日中天。蒋介石决定抓住此一时机，赢得美人心。蒋介石在张罗成立蒋记南京政府后，即乘战胜之余威，于 5 月 14 日邀请宋美龄来到江苏镇江，在金山、焦山等名胜古迹之间徜徉流连，互抒爱慕之情。一对枭雄与美人早出晚归，整整流连了 10 天，对于婚事作出了决断，剩下来的，便是选择良辰。

1927 年 8 月 13 日，蒋介石在各方势力的反对下，被迫暂时下野，辞去国民革命军总司令职务，这是蒋介石生平遭受的第一次挫折。蒋对他与宋美龄的婚事也失去信心。下野后，他给宋美龄写了一封试探性的情书。在这封情书中，蒋介石写道："余今无意政治活动，唯念生平倾慕之人，厥惟女士。前在粤时，曾使人向令兄姊处示意，均未得要领，当时或因政治关系，顾余今退而为山野之人矣，举世所弃，万念灰绝。曩日之百对战疆，叱咤自喜，迄今思之，所谓功业，宛如梦幻。独对于女士才华容德，恋恋终不能忘。但不知此举世所弃之下野武人，女士视之，谓如何耳？"

对于蒋介石的求婚，宋家专门召开过家庭会议。会上争论激烈，反对的多于赞成的。除宋蔼龄赞成外，宋母和宋庆龄、宋子文均坚决反对。他们反对的理由不外以下几点：第一，蒋流氓气味太浓；第二，蒋有妻妾数人，且有嫖妓的恶习；第三，蒋不是基督教徒。所有这些，都是宋家这样的基督教徒家庭所不能容忍的。面对这重重阻力，精明强干的宋家大小姐宋蔼龄使出浑身解数，将阻力一一化解，对促成蒋介石与宋美龄的婚姻起了关键作用。

经过谈判，蒋介石和宋美龄达成如下协议：一、宋美龄与未婚夫刘纪文解除婚约，由蒋负责予以补偿。这是蒋介石一生中第二次横刀夺爱（第一次是从小人物沈天生手中夺得姚冶诚）。二、蒋与原配毛氏公开离婚，并与两妾割断关系。陈洁如被骗去美国留学，姚冶诚被安排到苏州抚养蒋纬国，毛福梅留在丰镐房做看守主妇。蒋介石仍在经济上接济她们。将事情一一安排妥后，蒋介石在《申报》《民国日报》等报纸上登载一则严重不实的启事，声称："毛氏发妻，早经化离，姚陈二氏，本无契约。"

1927 年 12 月 1 日，蒋、宋在上海正式结婚。婚礼分两次进行。第一次在宋家，由中华基督教青年会全国协会总干事兼中华全国基督教协会会长余日章主持宗教仪式。第二次在大华饭店举行新式婚礼。参加这次婚礼的不仅有国民党朝野诸要人，上海的名流大亨，还有美、法、日等国的领事以及美国海军上将布里斯托尔等。婚礼的豪华隆重毋庸赘言。对于蒋宋联姻的意义，当时的《上海时报》敏锐地指出："这是近年来的一次辉煌盛举，也是中国人的一个显赫的结婚典礼。这次婚姻使南京军队过去最强有力的领导人和新娘的哥哥宋子文博士的家庭以及国民党创始人已故孙中山博士的家庭联结成一体。"

蒋、宋结婚的当天，蒋在《民国日报》上发表了一篇题为《我们的今日》的结婚感想，文章说：

余今日得与余最敬最爱之宋美龄女士结婚，实为余有生以来最光荣之一日，自亦为余有生以来最愉快之一日。余奔走革命以来，常于积极进行之中，忽萌消极退隐之念。昔日前辈领袖问余："汝何日始能专心致志于革命？"其他厚爱余之同志，亦常讨论如何而能使介石安心尽革命之责任？凡此疑问，本易解答，唯当时不能公开言，至今日乃有圆满之答案。余确信余自今日与宋女士结婚以后，余之革命工作，必有进步。余能安心尽革命之责任，即自今日始也。余平时研究人生哲学及社会问题，深信人生无美满之婚姻，则做人一切皆无意义。社会无安乐之家庭，则民族根本无从进步。为革命事业者，若不注意社会改革，必非真正之革命，其革命必不能彻底。家庭为社会之基础，欲改造中国之社会，应先改造中国之家庭。余与宋女士讨论中国革命问题，对于此点实有同一之信心。余二人此次结婚，倘能于旧社会有若何之影响、新社会有若何之贡献，实所大愿。余二人今日，不仅自庆个人婚姻之美满，且愿促进中国社会之改造。余必本此志愿，努力不懈，务完成中国之革命而后已。故余二人今日之结婚，实为建筑余二人革命事业之基础。

对于蒋介石这番别出心裁的歪论，很多人都不服气。李宗仁在回忆录中批评说："当时阅报及此，我心中有无限的感慨。自思我们革命军全体将士在蒋总司令领导之下，打了一年多的仗，死伤数万人，难道都为'假'革命而牺牲？我们此后再追随蒋总司令，冒锋镝矢石，去'真'革命，也岂视一女子为转移？内心悒悒不乐之下，我遂决定不送婚礼。"

著名报人张季鸾则在《大公报》上发表一篇犀利的社论，对蒋介石的歪论进行针锋相对的批驳。张季鸾一针见血地指出："蒋介石的再婚，是一项有预谋的政治行动。他希望借此赢得孙逸仙夫人和宋子文的支持……那时候，蒋介石也开始觉得有必要寻求西方的支持。娶宋美龄为妻之后，他就有了与西方人交涉的'嘴巴和耳朵'。此外，他非常推崇宋子文是一个财政专家。但如果说蒋介石不爱宋美龄，那是不公平的。蒋介石很显然把自己看成是英雄。在中国历史上，英雄爱美人，是天经地义的事。为了政治上的考虑，蒋介石什么事都做得出来。"

蒋、宋联姻是民国史上最显赫、影响最大的一次政治婚姻。蒋介石与宋美龄的"政治婚姻"，双方出自种种需要，倒是做到了白头偕老。从结婚之日起，在半个多世纪里，宋美龄成为最风光、最幸运和最长命的"民国第一夫人"。

二、从无权到有权

在宋蒋结婚之初，除了照顾蒋的生活起居外，蒋并没有授予宋什么政治权力。宋美龄从无权到有权，直至凌驾于蒋介石之上，经过了一个发展过程。

1929 年，宋美龄担任遗族学校校长，这是宋美龄担任的第一个公职。不过这时的宋美龄仍处于无权的地位，蒋介石早期的亲信幕僚钱昌照回忆说，有一次他到庐山去，与蒋介石、宋美龄一同吃饭。宋美龄说她想在江西办点慈善事业，请蒋拨些款，蒋叫宋向江西省主席熊式辉要钱。宋美龄当即面向钱昌照说："他（指蒋）随便批条子给别人，对我就吝啬，Mr.Chian，你说公平不公平！"

钱昌照为此感叹说："可是后来，宋美龄的权越来越大。蒋接见外宾时，她做翻译，从此判若两人。"

1934 年，蒋介石在江西南昌发起成立"新生活运动"，蒋介石任新生活运动促进会会长，熊式辉和邓文仪任正副主任干事，宋美龄任妇女指导委员会指导长。

同年，南京政府成立航空委员会，知情人说这个机构是十分奇特的，蒋介石是这个没有委员的委员会的委员长，在光杆委员长之下设立主任委员和秘书长。开始是陈庆云任主任委员，宋美龄为秘书长；1936 年 2 月，周至柔任主任委员；在名位上，主任委员高于秘书长，但因为秘书长是第一夫人宋美龄，事实上主任委员只能听命于秘书长，完全是秘书长专政，宋美龄成为航空委员会的实际负责人。

作为航空委员会的实际负责人，宋美龄完全走买办路线。

据钱昌照回忆，钱昌照主持的资源委员会有意与美国道格拉斯和寇提司合作，在中国建立飞机发动机生产厂，由资源委员会与航空委员会合办，共同订了协定。资源委员会为落实此一协定，特意把北京大学物理系主任王守竞请到会里来，并派他到美国去与美方接洽。王守竞刚到美国，航空委员会就反悔了。实际上是宋美龄不让搞。当时，蒋介石、宋美龄身边有一批意大利和英国的顾问，他们不愿意看到中国自己制造飞机，而是希望中国永远去购买他们的产品，宋美龄听信了他们的话，立即下令停止。

在航空委员会的重大问题上，宋美龄对外国顾问言听计从。航空委员会中意大利顾问权力很大，总顾问史卡隆尼以太上皇的姿态公开作间谍活动，他要宋美龄给他提供有关中国空军军备的一应资料，包括全国飞机场面积图表、全国飞机种类数量表、全国飞行人员统计表、储藏弹药器材数字统计等。宋一口应允，并吩咐周至柔照办。那时候，正是日本帝国主义酝酿大规模入侵中国的时候，而日本与意大利、德国三个法西斯国家又是盟国，向意大利顾问提供中国空军的全部资料，等于直接向日本法西斯提供资料。这个问题事关重大，尽管周至柔平时对宋美龄唯命是从，在这个问题上倒还有几分清醒，决定以阳奉阴违的手法，口称向办公厅布置准备，同时急电蒋介石说明情况，说这些都是国防机密，不能随便予人，秘书长已答应了意大利顾问的要求，应否照办请指示，末后是"职在电台立候回电"。这一着是厉害的，尽管蒋介石与宋美龄是"同床不出两种人"，愿把国家机密交给人，也挡不住这冠冕堂皇的理由。果然，秘书周鸣湘在电台旁守候几小时之后，蒋的复电就到了。电文只有六个字："婉词延宕可也。"周至柔得到这个指示后，对宋美龄推说办公厅一时整理不出来。在宋美龄看来，国家民族的事小，她个人的信用为大，既然她已经答应了人家，就要兑现。但周至柔迟迟不交，她也没有办法，只能借鸡骂狗，大骂办事人员无能。①

身为航空委员会主持大政方针的秘书长，宋美龄还有一个后来看来很荒唐的决策，那就是她也许听信了某著名军事理论家的一个观点，即战斗飞机一旦造出来很快就会被先进的飞机淘汰，这位军事理论家主张平时不要多买飞机，宁可把买飞机的钱存起来，到将要开战的时候再去买最先进的战斗机。也许是听信了这个看起来很有道理的理论，国民党政府在1937年7月抗战爆发以前购买的战斗机很少，全部飞机加起来只有两三百架，而等到抗战爆发以后再去购买飞机已经来不及了。国民党区区几百架飞机很快被消耗

---

① 蔡竹屏：《我所知道的周至柔》，《民国轶事撷拾》，浙江人民出版社2002年版，第446-447页。

尽，日本空军完全掌握了中国战场的制空权，如入无人之境。而且日军飞机对中国重要目标进行毁灭性轰炸，给中国人民的生命财产造成巨大伤害。

所有这一切，都是由于这位买办秘书长造成的。

三、西安救夫显示有主见

1936年12月12日爆发的西安事变，对宋美龄来说是一次最严峻的人生考验。如果蒋介石有个三长两短，整个蒋家王朝、四大家族就会顷刻间土崩瓦解。在这个问题上，宋美龄意识到了问题的严重性，拼上性命也要把她的夫君救出来。

如何处置西安事变，戴季陶、吴稚晖、居正等一批国民党元老和蒋介石的高级军师们从南京政府的正统地位出发，反对与"叛匪"讨价还价，力主兴师讨伐，以武力救出蒋介石。但是，如果按照戴季陶等人的主张兵临西安城下，其结果只能是置蒋介石于死地。为此，宋美龄与孔祥熙、宋子文等家族人员与讨伐派进行了激烈的斗争。

为了从根本上压制讨伐派的嚣张气焰，宋美龄还利用其第一夫人的独特身份，使用了她作为女人的最厉害的一招。陈公博在《苦笑录》中对此有生动形象的描述：

> 到了十六日开中央政治会议之时，更大声疾呼，主张声罪致讨，说到大义凛然之时，不惜大拍桌子，以补其声泪俱下之不足。孔庸之自然跟着蒋夫人主张和平解决的，因此给季陶大骂一顿连连谢过不遑。庸之先生本来在会场上是素来盛气凌人的，或者因蒋先生被困西安，没有靠背罢，那时真是低声下气，变了一个宽容大度的谦谦君子。连那位平日心心佩佩的居觉生院长也乘时主张正义了，他站起大呼："到了今日还不讨伐张杨，难道我们都是饭桶吗！"
>
> 讨伐派大约是胜利了，然而不然。南京忽然传出一种谣言，说何敬之为什么要坚持讨伐，为的是不愿保全蒋先生，他要迫到张杨情急，对蒋先生加

害，他好继承蒋先生的大位，升做军事领袖。这种谣言实在来的可怕，照这样说话，则大凡主张讨伐的，都是别有用心。我虽然没有冀幸大位的嫌疑，但以事成僵局，只好不管。为着西安事变，我倒得几日的清闲，宋子文和蒋鼎文的来往，我也从不过问，因为那时蒋先生之被囚西安，已不像是国家大事，而是宋孔两家的家庭私事，中央已无法过问了。

蒋夫人又在中央军校演说，居然提出说主张讨伐的别有用心，以是何敬之只好噤口不言，戴居两位老先生只发干急和闷气。[①]

将讨伐派的嚣张气焰压下去后，宋美龄与孔祥熙等多方活动，先派顾问端纳到西安打听蒋介石的消息，又于12月20日派宋子文去西安见蒋。

22日，宋美龄又偕宋子文、端纳等人飞抵西安。宋美龄的到来，使蒋介石非常感动，他惊呼"余妻真来耶，君入虎穴矣"，感动得悲咽不已。

这时，蒋介石仍准备以死来要挟张学良、杨虎城，经过宋美龄百般劝说，蒋才同意由宋美龄、宋子文代表他与张、杨及周恩来谈判。随后，宋美龄、宋子文代表蒋介石同张学良、杨虎城、周恩来正式进行谈判，谈判进展相当顺利。周恩来对宋美龄表示：只要蒋介石同意抗日，中共拥护他为全国领袖。宋美龄则代表蒋介石对张、杨及周恩来提出的和平解决西安事变的条件作了明确的允诺，最后三方达成了和平解决事变的六项协议。

25日下午，蒋介石与宋美龄等人获准离开西安，西安事变和平解决。

应当承认，宋美龄反对讨伐，力主以和平与谈判的方式营救蒋介石是唯一正确的选择，这对西安事变的和平解决确实发挥了重大作用。不过，笔者也要指出，西安事变得以和平解决的关键还在于张学良、杨虎城将军和中国共产党从中华民族根本利益出发作出了的正确战略决策，宋美龄、宋子文兄妹的和平努力客观上为事变的和平解决起到了重要的配合作用，因此不宜片面地夸大宋氏兄妹的作用。

---

① 陈公博：《苦笑录》，东方出版社2004年版，第237页。

宋美龄回到南京后，写了一本《西安事变回忆录》的小册子，与蒋介石的《西安半月记》装成合订本抛出。宋美龄在回忆录中对自己的作用大包大揽，大大地吹了一通："当时余对西安事变已具一种感想，譬之造屋，端纳既奠其基，子文已树柱壁，至上梁盖顶，完成之工作，实为余无可旁贷之责任矣。"把主要的功劳都揽到自己头上。

然后，宋美龄笔锋一转，将那班主张讨伐的国民党大员们狠狠教训了一顿："中央诸要人，于真相未全明了之前，遽于数小时内决定张学良之处罚，余殊觉其措置太骤；而军事方面复于此时，以立即动员军队讨伐西安，毫无考量余地，认为其不容推诿之责任，余更不能不臆断其为非健全之行动。"

被宋美龄这个年轻女人教训一顿，戴季陶这个平素以蒋介石密友和国策顾问自居的高级军师感到了前所未有的丧气和灰心，甚至是彻骨的寒心。从此戴季陶控制自己，不再大胆说话。

对于宋美龄的自以为是，陈立夫很不以为然。陈立夫说："如果我是蒋夫人，我将从自己的书中删除这一部分。不能忽视军事行动。我仍然怀疑，单凭蒋夫人去西安能拯救蒋先生。蒋夫人做了一件值得赞美的事——一个妇女不怕危险去救丈夫，这是值得赞美的事。但是，她不能取得全部荣誉，并怀疑别人，这就好像某个人在战后靠自称代表千万在战争中被害的人得了奖章。我认为这是错误的，是很大的遗憾。如果蒋夫人问我，我将坦率地告诉她，她错了，不应该以此伤害许多人。"

西安事变宋美龄救夫一幕，反映了宋美龄为人有主见，但因此也使她更加自以为是，在以后的岁月里更加放纵地干预甚至操纵蒋家王朝的政治。

四、抗战中的风云人物

抗日战争期间，宋美龄参与了许多重大决策。在淞沪会战期间，宋美龄几次赴上海前线视察，有一次因座车被敌机追踪扫射而发生车祸，宋美龄摔断了肋骨。据张发奎回忆，宋美龄积极宣传这样的观点：我们若能守住上海，中国将赢得国际同情，国际联盟将帮助我们抑阻日本侵略。在宋美龄的影响下，蒋介石宣称：上海必须不惜任何代价坚守。其结果是，国民党上百万主力精华部队死守无险可守的上海滩，惨遭日军的优势火力的屠杀，伤亡惨重，直到部队快崩溃时蒋介石才在高级将领的强烈要求下下令撤退，造成华东战场国民党军的大溃败局面。张发奎将军对此评论说："蒋先生犯了一个重大的战略错误。蒋夫人的愿望被证实是一种错觉，她太天真了，蒋先生怎能听从妇人之言去指挥一场百万人的大战役呀！"[①]

当然，抗战期间宋美龄也做过许多好事，比如领导国统区的妇女组织，并训练年轻妇女从事战时救护等工作，领导遗族学校工作。此外，宋美龄还有一项重要工作，就是指导国际宣传。宋美龄经常在美国杂志上发表文章，并通过国际广播电台用英语直接向美国人民发表演说，揭露日本侵略军的残暴行径，介绍中国军民的艰难处境和誓死抵抗的决心，呼吁美国政府和人民伸出援助之手。宋美龄针对日本发动全面侵华战争的严峻形势，发表了"告美国民众"的广播演说。这篇充满激情的英语演说，通过电波传到美国千家万户。美国人民开始关注大洋彼岸古老中国所发生的事情，对中国人民进行的伟大的反侵略战争给予了同情和支持。从此，蒋介石和宋美龄的名字经常出现在美国的报纸杂志上。

影响非常大的美国《时代》周刊把蒋介石和宋美龄作为 1938 年第 1 期的封面人物，评选他们俩为 1937 年"世界风云人物"，指出："1937 年，世界上最引人注目的国家是中国。在陆地，在海洋，在天空，中国人同入侵的日本人展开了殊死搏斗。尤其是在上海，中国军队连续 13 周阻止了日本人的前进。在这个关键时刻领导这个国家的是一位最能干的领导人蒋介石和他的杰出夫人宋美龄。传统上，中国人是四分五裂的。然而在蒋、宋的领导之下，中国人逐步有了民族意识。蒋介石及其夫人不甘心中国的失败。他们

---

① 张发奎口述，夏莲瑛访谈并记录，胡志伟翻译及校注：《张发奎口述自传——国民党陆军总司令回忆录》，当代中国出版社 2012 年版，第 183 页。

很早以前就宣称，要通过游击战骚扰、消耗并最终击败日本侵略者。"

　　1940年，宋美龄撰写的《战争与和平中的中国》和《这就是我们的中国》两书在美国刊行。翌年，她撰写的《中国即将复兴》一书又在美国刊行。通过这些书，她向美国人民详细介绍了中国的形势和中国人民坚决抗战到底的决心。

　　宋美龄的这种宣传，有其独到之处。唐纵在日记中写道：

　　1942年蒋介石夫人近应美国《纽约时报》之请，撰写《如是我观》一文。其英文本业于本年四月十九日刊载该报，中文本四月二十六日在重庆各报发表。该文首先指出西洋人对中国歧视观念与优越感的错误，到了抗日战争发生之后，西洋人才认识中国精神的伟大。上海没有设防，我们战斗了三个月，新加坡设防十四年，两个星期为敌人占领了，谁优谁劣，不言而喻。对于讽刺英国人，大快人心。同事谈起此文，乃急起取而阅读。公开的正式的批评外国人尤其英国人，这是近年来的第一次。国际宣传处应该惭愧。

　　抗日战争中后期，中美关系开始升温，最后结成盟邦，宋子文与宋美龄兄妹主导了对美外交。1943年2月，宋美龄作为蒋介石的特使访问美国。宋美龄赴美时携带有蒋介石致美国总统罗斯福的一封信，蒋在信中写道："内子非仅为中之妻室，且为中过去十五年中共生死、同患难之同志，彼对中意志之了解，当非他人所能及，故请阁下坦率畅谈，有如对中之面馨者也。"

　　宋美龄到美国后，成为美国总统罗斯福夫妇的贵宾，在白宫居住了11天，并到美国国会发表演讲，成为到美国国会发表演讲的第一个中国人和第二位妇女（第一位是荷兰女王）。宋美龄所到之处，都掀起了"宋美龄热"。

　　宋美龄美国之行取得了一定的外交成果。她以自己出色的外交活动，唤起了美国朝野对中国战场的普遍关注，给在最艰苦条件下坚持抗战的中国人民争取了美国民间数以千万计美元的援助；她以自己的才干对美英政府施加了影响，争取到了美国罗斯福政府一定数量的军事援助，使中国战场与世界反法西斯战争更紧密地联系在一起。国内媒体对她的美国之行广泛给予了高度评价。中国共产党在重庆创办的《新华日报》于 1943 年 7 月 6 日发表《为国宣劳的蒋夫人归国》的短评指出："她为国家为民族赢得了无限的光荣盛誉，使中国六年抗战，为世界和平与民主而奋斗的光辉战绩，在国际之间更加显著，国际地位因此高扬，外援因此广泛地开展，直接有助于中国的抗战，有助于中国与盟邦的相互了解。这些功绩，对抗战的帮助是不可计量的。"

这次美国之行，宋美龄也亲身感受到了中国国际地位低下的痛苦，她在美国期间多次打电报给蒋介石，提出应发展中国工业以自强，"恐战后英、美、俄又将忙于己身利益，将置我于不顾"。[①]

1943 年 11 月，宋美龄随蒋介石出席中、美、英三国首脑开罗会议，周旋于蒋介石与美国总统罗斯福、英国首相丘吉尔之间，充分显示了其外交才干。在蒋介石夫妇拜会丘吉尔时，这位英国首相从上到下审视了蒋夫人，然后说道："是的，夫人，我想您认为我是一个不中用的卑鄙的帝国主义者，试图尽可能多地占领殖民地，不愿意与人分享我们已经到手的东西。"宋美龄礼貌地反问道："您为什么确信我这样认为您呢？"事后丘吉尔对罗斯福说："这位中国女人不是弱者！"

五、与孔祥熙宋蔼龄夫妇的政治同盟

在以蒋介石为首的家族政治中，宋美龄与孔祥熙、宋蔼龄结成同盟，并极力庇护千夫所指的孔令侃、孔令俊、孔令杰兄妹，给蒋家王朝抹黑不少。

孔祥熙长期担任财政部长、中央银行总裁、行政院院长等职务，掌握财政、金融大权。宋蔼龄为人精明富于权术，她在幕后不仅操纵孔祥熙，也操纵了宋美龄。吴国桢说："给她（笔者按：指宋美龄）影响最大的是她的

---

① 秦孝仪：《中华民国重要史料初编——对日抗战时期》第 3 编，台北中央文物供应社 1981 年版，第 785 页。

姐姐孔夫人，任何时候，孔夫人只要动一下小指头，就能将她妹妹弄得团团转。"①

　　知情的钱昌照也说，宋蔼龄绝顶聪明，善于搞钱，搞到的钱都有宋美龄一份，用不着宋美龄亲自出面。

　　1935 年下半年，钱昌照与宋子文等几个人秘密拟订币制改革方案时，宋美龄却跑到上海找宋子文，以蒋介石的名义要看他们拟订的方案，宋子文问钱昌照等怎么办？钱昌照说："不给蒋看不行，否则就难办成。"于是，宋子文只好把方案交给宋美龄，实际上等于交给了孔祥熙夫妇。钱昌照在回忆录中写道："听说就在方案发表以前的十多天内，孔祥熙、宋蔼龄借机大肆投机，捞了很大的一笔钱。"

　　有一次，钱昌照看到英国路透社的电讯说某夫人搞投机，在国际上影响很不好。所谓某夫人谁都知道说的是宋蔼龄。钱昌照将此消息告诉蒋介石，由此引起蒋介石对孔祥熙的不满，以后传说孔祥熙要辞去财政部部长，宋美龄则迁怒于钱昌照。钱昌照说："从此宋美龄就对我不好，并由于她的作梗，蒋有许多事不再同我说。我同蒋的关系从此疏远了，只是偶尔去见他一次……"

　　钱昌照本来是蒋介石亲信的幕僚，在这场微妙的家族政治争斗中，钱昌照成了一个牺牲品。

　　到了抗战中后期，孔祥熙夫妇及其子女、部下巧取豪夺、大发国难财的恶劣行径，激起全国人民的公愤，孔祥熙因此成了人人喊打的过街老鼠。蒋介石的后台老板美国人对孔祥熙也极为不满，舆论抨击毫不留情。蒋介石见众怒难犯，想撤换孔祥熙，让宋子文做行政院长。在这场家族争夺战中，宋美龄极力维护孔祥熙，并为此与蒋介石大闹别扭。

　　蒋介石侍从室第二处第六组（负责情报）组长唐纵在日记中详细记录了

---

① 《从上海市长到台湾省主席——吴国桢口述回忆》，第 247 页。

当时发生的微妙情形。

其 1943 年 8 月 15 日日记云："近来委座与夫人不洽，夫人坐在孔公馆不归，委座几次去接，也不归。闻其原因，夫人私阅委座日记，有伤及孔家者。又行政院院长一席，委座欲由宋子文担任，夫人希望由孔担任，而反对宋，此事尚未解决。"

其 1943 年 10 月 3 日日记又云："近来委座与夫人意见不合，夫人住新开市孔公馆，不归者数周。下午夫人归官邸与委座晚餐后，又同赴新开市，宿一夜。外间谣言甚多，谓委座任主席，行政院不让孔做，以是孔夫人诉于夫人，夫人与委座不洽。问于俞侍卫长，俞不否认，并谓与纬国亦有关系。委座尝于私人室内作疲劳的吁叹，其生活亦苦矣！"

对于孔祥熙、蒋介石、宋美龄这种家族政治的微妙关系，蒋介石的侄孙、侍卫官蒋孝镇将其概括为："委座之病，唯夫人可医；夫人之病，唯孔（祥熙）可医。孔之病则无人可治。"[1]

孔祥熙、宋蔼龄的长子孔令侃、次女孔令俊、次子孔令杰是典型的大衙内。宋美龄将其收为干儿女，当作左膀右臂。宋美龄这样做，是因为她没有生育，为了与蒋介石前妻所生的儿子蒋经国及养子蒋纬国抗衡。孔令俊女扮男装，让人不辨雌雄，而且飞扬跋扈，为非作歹，是个人见人恶的角色。而宋美龄却将其当作宝贝，加以纵容。

唐纵在 1941 年 8 月 2 日的日记中记了这样一个例子，足以说明一切："下午请假回南温泉，过江时等渡（轮），与张镇、（竺）鸣涛在江岸闲谈。忽有一车抢至码头前面，宪兵正在拦阻。贞夫大声喝道，谁人车子抢渡，不守秩序扣留他！问是谁呢？原来是孔二小姐。贞夫听了是孔二小姐，叹了一声气，谓我道：这一喝，恐怕夫人又要叫我去了！我笑道：大丈夫做事，何惧权贵！"唐纵日记中的"贞夫"是张镇的字，张镇时任宪兵司令。堂堂的

---

[1]　公安部档案馆编注：《在蒋介石身边八年——侍从室高级幕僚唐纵日记》，第 100 页。

宪兵司令之所以怕孔二小姐，完全是因为有宋美龄在背后替孔二小姐撑腰。

　　蒋介石侍从室第二处第四组组长陈方还告诉第六组组长唐纵："孔二小姐，在外间拉拢女人，人以为同性恋爱，实则非也，乃以此供献其父，而从其间以操纵中央银行。"唐纵对此半信半疑，问："确否？"陈方回答："有可靠之来源。"于是，两人"相与叹息"！①

　　1941年底，香港沦陷前夕，蒋介石派了几架飞机赴香港接滞留那里的国民党元老、左派人士和民主党派领袖、著名文化人。飞机到港后，孔令俊采用霸王手段占用飞机舱位运送自己数量众多的洋狗和佣人，并把前"南天王"、国民党一级上将陈济棠强行拉下飞机，结果使陈济棠等一批名人陷入日寇占领区而不能脱身。

　　孔的恶劣行径激起国统区人民的公愤。1941年11月《大公报》登载了飞机运洋狗的消息后，西南联合大学召开临时代表大会，决定声讨孔祥熙。1942年1月6日，昆明的大专院校三千多人举行反孔示威游行，喊出了"打倒孔祥熙"的口号，事情无法收拾。结果引起蒋介石家族内的争斗，宋美龄又与蒋介石闹别扭。为此，唐纵在日记中很有感慨地写道："自古姻亲无不影响政治，委座不能例外，难矣哉！"②

　　知情的吴国桢指出，宋美龄之所以庇护千夫所指的孔家兄妹，完全是受了孔家兄妹的欺骗。吴国桢说："外界认为，她对孔家的孩子太宠爱，由于她的庇护，那四个糟糕的后人（笔者按：指孔令仪、孔令侃、孔令伟、孔令杰），才干出那些坏事。只有少数人知道，她是如何被那些孩子蒙骗的。当着她的面，那四个孩子的表现比谁都要好。在蒋夫人同我们夫妇关系亲密的时候，孔令侃和孔令杰来到了台湾，我们常在蒋家同他们单独相见。如果蒋夫人、我或我妻子不向他们问话时，他们就以很专心、很谦虚的神态坐在那儿，默

---

① 公安部档案馆编注：《在蒋介石身边八年——侍从室高级幕僚唐纵日记》，第245页。
② 同上，第253页。

不作声，除非你同他们谈，他们从不说话。如我要点香烟，孔令杰和孔令侃会赶忙给我点。特别是孔令杰，他在德国受过训，会'咔嚓'一声立正，给我弯腰点烟。如果问他们问题，他们会以最懂事、最有礼貌、最谦虚的方式予以回答。如果我不知道这些孩子在外面的真正作为，我会认为他们是孩子中的模范。所以每当有人讲这些孩子的坏话时，蒋夫人怎么会相信呢？所以我认为，虚荣而可塑的蒋夫人，是人负于她要多于她负于人。"①

六、干预蒋经国上海打虎

宋美龄在大陆干政的最后一幕是庇护孔令侃，干预蒋经国在上海的打虎运动。蒋经国的主任秘书陈汉平告诉著名经济学家何廉："每当蒋经国大力推行管制措施的时候，他就被蒋夫人（宋美龄）传唤。"

蒋经国在上海声称"只打老虎不拍苍蝇"，抓了上海黑社会大亨杜月笙的儿子杜维屏，杜月笙不服，举报了孔令侃，蒋经国不得已查封了孔令侃的扬子公司。扬子公司被查封后，孔令侃发现来势太大，便到南京向姨妈求救。宋美龄专程到沪，乘中秋节把蒋经国、孔令侃约到永嘉路孔宅面谈，企图缓和两人的关系。

宋美龄劝说道："你们是表兄弟，我们一家人有话好说。"

蒋经国对孔令侃说："希望你顾全大局！"

孔大吼一声说："什么？你把我的公司都查封了，还要我顾全大局？"

最后两人大吵起来，蒋经国临走时说："我蒋某一定依法办事！"

孔令侃回答说："你不要逼人太甚，狗急了也要跳墙！假如你要搞我的扬子公司，我就把一切都掀出来，向新闻界公布我们两家包括宋家在美国的财产，大家同归于尽！"

宋美龄一听，顿时脸色发白，手脚发抖，见他们不听劝告，各走极端，只好连忙打十万火急电报给在北平指挥作战的蒋介石，说上海出了大问题，要他火速乘飞机南下。

---

① 《从上海市长到台湾省主席——吴国桢口述回忆》，第 247-248 页。

当时，北平形势紧张，蒋介石正在北平主持军事会议研究作战部署，闻讯后立刻要傅作义代他主持，自己即乘飞机离开北平赴上海。后来，傅作义得知蒋离开北平的真相后极为不满，对人说"蒋先生不爱江山爱美人"！

1948年10月8日，蒋介石飞抵上海，宋美龄即带孔令侃首先登机，抢先向他告了蒋经国的状。然后由警备司令宣铁吾、市长吴国桢及蒋经国等陪同蒋氏夫妇到达天平路蒋宅，大家正准备坐下向蒋汇报情况并聆听指示，宋美龄却宣布："总统长途南下，很疲乏了，一切事情明天再说。"蒋经国及文武官员只得悻悻告退。经宋美龄向蒋介石多方说明原委，谓两家属于姻亲，有共同利害，家丑不可外扬等，得到蒋的首肯。第二天蒋介石召蒋经国晋见，痛骂一顿，训斥道："你在上海怎么搞的？都搞到自己家里来了！"要他立刻取消查抄扬子公司一案。父子交谈不到半小时，蒋经国出来时一副垂头丧气之色。

接着，蒋介石又召见上海文武官员，亲自为扬子案开脱说："人人都有亲戚，总不能叫亲戚丢脸，谁又能真正铁面无私呢？我看这个案子打消了吧！"大家一听此言，只得唯唯诺诺而退。

在这一幕之后，上海警察局发言人也出面为孔令侃开脱，对外宣布："扬子公司所查封的物资均已向社会局登记"，使其披上了合法的外衣。而曾经积极报道"扬子案"的上海《大众夜报》《正言报》却很快被勒令停刊了。扬子公司一案风波就此平息，不了了之。

过去，有许多著作提到是宋美龄干涉蒋经国的"打虎运动"并导致"打虎运动"仓促收场的，现在看来并不准确。"打虎运动"完全是违背客观经济规律的蛮干行为，当时的上海《经济周报》把它称为"无中生有的把戏"。美国《华盛顿邮报》则断言："由于内战关系，军队的人数日增，任何方式的币制改革……都将注定失败的命运。""扬子案"最后不了了之，是因为蒋经国确实没有找到孔令侃违法的证据，而不是宋美龄干预的结果。

11月，宋美龄飞往华盛顿，效秦廷之哭，乞求美国提供紧急援助，但美国政府对蒋介石已经绝望，宋美龄没有借到一分钱，只好到纽约长岛孔祥熙的豪华别墅里躲了起来。直到蒋介石败退台湾后，宋美龄才于 1950 年 1 月从美国回到台北，继续为蒋介石摇旗呐喊。

七、影响日渐式微

国民党败退台湾后，孔祥熙夫妇、宋子文均被清除出局，宋美龄在蒋家王朝已经势单力孤。蒋介石逐步将大权交给儿子蒋经国，而蒋经国与他这位继母的关系又相当糟糕。吴国桢说："表面上蒋夫人与经国的关系似乎没什么问题，实际上是水火不容。当 1938 年（笔者按：应为 1937 年）经国从苏俄回到中国时，他拒绝承认蒋夫人是他的继母，蒋介石费了好大劲才说服儿子，尽管感情似乎弥合了，但彼此间一直不和……我想两人间的斗争目的是谁能成为蒋介石最亲密的人。"

吴国桢还说："蒋夫人实际上也明白，如果她对蒋曾有所影响的话，这种影响是越来越小了。当然在先前的岁月里面，她同自己亲密的家庭成员，特别是同孔家一起尽力围着蒋转。这要么是为了自己，而更可能是充当了别人的走卒。"[1]

当然，宋美龄在美国反华势力——院外授华集团中还有相当大的影响力，蒋介石在对美交往时，仍然离不开宋美龄这个得力助手。吴国桢说："我想蒋夫人在对外国人，特别是对美国人方面对蒋是有用的。首先蒋需要一个口译员，在非常机密的谈话中，他还能找到比自己妻子更可靠的口译员吗？其次，他认为蒋夫人能比他更好地对付美国人。除此之外，我并不认为她有多大影响，特别是在蒋决心将台湾的权力交给他儿子之后。这也很可能因为夫人已年过 60 岁了，她的影响真可谓是太小了。"[2]

2003 年 10 月 23 日，宋美龄在美国纽约病逝。

时过境迁，当年国共斗争的是非恩怨已渐渐淡化，而出于祖国和平统一

---

[1] 《从上海市长到台湾省主席——吴国桢口述回忆》，第 229-230 页。

[2] 同上，第 249 页。

的现实需要，时任全国政协主席贾庆林于 2003 年 10 月 24 日向宋美龄家属发出了唁电，对宋美龄逝世表示深切哀悼。贾庆林并发表谈话说："宋美龄女士是中国近现代史上有影响的知名人士，她曾致力于中国人民抗日战争，反对国家分裂，期盼海峡两岸和平统一、中华民族兴盛。"

中国国民党革命委员会中央委员会主席何鲁丽、海峡两岸关系协会会长汪道涵、黄埔军校同学会、宋庆龄基金会、上海市政协、海南省政协、文昌市政协等也纷纷发去唁电，对宋美龄的逝世表示哀悼。

随之而来的是舆论对宋美龄的一片赞美之声。精明的出版商及时推出了精美的宋美龄传记、文集、图传等，成为热卖品。

第十四章　霸业继承人蒋经国

蒋介石不仅是一个大权独揽的独裁者，而且一心要搞家天下，扶"太子"登基。为此，蒋介石历时 40 年，玩尽了权谋。

一、蒋家王朝嫡长子

蒋经国（1910—1988），原名建丰，浙江奉化人，生于 1910 年。蒋介石一生有名分的妻妾四人，只有原配夫人毛福梅生蒋经国一人，蒋纬国是蒋介石密友戴季陶与日本护士重松金子婚外情的结晶，而交由蒋介石抚养的。作为第一夫人的宋美龄因终身不育，不存在以宠夺嫡的危险。因此，以血缘嫡长论，蒋经国在蒋家王朝中应是有资格承继"大统"的唯一人选。

在蒋介石的日记中，早已有"经儿可教，纬儿可爱"的评语，可见蒋介石心中有数。为了培养蒋经国，蒋介石从教育上入手。蒋经国 6 岁入学开蒙，次年从塾师顾清廉。顾原是蒋介石的塾师，素为蒋所敬重，父子两代同师，蒋介石希望儿子沿着自己的路走下去，这是他的苦心所在。顾清廉先生对蒋经国的评价是："天资虽不甚高，然颇好诵读。"蒋经国 11 岁时，蒋介石又安排儿子拜王欧声先生为师。蒋介石对儿子的教育奉行"中学为本，西学为用"的原则，他告诉儿子："现在时世，不懂英文，正如哑子一样，将来什么地方都走不通，什么事业也赶不上。"1921 年

蒋经国

初，蒋介石将儿子送到当年他自己学习过的奉化县城龙津学校学习，接受新式教育。次年入上海万竹小学，两年半后升入浦东中学。不久，赶上"五卅"运动，蒋经国加入游行队伍，被学校当局以"行为越轨"的罪名开除学籍。蒋介石把独生子送到北京，进入吴稚晖主办的海外补习学校，不久蒋经国又因参加反对北洋政府的示威游行，被北京警察局关押两周。获释后于1925年8月回到广州探亲。

时值第一次国共合作，苏联政府在莫斯科成立孙逸仙大学（中山大学），专门招收中国进步青年，培养革命干部。国民党上层干部子弟大都送到中山大学求学，蒋介石也决定送子赴苏。1925年10月，蒋经国与一批国民党上层人物的子女一道赴苏联留学。蒋经国进入莫斯科中山大学后，于同年12月加入了共青团，团小组长就是邓希贤（邓小平），他们两人个子都不高，但后来分别成为国共两党的领袖。莫斯科中山大学第一期学生600余人，他们中许多人后来都成了国共两党的风云人物。

1927年4月，蒋介石发动四一二反革命政变后，国共合作破裂。莫斯科中山大学的国民党籍学生被遣送回中国，但蒋经国和一部分人被留了下来，显然是作为"人质"，以便增加和蒋介石谈判的本钱。蒋经国为了改变自己的处境，公开发表声明，向全世界宣布："他（蒋介石）是中国工人阶级的敌人，过去他是我的父亲、革命的好朋友，现在他是我的敌人。"并且主动申请由共青团员转为共产党员。1928年夏，蒋经国进入列宁格勒托尔玛卡军政学院进修。后来，因得罪了中共驻共产国际代表团最有权势的王明，惹下大祸，被发配到条件极为恶劣的西伯利亚金矿进行劳动改造。蒋经国说："在冰天雪地中，过着饥寒交迫的生活，这是一生中最为难忘的一段苦痛的日子……"蒋经国称"历史上很少有像我这样苦的人"。蒋经国不知道在旧中国，比他苦难更深的何止千千万万，但作为蒋介石的儿子，吃着这样的苦，确实不寻常。1930年，蒋经国回到莫斯科近郊石可夫集体农庄。1931年，斯大林在克里姆林宫召见了蒋经国，从此改变了蒋经国的处境。1933年10月，蒋经国出任西伯利亚斯弗罗夫斯克乌拉重型机械厂技师，次年升副厂长。1935年1月13日，他在苏共机关报《真理报》上发表《致母亲的信》，痛斥蒋介石，颂扬苏联和社会主义建设的成就、新型的政治制度及人与人之间的关系。1935年3月，蒋经国与厂里的女工、俄罗斯姑娘芬娜（FLNA）结婚。

1936年底，西安事变和平解决后，中共领导人周恩来主动向蒋介石表示愿意协助安排蒋经国回国。周恩来的意见通过中共驻共产国际代表团及时转达到斯大林。随着中国国内第二次国共合作的形成，斯大林与蒋介石的关系也转向正常化，斯大林不再需要"人质"。蒋经国于1937年4月携带妻子回到了上海，父子相见后，蒋介石随即将儿子送回溪口老家，并送给儿子一套《曾文正公集》、朱子《通鉴纲目》、王阳明《阳明全书》，让他认真研读，并聘请老儒辅导，给儿子洗脑。

二、赣南新政

1938年，蒋介石将蒋经国托付给政学系巨头、江西省政府主席熊式辉。熊式辉任命"太子"为江西全省保安处少将副处长。1938年底，蒋经国到重庆进入中央训练团党政训练班第二期受训，1939年6月出任江西第四行政区督察专员兼保安司令，管辖赣南11县，辖区23000平方公里，赣南成了"太子"的政治试验田。30多年后，蒋经国在台湾登基做"总统"，所辖面积亦不过36000平方公里。蒋经国在赣南五年，还兼任了三青团中央干事、三青团江西支团部主任、江西支团部干部训练班主任、新赣南日报社社长等十几个职务。

蒋经国在赣南推行其"新政"的同时，仿效其父办黄埔军校建立嫡系的办法，在赣南办"青年干部训练班"和"新赣南经济建设训练班"，初步建立"太子系"班底，并与"青年干部训练班"的新寡少妇章亚若同居，生下双胞胎章孝严、章孝慈兄弟。

三、掌握三青团实权

1943年，蒋介石有意安排蒋经国为新疆省政府主席，蒋经国也当仁不让，并约他的好友曹聚仁去新疆办一张像样的报纸。但蒋介石的左右亲信嫉妒，认为蒋经国资历浅、年纪轻，不堪担当封疆大吏的重任。还有人说，蒋经国在赣南搞的是苏联那一套，如果让他把这一套带到新疆去，"岂不比盛世才还盛世才"？蒋介石认为有理，不得不改变主意。

1943 年 7 月，蒋介石任命蒋经国为正在筹备的三青团中央干部学校教育长，校长是蒋介石兼的，这是老蒋让"太子"接管三青团的一着重要的棋。

蒋经国到任后，大肆鼓吹"中央干校的学生，必须以校长的意志为意志，以校长的行动为行动"。蒋经国的亲信胡轨则强调"干校是第二个黄埔"，"干校是政治的黄埔"，"干校学生将来要在校长的领导下，追随教育长进行政治北伐，掀起第三次革命运动"。蒋介石也在训词中强调："干校应该像当年的黄埔那样，要担负起革命的重任。"这些口号清楚地反映了蒋介石要以三青团为蒋经国接班作组织准备。中央干校设在重庆市复兴关，蒋经国将以上口号称为"复兴关精神"。蒋经国等人的上述言论，很快在蒋介石统治集团中产生了很大的震动。他们认为，蒋氏父子是"要以干校取代黄埔"，"蒋公要太子不要门生"，"要干校不要黄埔"，等等，这些话传到蒋介石耳朵后，也感觉不妥，立即指使蒋经国制止干校取代黄埔的言论。

蒋经国秉承父训，召集干校的亲信骨干，对干校的中心口号和教学方针进行了慎重的讨论。提出：

"中央干校是革命的学校培养革命的干部。"

"中央干校的学生，必须以校长的意志为意志，以校长的行动为行动。"

"中央干校的学生，必须以团作家，以校作家。"

这些口号，虽然没有明确提出以中央干校取代黄埔，但是，父子家校为蒋家造就"嫡系的嫡系"已是公开的秘密。口号被写成巨幅标语竖立在中央干校校园内，蒋经国不厌其烦地向学生阐明这些口号的意义。这些口号，日后成为干校学生以及"太子系"成员的共同信条。

蒋经国为培养"干部的干部"，制定了"两高三能"的标准。所谓"两高"，就是高深的政治素养——对于《国父遗教》《团长言论》（这两门课是全校各类各班学生的必修课）要精研、坚信和力行；高深的领导才干——要识大局、担大任、办大事，对于"行政三联制"要通晓，要熟练，要善用。所谓"三能"，就是能文、能武、能开汽车。蒋经国用他自己所长，向学生示范，要求研究部第一期学生，人人都会写文章、会演说、会唱歌、会跳舞、会绘画、会用枪、会开汽车。

1946 年 12 月 1 日，蒋经国在南京宣布成立三民主义青年团中央干部学校校友会，由蒋经国兼任"中央干校"校友会理事长，徐季元任副理事长，胡轨、白瑜、郑彦棻、王升等任理事。干校的教职员和学生，一律加入校友会为会员，称为"校友"。校友必须填写登记表，履行入会手续，遵守校友会的章程，过组织生活。分散在各地各部门的校友，两人以上的即编为一个小组，定期向校友会汇报政治、工作、个人思想和生活等方面的情况，接受校友会发布的指示、任务和学习材料。校友会还定期出版会刊《青泉》周报，其内容有专载（刊登蒋介石和蒋经国的训词及指示等）、评论、讲座和通讯报道，校友会和各地校友的动态，也经常在会刊上披露。蒋经国通过校友会，联系和控制"中央干校"学生。

为了让蒋经国全面控制三青团，蒋介石不惜赶走对自己忠心耿耿的得力走卒、把持三青团人事大权的组织处处长康泽。蒋介石让三青团中央书记长张治中向康泽传话："他（蒋介石）最近骂了你好几次了，你知道吗？"康泽回答："我不知道，怎样骂的呢？"张治中说："他骂你为什么还要把持青年团，是不是想要造反？"康泽顿觉晴天霹雳，答复张治中："怎么有这种说法呢？我是奉他的命令到三青团组织处服务的，既然如此，我辞职好了。"

蒋介石为了培养儿子，不惜过河拆桥，康泽这个蒋介石的得力打手的感觉是："过去十八年的努力，一笔勾销了！"并为此感叹自己"信而见疑""忠而被谤"。

四、控制青年军

1944年10月，蒋介石发起成立青年军。11月4日，成立青年远征军统练总监部，以罗卓英任总监，蒋经国任政治部中将主任。至1945年初，陆续编成9个师。蒋介石组建青年军，有一个不便明言的原因，就是培养蒋经国。国民党军队内部派系盘根错节，蒋经国这个后来者难以插足。蒋介石另起炉灶，建立青年军正好可以作为蒋经国发展自身势力的基地，为他日后接班打下基础。

蒋经国担任青年军政治部主任，独揽青年军政治工作。他抛开国民党军原有的政工干部系统，独树一帜，在重庆复兴关设立青年军政工干部训练班，自兼班主任，训练一批亲信充任青年军各级政工干部。在训练班时，他常和学员同吃饭、同游戏，在寒夜里，带领学员搞紧急集合，甚至带头脱去衣服练长跑。他在青年政治工作人员中树立自己的形象，形成自己的体系，各师政治部主任、团督导员，均由蒋经国挑选，甚至营、连政工人员他也要亲自过问。康泽说，蒋经国对青年政工人员的任用是乱来的，不凭资历、不凭才学，等于是抽到哪个该哪个侥幸或倒霉。当时有人送他一副对联：

> 尔小子凭命不凭才，碰；
> 本主任有权兼有势，抽。

蒋经国在青年军中开展的政治工作，主要有以下措施：（1）加强政治思想训练。蒋经国认为，政治工作是"军队的灵魂"，他提出："青年军是青年的革命武装学校！""青年军是实现三民主义的先锋队！""青年军的胸膛就是祖国的国防！"各师青年军的营地，都把这些口号，制成巨幅标语。为实施政治思想训练，蒋经国特别规定士兵每日上政治课2—4小时，由各师政治部主任聘任专职政治教官十余人，进行授课。此外，还邀请外界人士作专题讲演，或请所在驻地党政官员训话。（2）以政工干部控制士兵，通过康乐活动（文体活动），使政工干部与士兵打成一片，团有俱乐部，连有康乐室；通过小组活动，了解士兵思想情况，潜移默化地进行反共和忠于蒋氏父子的教育，最终达到使青年军官兵集体加入三民主义青年团的目的。蒋介石下令，青年军除文盲外，一律加入三民主义青年团。青年军集体加入三青团，青年军的师长刘安祺、覃异之，师政治部主任余纪忠、范魁书等成了三青团的中央干事，有些师长和政治部主任成了中央监事。（3）逐步在士兵中选拔和培养亲信。具体做法是，从各班选出一两名士兵，组成全团的"小组长训练班"，由团督导员亲自负责，在师政治部的指导下，经过一个月的训练后，回到各连任学习小组长；师政治部从每排士兵中各选出一两名，组成师"康乐干部训练班"，经过一月的训练后，回连协助连训导员搞康乐活动。这些经过短期训练的士兵，后来大多数成为蒋经国在青年士兵中的骨干分子。

蒋经国以政工控制青年军，故人称青年军为"太子军"。蒋氏父子原拟用美式武器装备青年军，但美国后台老板却极力反对，其原因：一是美国人对蒋经国以政工控制青年军，认为这是从苏联那里搬来的一套做法，与美国的建军原则不符；二是美国人认为让知识青年当炮灰，这是极不人道，也不经济的。因此，他们不同意用美式装备武装青年军，扬言"宁可装备其他国民党部队，独不装备青年军"。青年军得不到美式装备，对蒋氏父子的计划是一个严重的打击。1945年8月，日本宣布投降后，蒋介石不得不考虑让青年军复员，成立青年军复员管理处，由陈诚任处长，蒋经国、邓文仪、彭位仁为副处长，实际由蒋经国一个人负责。

1946年9月，第一期青年军复员后，复员管理处改为国防部预备干部管训处，后改为预干局，以青年军的名义招收流亡知识青年。为便于招兵，仍沿用青年军番号，在编制、装备、人事、训练方面由预干局主管，在战斗序列上由所在地区指挥官指挥。开往前线作战后，大部分在战场上被消灭，残余逃往台湾。蒋氏父子逃台湾后，青年军部队番号全部取消了。总之，由于国民党军在反共内战中失败，蒋经国以青年军建立军队班底的企图落空了。

五、连走三步败棋

蒋经国走的第一步败棋是外交接收东北落空。

1945年6月和8月，蒋经国作为行政院长宋子文的随员，两次赴莫斯科参与中苏谈判。中苏谈判的焦点是外蒙古问题，斯大林要求中国政府承认外蒙古独立，他在谈判中暗示宋子文，如果不同意外蒙古独立，苏联将帮助外蒙古"统一"内蒙古。一开始，宋子文据理力争，谈判陷入僵局。蒋介石电令蒋经国以私人关系面见斯大林单独谈判，斯大林在对话中竟怒斥道："倘使你的国家有力量，自己可以打倒日本，我自然不会提出要求。今天，你没有这个力量，还要讲这些话，就等于废话。"又说，"我拿不到外蒙，是不能甘心的。"①

在斯大林的强权压力下，蒋介石权衡利弊，决定承认外蒙古独立。8月14日《中苏友好同盟条约》和有关的协定、换文在莫斯科签字。这个条约是美国和苏联这两个强权国家胁迫蒋介石政府签订的一个不平等条约。这个条约使中国失掉了外蒙古150万平方公里的领土，并部分出让了东北的主权，却只换取了斯大林所谓支持蒋介石"领导中国统一"的保证。条约签订的同时，斯大林声明："苏联政府同意予中国以道义上与军需品及其他物资之援助，此项援助当完全供给中国中央政府即国民政府。"并确认在东北"一俟收复区任何地方停止为直接军事行动之地带时，中华民国国民政府即担负管理公务之全权"。蒋经国参与中苏谈判，第一次感受到了国际政治中强权欺侮的滋味。

《中苏友好同盟条约》签订后，蒋介石任命熊式辉为国民政府主席东北行营主任、蒋经国为外交部东北特派员，企图以条约为依据，用外交手段从苏联红军手中接收东北主权。据说，这时的蒋经国"经常对着地图，红蓝铅笔勾画他开天辟地的美妙蓝图"。

8月底，蒋经国在三青团中央干校宣布了两项新的规划：一是外交接收东北。中央干校将组织一批师生，随同经国去东北，抢先抓住接收东北的权

① 《蒋"总统"秘录》第1册，第47—48页。

力。蒋经国说：我们要把"新赣南"的创新精神和"复兴关"的革命豪情，带到东北去，建设"新东北"。二是干校复员北平。这是干校副教育长胡轨的建议。胡轨在干校公开对学生讲，干校要秉承校长蒋介石的指示，成为"政治的黄埔"。而要成为"政治的黄埔"，必须趁抗战胜利的大好机遇，迁往北平，在北方开创新局面。

然而理想归理想，现实归现实。1945年10月25日蒋经国率领大批人马飞抵长春。此前，中共中央已经提出了"向北发展，向南防御"的战略方针，派遣林彪、罗荣桓、陈云、彭真等20位中央政治局委员、中央委员抵达东北，并从各战略区抽调十几万部队在苏联红军的默许和协助下进驻东北，逐渐在东北站稳了脚跟。对于蒋经国的到来，在东北的苏联红军最高指挥官不仅没有给予外交礼遇，更不理会他的外交接收要求，而且有意指使东北的民众围困国民党接收大员，使其动弹不得。于是，蒋经国外交接收的如意算盘被打破了。蒋经国的随员蔡省三在《蒋经国与苏联》一书中，对蒋经国在东北的窘境有如下的描写：

东北的客观形势和蒋氏的主观设想，是那么大相径庭。外交特派员公署蜷局于长春一家伪满大臣的住宅内，竟然寸步难行，东北行营也就一筹莫展了。蒋经国交涉的对手，不仅是统帅百万苏联红军进驻东北的马林诺夫斯基元帅，而且还有此起彼伏成群结队的"暴民"，经过"五百零四小时"的折冲樽俎，又劳第一夫人宋美龄不避严寒，飞往长春，由经儿陪同，慰劳苏军，深表"友好"，结果呢？马林诺夫斯基回答的是这个"不理"，那个"不行"。讥笑蒋经国"精通"的俄语，说得他也听不懂……于是，"国军"登不了陆，官员下不了乡。终于陷于"民主联军"的重围，乞求苏军的保护又不可得，无可奈何，外交特派员公署于1946年1月撤至北平，蒋经国凄然地返回重庆。父亲接收东北的如意算盘，儿子经营东北的美妙蓝图都宣告粉碎了。①

①　转引自周淑真：《三青团始末》，第269页。

外交接收成了蒋经国的一场梦，失望的蒋经国在他的日记中记述了1945年10月25日至11月14日在东北办理外交的经过，后来以《五百零四小时》为名公开发表，以发泄他的不满和失望的情绪。按照蒋经国的描述，在这"五百零四小时"中，他时时处于"独居卧室""闷坐""悲痛泪下""忧烦不复成寐"的状态中。

蒋经国走的第二步败棋是三青团组党失败。

为了打破C.C.系垄断国民党的局面，三青团要求独立组党的呼声日益高涨。有人向蒋介石献议：由蒋介石一人"兼任国民党总裁和新党领袖，而把新党交由蒋经国全权领导"。这个设想深合蒋氏父子的心愿。

1946年9月，三青团在庐山召开第二次全国代表大会，江西支团秉承蒋经国的旨意编印了一本《团的改造》的小册子，在大会上散发。这本小册子公开主张把三青团改造成独立的政党。蒋介石看了这个小册子后，随即召见江西代表，嘉许他们的建议很有意思。蒋介石赞许三青团独立组党的消息传开后，引起轰动。蒋介石将圈阅过的《团的改造》交给蒋经国，让他研究具体办法。蒋经国召集亲信干将，指示他们研究"独立组党"的纲领。

蒋介石在三青团二全大会开幕词中，严厉指责国民党"不争气"，多次提到希望三青团"独立发扬革命创造精神"。与会者认为这是蒋介石暗示同意三青团独立组党，大为兴奋。三青团组党的消息传到南京，C.C.系头子陈立夫立即拉着戴季陶上庐山见蒋介石，极力反对三青团独立组党。蒋介石生气了，但他还是紧紧纠缠，跪在地上哭诉。陈立夫还将号称"大炮"的黄宇人从北平火急召到庐山参加三青团二全大会。黄宇人是黄埔军校四期毕业生，又曾在陈果夫主持的中央组织部任过职，是一位能在C.C.系和黄埔之间周旋的"两栖"人物，历来以敢作敢言著称，人称为"大炮"。黄宇人赶到庐山，在三青团大会上发言说：国民党曾有过光荣的历史，今日的腐败无能，总裁应负主要责任。因为中央党政大员，都是总裁任命的，他们直接向总裁负责，不受舆论和民意机关的监督，可见总裁所负的责任最大。如果青年团要组成一个实行三民主义的党，必须另选出一位领袖，才能在新环境中发挥其领导才能，否则，我们的团长以一身而兼任两个党领袖，当新党攻击国民党的腐败无能时，他将何以自处？蒋介石看到自己当不成新党领袖，蒋经国也不可能全权领导新党，既然如此，就只好放弃三青团独立组党的意图。

蒋经国的第三步败棋是控制中央政治学校的企图落空。

1947 年 3 月，国民党中央政治学校和三青团的中央干部学校合并为国立政治大学，蒋介石任校长，任命蒋经国为教育长。蒋介石这一招吞并了 C.C. 系控制了近 20 年之久的中央政治学校，并且将国民党的干部培训大权完全交给了蒋经国掌握，这是蒋介石培养蒋经国的又一步棋，若成功 C.C. 系势将从此绝后。陈果夫、陈立夫立即拼命反抗，掀起了一场反对蒋经国的风潮。

蒋经国任教育长的任命在政大张贴后，学生们围在公告栏前，群情激昂。有人高喊："同学们，请看老子任命儿子，要把我们当孙子呀！"接着爆发出"反对儿子教育长！反对父子家校！蒋经国滚开吧！"的阵阵怒吼。学生们有的在布告上画个"×"字，有的在布告旁写字，署名的"蒋中正"三个字也被涂得模糊不清。当晚，随即召开全校学生大会，通过三项紧急决议：（1）派代表向教育部请愿，请收回成命，撤销对蒋经国教育长的任命；（2）全校实行罢课抗议，不达目的，绝不复课；（3）在校内外开展抗议活动。散会后立即在校门口挂上了巨幅标语："政大学生一致坚决反对任命蒋经国为本校教育长！"学校里也贴满了大大小小、红红绿绿的标语。政大反对蒋氏父子的消息传到蒋介石那里，蒋介石大为震怒，凭借他对派系倾轧的经验，立即断定这是二陈从中捣鬼，马上召见陈立夫将其狠狠训斥了一顿，并限他立即去政大告诫学生必须克日复课，热烈欢迎蒋教育长到校任职。事后，蒋经国告诉他的亲信："今天领袖把他们骂得都哭了！"陈立夫回到政治大学后，召集全体学生训话，告诉他们："你们不用反对经国先生，你们应该欢迎他来。"然后陈立夫向蒋介石报告政治大学有"异党分子"带头闹事，掀动学潮。政治大学反对蒋经国就任教育长的风潮虽然被压下去了，但经过这一场风波后，蒋经国只好放弃控制政大的计划，辞去教育长，改由教育部次长顾毓琇担任。蒋经国控制政治大学的计划失败后，"变得喜怒无常，动辄挥拳拍桌，斥责部下；有时借酒浇愁，往往喝得酩酊大醉"。

蒋经国连走三步败棋，说明他的接班之路并不平坦，阻力很大。

六、上海打虎

1948 春，蒋介石发动的反共内战败局已定，蒋介石焦虑不安，经常发怒骂人，他把唯一的希望寄托在蒋经国身上，希望以他为核心，重新组织力量，建立一个新的秘密组织，发挥控制和指挥的作用。他亲自给蒋经国下达手谕："着即成立一个能行动有力量组织严密的青年组织。"

蒋经国临危受命，自知意义非同寻常。他平时爱读《俾斯麦传》，很想效法普鲁士宰相俾斯麦，用铁和血的手段，克服危机，挽救蒋家王朝摇摇欲坠的命运。为此，蒋经国召集亲信江国栋、王升等人开会研究，决定成立"铁血救国会"（代号社会问题座谈会）。在"铁血救国会"成立会上，蒋经国发表讲话说："亲爱的同志们：你们都是我一直最信任、最肯干、最忠诚于领袖和三民主义伟大事业的骨干。值此革命大业面临存亡绝续的关头，生死搏斗的时刻，这正是考验每个人的灵魂和良知的时候。我希望大家成为疾风劲草和中流砥柱，要永远忠于三民主义，忠于领袖；要做孤臣孽子，坚决执行校长的政策和指示，不成功便成仁，至死不渝……当前国民党内部腐化，共产党恶化，都不能成功，我们主张'一次革命、两面作战'，既反对共产党的恶化，也反对国民党的腐化，两大革命毕其功于一役……"接着他又说："为了完成这个伟大使命，就必须发展第三种势力，今天成立'铁血救国会'，就是以此作为领导反共的核心组织。你们各位都是这个组织的成员，所负的任务既光荣而又艰巨，大家务必努力奋斗！"

随后蒋经国带领大家宣誓，他举起右手，要大家起立跟着他一起宣誓："余以至诚，忠于三民主义革命事业，坚决拥护校长的反共救国政策，服从组织，服从命令，保守机密，如有泄露违反，甘受最严厉之制裁……永矢不渝，此誓！"

　　不久，蒋经国又在"铁血救国会"的内部成立了秘密核心领导组织"中正学社"（代号青直问题座谈会），以江国栋、王升、李焕和方庆延等人负责，王升把它叫作"希特勒的智囊团"。

　　1948 年 8 月 19 日，蒋介石颁布了"财政经济紧急处分命令"，宣布至1948 年 8 月 20 日起实行币制改革，废止自 1935 年开始发行的法币，另发行"金圆券"，以 1 元对 300 万元的比价收兑法币，并强迫人民把持有的金、银、外币换成"金圆券"，逾期任何人不得持有，违者严办；限期登记管理本国人民存放在外国的外汇资产，违者制裁；同时限制物价，将物价冻结在 8 月 19 日的水准上，在全国范围内实行经济管制。蒋介石声称，此次币制改革"一经实施，只许成功，不可失败"。并再次重申要对危害"币制改革"的行为"予以严厉的制裁"。

　　同一天，国民政府行政院宣布成立"经济管制委员会"，任命中央银行总裁俞鸿钧为上海经济督导员，蒋经国为副督导员，负实际责任，企图以政治高压和恐怖手段推行币制改革，为挽救垂危的蒋家王朝作最后一搏。蒋经国声称："共产党、投机奸商，是革命的两大敌人。肃清奸商，稳定物价，就能消灭共党。""只要对国家有利，我个人甘冒一切危险，什么都可以牺牲的。"[①]

　　蒋经国调集"戡建大队"第六队数百人全副武装到上海，编为直属大队，作为经济管制的执法行动工作队，以王升为大队长，听候蒋的指挥。这个队的人员都是随身佩带美制手枪的军官，依照"紧急处分"的特权，他们可以立即查封商店仓库，没收商品物资，逮捕不法之徒。"戡建大队"还组织了一万多人的"上海青年服务总队"，分布上海各区，设立了十几个"服务站"。蒋经国还得到了他的两位密友宣铁吾和王新衡的支持，宣铁吾时任上海市警

---

① 《文史资料选辑》第 73 辑，第 176 页。

察局局长兼淞沪警备司令，王新衡时任保密局上海站长。蒋经国对宣铁吾说："此来只有和流氓帮会的杜月笙斗，和军统斗，和奸商斗，才能稳定上海。老兄的军警实力，要全部借我一用。"宣铁吾为了配合蒋经国上海打虎，在其警备司令部成立了经济缉查机构，专门缉捕奸商。

蒋经国在上海复兴公园召开"戡建大队""服务总队"参加的万人大会，发表《上海往何处去》的演讲，扬言要在上海掀起"第三次革命运动"。在一次记者招待会上，蒋经国还宣布了"宁使一家哭，不使一路哭"的方针。这句话曾成为上海市民广为传播的名言。

对于蒋经国在上海"打虎"，时任上海市长的吴国桢有这样的评论："因为他在赣州获得了执法严厉的名声，上海人民开始时非常怕他，此外，由于他指挥着三青团，其所作所为多少像特务一样，人们进一步被吓住了。所以一开头，当公告宣布凡拥有两盎司黄金或相等价值外汇的人，必须将其交给政府银行时，大家照办了，怕的是他们可能被经国发现。但后来当得知金圆券也难逃通货膨胀时，人们又开始从黑市上买回金子与外汇。于是经国采取镇压措施，所有的特务和三青团，都出动搜寻违法者，不管证据确凿与否，嫌疑人都将被送到特刑庭受审。"[①]

第一个向经济处分命令挑战的，是陶启明。陶时任财政部秘书，利用职权，泄露机密，串通商人抛售永纱股票投机，结果被蒋经国判刑。淞沪警备司令部第六缉查大队大队长戚再玉敲诈勒索，无恶不作，特别是通风报信给大贪污犯徐继庄，使蒋经国大为震怒，亲自下令将戚逮捕，经军法审判处以死刑。淞沪警备司令部科长张亚民因敲诈一个挪威商人金司伯私售金钞一案，后被告到蒋经国、宣铁吾那里，就也由蒋亲自下令，将张枪决。蒋经国还将囤积居奇的商人王春哲以扰乱金融罪名，处以死刑。他还把包括一部分巨商大户在内的64名商人关进监狱，其中上海最大的纺织公司——申新总公司

---

① 《从上海市长到台湾省主席——吴国桢口述回忆》，第63页。

总经理荣鸿元被判处 7 年监禁。

不久，蒋经国又得到杜月笙的儿子杜维屏私自套汇外流的消息，立即下令将杜维屏扣押。杜月笙是上海黑社会实力最大的流氓大亨，杜维屏被扣押，使杜月笙威风扫地，在惊恐中杜月笙曾一度避往香港。从表面上看，经此一击，金钞黑市的确收敛了许多。蒋经国觉得初战胜利，十分得意；但渐渐就感到事情棘手，因为"事出有因，查无实据"，找不到杜维屏套汇的罪证，就只好"雷声大，雨点小"，最后将杜交保释放了事。

蒋经国抓了杜维屏后，杜月笙举报了孔祥熙的儿子孔令侃。孔令侃是扬子建业公司的董事长，蒋经国根据举报查封了扬子建业公司的一个仓库，并将其全部封存，但对孔令侃则特别小心，并没有当场抓人。蒋经国派人查验仓库后发现扬子建业公司确实没问题，一切合法。其奥秘在哪里？吴国桢指出："扬子建业公司确实没问题，一切合法。那些老板们赚了许多钱，我的意思是他们是剥削者、暴发户，但你看，由于他们有影响力，一切都是在合法的范围内做的。我想，这就是为什么孔祥熙能向人夸耀他一切合法。例如，没有人能得到外汇，我是指外汇要审查，但他们的人，即孔的人是控制财政部外汇管理委员会的，所以就能得到外汇。每个人都得先申请才能进口必要的货物，但他们却有优先进口权。因此，尽管他们的确从中国人民的血汗中发了大财，但一切仍然是合法行为。现在蒋经国的人查封了扬子建业公司，孔令侃马上站出来说，我这里都是合法的，要不然你们可以逮捕我。果然一切合法，蒋经国被将了一军。所以过了两个星期，也没有采取行动，然而他的吹鼓手却不断地说，瞧，蒋青天是毫不宽容的，他一贯正直，不管哪个人多有背景，只要干了坏事，他都要惩治。然而这确实是一件他不能处理的案子，明白吗？"[①]

蒋经国骑虎难下，孔令侃又搬出了他的姨妈宋美龄，宋美龄又请出了蒋

---

① 《从上海市长到台湾省主席——吴国桢口述回忆》，第 69—70 页。

介石，蒋介石下令上海市长吴国桢直接处理此案。吴国桢立即成立了一个委员会，包括市商会、审计业同业公会、市参议员代表，一个来自俞鸿钧和蒋经国方面的代表，当然还有一个市府代表，以及上海律师公会的律师们。大家一起研究此案，结果是律师公会认为一切均属合法。蒋经国不得不就此罢手，孔令侃远走高飞去了美国，扬子公司案不了了之，其后果蒋经国在10月16日的《沪滨日记》中写道："××公司的案子未能彻底处理，因为限于法令，不能严办，引起外界的误会。同时，自此事发生之后，所有的工作都不能如意地推动了，抵抗的力量亦甚大。经济管制工作，发展到今天，确实已经到了相当严重的关头。一般中产阶级，因为买不到东西而怨恨；工人因小菜涨价而表示不满，现在到了四面楚歌的时候。倘使不能坚定，即很快就会崩溃，处在这恶劣的环境中，不进则退，不成则败，最要紧的还是要坚定，要忍耐。"[1]

限价不仅未能阻止物价上涨，反而形成了排山倒海般的抢购物资的现象和黑市的猖獗，事实上助长了物价狂涨，11月1日国民政府行政院被迫宣布取消"限价"，宣告经济管制工作的失败，也宣告金圆券的崩溃。自此，物价更如洪水决堤，腾飞猛涨。上海的主要商品趸售物价11日底即比8月19日上涨了25倍，12月为35倍。到1949年4月已达到20.9万倍。

蒋经国上海"打虎"运动半途而废，上海人痛骂"蒋经国是个政治骗子"，"蒋经国是豪门资本家的孝子贤孙"。蒋经国在上海市民的怒骂声中落荒而逃。上海"打虎"成了蒋经国的滑铁卢。据当时的上海市长吴国桢说，蒋经国在离开上海前的一星期，"几乎天天喝酒，喝得大醉，以至于狂哭狂笑"。

但蒋经国也有意外的"收获"，蒋经国在日记中写道："70天的工夫，花了不少心血，亦并不是白花的，读了一部经济学，得了许多痛苦的教训。"但是上海人民为蒋经国读经济学付出了沉重的代价。后来，经过海峡两岸金

---

[1] 《蒋经国自述》，第191页。

融界、学术界的共同努力，已经查明蒋介石、蒋经国父子在逃台前，将从上海和全国各地用暴力搜刮来的共 2774000 余两黄金，分三批劫往台湾。①

30 年后，当年的"打虎"队长王升在《我所了解的蒋"总统"经国先生》的电视讲话中说："有一件事必须要大家了解的，就是一直到今天我们的台币为什么这么值钱？是因为中央银行里面有大批的黄金作了储备。那批黄金是从哪里来的？是蒋经国先生用他的人格，取得上海老百姓的信任，愿意把黄金美钞，自动送到中央银行换取金圆券，所以经国先生永远不会忘记上海的老百姓。"②

王升所谓上海老百姓"信任""愿意"，都是违背历史事实的鬼话，用劫夺也许更恰当些。正是上海和大陆各地老百姓的血汗奠定了蒋介石父子在台湾立足的经济基础，也奠定了今天台湾黄金储备的基础。

七、继承"大统"

1949 年 1 月 21 日蒋介石下野前，任命陈诚为台湾省主席，蒋经国为台湾省党部主任委员，让他们两人负责在台湾重建小朝廷。但是在很长一段时间，台湾由陈诚负责，蒋经国并未到任。在蒋介石下野前，宋美龄已去了美国，蒋经国就一直陪伴在蒋介石身边，成为蒋介石不可须臾离开的得力助手。

这一段经历，对于加深蒋氏父子关系有极大的作用。吴国桢说："在这段时间内，我想经国终于赢得了他父亲的完全信任。当蒋引退时，蒋夫人早已来到美国，想通过马歇尔将军寻求更多援助，直到 1950 年 2 月才回到台湾。所以这期间，差不多一年，除了他儿子外，没有其他人常伴左右。关于经国，有个有趣的传说，但我不能保证其真实性。在蒋引退的初期，有一天早上他早起，打开卧室门，发现儿子睡在一张军用帆布床上，蒋很吃惊，经国立即

---

① 《人民日报》，1990 年 1 月 8 日。

② 周淑真：《三青团始末》，第 307 页。

解释说：'父亲，你的生命随时会受到威胁，我想最好睡在外面保护你。'不管故事是否属实，但自从引退后，父亲似乎表现出对儿子的无限信任。"①

1950年，蒋介石逃到台湾重任"总统"，加快了扶植蒋经国的步伐。他让蒋经国掌握了所有警察、特务机构和军队政工系统，控制了军队和警察特工，成为台湾最有权势的人物。

吴国桢说："从大陆后期起，他一直控制着三青团。他父亲在1950年复任'总统'后，立即就让他负责所有的特务，那时，他还是'国防部总政治部主任'，通过这个部，他控制了军队。其方式有二：一是要他下面的政治军官直接向他报告指挥官们的所作所为。二是从旅一级开始，所有的指挥官均由蒋介石来任命，而蒋介石总是先要'总政治部'，实际上是由经国来甄别候选人。还有就是前面讲的，十分之九参加国民党全国代表大会的代表，名义上由蒋介石，实际上却由经国以这种或那种方式加以指定，这样他自然控制了党这部机器。所以除了他父亲以外，他就是党、军队、特务和三青团的权力主宰。"②

吴国桢的这一说法，也可以从徐永昌日记中得到证实。1957年10月25日徐永昌在日记中写道："昨日敬之言蒋先生所提执行委员，固然十九皆经国包办，即其自提之评议委员，亦非驴非马。今日愧生言，看三军完全在经国掌握，陈辞修纵然有地位，亦不过傀儡而已，此种评论者很不在少。"

1972年6月1日，蒋经国任"行政院长"。

1975年4月5日蒋介石病死，4月28日蒋经国被推选为国民党中央主席，成为国民党领袖。

1978年5月20日，蒋经国出任"总统"，终于完成了蒋家王朝的世袭交替。在20世纪，搞家天下本来已是一件很难的事，正如翁元在《我在蒋介石父子身边的日子》一书中所说的："要不是国民党撤退到台湾来，凭蒋

---

① 《从上海市长到台湾省主席——吴国桢口述回忆》，第92-93页。
② 同上，第226页。

经国在国民党党政军内部的资历，要想那么快就蹿起来，简直就是天方夜谭。因此，国民党迁台，无异也是蒋经国得以更快继承大统的契机。"

1988年1月13日，当了十年台湾"总统"的蒋经国因心脏衰竭在台北逝世。1月14日，中共中央致电国民党中央，表示哀悼。

八、盖棺难论定

蒋经国无疑是20世纪中国最复杂的政治人物之一。

他早年在苏联滞留13年，加入了共产党，并成为苏共基层干部，他从苏联学到了共产党的组织工作、思想政治工作及保密工作等全套办法。1937年回国后，他跟随在蒋介石身边，耳濡目染，从父亲那里学到了一套封建的权术手段。据蒋经国早年的亲信证实，蒋经国随身携带的几本书是《我的奋斗》（希特勒著）、《俾斯麦传》、《曾国藩家书》。①俾斯麦是德国铁血宰相，希特勒是德国法西斯狂人，而曾国藩则是残酷镇压太平天国的刽子手，蒋经国以这些中外的铁血人物为榜样，养成了他的双重、神秘、威权以及翻脸无情的性格特征，形成了他崇尚暴力的施政风格，他以庞大的军队、特工、警察牢牢控制小小的台湾，使台湾民众长期处在白色恐怖统治之下，使台湾成为令人窒息的社会。蒋介石、蒋经国父子退守台湾后顽固拒绝中国共产党领导人的两岸和解努力，长期依附于美国、日本等国的反华势力，并在他们的撑腰下长期叫嚣"反攻大陆"，梦想卷土重来，造成海峡两岸的长期对立和紧张，也使台湾成为国际反华势力围堵中国大陆的重要基地；与此同时，间接扩大了"台独"分裂势力，而且蒋经国最后又挑选了一个十分阴险的"台独"极端分子做他的继承人。这些都是历史事实。

蒋经国在当政时期，奠定了台湾殖民地依附类型的资本主义经济起飞的基础，这也是历史事实。

如何评价蒋经国的是非功过是一个严肃的课题，笔者感到难以下结论。

---

① 《贾亦斌自述》，第116、142页。

参考征引书目文献

一、资料集·文集类

中华民国史档案资料汇编，第3辑、第4辑、第5辑，中国第二历史档案馆编，江苏古籍出版社出版。

抗日战争正面战场，中国第二历史档案馆编，江苏古籍出版社1987年版。

中国国民党历次代表大会及中央全会资料（上下册），荣孟源主编，光明日报出版社1985年版。

革命文献，罗家伦主编，台北正中书局出版。

中国国民党党务发展史料·组织工作（上下册），台北近代中国出版社1994年版。

国防最高委员会常务会议记录（1-8册），台北近代中国出版社1996年版。

先"总统"蒋公思想言论总集，秦孝仪主编，中国国民党中央党史委员会1984年编印。

中国现代史资料选辑（1-6册），彭明主编，中国人民大学出版社1989年版。

中国现代史资料选辑补编（1-4册），彭明主编，中国人民大学出版社1993年版。

中美关系资料汇编，第1辑，世界知识出版社1957年版。

台湾二二八事件档案史料，中国第二历史档案馆编，中国档案出版社1991年版。

抗战时期国共合作纪实（上下卷），孟广涵主编，重庆出版社1992年版。

中国国民党第一、第二次全国代表大会会议史料，江苏古籍出版社1986年版。

中华民国重要史料初编，秦孝仪主编，台北黎明文化事业有限公司1987年版。

汪精卫与吴稚晖的论文集，严勚哉编，上海新时代书店1928年印。

广州事变与上海会议，广州平社编，沈云龙主编：近代中国史料丛刊，三编第3辑，第28册，台北文海出版社影印本。

戴季陶集，唐文权、桑兵编，华中师范大学出版社1990年版。

孔庸之（祥熙）先生讲演集，刘振东编，沈云龙主编：近代中国史料丛刊，正编第82辑，第820册，台北文海出版社影印本。

吴稚晖先生全集，罗家伦、黄季陆主编，中国国民党党史编纂委员会1969年编印。

杨永泰先生言论集，杨璇熙编，沈云龙主编：近代中国史料丛刊，正编第98辑，第975册，台北文海出版社影印本。

朱家骅先生言论集，王聿均、孙斌编，台北"中央研究院"近代史研究所1977年编印。

徐州会议与国民革命，国民党中央宣传部驻沪办事处1927年编印。

中国国民党的反共，中国国民党浙江省党务指导委员会训练部1928年9月编印。

汤恩伯先生纪念集，台北汤故上将恩伯逝世十周年纪念筹备委员会1964年编印。

为邦百年集，何应钦著，台北黎明文化事业分公司1987年版。

济南五三惨案，蒋永敬编，台北正中书局1978年版。

军事委员会委员长行营政治工作报告（民国二十四年），沈云龙主编：近代中国史料丛刊，三编第 25 辑，第 249 册，台北文海出版社影印本。

国民革命军发展序列，韦显文等编写，解放军出版社 1987 年版。

中华民国大事记（1-5 册），韩信夫、姜克夫主编，中国文史出版社 1997 年版。

一周间国内外大事述评（国闻周报第 4 卷第 1 期—第 4 卷第 50 期），沈云龙主编：近代中国史料丛刊，三编第 6 辑，第 53 册，台北文海出版社影印本。

一周间国内外大事述评（国闻周报第 5 卷第 1 期—第 5 卷第 50 期），沈云龙主编：近代中国史料丛刊，三编第 6 辑，第 54 册，台北文海出版社影印本。

中华民国史事纪要（初稿），台北"国史馆"编印。

老新闻——民国旧事，陈益民主编，天津人民出版社 1998 年版。

在中国失掉的机会——美国前驻华外交官约翰·S.谢伟思第二次世界大战时期的报告，[美] J.W.埃谢里克编，国际文化出版公司 1989 年版。

黄埔军校史料，广东革命历史博物馆编，广东人民出版社 1982 年版。

中共中央文件选集（1-18 册），中央档案馆编，中共中央党校出版社出版。

毛泽东军事文集（1-6 卷），军事科学出版社、中央文献出版社 1993 年版。

朱德军事文选，朱德著，解放军出版社 1997 年版。

中共党史教学参考资料（1-11 册），中国人民大学中共党史系资料室 1981 年编印。

周恩来一九四六年谈判文选，中央文献出版社 1996 年版。

二、年谱·日记·书信类

蒋介石年谱初稿，中国第二历史档案馆编，中国档案出版社 1992 年版。

蒋介石年谱，李勇、张仲田编，中共党史出版社1997年版。

何应钦将军九五纪事长编（上下册），台北黎明文化事业有限公司1984年版。

宋子文政治生涯编年，吴景平编，福建人民出版社1998年版。

民国阎伯川先生锡山年谱长编初稿（1—6册），阎伯川先生纪念会编，台湾商务印书馆1988年版。

民国张静江先生人杰年谱，杨恺龄编，台湾商务印书馆1981年版。

张静江先生文集，台北中国国民党中央委员会党史委员会1982年编印。

陈果夫先生全集，台北近代中国出版社1981年版。

黄膺白先生年谱长编（上下册），沈云龙编著，台北联经出版事业公司1976年版。

黄膺白先生年谱补编（1—6册），台北《传记文学》1981年第39卷第5期—1982年第41卷第3期。

民国孔庸之先生祥熙年谱，郭荣生编，台湾商务印书馆1981年版。

张公权先生年谱初稿，姚崧龄编，台北传记文学出版社1982年版。

陈果夫日记，附《陈果夫的一生》书后。

冯玉祥日记（1—6册），中国第二历史档案馆编，江苏古籍出版社1992年版。

邵元冲日记，王仰清、许映湖标注，上海人民出版社1990年版。

黄炎培日记，中华民国史资料丛稿，增刊第5辑，中华书局1979年版。

竺可桢日记，竺可桢著，人民出版社1984年版。

李伯豪（汉魂）将军日记（上下册），朱振声编，沈云龙主编：近代中国史料丛刊，三编第33辑，第328、329册，台北文海出版社影印本。

胡适来往书信选（上、中、下册），中国社会科学院近代史研究所中华民国史研究室主编，香港中华书局1985年版。

毛泽东书信选集，人民出版社1983年版。

周恩来书信选集，中央文献出版社 1988 年版。

在蒋介石身边八年——侍从室高级幕僚唐纵日记，公安部档案馆编注，群众出版社 1992 年版。

王世杰日记（手稿本），台北"中央研究院"近代史研究所 1990 年版。

徐永昌日记（手稿本），台北"中央研究院"近代史研究所 1991 年版。

三、回忆录类

李宗仁回忆录（上下册），李宗仁口述、唐德刚撰写，华东师范大学出版社 1995 年版。

西安事变回忆录，孔祥熙著，台北《传记文学》第 9 卷第 6 期、第 10 卷第 3 期、第 10 卷第 6 期。

亦云回忆（上下册），沈亦云著，台北传记文学出版社 1980 年版。

张群先生话往事，张群口述、陈香梅笔记，中国友谊出版公司 1992 年版。

张岳公闲话往事，张群口述、陈香梅笔记，台北传记文学出版社 1978 年版。

我与共产党，张治中著，文史资料出版社 1980 年版。

张治中——张治中机要秘书的回忆，余湛邦著，中共中央党校出版社 1991 年版。

张治中回忆录，张治中著，中国文史出版社 1985 年版。

忆往谈旧录，陈公博著，香港大学亚洲研究中心 1979 年版。

黄绍竑回忆录，黄绍竑著，广西人民出版社 1991 年版。

白崇禧回忆录，苏志荣等编辑，解放军出版社 1987 年版。

钱昌照回忆录，钱昌照著，中国文史出版社 1998 年版。

缪云台回忆录，朱宗震等编，中国文史出版社 1996 年版。

我的戎马生涯——郑洞国回忆录，郑洞国著，团结出版社 1992 年版。

关麟征将军，全国政协、陕西省户县政协文史资料委员会编，中国文史出版社 1989 年版。

半生风雨录——贾亦斌自述，贾毅、贾维记录整理，中国文史出版社 1996 年版。

世纪之履——李默庵回忆录，中国文史出版社 1995 年版。

鹰犬将军——宋希濂自述，宋希濂著，中国文史出版社 1986 年版。

军统内幕，沈醉著，中国文史出版社 1995 年版。

中统内幕，江苏古籍出版社 1987 年版。

侍从室回梦录，张令澳著，上海书店出版社 1998 年版。

蒋氏故里述闻，王舜祁著，上海书店出版社 1998 年版。

监听专员见闻录，王正元著，上海书店出版社 1998 年版。

回忆卫立煌先生，赵荣声著，文史资料出版社 1985 年版。

陈仪生平及被害内幕，中国文史出版社 1987 年版。

蒋经国自述，湖南人民出版社 1988 年版。

政坛回忆，程思远著，广西人民出版社 1983 年版。

郭汝瑰回忆录，郭汝瑰著，四川人民出版社 1987 年版。

辽沈战役亲历记，中国文史出版社 1985 年版。

淮海战役亲历记，中国文史出版社 1996 年版。

平津战役亲历记，中国文史出版社 1996 年版。

解放战争中的西北战场，中国文史出版社 1992 年版。

陈粟大军征战记续编，新华出版社 1991 年版。

万耀煌先生访问纪录，台北"中央研究院"近代史研究所 1993 年印行。

马超俊先生访问纪录，台北"中央研究院"近代史研究所 1992 年印行。

求己斋回忆录，徐永昌著，台北传记文学出版社 1989 年版。

陈布雷回忆录，台北传记文学出版社 1967 年版。

我的回忆，刘峙著，沈云龙主编：近代中国史料丛刊，续编第 87 辑，第 870 册，台北文海出版社影印本。

齐世英先生访问纪录，台北"中央研究院"近代史研究所印行。

罗友伦先生访问纪录，台北"中央研究院"近代史研究所1993年版。

尹国祥先生访问纪录，台北"中央研究院"近代史研究所1993年版。

卅年动乱之中国，雷啸岑著，香港亚洲出版社1955年版。

我的回忆（1-3册），张国焘著，东方出版社1998年版。

傅作义将军，中国人民政治协商会议全国委员会文史资料研究委员会编，中国文史出版社1985年版。

八十回忆，何成濬著，沈云龙主编：近代中国史料丛刊，第67辑，台北文海出版社影印本。

何廉回忆录，朱佑慈等译，中国文史出版社1988年版。

从上海市长到台湾省主席——吴国桢口述回忆，［美］裴斐、韦慕庭访问整理，吴修垣等译注，上海人民出版社1999年版。

顾维钧回忆录，中华书局出版。

成败之鉴——陈立夫回忆录，台北正中书局1994年版。

白崇禧先生访问纪录（上下册），台北"中央研究院"近代史研究所1985年编印。

我在蒋介石父子身边的日子，翁元口述、王丰笔录，中华书局1994年版。

法币、金圆券与黄金风潮，全国政协文史资料研究委员会编，中国文史出版社1985年版。

中国国民革命军的北伐，切列潘诺夫著，中国社会科学出版社1981年版。

包惠僧回忆录，人民出版社1983年版。

我所认识的蒋介石，冯玉祥著，黑龙江人民出版社1980年版。

吴玉章回忆录，中国青年出版社1978年版。

胡乔木回忆毛泽东，胡乔木著，人民出版社1994年版。

在历史巨人身边——师哲回忆录（修订本），中央文献出版社1991年版。

在最高统帅部当参谋——雷英夫将军回忆录，百花洲文艺出版社1997年版。

回忆国民党政府资源委员会，全国政协文史资料研究委员会工商经济组编，中国文史出版社1988年版。

文史资料选辑（合订本），中国人民政协会议全国委员会文史资料研究委员会编，中国文史出版社出版。

浙江文史集萃，政治军事卷（上下卷），浙江省政协文史资料研究委员会编，浙江人民出版社1996年版。

湖南文史资料选辑，中国人民政治协商会议湖南省委员会文史资料研究委员会编，湖南人民出版社出版。

上海文史资料选辑，中国人民政治协商会议上海市委员会文史资料工作委员会编，上海人民出版社出版。

江苏文史资料选辑，中国人民政治协商会议江苏省委员会文史资料研究委员会编，江苏人民出版社出版。

广东文史资料，中国人民政治协商会议广东省委员会文史资料研究委员会编，广东人民出版社出版。

四、人物传记类

蒋介石传稿，严如平、郑则民著，中华书局1992年版。

多棱镜下的蒋介石，王晓华、张庆军主编，南京大学出版社1995年版。

蒋"总统"传，董显光著，台北中华文化出版事业社1962年版。

民国著名人物传，第1、2卷，朱信泉、严如平主编，中国青年出版社1997年版。

何应钦传（上下册），熊宗仁著，山西人民出版社1993年版。

黄膺白先生家传，沈亦云著，沈云龙主编：近代中国史料丛刊，第2辑第29册，台北文海出版社影印本。

戴季陶（传贤）先生编年传记，陈天锡著，沈云龙主编：近代中国史料丛刊，续编第 43 辑，第 421 册，台北文海出版社影印本。

国民党理论家戴季陶，范小方等著，河南人民出版社 1992 年版。

民国大老吴稚晖，路小可著，兰州大学出版社 1997 年版。

宋子文评传，吴景平著，福建人民出版社 1992 年版。

孔祥熙传，李茂盛著，中国广播电视出版社 1992 年版。

孔祥熙与宋蔼龄，王松等著，河南人民出版社 1992 年版。

孔祥熙其人其事，寿充一编，中国文史出版社 1987 年版。

蒋氏宠臣陈诚，黄亦兵著，兰州大学出版社 1997 年版。

李宗仁的一生，申晓云等著，河南人民出版社 1992 年版。

八桂骁将白崇禧，张学继等著，兰州大学出版社 1995 年版。

程思远传，薛建华著，国际文化出版公司 1994 年版。

卫立煌将军，卫道然著，安徽人民出版社 1985 年版。

爱国将军冯玉祥，郭绪印、陈兴唐著，河南人民出版社 1987 年版。

和谈将军张治中，汪朝光著，河南人民出版社 1995 年版。

跌宕人生康泽，徐亚力、李记松著，兰州大学出版社 1997 年版。

铁军名将陈铭枢，朱宗震、汪朝光著，南京大学出版社 1996 年版。

戴笠和军统，江绍贞著，河南人民出版社 1994 年版。

戴笠传（上下册），良雄著，台北传记文学出版社 1980 年版。

陈果夫传，徐咏平著，台北正中书局 1978 年版。

中国现代化先驱朱家骅传，杨仲揆著，台北近代中国出版社 1984 年版。

陈布雷外史，王泰栋著，中国文史出版社 1987 年版。

陈布雷传，王泰栋著，东方出版社 1998 年版。

朝秦暮楚的周佛海，蔡德金著，河南人民出版社 1992 年版。

民国高级将领列传（1-7 册），王成斌主编，解放军出版社出版。

萧同兹传，冯志翔著，台北传记文学出版社 1975 年版。

西北王胡宗南，经盛鸿著，河南人民出版社 1995 年版。

宋美龄传，林家有、李吉奎著，河南人民出版社 1995 年版。

宦海沉浮吴国桢，许有成、徐晓彬著，兰州大学出版社 1997 年版。

陈果夫的一生，吴相湘著，台北传记文学出版社 1971 年版。

杨永泰畅卿先生传记初稿，翁静秋著，载《杨永泰先生言论集》。

杜聿明将军，郑洞国等著，中国文史出版社 1986 年版。

汪精卫生平纪事，蔡德金、王升编著，中国文史出版社 1993 年版。

五、专著类

中国新民主主义革命史长编，李新、陈铁健主编，上海人民出版社出版。

中华民国史，第 2 编第 5 卷，杨天石主编，中华书局 1996 年版。

中华民国史纲，张宪文主编，河南人民出版社。

抗日战争的正面战场，张宪文主编，河南人民出版社 1987 年版。

中国国民党史，刘健清等主编，河南人民出版社 1985 年版。

蒋汪合作的国民政府，张同新编著，黑龙江人民出版社 1988 年版。

陪都风雨，张同新著，黑龙江人民出版社 1992 年版。

国民党派系斗争史，郭绪印主编，上海人民出版社 1992 年版。

寻求历史的谜底，杨天石著，首都师范大学出版社 1993 年版。

海外访史录，杨天石著，社会科学文献出版社 1998 年版。

民国掌故，杨天石主编，中国青年出版社 1993 年版。

蒋家王朝，荣孟源著，中国青年出版社 1980 年版。

从容共到清党，李云汉著，台北中国学术著作奖励委员会 1973 年影印本。

蒋介石研究，李敖著，华文出版社 1998 年版。

蒋介石政府与纳粹德国，[美]柯伟林著、陈谦平等译校，中国青年出版社 1994 年版。

汪精卫集团叛国投敌记，黄美真、张云著，河南人民出版社 1987 年版。

黄郭与华北危局，谢国兴著，台湾师范大学历史研究所 1984 年编印。

亲日卫国，谢国兴著，台北久大文化股份有限公司 1989 年印行。

民国史事与人物论丛，沈云龙著，台北传记文学出版社 1981 年版。

江浙财阀与国民政府（1927—1937），［美］小科布尔著、蔡静仪译，南开大学出版社 1987 年版。

我所知道的国民军与国民党合作史，马伯援著，沈云龙主编：近代中国史料丛刊，三编第 3 辑，第 27 册，台北文海出版社影印本。

从大历史的角度读蒋介石日记，［美］黄仁宇著，中国社会科学出版社 1998 年版。

费正清看中国，［加］保罗·埃文斯著、陈同等译，上海人民出版社 1995 年版。

中国的惊雷，［美］白修德著，新华出版社 1988 年版。

中原大战，王晓华、张庆军著，江苏古籍出版社 1999 年版。

民国政坛潜流——夫人政治，李海生、完颜绍元著，上海人民出版社 1992 年版。

蒋介石"清党"内幕，张瑛著，国防大学出版社 1922 年版。

北伐战争，张静如主编，上海人民出版社 1994 年版。

民国军事史略稿（1-4 卷），姜克夫编著，中华书局出版。

三青团始末，周淑真著，江西人民出版社 1996 年版。

三民主义力行社史，邓元忠著，台北实践出版社 1984 年版。

新旧政学系，孙彩霞著，（香港）华夏文化出版社 1997 年版。

武夫专制梦——中国军阀势力的形成及其作用，张鸣著，国际文化出版公司 1989 年版。

蒋介石和西南地方实力派，谢本书、牛鸿宾著，河南人民出版社 1990 年版。

民国大案纪实，经盛鸿主编，上海人民出版社 1997 年版。

乡土中国，费孝通著，上海三联书店1986年版。

六、报刊类

申报（上海）

大公报（天津、重庆）

中央日报（南京、重庆）

近代史研究（双月刊），中国社会科学院近代史研究所主办。

抗日战争研究（季刊），中国抗日战争史学会主办。

民国档案（季刊），中国第二历史档案馆主办。

民国春秋（双月刊），江苏古籍出版社主办。

档案与史学（双月刊），上海市档案馆主办。

民国研究，张宪文主编，南京大学出版社出版。

中国近代史（月刊），中国人民大学书报资料中心出版。

中国现代史（月刊），中国人民大学书报资料中心出版。

近代史资料，中国社会科学院近代史研究所近代史资料编辑组编，中国社会科学出版社出版。

国外中国近代史研究，中国社会科学院近代史研究所编译室编，中国社会科学出版社出版。

近代中国，台北。

传记文学，台北。

中外杂志，台北。